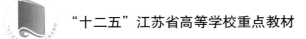

"十二五"江苏省高等学校重点教材

刑法学分论

Specific Theories of Criminal Law

李晓明 著

北京大学出版社
PEKING UNIVERSITY PRESS

图书在版编目（CIP）数据

刑法学分论/李晓明著. —北京：北京大学出版社，2017.3
（21世纪法学规划教材）
ISBN 978-7-301-28122-2

Ⅰ.①刑… Ⅱ.①李… Ⅲ.①刑法—分则—中国—高等学校—教材 Ⅳ.①D924.301

中国版本图书馆CIP数据核字（2017）第033926号

书　　　名	刑法学分论 XINGFAXUE FENLUN
著作责任者	李晓明　著
责 任 编 辑	毕苗苗
标 准 书 号	ISBN 978-7-301-28122-2
出 版 发 行	北京大学出版社
地　　　址	北京市海淀区成府路205号　100871
网　　　址	http://www.pup.cn
电 子 信 箱	law@pup.pku.edu.cn
新 浪 微 博	@北京大学出版社　@北大出版社法律图书
电　　　话	邮购部 62752015　发行部 62750672　编辑部 62752027
印 刷 者	北京富生印刷厂
经 销 者	新华书店
	787毫米×1092毫米　16开本　39.75印张　846千字 2017年3月第1版　2019年12月第3次印刷
定　　　价	75.00元

未经许可，不得以任何方式复制或抄袭本书之部分或全部内容。
版权所有，侵权必究
举报电话：010-62752024　电子信箱：fd@pup.pku.edu.cn
图书如有印装质量问题，请与出版部联系，电话：010-62756370

丛书出版前言

秉承"学术的尊严,精神的魅力"的理念,北京大学出版社多年来在文史、社科、法律、经管等领域出版了不同层次、不同品种的大学教材,获得了广大读者好评。

但一些院校和读者面对多种教材时出现选择上的困惑,因此北京大学出版社对全社教材进行了整合优化。集全社之力,推出一套统一的精品教材。

"21世纪法学规划教材"即是本套精品教材的法律部分。本系列教材在全社法律教材中选取了精品之作,均由我国法学领域颇具影响力和潜力的专家学者编写而成,力求结合教学实践,推动我国法律教育的发展。

"21世纪法学规划教材"面向各高等院校法学专业学生,内容不仅包括了16门核心课教材,还包括多门传统专业课教材,以及新兴课程教材;在注重系统性和全面性的同时,强调与司法实践、研究生教育接轨,培养学生的法律思维和法学素质,帮助学生打下扎实的专业基础和掌握最新的学科前沿知识。

本系列教材在保持相对一致的风格和体例的基础上,以精品课程建设的标准严格要求各教材的编写;汲取同类教材特别是国外优秀教材的经验和精华,同时具有中国当下的问题意识;增加支持先进教学手段和多元化教学方法的内容,努力配备丰富、多元的教辅材料,如电子课件、配套案例等。

为了使本系列教材具有持续的生命力,我们将积极与作者沟通,结合立法和司法实践,对教材不断进行修订。

无论您是教师还是学生,在适用本系列教材的过程中,如果发现任何问题或有任何意见、建议,欢迎及时与我们联系(发送邮件至 bjdxcbs1979@163.com)。我们会将您的意见或建议及时反馈给作者,供作者在修订再版时进行参考,从而进一步完善教材内容。

最后,感谢所有参与编写和为我们出谋划策提供帮助的专家学者,以及广大使用本系列教材的师生,希望本系列教材能够为我国高等院校法学专业教育和我国的法治建设贡献绵薄之力。

北京大学出版社
2012年3月

序

刑法学是一门古老而又年轻的学科。说它古老,是因为自人类社会以降,为规范人类行为,实现社会和谐,人类竭尽使用刑罚在内的一切规制手段,追求社会秩序的安宁。中国五千年的文化历史,虽然法文化不甚发达,但刑律文化源远流长,历史上许多著名的政治家、思想家对刑律文化有过精辟论述。说它年轻,是因为尽管人类社会很早就适用刑法或刑律,但刑法学或刑法学科的真正形成也不过二三百年的历史,在我国也只有百年不到的历史。

自 1949 年起,我国刑法学就开始了前瞻性的研究,"刑法草案"易稿 66 次,但直到 1979 年 7 月 1 日,我国才颁布了第一部社会主义刑法典,从此结束了新中国成立以后没有刑法典的历史。此后的 18 年时间里我国先后制定了 25 个单行刑法,并于 1997 年 3 月 14 日,根据这些单行刑法对 1979 年刑法典进行了系统修订。目前 1997 年修订的刑法典又通过了 9 个刑法修正案,在不久的将来我国或许会有一部新的完备的刑法典出现。

回顾 1979 年以来我国刑法创制及其理论研究的历史,我国刑法立法在不断发展与完善,但也暴露出来许多缺陷与问题。一方面,刑法典的制定对于稳定我国改革开放后的社会秩序,推动刑法学教学与研究事业的繁荣等,发挥了重要的历史性作用。而且,在经历了从注释刑法到理论刑法,再由理论刑法回归到"中距刑法"(既有理论又不脱离刑法典)的阶段,刑法典均不断得到"纠偏"、自我完善,日趋成熟。与此同时,我国刑法学学科建设也暴露出一些问题:

(1) 刑法典制定的仓促不适应当今社会的迅速发展。众所周知,1979 年制定刑法典时"文化大革命"刚刚结束,改革开放刚刚起步,国家基本还处于计划经济阶段,商品经济与市场经济尚未形成。当时,我国刑法典只能是"纲领性、粗线条"的立法思路,如侵占罪和绑架罪等都未在刑法典中规定,刑法典只有 192 个条文,涵盖 100 多个罪名。而在 1997 年修订刑法典时,也显得仓促和急迫,许多问题没能深入研究,特别是一些重大问题都没能在修订中解决。例如,刑法典的计划经济痕迹问题、市场主体的保护不平等问题、死刑问题以及罪名和刑罚结构的完善问题等。从客观上来看,这些问题之所以未解决,一方面是由于我国刑法立法技术水平有限,另一方面也因为我国经济、社会变革与发展较快,使得刑法典不能完全适应社会的需求与进步。

(2) 现行刑法典的立法技术水平不适应当今社会文化背景和法治环境的要求。我国现行刑法典的理念与体系基本上还是原苏联 20 世纪 30 年代的蓝本,而俄罗斯现行刑法典早已抛弃了这一旧的刑法体系。经过几十年的发展,我国国情发生了巨大的变化,如今所处的国际环境与背景也更加复杂,因此刑法典也必须尽快适应时代潮流发展的趋势与规律。

(3) 我国现行刑法典及其理论研究所体现的价值观念、体系结构和刑法立场等不适应我国司法环境与立法技术的要求。我国刑法典体现的价值观念呈多元化分布,既有马克思主义法学观,又有原苏联法律与政治意识形态,也有我国自身形成的社会主义刑法观;在改革开放以后,还受到西方社会刑罚观、人权观、法律价值观和法治精神的影响。这些多元化的价值理念相互之间存在较大的冲突和矛盾,导致我国刑法立法的价值选择不明确,非常不利于我国刑法立法的完备与成熟,甚至从根本上在割裂我国刑法的内容与体系。具体表现在:犯罪与刑罚关系上的不确定性、犯罪成立标准上定量化的弊端、刑罚体系完备性的欠缺、行政执法与刑事司法衔接上的困难以及类似保安处分措施定位上的摇摆等。此外,还表现在我国刑法典的立法宗旨和刑法立场不够明确,如刑法是打击犯罪还是保障人权、是体现公正还是追逐功利、是罪刑法定还是解释扩张等,均未在刑法典中予以明确的定位或体现,结果导致刑法立法立场不坚定,在立法宗旨和刑法规范的价值选择上是混乱的,在刑事司法运行与追求上是功利的,在刑罚后果上更是无效的。

(4) 现行刑法典及其理论研究所体现的文化理念、规则规范等不适应我国基本国情与人文环境的要求。如上所述,我国现行的刑法典基本上是一个舶来品,这虽然是在特定的历史环境与背景下造成的结果,但时至今日我国刑法典及其刑法理论研究应当更多地关注自身的国情和本民族的刑律文化元素。因此,我国刑法典必须具有本民族的刑律文化元素,只有这样才能进一步确保刑法典的规定具有针对性,才能确保刑事司法效果的基本功用,从而确保整个社会更加和谐、有序,人们更加安居乐业。

为此,加强刑法基本理论的研究,注重刑法立法技术的改革与创新,重视刑法学教学与教材建设,显得尤为重要。这三个方面也是相辅相成、缺一不可的。刑法基本理论是刑法立法技术的基础,刑法基本理论和立法技术的完善,需要刑法学教学研究与教材的支持。

本书就是针对高等学校法学专业本科教学和研究生教学之需,系统梳理了我国传统的本科生和研究生的刑法学教材体系,反映了我国的刑事司法实践和司法考试的内容。本书的特点是:

(1) 立足我国刑法典的基本体系,深入分析其立法优势与弊端。

(2) 创新性地试图建立"中距刑法学"的理论体系,不仅更新了传统的注释刑法学的理论知识体系与教学方法体系,而且纠偏了纯理论的刑法学教学,基本完成了对我国传统刑法学教材重复、守旧、徘徊的改造过程。

(3) 重视刑法立法和理论基本立场与社会、法治发展阶段及进程相适应的实用性研究,使得我国的刑法学研究更加理性,也更加符合实际与应用。

(4) 不仅提升了我国刑法学理论的系统性与深入性,还增强了有效破解司法实务难题的有效性和操作性,增加了本书的阅读性和工具性,使得刑法学学科体系的逻辑结构与知识体系更趋严密。

作为一名长期耕耘在刑法学教学一线的老园丁,对于刑法学教科书编写的酸甜苦辣感同深受,并且经历了从传统的"注释刑法"阶段,到中青年刑法学者倡导的"理论刑法"阶段。我多次下决心,《刑法学总论》和《刑法学分论》这两本书或许能够克服和解决三编制带来的许多弊端与矛盾,做到专业主张与学术思想的一脉相承,以充分体现理论刑法学与注释刑法学的融通与并重,追求对我国传统刑法立法与刑法理论内容的更新与改造,尤其注重加强对中国现代刑法学理论与体系的建设性研究。考虑到参加法律职业资格考试的需要,本书特别注意将近些年来司法考试的重点、难点与试题举例或编入其中,并将书稿内容涉及的刑法立法与司法解释尽收囊中,以孜孜追求我国刑法学科体系知识内容的详尽性与完备性。

优秀的刑法学教材不是需不需要的问题,而是必须追求和打造的问题,这也正是我国刑法学理论研究的基础,也是我国现代刑法学未来发展的动力,更是本书追求的最终目标。

是为自序。

李晓明

2017 年 1 月

于苏州大学相门寓所

目 录

罪刑适用导言 ·· (1)
  一、犯罪与刑事责任的关系（1） 二、刑法总论与刑法分论的关系（4）
  三、罪刑适用与刑法适用的关系（6） 四、罪刑适用与刑法解释的关系（8）

第一编　罪刑适用基础理论

第一章　刑法分论概述 ·· (13)
  第一节　刑法分论及其体系 ·· (13)
  第二节　刑法分则的修订 ··· (14)
  第三节　刑法分则的解释方法 ··· (15)

第二章　法条结构 ·· (19)
  第一节　罪名 ·· (19)
  第二节　罪状 ·· (23)
  第三节　法定刑 ··· (24)

第三章　法条竞合 ·· (26)
  第一节　法条竞合的概念 ··· (26)
  第二节　法条竞合的分类 ··· (29)
  第三节　竞合法条的适用原则 ··· (30)

第二编　侵犯个人法益的犯罪

第四章　侵犯公民人身权利、民主权利罪 ····································· (39)
  第一节　故意杀人罪 ·· (39)
  第二节　过失致人死亡罪 ··· (43)
  第三节　故意伤害罪 ·· (44)
  第四节　强奸罪 ··· (46)

第五节　强制猥亵、侮辱罪…………………………………………(50)
第六节　非法拘禁罪…………………………………………………(52)
第七节　绑架罪………………………………………………………(54)
第八节　拐卖妇女、儿童罪…………………………………………(56)
第九节　收买被拐卖妇女儿童罪……………………………………(58)
第十节　诬告陷害罪…………………………………………………(59)
第十一节　非法搜查罪………………………………………………(61)
第十二节　非法侵入住宅罪…………………………………………(62)
第十三节　侮辱罪……………………………………………………(64)
第十四节　诽谤罪……………………………………………………(65)
第十五节　刑讯逼供罪………………………………………………(66)
第十六节　暴力取证罪………………………………………………(68)
第十七节　虐待被监管人罪…………………………………………(69)
第十八节　侵犯公民个人信息罪……………………………………(71)
第十九节　报复陷害罪………………………………………………(72)
第二十节　破坏选举罪………………………………………………(74)
第二十一节　暴力干涉婚姻自由罪…………………………………(75)
第二十二节　重婚罪…………………………………………………(76)
第二十三节　虐待罪…………………………………………………(77)
第二十四节　遗弃罪…………………………………………………(78)
第二十五节　其他侵犯公民人身权利、民主权利罪………………(79)
　　（1.组织出卖人体器官罪　2.过失致人重伤罪　3.猥亵儿童罪　4.聚众阻碍解救被收买的妇女、儿童罪　5.强迫劳动罪　6.雇用童工从事危重劳动罪　7.煽动民族仇恨、民族歧视罪　8.出版歧视、侮辱少数民族作品罪　9.非法剥夺公民宗教信仰自由罪　10.侵犯少数民族风俗习惯罪　11.侵犯通信自由罪　12.私自开拆、隐匿、毁弃邮件、电报罪　13.打击报复会计、统计人员罪　14.破坏军婚罪　15.虐待被监护、看护人罪　16.拐骗儿童罪　17.组织残疾人、儿童乞讨罪　18.组织未成年人进行违反治安管理活动罪）

第二十六节　罪之比较与适用………………………………………(83)

第五章　侵犯财产罪……………………………………………………(88)
　第一节　抢劫罪………………………………………………………(90)
　第二节　盗窃罪………………………………………………………(96)
　第三节　诈骗罪………………………………………………………(99)
　第四节　抢夺罪………………………………………………………(102)
　第五节　侵占罪………………………………………………………(105)

  第六节　职务侵占罪…………………………………………………………（107）
  第七节　挪用资金罪…………………………………………………………（109）
  第八节　敲诈勒索罪…………………………………………………………（111）
  第九节　其他侵犯财产罪……………………………………………………（112）
    （1. 聚众哄抢罪　2. 挪用特定款物罪　3. 故意毁坏财物罪　4. 破坏生产经营罪
    5. 拒不支付劳动报酬罪）
  第十节　罪之比较与适用……………………………………………………（114）

第三编　侵犯社会法益的犯罪

第六章　危害公共安全罪……………………………………………………（123）
  第一节　放火罪………………………………………………………………（123）
  第二节　爆炸罪………………………………………………………………（125）
  第三节　以危险方法危害公共安全罪………………………………………（126）
  第四节　破坏交通工具罪……………………………………………………（128）
  第五节　组织、领导、参加恐怖组织罪……………………………………（129）
  第六节　劫持航空器罪………………………………………………………（131）
  第七节　非法制造、买卖、运输、邮寄、储存枪支、弹药、爆炸物罪…（132）
  第八节　违规制造、销售枪支罪……………………………………………（134）
  第九节　重大飞行事故罪……………………………………………………（135）
  第十节　交通肇事罪…………………………………………………………（136）
  第十一节　危险驾驶罪………………………………………………………（139）
  第十二节　重大责任事故罪…………………………………………………（140）
  第十三节　其他危害公共安全罪……………………………………………（142）
    （1. 决水罪　2. 投放危险物质罪　3. 失火罪　4. 过失决水罪　5. 过失爆炸罪
    6. 过失投放危险物质罪　7. 过失以危险方法危害公共安全罪　8. 破坏交通设施罪
    9. 破坏电力设备罪　10. 破坏易燃易爆设备罪　11. 过失损坏交通工具罪　12. 过
    失损坏交通设施罪　13. 过失损坏电力设备罪　14. 过失损坏易燃易爆设备罪
    15. 帮助恐怖活动罪　16. 准备实施恐怖活动罪　17. 宣扬恐怖主义、极端主义、煽动
    实施恐怖活动罪　18. 利用极端主义破坏法律实施罪　19. 强制穿戴宣扬恐怖主义、
    极端主义服饰、标志罪　20. 非法持有宣扬恐怖主义、极端主义物品罪　21. 劫持船
    只、汽车罪　22. 暴力危及飞行安全罪　23. 破坏广播电视设施、公用电信设施罪
    24. 过失损坏广播电视设施、公用电信设施罪　25. 非法制造、买卖、运输、储存危险物
    质罪　26. 盗窃、抢夺枪支、弹药、爆炸物、危险物质罪　27. 抢劫枪支、弹药、爆炸物、
    危险物质罪　28. 非法持有、私藏枪支、弹药罪　29. 非法出租、出借枪支罪　30. 丢
    失枪支不报罪　31. 非法携带枪支、弹药、管制刀具、危险物品危及公共安全罪

32. 铁路运营安全事故罪　33. 强令违章冒险作业罪　34. 重大劳动安全事故罪　35. 大型群众性活动重大安全事故罪　36. 危险物品肇事罪　37. 工程重大安全事故罪　38. 教育设施重大安全事故罪　39. 消防责任事故罪　40. 不报、谎报安全事故罪）

  第十四节　罪之比较与适用 ··(151)

第七章　破坏社会主义市场经济秩序罪(1)：生产、销售伪劣商品罪 ·········(156)

  第一节　生产、销售伪劣产品罪 ···(158)
  第二节　生产、销售不符合安全标准食品罪 ··································(160)
  第三节　生产、销售不符合安全标准的产品罪 ·····························(161)
  第四节　生产、销售伪劣农药、兽药、化肥、种子罪 ···················(163)
  第五节　其他生产、销售伪劣商品罪 ···(166)
    （1. 生产、销售假药罪　2. 生产、销售劣药罪　3. 生产、销售有毒、有害食品罪　4. 生产、销售不符合标准的医用器材罪　5. 生产、销售不符合卫生标准的化妆品罪）
  第六节　罪之比较与适用 ···(168)

第八章　破坏社会主义市场经济秩序罪(2)：妨害对公司、企业管理秩序罪 ·········(174)

  第一节　虚报注册资本罪 ···(175)
  第二节　违规披露、不披露重要信息罪 ·······································(178)
  第三节　隐匿、故意销毁会计凭证、会计账簿、财务会计报告罪 ·····(180)
  第四节　非国家工作人员受贿罪 ···(181)
  第五节　签订、履行合同失职被骗罪 ···(183)
  第六节　其他妨害对公司、企业的管理秩序罪 ·····························(184)
    （1. 虚假出资、抽逃出资罪　2. 欺诈发行股票、债券罪　3. 妨害清算罪　4. 虚假破产罪　5. 对非国家工作人员行贿罪　6. 对外国公职人员、国际公共组织官员行贿罪　7. 非法经营同类营业罪　8. 为亲友非法牟利罪　9. 国有公司、企业、事业单位人员失职罪　10. 国有公司、企业、事业单位人员滥用职权罪　11. 徇私舞弊低价折股、出售国有资产罪　12. 背信损害上市公司利益罪）
  第七节　罪之比较与适用 ···(190)

第九章　破坏社会主义市场经济秩序罪(3)：破坏金融管理秩序罪 ·········(196)

  第一节　伪造货币罪 ··(196)
  第二节　持有、使用假币罪 ··(198)
  第三节　高利转贷罪 ··(200)
  第四节　非法吸收公众存款罪 ··(201)
  第五节　伪造、变造金融票证罪 ···(202)
  第六节　内幕交易、泄露内幕信息罪 ···(204)
  第七节　利用未公开信息交易罪 ···(206)
  第八节　违法发放贷款罪 ···(207)
  第九节　违规出具金融票证罪 ··(209)

第十节　逃汇罪 (210)
　　第十一节　骗购外汇罪 (211)
　　第十二节　洗钱罪 (212)
　　第十三节　其他破坏金融管理秩序罪 (214)
　　　　（1. 出售、购买、运输假币罪　2. 金融工作人员购买假币、以假币换取货币罪　3. 变造货币罪　4. 擅自设立金融机构罪　5. 伪造、变造、转让金融机构经营许可证、批准文件罪　6. 骗取贷款、票据承兑、金融票证罪　7. 妨害信用卡管理罪　8. 窃取、收买、非法提供信用卡信息罪　9. 伪造、变造国家有价证券罪　10. 伪造、变造股票、公司、企业债券罪　11. 擅自发行股票、公司、企业债券罪　12. 编造并传播证券、期货交易虚假信息罪　13. 诱骗投资者买卖证券、期货合约罪　14. 操纵证券、期货市场罪　15. 背信运用受托财产罪　16. 违法运用资金罪　17. 吸收客户资金不入账罪　18. 对违法票据承兑、付款、保证罪）
　　第十四节　罪之比较与适用 (224)
第十章　破坏社会主义市场经济秩序罪(4)：金融诈骗罪 (228)
　　第一节　集资诈骗罪 (228)
　　第二节　贷款诈骗罪 (230)
　　第三节　票据诈骗罪 (233)
　　第四节　信用卡诈骗罪 (236)
　　第五节　保险诈骗罪 (238)
　　第六节　其他金融诈骗罪 (240)
　　　　（1. 金融凭证诈骗罪　2. 信用证诈骗罪　3. 有价证券诈骗罪）
　　第七节　罪之比较与适用 (241)
第十一章　破坏社会主义市场经济秩序罪(5)：侵犯知识产权罪 (245)
　　第一节　假冒注册商标罪 (247)
　　第二节　假冒专利罪 (249)
　　第三节　侵犯著作权罪 (251)
　　第四节　侵犯商业秘密罪 (254)
　　第五节　其他侵犯知识产权罪 (257)
　　　　（1. 销售假冒注册商标的商品罪　2. 非法制造、销售非法制造的注册商标标识罪　3. 销售侵权复制品罪）
　　第六节　罪之比较与适用 (259)
第十二章　破坏社会主义市场经济秩序罪(6)：扰乱市场秩序罪 (262)
　　第一节　损害商业信誉、商品声誉罪 (263)
　　第二节　虚假广告罪 (265)
　　第三节　合同诈骗罪 (266)
　　第四节　组织、领导传销活动罪 (268)

第五节 非法经营罪 …………………………………………………（270）
第六节 非法转让、倒卖土地使用权罪 …………………………（272）
第七节 提供虚假证明文件罪 ………………………………………（273）
第八节 其他扰乱市场秩序罪 ………………………………………（275）
　　　（1. 串通投标罪　2. 强迫交易罪　3. 伪造、倒卖伪造的有价票证罪　4. 倒卖车票、船票罪　5. 出具证明文件重大失实罪　6. 逃避商检罪）
第九节 罪之比较与适用 ……………………………………………（277）

第十三章　妨害社会管理秩序罪(1)：扰乱公共秩序罪 …………（281）
第一节 妨害公务罪 …………………………………………………（282）
第二节 伪造、变造、买卖国家机关、公文、证件、印章罪 ……（284）
第三节 伪造、变造、买卖身份证件罪 ……………………………（285）
第四节 组织考试作弊罪 ……………………………………………（286）
第五节 非法侵入计算机信息系统罪 ………………………………（287）
第六节 破坏计算机信息系统罪 ……………………………………（289）
第七节 拒不履行信息网络安全管理义务罪 ………………………（290）
第八节 非法利用信息网络罪 ………………………………………（291）
第九节 帮助信息网络犯罪活动罪 …………………………………（292）
第十节 聚众冲击国家机关罪 ………………………………………（293）
第十一节 编造、故意传播虚假恐怖信息罪 ………………………（294）
第十二节 编造、故意传播虚假信息罪 ……………………………（295）
第十三节 聚众斗殴罪 ………………………………………………（296）
第十四节 寻衅滋事罪 ………………………………………………（298）
第十五节 组织、领导、参加黑社会性质组织罪 …………………（299）
第十六节 包庇、纵容黑社会性质组织罪 …………………………（300）
第十七节 非法集会、游行、示威罪 ………………………………（301）
第十八节 破坏集会、游行、示威罪 ………………………………（303）
第十九节 组织、利用会道门、邪教组织、利用迷信破坏法律实施罪 ……（303）
第二十节 聚众淫乱罪 ………………………………………………（306）
第二十一节 赌博罪 …………………………………………………（306）
第二十二节 其他扰乱公共秩序罪 …………………………………（308）
　　　（1. 煽动暴力抗拒法律实施罪　2. 招摇撞骗罪　3. 盗窃、抢夺、毁灭国家机关公文、证件、印章罪　4. 伪造公司、企业、事业单位、人民团体印章罪　5. 使用虚假身份证件、盗用身份证件罪　6. 非法生产、买卖警用装备罪　7. 非法获取国家秘密罪　8. 非法持有国家绝密、机密文件、资料、物品罪　9. 非法生产、销售专用间谍器材、窃听、窃照专用器材罪　10. 非法使用窃听、窃照专用器材罪　11. 非法出售、提供试题、答案罪　12. 代替考试罪　13. 非法获取计算机信息系统数据、非法控制计算机信息系统罪　14. 提供侵入、非法控制计算机信息系统程序、工具罪　15. 扰乱无线电通讯管理秩序罪　16. 聚众扰乱社会秩序罪　17. 扰乱国家机关工作秩序罪　18. 组织、资助非法聚集罪　19. 聚众扰乱公共场所秩序、交通秩序罪　20. 投放虚假危险物质罪　21. 入境发展黑社会组织罪　22. 传授犯罪方法罪　23. 非法携带武器、管制刀具、爆炸物参加集会、游行、示威罪　24. 侮辱国旗、国徽罪　25. 组织、利用会道门、邪教组织、利用迷信致人重伤、死亡罪　26. 引诱未成年人聚众淫乱罪　27. 盗窃、侮辱、故意毁坏尸体、尸骨、骨灰罪　28. 开设赌场罪　29. 故意延误投递邮件罪）

　　第二十三节　罪之比较与适用……………………………………………（320）

第十四章　妨害社会管理秩序罪(2)：妨害文物管理罪……………………（325）

　　第一节　故意损毁文物罪……………………………………………………（325）
　　第二节　倒卖文物罪…………………………………………………………（327）
　　第三节　盗掘古文化遗址、古墓葬罪………………………………………（328）
　　第四节　其他妨害文物管理罪………………………………………………（329）

（1. 故意损毁名胜古迹罪　2. 过失损毁文物罪　3. 非法向外国人出售、赠送珍贵文物罪　4. 非法出售、私赠文物藏品罪　5. 盗掘古人类化石、古脊椎动物化石罪　6. 抢夺、窃取国有档案罪　7. 擅自出卖、转让国有档案罪）

　　第五节　罪之比较与适用……………………………………………………（331）

第十五章　妨害社会管理秩序罪(3)：危害公共卫生罪………………………（334）

　　第一节　妨害传染病防治罪…………………………………………………（334）
　　第二节　妨害国境卫生检疫罪………………………………………………（335）
　　第三节　医疗事故罪…………………………………………………………（336）
　　第四节　非法行医罪…………………………………………………………（337）
　　第五节　其他危害公共卫生罪………………………………………………（339）

（1. 传染病菌种、毒种扩散罪　2. 非法组织卖血罪　3. 强迫卖血罪　4. 非法采集、供应血液、制作、供应血液制品罪　5. 采集、供应血液、制作、供应血液制品事故罪　6. 非法进行节育手术罪　7. 妨害动植物防疫、检疫罪）

　　第六节　罪之比较与适用……………………………………………………（341）

第十六章　妨害社会管理秩序罪(4)：破坏环境资源保护罪…………………（345）

　　第一节　污染环境罪…………………………………………………………（346）
　　第二节　非法捕捞水产品罪…………………………………………………（348）
　　第三节　非法狩猎罪…………………………………………………………（349）
　　第四节　非法占用农用地罪…………………………………………………（351）
　　第五节　非法采矿罪…………………………………………………………（352）
　　第六节　滥伐林木罪…………………………………………………………（354）

第七节　其他破坏环境资源保护罪………………………………………(356)

（1. 非法处置进口的固体废物罪　2. 擅自进口固体废物罪　3. 非法猎捕、杀害珍贵、濒危野生动物罪　4. 非法收购、运输、出售珍贵、濒危野生动物、珍贵、濒危野生动物制品罪　5. 破坏性采矿罪　6. 非法采伐、毁坏国家重点保护植物罪　7. 非法收购、运输、加工、出售国家重点保护植物、国家重点保护植物制品罪　8. 盗伐林木罪　9. 非法收购、运输、滥伐的林木罪）

第八节　罪之比较与适用…………………………………………………(360)

第十七章　妨害社会管理秩序罪（5）：走私、贩卖、运输、制造毒品罪……(364)

第一节　走私、贩卖、运输、制造毒品罪………………………………(364)

第二节　非法持有毒品罪…………………………………………………(367)

第三节　非法生产、买卖、运输制毒物品、走私制毒物品罪…………(370)

第四节　引诱、教唆、欺骗他人吸毒罪…………………………………(372)

第五节　其他走私、贩卖、运输、制造毒品罪…………………………(373)

（1. 包庇毒品犯罪分子罪　2. 窝藏、转移、隐瞒毒品、毒赃罪　3. 非法种植毒品原植物罪　4. 非法买卖、运输、携带、持有毒品原植物种子、幼苗罪　5. 强迫他人吸毒罪　6. 容留他人吸毒罪　7. 非法提供麻醉药品、精神药品罪）

第六节　罪之比较与适用…………………………………………………(377)

第十八章　妨害社会管理秩序罪（6）：组织、强迫、引诱、容留、介绍卖淫罪……(381)

第一节　组织卖淫罪………………………………………………………(381)

第二节　强迫卖淫罪………………………………………………………(384)

第三节　引诱、容留、介绍卖淫罪………………………………………(386)

第四节　传播性病罪………………………………………………………(388)

第五节　其他组织、强迫、引诱、容留、介绍卖淫罪…………………(389)

（1. 协助组织卖淫罪　2. 引诱幼女卖淫罪）

第六节　罪之比较与适用…………………………………………………(390)

第十九章　妨害社会管理秩序罪（7）：制作、贩卖、传播淫秽物品罪……(394)

第一节　制作、复制、出版、贩卖、传播淫秽物品牟利罪……………(394)

第二节　组织播放淫秽音像制品罪………………………………………(401)

第三节　组织淫秽表演罪…………………………………………………(402)

第四节　其他制作、贩卖、传播淫秽物品罪……………………………(403)

（1. 为他人提供书号出版淫秽书刊罪　2. 传播淫秽物品罪）

第五节　罪之比较与适用…………………………………………………(404)

第四篇　侵犯国家法益的犯罪

第二十章　危害国家安全罪 ······ (411)
第一节　背叛国家罪 ······ (411)
第二节　分裂国家罪 ······ (413)
第三节　武装叛乱、暴乱罪 ······ (415)
第四节　颠覆国家政权罪 ······ (417)
第五节　间谍罪 ······ (418)
第六节　为境外窃取、刺探、收买、非法提供国家秘密、情报罪 ······ (420)
第七节　其他危害国家安全罪 ······ (422)
（1.煽动分裂国家罪　2.煽动颠覆国家政权罪　3.资助危害国家安全犯罪活动罪　4.投敌叛变罪　5.叛逃罪　6.资敌罪）
第八节　罪之比较与适用 ······ (428)

第二十一章　走私罪 ······ (431)
第一节　走私武器、弹药罪 ······ (431)
第二节　走私淫秽物品罪 ······ (433)
第三节　走私普通货物、物品罪 ······ (435)
第四节　其他走私罪 ······ (437)
（1.走私核材料罪　2.走私假币罪　3.走私文物罪　4.走私贵重金属罪　5.走私珍贵动物、珍贵动物制品罪　6.走私国家禁止进出口的货物、物品罪　7.走私废物罪　8.其他规定）
第五节　罪之比较与适用 ······ (441)

第二十二章　危害税收征管罪 ······ (444)
第一节　逃税罪 ······ (445)
第二节　抗税罪 ······ (447)
第三节　骗取出口退税罪 ······ (448)
第四节　虚开增值税专用发票、用于骗取出口退税、抵扣税款发票罪 ······ (450)
第五节　非法制造、出售非法制造的用于骗取出口退税、抵扣税款发票罪 ······ (451)
第六节　非法出售发票罪 ······ (452)
第七节　其他危害税收征管罪 ······ (453)
（1.逃避追缴欠税罪　2.虚开发票罪　3.伪造、出售伪造的增值税专用发票罪　4.非法出售增值税专用发票罪　5.非法购买增值税专用发票、购买伪造的增值税专用发票罪　6.非法制造、出售非法制造的发票罪　7.非法出售用于骗取出口退税、抵扣税款发票罪　8.持有伪造的发票罪）

第八节　罪之比较与适用……………………………………………………（456）
第二十三章　妨害司法罪…………………………………………………………（461）
　　第一节　伪证罪………………………………………………………………（461）
　　第二节　辩护人、诉讼代理人毁灭证据、伪造证据、妨害作证罪…………（463）
　　第三节　帮助毁灭、伪造证据罪……………………………………………（466）
　　第四节　泄露不应公开的案件信息罪………………………………………（467）
　　第五节　披露、报道不应公开的案件信息罪………………………………（468）
　　第六节　窝藏、包庇罪………………………………………………………（469）
　　第七节　掩饰、隐瞒犯罪所得、犯罪所得收益罪…………………………（471）
　　第八节　拒不执行判决、裁定罪……………………………………………（474）
　　第九节　组织越狱罪…………………………………………………………（476）
　　第十节　其他妨害司法罪……………………………………………………（477）
　　　　　（1.妨害作证罪　2.虚假诉讼罪　3.打击报复证人罪　4.扰乱法庭秩序罪　5.拒绝提供间谍、恐怖主义、极端主义犯罪证据罪　6.非法处置查封、扣押、冻结的财产罪　7.破坏监管秩序罪　8.脱逃罪　9.劫夺被押解人员罪　10.暴动越狱罪　11.聚众持械劫狱罪）
　　第十一节　罪之比较与适用…………………………………………………（482）
第二十四章　妨害国（边）境管理罪………………………………………………（485）
　　第一节　偷越国（边）境罪……………………………………………………（485）
　　第二节　其他妨害国（边）境管理罪…………………………………………（487）
　　　　　（1.组织他人偷越国（边）境罪　2.骗取出境证件罪　3.提供伪造、变造的出入境证件罪　4.出售出入境证件罪　5.运送他人偷越国（边）境罪　6.破坏界碑、界桩罪　7.破坏永久性测量标志罪）
　　第三节　罪之比较与适用……………………………………………………（491）
第二十五章　危害国防利益罪……………………………………………………（495）
　　第一节　阻碍军人执行职务罪………………………………………………（496）
　　第二节　阻碍军事行动罪……………………………………………………（497）
　　第三节　破坏武器装备、军事设施、军事通信罪…………………………（499）
　　第四节　故意提供不合格武器装备、军事设施罪…………………………（500）
　　第五节　冒充军人招摇撞骗罪………………………………………………（501）
　　第六节　接送不合格兵员罪…………………………………………………（502）
　　第七节　伪造、变造、买卖武装部队公文、证件、印章罪………………（503）
　　第八节　其他危害国防利益罪………………………………………………（505）
　　　　　（1.过失破坏武器装备、军事设施、军事通信罪　2.过失提供不合格武器装备、军事设施罪　3.聚众冲击军事禁区罪　4.聚众扰乱军事管理区秩序罪　5.煽动军人逃离部队罪　6. 雇用逃离部队军人罪　7. 盗窃、抢夺武装部队公文、证件、印章罪　8. 非法生产、买卖武装部队制式服装罪　9. 伪造、盗窃、买卖、非法提供、非法使用武装部队专用标志罪　10. 战时拒绝、逃避征召、军事训练罪　11. 战时拒绝、逃避服役罪　12. 战时故意提供虚假敌情罪　13. 战时造谣扰乱军心罪　14. 战时窝藏逃离部队军人罪　15. 战时拒绝、故意延误军事订货罪　16. 战时拒绝军事征收、征用罪)

　　第九节　罪之比较与适用 ··· (512)

第二十六章　贪污贿赂罪 ··· (515)
　　第一节　贪污罪 ·· (516)
　　第二节　挪用公款罪 ·· (521)
　　第三节　受贿罪 ·· (524)
　　第四节　利用影响力受贿罪 ··· (531)
　　第五节　单位受贿罪 ·· (533)
　　第六节　行贿罪 ·· (535)
　　第七节　介绍贿赂罪 ·· (537)
　　第八节　巨额财产来源不明罪 ·· (539)
　　第九节　私分罚没财物罪 ·· (540)
　　第十节　其他贪污贿赂罪 ·· (541)
　　　　(1. 对有影响力的人行贿罪　2. 对单位行贿罪　3. 单位行贿罪　4. 隐瞒境外存款罪　5. 私分国有资产罪)

　　第十一节　罪之比较与适用 ··· (544)

第二十七章　渎职罪 ·· (548)
　　第一节　滥用职权罪 ·· (550)
　　第二节　玩忽职守罪 ·· (553)
　　第三节　故意泄露国家秘密罪 ·· (556)
　　第四节　徇私枉法罪 ·· (557)
　　第五节　民事、行政枉法裁判罪 ··· (559)
　　第六节　徇私舞弊不移交刑事案件罪 ··· (561)
　　第七节　徇私舞弊不征、少征税款罪 ··· (562)
　　第八节　国家机关工作人员签订、履行合同失职被骗罪 ···················· (563)
　　第九节　非法批准征收、征用、占用土地罪 ······································· (564)
　　第十节　放纵走私罪 ·· (567)
　　第十一节　商检失职罪 ·· (568)
　　第十二节　放纵制售伪劣商品犯罪行为罪 ··· (569)
　　第十三节　其他渎职罪 ·· (570)
　　　　(1. 过失泄露国家秘密罪　2. 执行判决、裁定失职罪　3. 执行判决、裁定滥用职权罪

4. 枉法仲裁罪　5. 私放在押人员罪　6. 失职致使在押人员脱逃罪　7. 徇私舞弊减刑、假释、暂予监外执行罪　8. 滥用管理公司、证券职权罪　9. 徇私舞弊发售发票、抵扣税款、出口退税罪　10. 违法提供出口退税凭证罪　11. 违法发放林木采伐许可证罪　12. 环境监管失职罪　13. 食品监管渎职罪　14. 传染病防治失职罪　15. 非法低价出让国有土地使用权罪　16. 商检徇私舞弊罪　17. 动植物检疫徇私舞弊罪　18. 动植物检疫失职罪　19. 办理偷越国(边)境人员出入境证件罪　20. 放行偷越国(边)境人员罪　21. 不解救被拐卖、绑架妇女、儿童罪　22. 阻碍解救被拐卖、绑架妇女、儿童罪　23. 帮助犯罪分子逃避处罚罪　24. 招收公务员、学生徇私舞弊罪　25. 失职造成珍贵文物损毁流失罪)

　　第十四节　罪之比较与适用 …………………………………………… (584)

第二十八章　军人违反职责罪 …………………………………………… (587)

　　第一节　战时违抗命令罪 ………………………………………………… (588)
　　第二节　隐瞒、谎报军情罪 ……………………………………………… (589)
　　第三节　投降罪 …………………………………………………………… (591)
　　第四节　擅离、玩忽军事职守罪 ………………………………………… (592)
　　第五节　阻碍执行军事职务罪 …………………………………………… (593)
　　第六节　拒不救援友邻部队罪 …………………………………………… (595)
　　第七节　军人叛逃罪 ……………………………………………………… (596)
　　第八节　逃离部队罪 ……………………………………………………… (597)
　　第九节　虐待部属罪 ……………………………………………………… (598)
　　第十节　其他军人违反职责罪 …………………………………………… (599)

(1. 拒传、假传军令罪　2. 战时临阵脱逃罪　3. 指使部属违反职责罪　4. 违令作战消极罪　5. 非法获取军事秘密罪　6. 为境外窃取、刺探、收买、非法提供军事秘密罪　7. 故意泄露军事秘密罪　8. 过失泄露军事秘密罪　9. 战时造谣惑众罪　10. 战时自伤罪　11. 武器装备肇事罪　12. 擅自改变武器装备编配用途罪　13. 盗窃、抢夺武器装备、军用物资罪　14. 非法出卖、转让武器装备罪　15. 遗弃武器装备罪　16. 遗失武器装备罪　17. 擅自出卖、转让军队房地产罪　18. 遗弃伤病军人罪　19. 战时拒不救治伤病军人罪　20. 战时残害居民、掠夺居民财物罪　21. 私放俘虏罪　22. 虐待俘虏罪)

　　第十一节　罪之比较与适用 ……………………………………………… (610)

后记 …………………………………………………………………………… (616)

罪刑适用导言

研究罪名和刑事责任必须以讨论罪刑关系（或罪责关系）为前提，也即犯罪与刑事责任的关系。与此相关联的还有总则与分则的关系、罪刑适用与刑法适用的关系、罪刑适用与刑法解释的关系等，以及对刑法分则理论体系和罪名体系进行梳理，以便为刑法学分论和刑法典的分则学习打下良好基础，也使得刑法分论的研究更加深入、系统和实用。

一、犯罪与刑事责任的关系

刑法总论讨论过"罪刑关系"，其准确称谓是"罪责关系"，也即犯罪与刑事责任间的关系。显然，刑法分论依然涉及这两者的关系，刑法分则主要研究的就是犯罪认定与刑事责任裁量的关系，学界也称之为定罪和量刑的关系。在刑法分则中，也可以将"罪责关系"解释为"认定犯罪和承担刑事责任的关系"，这也是刑事审判的两项重要功能，更是刑事审判活动最终追求的两大工作目标。二者的辩证关系主要表现在：(1) 二者是前因后果的关系。正因为有犯罪的发生及其认定（包括犯罪事实的确认）这一原因在前，才会有刑事责任的后果产生及其承担在后，当然最终该刑事责任必须要由行为人来承担。(2) 二者是互为前提的关系。一般而言，有犯罪才有刑事责任，犯罪是刑事责任的前提。但一个确切的犯罪概念又很抽象，也难以认定的，故最终认定一个犯罪又往往是根据该行为是否需要追求刑事责任为前提，也即犯罪的"应受刑罚惩罚性"。因此，二者又是互为前提的。(3) 二者是互为开放的关系。一方面针对所发生的犯罪事实面临如何分配或者裁量刑事责任的问题，即是说除犯罪事实外还有犯罪主体责任、认罪态度、自首、立功、犯罪的动机与目的等影响刑事责任裁量的诸多因素，以及现实的法治与社会环境等。另一方面也不只是刑事责任一个因素决定是否成立犯罪，此外还有犯罪的程度及具体数额和情节等，均可能影响或决定一个具体犯罪行为的认定。因此，在整个刑法分论研究中，深入讨论和理解二者的关系十分重要的，不仅影响定罪而且影响量刑。下面对其进行分述。

（一）定罪

定罪，顾名思义就是认定犯罪。定罪是指国家司法机关对被审理的行为与刑法所规定的犯罪成立要件之间进行相互一致确认和判定的刑事司法活动过程。① 可以说，定罪是司法机关处理每一起刑事案件必须面对的首要问题，也是人民法院最终对被告人判处

---

① 李晓明主编：《刑法学》（上），法律出版社 2001 年版，第 501—502 页。

刑罚或裁定刑事责任的重要前提。具体讲,它是以确认某人的行为是否有罪以及成立何种罪名为核心内容的确认过程,并最终影响刑罚裁量与刑罚执行的实质性后果。定罪活动自刑法产生以来就已存在,但在不同的历史时期,定罪的形式与内容也有所不同。从人类思维的发展史来看,定罪活动经历了从擅断到法定、从主观归罪到客观定罪、再到主客观相统一定罪的演变过程。从国家类型和价值判断来看,不同的社会阶段和阶级以及国家类型,对定罪的认识、判断和采纳方法也不尽相同。

作为审判活动定罪的特征包括:(1)最终定罪的主体是审判机关。正如我国《刑事诉讼法》第12条明确规定的,"未经人民法院依法判决,对任何人都不得确定有罪"。(2)被定罪的对象是被告人及其犯罪行为。在司法实践中,将犯罪行为与被告人绝对地割裂开来无益于准确认定犯罪。(3)定罪的根据是有无充分证据证明犯罪的行为事实同《刑法》《刑事诉讼法》的规定相一致。没有证据证明的事实不是犯罪事实,没有刑法明文规定为犯罪的行为不能认定为犯罪。(4)认定犯罪是一个主客观相一致的认识过程。既不能主观归罪,也不能客观归罪,而是要主客观相一致。但在刑法理论与实践上出现了主观主义刑法观和客观主义刑法观的争论与分歧。例如,针对"误把白糖做砒霜"的犯罪事实,主观主义刑法观当然地将此种行为认定为犯罪,因为从犯罪的主观要件来讲,主体要件符合且有罪过、想杀人,从犯罪的客观要件来讲,其实施了杀人的行为,理当定罪,当然属于犯罪未遂,可以比照既遂对其从轻或者减轻处罚。而客观主义刑法观却认为,白糖根本就不会出现死人的结果,这属于工具不能犯,客观上杀不死人,故根本不成立犯罪。实际上,主观主义刑法观与客观主义刑法观无所谓孰优孰劣,更谈不上谁正确谁错误,只是一种定罪的倾向与立场不同而已。但目前学界对此争论甚大,而我们的主张应当尊重和考虑社会发展与刑法进程的规律。从入罪或严密刑事法网立场上讲,包括从人类社会与刑法的发展阶段上来讲,大都先实践的是主观主义刑法观。而随着社会的进步和法治环境与人权保障的社会需求来讲,在基本完成了主观主义刑法观的历史进程之后,必然进入客观主义刑法观。故没必要不顾社会发展阶段和刑法的历史进程,而空泛地论证谁正确与谁错误。因此,在当今法治环境与历史条件下,在定罪问题上应主张倾向于主观主义刑法观的立场,待今后我国完成了入罪这一历史使命后再使用客观主义刑法观的立场。(5)定罪的结论为是否成立犯罪以及成立什么犯罪。如果认定罪名无据或证据不足,要坚持疑罪从无,宁可不定。显然,深刻认识这些特征对于准确定罪十分重要。

定罪活动一般要解决的是罪与非罪、此罪与彼罪、一罪与数罪、重罪与轻罪等问题。比较复杂的定罪需要解决的是牵连之罪、交叉之罪、吸收之罪、结合之罪、持续之罪、持有之罪、连续之罪、竞合之罪、共犯之罪、既遂之罪、未遂之罪(即未完成之罪)等问题。定罪的功能与作用主要表现在:评价功能、威慑功能、否定功能、导向功能、规制功能、正义功能、安抚功能、奠定量刑基础功能等。定罪活动的基本要求是定性准确、不枉不纵、定罪与量刑分离等。定罪要遵循的基本原则是合法性原则、公平性原则、平等性原则、有据性原则、平衡性原则、谦抑性原则等。研究和思考这些主题,无疑对于科学定罪和准确量刑均具有十分重要的意义。

(二) 量刑

量刑,顾名思义就是刑事责任裁量,注意其不同于传统意义上的刑罚裁量。具体是指审判机关在查明犯罪事实、认定犯罪性质和确定罪过大小的基础上,依法对犯罪人作出是否追究刑事责任,追究何种刑事责任,以及如何追究刑事责任和追究刑事责任轻重的司法裁判过程。如上所述,刑事责任裁量与刑罚裁量不同,刑罚裁量所涵盖的内容范围较窄,只包括刑罚,而刑事责任裁量所涵盖的内容范围较宽,不仅包括刑罚还包括承担刑事责任的其他方式,如驱逐出境、赔偿经济损失、非刑罚处罚、有罪宣告等。另外,刑事责任裁量与判刑不同,判刑只是对犯罪人判处一定刑期的活动,而刑事责任裁量还包括除刑罚之外的其他非刑罚方法等一切承担刑事责任的形式。当然刑事责任裁量与审判不同,审判包括审定犯罪和刑事责任裁量两项内容,而刑事责任裁量只是其中一项内容。深刻理解和把握刑事责任裁量的定义,对于确保刑事审判的质量具有重要意义。

量刑的主要特征:(1)量刑主体的明确性。只能是审判机关,其他任何机关和个人都不是量刑活动的主体。(2)量刑根据的确定性。即被证据证明有关犯罪行为和犯罪主体的一切主客观事实和法律规定,尤其是《刑法》和《刑事诉讼法》及相关法律的明确规定。(3)量刑内容的层级性。也即根据罪行的大小和责任轻重,以及被告人自身与量刑相关的情况,判处不同层级的刑罚及其他非刑罚处罚。(4)量刑形式的多样性。如上所述,不仅承担刑事责任的内容具有广泛性,除刑罚外还有非刑罚处罚措施、有罪宣告、赔偿经济损失、驱逐出境和剥夺军衔、责令管教或政府收容等,而且还很有可能多种刑事责任交叉与混合,多重性和多样性及交叉性并存。当今刑事责任裁量的世界性趋势:个性化、轻缓化、人性化、两极化、谦抑化、易科化,由罪刑均衡向预防效果方面转化等。刑事责任承担的发展趋势:多样化、经济化、社区化、资格化、名誉化、申诫化、非重刑化、非死刑化等。

(三) 如何处理定罪与量刑的关系

如上所述,定罪和量刑是刑事审判的两个重要环节,处理好二者之间的关系将对确保刑事审判的质量与效果至关重要,因此应当深入研究和分析。

首先,定罪是量刑的前提和基础。只有定罪精准,才能量刑合理。定罪尤其要求犯罪事实清楚,证据充分可靠,才能确保定罪精准,最终也才能够做到量刑公正合理。由此可见,定罪是量刑的必要前提和基础,没有扎实的定罪,就不可能有准确的量刑。

其次,量刑是定罪的后果和归宿。国家进行刑事审判,最终的目的是为了追究犯罪人的刑事责任,也即量刑是实现刑事责任的重要形式,也是定罪和刑事审判最终目的和必然归宿。

再次,实行定罪和量刑相互分离。长期以来,我国基本上实行的是定罪与量刑合一的诉讼模式,也即还没有定罪就去先入为主地根据所谓社会危害性及其犯罪后果的严重性来考虑量刑,甚至提着量刑幅度来寻找罪名,像许霆案等就是如此。这样的定罪模式,一方面说明我国的刑法立法技术相对滞后,尤其是每个罪名的法定刑的确立与制定并没有做到科学合理,包括罪名之间的法定刑相互之间没能做到应有的平衡。另一方面在司法机制职权主义的倾向比较严重,具体表现在先入为主、未审先定、主观判断、模糊审判、缺乏精细、没有说理等。表面上看似乎关心的是量刑,实际上强调的是定罪,如此也就必然造成定罪成为整个刑事诉讼的中心与核心,包括被告人、辩护人、被害人和社会公众及缓刑官等对刑事审判的量刑决策过程参与不足,甚至在最终量刑上不仅缺乏应有的根据,而且定罪和量刑均显得粗疏,缺乏司法应有的精细和透彻的说理。因此我们主张,只有坚持做到定罪与量刑分离,才能真正做到审判的公平与公正,而不是先入为主、依刑找罪、模糊量刑。另外,从社会矛盾的排解与消化以及定罪和量刑的制约与公平性上,英美法系的陪审团制度中定罪和量刑的分离及其职能分工,是较为科学合理的,效果也是极佳的。另外,也只有将定罪与量刑分开,才能最终解决刑事诉讼程序公正以及辩护的充分问题,并通过建构刑事责任裁量的听证程序,使控辩双方真正有效地参与刑事责任裁量的决策过程,也才能够做到司法与量刑的精细化。从而不仅可以制约和分离裁判权,还可以提升刑事审判的公开、透明和可信度,以及定罪量刑和化解社会矛盾的实际效果。增强被害人在整个刑事审判中的诉讼地位和参与程度,最终也才能够为进一步准确定罪以及规范量刑奠定基础和创造更宽松更优越的环境。

二、刑法总论与刑法分论的关系

众所周知,现代刑法体系包括刑法总论与刑法分论。我国刑法典也由总则和分则两编组成,第一编为总则,第二编为分则。刑法总则主要规定刑法的任务、基本原则、适用范围、犯罪及其各种不同形态、刑事责任、刑罚种类及其具体应用等;刑法分则主要规定各种具体犯罪及其适用的刑事责任。就刑法学研究而言,刑法总论研究的是犯罪与刑事责任的基本原理、原则以及一般性特征和规律,具有普遍性和概括性,而刑法分论研究的是具体罪名的认定及其量刑,具有个罪认定和量刑个别化的特征,以及特殊性和具体性特征。关于刑法总论与分论的关系:从大的方面来说是一般与个别、抽象与具体、普遍与特殊的关系。当然,刑法总论与刑法分论也是一种相辅相成、互补互通的关系,二者共同组成和打造了刑法学的学科及其理论体系。

传统刑法学观点认为,刑法总论是关于犯罪和刑事责任和刑罚的一般原理、原则等规范体系的概括性研究,因而对于刑法分论具有指导、概括、制约作用。[①] 显然,该种观点是建立在刑事责任只是一种犯罪与刑罚的中介或桥梁认识基础上的,并不认为刑事责任是有着自身实体内容的,如刑法、非刑罚方法和有罪宣告等。而我们认为,刑法总论是规定刑法的基本原则、指导思想与任务,并对犯罪的成立与认定以及遵守的规则和制度进行的系统性规定。它是一种犯罪与刑事责任基本原理和共性制度的规定。而刑法分论是规定各种具体罪名及其犯罪成立要件和对每一个罪应如何量刑或判处刑罚的法律,所以也是

---

① 高铭暄、马克昌主编:《刑法学》(第3版),北京大学出版社、高等教育出版社2007年版,第353页。

刑法典不可缺少的重要组成部分。由此可见,刑法总论和刑法分论是一般与个别、抽象与具体、普遍性和特殊性的一种体现刑法典内在逻辑关系和规律的刑法体系。具体而言,二者的关系主要表现在以下方面:

第一,刑法总论对于刑法分论具有制约和普遍指导意义。例如,关于犯罪主体,有自然人犯罪与单位犯罪之别。当刑法分论规定的具体犯罪涉及单位犯罪时,如果没有刑法总论对单位犯罪的概念、特征等加以一般性研究的话,势必会导致在认定每种具体犯罪的单位犯罪主体时,都需要就单位犯罪的概念、特征等进行论述。这样将会造成毫无必要的重复论述,还可能导致对单位犯罪的认定失去一般性、宏观性指导,从而造成在认定不同犯罪的单位主体时出现不必要的矛盾与冲突。正是由于刑法总论对单位犯罪的概念、特征等一般性理论有系统的研究,以适用于具体犯罪,才有效地避免了上述不足。因此,刑法总论对刑法分论具有现实的指导作用。例如,甲和乙共同谋划并实施入户盗窃犯罪,由甲在门外放风,乙入室行窃。乙在行窃时惊动室内主人丙,为抗拒抓捕将丙打成重伤。该案中,甲、乙成立盗窃罪的共犯是无疑的,但乙因为抗拒抓捕将丙打伤,转化成抢劫罪,甲则只成立盗窃罪而不能成立抢劫罪。该案中,单纯根据甲、乙之间有无共同故意认定犯罪,并不容易在定性上加以恰当区别。正是由于刑法总论对共同犯罪的基本特征与原理有系统研究,才能有效制约人们对共同犯罪的不正确认定,将超出共同故意之外等非共同犯罪情形排除在共同犯罪之外。可见,刑法总论对刑法各论的制约与作用是十分明显的。①

第二,刑法分论是对刑法总论理论的实践与运用。虽然刑法总则是关于犯罪和刑事责任的一般原理原则的规范体系,而且这些规范是认定犯罪和适用刑事责任所必须遵守的共同规则。但从一定程度上讲,刑法总论的共性理论也是诸个从刑法分论中总结出来的,且刑法分论还是对刑法总论在司法实践中的具体运用;甚至没有刑法分论,刑法总论将一事无成。尤其作为刑法总论核心内容的犯罪与刑事责任,大都是具体个罪的总结,是从形形色色个罪中抽象出来的一般原则和理论。以犯罪成立理论为例,犯罪成立包括三个要件,即犯罪客观要件、犯罪主观要件和犯罪量度要件,不具备这三个要件也就不能成立犯罪。而刑法分论是关于具体犯罪和具体刑事责任的规范体系,且这些规范明确了对各类、各种具体犯罪定罪量刑的标准。刑法总论是刑法分论原理和原则的具体体现,二者可以说是相辅相成、缺一不可的。只有把刑法总论与刑法分论紧密地结合起来才能正确地认定犯罪,确定刑事责任和适用刑罚。因此,刑法分论不仅是刑法总论的研究来源,更是对其的普遍实践及运用。

第三,刑法总论与刑法分论相互检验与完善。由于刑法总论是刑法分论存在的价值基础,因而刑法总则有关犯罪与刑罚的一般理论,必须经得起在刑法分论中的各种具体犯罪定罪与量刑的检验,反之亦然。如果刑法总论有关犯罪与刑事责任的某一理论在适用

---

① 彭文华、王昭武、吴江:《中国刑法罪刑适用》(第4版),法律出版社2013年版,第3页。

于某种具体犯罪时出现不尽合理之处,则意味着该理论需要进一步完善,否则就失去了其存在的基础。例如,刑法总论关于牵连犯的理论,在刑法分论没有特别规定时应当从一重处断,即按照牵连数罪中的最重的犯罪定罪处罚。我国《刑法》第157条第2款明确规定,以暴力、威胁方法抗拒缉私的,按照走私罪和妨碍公务罪实行数罪并罚。这一刑法分则的特别规定,也就决定了刑法总则理论中有关牵连犯"从一重处断"的原则就不可以绝对化了,从此开创了牵连犯也可以实行数罪并罚的先河。这表明,在刑法分则有关具体犯罪的定罪处罚发生变化时,刑法总论的相关理论就需要修正,以适应对具体犯罪定罪处罚的新变化和新需要。由此可见,刑法总论理论的发展与完善是离不开刑法分论的,否则刑法总论就会像一潭死水,停滞不前。

总之,刑法总论统率、引领刑法分论,为分论提供一些普遍性的规定,并具体指导刑法分论的个罪;刑法分论是刑法总论原理、原则的具体实践者,具体体现到个罪之中,刑法分论不得与刑法总论相抵触。研究和思考刑法总论与刑法分论的关系,无论对于促进刑法总论理论的发展还是对于加强刑法分论的具体司法实践,都是十分重要和有益的。

三、罪刑适用与刑法适用的关系

所谓罪刑适用,是指根据刑法对犯罪和刑事责任的规定对被告人及其行为进行定罪和刑事责任裁量的具体使用过程。罪刑适用理论对具体案件的正确定罪与刑事责任裁量具有指导意义,不仅可以解决罪与非罪,而且可以解决此罪与彼罪;不仅解决对犯罪行为的否定性评价,而且解决对可罚性评价的刑事责任追诉。研究罪刑适用,不仅有助于司法实践,而且有利于刑法理论的发展,以及对刑事立法的不断完善。因此从某种意义上说,罪刑适用就是指关于定罪和刑事责任裁量的刑法规定的具体使用,故其又可具体划分为罪之适用和刑之适用。[①]

罪之适用即定罪之适用,是刑法理论和刑事司法实践中的重点和难点问题,也是刑事审判的核心之一和关键,因为没有定罪就不可能有刑事责任的裁量。定罪适用是一项具有双向博弈目的性的过程,既为了打击犯罪也为了保障无罪的人不受刑事追究的双向目的性。需要指出的是,这种双向目的性并不是处于同等地位,保障无罪的人不受刑事追究应当是定罪的根本目的,惩罚犯罪的目的应当受根本目的的指导和制约。根据我国《刑事诉讼法》第2条的规定,这种双向目的性似乎可以并重,但我们认为这只是一种理想或理论模式,具体到案件的处理上,要么倾向于打击犯罪,要么倾向于保障人权,并不可能二者兼顾。尤其是遇到一个有争议的案件,用倾向于打击犯罪的理念指导办案就似乎倾向于认定犯罪,用倾向于保障人权的理念指导办案就似乎倾向于不认定犯罪,有时候两者是不能兼容的。因此,让公诉部门及搜集有罪的证据又搜集无罪的证据,似乎不可能完全做到,更不可能高质量地做到,因为公诉机关的主要职能就是起诉犯罪,其不可能更多地搜

---

① 李晓明主编:《中国刑法罪刑适用》(第3版),法律出版社2010年版,第611—645页。

集无罪或罪轻的证据,即便有了其也不情愿出示,所以只能靠控辩双方的取证职能与权力平衡才能真正体现出正义和公平。现行体制下,检察院既是犯罪的指控者又是法律的监督者,既当运动员又当裁判员,何以谈得上公平公正?这似乎是不可能完全做到的,甚至有欺人之谈嫌疑,故必须改变现行体制与职能分工上的分离,也只有如此才能实现真正的公平与公正。

刑之适用即刑事责任裁量之适用,更是刑法适用的重要和核心内容,因为定罪的最终目的是量刑,因此刑事责任裁量才是最终的归宿和目的。量刑适用的核心是量刑原则的坚持,我国传统观点将"以事实为根据,以法律为准绳"作为量刑的基本原则,当然也有人将其修改为"以犯罪事实为根据,以刑法规定为准绳。"但我国 2013 年修订的《刑事诉讼法》实施以后,我们提出了"以证据为根据,以法律为准绳"来替代其本质性表述,但即便如此,仍将这两句话确定为量刑原则有所不妥。因为"以事实为根据,以法律为准绳"或"以证据为根据,以法律为准绳"只是我国适用法律的一条普遍原则,并非刑法尤其是量刑的专有原则,它对量刑也并无具体指导意义。故这里提出两个新的量刑原则,一是责刑等质原则,二是依法量刑原则。

所谓刑法适用,是指国家专门机关依照法定职权与程序,将刑法中规定的犯罪及其应承担的刑事责任适用于犯罪嫌疑人或被告人的活动。刑法的核心是定罪,而审判的核心是量刑,也即罪刑适用问题。应当说,罪刑适用是刑法任务的重中之重,也是刑法操作的最终归宿。很显然,罪刑适用是包括在刑法适用之内的,是对刑法适用某一方面的具体落实。也可以说,罪刑适用与刑法适用的关系是一般与个别、整体与部分的关系。当然,二者也不是简单相加,在刑法适用中还有许多罪之适用和刑之适用共同或共性的东西,甚至刑法适用的内容大大超过了罪之适用和刑之适用的范围,比如管辖和时效问题等,均不可能分别在罪之适用和刑之适用中找到。因此,二者还是有着明显区分与不同的。具体讲二者的关系表现在以下方面:

一是点与面的关系。在刑法适用中,罪刑适用只不过是其中的两个支点(当然是其中的两个最重要的支点),此外还有管辖适用、原则适用、效力适用、解释适用和具体判例适用等。很显然,就罪刑适用与刑法适用的关系而言,二者是一个点与面关系。

二是微观与宏观的关系。我们知道,刑法适用解决的是普遍问题,带有方向性和指导性。例如,刑法基本原则的适用,包括罪责法定原则的适用,对于刑法中的所有问题都具有普遍的指导意义。因此,相对于罪刑适用而言,刑法适用显得更宏观。

三是个案与一般的关系。一般而言,罪刑适用解决的是个案问题,包括对某个具体犯罪行为的认定,以及在此前提下对其刑事责任的具体确认与追究等,大都是个案处理。而刑法适用,虽然也包括罪刑适用,但大都是一般性和普遍性的指导为最多。因此我们说,罪刑适用与刑法适用的关系是个案与一般的关系。

很显然,深入了解罪刑适用与刑法适用的关系,对于正确理解与执行刑法是十分有益的。

四、罪刑适用与刑法解释的关系

罪刑适用是刑事司法的核心内容,刑法解释是整个刑法适用依据的工具和重要支撑。众所周知,一切法律不可能完美到无需解释的地步,包括刑法也需要解释。这是因为,不仅刑法条文本身具有多义性,而且作为刑法的使用者,包括法官、检察官、律师和任何一个公民等都在刑法的理解力各有不同,所以我们必须面对刑法的解释问题,尤其优化选择对其的合理解释。

所谓刑法解释,是指立法机关、司法机关或者学者等对刑法的规定与规范如何理解、怎样适用的具体说明。如上所述,现实生活是千姿百态、千变万化的,要想将抽象的、稳定的刑法规定应用于处理具体案件,就必须对刑法进行解释,即"法律的实施以解释过程为前提"[①]。

我国刑法解释主要分为立法解释和司法解释,至于任意解释或学理解释原则上是没有法律效力的,因此主要讨论有效解释。目前学界对司法解释争论甚大,司法机关也常常出现扩张解释和越权解释,甚至出现违背法律原意的司法解释,如最高人民法院对"自首"的解释就与刑法典第 67 条的规定不同。刑法典第 67 条并没有要求只有供述"不同种类的罪行"才能构成"自首",而是只要"如实供述自己的罪行"就是自首,显然司法解释背离了立法原意。另外,由于我国最高人民法院和最高人民检察院颁布的司法解释有时会出现相互矛盾的情况,致使具体的司法适用无所适从,故应多作立法解释少作司法解释,尤其是对有争议的问题最好由最高立法机关作出中立解释,以防止司法功利,影响司法适用及其效果。在解释方法论上,我国刑法解释主要包括实质解释和形式解释,争论激烈、各不相让,故而就有折中学派的出现,认为二者均有道理。我们认为,这其实是一种理想状态,本来两个极端对立的观点怎么可能兼而用之呢?对于刑法解释方法论的选择要切合我国国情和实际,包括我国刑事法治的发展阶段。在当今我国尚未完全实现刑事法治的阶段,就应当切合刑法所规定的"罪刑法定原则",去进行形式解释,因为只有这样才有利于真正在社会上树立刑事法治的理念,使人们尽早或很快信仰法律、敬畏法律,从而为刑事法治的环境创造提供条件。果真到了我国刑事法治已经真正建立起来的时候,我们的公民已经有了相当的法治理念与基础,甚至立法技术的提高,整体民众的法制素养也就提高了。到了那个时候,为了严密刑事法网或打击犯罪,再选用刑法的实质解释来处理个案问题,不就水到渠成、一蹴而就了吗?

至于罪刑适用与刑法解释的关系,我们认为是一种理解法律或刑法方法论与具体实施法律适用的问题。显然,刑法解释及其选择是一种理解或执行法律的方法论问题,而罪刑适用包括罪之适用和刑之适用都是刑法的部分或具体适用问题。后者显然离不开前者的指导,前者也是后者在学习、研究和执行法律过程中对刑法具体应用和理解的总结。二

[①] 〔法〕勒内·达维德:《当代主要法律体系》,漆竹生译,上海译文出版社 1984 年版,第 109 页。

者相辅相成,互相促进,才能够使得刑法执行的更好。显然,刑法解释对于罪刑适用,包括司法实践具有重要意义。比如,刑法学理解释与刑法司法解释、刑法立法解释甚至刑法立法之间有着密切的联系,也就是说,刑法学理解释往往是制定刑法司法解释、立法解释甚至刑法立法的理论来源。① 学理解释的内容一旦被刑法立法解释、刑法司法解释所采纳,就具有法律效力,尤其是立法解释和司法解释直接推动罪刑适用。故刑法解释对罪刑适用具有实际的助推作用,是罪刑适用的催化剂或催生素。

---

① 例如,最高人民法院和最高人民检察院有关取消奸淫幼女罪罪名的司法解释,实际上就是在吸纳相关学理解释的基础上作出的。

第一编 | 罪刑适用基础理论

第一章 刑法分论概述

第二章 法条结构

第三章 法条竞合

第一章

刑法分论概述

实际上，我国刑法典及其立法与司法解释，以及根据刑法原理和已有判例对刑法分则适用中具体定罪量刑问题的阐发和总结等都是罪刑适用的核心内容和基础。因此，本章主要讨论刑法分论及其体系，刑法分则的修订与完善，还有刑法分则的解释方法等内容。

第一节 刑法分论及其体系

刑法分论是我国刑法的一个重要组成部分，本章也将围绕刑法分则体系进行刑法分论的讨论。所谓刑法分则体系，是指刑法分则对各种犯罪进行科学分类，并按照一定次序排列起来的有机整体。我国 1979 年刑法典将整个分则划分为 8 大类犯罪：反革命罪；危害公共安全罪；破坏社会主义经济秩序罪；侵犯公民人身权利、民主权利罪；侵犯财产罪；妨害社会管理秩序罪；妨害婚姻、家庭罪；渎职罪。1997 年修订的刑法典将整个分则划分为 10 大类犯罪：危害国家安全罪；危害公共安全罪；破坏社会主义市场经济秩序罪；侵犯公民人身权利、民主权利罪；侵犯财产罪；妨害社会管理秩序罪；危害国防利益罪；贪污贿赂罪；渎职罪；军人违反职责罪。刑法典将反革命罪或危害国家安全罪列为犯罪类型之首，表明立法者对该类犯罪严重性的重视及严厉打击的决心。1997 年修订的刑法典将贪污贿赂罪独立列为一章，也反映了立法者对反腐倡廉和从严治吏的决心。

刑法分则体系的划分是一门科学，它是建立在对犯罪科学分类的基础之上，然后再按照一定的标准和原则将各种犯罪进行合理整合进行排列的一种逻辑方法。1997 年修订的刑法典是按照涵盖面较大的法益作为分类标准进行划分的，也有一些国家按照涵盖面较小的法益作为分类标准进行划分。如日本刑法典将分则划分为 40 章，瑞士刑法典将分则划分为 19 章，奥地利刑法典将分则划分为 24 章等。我国现行刑法分则体系主要具有以下特点：

（1）原则上依据犯罪所侵犯的法益进行分类。这是因为，同类法益反映的侵害性程度基本相同或接近，放在一起有利于对同类刑法法益进行具体的分析与比较研究，更便于准确把握其性质、特征与社会危害性。这样，不仅有利于贯彻区别对待的政策，更有利于司法机关正确定罪量刑、提高刑法打击的准确性，以及其效能的充分发挥。当然也不完全是这样，如将妨害婚姻罪归入侵犯人身权利、民主权利罪，将贪污贿赂罪独立出来，就难以说是按同类法益进行的分类。

（2）依据各类犯罪所表现出的具体侵害程度对类罪进行排列。可以说，类罪的排列反映了刑法的矛头指向与打击重点，反映了立法者对各类犯罪的认识与态度。我国刑法分则基本上是按照各类法益的重要性程度，或者说是按照各类罪的具体侵害程度，由重到轻的顺序进行排列的。

（3）依据犯罪的侵害程度及犯罪间的内在联系对具体犯罪进行排列。如首先将背叛国家罪、放火罪、故意杀人罪、抢劫罪等分别安排在各章或各类罪之首；同时考虑到具体罪之间的内在联系，如放火罪之后是失火罪，故意杀人罪之后是过失致人死亡罪。

（4）依据犯罪所侵犯的主要法益对复杂法益的犯罪进行归类。我们知道，有的涉及复杂法益的犯罪所侵犯的是两种以上的合法权益，刑法分则要选择其中一个重要或主要法益对象，并将其归入一种罪的类别。如抢劫罪归入侵犯财产罪，合同诈骗罪归入破坏社会主义市场经济秩序罪等。

第二节　刑法分则的修订

就刑法的类型而言，从不同角度可以作出不同的分类，如广义刑法和狭义刑法、普通刑法与特别刑法、单独刑法和附属刑法、完备刑法和空白刑法。实践中还有实质刑法之称，具体是指虽然法律名称上不属于刑法，但其实质内容规定了什么是犯罪、犯什么罪及其应承担的刑事责任与处罚的规范性文件，如附属刑法就是这种情况。由于实质刑法容易被人忽视或轻视，故极其严重的犯罪不宜规定在实质刑法中，最好规定在刑法典和单行刑法。

刑法典与各类刑法之间的关系比较复杂，尤其是已经生效的刑法典与修订的刑法包括刑法分则的修订，直接涉及刑法及其分则的具体适用。

（一）刑法典和单行刑法之间的关系

单行刑法是刑法修订的重要形式之一。刑法典和单行刑法在制定和效力的关系上会因具体情况而有所不同。我们知道，在我国对刑法典的制定通常必须经过全国人民代表大会表决通过，而单行刑法一般只需要经全国人大常委会表决通过。但是，在过去的立法实践中，存在以单行刑法改变刑法典重大原则规定的做法。也就是说，如果需要刑法典中的内容均可通过单行刑法立法将其改掉或纠正。显然，过去的这一做法从根本上违背了立法应遵循的基本原则与规则，即少数人的意见可以轻而易举地改变绝大多数人的意见，而且似乎是"合理合法"的。因此，虽然可以通过单行刑法对刑法进行修订，但必须从两方面予以限制：一是内容上不得与刑法典相抵触，尤其在基本原则和重要内容或重大问题上，只能作为刑法典的补充，而不能改变其重大原则和内容；二是效力上不得高过刑法典，无论时间先后,在效力上均不得优于刑法典。只有这样,才能从根本上保证刑法的稳定性和公正性。尤其有人将单行刑法的普通法性质混同于特别刑法的性质更是不足取的,如此就会抬高单行刑法的地位和效力,造成立法与司法上的混乱。1979年刑法典在执行期间,总共颁布过25个单行刑法,而且这些单行刑法大部分内容都被1997年修订的刑法典所吸收;1997年修订的刑法典生效后至今,全国人大常委会只在1998年12月29日颁布过《关于惩治骗购外汇、逃汇和非法买卖外汇犯罪的决定》这一部单行刑法,之后是以刑法修正案的形式对刑法典进行修订。

(二)刑法典和刑法修正案之间的关系

刑法修正案是刑法修订的重要形式。至今我国总共颁布过九个刑法修正案。认真研究这些单行刑法和刑法修正案可以发现,除《刑法修正案(八)》和《刑法修正案(九)》对刑法总则和分则两部分内容修订外,其他七个刑法修正案以及前述单行刑法均是对刑法分则的修订。由此可见,在刑法典与刑法修订的研究内容里,尤其是刑法典与刑法修正案的研究内容里,绝大部分是对于刑法分则罪名及其法定刑的修改,像《刑法修正案(八)》和《刑法修正案(九)》如此大幅度修订刑法总则的做法是非常罕见的。全国人大常委会有无权力修订刑法的基本原则规定和取消死刑罪名,是一个非常值得思考和探讨的问题,因为这涉及全国人大常委会的修法权限究竟有多大。对于刑法的基本原则规定和取消死刑等重大事项,无论如何应该慎重,全国人大常委会修订法律的权限也应有一个明确的界限。因此,研究刑法典与刑法修正案间的关系,不仅要对其司法适用予以重视,更要对其修订权限与重大修订内容方面予以关注,以保证其合宪性。

第三节　刑法分则的解释方法

"刑法的解释就是在心中充满正义的前提下,目光不断地往返于刑法规范与生活事实的过程。"[①]刑法分则系统性地规定了具体犯罪及其法律后果,即表现为罪状(含罪名,假定条件)和法定刑(法律后果),故刑法分则的解释方法就在于对规定的条文本义以及具体的案件适用进行合理解释。

一、刑法分则的解释方法的含义

刑法分则的解释方法是指对于刑法分则具体规定的罪状和法定刑,以及司法适用进行解释,包括其所采取的文义解释、体系解释、历史解释、目的解释等一系列方法。

---

① 张明楷:《刑法分则的解释原理》(第2版上册),中国人民大学出版社2011年版,第13页。

二、刑法分则的解释方法的适用

（一）不能突破罪刑法定原则的制约

罪刑法定原则是刑法的基本原则，即法律明文规定为犯罪的要依法定罪处刑，法律无明文规定的不得定罪处刑。这要求在司法中不得随意出入人罪，任何的定罪处刑都必须以法律明文规定为限。刑法分则解释的对象是具体的罪名，而罪名又是由一系列的刑法用语进行规定的，所以在进行解释时不能超出刑法用语可能的含义，否则就可能违背罪刑法定原则。故在进行相关罪名的解释时必须考虑罪刑法定原则，防止无限扩大犯罪圈而侵犯人权或无限制限缩解释而放纵犯罪。

（二）不能超越刑法理论的发展阶段

刑事法治是法治的标志之一，而刑事法治就意味着以刑法限制国家的刑罚权，罪刑法定原则就成为我们必须坚持的底线。对比西方刑法理论的发展阶段，我国现今的刑法理论尚处于西方的刑事古典学派阶段，也即正处于树立刑事法治环境与氛围阶段。我国目前尚处在树立法律权威和建立刑事法治的阶段。当前阶段的主要任务是在于树立法律信仰，而建立法律信仰的前提，就在于要有明确的法律供大家熟知和遵守。故对于刑法分则的相关解释也要体现这一点，不能超越现有的理论发展阶段或者整体的学术研究水平而进行超越性的大跨步。

（三）不能坚持刑法解释万能说的束缚

在"法律不是批判的对象"这一观念逐渐在学界被接受以后，我们现在的分则研究不再仅仅热衷于批判立法、建议罪名的增减，而更多地转向解释相关法条。当然，这种趋势对于加强刑法规范性研究、提高刑法分则的适用水平是个好现象，但这并不说明我们不需要进行立法论方面的思考和研究。即使是再高水平的刑法解释方法，也代替不了刑事立法必要的发展。1997年修订的刑法典施行以来的九次修正，有一部分修正内容受到学界的质疑，但总体来说是适应社会发展需求的。这些修正说明了我国社会转型期刑事立法（特别是刑法分则部分）变革的复杂性，单单依靠解释无法解决所有问题。

三、刑法分则的具体解释方法

（一）文义解释

刑法分则的文义解释是指按照刑法分则罪名规定的字面含义或词语语句意义来解释和说明刑法规定的含义的方法。文义解释之所以重要，是因为具体案件事实能否被包摄到刑法概念之下并不清楚，需要对法条用语的含义进行阐释；解释无论如何不能逾越法条用语的可能含义。例如，对真正的军警人员抢劫的，能否适用我国刑法典第263条关于"冒充军警人员抢劫"的规定？此时就要对"冒充"进行文义解释，或许真正的军警进行抢劫带来的社会危害比之冒充的军警更大，但真正的军警是肯定不适用"冒充"一词，故对真正的军警人员抢劫的，不能适用我国刑法典第263条关于"冒充军警人员抢劫"的规定。

再如,对于组织卖淫罪中的"他人"是否仅限于"女性",按照文义解释。"他人"的内涵是可能包括"男性"的,故组织男性进行卖淫是可以成立组织卖淫罪的。

(二) 体系解释

刑法分则的体系解释是指根据刑法条文在整个刑法中的地位,联系相关法条的含义,阐明其规范意旨的解释方法。"体系解释意味着对刑法的解释不仅要避免刑法规范的矛盾,而且也要避免价值判断的矛盾。"① 所以,对于刑法分则的解释首先就要兼顾刑法内部条文的统一性。例如,张明楷教授认为,"在《刑法》第279条的语境中,不可能将冒充解释为假冒与充当,否则就会导致完全合法的行为也会受到刑罚处罚,因而违反刑法的正义性;但在《刑法》第263条的语境中,则可以将冒充解释为假冒与充当,否则,得出的结论就违反了刑法的正义性。"② 诚然,这或许可以实现实质上的正义,但是同一法律规定中的同一"冒充"词汇可以作出不同的解释,这是否会有破坏整体统一性的嫌疑。

(三) 历史解释

刑法分则的历史解释是指根据制定刑法时的历史背景以及刑法发展的渊源,阐明刑法条文真实含义的解释方法。进行历史解释,就意味着必须要进行相关立法资料的收集、整理与分析,例如草案的说明、立法机构的审议意见以及相关部门的说明、草案初稿以及之后具体条文更改的原因、立法者以及参与立法讨论的学者的相关论述等。对于历史解释,在很大程度上有一定的出罪作用,例如,我国1997年修订的刑法典对于流氓罪等口袋罪罪名的删除这一历史沿革,就可以为我们提供这样一个信息:对于现如今出现的一些类似流氓行为的不良行为,就不能随意的再以之前流氓罪的相关罪名入罪。

(四) 目的解释

刑法分则的目的解释是指根据刑法规范的目的,阐明刑法条文真实含义的解释方法。"目的论解释并非仅考虑整体目的,而是既要考虑整体目的,也要考虑具体目的。因为仅考虑整体目的,不一定能够得出妥当结论;只有同时考虑具体目的,才能实现具体法条的目的。"③ 例如,对于故意毁坏财物罪中的"毁坏"的含义的理解,"毁坏不限于从物理上变更或者消灭财物的形体,而是包括丧失或者减少财物的效用的一切行为。"④

对于以上的解释方法我们应该如何运用,学界有不同的观点。我国学者储槐植教授指出,"刑法解释有形式解释和实质解释之分。前者是从法条文字解释刑法规范含义,后者重在有无处罚必要。我认为,入罪条件以形式解释为主,出罪条件或从轻发落的案件则以实质解释为主。刑法典第37条免除处罚的规定即明示适用实质解释。"⑤ 陈兴良教授认为,"在一般情况下,语义解释当然是应当优先考虑的,在语义是单一的、确定的情况下,不

---

① 张明楷:《刑法学》(第4版),法律出版社2011年版,第41页。
② 张明楷:《刑法分则的解释原理》(第2版上册),中国人民大学出版社2011年版,第69页。
③ 同上书,第86页。
④ 张明楷:《刑法学》(第4版),法律出版社2011年版,第911页。
⑤ 《刑事一体化理念之弘扬暨恭贺储槐植教授75华诞学术座谈会成功举行》,http://www.criminallawbnu.cn,访问日期:2015年5月27日。

能进行超出语义可能范围的解释。但在语义非单一的、非确定的情况下,应根据立法沿革进行历史解释以符合立法精神。在这种背景下,沿革解释具有优于语义解释的效力。"[1]张明楷教授主张,"目的解释具有决定性;同时,由于罪刑法定原则的存在,文义解释也具有决定性;不过两者的决定性具有不同的含义;在对一个法条可以做出两种以上的解释结论时,只能采纳符合法条目的的解释结论。"[2]周光权教授主张:"刑法解释不仅是一个商谈的过程,也是一个反复试错的过程,而不是单向度地从文义解释出发抵达目的解释的思维过程。"[3]梁根林教授曾主张:"解释刑法时应遵循文义解释——体系解释——历史解释——目的解释——合宪性解释的先后顺序。"[4]

关于刑法分则解释方法的具体运用,应当根据我国现今刑法理论的发展阶段以及学界和司法界整体的研究水平来进行衡量。诚然,目的解释的优势在于能够在最大程度上实现实质正义,这也是我们向往追求的目标。但是,在刑事法治的建设过程中,我们更加需要的是树立法律的权威,对于刑法分则的解释我们应该在严格按照罪刑法定的原则对于刑法条文和司法适用进行文义解释的范围之内进行目的解释,同时我们也是考虑历史解释,不能违反体系解释的一般原则,以求实现刑法正义的目的。

---

[1] 陈兴良:《判例刑法学》(上),中国人民大学出版社2008年版,第65页。
[2] 张明楷:《刑法学》(第4版),法律出版社2011年版,第40页。
[3] 周光权:《刑法解释方法位阶性的质疑》,载《法学研究》2014年第5期。
[4] 梁根林:《罪刑法定视域中的刑法适用解释》,载《中国法学》2004年第3期。

第二章

法条结构

通常情况下,刑法分则中的条文均为罪状和法定刑构成,罪状含罪名或假定条件,法定刑即法律后果。如我国刑法典第263条规定:"以暴力、胁迫或者其他方法抢劫公私财物的,处3年以上10年以下有期徒刑,并处罚金……"前一句是罪状,即罪名或假定抢劫,后一句是法定刑。

第一节 罪　名

罪名研究是刑法分则的重要内容,它不仅影响到对犯罪的认定,而且影响到对具体刑事责任的裁量。故这里对刑法罪名的定义、功能、分类及其确定进行讨论。

一、罪名的定义及功能

罪名也称为犯罪名称,是具体罪质、罪征的高度概括。通常情况下罪名以罪状为基础,而罪状中包含罪名,在简单罪状的情况下对罪状的表述即为罪名。虽然罪名就是犯罪的名称,但它并不仅仅起一种称谓作用,而具有以下内在的重要功能:

(1)概括功能。罪名将千姿百态的犯罪行为征象进行高度概括,使人们通过罪名来把握各种具体犯罪特征,从而正确区分罪与非罪和此罪彼罪。这种概括具体表现在:第一,将犯罪学上的各种犯罪类型概括成刑法上的一个罪名,如犯罪学中的拦路抢劫、入室抢劫等,在刑法上用一个"抢劫罪"予以概括。第二,在罪状的基础上概括一个罪名,如我国刑法典第116条规定:"破坏火车、汽车、电车、船只、航空器,足以使火车、汽车、电车、船只、航空器发生倾覆、毁坏危险,尚未造成严重后果的,处3年以上10年以下有期徒刑。"在罪名中将其概括为"破坏交通工具罪"。

(2)个别化功能。罪名一方面将形形色色的罪行概括成一个犯罪,另一方面又使各个罪名产生独特的含义,即使罪与罪之间具有严格的区别。这就是罪名的个别化功能。如伤害罪的罪名不能表明是故意伤害还是过失伤害,故在确定罪名时表述为故意伤害罪与过失重伤罪,即可区分此罪与彼罪、一罪与数罪。

(3) 评价功能。罪名不仅能起到个别化的作用,还能起到一种评价作用,如"非法剥夺人身自由罪"就是国家对非法拘禁他人或以其他方法非法剥夺他人人身自由行为的否定评价或谴责。

(4) 威慑功能。由罪名的评价功能还可引伸出其威慑功能。国家对某种犯罪的否定评价,即警示人们要避免触犯这种罪名,因而起到了一般预防与特殊预防的作用。

二、罪名的分类

刑法罪名从不同角度可以做出不同分类,比如有理论分类、刑法典分类和教科书分类等。当然,对罪名分类的研究直接涉及犯罪类型问题。所谓犯罪类型是指按照犯罪的某些共同特征,并依据一定的标准或原则对犯罪进行系统归类的一种研究方法。

对犯罪进行类型划分的意义表现在:(1) 有助于更加科学地把握犯罪的类型和规律;(2) 有助于对不同种的犯罪进行分层研究;(3) 有助于为刑事立法提供论证根据和方案;(4) 有助于司法机关对不同类型犯罪进行科学起诉和公正审判;(5) 有助于全社会对不同种类型犯罪进行有针对性的预防和控制;(6) 有助于完善整个刑法学科尤其是刑法分论学科的体系,以促进刑法理论的发展。

(一) 罪名的理论分类

1. 类罪名与具体罪名

类罪名是某一类型犯罪的总名称,如危害国家安全罪、危害公共安全罪等。具体罪名是各种具体犯罪的名称,如抢劫罪、故意杀人罪、故意伤害罪等。由于现实生活中的犯罪都是具体的,故类罪名不能成为定罪的根据,也即不能根据类罪名来对一个犯罪行为进行定罪。而具体罪名反映的是具体罪状,故其是定罪得以引用的罪名,也可根据其定罪。

2. 单一罪名、选择罪名与概括罪名

单一罪名是指所包含的犯罪成立具体内容单一,只能反映一个犯罪行为,不能拆解使用的罪名。如故意杀人罪、故意伤害罪等不能拆解。选择罪名是指所包含的犯罪成立具体内容较为复杂,反映出各种不同的犯罪行为,既可整体使用也可拆解使用的罪名。如拐卖妇女、儿童罪可拆解为"拐卖儿童罪""拐卖妇女罪",也可整体使用"拐卖妇女、儿童罪"。概括罪名是指其包含的犯罪成立的具体内容复杂,反映出多种犯罪行为,但只能概括使用,不能拆解使用的罪名。如信用卡诈骗罪包括了使用伪造的信用卡、作废的信用卡、冒用他人的信用卡、恶意透支等四种行为,无论行为人实际实施了几种行为,均定信用卡诈骗罪。

3. 确定罪名与不确定罪名

确定罪名是指法律有明确特定表述的罪名,如偷税罪、受贿罪等都是确定罪名。不确定罪名是指法律没有明确特定的表述,定罪时可根据行为的具体情况来确定罪名。如我国刑法典第114条规定的"以危险方法危害公共安全罪",其性质与基本成立要件是明确的,但适用时不能笼统定以危险方法危害公共安全罪。如行为人在公共场所开车撞人危害了公共安全时，就要定"以驾车撞人的方法危害公共安全罪"。

(二) 罪名的刑法典分类

我国 1979 年刑法典的罪名体系由八大类罪构成，1997 年修订的刑法典的罪名体系由十大类罪构成。与国外相比，我国刑法分则的罪名体系难以按照先公益后私益或先私益后公益的顺序划分，基本上是按照所谓"同类客体"的性质或法益侵害的严重程度来排列。根据 1997 年最高人民法院《关于执行〈中华人民共和国刑法〉确定罪名的规定》、1998 年全国人大常委会《关于惩治骗购外汇、逃汇和非法买卖外汇犯罪的决定》以及《刑法修正案》(一)至(九)及相关罪名司法解释，我国刑法典的罪名分类如下：

第一章，危害国家安全罪；

第二章，危害公共安全罪；

第三章，破坏社会主义市场经济秩序罪，包括生产、销售伪劣商品罪，走私罪，妨害对公司、企业的管理秩序罪，破坏金融管理秩序罪，金融诈骗罪，危害税收征管罪，侵犯知识产权罪，扰乱市场秩序罪等 8 个类罪名；

第四章，侵犯公民人身权利、民主权利罪；

第五章，侵犯财产罪；

第六章，妨害社会管理秩序罪，包括扰乱公共秩序罪，妨害司法罪，妨害国(边)境管理罪，妨害文物管理罪，危害公共卫生罪，破坏环境资源保护罪，走私、贩卖、运输、制造毒品罪，组织、强迫、引诱、容留、介绍卖淫罪，制作、贩卖、传播淫秽物品罪等 9 个类罪名；

第七章，危害国防利益罪；

第八章，贪污贿赂罪；

第九章，渎职罪；

第十章，军人违反职责罪。

上述十大类罪名体系基本依据的是我国传统刑法理论中"犯罪客体"[①]的观点所进行的分类。但是，如重婚罪和破坏军婚罪等都不应当置于侵犯公民人身权利、民主权利类罪之中。由此可见，刑法典中关于十大类罪的划分并不科学，有待于将来刑法典修订或刑法典重新制定时进行系统调整。

(三) 罪名的教科书分类

由于受刑法分则罪名体系的影响，长期以来我国刑法教材基本上是采用刑法典分则的原有体系对罪名进行排列。有学者认为，这种理论体系是不科学的。首先，这种体系在逻辑上缺乏一致性，因此显得过于混乱；其次，这种排列方式不能反映出各类罪侵犯法益的重要程度；最后，这种体系安排不利于合理突出教学重点。[②] 对此我们赞同，且认为我国刑法教科书的罪名体系应重新整合和编排。

---

① 我国犯罪客体理论直接来源于原苏联，并逐渐将犯罪客体划分为一般客体、同类客体和直接客体三类。由此决定，犯罪类型也主要依据也主要依据犯罪同类客体来进行划分。

② 陈兴良主编：《刑法学》，复旦大学出版社 2003 年版，第 340—341 页。

如上所述,犯罪的分类从不同角度可以作出不同的分类,而且各个国家的刑法典及其教科书的分类也不完全相同。大陆法系国家基本以法益为标准对罪名进行划分,包括三分法(国家法益、社会法益和个人法益)和两分法(公法益和私法益)等,这种分类方法以法国最为典型。而且,其一般按照法益受害说理论[①]进行分类。英美法系国家的罪名基本按照行为性质和规则进行排列。如英国刑法主要包括杀人罪、非致命人身侵害罪、性犯罪、道路交通犯罪、盗窃罪及相关犯罪、伪造罪、损害财产罪、计算机滥用犯罪、诽谤罪和相关犯罪、危害公共秩序罪等。而俄罗斯刑法的罪名体系主要包括侵犯人身犯罪、经济领域犯罪、危害公共安全和社会秩序犯罪、危害国家政权犯罪等。从排列顺序看,有的国家是先公益后私益,如德国、日本和印度等;而有的国家却是先私益后公益,如法国、瑞士和俄罗斯等,后者似乎成为世界各国的一种趋势和普遍做法。

据此也可以对我国刑法分论尝试进行这种分类,具体罪名可划分为侵犯个人法益的犯罪、侵犯社会法益的犯罪和侵犯国家法益的犯罪。目前我国这三大类犯罪共计 468 个罪名,具体而言:

(1) 侵犯个人法益的犯罪。所谓个人法益是指以个人为直接法益保有人的法益。可以说,个人法益是最基本、最大量的法益。所以有人认为,个人法益不是纯为个人所享有而与社会、国家无关的法益,侵犯个人法益的行为都必然侵害社会与国家秩序方面的法益。在我国刑法典中,侵犯个人法益的犯罪集中反映在两大类罪名中,即侵犯公民人身权利、民主权利罪(42 个罪名)、侵犯财产罪(13 个罪名),共计 55 个罪名。

(2) 侵犯社会法益的犯罪。所谓社会法益是指以作为人类生活总体的社会秩序为法益直接保有人的法益。通常认为,社会法益是社会不特定多数人所公有的超越个人利益的法益。[②] 其又可具体划分为社会安宁及安全的法益、公众信用的法益、公众健康的法益、社会善良风俗的法益、社会资源保护及环境保护的法益等。在我国刑法典中,侵犯社会法益的犯罪集中反映在三大类罪名中,即危害公共安全罪(52 个罪名)、破坏社会主义市场经济秩序罪罪(84 个罪名)、妨碍社会管理秩序罪(108 个罪名),共计 244 个罪名。

(3) 侵犯国家法益的犯罪。所谓国家法益是指以作为政治组织的国家为法益直接保有人的法益。实际上国家法益是一个国家最重要的法益,没有国家哪有家庭和个人,当然它还可具体划分为国家生存法益、国家职能法益、国家外交法益和国家财产法益等。在我国刑法典中,侵犯国家法益的犯罪集中反映在九大类罪名中,即危害国家安全罪(12 个罪名)、走私罪(10 个罪名)、危害税收征管罪(14 个罪名)、妨害司法罪(20 个罪名)、妨害国(边)境管理罪(8 个罪名)、危害国防利益罪(23 个罪名)、贪污贿赂罪(14 个罪名)、渎职罪

---

① 也称为侵害法益说,产生于 18 世纪后期和 19 世纪初期,代表人物是德国的贝尔鲍姆(Birnbaum,1792—1872)。贝尔鲍姆是在分析了费尔巴哈(Ludwig Andreas Feuerbach,1804—1872)提出的"权利侵害说"难以涵盖所有犯罪侵害内容的基础上提出该学说的,并受到包括宾丁(Karl Binding,1841—1920)、李斯特(Franz v. Liszt,1851—1919)等著名学者的支持。这些学者将法益视为刑法保护的客体,并通过将法益侵害理解为犯罪的基础,进一步明确了犯罪的实质内容。

② 杨春洗主编:《刑法基础论》,北京大学出版社 1999 年版,第 267 页。

(37个罪名)、军人违反职责罪(31个罪名),共计169个罪名。

三、罪名的确定

罪名确定有两个含义:一是司法机关对已经发生的犯罪行为如何定罪或确定罪名;二是如何根据刑法典分则的规定来确定罪名。无论谁来确定罪名,都应注意罪名的合法性、科学性与概括性。

合法性是指确定罪名要以刑法规定为依据,符合立法精神。具体要求包括:(1)刑法条文规定的是简单罪状时,由于它并没有超出罪名的范围,故应将该罪状作为罪名使用,不可另定罪名;(2)凡叙明罪状、引证罪状、空白罪状中提示了罪名的就要使用其提示的罪名;(3)不得将类罪名作为具体罪名予以使用;(4)不得把刑法典总则中规定的某些情况当作罪名使用;(5)刑法典分则条文有些规定的是单一罪名,有些规定的是选择性罪名,有些规定的是数个罪名。

科学性是指罪名必须鲜明地反映具体犯罪的性质与基本特征,反映出此罪与彼罪的区别。这就需要具体犯罪的成立要件进行认真分析,找出其本质特征,科学概括其罪名。应注意的是,除法律有特别规定外,犯罪情节轻重只影响定罪量刑,而不能作为区分或确定罪名的根据。

概括性是指罪名必须高度概括具体犯罪的所有表现形式,且必须精炼简明,不能繁琐冗长。

第二节 罪 状

所谓罪状,是指刑法典分则包含罪刑关系的条文对具体犯罪及主要成立要件的描述。其特点包括:(1)罪状存在于刑法典分则的条文中,但并非每个分则条文均包含罪状。也即罪状只存在于包含有罪刑关系的分则条文之中,与法定刑相联系共同构成同一刑法典分则条文的基本内容。如我国刑法典第113条没有罪状,只有法定刑。(2)罪状是对具体犯罪及成立要件的描述,与具体罪的成立有着紧密联系。不能正确理解或准确把握罪状内容,就不可能正确认定犯罪,这一点在罪刑法定原则下尤为重要。但必须指出,任何一个罪状都不可能也无必要对每一种犯罪的全部成立要件加以描述,以避免分则条文的过分繁杂。

一、简单罪状

这是指仅写出犯罪名称,没有描述具体犯罪特征的罪状。如我国刑法典第232条中"故意杀人的"、第233条中"过失致人死亡的"等均系简单罪状。简单罪状的特点是简要概括、避免繁琐。刑法典分则中之所以大量采用简单罪状的叙述方式,就是因为这些罪征是众所周知的,勿需具体描述。

二、叙明罪状

这是指在罪刑规范中对具体罪征作详细描述的罪状。如我国刑法典第 111 条规定:"为境外机构、组织、人员窃取、刺探、收买、非法提供国家秘密或者情报的,处 5 年以上 10 年以下有期徒刑……"其特点是叙述具体,要件明确,避免歧义。刑法分则中之所以采用叙明罪状的方式,主要是因为这些犯罪成立特征具有特殊性,不为一般人所知,故难以从简要叙述中准确把握,需要作详细具体的描述。

三、引证罪状

这是指引用刑法典其他条款来说明和确定某一罪征或罪状的描述方法。如我国刑法典第 119 条第 1 款规定了破坏交通工具、交通设施、电力设备等的罪状与法定刑;第 2 款规定:"过失犯前款罪的,处 3 年以上 7 年以下有期徒刑……"其特点是条文简练、避免重复。之所以采用引证罪状,主要是因为某些犯罪的特征已在某些条文中规定,勿需重复描述。

四、空白罪状

这是指罪刑规范没有具体说明某一犯罪成立的特征,但指明了必须参照的法律法规。如我国刑法典第 345 条第 2 款规定:"违反森林法的规定,滥伐森林或者其他林木,数量较大的,处 3 年以下有期徒刑、拘役或者管制,并处或者单处罚金。"这就是空白罪状,其特点是参照其他法规,避免复杂表述。之所以采用空白罪状方式,主要是因为这些犯罪首先以触犯其他法规为前提,行为特征已在其他法规中有表述,刑法条文又难以简单表述出来,故采取"参照"其他法律的空白表述法。

值得注意的是,刑法分则中有些条文规定了两种以上的罪状可供选择,如我国刑法典第 104 条、第 347 条等;有的则是几个犯罪的基本罪状,如我国刑法典第 111 条、第 246 条等,这也是研究刑法典分则不能忽视的。

第三节 法 定 刑

所谓法定刑,是指刑法分则及其他刑事法律中的分则性规范对各种具体犯罪所规定的刑种与刑度(刑罚幅度)。法定刑的种类主要包括绝对确定的法定刑、绝对不确定的法定刑、相对确定的法定刑和浮动法定刑。

一、绝对确定的法定刑

这是指在条文中只规定单一的刑种与固定的刑度。如我国刑法典第 240 和第 317 条的规定,"情节特别严重的,处死刑,并处没收财产"。

二、绝对不确定的法定刑

这是指在条文中不规定刑种与刑度,只笼统规定对某种犯罪应予惩处。如"依法制裁""依法严惩""依法追究刑事责任"等,均为绝对不确定的法定刑。

三、相对确定的法定刑

这是指条文中规定一定的刑种与刑度,并明确规定最高刑与最低刑。其特点是为司法裁量留有空间或余地。具体分类包括:(1)规定最高限度的法定刑。即分则规范只规定刑罚的最高限度,刑罚的最低限度根据刑法总则的规定确定。(2)规定最低限度的法定刑。即分则规范中只规定刑罚的最低限度,刑罚的最高限度根据总则规定确定。(3)规定最高限度与最低限度的法定刑。即分则规范中同时规定了刑罚的最高刑期与最低刑期,勿需再根据刑法总则的规定来确定。(4)规定两种以上主刑或者规定两种以上主刑并规定附加刑的法定刑。

四、浮动法定刑

这也称浮动刑或机动刑,是指法定刑的具体期限或具体数量并非确定,而是根据一定的标准升降不居,处于一种相对不确定的游移状态。其特点包括:(1)只见之于罚金刑;(2)只适用于经济犯罪、财产犯罪;(3)刑罚(罚金)的幅度要根据案件的一定事实来确定。将罚金刑规定为浮动刑的优点是:有利于体现罪刑相适应原则,有利于考虑犯罪人的经济状况,有利于刑法的稳定性持续。

另外,应注意法定刑与宣告刑的区别。宣告刑是人民法院对具体犯罪判决宣告应当执行的刑罚。与宣告刑不同,法定刑是立法机关在制定刑法时确定的,而宣告刑是司法机关在处理具体案件时确定的;法定刑有可供选择的刑种与刑度,宣告刑只能是特定的刑种与刑度。当然,宣告刑必须以法定刑为依据,即使从轻、从重、减轻处罚时,也要以法定刑为依据。由此可见,法定刑是立法上的规定刑,宣告刑是执法中的适用刑。此外还有执行刑,也即实际执行的刑罚或实际承担的刑事责任。但有人认为,执行刑是人民法院在判决中所确定的应予执行的刑种和刑期。[①] 但这似乎等同于了"宣告刑",故有学者认为,"在特殊情况下,执行刑要低于宣告刑"[②]。如某罪犯被判处宣告刑 10 年,但在改造期间有悔罪和立功表现,被减刑 3 年,故实际执行刑期为 7 年。

[①] 何秉松主编:《刑法教科书》,中国法制出版社 1995 年版,第 531 页。
[②] 张明楷:《刑法学》(下),法律出版社 1997 年版,第 533 页。

第三章

法 条 竞 合

刑法体系是一个由一系列法条所构成的统一整体,法条是刑法体系的基本构成要素。而法条不是孤立存在的,它们之间是有机地联系着的。社会的飞速发展,社会关系的日趋复杂,导致了调整社会关系法条之间的联系也越来越纷繁复杂,经常会出现数个条文对同一犯罪行为都作出描述的现象,这种现象被称为法条竞合。尽管法条竞合经常发生,但对于一个犯罪行为来说,却不可能同时成立几种犯罪。因此,为准确地打击犯罪,更好地保护国家和人民的利益以及公民的应有合法权益,对竞合条文如何选择适用这一问题颇有研究的必要,本章拟就这个问题作一讨论。

第一节 法条竞合的概念

法条竞合是刑法适用中必然遇到的一个问题,它直接影响到犯罪的认定和刑事责任的裁量。

一、法条竞合的含义

法条竞合是指由于法律错综复杂的规定,致使一个犯罪行为表面上同时符合数个法律条文规定的犯罪成立,表面上可以适用数个条文的罪名,但实质上只符合一个罪名的犯罪成立,或者虽然符合数个犯罪成立的要件,但法律规定只能追究一个罪名刑事责任的情形。

由于现实生活中的犯罪复杂多样,而刑事立法却只能以高度抽象和概括的语言及有限的条文来描述罪状、规定罪名。这一矛盾,既使得同一条文可对多个犯罪行为适用,也使得一个犯罪行为可能符合数个条文的规定。后一种情形导致了司法实践中对犯罪的规定并不像理论上阐述的那样清楚,即此罪为此罪、彼罪为彼罪。有的犯罪行为既是独立的,同时又被包容在另一个犯罪行为之中,而成为另一个犯罪行为的一部分,也有的犯罪行为的一部分被包容在另一犯罪行为的一部分之中,形成此罪中包容有彼罪、彼罪中包容有此罪的情形。在我国刑法分则条文的规定中,有的法条规定的犯罪可能是另一法条规定的犯罪的一部分,或者一个法条规定的犯罪的一部分可能是另一个法条规定的犯罪的一部分。这样就会产生一个犯罪行为同时符合数个法条规定的犯罪成立的情形,也即法条竞合。如我国刑法典中规定的保险合同诈骗罪,既符合刑法典第 266 条诈骗罪的成立要件,又符合第 198 条诈骗罪的成立要件。由于行为人主观上只有一个犯罪故意,客观上只实施了一犯罪行为,也即只符合一个犯罪成立,虽然两个法条都对该行为作了规定,但是在处理时只能按照一个法条定罪量刑,从而排除了其他法条的具体适用,这就是刑法中的法条竞合现象。

二、法条竞合的特征

(一) 行为人实施了一个犯罪行为

这是法条竞合最基本的特征。至于何为"一个行为",学术界见仁见智,众说不一,主要有"自然行为说""社会行为说""犯意行为说""法律行为说"等。这些观点或以结果,或以性质,或以犯意,或以犯罪成立的个数,来区分一罪与数罪,虽各具价值,但也有失偏颇之嫌。只有"因果关系说"综合考虑行为、结果、行为与结果之因果关系这些客观要素来设定"一行为"的标准,兼采"自然行为说"与"社会行为说"之长,较为科学。根据"因果关系说"的观点,一行为包括"行为人的一个身体动作造成一个危害社会的结果(即一因一果)的,是一个行为;一个身体动作造成数个危害社会的结果(即一因多果)的,是一个行为;数个身体动作造成一个危害结果(即多因一果)的,也是一个行为",而"数个不同性质的身体动作造成数个危害结果(即多因多果)的,是数个行为。"[①]作为法条竞合犯,学术界几乎一致公认其为"单纯之一罪"("同一犯罪行为,而触犯数法律时,仅适用一法律而排斥其他法律,其罪之本身为单纯之一罪"[②]),即行为人基于一个罪过实施了一个犯罪行为。故只要按前述标准,确定了行为人实施了一个犯罪行为,且该行为是基于一个罪过(故意、过失在所不问),而不同的法条对该行为均有表述,就有构成法条竞合的可能性。

(二) 一个犯罪行为同时符合数个法条所规定的罪质不同的犯罪成立

法条竞合不仅是一行为触犯数个法条,而且是数个法条所规定的犯罪成立必须具有不同的性质。只有在不同罪质的犯罪之间才能构成法条竞合,如果是同一罪质的成立要件和刑事责任规定在不同的法条之中,则不能认定为法条竞合。如我国刑法典第 339 条规定了行贿罪的成立要件,第 390 条规定了其刑事责任。二者只不过分别规定了行贿罪的成立要件和法定刑,罪质并无二致。因此,虽然表面上是一行为触犯了两个法条,但并不发生法条竞合,因为其仍然是同一个行为性质的问题。

(三) 一犯罪行为所符合的数个犯罪成立之间具有重合关系

所谓重合关系,包括两种情况:一是全部重合(也称包容关系),二是部分重合(也称交

[①] 姜伟:《犯罪形态通论》,法律出版社 1994 年版,第 430 页。
[②] 翁国梁:《中国刑法总论》,台湾正中书局 1970 年版,第 189 页。

叉关系)。所谓全部重合,是指一个法条的全部内容为另一法条内容的一部分。如我国刑法典第266条规定的诈骗罪和第192条所规定的集资诈骗罪,前者规定的内容是后者的一部分,两个法条全部重合。部分重合是指一个法条内容的一部分为另一法条内容的一部分。如我国刑法典第266条规定的诈骗罪与第279条规定的招摇撞骗罪,只是客观要件的行为性质重合,而具体行为内容并不重合,故两者只是部分重合的关系。

(四) 只有一个法条规定的一个犯罪成立可以恰当、全面地评价犯罪行为

这种法条适用上的从一性和排他性,是法条竞合的最根本的特征,也是它区别于想象竞合的最显著特征。而这一特征是因为评价同一行为数个法条所规定的数个不同犯罪成立之间具有的重合关系所造成,故这种重合(包括完全重合和部分重合)导致了竞合法条中的某一法条产生了涵盖性和替代性,从而使该法条规定的犯罪成立最符合所评价的犯罪行为特征。而在想象竞合中,因为评价某一犯罪行为的数法条所规定的犯罪成立,彼此没有任何联系,导致他们无一可以单独、全面地评价该行为,故必须以数个罪名对该行为进行多重评价,只是在量刑时才择一重适用。

(五) 法条竞合是刑法条文间客观的、必然的联系,不以任何具体犯罪为联系的中介

这也是法条竞合区别于想象竞合的一个重要特征。就想象竞合犯而言,"想象竞合犯中规定不同种罪名的数个法条之间发生关联,是以行为人实施特定的犯罪行为为前提或中介"[①],各法条之间的联系是偶然的、临时发生的,只是在出现具体的犯罪行为时,人们才凭主观认识把几个法条联系在一起。因此在制定法律时难以预见。而法条竞合情形的出现,从根本上讲取决于某些刑法条文规定的犯罪成立具有重合关系,因此才出现了竞合的结果,该结果于立法时即可预见,通过对法条的研究亦不难认识,从一定程度上讲法条间的联系是客观的、必然的,与具体犯罪行为发生与否无关。

三、法条竞合的本质

法条竞合的本质是犯罪成立的竞合与冲突,而非罪名的竞合。法条竞合只是一个犯罪行为发生了一种侵害结果,侵犯的是一个法益,而不产生成立几个罪的问题,只是由于法律条文的错综复杂,因而可以对该行为进行评价的法条不止一个,即数个法条竞合在一起。而竞合的数个法条又是靠各自规定的不同的犯罪成立将其联系在一起的,这种联系体现为各法条规定的犯罪成立之间具有重合关系(包括全部重合和部分重合),而这种重合关系又使其中的某一法条产生了涵盖性和替代性,从而使该法条成为最符合所评价的犯罪行为的本质特征、能够排他适用的条文。所以,法条竞合实际上是犯罪成立的竞合,具体表现为一行为触犯的数个法条规定的犯罪成立之间具有重合关系。

---

① 高铭暄主编:《刑法学原理》(第2卷),中国人民大学出版社1993年版,第530页。

第二节　法条竞合的分类

所谓法条竞合的分类,是指依据不同的标准、从不同的角度对法条竞合现象进行整理和划分,从而形成由各种法条竞合形态所建构的体系。法条竞合的分类,对于深刻理解法条竞合的本质,掌握法条竞合的特征和适用原则具有重要意义。根据不同标准,可以对法条竞合作如下分类。

一、从表现形式对法条竞合进行分类

依法条竞合在我国刑法分则中的表现形式可分为以下类型:

(1) 因犯罪主体形成的法条竞合。如军人战时造谣惑众,动摇军心的行为,既符合刑法典第433条的成立要件,又符合第378条的成立要件。

(2) 因犯罪对象形成的法条竞合。如与现役军人配偶结婚的行为,既符合刑法典第258条重婚罪的成立要件,又符合第259条破坏军人婚姻罪的成立要件。

(3) 因犯罪目的形成的法条竞合。如以牟利为目的,传播淫秽物品的行为,既符合刑法典第363条第1款规定的成立要件,又符合第364条规定的成立要件。

(4) 因犯罪手段形成的法条竞合。如冒用他人名义签订合同骗取财物的行为,既符合刑法典第224条的合同诈骗罪的成立要件,又符合第226条的诈骗罪的成立要件。

(5) 因危害结果形成的法条竞合。如刑讯逼供致人伤残的,既符合刑法典第234条的故意伤害罪的成立要件,又符合第247条的刑讯逼供罪的成立要件。

(6) 同时因手段、对象等形成的法条竞合。如以特定手段诈骗贷款的行为,既符合刑法典第266条诈骗罪的成立要件,又符合第193条的贷款诈骗罪的成立要件。[①]

二、从逻辑角度对法条竞合进行分类

从逻辑学的角度对法条竞合进行分类,是指从数个法条所规定的犯罪成立的内涵和外延的角度,对法条竞合进行的分类。目前学界较为深入、系统的对法条竞合的分类是四类型说。

(一) 独立竞合

独立竞合是指一法条所包含的成立要件在范围(即外延)上为另一法条所包括,数法条对竞合内容在逻辑上都可以评价的情形。如重大责任事故罪(刑法典第134条)与教育设施重大安全事故罪(刑法典第138条)之间、交通肇事罪(刑法典第133条)与重大飞行事故罪(刑法典第131条)之间即是独立竞合关系。

[①] 苏惠渔主编:《刑法学》,中国政法大学出版社1999年版,第393页。

（二）包容竞合

包容竞合是指一法条所包含的成立要件在内容（即内涵）上为另一法条成立要件所包容，内涵丰富的法条可全面评价所竞合的内容的情形。如故意杀人罪（刑法典第232条）与放火、爆炸、投毒或以其他危险方法致人死亡罪（刑法典第115条）之间的关系，即属此类。

（三）交互竞合

交互竞合是指两法条交叉重合，所竞合的正是法条间交叉重合的部分的情形。在形式上两法条对所竞合的内容都可以评价，如重婚罪（刑法典第258条）与破坏军婚罪（刑法典第259条）之间即是交互竞合关系。

（四）偏一竞合

偏一竞合是指两法条交叉竞合，具体竞合的内容超出交叉部分而偏向内涵丰富的法条的情形下，只有一个法条可对行为予以全面评价。如非法搜查罪和非法侵入住宅罪的法条之间就是偏一竞合关系。

以上分类虽较为详细，但笔者认为，此种划分稍嫌繁琐，容易在理论上产生混乱。根据前述关于法条竞合特征及本质的论述，法条竞合的本质是犯罪成立的竞合，它表现为数个法条所规定的犯罪成立之间的重合关系——全部重合（包容关系）与部分重合（交叉关系）。据此，可以将所谓"独立竞合"与"包容竞合"合在一起称为包容竞合，因为这两种情形虽然分别从外延与内涵两个角度对竞合进行了剖析，但最终结果是相同的，即一法条的全部内容成为另一法条内容的一部分，从而形成了全部重合的关系。至于在交叉关系中再划分出交互竞合与偏一竞合更是大可不必，可将二者合并在一起称之为交叉竞合。因此，法条竞合划分为两类：一是包容竞合，即指甲法条所规定的犯罪成立要件在外延上大于或内涵上多于乙法条所规定的犯罪成立要件；二是交叉竞合，即指甲法条所规定的犯罪成立要件在外延上与乙法条所规定的犯罪成立要件部分交叉、重叠或重合。

第三节　竞合法条的适用原则

竞合法条的适用原则，是指在法条竞合状态下如何正确选择和适用法条恰当地定罪量刑的基本指导思想和行为准则。它通用于法条竞合的各种具体形态，贯穿于竞合法条选择与适用的全过程。面对纷繁复杂的法条竞合形态，选择和适用法条必须遵循一定的原则，而不能随意取舍，更不能同时适用相竞合的法条。但是，究竟该采取何种原则来选择和适用竞合法条中的某一条？对此问题，学术界至今未能达成共识。

一、关于竞合法条适用原则的各种观点

（一）普遍原则与特殊原则结合说

该学说主张在通常情况下适用特别法优于普通法原则，按特别法的规定定罪量刑。

但在依照特别法定罪量刑较轻,不能做到罪行相适应时,便按照处罚更重的普通法来定罪量刑,即采用重法优于轻法原则。①

（二）两原则说

该学说主张在特别法与普通法相竞合的情况下,依照特别法定罪量刑;在实害法与危险法相竞合的情况下,依照实害法定罪量刑。②

（三）两原则＋补充原则说

该学说主张在法条重合的情况下,应根据特别法优于普通法的原则,适用特别法;在法条交叉的情况下,应根据复杂法优于简单法的原则,适用复杂法。此外,在采用上述两原则而出现处刑过轻的结果时,应以重法优于轻法的原则作补充,适用重法而不适用轻法。③

（四）三原则说

该学说主张对不同的法条竞合分别采取三种不同的原则:对特别竞合犯,适用狭义法优于广义法的原则,按狭义法定罪量刑;对包容竞合犯,采用全部法优于局部法的原则,按全部法定罪量刑;对局部竞合犯和偏一竞合犯,采用复杂法优于简单法的原则,按复杂法定罪量刑。④

（五）四原则说

该学说主张对不同的法条竞合分别采取四种不同的原则。在采用此说的论者中,又有三种不同的具体主张:一是主张对独立竞合采取特别法条优于普通法条的原则;对包容竞合采取全部法条优于部分法条的原则;对交互竞合采取重法优于轻法的原则;对偏一竞合采取基本法条优于补充法条的原则。⑤ 二是主张对特别法与普通法的竞合,采取特别法优于普通法的原则;对实害法与危险法的竞合,采取实害法优于危险法的原则;对狭义法与广义法的竞合,采取狭义法优于广义法的原则;对重法与轻法的竞合,采取重法优于轻法的原则。⑥ 三是主张用"复杂法优于简单法"的原则取代上述第二种主张中的狭义法优于广义法的原则,其他三项原则与第二种主张完全相同。⑦

（六）多原则说

该学说主张对一种类型的法条竞合分别情况,采用多种不同的原则,即对局部竞合,区分不同法律（或法规）之间的竞合与同一法律（或法规）之间的竞合两种情况,分别采取特别法优于普通法、狭义法优于广义法的原则;对全部竞合,分为因罪名而全部竞合、因情节而全部竞合以及因结果而全部竞合的不同情况,采用全部法优于局部法、重法优于轻法

---

① 王作富主编:《中国刑法适用》,中国人民大学出版社1987年版,第296—297页。
② 马克昌:《想象的数罪与法规竞合》,载《法学》1982年第1期。
③ 高铭暄等主编:《新中国刑法的理论与实践》,河北人民出版社1988年版,第379—380页。
④ 姜伟:《犯罪形态通论》,法律出版社1994年版,第420—421页。
⑤ 陈兴良等:《法条竞合论》,复旦大学出版社1993年版,第161—164页。
⑥ 杨敦先、张坚钟:《论刑法中的法规竞合》,载《北京大学学报》1986年第3期。
⑦ 王勇:《定罪导论》,中国人民大学出版社1990年版,第166—167页。

或实害法优于危险法的原则；对局部竞合和偏一竞合，则采用复杂法优于简单法的原则。①

二、本书主张特别法优于普通法

前已述及，竞合法条的适用原则是在法条竞合状态下选择和适用恰当法条的指导思想和基本准则，它应通用于各种法条竞合状态和类别，对形形色色的法条竞合关系中的法条适用都有指导意义。那种每遇到一种竞合情况就制定一种"原则"的作法是不可取的，这样制定的"原则"大多数是应急之作，只能适用于此时此地，一旦条件有变，移之于彼时彼地恐怕就难以奏效了。因此，这样的所谓"原则"充其量只能称为"技巧"或"经验"，而不能成为屡试不爽、一以贯之的恒久"原则"。通过对上述种种"适用原则"的分析和考察可以发现，能够上升为原则指导各种法条竞合状态下法条选择和适用的，只有特别法优于普通法这一原则。理由详述如下：

(1) 从本质上看，特别法优于普通法原则是由法条竞合的本质决定的。法条竞合的本质是犯罪成立的竞合，而犯罪成立的竞合源于法律对同一行为用数个条文作了错综复杂的规定。即法律对某些犯罪现象，分多种情况作了规定。其中，有的适用于一般场合；有的附加了特别条件，适用于特别场合。前者是普通法，后者是特别法。这种特别法与普通法的竞合关系，既可能表现为相异法律之间普通刑法条文与特别刑法条文的关系，也可能表现为同一法律内部条文之间的普通条款与特别条款的关系。例如，军人偷越国(边)境外逃，既触犯我国1979年刑法典第176条，又触犯我国《惩治军人违反职责罪暂行条例》第7条，这一行为同时触犯普通刑法和特别刑法，即普通刑法与特别刑法相竞合的情形。再如，与现役军人配偶结婚的行为，既符合我国现行刑法典第259条破坏军婚罪的成立要件，又符合第258条重婚罪的成立要件。这是一行为同时触犯同一法律内部的普通条款和特别条款的适例。

(2) 前述各种学说所列举的所有法条竞合的类型都可概括为普通法与特别法的关系，甚至所提出的各种适用原则均可用特别法优于普通法的原则取而代之。

第一，关于实害法与危险法。把实害法与危险法相竞合作为法条竞合独立类型的论者认为，实害法是规定发生法定的实际危害结果为某种犯罪成立必要要件的法规(或条文)。危险法是不要求某种危害结果发生，而规定只要有发生某种实际危害结果的危险即成立犯罪的法规(或条文)，如我国刑法典第116条规定破坏交通工具尚未造成严重后果的，与刑法典第119条规定破坏交通工具造成严重后果的，即为危险法与实害法的关系。一行为如同时触犯实害法与危险法时，适用实害法。② 但是，我们认为，当法律规定只要有发生某种实际危害结果的危险即成立犯罪时，这种有发生危害结果的危险而尚未发生

---

① 陈兴良等：《法条竞合论》，复旦大学出版社1993年版，第137—138页。
② 高铭暄主编：《新中国刑法学研究综述》，河南人民出版社1986年版，第507页。

的情形是该种犯罪的基本类型。如果结果已经发生而法律又规定有单独的法定刑,那就是该种犯罪的加重类型。相对于基本类型,加重类型是附加了"结果已经发生"这一特定条件的。所以,所谓"危险法"实际上是适用于危险犯的普通法,而"实害法"则是适用于"结果已发生"这种特定情形的特别法。适用"实害法优于危险法"的原则,其结果与采用特别法优于普通法的原则是一致的。[①]

第二,关于复杂法与简单法。主张法条竞合存在复杂法与简单法相竞合现象的论者认为,规定侵犯两种以上社会关系(复杂客体)的犯罪的条文是复杂法,规定侵犯一种社会关系(简单客体)的犯罪的条文是简单法。两者相竞合时,应根据复杂法优于简单法的原则适用复杂法。如采用危害公共安全的放火方法杀人的行为,它既符合我国刑法典第232条故意杀人罪的成立要件,又符合刑法典第114条,放火罪的成立要件。由于放火罪是复杂客体的犯罪,是复杂法,而故意杀人罪是单一客体的犯罪,是简单法。根据复杂法优于简单法的原则,应适用刑法典第114条,定放火罪。[②] 笔者认为,所谓复杂法和简单法的竞合,无非是说规定复杂客体的犯罪的法条与规定简单客体的犯罪的法条相竞合,其中简单客体是复杂客体的一部分。也就是说,复杂客体的犯罪是在简单客体的犯罪的基础上,附加了客体这一特别条件。由此而论,所谓简单法实际上就是普通法,复杂法即为特别法,采用特别法优于普通法的原则与适用复杂法优于简单法的原则其客观效果完全一致。[③]

第三,关于狭义法与广义法、全部法与局部法。主张法条竞合可作如此分类的学者认为,狭义法是特别竞合犯中适用范围较小的法条,广义法是特别竞合犯中适用范围较大的法条。规定盗伐林木罪的法条与规定盗窃罪的法条之间就存在这种狭义法和广义法的规定相竞合的关系,应根据狭义法优于广义法的规定,适用狭义法。[④] 所谓全部法是指规定包括另一犯罪成立全部要件的复合犯罪成立的法条;局部法是指规定被另一犯罪成立所包容的单一犯罪成立的法条。如非法搜查罪和非法侵入住宅罪,就属于全部法与部分法相竞合的关系,应按照全部法优于部分法的原则适用全部法。[⑤] 我们认为,所谓狭义法,之所以比广义法的适用范围小,无非是在广义法的基础上附加了特别适用条件,以盗伐林木罪为例,它与盗窃罪相比,之所以成为"狭义法",是因为其盗伐的是林木这一特定对象。由此不难发现,狭义法与广义法实质上是特别法与普通法的关系,其所采用的狭义法优于广义法的原则,也只不过是与特别法优于普通法的原则在提法上不同而已。另外,全部法所规定的犯罪成立既然包括了另一犯罪成立的全部要件,那就意味着它是在另一犯罪成立要件的基础上附加了特别要件,相对于局部法而言,它无疑是特别法。因此,全部法与

---

① 刘明祥:《法条竞合的范围和适用原则》,载《检察理论研究》1996年第4期。
② 高铭暄等主编:《新中国刑法的理论与实践》,河北人民出版社1988年版,第380页。
③ 刘明祥:《法条竞合的范围和适用原则》,载《检察理论研究》1996年第4期。
④ 姜伟:《犯罪形态通论》,法律出版社1994年版,第420—421页。
⑤ 高铭暄等主编:《新中国刑法的理论与实践》,河北人民出版社1988年版,第380页。

局部法的关系,同样可以说是特别法与普通法的关系,采用全部法优于局部法的原则,也与采用特别法优于普通法原则的结论一致。①

（3）把特别法优于普通法的原则适用于所有法条竞合现象,在理论上简单明了,在实践中便于掌握,可达到以简驭繁、以不变应万变的效果。而把法条竞合分为形形色色的种类,一一赋予相对应的原则,不仅在理论上显得纷繁芜杂,而且在实践中也难以操作,让人无所适从。因此,尽管不少学者把法条竞合分为各种各样的类型,但仍有一些有识之士始终认为法条竞合实质上是特别法与普通法的竞合,一般应采用特别法优于普通法的原则来选择适用法条。②

因此,我们的主张是特别法优于普通法,只有这样才能体现出立法及时性和有效性的优势。

三、重法优于轻法原则不能作为特别法优于普通法原则的补充

目前学术界一个较为流行的观点是,重法优于轻法原则可以作为特别法优于普通法原则的例外而补充适用。持该论者认为,一般不能适用重法优于轻法原则,但在特殊情况下,即按特别法定罪处刑轻,不能做到罪刑相适应,而按普通法定罪处刑重,反而能做到罪刑相适应时,可以重法优于轻法原则为补充,适用处刑重的普通法定罪。因为在这种情况下,存在着特别法所规定的犯罪向普通法所规定的犯罪转化的现象,而不存在违背罪刑法定原则的问题。另外,选择重法也是罪刑相适应原则的基本要求。③

以上观点并不是空穴来风,它的提出既有立法上的依据,又有司法实践的证明。因为不论是我国的刑事立法还是最高人民法院的司法解释都对法条竞合情况下的法条适用规定有重法优于轻法的倾向或原则,司法实践中的此类做法更是不胜枚举。如 1987 年最高人民法院、最高人民检察院《关于办理盗伐、滥伐林木案件应用法律的几个问题的解释》第3条,曾规定盗伐林木数额巨大的,应依盗窃罪（1979 年刑法典第 152 条,普通条款,重法）来量刑,罪名仍定为盗伐林木罪（1979 年刑法典第 128 条）,却不按盗伐林木罪（特别条款,轻法）来量刑;1987 年 11 月最高人民法院、最高人民检察院《关于依法严惩非法出版活动的通知》第 2 条规定,制作、贩卖淫书淫画非法获利数额巨大或情节严重的,按照投机倒把罪（1979 年刑法典的罪名,普通条款,重法）论处,而不按制作贩卖淫书淫画罪（特别法,轻法）论处。我国现行刑法典第 149 条第 2 款规定:"生产、销售本节第 141 条至第 148 条（注:特别条款）所列产品,成立各该条规定的犯罪,同时又成立本节第 140 条（注:普通条款）规定之罪的,依照处罚较重的规定定罪处罚。"该条也认可了重法优于轻法的原则。那么,是否可以根据立法和司法实践中的这些做法就把重法优于轻法的做法上升为处理法条竞合的一项补充适用或原则呢?笔者认为是极为不妥,因为其存在以下致命的缺陷。

---

① 刘明祥:《法条竞合的范围和适用原则》,载《检察理论研究》1996 年第 4 期。
② 苏惠渔主编:《刑法学》,中国政法大学出版社 1999 年版,第 395—396 页。
③ 姜伟:《犯罪形态通论》,法律出版社 1994 年版,第 423—424 页。

(1) 重法优于轻法原则曲解了法条竞合的本质,违背了刑事立法原意。前已述及,法条竞合的本质是犯罪成立要件的竞合,它虽体现为一行为符合数法条,但实际上是由于这数法条之间存在着特别法与普通法的关系,特别法条所规定的犯罪成立,总是在普通法条所规定的犯罪成立的基础上附加了特别的成立要件,因此符合特别法条所规定的犯罪成立要件的行为是普通法条的犯罪成立要件所不能评价的,只有适用特别法条才最恰当。"采用重法优于轻法的原则,排斥适用特别法,反而适用不能全面评价该行为的普通法,这与制定特别法的宗旨相背离,也不符合犯罪构成(成立)的理论。"①

(2) 适用重法优于轻法原则是司法权对立法权的僭越,有违罪刑法定原则。主张补充适用此原则的论者认为,在特殊情况下按特别法定罪处刑轻不能做到罪刑相适应,而按普通法定罪量刑重,反而能做到罪刑相适应。显然,这种观点是与罪刑法定原则也是格格不入的。因为,立法者既然设立具有特别和普通关系的法条,就应当考虑到与成立要件设置相协调的法定刑合理设置问题,出现特别法法定刑比普通法法定刑轻的不合理现象,应由立法者负责,对罚不当罪的情况只能通过修改刑法的方式解决,而不能任意采用重法优于轻法省事办法来作为普遍原则适用。至于在司法实践中,尤其是在法无明文规定时采用这一原则处理案件,也就等于用司法原则改变了刑事立法的罪刑单位,更有破坏罪刑法定和司法解释高于立法之嫌。再者,由于人们对何种情形下适用重法优于轻法原则理解不一,故可能出现对同样行为有的适用重法、有的适用轻法的不统一现象。

(3) 立法和司法解释中重法优于轻法原则的采用,或为弥补立法漏洞的无奈之举或为应一时之急的权宜之计,但不能据此确立普遍使用的原则或规则。如1987年9月《关于办理盗伐、滥伐林木案应用法律的几个问题的解释》(现已废止)之所以作出重刑选择,是因为随着犯罪形势的发展,1979年刑法典128条盗伐林木罪法定刑太低(最高刑为3年),难以有效地惩治犯罪分子。但最高司法机关也清醒地认识到特别法优于普通法应为普遍原则,因此万般无奈之下对盗伐林木情节严重的犯罪行为采取了罪名定盗伐林木罪(特别条款),但按盗窃罪(普通条款)处罚这样一种不伦不类的做法。再如1987年《关于依法严惩非法出版活动的通知》(现已废止)对制作贩卖淫书淫画非法获利数额巨大,情节严重的犯罪适用投机倒把罪,也是为了弥补特别法因情势变迁而无法体现罪刑相适应原则的缺憾。又如我国现行刑法典关于生产、销售伪劣产品罪第八条以特定产品为对象的生产、销售伪劣商品罪的定罪处刑方法,是为弥补这一部分罪刑结构方式设置不合理的漏洞。

综上所述,我们认为,法条竞合状态下的法条适用原则有且只有一个,那就是特别法优于普通法原则。当然,对法律明文规定按重罪(普通法)定罪的案件,尽管它有缺陷,尽管将来要修改,但按罪刑法定的要求,我们仍须按重罪(普通法)定罪量刑。除此之外,我们应一律遵循特别法优于普通法的原则来处理法条竞合问题,以体现应有的法治精神和司法的公正性。

---

① 刘明祥:《法条竞合的范围和适用原则》,载《检察理论研究》1996年第4期。

第二编 | 侵犯个人法益的犯罪

第四章　侵犯公民人身权利、民主权利罪

第五章　侵犯财产罪

第四章

侵犯公民人身权利、民主权利罪

侵犯公民人身权利、民主权利罪,是指故意侵犯公民的人身权利、民主权利,或者过失地侵犯公民的生命权、健康权,依法应负刑事责任的行为。

本章犯罪侵犯的法益为公民人身权利与民主权利。所谓公民的人身权利,是指公民依法享有的与其人身不可分离的权利,包括生命权、健康权、性自主权、人身自由权、名誉权、婚姻家庭权、身体与住宅安宁权等内容。在 1994 年 3 月 1 日生效的《法国刑法典》和 1997 年 1 月 1 日生效的《俄罗斯联邦刑法典》中,侵犯人身权利的犯罪均被列为刑法分则的第一章,打破了侵犯国家法益犯罪始终位于刑法分则第一章的传统,由此显示了立法者对公民人身权利的高度尊重与重视。公民的民主权利,是指公民依法享有的参加国家管理和社会政治活动的权利。民主权利属于政治权利范畴,包括选举权、被选举权、批评权、申诉权、控告权、举报权、民族平等权等内容。公民人身权利是民主权利的前提与基础,民主权利的实现有利于人身权利的保障,可见公民的人身权利与民主权利存在密切的联系,故而侵犯二者的犯罪被刑法典合并规定在一章当中。

本章犯罪有一个突出特点,即在许多犯罪中以性别来区分加害人与被害人。如在强奸罪中被害人只能是女性,不能是男性(学界提出异议);主要加害人(行奸者)只能是男性,不能是女性(帮助犯除外)。在拐卖妇女、儿童罪中,被害人显然也不包括年满 14 周岁的男性。此种以性别区分加害人与被害人的立法模式,在实践中遇到了不少问题,因而其是否合理,就值得研究。

第一节 故意杀人罪

一、定义

故意杀人罪,是指故意非法剥夺他人生命的行为。对于故意杀人行为,有些国家和地区的刑法规定比较详细,包括普通杀人罪、杀害尊亲属罪、义愤杀人罪、生母杀婴罪、加功自杀罪与嘱托、承诺杀人罪等罪名。我国刑法典的规定比较概括,刑法典第 232 条可以包括所有的杀人行为。

本罪侵犯的法益为他人生命。人的生命何时开始、何时结束,与人、胎儿及尸体的区别等,都是密切相关的问题。在规定了堕胎罪的国家,胎儿与人的区别是此罪与彼罪的区别。在我国,堕胎不是犯罪,故意使妇女堕胎的原则上并不成立犯罪(对妇女身体造成严重伤害的,可能构成故意伤害罪)。因此,在我国胎儿与人的区别原则上属于罪与非罪的区别。而胎儿与人的分界限,一般认为在于生命体是否已出生:尚未出生者为胎儿,已出生且有生命者为人。如何认定"出生"也是一个复杂的问题,学界为了追求刑法的明确性,往往将出生限定为一个时点,如分娩开始之时(阵痛说)、胎儿露出母体之时(又分为一部露出说与全部露出说)、独立呼吸之时(独立呼吸说)和完全脱离母体之时(脱离母体说)等。实际上出生与死亡都是一个渐进的过程,属于一个时段问题,不可能是一个时点;因此将出生限定为一个时点,有时也会导致刑法漏洞:如对于即将露出母体的胎儿故意使其不能露出母体因而窒息死亡的,按照露出说就不能构成故意杀人罪;掐住刚出生的胎儿使其不能独立呼吸因而死亡的,按照独立呼吸说就不能构成故意杀人罪;对于没有完全脱离母体的婴儿实施杀害行为,按照脱离母体说也不能构成故意杀人罪等。为了充分体现对生命法益的刑法保护,对"人"应作扩大解释,亦即胎儿与人的区别不在于生理上胎儿是否已经出生,而在于胎儿脱离母体是否具有存活的可能性;换言之,自胎儿脱离母体具有存活可能性之时起(一般是怀孕24周以后),应将胎儿视为人。

人的生命终于死亡,死亡之后,人不复存在,存在的只有尸体。只要尚未死亡,即便是垂死之人、病入膏肓者甚至植物人,其生命、身体都受到刑法的保护。如何判定人的死亡,有脉搏停止说、呼吸停止说、综合判断说和脑死亡说等不同主张。我国自古以来一贯采取心死说,即如果心脏停止跳动、呼吸停止、瞳孔反应消失,即可判定人已经死亡。就现代医学而言,脑死亡才是科学的死亡判断标准,目前我国卫生行政管理部门正在逐步推行脑死亡标准。由此可见,在未来一段时间以内,脑死亡、心死说这两个死亡判断标准或许会在我国并存一定时期。

二、犯罪客观要件

本罪在客观要件上表现为行为人非法剥夺他人的生命。首先,杀人行为是指能够惯常性地剥夺他人生命、使人非正常死亡的行为。如果行为本身并不具有惯常性地剥夺他人生命的客观属性,只是可能或偶然地产生死亡结果的,则难以认为该行为是杀人行为。如行为人希望他人死于坠机事故,于是劝说他人去乘飞机旅游,结果他人果真死于坠机事故;对此,不能认定该行为人具有杀人行为,更不能认定劝说他人乘飞机的行为是杀人行为。其次,只有非法剥夺他人生命的才能被评价为故意杀人罪。在拳击比赛、击剑比赛等竞技运动中,行为人遵循竞技规则,即使造成对方死亡的也不构成杀人罪。剥夺他人生命的行为是否具有非法性是一种客观法律判断,不能以行为人的主观认识为全部标准,即使认为自己是合法行为(如大义灭亲),也可能成立故意杀人罪。

教唆自杀与帮助自杀属于故意杀人行为。教唆自杀是指行为人故意使本无自杀意思的人产生自杀意图进而进行自杀的行为。帮助自杀是指对于已经产生自杀意思的人给予自杀援助的行为。① 在世界各国,教唆、帮助自杀基本上都成立犯罪。所不同的是,有些国家将教唆、帮助自杀的行为规定为独立的犯罪——教唆自杀罪与帮助自杀罪;而对故意杀人罪采取单一罪名立法例的国家(如我国),教唆、帮助自杀行为包含在故意杀人行为之中。2001年最高人民法院、最高人民检察院《关于办理组织和利用邪教组织犯罪案件具体应用若干问题的解释(二)》第9条规定:"组织、策划、煽动、教唆、帮助邪教组织人员自杀、自残的,依照刑法第232条、第234条的规定,以故意杀人罪、故意伤害罪定罪处罚。"可见,教唆自杀、帮助自杀在我国属于故意杀人行为。

受嘱托杀人属于故意杀人行为。受嘱托杀人是指受被害人的嘱托或得其承诺而杀死被害人的行为。放弃自己生命的承诺,不属于刑法上作为正当化事由的被害人的承诺,故受嘱托杀人不是正当行为,构成故意杀人罪。对此,《加拿大刑法典》第14条也明确规定:"任何人无权同意将自己处死,不得因被害人同意而影响其刑事责任。"当然,受嘱托杀人往往是出于对被害人的同情与怜悯,不同于一般的杀人行为,对此在量刑时应有所区别。

对于安乐死行为,原则上应认定为故意杀人罪。安乐死,是指患者患有现代医学无法医治的绝症,极度痛苦,濒临死亡,基于患者的请求,使用适当医学方法,使患者迅速无痛苦地死亡的行为。实施积极安乐死的人是否构成故意杀人罪,争议甚大,在世界范围内大体有否定说、肯定说与折中说三种观点,我国也不例外。安乐死问题属于刑法上的"应然"与"实然"问题,不对这两对范畴进行区分,安乐死的定性之争是不会有结论的。在现有犯罪成立理论的框架下,从实定法的角度看,安乐死属于没有合法根据剥夺他人生命的行为,具有刑事违法性,成立故意杀人罪,行为人应负刑事责任。当前,如何对安乐死案件进行合理量刑,这才是一个具有实践意义的具体问题。在法理上,如果安乐死案件具有以下特征,是否可以考虑对行为人判处3年有期徒刑并缓期执行,或根据我国刑法典第63条第2款报最高人民法院核准对行为人在法定刑以下判处刑罚:(1)从现代医学知识和技术来看,被害者所患的是不治之症,而且死期已经临近;(2)被害者不堪忍受肉体痛苦,惨不忍睹;(3)行为人的目的是为了缓和被害者的死亡的痛苦;(4)当被害者的意识尚明,尚能够表明其意思的场合,应有本人的真挚的同意;(5)致人死亡的方法在伦理上被认为具有妥当性。② 当然,这是一个极其复杂的问题,我国在执行1979年刑法典时曾经出现过陕西省晋中市中级人民法院对一位实施安乐死的医生判决无罪的案例,但没有相关立法支持,学界对此争议很大。

相约自杀时,如果一方死亡一方未死,可能存在故意杀人的问题。首先,如果相约双方各自实施自杀行为,其中一方死亡,另一方自杀未遂的,未遂一方不负刑事责任,不存在

---

① 需要注意的是,在我国自杀本身不是犯罪,故教唆自杀与帮助自杀行为不同于共犯理论中的教唆、帮助行为。
② [日]野村稔:《刑法总论》,全理其、何力译,法律出版社2001年版,第268—269页。

杀人问题,一般也不可认定为教唆自杀或者帮助自杀,尤其是自己自杀也是真实存在的情况下。其次,在相约自杀过程中,如果一方忽然产生反悔想法,中止了自杀行为,那么行为人在法律上又负有救助对方的义务,且有条件或能够救助而不救,以致对方死亡的,行为人应成立故意杀人罪。再次,双方相约自杀,一方由于胆小或其他原因请求另一方先杀死自己,另一方杀死对方后自杀失败的,这属于受嘱托杀人,应当成立故意杀人罪。最后,如果一方以相约自杀为名,欺骗对方自杀,结果对方自杀身亡,而自己伪装自杀却没有身亡的,则成立故意杀人罪。

实践中,对于引起自杀的行为应分别情况区别对待,主要包括以下情形:

(1)逼迫他人自杀的属于借被害人之手杀死被害人,与普通的杀人无异,成立故意杀人罪。

(2)正当行为引起他人自杀的不是故意杀人。如警察追捕歹徒,歹徒被追无奈跳楼自杀,警察对此不负刑事责任。

(3)错误行为或者一般违法行为引起他人自杀的也不负刑事责任。如双方吵架,一方想不开就自杀了;不能因为出现死亡结果就将一般错误或违法行为当作犯罪来处理。

(4)严重违法行为引起他人自杀身亡的,可将严重违法行为与自杀后果进行综合评价,达到犯罪侵害程度时应当追究刑事责任。如诽谤他人,行为本身并不严重,但引起他人自杀身亡的,可综合认定情节严重,对行为人应以诽谤罪论处。

(5)犯罪行为引起他人自杀身亡,但行为人对自杀身亡结果不具有故意的不成立故意杀人罪,对此应按先前所犯之罪从重处罚。例如,强奸妇女引起被害妇女自杀的,对行为人应以强奸罪从重处罚。如果行为人对自杀结果具有故意,且刑法典对此有明文规定的,则依照刑法典的规定处理。又如,绑架过程中被绑架人自杀身亡且行为人对此是明知的,按照刑法典第239条的规定,仅构成绑架罪一罪。无明文规定的,则依照犯罪罪数理论来处理。

三、犯罪主观要件

本罪系一般主体,只要行为人年满14周岁且具有辨认控制能力即可。单位不是本罪主体。

本罪主观方面为故意。即行为人明知自己的行为会发生致人死亡的结果,明知(含应知)自己的行为没有合法根据,并且希望或者放任死亡结果的发生。本罪动机多样,如因奸杀人、图财害命、基于义愤等等。虽然杀人动机并非本罪的必备要件,不影响故意杀人罪的成立,但不同的动机反映了行为人不同的主观恶性,自然影响到刑事责任的轻重与量刑。

四、本罪的认定

本罪的既遂,以死亡结果的实际发生为标志。只要发生了死亡结果,即使行为人所追求的结果与实际发生的死亡结果不一致,如行为人企图杀死被害人全家、结果只杀死其中1人的也成立故意杀人既遂,而不能认定为未遂。

五、本罪的刑事责任

根据我国刑法典第232条的规定,犯本罪的,处死刑、无期徒刑或者10年以上有期徒刑;情节较轻的处3年以上10年以下有期徒刑。根据我国刑法典第56条的规定,对于故意杀人的犯罪分子,可以附加剥夺政治权利。杀人行为是否情节严重,直接影响到法定刑幅度的选择问题,故应正确区分情节严重的杀人与情节较轻的杀人。情节较轻的故意杀人如义愤或激情杀人,长期受被害人虐待、欺压而杀人,受嘱托杀人,"安乐死"杀人,"大义灭亲"杀人等。情节严重的故意杀人如手段残忍的杀人、动机卑鄙的杀人、后果严重的杀人、民愤极大的杀人、在法庭等重大场所的杀人等。

第二节　过失致人死亡罪

一、定义

过失致人死亡罪,是指由于过失而导致他人死亡的行为。同故意杀人罪一样,本罪的法益也是他人的生命。

二、犯罪客观要件

本罪在客观上表现为行为人实施了具有致人死亡危险性的行为,并实际导致他人死亡。过失致人死亡行为的实质是,对于具有致人死亡危险性的情形与结果行为人没有履行好注意义务或回避义务,以致引起他人死亡。行为人对于死亡结果是否负有结果预见义务或者结果回避义务,对于成立犯罪至关重要。成立本罪不仅要求行为人实施了具有死亡危险性的行为,而且要求该行为实际造成了他人死亡结果,并且行为与死亡结果之间具有因果关系。本罪的行为方式不影响犯罪的成立,既可以是作为,也可以是不作为。

三、犯罪主观要件

本罪主观上为过失,即行为人应当预见自己的行为可能发生致人死亡的结果,因为疏忽大意而没有预见,或者已经预见而轻信能够避免,以致发生了死亡结果。

四、本罪的刑事责任

根据我国刑法典第233条的规定,犯本罪的,处3年以上7年以下有期徒刑;情节较轻的,处3年以下有期徒刑。本法另有规定的,依照规定。

第三节　故意伤害罪

一、定义

故意伤害罪,是指故意非法损害他人身体健康的行为。本罪侵害的法益为他人身体健康。刑法上的身体健康不完全同于医学或卫生学上的身体健康:前者重在强调身体的自然状态,后者则强调人的生理、心理处于一种良性圆满状态。在医学上被认为是不健康的人或者已经遭受伤害的人,其身体也都存在一种自然状态,这也是一种法律需要加以保护的利益。此外,还存在着一种刑法上的身体健康。任何人不得无故使这种自然状态进一步恶化,所以故意伤害重病之人,或者伤害已经被他人伤害的人,行为人即成立故意伤害罪。

二、犯罪客观要件

本罪在客观上表现为行为人非法损害他人的身体健康。在刑法上,身体健康直观地表现为身体的自然完整性,实质地表现为生理机能的自然运作。由此,伤害行为有两种具体表现形式:一是破坏人体组织的完整性,如挖掉眼睛、砍掉手指等。二是损害人体生理机能,如使人失去听觉或使人精神错乱等。强行剪掉他人的毛发、指甲,表面上看似乎也破坏了人体组织的完整性,但由于不会损害人体生理机能,故不属于伤害行为。伤害行为的方式不限,既可以是作为,也可以是不作为;既可以采用有形的方法,也可以采取无形的方法。突然恐吓、向特定人传播严重疾病、未经他人同意取得他人脏器等行为,均能够损害人体生理机能,故都属于伤害行为。伤害行为不同于殴打。殴打行为只是给他人造成暂时性的肉体疼痛,或使他人神经受到轻微刺激,但没有破坏人体组织的完整性,也没有损害人体生理机能的正常发挥,故单纯的殴打他人在我国一般仅属于违反《治安管理处罚法》的违法行为。但殴打行为,尤其是伤害行为并未最终造成被害人生理机能上的破坏,如打破了头被封了八针,但治愈后并未造成轻伤的后果等,是否构成犯罪?也即对他人实施暴力但不构成轻伤是否就一定不构成犯罪,学界也有争论。

构成本罪,要求伤害行为必须是非法的。如执行职务(警察逮捕人犯)、正当防卫、紧急避险或者体育竞技(如拳击赛)过程中的致人伤害,这些都是法律所允许的,故不属于刑法上的伤害行为。在被害者承诺伤害的情况下,对造成重伤的应认定为故意伤害罪;对造成轻伤的同意伤害,一般不应认定为故意伤害罪,但如果行为严重违反法秩序,也应认定为故意伤害罪。①

---

① 张明楷:《故意伤害罪探疑》,载《中国法学》2001年第3期。

三、犯罪主观要件

本罪为一般主体。其中,故意伤害致人重伤或者死亡的,主体为年满14周岁并具有辨认控制能力的自然人;故意伤害致人轻伤的,主体必须为年满16周岁并具有辨认和控制能力的自然人。

本罪主观上为故意,即行为人明知自己的行为会发生伤害他人身体健康的结果,并且希望或者放任危害结果发生。至于行为人出于何种伤害动机,一般不影响本罪的成立,但如果伤害他人是为了实施绑架、强奸、抢劫等犯罪行为的,则成立其他相应犯罪,不再成立本罪。

通常情况下,行为人对于伤害行为会给被害人造成何种程度的伤害,事前不一定有明确认识,事中也难以精确控制。因此,如果实际造成轻伤结果时就按轻伤处理;而实际造成重伤结果时就按重伤处理。这并不违反主客观相统一原则,因为无论是造成重伤还是造成轻伤,都包含在行为人的主观故意之内。如果行为人并没有伤害的故意,只有殴打的意思,结果致人重伤甚至造成他人死亡的,只能认定行为人成立过失致人重伤罪或过失致人死亡罪,不成立本罪。

四、犯罪量度要件

除故意伤害未遂外,构成故意伤害罪要求必须实际发生了伤害的结果。根据我国刑法典第234条的规定,伤害结果分为轻伤、重伤与伤害致死。轻伤是指物理、化学及生物等各种外界因素作用于人体,造成组织、器官结构的一定程度的损害或者部分功能障碍,尚未构成重伤又不属于轻微伤害的损伤。重伤是指使人肢体残废或者毁人容貌或者使人丧失听觉、视觉或者其他器官机能以及其他对于人身健康有重大伤害的损伤。伤害结果究竟是轻伤还是重伤,应严格依据2014年1月1日施行的《人体损伤程度鉴定标准》来鉴定。伤害致死是指伤害行为导致被害人死亡;伤害致死客观上要求伤害行为与死亡结果之间具有因果关系,主观上要求行为人对死亡没有故意,但对死亡具有预见的可能性。需要指出的是,故意致人轻伤、重伤与伤害致死不是独立的罪名,在我国不存在"故意伤害致死罪"的罪名。

五、本罪的认定

行为人在伤害故意支配下实施了伤害行为,造成轻伤以上程度伤害的即可认定为故意伤害罪的既遂。故意伤害罪存在未遂,但对于未遂范围学界尚有不同认识。就故意轻伤"未遂"而言,行为人主观上只有造成轻伤的故意,客观上又没有造成轻伤,综合来看行为的法益侵犯没有达到犯罪的程度,不需要追究刑事责任,故应当认为故意轻伤不存在未遂(不是犯罪)。由此可见,轻伤害未遂是结果犯而非行为犯。就故意重伤而言,行为人以重伤的故意,实施了具有致人重伤危险性的行为,由于行为人意志以外的原因而没有发生轻伤以上结果的,构成故意伤害罪未遂。由此可见,重伤害未遂是行为犯,充分体现了刑法对试图造成他人重伤行为的打击力度。特别需要指出的是,行为人以重伤的故意实施伤害行为,结果造成了轻伤的,由于我国刑法没有将轻伤与重伤分别定罪,故应认定行为人构成故意伤害罪既遂,而不是重伤未遂。

六、本罪的刑事责任

根据我国刑法典第234条的规定,犯本罪的,处3年以下有期徒刑、拘役或者管制;致人重伤的处3年以上10年以下有期徒刑;致人死亡或者以特别残忍手段致人重伤造成严重残疾的处10年以上有期徒刑、无期徒刑或者死刑。本法另有规定的,依照规定。

对于犯故意伤害罪的犯罪人,适用10年以上有期徒刑、无期徒刑或者死刑的只有两种情况:一是故意伤害致人死亡,二是以特别残忍手段致人重伤造成严重残疾。实践中,并不是只要达到"严重残疾"就判处死刑,还要根据伤害致人"严重残疾"的具体情况,综合考虑犯罪情节和危害后果来决定刑罚;故意伤害致人重伤造成严重残疾,只有犯罪手段特别残忍,后果特别严重的,才能考虑适用死刑(包括死刑缓期2年执行)。

根据2013年最高人民法院《关于实施量刑规范化工作的通知》的规定,构成故意伤害罪的,可以根据下列不同情形在相应的幅度内确定量刑起点:(1) 故意伤害致1人轻伤的,可以在2以下有期徒刑、拘役幅度内确定量刑起点;(2) 故意伤害致1重伤的,可以在3至5有期徒刑幅度内确定量刑起点;(3) 以特别残忍手段故意伤害致1人重伤,造成6级严重残疾的,可以在10年至13年有期徒刑幅度内确定量刑起点,依法应当判处无期徒刑以上刑罚的除外。在量刑起点的基础上,可以根据伤害后果、伤残等级、手段残忍程度等其他影响犯罪成立的犯罪事实增加刑罚量,确定基准刑;故意伤害致人轻伤的,伤残程度可在确定量刑起点时考虑,或者作为调节基准刑的量刑情节。

第四节　强　奸　罪

一、定义

强奸罪,是指以暴力、胁迫或者其他手段,违背女性意志与女性性交的行为。本罪侵犯的法益为性交的自主权。女性有权支配自己的身体,任何人不得违背女性意志强迫女性与其性交。

二、犯罪客观要件

本罪在客观上表现为以暴力、胁迫或者其他手段,违背女性意志与之性交。根据我国现行刑法规定,侵犯对象只能是女性,包括妇女与幼女。不论女性的年龄大小、社会地位高低、作风好坏、神志清醒与否、婚内还是婚外等状态,均可成为本罪的侵害对象。虽然男子事实上可能被奸,但根据我国刑法典第236条的明文规定,除非行为人认识错误,否则男子一般不是本罪的侵害对象;误认男子为女性并采用暴力、胁迫或者其他手段意图强奸的,按照通说构成强奸罪未遂。

在实践中,是否尊重女性意志决定着性交行为的性质与后果,故违背女性意志是强奸罪的本质。因此,性交行为只有违背女性意志的才成立强奸罪。而性交行为是否违背女性意志取决于行为人是否实施了暴力、胁迫或者其他手段。

所谓暴力手段,一般是指行为人直接对被害人采用殴打、捆绑、卡脖子、按倒等危害人身安全或自由,使女性不能或不敢抗拒的手段。强奸罪中的暴力,包括最轻微的人身强制(但必须达到难以抗拒的程度)与最严重的人身重伤害,但不包括故意杀人的暴力;行为人先杀人后强奸的,应以故意杀人罪从重处理。当然,奸尸行为是否成立侮辱罪或侮辱尸体罪则需要认真考虑。

所谓胁迫手段,是指对女性威胁、恫吓,进行精神强制,从而达到性交目的的手段。与暴力属于有形力拘束于女性身体不同,胁迫是一种无形力,是对女性精神的强制。利用教养关系、从属关系或利用职权与女性发生性行为的,不能都视为强奸。只有行为人利用教养关系、从属关系或职权关系,并对女性实施精神强制的,如养(生)父以虐待、克扣生活费迫使养(生)女容忍其奸淫的才成立强奸罪。

所谓其他手段,是指采取暴力、胁迫以外的其他同样能够达到性交目的的手段。如冒充女性丈夫行奸的,利用女性处于醉酒、昏迷状态或者假冒给女性治病使女性对于性交行为不知或不能反抗的,均属于"其他手段"。基于基本的伦理道德,任何达到法定年龄、具有辨认控制能力的人都能够认识到,不应与幼女、女精神病患者或者女性痴呆者(程度严重)性交。如果行为人认识到对象是这类特殊女性而与其性交的,即使没有采取暴力、胁迫手段也属于以"其他手段"(利用女性的心智、神志缺陷)强奸女性。关于欺骗手段应否包括在强奸罪的"其他手段"中,理论上尚有争议。显然,将性交行为说成是一项外科手术,借封建迷信说性交行为是修炼成仙的方法,而与女性性交的,显然均成立强奸罪。

三、犯罪主观要件

本罪主体为年满14周岁、具有辨认控制能力的人,其中直接实行犯只能是男子。妇女虽然不能直接对被害人实施性交行为,但是为了让男子得逞,妇女可以直接实施属于强奸罪客观要件的暴力、胁迫等行为,故妇女可以与男子一起成立强奸罪的共犯。① 至于本罪的教唆犯、帮助犯等,作为女性也照样可以成立。

丈夫特殊情况下也可能成为强奸罪的主体。也即婚内强奸问题,理论上有否定说、肯定说与折中说之争。② 在司法实践中,也出现过完全相反的判决。最高人民法院对此基

---

① 赵廷光主编:《中国刑法原理》(各论卷),武汉大学出版社1992年版,第515页。
② 李立众:《婚内强奸定性研究——婚内强奸在我国应构成强奸罪》,载《中国刑事法杂志》2001年第1期。

本持折中说,即认为一般情况下在婚姻关系正常存续阶段不存在强奸罪;而在婚姻关系非正常存续期间(如在离婚诉讼期间),丈夫则可能成立强奸罪。[①] 根据时代需要,从尊重妇女人格出发,婚内强奸应以强奸罪论处。但婚内性行为是一个极其复杂的问题,包括婚姻关系的复杂性,因此刑法介入要慎重。

本罪主观上为故意,即行为人明知性交行为会违背女性意志,而决意强行与女性性交。因此强奸罪在主观上由认识与意志两个因素组成:(1)在认识因素上,行为人必须认识到性交行为违背女性意志,即认识到女性不同意性交或者对女性同意与否采取轻率态度(不管女性是否同意都要性交)。只有行为人认识到如果不采取暴力、胁迫或其他手段就不可能达到性交目的,即表明行为人已经认识到性交行为违背女性意志。在女性"自愿"与行为人性交的场合,若行为人认识到女性为幼女、女精神病患者或者女性痴呆者(程度严重的)的,亦可表明行为人已经认识到性交行为违法或违背女性意志,因为行为人能够认识到这类女性的"自愿"其实是一种非高度理性行为。但如果行为人确实不知道对方是特殊女性(如幼女发育早熟,身材高大,谎报年龄,以致行为人合理地相信她不是幼女),且是女性自愿与行为人性交的,由于缺乏违背女性意志与其性交的主观恶意或故意,则行为人不成立强奸罪[②];当然关于这一点的理解从不同的角度来看结论是不一样的,从保护幼女的立法精神来看,是应该认定其构成强奸的。(2)在意志因素上,行为人决意否定女性的性交自主权,决意采取暴力、胁迫或者其他手段与女性性交,希望性交结果的发生。

四、犯罪量度要件

1. 恋爱过程中性交的罪与非罪

对此,需要区分不同情形:(1)在恋爱过程中,女方提出分手,行为人为了达到结婚的目的,于是将"生米做成熟饭"的,行为人成立强奸罪。(2)在恋爱过程中,男方一时冲动,要求和女方发生性关系,如果女方坚决不同意,行为人实施了暴力、胁迫或者其他违背女性意志的手段与女性性交的,行为人应成立强奸罪。(3)女方虽然口头上不同意性交,但男方没有实施暴力或者胁迫手段,女方又没有明显反抗的,即使后来感情破裂,女方控告男方强奸的,也不能认定男方成立强奸罪。第四,以恋爱为名骗取女性信任,然后与女性性交的,虽然具有"骗奸"的性质,但也不宜认定为强奸罪。

2. 强奸与求奸的区别

强奸未遂与求奸未成具有一定的相似之处,二者的界限在于:求奸的行为人主观上意欲与女性发生性关系,但不具有强行奸淫的决意;客观上往往表现为口头提出要求,或拉拉扯扯,甚至拥抱猥亵;而未发生性交行为的原因是在遭到女性拒绝以后行为人主动停止

---

① 最高人民法院刑事审判第一庭编:《刑事审判参考》(合订本第2卷),法律出版社2001年版,第117页。
② 最高人民法院曾在2003年作出过相应的批复(现已废止):行为人明知不满14周岁的幼女而与其发生性关系的,不论幼女是否自愿,都构成强奸罪;确实不知对方是不满14周岁的幼女,双方自愿发生性关系,未造成严重后果,情节显著轻微的,不认为是犯罪。

了要求性交的行为。而强奸未遂的行为人主观有强行奸淫的决意，客观上也实施了暴力、胁迫或者其他手段，而未发生性交的原因是行为人意志以外的原因所致。以往司法实践中出现过把求奸过程中的拉扯或脱女性衣裤的行为认定为强奸中实施暴力，或将求奸定为强奸的应予以纠正。

3. 强奸与通奸的区别

通奸是指男女双方自愿发生性关系的行为。通奸仅是一种违反道德或婚姻法律的行为，与强奸罪有着本质区别。二者的区别主要表现为：强奸违背女性意志，行为人在客观上采取暴力、胁迫或其他手段，主观上有强行奸淫的故意；通奸则不违背女性意志，行为人在客观上无需采取暴力、胁迫等手段，在主观上也没有强行奸淫的故意。对于以下情形应予注意：(1) 把通奸说成是强奸。有的女性与人通奸，一旦翻脸，关系恶化，或者事情暴露后怕丢面子，或者为推卸责任、嫁祸于人，或由于其他原因，把通奸说成强奸的，对行为人不能定为强奸罪；相反，把通奸说成是强奸的妇女，有成立诬告陷害罪的可能。(2) 先通奸后强奸。男女双方先是通奸，后来女方不愿继续通奸，而男方纠缠不休，并以暴力或以败坏名誉等进行胁迫，强行与女方发生性行为的成立强奸罪。

4. "半推半就"的定性

"半推半就"即就妇女的意志而言，妇女对男方要求性交的行为，既有不同意的表示——推，也有同意的表示——就，是一种犹豫不决的心理状态；在妇女犹豫不决时，男子实施了奸淫行为。在此情况下行为人是否成立强奸罪，需要结合双方平时的关系、性行为时的环境、事后女方的态度、告发原因等事实和情节，认真审查清楚，作全面的分析。如果"推"是女性害羞的表现，"就"是女性同意性交的暗示，则性行为不存在违背女性意志问题，行为人不成立强奸罪。如果"推"是因为女性不同意性交，"就"是因为女性害怕受到伤害而被迫，则性行为违背了女性意志，行为人成立强奸罪。

五、本罪的认定

对于强奸罪，我国主流观点以"插入说"作为认定强奸既遂的标准。当然，插入并不要求全部插入，只要有插入即成立强奸罪既遂。至于处女膜是否破裂对于成立强奸罪既遂并无影响，只是对于处女来说是一次对于处女膜的破坏。关于奸淫幼女的既未遂，我国一直以来采取"接触说"。当然，"接触说"是否就一定对保护幼女有利，我们持怀疑态度。因为，这种主张显然只是一般性地对奸淫幼女所做的分析，并没有全面考虑行为人当时的心理态度。如果一味地主张只要接触就成立犯罪既遂，便面上似乎对保护被害人有利，甚至会更加严厉地打击此类犯罪活动。但实际上实施奸淫幼女的行为人却未必这样考虑问题，甚至会认为同样都是既遂"与其接触不如奸入"，因此很有可能会对被害人造成更大的伤害。另外也有观点认为，对于强奸罪不宜因对象不同而采取两种既未遂标准，对于奸淫幼女也应以"插入说"作为既未遂的标准，因为没有插入行为很难想象存在性交行为（存在的只是性交之外的其他性行为）。性器官的接触只表明行为人已经着手强奸行为，但着手不等于既遂,只有插入才能够实际侵犯被害人的权利,如此也才公平。

六、本罪的刑事责任

根据我国刑法典第 236 条的规定,犯本罪的,处 3 年以上 10 年以下有期徒刑;有下列情形之一的处 10 年以上有期徒刑、无期徒刑或者死刑:(1)强奸妇女、奸淫幼女情节恶劣的;(2)强奸妇女、奸淫幼女多人的;(3)在公共场所当众强奸妇女的;(4)2 人以上轮奸的;(5)致使被害人重伤、死亡或者造成其他严重后果的。其中,轮奸是指 2 个以上的男性先后连续、轮流强奸同一被害女性的行为;致使被害人重伤、死亡或者造成其他严重后果是指强奸行为导致被害人性器官严重损伤,或者造成其他严重伤害,甚至致使被害人当场死亡或者经治疗无效死亡。奸淫幼女的,从重处罚。

根据 2013 年最高人民法院《关于实施量刑规范化工作的通知》的规定,成立强奸罪的,可根据下列不同情形在相应的幅度内确定量刑起点:(1)强奸妇女 1 人的,可以在 3 年至 5 年有期徒刑幅度内确定量刑起点;奸淫幼女 1 人的,可以在 4 年至 7 年有期徒刑幅度内确定量刑起点。(2)有下列情形之一的,可以在 10 年至 13 年有期徒刑幅度内确定量刑起点:强奸妇女、奸淫幼女情节恶劣的;强奸妇女、奸淫幼女 3 人的;在公共场所当众强奸妇女的;2 人以上轮奸妇女的;强奸致被害人重伤或者造成其他严重后果的。依法应当判处无期徒刑以上刑罚的除外。另外,在量刑起点的基础上可以根据强奸妇女、奸淫幼女情节恶劣程度、强奸人数、致人伤害后果等其他影响犯罪成立的犯罪事实增加刑罚量,确定基准刑。强奸多人多次的以强奸人数作为增加刑罚量的事实,强奸次数作为调节基准刑的量刑情节。

第五节　强制猥亵、侮辱罪

根据 2015 年最高人民法院、最高人民检察院《关于执行〈中华人民共和国刑法〉确定罪名的补充规定(六)》的规定,将刑法典第 237 条的罪名确定为强制猥亵、侮辱罪,取消强制猥亵、侮辱妇女罪罪名。

一、定义

强制猥亵、侮辱罪,是指以暴力、胁迫或者其他方法强制猥亵他人或者侮辱妇女的行为。

二、犯罪客观要件

本罪在客观上表现为行为人采取暴力、胁迫或者其他方法强制猥亵他人或者侮辱妇女。
(1)本罪的犯罪对象有所区别。
第一,强制猥亵罪的犯罪对象。《刑法修正案(九)》将猥亵妇女改为猥亵他人,因此强制猥亵罪的犯罪对象包括年满14周岁的女性和男性。

第二，侮辱罪的犯罪对象。侮辱罪的犯罪对象只能是妇女，即年满14周岁的女性。不论妇女作风好坏、婚姻与否、精神是否正常，都可成为本罪的对象。幼男与幼女不是本罪的对象，猥亵幼男与幼女的构成猥亵儿童罪。已满14周岁的男子也不能成为本罪既遂的对象。但从法理上讲，幼男与幼女也有可能成为侮辱罪的对象，已满14周岁的男子更可能成为侮辱罪的对象。这些都有待于今后进一步研究，修改补充。

（2）行为人实施了强制猥亵他人或者侮辱妇女的行为。

强制猥亵主要是指违背他人意愿，以抠摸、搂抱等下流淫秽手段侵犯他人性权利之行为。侮辱妇女是指对妇女实施猥亵以外的其他伤害妇女身心健康或羞耻心的行为，如拦截妇女强行进行性调戏等。有人认为，在公共场所多次偷剪妇女的发辫、衣服，向妇女身上泼洒腐蚀物、涂抹污物等属于本罪中的侮辱妇女，①但也有人认为，这些行为很难说是性行为，也未必使妇女产生性羞耻感，故不应认定为猥亵妇女行为。

（3）行为人采取了暴力、胁迫或者其他手段。

所谓"暴力"是指行为人直接对他人或被害妇女施以伤害、殴打等危害他人或妇女人身安全和自由，致使他人或妇女不能或不敢抗拒。所谓"胁迫"是指行为人对他人或妇女施以威胁、恫吓，进行精神上的强制，迫使他人或妇女就不敢抗拒。所谓"其他手段"是指行为人使用暴力、胁迫以外的使他人或妇女不能抗拒的方法。②

三、犯罪主观要件

本罪主体为一般主体，主观上为故意，当然只能是直接故意。

四、本罪的认定

本罪以行为人开始实施暴力、胁迫或者其他方法为着手，在行为人实施了实际侵犯了妇女性的羞耻感的行为时为犯罪既遂。对于本罪，不能以行为人性欲的满足为既遂标准。行为人未经妇女同意而抚摸了妇女特殊部位的，即使行为人的性欲尚未得到满足，也应认定为犯罪既遂。

五、本罪的刑事责任

根据刑法典第237条的规定，犯本罪的，处5年以下有期徒刑或者拘役。聚众或者在公共场所当众犯前款罪的，或者有其他恶劣情节的处5年以上有期徒刑。

---

① 赵秉志主编：《刑法新教程》，中国人民大学出版社2001年版，第629页。
② 全国人大常委会法制工作委员会刑法室编著：《中华人民共和国刑法解读》，中国法制出版社2015年版，第535—536页。

第六节　非法拘禁罪

一、定义

非法拘禁罪,是指非法拘禁他人或者以其他方法非法剥夺他人人身自由的行为。本罪侵犯的法益为他人的人身自由,即在自然状态下的人的身体活动自由(包括场所移动自由)。

二、犯罪客观要件

本罪在客观上表现为非法拘禁他人或者以其他方法非法剥夺他人的人身自由。本罪的犯罪对象为他人,包括犯罪嫌疑人与被告人。"非法拘禁"与"以其他方法非法剥夺他人人身自由"没有本质区别,都是对他人人身自由的剥夺,只是表明犯罪的方式、方法多样而已。[①] 剥夺他人人身自由,是本罪最为重要的特征。如果没有剥夺他人人身自由,仅是限制他人人身自由,如不准他人参加社交活动等,一般不成立本罪。[②] 办封闭式的"学习班"进行"隔离审查",或者直接关押、捆绑他人,显然是剥夺了他人的人身自由,应构成非法拘禁罪。剥夺人身自由的方法有两类:一类是直接拘束人的身体,剥夺其身体的活动自由,如捆绑、麻醉等;另一类是间接拘束人的身体,剥夺其身体活动自由,即将他人监禁于一定场所,使其不能或明显难以离开、逃出。剥夺人身自由可以是有形的,也可以是无形的,如将被害人洗澡时的换洗衣服拿走,使其基于羞耻心无法走出浴室,就是无形的剥夺人身自由。[③] 剥夺人身自由的方式既可以是作为,也可以是不作为,如图书管理员发现有人被锁在图书室里,却径自下班而去等。

成立本罪,剥夺他人人身自由必须是非法的。没有实体法律根据,或者不依照法定程序剥夺公民的人身自由,都属于非法剥夺人身自由。例如,卫生防疫部门对传染性非典型性肺炎疑似病人进行强制隔离,公民对正在实行犯罪或犯罪后及时被发觉的或正在被追捕的犯罪嫌疑人予以扭送司法机关,以及依据社会习惯父母对子女实行的正常性的强制性管教行为等等,属于合法行为,不成立本罪。公安机关对符合拘留、逮捕条件的犯罪嫌疑人予以拘留、逮捕,不存在成立本罪的问题;但是,如果公安机关发现拘捕错误时借故不释放他人,继续羁押的,则属于非法剥夺人身自由,可以成立本罪。

成立本罪虽然不以情节严重为要件,但对于情节一般、危害不大的非法拘禁行为,不认为是犯罪。国家机关工作人员利用职权非法拘禁他人,其危害性重于一般公民非法拘

---

① 因此,将本罪的罪名归纳为非法拘禁罪是不严密的,严格地讲,宜将本罪的罪名归纳为非法剥夺人身自由罪。
② 非法限制人身自由与非法剥夺人身自由是两种性质不同的行为。我国刑法典废除了非法管制罪,因此对于非法限制人身自由的行为不能以本罪论处。唯一例外是,根据刑法典第241条第3款的规定,非法限制被拐卖的妇女、儿童人身自由的,可以构成非法拘禁罪。
③ 张明楷:《刑法学》(下),法律出版社1997年版,第713—714页。

禁他人,既然前者只有具有上述情形的才予以立案,那么,一般公民非法拘禁他人,也必须是只有达到上述情形的,才能立案。①

实践中,索债型非法拘禁案较为常见。这些案件往往事出有因,被害方也存在一定过错,同时绑架罪的起刑点又比较高,故刑法典第238条还规定:为索取债务非法扣押、拘禁他人的,构成非法拘禁罪。2000年最高人民法院《关于对为索取法律不予保护的债务非法拘禁他人行为如何定罪问题的解释》指出:"行为人为索取高利贷、赌债等法律不予保护的债务,非法扣押、拘禁他人的,依照刑法第238条规定的非法拘禁罪定罪处罚。"可见,刑法典第238条中规定的"债务",既包括合法债务,也包括法律不予保护的非法债务。

三、犯罪主观要件

本罪主体是一般主体。虽然已满14周岁不满16周岁的人不能成为本罪的主体,但是其参与非法拘禁,并使用暴力致人伤残或者死亡的,根据刑法典第238条第3款的规定,已成立故意伤害或故意杀人罪,应负相应刑事责任。

本罪主观上为故意。本罪的动机多样,如故意报复、索取债务等。虽然动机不是本罪的成立要件,但并不意味着无论出于何种动机都成立本罪;出于出卖或勒索财物的动机非法拘禁妇女、儿童的,成立拐卖妇女、儿童罪或绑架罪。

四、本罪的认定

(一)犯罪转化

根据刑法典第238条的规定,在非法拘禁过程中,使用暴力致人伤残、死亡的,亦即使用暴力故意致人重伤或者故意致人死亡的,依照故意伤害罪、故意杀人罪定罪处罚。至于该款规定,学界一般理解为转化犯,即行为人非法拘禁他人时使用暴力致人伤残、死亡的,直接转化为故意伤害罪、故意杀人罪,不再成立非法拘禁罪。②

(二)既遂与未遂

本罪以行为人严重侵犯了他人的人身自由为既遂标准。根据本罪的法定刑,对于情节一般的未遂非法拘禁行为,通常不作为犯罪处理。

五、本罪的刑事责任

根据刑法典第238条的规定,犯本罪的,处3年以下有期徒刑、拘役、管制或者剥夺政治权利。具有殴打、侮辱情节的,从重处罚。非法拘禁他人致人重伤的,处3年以上10年

---

① 2006年最高人民检察院《关于渎职侵权犯罪案件立案标准的规定》,国家机关工作人员利用职权非法拘禁,涉嫌下列情形之一的,应予立案:(1)非法剥夺他人人身自由24小时以上的;(2)非法剥夺他人人身自由,并使用械具或者捆绑等恶劣手段,或者实施殴打、侮辱、虐待行为的;(3)非法拘禁,造成被拘禁人轻伤、重伤、死亡的;(4)非法拘禁,情节严重,导致被拘禁人自杀、自残造成重伤、死亡,或者精神失常的;(5)非法拘禁3人次以上的;(6)司法工作人员对明知是没有违法犯罪事实的人而非法拘禁的;(7)其他非法拘禁应予追究刑事责任的情形。

② 王作富主编:《刑法分则实务研究》(上),中国方正出版社2001年版,第932页。

以下有期徒刑;致人死亡的,处10年以上有期徒刑。所谓非法拘禁致人重伤,是指在非法拘禁的过程中过失致人重伤;致人死亡,是指在非法拘禁的过程中过失致人死亡,包括被害人在被非法拘禁期间自杀的情形。国家机关工作人员利用职权犯本罪的,从重处罚。

根据2013年最高人民法院《关于实施量刑规范化工作的通知》的规定,成立非法拘禁罪的,可根据下列不同情形在相应的幅度内确定量刑起点:(1)犯罪情节一般的可以在1年以下有期徒刑、拘役幅度内确定量刑起点。(2)致1人重伤的,可以在3年至5年有期徒刑幅度内确定量刑起点。(3)致1人死亡的,可以在10年至13年有期徒刑幅度内确定量刑起点。另外在量刑起点的基础上,可以根据非法拘禁人数、拘禁时间、致人伤亡后果等其他影响犯罪构成的犯罪事实增加刑罚量,确定基准刑。非法拘禁多人多次的以非法拘禁人数作为增加刑罚量的事实,非法拘禁次数作为调节基准刑的量刑情节。还有,具有下列情节之一的可以增加基准刑的10%—20%:(1)具有殴打、侮辱情节的(致人重伤、死亡的除外);(2)国家机关工作人员利用职权非法扣押、拘禁他人的。

第七节　　绑　架　罪

一、定义

绑架罪,是指以迫使第三人作为或者不作为为目的,以暴力、胁迫、麻醉等手段实力支配、控制他人的行为。本罪侵犯的法益,为公民的人身自由以及生命、身体健康的安全。本罪的法定刑之所以远远重于非法拘禁罪,就是因为本罪在侵犯公民人身自由的同时,还严重侵犯了公民的生命、身体健康的安全。

二、犯罪客观要件

本罪在客观上表现为以迫使第三人作为或者不作为为目的,以暴力、胁迫、麻醉等手段实力支配、控制被绑架人。

对绑架行为应从主客观两个方面来进行理解:(1)在客观上绑架行为表现为以暴力、胁迫、麻醉等手段对被害人形成一种实力支配、控制关系。绑架罪的被害人可以是任何有生命的人,包括妇女、儿童和婴幼儿,故成立绑架罪并不以被害人离开原来的生活场所为前提。(2)在主观上行为人具有迫使第三人作为或不作为的目的,即行为人具有将被绑架人作为"交易"的筹码,以第三人对被绑架人安危的忧虑,迫使第三人作为或不作为的意思。这里的第三人不仅包括公民个人,也包括单位、政府组织甚至国家。被绑架人与被勒赎的第三人之间并不需要存在亲属关系。绑架罪中的绑架行为是主客观的统一,离开了主观限定,单纯的"绑架"行为完全可能就不再是绑架罪中的绑架行为,如对于拐卖妇女、儿童罪,刑法规定也可以"绑架"的方式来实施。只有进行主观限制,才能将绑架罪的绑架行为与拐卖妇女、儿童罪中绑架妇女、儿童的行为划清界限;具有迫使第三人作为或不作为的目的的,属于绑架罪中的绑架行为;以出卖为目的的,属于拐卖妇女、儿童罪中的绑架行为。

绑架罪的手段不限,包括暴力、胁迫、麻醉或者其他方法,只要足以对被害人建立起实际支配、控制关系即可。绑架罪中的暴力,包括从最轻微的人身强制到最严重的故意杀人的暴力。胁迫并不限于以暴力相胁迫,只要能够对被害人产生心理强制即可。另外,欺诈可以成为绑架罪的手段。虽然1991年全国人大常委会《关于严惩拐卖、绑架妇女、儿童的犯罪分子的决定》将绑架的手段限定为"暴力、胁迫或者麻醉方法",但刑法典第239条对绑架罪的手段并未作出限制,事实上行为人完全可能以暴力、胁迫或者麻醉方法以外的其他方法绑架他人。如乘被害人处于昏睡、醉酒、患病等不知或不能抗拒状态将其带走的,以合伙做生意、冒充亲友认领、采取请吃请喝、外出玩耍等手段诱骗他人,使他人陷入行为人的实力控制之下等,这些行为均属于绑架行为。绑架的手段虽然不限,但并不意味着任何暴力、胁迫等手段都可以成为绑架罪的手段。作为绑架罪的手段,必须具有足以建立起实际支配、控制关系的属性。偷盗婴幼儿也完全能够对婴幼儿建立起实际支配关系,故以勒索财物为目的偷盗婴幼儿的自然属于绑架行为。对于偷盗婴幼儿不能将其狭隘地理解为秘密窃取不满6周岁的儿童,对此应作广义理解,即凡趁婴幼儿亲属或监护人疏于照看之际采用各种方法、手段将婴幼儿抱走、哄走、骗走的均应视为偷盗婴幼儿,因为这些情形对婴幼儿都能够建立起实际支配的关系。

另外,对于绑架行为是单一行为还是复合行为存在争议。所谓单一行为,是指绑架罪在客观上是单一的绑架行为。从绑架罪的立法原意看,行为人只要出于迫使第三人作为或不作为的目的,并在此目的支配下实施了绑架行为,就已具备了本罪的全部成立要件。与勒赎目的相对应的勒赎行为,只是犯罪情节,而非客观成立要件的行为。① 所谓复合行为,是指绑架罪在客观上不仅要实施绑架行为,还必须实施了勒赎行为或提出不法要求行为,即绑架罪的客观行为由绑架行为与勒索财物或提出不法要求行为两方面组成。② 虽然单一行为论与复合行为论之争并不影响绑架罪的成立,但影响到绑架罪的既遂与未遂。勒赎行为确实是绑架行为的自然发展,但这并不能说明勒赎行为就是绑架罪的客观要件。就法条规定来看,在"以勒索财物为目的绑架他人的"表述中,"勒索财物"在刑法典第239条中是作为绑架罪的主观要件加以规定的,其落脚点在于"绑架他人";而对于"绑架他人作为人质的",则完全是一种客观的描述。可见,法条本身并没有将勒赎行为作为客观成立要件来规定。事实上,勒赎行为是行为人迫使第三人作为或不作为的主观目的的产物。对于诸如"以勒索财物为目的"的目的犯,只要行为人在客观行为上流露出主观目的即可,并不要求客观上存在与之对应的行为,更不要求只有目的的实现才成立犯罪的既遂。因此,将绑架行为理解为单一行为,是合适的。

---

① 丁慕英等主编:《刑法实施中的重点难点问题研究》,法律出版社1998年版,第741—742页。
② 肖中华:《侵犯公民人身权利罪》,中国人民公安大学出版社1998年版,第225页。

三、犯罪主观要件

本罪主体为一般主体,行为人年满16周岁、具有辨认控制能力即可。虽然已满14周岁不满16周岁的人绑架他人的不成立绑架罪,但其在绑架过程中故意杀害被绑架人的,对于杀人行为理应应承担故意杀人罪的刑事责任。

本罪主观上为故意,即行为人以迫使第三人作为或不作为为目的,明知自己的行为剥夺了他人的人身自由,使他人处于随时死伤的危险之中,并希望此种危害结果的发生。因此成立本罪行为人主观上必须具有迫使第三人作为或不作为的目的;如果行为人主观上不具有这一目的,即使其扣押或劫持了他人也不成立绑架罪。如行为人以杀人故意杀死被害人以后,为转移侦查视线或掩盖罪行而书写、投送勒索钱财信件的不成立绑架罪。迫使第三人作为或不作为,通常表现为勒索财物,即要求第三人支付一定数量的财物(赎金);也可表现为提出其他不法要求,如要求政府释放关押的犯人或要求政府对某一行为不要干预(不作为)等。绑架罪的动机也多种多样,如取财牟利、反社会等。不过,为了索取债务而绑架他人作为人质的,应按非法拘禁罪处理。

四、本罪的认定

一般而言,只要行为人完成了绑架行为,即成立绑架罪既遂。至于行为人是否向第三人提出勒赎要求、迫使第三人作为或不作为的目的是否实现,只是量刑情节,对于既遂没有影响。

五、本罪的刑事责任

根据刑法典第239条的规定,犯本罪的,处10年以上有期徒刑或者无期徒刑,并处罚金或者没收财产;情节较轻的,处5年以上10年以下有期徒刑,并处罚金。犯前款罪,杀害被绑架人的,或者故意伤害被绑架人,致人重伤、死亡的,处无期徒刑或者死刑,并处没收财产。以勒索财物为目的偷盗婴幼儿的,依照前两款的规定处罚。

第八节 拐卖妇女、儿童罪

一、定义

拐卖妇女、儿童罪,是指以出卖为目的,拐骗、绑架、收买、贩卖、接送、中转妇女、儿童的行为。本罪的法益为妇女、儿童人之为人的人格尊严,即应当将妇女、儿童作为人来看待,而不能将妇女、儿童贬低为可以交换的商品。现代社会不允许买卖人口,将妇女、儿童降格为可以交换的商品,无疑是贬低了妇女、儿童人之为人的人格尊严。

二、犯罪客观要件

本罪客观上表现为以出卖为目的,对妇女、儿童实施拐骗、绑架、收买、贩卖、接送、中转行为之一的行为。

本罪的对象仅限于妇女、儿童,成年男子不是本罪的对象。只要是妇女、儿童,哪怕是自己的妻儿都能够成为本罪的对象。既包括具有中国国籍的妇女、儿童,也包括具有外国国籍和无国籍的妇女、儿童。只要是人,包括其人格尊严都是不可放弃和不受侵犯的,即使妇女、儿童同意或主动要求他人拐卖自己,行为人只要实施了上述行为也成立本罪。

成立本罪行为人必须实施了拐卖行为。具体是指以出卖为目的,实施拐骗、绑架、收买、贩卖、接送、中转妇女、儿童之一的行为。拐骗是指行为人以出卖为目的,虚构事实、隐瞒真相进行欺诈、哄骗、诱惑或者胁迫妇女、儿童,使妇女、儿童置于行为人控制之下的行为。如以帮忙找工作、介绍对象、结伴旅游、外出玩耍、请吃请喝等名义,诱骗妇女、儿童上当。绑架是指以出卖为目的,采用暴力、胁迫或麻醉等手段劫持妇女、儿童,使妇女、儿童置于行为人控制之下的行为。这里的绑架与绑架罪中的绑架具有本质的不同:前者是以出卖为目的而采用暴力、胁迫等手段控制妇女、儿童,后者则是以迫使第三人作为或者不作为为目的,采用暴力、胁迫等手段控制妇女、儿童。收买是指以出卖为目的,将妇女、儿童当作商品加以收受、买进的行为。虽然多数人贩子是自拐自卖,同时具有"拐"和"卖"两个特征,但也有不少人贩子并不直接拐骗妇女、儿童,而是拐骗妇女、儿童的"二道贩子",专门收买妇女、儿童,然后伺机卖出牟利。贩卖是指行为人将妇女、儿童当作商品出售给第三人的行为。贩卖行为非常明显地体现了行为人主观上的出卖目的。贩卖的形式多样,既可以是自己亲自贩卖,也可以请他人代为卖出;既可以是直接收取金钱,也可以是充当债务。接送是指在共同犯罪中,接收、运送妇女、儿童的行为。中转是指在共同犯罪中,为拐卖妇女、儿童的罪犯提供中途场所的行为。接送、中转妇女、儿童的行为,是连结拐骗和贩卖妇女、儿童的中间环节,有处罚的必要,故实施了接送、中转妇女、儿童的行为,也构成本罪。

总之,凡是拐卖妇女、儿童的,不论是哪个环节,只要是以出卖为目的,有拐骗、绑架、收买、贩卖、接送、中转妇女、儿童行为之一的,不论拐卖人数多少,是否获利,均应以本罪追究刑事责任。

三、犯罪主观要件

本罪主体为一般主体。行为人与被拐卖的妇女、儿童是否有血缘、婚姻等亲属关系,不影响本罪成立。当然,对那些迫于生活困难、受重男轻女思想影响而出卖亲生子女或出卖收养子女的可不作为犯罪处理;对于出卖子女确属情节恶劣的可按遗弃罪处理。

本罪主观上为故意。成立本罪需要行为人具有出卖妇女、儿童的目的。实践中应注意,除贩卖行为明显表明行为人具有出卖妇女、儿童的目的外,对行为人实施拐骗、绑架、收买、接送、中转妇女、儿童的行为,一定要查明行为人是否具有出卖的目的;不是以出卖为目的而进行拐骗、绑架、收买、接送、中转妇女、儿童的,行为人可能成立收买被拐卖的妇女、儿童罪、绑架罪等其他犯罪,不成立本罪。

四、本罪的认定

只要以出卖为目的,实施了拐骗、绑架、收买、贩卖、接送、中转妇女、儿童行为之一的,即为本罪既遂。已经着手实施本罪的要件行为,由于犯罪人意志以外的原因,没有将妇女、儿童置于行为人控制之下的,为本罪的未遂。

五、本罪的刑事责任

根据刑法典第240条的规定,犯本罪的,处5年以上10年以下有期徒刑,并处罚金;有下列情形之一的处10年以上有期徒刑或者无期徒刑,并处罚金或者没收财产;情节特别严重的,处死刑,并处没收财产:(1)拐卖妇女、儿童集团的首要分子;(2)拐卖妇女、儿童3人以上的;(3)奸淫被拐卖的妇女的;(4)诱骗、强迫被拐卖的妇女卖淫或者将被拐卖的妇女卖给他人迫使其卖淫的;(5)以出卖为目的,使用暴力、胁迫或者麻醉方法绑架妇女、儿童的;(6)以出卖为目的,偷盗婴幼儿的;(7)造成被拐卖的妇女、儿童或者其亲属重伤、死亡或者其他严重后果的;(8)将妇女、儿童卖往境外的。拐卖妇女、儿童是指以出卖为目的,有拐骗、绑架、收买、贩卖、接送、中转妇女、儿童的行为之一的。

第九节　收买被拐卖妇女儿童罪

一、定义

收买被拐卖的妇女、儿童罪,是指不以出卖为目的,收买被拐卖的妇女、儿童的行为。根据统计,本罪在我国呈现高发态势。客观上收买行为为拐卖妇女、儿童提供了市场,故应重点惩治。

二、犯罪客观要件

本罪客观上表现为收买被拐卖的妇女、儿童,即行为人以金钱或财物为对价,有偿性购得。

本罪的对象仅限于妇女、儿童。既包括中国国籍的妇女、儿童,也包括外国和无国籍的妇女、儿童,只要有被拐卖的事实遭遇,处于拐卖行为犯罪人控制下被贩卖的,均是本罪的对象。

本罪行为人在客观上表现为实施了收买行为。该收买行为与商品交易的买受人行为基本相同,即通过支付价款或通过其他有偿服务方式,从拐卖人处获得对被拐卖妇女、儿童的非法控制,以达到对其人身的支配和占有目的。由于公民的人身不具有商品属性,属于法律明文禁止的行为,故即使在现实中出现被拐卖人同意被收买的情况,对收买人也应当以本罪论处。

实践中,行为人收买被拐卖的妇女、儿童后,往往对其实施其他违法和犯罪行为,如强奸妇女、奸淫幼女、虐待儿童,或为防止逃跑剥夺其人身自由等。根据刑法典第241条第4款的规定,对行为人的这些行为应同本罪一起实施数罪并罚。

三、犯罪主观要件

本罪主体为一般主体,主观上为故意。本罪行为人的目的是只收买不出卖,否则将成立拐卖妇女、儿童罪。当然,行为人虽然开始不具有出卖目的,但在收买后又进行出卖的,根据刑法典第241条第5款的规定,应以拐卖妇女、儿童罪一罪追究刑事责任,而不实行数罪并罚。

四、本罪的认定

本罪是行为犯,只要行为人实施了收买被拐卖的妇女、儿童的行为,原则上就成立犯罪。

五、本罪的刑事责任

根据刑法典第241条的规定,犯本罪的,处3年以下有期徒刑或者拘役。收买被拐卖的妇女,强行与其发生性关系的,依照刑法典第236条的规定定罪处罚。收买被拐卖的妇女、儿童,非法剥夺、限制其人身自由或者有伤害、侮辱等犯罪行为的,依照本法的有关规定定罪处罚。收买被拐卖的妇女、儿童,并有第2款、第3款规定的犯罪行为的,依照数罪并罚的规定处罚。收买被拐卖的妇女、儿童又出卖的,依照刑法典第240条的规定定罪处罚。收买被拐卖的妇女、儿童,对被买儿童没有虐待行为,不阻碍对其进行解救的,可以从轻处罚;按照被买妇女的意愿,不阻碍其返回原居住地的,可以从轻或者减轻处罚。

第十节 诬告陷害罪

一、定义

诬告陷害罪,是指故意捏造犯罪事实,向国家机关或者有关单位告发,意图使他人受刑事追究,情节严重的行为。

一般而言,本罪侵犯的法益为公民的人身权利和司法机关的正常活动(并列说)。但也有人认为,本罪侵犯的法益仅为公民的人身权利(单一说)。[①] 对本罪法益的理解不同,将会导致以下结论不一:(1) 得到被害人承诺的诬告行为是否成立本罪?(2) 诬告虚无人的行为是否成立犯罪?根据单一说,这两种行为都不成立犯罪,因为这两种行为要么是实际上没有侵犯被害人的人身权利,要么是不可能侵犯他人的人身权利。根据人身权利和司法机关正常活动说,似乎难以直接得出结论。根据并列说,上述两种行为虽然均侵犯了司法机关的正常活动,但均没有侵犯人身权利,则不构成诬告陷害罪;根据单一说,如果不要求同时侵犯人身权利或司法机关的正常活动(择一说),那么上述两种行为都构成诬告陷害罪,因为这两种行为虽然没有侵犯他人的人身权利,但都侵犯了司法机关的正常活动。诬告陷害罪被规定在刑法典分则第四章侵犯公民人身权利、民主权利罪中,因此将没有侵犯人身权利的诬告行为(如得承诺的诬告)认定为本罪,似乎又与立法精神不符,故认为本罪的法益仅为公民的人身权利是比较合适的。

二、犯罪客观要件

本罪客观上表现为捏造他人犯罪的事实,向国家机关或其他有关单位告发的行为。首先,本罪的对象是他人。因此,自我诬告的不构成本罪。"他人"又必须是特定的,如果没有特定的诬告对象,就不可能导致司法机关追查案件,也就不会产生侵犯他人人身权利的后果。当然,特定对象不要求行为人指名道姓,只要根据诬告的内容能够判断出诬告的对象是谁,即认为存在特定对象。其次,行为人捏造了犯罪事实,即行为人明知他人没有犯罪或者不知道他人犯罪,却宣称他人犯罪。最后,行为人以足以引起刑事追究的方式告发他人,即行为人以某种方式直接或间接地使司法机关知道某人犯有某个犯罪的事实;最常见的告发方式是向司法机关或所在机关、单位或报社及其有关人员告发他人的犯罪事实。

三、犯罪主观要件

本罪主观上为故意,即行为人明知诬陷行为会发生使他人受刑事追究的危害结果,并希望这种结果的发生。本罪行为人主观上必须具有意图使他人受到刑事追究的目的;没有意图使他人受到刑事追究的目的而诬陷他人的,如诬陷他人男盗女娼的行为人只能构成诽谤罪。根据刑法典第 243 条第 3 款的规定,不是有意诬陷而是错告,或者检举失实的不构成诬告陷害罪。

四、犯罪量度要件

本罪以情节严重为成立要件,故不完全是实害犯,因而如果被诬陷人的人身自由实际遭受侵害或者有遭受侵害的严重危险时,即可认定为犯罪既遂。一种是传统意义上因行

---

① 张明楷:《法益初论》,中国政法大学出版社 2000 年版,第 219 页。

为人的诬告陷害行为遭受了司法机关的强制措施;另一种如行为人诬陷他人犯有贪污罪,司法机关虽然没有采取实际行动,但被诬陷人一死以示清白的,也应当认定为本罪既遂。

五、本罪的认定

只要行为人实施了捏造犯罪事实,并向相关机构告发的行为,且达到足以引起司法机关对被诬告陷害人追究刑事责任的程度,即成立本罪既遂。

六、本罪的刑事责任

根据刑法典第243条的规定,犯本罪的,处3年以下有期徒刑、拘役或者管制;造成严重后果的处3年以上10年以下有期徒刑。国家机关工作人员犯本罪的,从重处罚。不是有意诬陷,而是错告,或者检举失实的,不适用前两款的规定。

第十一节 非法搜查罪

一、定义

非法搜查罪,是指非法搜索、检查他人的身体、住宅,侵犯他人安宁的行为。本罪侵犯的法益在形式上表现为公民身体与住宅的安宁,实质是公民私生活的安宁。

二、犯罪客观要件

本罪客观上表现为非法搜查他人的身体或者住宅。首先,本罪的对象为他人的身体或住宅。非法搜查身体、住宅以外的其他地方,如非法搜查车辆、船只、仓库、办公室等不具有住宅性质的场所,都不构成非法搜查罪。其次,成立本罪的搜查行为必须是非法的,如果搜查行为具有合法根据就不存在成立犯罪的问题。实践中非法搜查主要有两种情况:一种是无搜查权的人出于某种目的非法对他人的人身或住宅进行搜查;另一种是有搜查权的人不遵从法律规定的搜查程序进行搜查。不按照搜查的程序规定进行搜查的属于非法搜查,如果严重影响私生活的安宁的也可以成立非法搜查罪。

三、犯罪主观要件

本罪主观上为故意,即明知没有搜查的合法根据,或明知没有遵循法定的搜查程序,仍进行搜查行为。

四、犯罪量度要件

非法搜查行为只有严重影响私生活的安宁的,才成立非法搜查罪。这虽非刑法的明文规定,却是控制处罚范围所必需的。根据2006年最高人民检察院《关于渎职侵权犯罪案件立案标准的规定》,国家机关工作人员利用职权非法搜查,涉嫌下列情形之一的应予立案:(1)非法搜查他人身体、住宅,并实施殴打、侮辱等行为的;(2)非法搜查,情节严重,导致被搜查人或者其近亲属自杀、自残造成重伤、死亡,或者精神失常的;(3)非法搜查,造成财物严重损坏的;(4)非法搜查3人(户)次以上的;(5)司法工作人员对明知是与涉嫌犯罪无关的人身、住宅非法搜查的;(6)其他非法搜查应予追究刑事责任的情形。

五、本罪的认定

本罪以行为人着手搜查行为并严重侵犯被搜查人身体与住宅的安宁为犯罪既遂标准。对于本罪的未遂,联系本罪的法定刑,不宜作为犯罪来处理。

六、本罪的刑事责任

根据刑法典第245条的规定,犯本罪的,处3年以下有期徒刑或者拘役。司法工作人员滥用职权,非法搜查他人身体、住宅的从重处罚。

第十二节 非法侵入住宅罪

一、定义

非法侵入住宅罪,是指非法进入他人住宅或者经要求退出而拒绝退出,扰乱住宅安宁的行为。本罪法益应为公民按照个人意愿平稳地管理、利用住宅的权利。

二、犯罪客观要件

本罪客观上为没有合法根据进入他人住宅或者要求其退出时没有合法根据拒不退出住宅。本罪的对象为他人的住宅。住宅是指公民日常生活居住的空间或场所。住宅不仅包括一般意义的住房本身,还包括住宅周围的院落,如围墙、篱笆等。住宅不限于建筑物,包括住人的窑洞、竹楼,渔民生活的船舶,牧民生活的帐篷等。即使对于实验室、研究室、农村的小商店这样的场所,只要客观上是供日常生活所使用的空间或场所,且公民是在日常居住也可以认定为住宅。但对于刚刚购买正在装修的房屋,如果其尚不能供日常生活所使用,就不认为是住宅。住宅只要求是事实上供人从事日常生活所使用的空间或场所,并不要求一直有人居住。住宅也不要求是永久性的日常生活场所,短期、暂时居住、生活的处所,如在旅馆、饭店暂住的一个房间也是住宅。住宅也不要求居住人对其拥有所有权,租赁的房屋也属于住宅。

侵入住宅行为可分为积极的侵入与消极的不退出两种类型:

(1)积极的侵入。积极的侵入是指行为人没有合法根据积极地进入他人住宅。从形式上说,侵入住宅必须要求行为人进入他人住宅。但进入他人住宅并不等于侵入他人住宅,要将进入行为认定为侵入住宅行为,还要求具备实质条件,而这种实质条件就要联系本罪的保护法益。[①] 也就是说,必须对进入行为进行实质性的把握:一般地,只要行为人没有得到居住者的同意而进入他人住宅,就可以认定为非法侵入住宅;但客观上不妨碍居住人平稳地管理、利用住宅的进入行为,则不属于非法侵入。具有以下情形,可以肯定进入行为客观上妨碍了公民平稳地管理、利用住宅:在他人院中屋内陈尸闹事、挖坑垒坟的,使用暴力侵入他人住宅的或侵入住宅后殴打居住人的,毁损、污损、破坏或搬走他人生活用品的,如砸毁门窗、衣橱,打坏锅碗瓢盆,用粪便污损被褥、衣物的,侵入他人住宅随地大小便的,侵入他人住宅强行吃住的,侵入住宅使被害人流落在外无家可归的,侵入住宅后强行霸占房屋的,侵入他人住宅后封闭他人住宅的,以及侵入行为造成严重后果,如引起被害人自杀、精神失常的等。

(2)消极的不退出。消极的不退出是指行为人合法或过失进入他人住宅后,居住人要求其退出,行为人没有合法根据消极地不退出,妨碍居住人平稳地管理、利用住宅的行为。消极的不退出同积极的侵入行为一样,也妨碍了居住人平稳地管理、利用住宅的权利,故本质上也属于非法侵入住宅行为。对于消极的不退出行为,也应当从实质上去把握。并非行为人消极不退出,即成立非法侵入住宅罪;只有当消极不退出行为妨碍居住人平稳地管理、利用住宅的才构成本罪。因此,如果行为人合法或过失进入他人住宅后,居住人虽然要求行为人退出,但行为人一时就是不退出但又无其他有害举动时,不宜认定为本罪。

三、犯罪主观要件

本罪主观上为故意。因醉酒或其他原因而误入他人住宅的不成立本罪;但当居住者要求其退出而不退出的可以成立本罪。

四、本罪的认定

本罪以行为人实际进入他人住宅或者经要求退出而不退出,严重妨害住宅的安宁与平稳时成立既遂。对于本罪的未遂,联系本罪的法定刑不宜作为犯罪来处理。

五、本罪的刑事责任

根据刑法典第245条的规定,犯本罪的,处3年以下有期徒刑或者拘役。司法工作人员滥用职权,非法侵入他人住宅的从重处罚。

---

① 张明楷:《外国刑法纲要》,清华大学出版社1999年版,第541—542页。

第十三节 侮 辱 罪

一、定义

侮辱罪,是指以暴力或者其他方法公然败坏他人名誉,情节严重的行为。本罪侵犯的法益是公民的名誉。所谓名誉有三种含义:一是外部的名誉(社会的名誉),指社会对人的价值评判;二是内部的名誉,指客观存在的人的内部价值或真实价值;三是主观的名誉(名誉感情),是指本人对自己所具有的价值的意识、感情。[①] 在我国,侮辱、诽谤犯罪中的名誉仅指外部的名誉。

二、犯罪客观要件

本罪客观上表现为以暴力或者其他方法公然侮辱他人。侮辱行为是指除了诽谤以外的一切严重败坏他人外部名誉的行为。单纯的无理举动还不能称其为侮辱,只有无理举动暗含诬蔑的意思才是侮辱。[②] 具有败坏他人名誉的属性,或者说对他人做出极其轻蔑的价值判断是侮辱行为的本质。侮辱的内容不限,可以是他人的品性、素质,也可以是他人的身体、身分或其他缺陷。侮辱的手段不限,包括暴力或者其他一切严重败坏他人名誉的方法。考虑到侮辱罪的法定刑较轻,这里的暴力仅指使用轻伤以下的强制力败坏他人的名誉,如强行往被害人口中塞粪便,强迫被害人下跪或钻他人的裤裆等。其他方法包括言语侮辱、动作侮辱(如"祭奠"活人)与文字侮辱等方法。侮辱罪侵犯的法益是他人的外部名誉,故侮辱行为必须是公然进行,如果仅在私下场合而不是公然侮辱他人,那么被害人的外部名誉——其他公民对被害人的看法或者价值评判——就不会受到破坏。所谓公然是指当着第三者甚至多人的面,或者利用可以使不特定人或多数人听到、看到的方式对他人进行侮辱。"公然"并不要求被害人在场,被害人是否在场对于成立侮辱罪并不重要。本罪还要求情节严重,具体是指侮辱行为手段恶劣、动机卑鄙、后果严重、影响恶劣等。

三、犯罪主观要件

本罪主观上为故意。开玩笑时不注意分寸的,因不具有故意,故即使造成某种严重后果也不成立本罪。

四、本罪的认定

本罪以被侮辱人的名誉遭受严重侵害为既遂标准。对于本罪的未遂,联系本罪的法定刑不宜作为犯罪来处理。

---

① 张明楷:《刑法学》(第 2 版),法律出版社 2003 年版,第 714 页。
② 甘雨沛、何鹏:《外国刑法学》(下册),北京大学出版社 1985 年版,第 924 页。

五、本罪的刑事责任

根据刑法典第246条的规定,犯本罪的,处3年以下有期徒刑、拘役、管制或者剥夺政治权利,告诉的才处理,但严重危害社会秩序和国家利益的除外。通过信息网络实施第1款规定的行为,被害人向人民法院告诉,但提供证据确有困难的,人民法院可以要求公安机关提供协助。

告诉的才处理是指被害人告诉才处理;如果被害人因受强制、威吓无法告诉的,人民检察院和被害人的近亲属也可以告诉。此外,对于《刑法修正案(九)》新增加的第3款规定,实际上是为了更好地打击网络侮辱、诽谤行为提供了刑法上的支持,但在具体实务中如何操作,需要进一步研究。

2015年最高人民法院《关于〈中华人民共和国刑法修正案(九)〉时间效力问题的解释》第4条规定:"对于2015年10月31日以前通过信息网络实施的刑法第246条第1款规定的侮辱、诽谤行为,被害人向人民法院告诉,但提供证据确有困难的,适用修正后刑法第246条第3款的规定。"

第十四节　诽　谤　罪

一、定义

诽谤罪,是指捏造并散布某种有损他人名誉的事实,情节严重的行为。本罪侵犯的法益为公民的名誉权。

二、犯罪客观要件

本罪客观上为捏造并散布某种有损他人名誉的事实。捏造事实即无中生有,凭空杜撰,编造谎言。捏造事实并不要求行为人亲自捏造,也可以请他人捏造事实。只要行为人所捏造的事实足以败坏他人名誉,即使并不是非常可信也不影响诽谤行为的成立。如果行为人并没有捏造事实,散布的是有损他人名誉的真实事实的不构成本罪,但可能成立侮辱罪。散布所捏造事实,就是向他人公开,使相当范围的人知悉所捏造的事实。捏造事实是诽谤行为的前奏,仅让所捏造的事实停留在自己所能感知的范围内而不向外界散布,根本就不会发生他人名誉受损的结果。因此,构成诽谤罪的关键是散布所捏造的事实。散布所捏造事实不外乎有三种方式:口头诽谤、书面诽谤或者两者兼而有之。他人名誉被败坏是一个抽象的结果,并不要求被害人的名誉果真声名扫地,社会上所有人都对被害人改变原有评价;只要行为人所捏造的事实具有使他人改变对被害人的评价的高度可能性就认为他人名誉被败坏,出现了他人名誉被败坏的结果。

三、犯罪主观要件

本罪主观上是故意，即行为人明知自己散布的是捏造的足以严重损害他人名誉的虚假事实，明知自己的行为会败坏他人的名誉，并且希望危害结果的发生。

四、犯罪量度要件

本罪要求情节严重，具体是指诽谤行为手段恶劣、动机卑鄙、后果严重、影响恶劣等。

五、本罪的认定

本罪以被诽谤人的名誉遭受严重侵害为既遂标准。对于本罪的未遂，联系本罪的法定刑不宜作为犯罪来处理。

六、本罪的刑事责任

根据刑法典第246条的规定，犯本罪的，处3年以下有期徒刑、拘役、管制或者剥夺政治权利，告诉的才处理，但严重危害社会秩序和国家利益的除外。通过信息网络实施第1款规定的行为，被害人向人民法院告诉，但提供证据确有困难的，人民法院可以要求公安机关提供协助。

告诉的才处理是指被害人告诉才处理；如果被害人因受强制、威吓无法告诉的，人民检察院和被害人的近亲属也可以告诉。此外，对于《刑法修正案（九）》新增加的第3款规定，实际上为更好地打击网络侮辱、诽谤行为提供了刑法上的支持，但在具体实务中如何操作，需要进一步研究。①

2015年最高人民法院《关于〈中华人民共和国刑法修正案（九）〉时间效力问题的解释》第4条规定："对于2015年10月31日以前通过信息网络实施的刑法第246条第1款规定的侮辱、诽谤行为，被害人向人民法院告诉，但提供证据确有困难的，适用修正后刑法第246条第3款的规定。"

第十五节　刑讯逼供罪

一、定义

刑讯逼供罪，是指司法工作人员对犯罪嫌疑人、被告人使用肉刑或者变相肉刑逼取口供的行为。本罪侵犯的法益是犯罪嫌疑人、被告人在刑事诉讼过程中的身体安全。

---

① 相关内容可参见2013年最高人民法院、最高人民检察院《关于办理利用信息网络实施诽谤等刑事案件适用法律若干问题的解释》的具体规定。

二、犯罪客观要件

本罪客观上是对犯罪嫌疑人、被告人使用肉刑或变相肉刑逼取其口供。

（1）本罪对象为犯罪嫌疑人、被告人。

犯罪嫌疑人是指被公安机关、检察机关立案侦查，但尚未被提起公诉的可能实施了犯罪行为的人。被告人是指已被人民检察院提起公诉或者已经被自诉人向人民法院起诉，要求追究其刑事责任的人。当然，已决犯也可以成为本罪的对象。除犯罪嫌疑人、被告人以外的其他人员，如证人或者其他诉讼参与人都不是本罪的对象。本罪对象决定了其只能发生在刑事诉讼过程中；在办理民事、行政或治安案件中，即使有"刑讯逼供"也不成立本罪。

（2）行为人实施了刑讯逼供的行为。

刑讯是指对犯罪嫌疑人、被告人使用肉刑或变相肉刑；逼供是指逼取口供。刑讯与逼供是密不可分的有机整体：不以逼供为目的的刑讯是一般殴打或者故意伤害；而不以刑讯方式（如一般恐吓）的逼供也称不上是刑讯逼供。刑讯最常见的方式是使用肉刑，即以暴力作用于人的肌体，致使肌体损伤或机能毁损，从而使人遭受难以忍受的皮肉之苦。常见的肉刑有捆绑、毒打、针扎、火灼、水灌、上老虎凳、跪钉板等。刑讯也可以采用变相肉刑，即不直接伤害他人的身体，但同样能够使人产生难以忍受的肉体痛苦，例如冻、烤、晒、饿、长时间不准睡觉、不准坐卧等。指供、诱供、套供虽然也是为了获取犯罪嫌疑人、被告人的供述，但由于不存在刑讯行为，故单纯指供、诱供、套供的不成立本罪。虽然刑法典没有规定成立本罪必须情节严重，但这并不表明只要给犯罪嫌疑人、被告人造成肉体痛苦即成立本罪。行为人仅打了犯罪嫌疑人、被告人几个耳光或踢了一脚，与逼取口供没有联系的，一般不认定成立本罪，只能对其进行纪律处分。①

三、犯罪主观要件

本罪主体为特殊主体，属于身份犯的范畴，即只有司法工作人员才成立本罪。司法工作人员是指有侦查、检察、审判和监管职责的工作人员。保安公司的保安人员、基层组织聘用的联防队员不能成为本罪的主体。

本罪主观上是故意，并要求行为人具有逼取口供的目的。如果行为人不是为了逼取口供，而是逞能逞威、报复泄愤则不能成立本罪；构成其他犯罪的按照其他犯罪处理。本罪的动机也多种多样，如急于破案、邀功请赏或陷害他人等。良好的动机不是区分罪与非

---

① 2006年最高人民检察院《关于渎职侵权犯罪案件立案标准的规定》规定，涉嫌下列情形之一的，应予立案：(1)以殴打、捆绑、违法使用械具等恶劣手段逼取口供的；(2)以较长时间冻、饿、晒、烤等手段逼取口供，严重损害犯罪嫌疑人、被告人身体健康的；(3)刑讯逼供造成犯罪嫌疑人、被告人轻伤、重伤、死亡的；(4)刑讯逼供，情节严重，导致犯罪嫌疑人、被告人自杀、自残造成重伤、死亡，或者精神失常的；(5)刑讯逼供，造成错案的；(6)刑讯逼供3人次以上的；(7)纵容、授意、指使、强迫他人刑讯逼供，具有上述情形之一的；(8)其他刑讯逼供应予追究刑事责任的情形。

罪的界限,即使纯粹出于公心急于破案而实施刑讯逼供的也照样成立本罪。

四、本罪的认定

(一)犯罪转化

刑法典第 247 条规定:"致人伤残、死亡的,依照本法第 234 条、第 232 条的规定定罪从重处罚。"这里的"致人伤残、死亡",是指故意致人重伤、死亡。因此,刑讯逼供致人轻伤的仍然属于刑讯逼供罪;致人重伤且行为人对此有故意的则转化为故意伤害罪;致人死亡且行为人对此有故意的转化为故意杀人罪。

(二)既遂与未遂

本罪以犯罪嫌疑人、被告人实际遭受肉刑或者变相肉刑,身体安全严重遭受侵犯为既遂标准。

五、本罪的刑事责任

根据刑法典第 247 条的规定,犯本罪的,处 3 年以下有期徒刑或者拘役。致人伤残、死亡的按故意伤害罪、故意杀人罪定罪,并从重处罚。

第十六节 暴力取证罪

一、定义

暴力取证罪,是指司法工作人员使用暴力逼取证人证言的行为。本罪侵犯的法益为证人的身体安全。

二、犯罪客观要件

本罪客观上是使用暴力逼取证人证言。本罪的对象为证人。证人是指除受审的犯罪嫌疑人及被告人以外的向司法机关提供自己感受到的案件情况的其他诉讼参与人,被害人也属证人的范畴。本罪要求行为人必须实施了暴力取证的行为。在暴力取证中,暴力与取证是有机联系的统一整体:不以取证为目的的暴力属于殴打或者伤害;而以暴力以外的其他方式取证,如以恐吓、胁迫、欺诈等方式取证的也称不上是暴力取证。由本罪的法定刑所决定,本罪中暴力的上限为轻伤;行为人实施重伤程度的暴力的构成故意伤害罪。[1]

---

[1] 2006 年最高人民检察院《关于渎职侵权犯罪案件立案标准的规定》规定,涉嫌下列情形之一的,应予立案:(1)以殴打、捆绑、违法使用械具等恶劣手段逼取证人证言的;(2)暴力取证造成证人轻伤、重伤、死亡的;(3)暴力取证,情节严重,导致证人自杀、自残造成重伤、死亡,或者精神失常的;(4)暴力取证,造成错案的;(5)暴力取证 3 人次以上的;(6)纵容、授意、指使、强迫他人暴力取证,具有上述情形之一的;(7)其他暴力取证应予追究刑事责任的情形。

三、犯罪主观要件

本罪主体为特殊主体,只有司法工作人员才构成本罪。主观方面为故意。行为人虽然在客观上采取了暴力,但目的不是为了逼取证人证言,而是出于其他目的(如借故报复)不能成立本罪。

四、本罪的认定

(一)犯罪转化

刑法典第247条后段规定:"致人伤残、死亡的,依照本法第234条、第232条的规定定罪从重处罚。"这里的"致人伤残、死亡"是指故意致人重伤、死亡。因此,暴力取证致人轻伤的仍然属于暴力取证罪;致人重伤且行为人对此有故意的转化为故意伤害罪;致人死亡且行为人对此有故意的转化为故意杀人罪。

(二)既遂与未遂

本罪以证人实际遭受暴力,身体安全严重受到侵犯为既遂标准。

五、本罪的刑事责任

根据刑法典第247条的规定,犯本罪的,处3年以下有期徒刑或者拘役。致人伤残、死亡的按故意伤害罪、故意杀人罪定罪,并从重处罚。

第十七节　虐待被监管人罪

一、定义

虐待被监管人罪,是指监狱、拘留所、看守所等监管机构的监管人员,违反国家有关监管法规,对被监管人进行殴打或者体罚虐待,情节严重的行为。本罪侵犯的法益为被监管人在被监管过程中的身体安全。

二、犯罪客观要件

本罪客观上是违反监管法规,对被监管人进行殴打或者体罚虐待。

本罪的对象为被监管人,不仅包括在监狱、拘役所、社区矫正等场所的服刑已决犯,在看守所羁押的犯罪嫌疑人、被告人,包括被行政拘留、司法拘留以及收容教养的人等,被司法机关错误关押的人也是本罪的对象。违反监管法规是成立本罪的前提条件。依据有关监管法规来剥夺被监管人的某些利益,如监狱遇有罪犯脱逃、罪犯使用暴力行为、罪犯正在押解途中等情形的,可以使用戒具(如手铐、脚镣、警棍、警绳),这些属于合法行为,谈不上虐待被监管人。构成本罪,行为人必须对被监管人进行了殴打或者体罚虐待。所谓殴打是指对被监管人施以暴力,使其承受皮肉之苦,如拳打脚踢、滥施戒具等,包括故意致人轻伤在内。所谓体罚虐待是指对被监管人进行殴打以外的肉体折磨和精神摧残,如罚跪罚站、雨淋日晒、冻饿禁闭、侮辱人格、强迫长时间超负荷劳动等等。本罪中的殴打、体罚虐待,不要求具有一贯性,一次性的殴打或者体罚虐待,只要情节严重,即足以构成本罪。我国刑法典第 248 条使用了"体罚虐待"一词,这表明纯粹精神性虐待的,如监管人员经常性的辱骂、讥讽、嘲弄被监管人而无其他殴打、体罚行为的,不成立本罪。在监管人员指使被监管人殴打或者体罚虐待其他被监管人的场合,实施殴打或者体罚虐待的被监管人与监管人员构成共同犯罪。

三、犯罪主观要件

本罪主体为特殊主体,只有监狱、拘留所、看守所等监管机构的监管人员才能构成本罪。监管机构除了监狱、拘留所、看守所外,还包括劳动改造管教队、未成年犯管教所、拘役所、劳教所、收容站等。监管人员是指在上述监管机构中负有监督管理职责的看守人员和管教人员。受监管机关正式聘用或委托履行监管职务的人员,违反监管法规,体罚、虐待被监管人,情节严重的,可以本罪论处。

本罪主观上是故意,即明知殴打或者体罚虐待被监管人的行为违反有关监管法规,侵犯了被监管人的身体安全,仍故意为之。

四、犯罪量度要件

本罪要求情节严重。根据 2006 最高人民检察院《关于渎职侵权犯罪案件立案标准的规定》的规定,涉嫌下列情形之一的,应予立案(情节严重):(1)以殴打、捆绑、违法使用械具等恶劣手段虐待被监管人的;(2)以较长时间冻、饿、晒、烤等手段虐待被监管人,严重损害其身体健康的;(3)虐待造成被监管人轻伤、重伤、死亡的;(4)虐待被监管人,情节严重,导致被监管人自杀、自残造成重伤、死亡,或者精神失常的;(5)殴打或者体罚虐待 3 人次以上的;(6)指使被监管人殴打、体罚虐待其他被监管人,具有上述情形之一的;(7)其他情节严重的情形。

五、本罪的认定

(一)犯罪转化

刑法典第 248 条规定,犯本罪致人伤残、死亡的依照刑法典第 234 条、第 232 条的规定定罪从重处罚。这里的"致人伤残、死亡"是指行为人在虐待被监管人的过程中,故意致被监管人重伤、死亡;这完全符合故意伤害罪、故意杀人罪的成立要件,故对行为人应以故意伤害罪、故意杀人罪论处。

(二)既遂与未遂

本罪要求情节严重。因此,行为人只有严重侵害被监管人身体安全的,才成立犯罪既遂。

六、本罪的刑事责任

根据刑法典第248条的规定,犯本罪的,处3年以下有期徒刑或者拘役;情节特别严重的处3年以上10年以下有期徒刑;致人伤残、死亡的依照故意伤害罪、故意杀人罪的规定定罪处罚。监管人员指使被监管人殴打或者体罚虐待其他被监管人的,依照前款的规定处罚。

第十八节　侵犯公民个人信息罪

根据2015年最高人民法院、最高人民检察院《关于执行〈中华人民共和国刑法〉确定罪名的补充规定(六)》的规定,将刑法典第253条之一的罪名确定为侵犯公民个人信息罪,取消出售、非法提供公民个人信息罪和非法获取公民个人信息罪罪名。

一、定义

侵犯公民个人信息罪,是指违反国家有关规定向他人出售或者提供公民个人信息,情节严重的行为,或者违反国家有关规定,将在履行职责或者提供服务过程中获得的公民个人信息出售或者提供给他人,情节严重的行为,或者窃取或者以其他方法非法获取公民个人信息,情节严重的行为。本罪侵犯的法益是公民个人的信息权,其内涵既包括个人隐私不受侵犯的权利,也包括限制他人非法收集、出售或提供他人信息的权利。

二、犯罪客观要件

本罪客观上是行为人违反国家有关规定向他人出售或者提供公民个人信息;或者违反国家有关规定将在履行职责或者提供服务过程中获得的公民个人信息,出售或者提供给他人;或者窃取或者以其他方法非法获取公民个人信息。所谓"公民个人信息"一般是指公民不愿公布、涉及公民隐私的个人信息,主要包括姓名、职业、年龄、婚姻状况、家庭住址、电话号码等。所谓"出售"是指将自己掌握的公民个人信息出卖给他人并从中牟利的行为;所谓"非法提供"是指虽非出于牟利目的,但将自己所掌握的本不应提供给他人的信息提供给他人的行为。出售实际上是"非法提供"的一种典型情形,立法将此种情形单独列出,是因为一般的非法提供他人信息的行为通常伴有牟利的目的。所谓"窃取"是指采取不为人知或者秘密的方法获取公民个人信息的行为。所谓"以其他方法",是指通过欺骗、购买等方法非法获取公民个人信息的行为。

三、犯罪主观要件

本罪的主体为一般主体,包括自然人与单位。主观上是故意,并且通常具有牟利或者其他不法目的(但不以存在特定目的或动机为成罪条件)。①

四、犯罪量度要件

本罪要求情节严重。所谓"情节严重"一般是行为人大批量或者多次数出售、提供、窃取或非法获取公民个人信息的，或者行为人因上述行为获利数额较大的，以及因行为人上述行为导致公民经济损失重大或公民正常生活被淹严重影响等情况。

五、本罪的认定

本罪要求情节严重。行为人只要实际进行了相关行为达到情节严重的程度，即为犯罪既遂。对于本罪的未遂，根据法定刑不宜作为犯罪来处理。

六、本罪的刑事责任

根据刑法典第253条之一的规定，犯本罪的，处3年以下有期徒刑或者拘役，并处或者单处罚金；情节特别严重的，处3年以上7年以下有期徒刑，并处罚金。违反国家有关规定，将在履行职责或者提供服务过程中获得的公民个人信息出售或者提供给他人的，依照前款的规定从重处罚。窃取或者以其他方法非法获取公民个人信息的，依照第1款的规定处罚。单位犯前3款罪的，对单位判处罚金，并对其直接负责的主管人员和其他直接责任人员依照各该款的规定处罚。

第十九节　报复陷害罪

一、定义

报复陷害罪，是指国家机关工作人员滥用职权、假公济私，对控告人、申诉人、批评人、举报人实行报复陷害的行为。我国《宪法》第41条第2款规定："对于公民的申诉、控告或者检举，有关国家机关必须查清事实，负责处理。任何人不得压制和打击报复。"可见，本罪侵犯的法益为公民的控告权、申诉权、批评权和举报权以及国家机关的正常活动。

二、犯罪客观要件

本罪客观上是国家机关工作人员滥用职权、假公济私，对控告人、申诉人、批评人、举报人进行报复陷害。

（1）本罪对象为控告人、申诉人、批评人、举报人。

控告人是指向司法机关或者其他国家机关以及有关单位指控有关人员违法犯罪的

---

① 彭文华、王昭武、吴江：《中国刑法罪刑适用》(第4版)，法律出版社2013年版，第370页。

人。申诉人是指对有关的判决、裁定或者决定不服,提出申诉意见的人。批评人是指对国家机关及其工作人员提出批评建议的人。举报人是指向司法机关或者其他有关机关报告、揭发、检举违法犯罪或者提供相关线索的人。这里的控告人、申诉人、批评人、举报人,并不限于必须是对实施本罪的国家机关工作人员进行控告、申诉、批评、举报的人,也不要求其控告、申诉、批评、举报的内容完全属实。

（2）行为人滥用职权、假公济私,对控告人、申诉人、批评人、举报人实行报复陷害。

滥用职权是指过分使用职权或者超越权限使用职权,既包括滥用职权本身,也包括滥用本人职务上所形成的便利条件。假公济私是指行为人为其私利,滥用职权对控告人、申诉人、批评人、举报人实行报复陷害。有人认为,报复陷害,应打着"为公"的旗号,①或要以执行公务为名。② 若是如此,赤裸裸的以权报复就不构成本罪了,这是不合适的。应当认为,只要行为人滥用职权对控告人、申诉人、批评人、举报人实行报复陷害,就是"假公"来"济私"。因为"国家工作人员只要行使其职权,实施职务行为就具有'公'的性质,为了达到报复他人的个人目的而利用职权,实施职务行为,就是假公济私"③。报复陷害是指"收拾""整治"控告人、申诉人、批评人、举报人,常见的形式有克扣工资、奖金、不按规定提升薪水,或降职降级、停止工作,或调动工作岗位,或在各种场合对他人进行批判、羞辱,甚至滥用行政或者纪律处罚手段等。如果行为人对他人进行报复陷害时并没有利用职权,如行为人写匿名信到司法机关诬告控告人犯罪的,或在暗地里侮辱、诽谤批评人、举报人的都不成立本罪;如果成立其他罪,按照诬告陷害等犯罪处理。

三、犯罪主观要件

本罪主体为特殊主体,只有国家机关工作人员才能构成本罪。除国家机关工作人员之外的其他国家工作人员以及一般公民,都不能成为本罪的主体;这些人报复陷害他人的,不能构成本罪,只能考虑以其他犯罪追究其刑事责任。

本罪主观上是故意,至于行为人出于何种动机,不影响本罪的构成。国家机关工作人员在执行法律、政策或者对有关人员的处理中,由于业务素质不高,对有关事实情况了解不细、不准、工作方法主观片面等原因,而对有关控告人、申诉人、批评人、举报人等的处理不当的,由于不存在犯罪故意,故不成立本罪。

四、犯罪量度要件

根据2006年最高人民检察院《关于渎职侵权犯罪案件立案标准的规定》规定,涉嫌下列情形之一的,应予立案:(1)报复陷害,情节严重,导致控告人、申诉人、批评人、举报人或者其近亲属自杀、自残造成重伤、死亡,或者精神失常的;(2)致使控告人、申诉人、批评

---

① 赵秉志主编:《侵犯公民人身权利疑难问题司法对策》,吉林人民出版社2001年版,第463页。
② 高铭暄、马克昌主编:《刑法学》（下编）,中国法制出版社1999年版,第870页。
③ 张国斌主编:《诬告陷害罪报复陷害罪》,中国检察出版社1996年版,第170页。

人、举报人或者其近亲属的其他合法权利受到严重损害的;(3)其他报复陷害应予追究刑事责任的情形。

五、本罪的刑事责任

根据刑法典第254条的规定,犯本罪的,处2年以下有期徒刑、拘役或者管制;情节严重的处2年以上7年以下有期徒刑。

第二十节　破坏选举罪

一、定义

破坏选举罪,是指在选举各级人民代表大会代表和国家机关领导人员时,以暴力、威胁、欺骗、贿赂、伪造选举文件、虚报选举票数等手段破坏选举或者妨害选民和代表自由行使选举权和被选举权,情节严重的行为。本罪侵犯的法益为公民的选举权与被选举权。

二、犯罪客观要件

本罪客观上是在选举各级人民代表大会代表和国家机关领导人员时,以暴力、威胁、欺骗、贿赂、伪造选举文件、虚报选举票数等手段破坏选举或者妨害选民和代表自由行使选举权和被选举权。首先,行为人破坏的选举是各级人民代表大会代表和国家机关领导人员的选举。在实践中,破坏村委会选举的行为时常发生,对此不能以破坏选举罪论处。破坏党内选举,是否构成破坏选举罪,值得研究。其次,行为人以各种方式破坏了各级人民代表大会代表和国家机关领导人员的选举。破坏选举的方式包括:(1)以暴力、威胁、欺骗、贿赂、伪造选举文件、虚报选举票数等手段破坏选举;(2)妨害选民和代表自由行使选举权和被选举权。

三、犯罪主观要件

本罪主体为一般主体,普通公民和国家工作人员均可以是本罪的主体。主观上是故意。过失破坏选举,如因疏忽大意造成选票统计错误或者误报了选票数的,不构成本罪。

四、犯罪量度要件

只有情节严重的破坏选举才成立本罪。根据2006年最高人民检察院《关于渎职侵权犯罪案件立案标准的规定》,国家机关工作人员利用职权破坏选举,涉嫌下列情形之一的,应予立案:(1)以暴力、威胁、欺骗、贿赂等手段,妨害选民、各级人民代表大会代表自由行使选举权和被选举权,致使选举无法正常进行,或者选举无效,或者选举结果不真实的;(2)以暴力破坏选举场所或者选举设备,致使选举无法正常进行的;(3)伪造选民证、选票等选举文件,虚报选举票数,产生不真实的选举结果或者强行宣布合法选举无效、非法选举有效的;(4)聚众冲击选举场所或者故意扰乱选举场所秩序,使选举工作无法进行的;(5)其他情节严重的情形。

五、本罪的刑事责任

根据刑法典第 256 条的规定,犯本罪的,处 3 年以下有期徒刑、拘役或者剥夺政治权利。

第二十一节　暴力干涉婚姻自由罪

一、定义

暴力干涉婚姻自由罪,是指以暴力干涉他人婚姻自由的行为。本罪侵犯的法益为公民的婚姻自由权利。

二、犯罪客观要件

本罪客观上是行为人使用暴力干涉他人的婚姻自由。婚姻自由包括结婚自由和离婚自由。如果行为人干涉的不是婚姻自由,而是其他内容,如父母不准未成年子女与异性同居,而采用暴力手段进行干涉的不成立本罪。本罪要求行为人必须是采取了暴力方法,即行为人对被干涉方的人身实施了捆绑、禁闭、殴打、凌虐等不法有形力;如果有形力非常轻微,如仅打了被害人一耳光的,一般不能视为本罪中的暴力。采用暴力以外的其他方法干涉婚姻自由,如以断绝家庭关系或以暴力相威胁的,即使造成一定后果也不成立本罪。

对于抢婚案件应当区分情况具体分析:如果男子向女方求婚,遭到拒绝,于是纠集多人,用暴力手段将女方抢回家中成亲的侵犯了女方的结婚自由,可成立本罪;如果强行发生性关系的,还应构成强奸罪;但如果该地区一直有抢婚的传统的,如在一些少数民族聚居的地方有抢婚的风俗,对此不能以本罪论处。登记结婚以后,女方不同意与男方同居,男方把女方抢回并强行同居的,由于婚姻关系已经成立,不存在侵犯婚姻自由问题,不可能构成本罪;这属于非法拘禁与婚内强奸问题,对此应以非法拘禁罪或者强奸罪(如果承认婚内强奸可以构成强奸罪)论处。

三、犯罪主观要件

本罪的主体为一般主体,主观上是故意。

四、本罪的刑事责任

根据刑法典第 257 条的规定,犯本罪的,处 2 年以下有期徒刑或者拘役,告诉的才处理;致使被害人死亡的,处 2 年以上 7 年以下有期徒刑,不适用告诉才处理的规定。致使被害人死亡,包括两种情况:一是暴力干涉婚姻自由行为导致被干涉者自杀身亡;二是在实施暴力干涉婚姻自由行为时,暴力行为过失致人死亡。

第二十二节　重　婚　罪

一、定义

重婚罪,是指有配偶而重婚的,或者明知他人有配偶而与之结婚的行为。本罪侵犯的法益形式上是一夫一妻制,实质上是婚姻的稳定与安宁。

二、犯罪客观要件

本罪客观上是有配偶而重婚,或者明知他人有配偶而与之结婚。重婚罪有两种表现形式:(1) 有配偶而重婚。即行为人在原有婚姻关系尚未解除的情况下,又与他人结婚建立新的婚姻关系的行为。(2) 无配偶但明知他人有配偶而与之结婚。对于无配偶的人而言,虽不存在两个以上的婚姻关系,但是其属于重婚者的共犯,故也成立重婚罪。成立重婚罪必须存在结婚行为,结婚是指男女双方自愿缔结夫妻关系的法律行为,结婚必须符合一定的条件并依据一定的程序进行。如果两个以上的婚姻关系都进行了婚姻登记,自然属于结婚,缔结后一婚姻关系的行为属于重婚行为,行为人成立重婚罪。问题是,如果两个以上的婚姻关系中有一个婚姻关系没有履行婚姻登记手续,行为人又以夫妻名义同居生活的是否成立重婚罪? 对此,理论上存在争议。

在实践中以下两点应注意:(1) 一般而言,因遭受自然灾害外流谋生而重婚的,因配偶长期外出下落不明,造成家庭生活严重困难,又与他人结婚的,被拐卖、被绑架后再婚的,因强迫、包办婚姻而外逃重婚的,不宜以重婚罪论处。(2) 法院判决离婚以后,在离婚判决书尚未生效期间,有些人持没有生效的离婚判决与他人登记结婚的,对此不能一概认定为重婚罪。尤其是离婚判决以后,一方不服上诉,但没有告诉对方,对方也没有收到法院的任何上诉通知,经过合理的期间之后,行为人又登记结婚的不能认定行为人成立重婚罪;只有有证据证明行为人明知判决书尚未生效的才可以成立本罪。

三、犯罪主观要件

本罪主体为一般主体,分为两类:一是重婚者,即已有配偶并且婚姻关系尚未解除,又与他人登记结婚的人;二是相婚者,即明知对方有配偶而与之登记结婚的人。未达法定婚龄者,可以成立本罪。

本罪主观上是故意。对于重婚者而言,其明知自己有配偶且婚姻关系尚未解除,又故意与他人结婚。如果行为人有合理理由认为自己的配偶已经死亡,如配偶失踪多年杳无音讯的不成立重婚罪。对于相婚者而言,其是明知他人有配偶而与之结婚;如果相婚者确实不知道对方有配偶而与之结婚的,即使存在过失也不成立本罪。

四、本罪的刑事责任

根据刑法典第258条的规定,犯本罪的,处2年以下有期徒刑或者拘役。

第二十三节 虐 待 罪

一、定义

虐待罪,是指经常以打骂、冻饿等方法,对家庭成员进行肉体或者精神上的摧残、折磨,情节恶劣的行为。

二、犯罪客观要件

本罪客观上是行为人经常以打骂、冻饿等方法,对家庭成员进行肉体或者精神上的摧残、折磨。首先,本罪的对象为家庭成员。家庭成员是指因婚姻关系、血缘关系、收养关系以及遗赠扶养协议等法律行为而形成的共同生活成员。虐待家庭成员以外的其他社会成员,如师傅虐待徒弟、牢头狱霸虐待其他囚犯的,都不构成本罪。虐待雇佣多年的老保姆,是否构成本罪,是一个值得研究的问题。其次,行为人实施了虐待行为。虐待行为的实质是剥夺家庭成员平等的生活权益,使得家庭成员在肉体上和精神上遭受折磨和摧残。常见的虐待方法有打骂、冻饿、强迫劳动、有病不让医等等,以致家庭成员吃不饱、穿不暖、睡不安、思不宁。虐待既可以是肉体折磨,可以是精神摧残,也可以是二者交替使用;既可以是作为,也可以是不作为,但不可能是单纯的不作为。单纯的有病不给治疗、不提供饮食的行为,只能构成遗弃罪。[①] 虐待行为在量上必须具有一贯性、经常性,如果不具有持续性、一贯性,只是偶尔发生打骂、冻饿等行为,属于家庭纠纷,不构成虐待罪。对于持续性、一贯性的家庭暴力,可以本罪论处。显然,虐待罪属于继续犯,故本罪的追诉时效自虐待行为终了之日起开始计算。

三、犯罪主观要件

本罪主体为特殊主体,即为被害人的家庭成员。主观上是故意,即故意剥夺家庭成员平等的生活权益,使其遭受肉体与精神的摧残与折磨。

四、犯罪量度要件

本罪要求虐待行为必须情节恶劣。所谓情节恶劣,主要是指经常虐待屡教不改、虐待

---

① 王作富:《中国刑法研究》,中国人民大学出版社1988年版,第717页。

老弱病残者、虐待手段残酷、引起公愤或者社会影响恶劣、虐待造成严重后果等。

五、本罪的刑事责任

根据刑法典第260条的规定,犯本罪的,处2年以下有期徒刑、拘役或者管制。犯前款罪,致使被害人重伤、死亡的处2年以上7年以下有期徒刑。第1款罪,告诉的才处理,但被害人没有能力告诉,或者因受到强制、威吓无法告诉的除外。针对实践中发生的重病老人、儿童被虐待没有能力告诉或因受到强制、无法告诉的,为了加强对弱势群体的保护,《刑法修正案(九)》对第3款规定对此进行了修改。

2015年最高人民法院《关于〈中华人民共和国刑法修正案(九)〉时间效力问题的解释》第5条规定:"对于2015年10月31日以前实施的刑法第260条第1款规定的虐待行为,被害人没有能力告诉,或者因受到强制、威吓无法告诉的,适用修正后刑法第260条第3款的规定。"

第二十四节　　遗　弃　罪

一、定义

遗弃罪,是指对于年老、年幼、患病或者其他没有独立生活能力的人,负有扶养义务而拒绝扶养,情节恶劣的行为。本罪侵犯的法益为家庭成员之间扶养的权利义务关系。

二、犯罪客观要件

本罪客观上是对于年老、年幼、患病或者其他没有独立生活能力的家庭成员,负有扶养义务而拒绝扶养。首先,行为人必须负有扶养义务。扶养义务包括婚姻法律上的"扶养""赡养"和"抚养"义务,其具体内容应根据我国《婚姻法》的规定确定,其实质是保证被扶养人能够像类似于他的人一样,正常、稳定、安全地生活。其次,行为人能够履行扶养义务。行为人有能力负担起年老、年幼、患病或者其他没有独立生活能力的家庭成员的正常生活。最后,行为人拒绝履行扶养义务。拒绝履行扶养义务的表现形式包括:(1) 积极弃置,即以积极的方式将被遗弃人从其日常生活的安全场所移至危险场所。如父母将年幼的子女丢弃在马路边。(2) 消极离去,即行为人与被遗弃人生活或处于同一场所,但行为人从该处所离去。如产妇在生产以后偷偷溜走,将刚生下的婴儿留在医院。(3) 单纯的不保护,即行为人与被遗弃人虽然没有场所上的隔离,但行为人不给被遗弃人生存所必要的保护。如不提供必要的食物、对病人不提供必要的治疗等。[①] 无论是积极弃置、消极离去还是单纯的不保护,从规范的角度看,行为人都违反了应当履行扶养义务的命令性规

---

① 张明楷:《外国刑法纲要》,清华大学出版社1999年版,第494—495页。

范,故不论遗弃的方式如何,本罪都属于不作为犯罪。

三、犯罪主观要件

本罪主体是特殊主体,只能由对被遗弃者负有扶养义务的家庭成员构成。主观方面为故意。

四、犯罪量度要件

行为人拒绝履行扶养义务,必须情节恶劣。"情节恶劣",主要是指造成被遗弃人流离失所、精神失常、自杀等严重后果等。

五、本罪的刑事责任

根据刑法典第261条的规定,犯本罪的,处5年以下有期徒刑、拘役或管制。

第二十五节　其他侵犯公民人身权利、民主权利罪

一、组织出卖人体器官罪

组织出卖人体器官罪,是指组织他人出卖人体器官的行为。刑法典第234条第1款明确规定,组织他人出卖人体器官的,成立组织出卖人体器官罪。第2款规定了本罪与故意伤害罪、故意杀人罪的界限,即未经本人同意摘取其器官,或者摘取未满18周岁人的器官的,或者强迫、欺骗他人捐献器官的,根据情形分别定故意伤害罪、故意杀人罪。第3款规定了本罪与盗窃罪、侮辱尸体罪的界限。

根据刑法典第234条之一的规定,犯本罪的,处5年以下有期徒刑,并处罚金;情节严重的处5年以上有期徒刑,并处罚金或者没收财产。

二、过失致人重伤罪

过失致人重伤罪,是指由于行为人的过失而导致他人重伤的行为。行为人因过失当场致人重伤,被害人由于伤势过重经抢救无效而死亡的,应当认定为过失致人死亡罪,不成立本罪。刑法典第235条规定,过失致人重伤,本法另有规定的,依照规定。因此,过失致人重伤的行为,如果符合其他犯罪成立要件(如交通肇事致人重伤)的,则不再成立本罪,而是成立其他犯罪。

根据刑法典第235条的规定,犯本罪的,处3年以下有期徒刑或者拘役。

三、猥亵儿童罪

猥亵儿童罪,是指猥亵不满14周岁的儿童,侵犯儿童性的不可侵犯权的行为。所谓

猥亵,是指抠摸、玩弄、吮吸儿童性敏感部位等一切侵犯儿童性的不可侵犯权的行为。对于与幼女性交的行为,已被刑法规定为强奸罪,故猥亵女童时猥亵行为是指性交之外的其他一切侵犯女童性的不可侵犯权行为。与男童性交的行为,刑法并没有将之规定为其他犯罪,故猥亵男童时猥亵行为是指包括性交行为在内的一切侵犯男童性的不可侵犯权的行为。成立本罪,手段不限。本罪为一般主体,主观上是故意。

根据刑法典第237条的规定,犯本罪的处5年以下有期徒刑或者拘役。聚众或者在公共场所当众犯前款罪的,或者有其他恶劣情节的处5年以上有期徒刑。

四、聚众阻碍解救被收买的妇女、儿童罪

聚众阻碍解救被收买的妇女、儿童罪,是指首要分子聚集多人阻碍国家机关工作人员解救被收买的妇女、儿童的行为。并非所有参与阻碍国家机关工作人员解救被收买的妇女、儿童的人都构成本罪,只有首要分子才构成本罪;其他参与者,如果使用暴力、威胁方法的,依照妨害公务罪定罪处罚。

根据刑法典第242条的规定,犯本罪的,处5年以下有期徒刑或者拘役。

五、强迫劳动罪

强迫劳动罪,是指违反劳动管理法规,以限制人身自由方法强迫职工劳动,情节严重的行为。首先,构成本罪,行为人必须违反了劳动管理法规。其次,行为人必须以限制人身自由方法强迫职工劳动。如果行为人不是采取限制职工的人身自由,而是剥夺了职工的人身自由来强迫职工劳动的,则不仅触犯本罪,而且构成非法拘禁罪;这属于想象竞合犯,应从一重罪处罚。最后,行为人以限制人身自由方法强迫职工劳动,必须情节严重。本罪主体为一般主体,即用人单位中的直接责任人员。本罪中"用人单位"的字样,并不表明本罪就是单位犯罪。

根据刑法典第244条的规定,犯本罪的,处3年以下有期徒刑或者拘役,并处罚金;情节严重的,处3年以上10年以下有期徒刑,并处罚金。明知他人实施前款行为,为其招募、运送人员或者有其他协助强迫他人劳动行为的,依照前款的规定处罚。单位犯前两款罪的,对单位判处罚金,并对其直接负责的主管人员和其他直接责任人员,依照第1款的规定处罚。

六、雇用童工从事危重劳动罪

雇用童工从事危重劳动罪,是指违反劳动管理法规,雇用未满16周岁的未成年人从事超强度体力劳动的,或者从事高空、井下作业的,或者在爆炸性、易燃性、放射性、毒害性等危险环境下从事劳动,情节严重的行为。

根据刑法典第244条之一的规定,犯本罪的,处3年以下有期徒刑或者拘役,并处罚金;情节特别严重的,处3年以上7年以下有期徒刑,并处罚金。非法雇用童工从事危重

劳动,造成事故,又成立其他犯罪的,依照数罪并罚的规定处罚。

七、煽动民族仇恨、民族歧视罪

煽动民族仇恨、民族歧视罪,是指以语言、文字或者其他方式向不特定人或者多数人鼓动民族仇恨、民族歧视,情节严重的行为。

根据刑法典第 249 条的规定,犯本罪的,处 3 年以下有期徒刑、拘役、管制或者剥夺政治权利;情节特别严重的,处 3 年以上 10 年以下有期徒刑。

八、出版歧视、侮辱少数民族作品罪

出版歧视、侮辱少数民族作品罪,是指在出版物中刊载歧视、侮辱少数民族的内容,情节恶劣,造成严重后果的行为。本罪主体为特殊主体,即只有出版歧视、侮辱少数民族作品的直接责任人员,才成立本罪。

根据刑法典第 250 条的规定,犯本罪的,对直接责任人员,处 3 年以下有期徒刑、拘役或者管制。

九、非法剥夺公民宗教信仰自由罪

非法剥夺公民宗教信仰自由罪,是指国家机关工作人员非法剥夺公民的宗教信仰自由,情节严重的行为。所谓宗教信仰自由,指是否信仰宗教是公民个人的自由;每个公民既有信仰宗教的自由,也有不信仰宗教的自由;有信仰这种宗教的自由,也有信仰那种宗教的自由;有信仰这个教派的自由,也有信仰那个教派的自由;有过去不信仰宗教现在信仰宗教的自由,也有过去信仰宗教现在不信仰宗教的自由。宗教信仰自由是公民的基本权利,任何人都无权非法干涉。

根据刑法典第 251 条的规定,犯本罪的,处 2 年以下有期徒刑或拘役。

十、侵犯少数民族风俗习惯罪

侵犯少数民族风俗习惯罪,是指国家机关工作人员侵犯少数民族风俗习惯,情节严重的行为。所谓少数民族的风俗习惯,是指少数民族在日常生产、生活中一贯遵循的具有广泛群众基础的为公序良俗所认可的惯例、习俗,包括饮食起居、婚丧嫁娶、岁时节日等风俗习惯。

根据刑法典第 251 条的规定,犯本罪的,处 2 年以下有期徒刑或拘役。

十一、侵犯通信自由罪

侵犯通信自由罪,是指隐匿、毁弃或者非法开拆他人信件,侵犯公民通信自由和通信秘密,情节严重的行为。本罪的对象为他人的信件。信件主要是指信函和明信片(不论是否封缄),同时包括电子邮件与手机短信。成立本罪,要求情节严重。

根据刑法典第252条的规定,犯本罪的,处1年以下有期徒刑或者拘役。

十二、私自开拆、隐匿、毁弃邮件、电报罪

私自开拆、隐匿、毁弃邮件、电报罪,是指邮政工作人员私自开拆或者隐匿、毁弃邮件、电报的行为。根据刑法典第253条第2款,私自开拆、隐匿、毁弃邮件、电报并窃取财物的,依照盗窃罪定罪从重处罚。本罪主体为特殊主体,即邮政工作人员。这是本罪与侵犯通信自由罪的主要区别所在。

根据刑法典第253条的规定,犯本罪的,处2年以下有期徒刑或者拘役。

十三、打击报复会计、统计人员罪

打击报复会计、统计人员罪,是指公司、企业、事业单位、机关、团体的领导人,对依法履行职责、抵制违反会计法、统计法行为的会计、统计人员实行打击报复,情节恶劣的行为。本罪的对象为依法履行职责、抵制违反会计法、统计法行为的会计、统计人员。

根据刑法典第255条的规定,犯本罪的,处3年以下有期徒刑或者拘役。

十四、破坏军婚罪

破坏军婚罪,是指明知是现役军人的配偶而与之同居或者结婚的行为。本罪的对象必须是现役军人的配偶,即与现役军人登记结婚的人。如果认为事实婚姻属于婚姻的范畴,那么,"现役军人的配偶"还包括与现役军人形成事实婚姻关系的人。破坏军婚的行为表现有两种:(1)与现役军人的配偶同居。通奸行为与同居行为是两类性质不同的行为,仅与现役军人的配偶通奸的,不成立犯罪。(2)与现役军人的配偶结婚,即与现役军人的配偶进行登记结婚。虽然没有与现役军人的配偶登记结婚,但形成事实婚姻的,虽然不属于"结婚"的范畴,但属于"同居"的范畴,故同样构成破坏军婚罪。

根据刑法典第259条的规定,犯本罪的,处3年以下有期徒刑或者拘役。利用职权、从属关系,以胁迫手段奸淫现役军人妻子的,依照强奸罪的规定定罪处罚。

十五、虐待被监护、看护人罪

虐待被监护、看护人罪,是指对未成年人、老年人、患病的人、残疾人等负有监护、看护职责的人虐待被监护、看护的人,情节恶劣的行为。本罪的主体为特殊主体,即对未成年人、老年人、患病的人、残疾人等负有监护、看护职责的人,并且监护、看护人与被监护、看护人不具有家庭成员关系,自然人和单位均可构成本罪的犯罪主体。

根据刑法典第260条之一的规定,犯本罪的,处3年以下有期徒刑或者拘役。单位犯本罪的,对单位判处罚金,并对其直接负责的主管人员和其他直接责任人员,依照前款的规定处罚。具有第1款行为,同时构成其他犯罪的,依照处罚较重的规定定罪处罚。

十六、拐骗儿童罪

拐骗儿童罪,是指拐骗不满14周岁的未成年人脱离家庭或者监护人的行为。拐骗儿童行为的本质是没有征得被拐骗儿童的家庭或者监护人的同意,违背其意愿,弄走儿童,故拐骗儿童不仅包括利用蒙蔽、欺骗或利诱等典型的拐骗手段弄走儿童,而且包括秘密窃取婴幼儿、抢夺甚至抢劫等非法手段弄走儿童,也包括直接从路上抱走婴幼儿等行为。拐骗儿童的目的一般是收养,但也不排除其他目的(如奴役等);不过,以出卖为目的而拐骗儿童的,构成拐卖儿童罪;以勒索财物(债务除外)为目的而拐骗儿童的,成立绑架罪。

根据刑法典第262条的规定,犯本罪的,处5年以下有期徒刑或者拘役。

十七、组织残疾人、儿童乞讨罪

组织残疾人、儿童乞讨罪,是指以暴力、胁迫手段组织残疾人或者不满14周岁的儿童乞讨的行为。残疾人、儿童自愿乞讨而对之单纯加以利用的,或者是使用暴力、胁迫手段组织已满14周岁且没有生理缺陷的正常人乞讨的,都属于违反治安管理处罚法的行为,不成立本罪。

根据刑法典第262条之一的规定,犯本罪的,处3年以下有期徒刑或者拘役,并处罚金;情节严重的,处3年以上7年以下有期徒刑,并处罚金。

十八、组织未成年人进行违反治安管理活动罪

组织未成年人进行违反治安管理活动罪,是指组织未成年人实施盗窃、诈骗、抢夺、敲诈勒索等违反治安管理活动的行为。这里的"组织"是指通过包吃包住、发给一定报酬等名义,将未成年人笼络、控制在自己手下,指令或要求其实施盗窃、诈骗、抢夺、敲诈勒索等违法行为。主观方面表现为故意,即行为人明知被组织者是未成年人,而组织其从事这些活动。

依据刑法典第262条之二的规定,犯本罪的,处3年以下有期徒刑或者拘役,并处罚金;情节严重的,处3年以上7年以下有期徒刑,并处罚金。

第二十六节 罪之比较与适用

此罪与彼罪的划分是实践中的一个难题。在本节中,对于一些易混淆的犯罪将在定罪与量刑方面加以比较,并配以适当案例,以加深对具体犯罪的理解。

一、本章罪之比较

(一)故意伤害罪与故意杀人罪的区别

关于故意伤害罪与故意杀人罪的界限,在以下两种情形难以区分:一是故意伤害致死

与故意杀人既遂；二是故意伤害与故意杀人未遂。对此，理论上存在不同观点：第一种观点是目的说，该说认为判断一个案件是故意杀人还是故意伤害，关键在于确定行为人的犯罪目的是要致人于死还是致人于伤。第二种观点是故意说，该说认为故意杀人罪与故意伤害罪的区别在于故意内容不同。第三种观点是事实说，该说认为区分故意杀人罪与故意伤害罪，应当以案件的客观事实为标准，而不能以犯罪人的主观故意内容为标准。因为主观的东西没有客观标准，行为人矢口否认杀人故意时，司法机关就无法定罪。只有客观存在的案件事实才是犯罪人无法抵赖的客观标准。例如，用可以致人死亡的工具、打击他人的致命部位，就可以认定为故意杀人。①

然而，目的说显然忽视了间接故意杀人与间接故意伤害的情况。因为根据通说，犯罪目的仅存在于直接故意犯罪中，间接故意犯罪没有犯罪目的，如果仅仅根据犯罪目的区分故意杀人罪与故意伤害罪，就无法区分间接故意杀人与间接故意伤害的界限。故意说看到了目的说的上述缺陷，但是，仅将故意内容不同视为故意杀人罪与故意伤害罪的关键区别，一方面导致事实上难以作出区分，另一方面也是主观主义征表说的反映。事实说看到了目的说与故意说的缺陷，但仅凭客观事实来区分故意杀人罪与故意伤害罪的界限，有违反主客观相统一原则的危险。实际上，故意说与事实说并不是对立的，二者完全可以统一起来。即在杀人故意心理支配下，客观上实施了杀人行为的，应当认定为故意杀人罪；在伤害故意心理支配下，客观上实施了伤害行为的，应当认定为故意伤害罪。换言之，行为人主观上是否具有杀人的故意，要通过考察客观事实来认定。例如，行为人持枪瞄准被害人心脏开枪的，无论行为人怎样否认其杀人故意，司法机关都会将其行为认定为故意杀人罪；反之，行为人使用木棒打击被害人臀部、腿部的，即使他承认有杀人故意，司法机关也不会将其行为认定为故意杀人罪。所以，应当坚持犯罪构成的原理，综合考虑主客观方面的全部事实，来区分故意杀人罪与故意伤害罪。

对于那些临时起意、不计后果的突发性行凶案件，也应当根据主客观方面的事实进行判断。凡是明显具有杀人故意，客观行为足以导致他人死亡的，不管结果是死亡还是伤害，均应认定为故意杀人罪；反之，凡是明显仅具有伤害故意，客观行为在通常情况下会发生伤害结果的，不管被害人是否死亡，也只能认定为故意伤害罪；故意内容不很确定或者不顾被害人死伤的，应按实际造成的结果来确定犯罪行为的性质，因为在这种情况下，死亡与伤害的结果都在行为人的犯意之内，在造成死亡的情况下按故意杀人罪论处，不会违反主客观相统一的原则。有些案件确实难以证明行为人主观有杀人故意，难以区分是故意杀人还是故意伤害的，为了慎重起见，可以按较轻的犯罪处理。

（二）绑架罪与非法拘禁罪的区别

绑架罪在客观上必然非法剥夺了他人的人身自由，在特定场合下（如索取债务）非法劫持、扣押人质的也可以构成非法拘禁罪，因而必须明了绑架罪与非法拘禁罪的区别。二

---

① 赵秉志主编：《刑法争议问题研究》（下卷），河南人民出版社1996年版，第237页。

者的区别主要表现为:(1)主观方面不同。绑架罪的行为人主观上具有迫使第三人作为或不作为的目的,并不单纯是为了剥夺他人的人身自由;对于非法拘禁罪,一般而言,行为人主观上并不具有将他人做为人质进行"交易"的目的,其就是为了单纯剥夺他人的人身自由,以达到报复泄愤等目的。(2)客观方面不同。非法拘禁罪一般仅是单纯侵犯了被害人的人身自由;绑架罪不但侵犯了被害人的人身自由,而且使得被害人的生命、健康法益处于高度危险状态之中。虽然勒赎行为并非绑架罪的构成要件,但绑架者一般都会向第三人实施勒赎行为;非法拘禁罪的行为人一般不存在向第三人提出非法要求的行为。

在为索取债务而非法扣押、拘禁他人的情况下,上述区别不复存在,此时行为人是构成绑架罪还是构成非法拘禁罪容易混淆。对此,刑法典第238条明确规定,为索取债务非法扣押、拘禁他人的,构成非法拘禁罪。因此,在这种情况下,行为人是为了索取债务还是为了勒索债务以外的财物,是绑架罪与非法拘禁罪区分的关键。需要指出的是,以绑架人质的方式向债务人索要与债务悬殊巨大的财物的,属于非法拘禁罪与绑架罪的想象竞合犯,对行为人应以绑架罪处理;如果行为人向被绑架人的近亲属或其他人索得债务后,又索取额外财物或以人质相挟提出其他不法要求的,属于另起犯意的情形,后面的行为构成绑架罪,应与前面的非法拘禁罪进行数罪并罚。行为人明知不存在或不可能存在债务关系,以索债为借口扣押、拘禁他人的,直接定为绑架罪。

二、与其他章节罪之比较

这里主要是故意伤害罪与包含伤害内容的其他犯罪之比较与量刑适用问题。

不少故意犯罪都可能造成伤害结果,如放火罪可能将被害人烧成重伤。我国刑法典第234条第2款规定:"本法另有规定的,依照规定。"这就是说,虽然造成了伤害结果,但若符合刑法规定的其他犯罪构成的,应当按照其他犯罪论处,而不再认定为故意伤害罪。如爆炸、投放危险物质行为导致他人伤害的,认定为放火罪、爆炸罪与投放危险物质罪,不再认定为故意伤害罪。

在我国刑法分则中,有些犯罪行为可能造成伤害结果,刑法明文规定造成伤害结果的,不再根据基本行为的性质定罪,而应认定为故意伤害罪。根据刑法典第289条、第292条、第333条的相关规定,对聚众"打砸抢"致人伤残的,非法组织或者强迫他人出卖血液造成伤害的,应以故意伤害罪论处。刑法典第289条、第292条所规定的"伤残",显然是指重伤,而不包括轻伤。而第333条规定的"伤害"从字面意义上看,是可能包括轻伤的。但是,如果这样理解则存在不合理现象。因为非法组织卖血罪的法定最高刑为5年有期徒刑,强迫卖血罪的法定最高刑为10年有期徒刑,而故意伤害致人轻伤的法定最高刑为3年有期徒刑,本来立法精神是对于非法组织、强迫他人出卖血液造成伤害的,应当从重处罚。如果认为第333条第2款中的"造成伤害"包括造成轻伤,则意味着非法组织、强迫他人出卖血液没有造成轻伤的,分别可处的最高刑为5年有期徒刑与10年有期徒刑;而造成轻伤时,反而可处的最高刑只有3年有期徒刑,这显然违反罪刑相适应的刑法原则。因此,刑法典第333条中的"伤害"不应当包括轻伤。将轻伤排除在第333条第2款的"伤害"之外,可以使非法组织卖血罪与故意伤害罪的刑罚得以协调。即非法组织他人出卖血液的,处5年以下有期徒刑,并处罚金;致人重伤的,认定为故意伤害罪,处3年以上10年以下有期徒刑;致人死亡的,处10年以上有期徒刑、无期徒刑或者死刑。就强迫卖血罪而言,如果强迫他人出卖血液而导致他人死亡或者以特别残忍手段致人重伤造成严重残疾的,认定为故意伤害罪,处10年以上有期徒刑、无期徒刑或者死刑并无不妥,但在致人一般重伤的情况下存在问题,因为强迫卖血罪的法定刑为5年以上10年以下有期徒刑,并处罚金,高于故意伤害的法定刑(3年以上10年以下有期徒刑)。如果在没有致人重伤的情况下处5年以上10年以下有期徒刑,并处罚金,而在致人重伤的情况下按故意伤害罪论处,只能处3年以上10年以下有期徒刑,则显失公平。为了弥补这种缺陷,对于这种情况,应认定为想象竞合犯,从一重罪处罚。也就是说,强迫他人出卖血液的,只要没有造成死亡或者以特别残忍手段致人重伤造成严重残疾的,即使造成了重伤,也仍应认定为强迫卖血罪,而不宜认定为故意伤害罪。

三、案例适用

【案例1】

被害人王某来到本镇苏某家中,向苏索要5年前所欠的借款2000元钱,二人因言语不和而争吵。在撕扯中,王某用头在苏某家院墙及房门上自碰,声称要死在苏家。苏某见状,并没有加以制止,而是独自出了家门。后苏某家人回来见状让王某躺下休息。王某的儿子得知情况后即赶到苏家,将其父送至医院。王某经抢救无效,于次日死亡。法院经审理认为,苏某的行为已构成故意杀人罪,判处有期徒刑4年。

讨论问题:本案中,被告人苏某是否构成故意杀人罪?

【案例2】

被告人白某峰与姚某于1994年10月结婚,婚后夫妻感情不好,多次发生口角。姚某于1995年2月回娘家居住。1995年5月2日晚9时许,白某峰到姚家,欲与姚某发生性关系。姚某不允与白厮掳。白某峰拿起剪刀将姚的内裤剪断。姚某拿起剪刀想扎白,被白抢下扔掉。后白某峰强行与姚发生了性关系。其后姚某与白某峰继续厮打,白某峰又第二次强行奸污姚某。白某峰对姚某蹂躏前后达五个多小时,致姚某抽搐昏迷,经医生抢救苏醒。法院经审判认为被告人白某峰的行为无罪。

讨论问题:强奸罪的主体是否包括妇女的丈夫?本案判决是否妥当?为什么?

【案例3】

被告人王某在为邻居吕某打工期间,认为吕某给其工资太少,遂产生勒索吕某部分工钱之念。某日凌晨,被告人将汽油倒在吕某家门前草堆上,将草堆点燃后乘吕家出去救火之机,翻墙进入吕家院内,将在屋内睡觉的吕某仅18个月的儿子吕壮盗回家中。吕某回家发现吕壮不见,即向公安机关报案。公安人员及时赶至现场,当即组织全村村民在各路口设卡追堵。被告人见无法将吕壮带走,吕壮在其家中又哭闹不止,怕被人发现,即将吕壮抱还其家人,并谎称吕壮是其从小偷手中追回,后装晕倒地。因其言行矛盾,王某被公安机关审查归案。

讨论问题:被告人王某构成拐卖儿童罪、非法拘禁罪还是绑架罪?其犯罪形态是什么?

第五章

侵犯财产罪

侵犯财产罪,是以非法占有为目的取得公私财物,或者故意毁坏公私财物的行为。侵犯财产罪侵害的法益应当如何界定,学界存有不同的观点。

所有权说认为,侵犯财产罪保护的法益是所有权,因为盗窃罪、抢劫罪中规定的犯罪对象是公私财物,都是他人所有的财物,而不仅仅是他人事实上占有的财物,甚至认为刑法中的占有必须以一定的财产权存在为基础。故针对此有学者指出,以所有权作为侵犯财产罪的保护法益,将范围界定得过于狭小,具有不周延性。如行为人盗窃犯罪嫌疑人抢劫来的财物是否成立犯罪?根据所有权说,犯罪嫌疑人对抢劫来的财物不具有所有权,行为人盗窃赃物的行为不成立犯罪,这显然是不合理的。①

占有说认为,侵犯财产罪保护的法益是对财物事实上的占有状态本身,因为显示的占有关系如果不加以保护,就难以期待在复杂社会中会出现秩序和安定的局面,即侵犯财产罪保护的法益不是所有权,而仅仅是一种占有关系,甚至认为这种占有关系是合法形成还是非法形成并不重要。故针对此有学者提出,占有说将保护的范围界定得过于宽泛,扩大了处罚的范围。如盗窃罪的被害人窃取被盗窃财物的行为,根据占有说符合盗窃罪的犯罪成立要件,应以盗窃论处,这难以被国民所认可。② 既然所有权说和占有说都存在一定的缺陷,修正说则应运而生。

修正说认为,侵犯财产罪保护的法益是符合一定条件有理由的平稳占有,如果这种占有没有与本权者相对抗的合理理由,相对于本权者恢复权利的行为而言则不是财产罪侵犯的法益。③ 我们认为,修正说的确避免了所有权说和占有说的保护范围过宽和过窄的弊端,从而能适当解决司法实践上的一些难题。如盗窃罪中被害人窃取回自己所有的财物而不成立犯罪,盗窃他人非法占有不属于自己所有的财物则成立犯罪,盗窃他人占有的违禁物也成立犯罪等。但盗窃走被执法机关扣押的财物或盗窃走财物纠纷案件中的财物等是否属于盗窃呢?法律并没有明确回答,因此对此仍需要进一步研究。

---

① 周光权:《刑法各论讲义》,清华大学出版社 2003 年版,第 85 页。
② 张明楷:《刑法学》(第 2 版),法律出版社 2003 年版,第 741 页。
③ 同上书,第 745 页。

第五章 侵犯财产罪

本章罪的行为对象为财物，但财物的内涵和外延应如何界定，刑法典并未作出明文规定。刑法学界对财物的界定也提出了不同见解。有体性说认为财物应当是有体物，即占有部分空间的有形存在物，包括固体、液体、气体。但有体性说在立法和司法实践中无法完全适用，随着社会的发展出现了"无形财产"，许多无体物的经济价值越来越明显，包括虚拟网络世界中的"虚拟货币"，以及现代市场交换中的"购物优惠份额"等。实践中，无体物虽然无体，但具有经济价值，也可以对其进行管理，显然已经成为所有权不可忽视的对象，不将其作为侵犯财产罪的对象将无法有效保护公私财产。如我国刑法典第265条规定以牟利为目的，盗接他人通信线路，复制他人电信号码或者明知是盗接、复制的电信设备、设施而使用的，按盗窃罪定罪处罚。虚拟货币的合法性承认问题，"购物优惠份额"的价值确认问题等。于是，管理可能说和虚拟财产说则应运而生。管理可能说又分为事务管理可能说和物理管理可能说。前者认为财物不一定限定为有体物，具有可动性与管理可能性的物体都是财物。从目的解释论的角度出发，该说具有一定的合理性，但其解释存在界限不明的弊端，可能与罪刑法定原则相悖。后者认为，只有存在物理管理可能性的，才是财物，热能、光、水力、冷气等是财物，牛马的劳动力、债权、商业秘密等不是财物。当然，财产权利虽然不能作为财产罪的对象，但是记载这些权利的凭证，应当成为财产罪保护的对象，侵犯这些权利凭证的可以成立侵犯财产罪。此外，一些特殊物品也可以作为侵犯财产罪的对象，如不动产、违禁品、祭葬品、人的身体及其代用品等。虚拟财产也称网络虚拟财产，是一种能为人所支配的具有价值的权利，如我国的Q币、比特币等电子虚拟货币等，都是财产在网络虚拟空间的表现形式。

根据我国刑法典的规定，除抢劫罪的主体是已满14周岁且具有控制和辨认能力的自然人以外，其他犯罪的主体必须是已满16周岁，具有辨认和控制能力的自然人。另外，有的犯罪如职务侵占罪、挪用资金罪，要求主体具有特殊身份。

侵犯财产罪的行为包括攫取与毁坏两类。毁坏类的犯罪在主观上是直接故意和间接故意。取得财产的犯罪在主观上也只能是故意，即行为人以非法占有为目的。当然有学者认为，非法占有目的是指明知是公共的或他人的财物，而意图把它非法转归自己或者第三人控制、占有。[1] 也有学者认为，非法占有目的是指遵从财物的经济用途进行利用的意图。更有学者对这两种观点进行了折中认为，非法占有目的除包括意图占有或者控制财物之外，还应该包括利用和处分的意图。[2] 我们认为，非法占有应当是指行为人不仅具有占有和控制财物的意图，还包括利用和处分的意图。一方面占有和控制的意图可以将一时的使用行为与盗窃行为相区别；另一方面利用和处分的意图可以将取得类的财产犯罪和毁坏类的财产犯罪相区分。如行为人以毁坏的意图将财物盗窃出，并且随后毁坏的行为人没有利用和处分的意图，应当成立毁坏财物罪。当然，对财物的利用和处分，并不仅

---

[1] 高铭暄主编：《新编中国刑法学》（上下册），中国人民大学出版社1998年版，第760页。
[2] 张明楷：《刑法学》（第2版），法律出版社2003年版，第751页。

仅是依照财物原来的用法,只要遵从财物可能具有的功能与价值即可。

侵犯财产罪的类型主要包括:(1)暴力、胁迫型财产犯罪,包括抢劫罪、抢夺罪、聚众哄抢罪、敲诈勒索罪。(2)窃取、骗取型财产犯罪,包括盗窃罪、诈骗罪。(3)侵占、挪用型犯罪,包括侵占罪、职务侵占罪、挪用资金罪、挪用特定款物罪。(4)毁坏、破坏型犯罪,包括故意毁坏财物罪、破坏生产经营罪。(5)《刑法修正案(八)》新增的罪名拒不支付劳动报酬罪。本章共计13个罪名。

第一节　抢　劫　罪

一、定义

抢劫罪,是以非法占有为目的当场使用暴力、胁迫或其他方法,强行将劫取公私财物的行为。抢劫罪侵犯的法益具有复杂性。一方面,行为人非法取得财物,侵犯了他人的占有权;另一方面行为人侵犯了他人的人身权利,这也是抢劫罪区别与其他财产类犯罪的重要标志。但行为人最根本的目的是要劫取财物,侵犯人身权利只是其使用的一种手段。正因为如此,刑法典把抢劫罪规定在侵犯财产罪一章。

二、犯罪客观要件

本罪在客观上是当场使用暴力、胁迫或者其他方法,劫取公私财物的行为。这种当场对被害人使用暴力、胁迫或者其他方法,是抢劫罪的本质特征,也是区别于盗窃罪、诈骗罪、抢夺罪和敲诈勒索罪的根本所在。

对于"当场"的认定不宜过窄,即使行为持续一定的时间或者存在场所的转换,但从整体上看行为没有间断的也应当认定为当场取得财物。如行为人对被害人使用暴力、威胁或者其他方法迫使被害人交付财物,但被害人身无分文,行为人迫使其回家取来财物的也应当认定为当场。

使用暴力,是指对被害人的身体施以打击或强制,借以排除被害人反抗的行为。暴力的目的应当是在于压制被害人的反抗,致使被害人不敢反抗或不能反抗,从而劫取其财物,如果仅仅针对的是被害人的财物实施出其不意的攻击,即使在行为实施过程中造成了人身伤害,亦不能以本罪论处。如直接夺取他人手中的钱包,直接抢夺被害人耳朵上的耳环等,就因暴力直接指向财物而成立抢夺罪,致人重伤或死亡则应作为抢夺罪的一个特别严重情节加以考虑。至于暴力程度,只要能对他人身体起到强制、打击作用即可,并不要求其危及他人的身体健康或生命安全。导致他人受伤或死亡固然是暴力,一般的拳打脚踢、捆绑禁闭、扭抱推拽等因其对他人人身有强制、打击作用亦可成为本罪的暴力。暴力的轻重程度仅是本罪的量刑情节,对本罪成立并无影响。只要存在暴力,并以此劫取他人财物即可成立本罪。

胁迫,是指对被害人以当场实施暴力相威胁,从而使其产生恐惧心理而不敢反抗。胁迫是行为人有意识地给被害人施加精神压力,进行精神强制,意在使其产生恐惧,不敢反抗,而为其劫取财物创造条件。根据我国刑法通说,胁迫的内容是要以立即实施暴力相威胁。当然,行为人是否真正具有当场实施暴力的意思和能力,不影响胁迫的成立。胁迫的方式则多种多样,有的是语言有的是动作如拔出身带之刀;有的还可能是利用特定的危险环境进行胁迫,如在夜间偏僻的地区,喝令他人"站住,交出钱来",使被害人产生恐惧不敢反抗,亦可成立本罪的胁迫。

抢劫罪的其他方法,是指使用暴力、胁迫以外的方法使得被害人不知反抗或无法反抗,而当场劫取财物的行为。这类行为具有三个特征:(1)侵犯人身权利的行为,这是抢劫罪所有手段行为的共性;(2)对财物的占有人本人施加暴力或胁迫以外的某种影响,使之失去反抗知觉或者反抗能力;(3)与其后非法取得被害人财物的行为有着手段和目的的联系,非法占有其财物行为的实施和完成正是要借助先行的手段行为所造成的被害人不知反抗或无力反抗的有利条件。实践比较常见的情形有:利用药物麻醉、用酒灌醉、用催眠术、用毒药毒昏毒死等表现形式。如用酒灌醉、用药物麻醉、利用催眠术催眠、将清醒的被害人乘其不备锁在屋内致其与财产隔离等方法劫取他人财物。应注意的是,被害人不能反抗或无法反抗是因为被害人的积极作为所导致。行为人如果没有使他人处于不知反抗或无法反抗的状态,而是借用了被人自己因患病、醉酒、熟睡或他人致使其死亡、昏迷等而不知反抗或无法反抗的状态拿走或夺取财物的不是成立本罪,对之应当以他罪如盗窃罪、抢夺罪论处。

三、犯罪主观要件

本罪的主体为年满14周岁并具有刑事责任能力的自然人。本罪在主观上是故意,并具有将公私财物非法占有的目的,如果没有这样的故意内容就不成立本罪。如为索取债务而使用暴力的不成立抢劫罪,视情况成立故意伤害罪、非法拘禁罪等。

非法占有的故意如果在使用暴力、胁迫实施之前在实施过程中产生应当认定为抢劫的故意,但如果在使用暴力、胁迫实施之后产生。例如,为强奸而实施暴力行为,压制了被害人的反抗后又产生了非法取得的意思,并且夺取财物的是否应当认定为抢劫的故意,理论界并未形成统一认识。肯定说认为,抢劫罪是基于强取的意思而着手实施暴力、胁迫,在强奸又强取财物的情况下,取得财物的经过与典型的抢劫罪有区别,但是这也是属于利用先行实施的压制被害人反抗的场合,即使后来没有实施暴力、胁迫,也应当认定为成立抢劫罪。否定说认为,抢劫罪是基于强取的意思采用暴力、胁迫手段压制被害人反抗,然后夺取财物的行为。如果不存在作为强取财物手段的暴力、胁迫,而只是利用被害人不能反抗的状态夺取财物的只能认定为盗窃罪。[①] 本书采取肯定说的观点。这是因为,一方

---

① 陈兴良主编:《刑法学》,复旦大学出版社2003年版,第409页。

面强制后产生劫取财物与之前具有劫取动意并不冲突;另一方面此种情况也与盗窃罪的转化犯基本保持一致,故该说相对比较合理,且不会产生新的矛盾和问题。

四、本罪的认定

(一)犯罪转化

根据刑法典第269条的规定,盗窃罪、诈骗罪、抢夺罪可以转化为抢劫罪。适用刑法典第269条规定的处理犯罪,必须具备以下法定条件:

(1)行为人必须是先犯盗窃、诈骗、抢夺罪,而不能是其他罪,这是适用刑法典第269条的前提条件。值得注意的是,第269条中虽然使用了"盗窃、诈骗、抢夺罪"的表述,但并不意味着行为事实上已然成立犯罪。即不应对先行的盗窃、诈骗、抢夺行为的数额作任何限制,它既不要求达到"数额较大",也不宜排除"数额过小"。只要先行实施盗窃、诈骗、抢夺行为(无论既遂还是未遂),为窝赃、拒捕、毁证而当场实施暴力或以暴力相威胁,结合全案又不属于"情节显著轻微、危害不大的",就都应当按照第269条定罪,而不应认定其他罪。

(2)行为人在先行实施盗窃、诈骗、抢夺行为后,还必须"当场使用暴力或者以暴力相威胁",这是适用刑法典第269条的客观条件,也是决定先行的盗窃、诈骗、抢夺发展为转化的抢劫罪的关键所在。

(3)行为人当场实施暴力或者以暴力相威胁的目的,是为了"窝藏赃物、抗拒抓捕或者毁灭罪证",这是适用刑法典第269条的主观条件。

这一条件使刑法典第269条的犯罪具有主客观相统一的特定内容,并使转化的抢劫罪与典型的抢劫罪在犯罪性质相当和危害程度相同或基本相同的基础上得以区别。在典型的抢劫罪里,行为人实施暴力或暴力胁迫等侵犯他人人身权利行为的目的,不是为了窝赃、拒捕或者毁证,而是要直接夺取即强行非法占有公私财物,即侵犯人身行为是取财行为的手段;而转化的抢劫罪里的暴力或威胁行为并不具有这种功能,行为实施者也并不具有这种目的,而只是凭此来窝赃、拒捕、毁证。这种特定的主观条件,是与第269条的客观条件相辅相成的,因而正确理解与把握这一主观条件,乃是正确适用第269条的又一关键所在。

另外,根据相关司法解释的规定,刑法典第269规定的"犯盗窃、诈骗、抢夺罪",主要是指行为人已经着手实施盗窃、诈骗、抢夺行为,一般不考察盗窃、诈骗、抢夺行为是否既遂;但是所涉财物数额明显低于"数额较大"的标准,又不具有2005年最高人民法院《关于审理抢劫、抢夺刑事案件适用法律问题的意见》第5条所列五种情节之一的,不成立抢劫罪;"当场"是指在盗窃、诈骗、抢夺的现场以及行为人刚离开现场即被他人发现并抓捕的情形。对于以摆脱的方式逃脱抓捕,暴力强度较小,未造成轻伤以上后果的可不认定为"使用暴力",也不以抢劫罪论处。入户或者在公共交通工具上盗窃、诈骗、抢夺后,为了窝藏赃物、抗拒抓捕或者毁灭罪证,在户内或者公共交通工具上当场使用暴力或者以暴力相威胁的,成立"入户抢劫"或者"在公共交通工具上抢劫"。两人以上共同实施盗窃、诈骗、抢夺犯罪,其中部分行为人为窝藏赃物、抗拒抓捕或者毁灭罪证而当场使用暴力或者以暴力相威胁的,对其余行为人是否以抢劫罪共犯论处,主要看其对实施暴力或者以暴力相威胁的行为人是否形成共同犯意、提供帮助;基于一定意思联络,对实施暴力或者以暴力相威胁的行为人提供帮助或实际成为帮凶的,可以抢劫共犯论处。①

（二）既遂与未遂

关于抢劫罪既遂与未遂的区分标准,一直是法学界和司法实践中争论的一个重要问题。概括起来主要有三种观点:（1）应以行为人的抢劫是否非法占有了公私财物为标准,已非法占有公私财物的为既遂,尚未非法占有公私财物的是未遂。（2）认为抢劫罪是以暴力、胁迫或其他方法为特征的侵犯财产权利,同时也侵犯人身权利的犯罪。因此,无论抢到财物与否,只要在抢劫中侵犯了被害人的人身权利,就是既遂。（3）认为本条对抢劫罪分两款作了规定,实际上是两个犯罪构成,因此,应当按照两种情况,分别确定既遂与未遂的标准,即第1款是一般抢劫罪,就应以抢到财物与否为既遂与未遂的标准;第2款是结果加重犯,不存在未遂的问题。我们认为,抢劫罪在刑法中归类为侵犯财产罪,理应以被害人是否丧失对财产的控制作为既未遂的标准;从法条所规定的行为要素和结果要素来看,也应当以被害人丧失对财物的实际控制为标准。刑法典第263条所规定的八种情况属于结果加重犯,结果加重犯在理论上仍然有存在未遂的可能性,例如入室抢劫,没有使被害人丧失对财物的所有权的,仍然可以成立犯罪未遂。

（三）加重情节

刑法典第263条明确将八种严重情节作为抢劫罪的加重情节,如何准确地理解这八种加重情节则成为了准确定罪量刑的关键。

1. 入户抢劫

"入户抢劫"是指为实施抢劫行为而进入他人生活的与外界相对隔离的住所,包括封闭的院落、牧民的帐篷、渔民作为家庭生活场所的渔船、为生活租用的房屋等进行抢劫的行为。② 认定"入户抢劫",要注重行为人"入户"的目的,将"入户抢劫"与"在户内抢劫"区别开来;以侵害户内人员的人身、财产为目的,入户后实施抢劫,包括入户实施盗窃、诈骗等犯罪而转化为抢劫的,应当认定为"入户抢劫";因访友办事等原因经户内人员允许入户后,临时起意实施抢劫,或者临时起意实施盗窃、诈骗等犯罪而转化为抢劫的,不应认定为"入户抢劫"。对于部分时间从事经营、部分时间用于生活起居的场所,行为人在非营业时间强行入内抢劫或者以购物等为名骗开房门入内抢劫的,应认定为"入户抢劫";对于部分用于经营、部分用于生活且之间有明确隔离的场所,行为人进入生活场所实施抢劫的,应认定为"入户抢劫";如场所之间没有明确隔离,行为人在营业时间入内实施抢劫的,不认

---

① 具体参见2016年最高人民法院《关于审理抢劫刑事案件适用法律若干问题的指导意见》。
② 2000年最高人民法院《关于审理抢劫案件具体应用法律若干问题的解释》。

定为"入户抢劫",但在非营业时间入内实施抢劫的,应认定为"入户抢劫"。①

2. 抢劫银行或者其他金融机构

抢劫银行或者其他金融机构,是指抢劫银行或者其他金融机构的经营资金、有价证券和客户的资金等。抢劫正在使用中的银行或者其他金融机构的运钞车的,视为抢劫银行或者其他金融机构。②

3. 在公共交通工具上抢劫

"公共交通工具",包括从事旅客运输的各种公共汽车,大、中型出租车,火车,地铁,轻轨,轮船,飞机等,不含小型出租车;对于虽不具有商业营运执照,但实际从事旅客运输的大、中型交通工具,可认定为"公共交通工具";接送职工的单位班车、接送师生的校车等大、中型交通工具,视为"公共交通工具"。"在公共交通工具上抢劫",既包括在处于运营状态的公共交通工具上对旅客及司售、乘务人员实施抢劫,也包括拦截运营途中的公共交通工具对旅客及司售、乘务人员实施抢劫,但不包括在未运营的公共交通工具上针对司售、乘务人员实施抢劫;以暴力、胁迫或者麻醉等手段对公共交通工具上的特定人员实施抢劫的,一般应认定为"在公共交通工具上抢劫。"③

4. 多次抢劫或者抢劫数额巨大

多次抢劫,是指在一定时期内抢劫3次以上。对于抢劫犯中的惯犯、屡犯来说,由于其在一定时间内多次犯罪,除了主观恶性大之外,对社会治安秩序造成严重威胁,有时尽管实际抢劫到的财物总额可能并不很大,但是严重影响社会的安宁,社会危害性很严重。因而对多次抢劫的,作为抢劫罪的严重情形之一处罚。这里的另一种情形是抢劫数额巨大的。抢劫数额巨大的认定标准,参照各地确定的盗窃罪数额巨大的认定标准执行。④

认定"抢劫数额巨大",参照各地认定盗窃罪数额巨大的标准执行;抢劫数额以实际抢劫到的财物数额为依据;对以数额巨大的财物为明确目标,由于意志以外的原因,未能抢到财物或实际抢得的财物数额不大的,应同时认定"抢劫数额巨大"和犯罪未遂的情节,根据刑法有关规定,结合未遂犯的处理原则量刑。2005年最高人民法院《关于审理抢劫、抢夺刑事案件适用法律问题的意见》第6条第1款规定,抢劫信用卡后使用、消费的,以行为人实际使用、消费的数额为抢劫数额;由于行为人意志以外的原因无法实际使用、消费的部分,虽不计入抢劫数额,但应作为量刑情节考虑;通过银行转账或者电子支付、手机银行等支付平台获取抢劫财物的,以行为人实际获取的财物为抢劫数额。⑤

5. 持枪抢劫

"持枪抢劫"是指行为人使用枪支或者向被害人显示持有、佩带的枪支进行抢劫的行

---

① 2016年最高人民法院《关于审理抢劫刑事案件适用法律若干问题的指导意见》。
② 2000年最高人民法院《关于审理抢劫案件具体应用法律若干问题的解释》。
③ 2016年最高人民法院《关于审理抢劫刑事案件适用法律若干问题的指导意见》。
④ 2000年最高人民法院《关于审理抢劫案件具体应用法律若干问题的解释》。
⑤ 2016年最高人民法院《关于审理抢劫刑事案件适用法律若干问题的指导意见》。

为。枪支的概念和范围,适用我国枪支管理法的规定。[①]

6. 抢劫致人重伤、死亡

抢劫致人重伤、死亡的,具体参照法医学的重伤标准,以及抢劫行为与伤亡结果之间因果关系的认定。

7. 冒充军警人员抢劫

认定"冒充军警人员抢劫",要注重对行为人是否穿着军警制服、携带枪支、是否出示军警证件等情节进行综合审查,判断是否足以使他人误以为是军警人员。对于行为人仅穿着类似军警的服装或仅以言语宣称系军警人员但未携带枪支、也未出示军警证件而实施抢劫的,要结合抢劫地点、时间、暴力或威胁的具体情形,依照常人判断标准,确定是否认定为"冒充军警人员抢劫"。军警人员利用自身的真实身份实施抢劫的,不认定为"冒充军警人员抢劫",应依法从重处罚。[②]

8. 抢劫军用物资或者抢险、救灾、救济物资

五、本罪的刑事责任

根据刑法典第 263 条的规定,犯本罪的处 3 年以上 10 年以下有期徒刑,并处罚金;有下列情形之一的处 10 年以上有期徒刑、无期徒刑或者死刑,并处罚金或者没收财产:(1) 入户抢劫的;(2) 在公共交通工具上抢劫的;(3) 抢劫银行或者其他金融机构的;(4) 多次抢劫或者抢劫数额巨大的;(5) 抢劫致人重伤、死亡的;(6) 冒充军警人员抢劫的;(7) 持枪抢劫的;(8) 抢劫军用物资或者抢险、救灾、救济物资的。

根据 2013 年最高人民法院《关于实施量刑规范化工作的通知》的规定,构成抢劫罪的,可以根据下列不同情形在相应的幅度内确定量刑起点:(1) 抢劫 1 次的,可以在 3 年至 6 年有期徒刑幅度内确定量刑起点;(2) 有下列情形之一的,可以在 10 年至 13 年有期徒刑幅度内确定量刑起点:入户抢劫的,在公共交通工具上抢劫的,抢劫银行或者其他金融机构的,抢劫 3 次或者抢劫数额达到数额巨大起点的,抢劫致 1 人重伤的,冒充军警人员抢劫的,持枪抢劫的,抢劫军用物资或者抢险、救灾、救济物资的;依法应当判处无期徒刑以上刑罚的除外。在量刑起点的基础上,可以根据抢劫情节严重程度、抢劫次数、数额、致人伤害后果等其他影响犯罪构成的犯罪事实增加刑罚量,确定基准刑。

关于具有法定八种加重处罚情节的刑罚适用、抢劫共同犯罪的刑罚适用,详见 2016 年最高人民法院《关于审理抢劫刑事案件适用法律若干问题的指导意见》。

---

① 2000 年最高人民法院《关于审理抢劫案件具体应用法律若干问题的解释》。
② 2016 年最高人民法院《关于审理抢劫刑事案件适用法律若干问题的指导意见》。

第二节 盗窃罪

一、定义

盗窃罪,是指以不法占有为目的,窃取公私财物数额较大,或多次窃取公私财物的行为。本罪侵犯的法益是公私财物的所有权或实际控制权。

二、犯罪客观要件

本罪客观上是行为人窃取或转移数额较大公私财物或者多次窃取或转移公私财物的行为。

（1）盗窃罪侵犯的对象是公私财物。

对于公私财物,应作以下界定：

第一,能够为人们所控制和占有的有形物和无形物。控制和占有是事实上的支配,不能被人们控制的阳光、风力、空气、电波、磁力等就不能成为盗窃罪侵犯的对象。随着科学技术的发展,一些无形物也能够被人们所控制,也就能够成为盗窃罪侵犯的对象,如电力、煤气、移动电话号码等。

第二,具有一定的经济价值,这种经济价值是客观的,可以用货币来衡量的,如有价证券等。具有主观价值（如有纪念意义的信件）及几乎无价值的东西,就不能成为我国盗窃罪侵犯的对象。盗窃行为人如果将这些无价值的财物偷出去后,通过出售或交换,获得了有价值的财物（相当于销赃数额）,且数额较大,则应定盗窃罪。

第三,能够被移动。所有的动产和不动产上的附着物都可能成为盗窃罪侵犯的对象。不动产不能成为盗窃罪侵犯的对象,盗卖不动产是非所有人处理所有权,买卖关系无效,属于民事上的房地产纠纷,不能按盗窃罪处理。

第四,他人的财物。盗窃犯不可能盗窃自己的财物,他所盗窃的对象是"他人的财物"。虽然是自己的财物,但由他人合法占有,亦视为"他人的财物"。如寄售、托运、租借的物品。遗忘物是遗忘人丢失但知其所在的财物,大多处于遗忘人支配力所及的范围内,其占有权仍属于遗忘人,亦视为"他人的财物",遗失物是失主丢失而又不知其所在的财物。行为人拾得遗失物应按民法通则处理,一般不成立犯罪。

第五,一些特殊的财物不能成为盗窃对象。如枪支、弹药、公文印章等,另有罪名规定。

第六,偷拿家庭成员或者近亲属的财物获得谅解的,一般可不认为是犯罪；追究刑事责任的,应当酌情从宽。[1]

---

[1] 2013年最高人民法院、最高人民检察院《关于办理盗窃刑事案件适用法律若干问题的解释》。

(2) 行为人实施了窃取公私财物的行为。

刑法通说认为,窃取公私财物的行为应当以秘密的方式进行,从而将盗窃罪中的窃取概念界定为"秘密窃取"。一般情况下,"窃取"与"秘密窃取"的概念是等同的,但在某些特殊情况下,窃取并不要求采用完全秘密手段。如在公共汽车上明知有他人看着自己的一举一动仍然实施盗窃行为的,都以盗窃论处。因此,所谓窃取主要是就行为者而言认为他人不知或者掩人耳目,实际上别人未必不知或一定没人看到。当然,即便是有看到,只要没有惊动财物的所有者,也即所谓的窃取或行为人自己认为的的"神不知,鬼不觉"。当然,如果被害人已经知晓自己的财产正在被盗,而行为人此时以武力或精神强制相威胁,那就有可能转化成抢劫罪或者抢夺罪。所以,所谓"窃"主要是相对于行为人自己的"公然"意识和行为而言的,故只要是以非暴力手段,违背财物占有人的意志,将财物转移为自己占有或者第三人占有的就是盗窃罪中的窃取。

三、犯罪主观要件

本罪主观上是故意,并且以非法占有为目的,不具有这一特定目的不成立本罪。如未经物主同意擅自借用其物,用完后即归还的,因其不具有非法占有为目的故不成立本罪。"非法占有"是指将公私财物窃离原来的场所或使之脱离物主的控制,而实际置于行为人的控制之下。至于非法占有是为了自己还是为了第三人,均不影响盗窃罪的成立。

四、犯罪量度要件

盗窃罪的盗窃公私财物必须是"数额较大"或者"多次盗窃"。根据 2013 年最高人民法院、最高人民检察院《关于办理盗窃刑事案件适用法律若干问题的解释》的规定,盗窃公私财物价值 1000 元至 3000 元以上、3 万元至 10 万元以上、30 万元至 50 万元以上的,应当分别认定为刑法典第 264 条规定的"数额较大""数额巨大""数额特别巨大"。各省、自治区、直辖市高级人民法院、人民检察院可以根据本地区经济发展状况,并考虑社会治安状况,在前款规定的数额幅度内,确定本地区执行的具体数额标准,报最高人民法院、最高人民检察院批准。在跨地区运行的公共交通工具上盗窃,盗窃地点无法查证的,盗窃数额是否达到"数额较大""数额巨大""数额特别巨大",应当根据受理案件所在地省、自治区、直辖市高级人民法院、人民检察院确定的有关数额标准认定。盗窃毒品等违禁品,应当按照盗窃罪处理的,根据情节轻重量刑。

盗窃的数额,按照下列方法认定:(1) 被盗财物有有效价格证明的,根据有效价格证明认定;无有效价格证明,或者根据价格证明认定盗窃数额明显不合理的,应当按照有关规定委托估价机构估价;(2) 盗窃外币的,按照盗窃时中国外汇交易中心或者中国人民银行授权机构公布的人民币对该货币的中间价折合成人民币计算;中国外汇交易中心或者中国人民银行授权机构未公布汇率中间价的外币,按照盗窃时境内银行人民币对该货币的中间价折算成人民币,或者该货币在境内银行、国际外汇市场对美元汇率,与人民币对美元汇率中间价进行套算;(3)盗窃电力、燃气、自来水等财物,盗窃数量能够查实的,按照查实的数量计算盗窃数额;盗窃数量无法查实的,以盗窃前6个月月均正常用量减去盗窃后计量仪表显示的月均用量推算盗窃数额;盗窃前正常使用不足6个月的,按照正常使用期间的月均用量减去盗窃后计量仪表显示的月均用量推算盗窃数额;(4)明知是盗接他人通信线路、复制他人电信码号的电信设备、设施而使用的,按照合法用户为其支付的费用认定盗窃数额;无法直接确认的,以合法用户的电信设备、设施被盗接、复制后的月缴费额减去被盗接、复制前6个月的月均电话费推算盗窃数额;合法用户使用电信设备、设施不足6个月的,按照实际使用的月均电话费推算盗窃数额;(5)盗接他人通信线路、复制他人电信码号出售的,按照销赃数额认定盗窃数额。盗窃行为给失主造成的损失大于盗窃数额的,损失数额可以作为量刑情节考虑。[①]

盗窃公私财物,具有《关于办理盗窃刑事案件适用法律若干问题的解释》第2条第3项至第8项规定情形之一,或者入户盗窃、携带凶器盗窃,数额达到第1条规定的"数额巨大""数额特别巨大"标准50%的,可以分别认定为刑法典第264条规定的"其他严重情节"或者"其他特别严重情节"。

2年内盗窃3次以上的,应当认定为"多次盗窃"。非法进入供他人家庭生活与外界相对隔离的住所盗窃的,应当认定为"入户盗窃"。携带枪支、爆炸物、管制刀具等国家禁止个人携带的器械盗窃,或为了实施违法犯罪携带其他足以危害他人人身安全的器械盗窃的应当认定为"携带凶器盗窃"。在公共场所或公共交通工具上盗窃他人随身携带的财物的,应当认定为"扒窃"。

五、本罪的认定

关于盗窃罪的既遂标准,理论上有接触说、转移说、隐匿说、失控说、控制说、失控加控制说。[②] 我们倾向于失控加控制说,即盗窃行为已经使被害人丧失了对财物的控制时,或者行为人已经控制了所盗财物时都是既遂。被害人的失控与行为人的控制通常是统一的,被害人的失控意味着行为人的控制。但二者也存在不统一的情况,即被害人失去了控制,但行为人并没有控制财物,对此也应认定为盗窃既遂,因为盗窃罪危害的大小不在于行为人是否控制了财物,而在于被害人是否丧失了对财物的控制。因此,即使行为人没有控制财物,但只要被害人失去了对财物的控制的,也成立盗窃既遂,没有理由以未遂论处。例如,行为人以非法占有为目的,从火车上将他人财物扔到偏僻的轨道旁,打算下车后再捡回该财物。在这种情况下,即使行为人后来由于某种原因没有控制该财物,但因为被害人丧失了对财物的控制也应认定为盗窃既遂,而不能认定为未遂。应注意的是,在认定盗窃罪的既遂与未遂时,必须根据财物的性质、形态、体积大小、被害人对财物的占有状态、

[①] 2013年最高人民法院、最高人民检察院《关于办理盗窃刑事案件适用法律若干问题的解释》第4条。
[②] 赵秉志主编:《刑法争议问题研究》(下卷),河南人民出版社1996年版,第381—387页。

行为人的窃取样态等进行判断。如在商店行窃,就体积很小的财物而言,行为人将该财物夹在腋下、放入口袋、藏入怀中时就是既遂;但就体积很大的财物而言,只有将该财物搬出商店才能认定为既遂。再如盗窃工厂内的财物,如果工厂是任何人可以出入的,则将财物搬出原来的仓库、车间时就是既遂;如果工厂的出入相当严格,出大门必须经过检查,则只有将财物搬出大门之外才是既遂。又如间接正犯的盗窃,如果被利用者控制了财物,即使利用者还没有控制财物,也应认定为既遂。一概以行为人实际控制财物为既遂标准的观点,过于重视了行为人的主观恶性,但轻视了对合法权益的保护;过于强调了盗窃行为的形式,但轻视了盗窃行为的本质。①

六、本罪的刑事责任

根据刑法典第264条的规定,犯本罪的,处3年以下有期徒刑、拘役或者管制,并处或者单处罚金;数额巨大或者有其他严重情节的处3年以上10年以下有期徒刑,并处罚金;数额特别巨大或者有其他特别严重情节的,处10年以上有期徒刑或者无期徒刑,并处罚金或者没收财产。

根据2013年最高人民法院《关于实施量刑规范化工作的通知》的规定,成立盗窃罪的可以根据下列不同情形在相应的幅度内确定量刑起点:(1)达到数额较大起点的,2年内3次盗窃的,入户盗窃的,携带凶器盗窃的,或者扒窃的,可以在1年以下有期徒刑、拘役幅度内确定量刑起点;(2)达到数额巨大起点或者有其他严重情节的,可以在3年至4年有期徒刑幅度内确定量刑起点;(3)达到数额特别巨大起点或者有其他特别严重情节的,可以在10年至12年有期徒刑幅度内确定量刑起点;依法应当判处无期徒刑的除外。在量刑起点的基础上,可以根据盗窃数额、次数、手段等其他影响犯罪构成的犯罪事实增加刑罚量,确定基准刑。多次盗窃,数额达到较大以上的,以盗窃数额确定量刑起点,盗窃次数可作为调节基准刑的量刑情节;数额未达到较大的,以盗窃次数确定量刑起点,超过3次的次数作为增加刑罚量的事实。

第三节 诈 骗 罪

一、定义

诈骗罪,是指以非法占有为目的,用虚构事实或者隐瞒真相的方法,骗取数额较大的公私财物的行为。本罪所侵犯的法益为公私财物的所有权和实际控制权。

二、犯罪客观要件

本罪客观上是以虚构事实或者隐瞒真相的办法,骗取数额较大的公私财物的行为,其

---

① 张明楷:《刑法学》(第2版),法律出版社2003年版,第773页。

包括实施欺诈行为、他人因此产生错误认识、他人因此实施处分行为等要素。

（1）实施了欺诈行为。

欺诈行为主要包括两类：一是虚构事实，二是隐瞒真相。所谓虚构事实，是指捏造不存在的事实，骗取受害人的信任。所谓隐瞒真相，是指对受害人掩盖客观存在的事实，使其产生错误认识。在司法实践中，欺诈行为的手段、方法没有限制，既可以是语言欺诈，也可以是动作欺诈；欺诈行为本身既可以是作为，也可以是不作为，即有告知某种事实的义务，但不履行这种义务，使对方陷入错误认识或者继续陷入错误认识，行为人利用这种认识错误取得财产的，也是欺诈行为。应注意的是，欺诈行为的实质，是在具体状况下，使被害人产生错误认识，并作出行为人所希望的财产处分，因此，不管是虚构、隐瞒过去的事实，还是现在的事实与将来的事实，只要符合上述情况的，就是一种欺诈行为。如果欺诈内容不是使他们作出财物处分的，则不是诈骗罪的欺诈行为。欺诈行为必须达到使一般人能够产生错误认识的程度，对自己出卖的商品进行夸张宣传，没有超出社会容忍范围的，不是欺诈行为。

（2）他人因此产生错误认识。

欺诈行为使对方产生错误认识，对方产生错误认识是行为人的欺诈行为所致；即使对方在判断上有一定的错误，也不妨碍欺诈行为的成立。在欺诈行为与对方处分财物之间，必须介入对方的错误认识；如果对方不是因欺诈行为产生错误认识而处分财产，就不成立诈骗罪。欺诈行为的对方只要求是具有处分财产的权限或者地位的人，不要求一定是财物的所有人或占有人。

（3）他人因此实施处分财物的行为。

成立诈骗罪要求被害人陷入错误认识之后作出财物处分。处分财物表现为直接交付财产，或者承诺行为人取得物产，或者承诺转移财产性利益。财物交付并不绝对地以被害人亲手将财物交给行为人为限，行为人实施欺诈行为，使他人放弃财物，行为人拾取该财物的也应以诈骗罪论处。

三、犯罪主观要件

本罪的主体为一般主体。本罪主观上是直接故意，并且具有非法占有公私财物的目的。

四、犯罪量度要件

欺诈行为使被害人处分财产后，行为人便获得财产，从而使被害人的财产受到损害，根据刑法典的相关规定，诈骗公私财物数额较大的，才成立犯罪。根据2011年最高人民法院、最高人民检察院《关于办理诈骗刑事案件具体应用法律若干问题的解释》的规定，诈骗公私财物价值3000元至1万元以上、3万元至10万元以上、50万元以上的，应当分别认定为刑法典第266条规定的"数额较大""数额巨大""数额特别巨大"。至于财物损失的的判断,存在着不同的观点。有学者认为,使用欺骗方法骗取财物,但同时支付了相当的价值,被害人财产的整体并未受到损害,所以在此场合不成立诈骗罪。① 也有学者认为,诈骗罪是对个别财产的犯罪,而不是对整体财产的犯罪。因此,使用欺诈手段使他人陷入错误认识骗取财物的,即使支付了相当价值的物品,也应认定为诈骗罪。如被害人因被欺诈花3万元人民币购买3万元的物品,虽然财产的整体没有受到损害,但从个别财产来看,如果没有行为人的欺诈,被害人不会花3万元购买该物品,花去3万元便是个别财产的损害,应当认定为诈骗罪。② 我们虽然同情后一种情况,但就法律的操作性来讲,还是更加倾向于前者的观点,而后一种情况可以通过价格欺诈或民事维权处理。

五、本罪的认定

(一)既遂与未遂

行为人实施欺诈行为后,没有使他人产生错误认识或者虽然使他人产生错误认识但他人并未处分财物的,属于诈骗未遂。受害人基于被欺诈而产生的错误认识而处分了公私财物后,不管行为人或第三人是否占有该公私财物,我们认为这已经属于诈骗既遂。如行为人实施欺诈行为,使他人放弃财物,行为人即使后来没有找到该财物的,也应以诈骗罪既遂论处。

诈骗未遂,以数额巨大的财物为诈骗目标的,或者具有其他严重情节的,应当定罪处罚。③

(二)加重情节

根据有关司法解释,诈骗数额特别巨大是认定诈骗犯罪"情节特别严重"的一个重要内容,但不是唯一情节。根据2011年最高人民法院、最高人民检察院《关于办理诈骗刑事案件具体应用法律若干问题的解释》的规定,诈骗公私财物达到本解释第1条规定的数额标准,具有下列情形之一的,可以依照刑法典第266条的规定酌情从严惩处:(1)通过发送短信、拨打电话或者利用互联网、广播电视、报刊杂志等发布虚假信息,对不特定多数人实施诈骗的;(2)诈骗救灾、抢险、防汛、优抚、扶贫、移民、救济、医疗款物的;(3)以赈灾募捐名义实施诈骗的;(4)诈骗残疾人、老年人或者丧失劳动能力人的财物的;(5)造成被害人自杀、精神失常或者其他严重后果的。诈骗数额接近"数额巨大""数额特别巨大"的标准,并具有前款规定的情形之一或者属于诈骗集团首要分子的,应当分别认定为刑法典第266条规定的"其他严重情节""其他特别严重情节"。

六、本罪的刑事责任

根据刑法典第266条的规定,本罪有三个量刑幅度:(1)诈骗公私财物,数额较大的,

---

① 周光权:《刑法各论讲义》,清华大学出版社2003年版,第126页。
② 张明楷:《刑法学》(第2版),法律出版社2003年版,第777页。
③ 2011年最高人民法院、最高人民检察院《关于办理诈骗刑事案件具体应用法律若干问题的解释》。

处3年以下有期徒刑、拘役或者管制,并处或者单处罚金;(2)数额巨大或者有其他严重情节的,处3年以上10年以下有期徒刑,并处罚金;(3)数额特别巨大或者有其他特别严重情节的,处10年以上有期徒刑或者无期徒刑,并处罚金或者没收财产。本法另有规定的,依照规定。

根据2013年最高人民法院《关于实施量刑规范化工作的通知》的规定,构成诈骗罪的,可以根据下列不同情形在相应的幅度内确定量刑起点:(1)达到数额较大起点的,可以在1年以下有期徒刑、拘役幅度内确定量刑起点;(2)达到数额巨大起点或者有其他严重情节的,可以在3年至4年有期徒刑幅度内确定量刑起点;(3)达到数额特别巨大起点或者有其他特别严重情节的,可以在10年至12年有期徒刑幅度内确定量刑起点;依法应当判处无期徒刑的除外。在量刑起点的基础上,可以根据诈骗数额等其他影响犯罪构成的犯罪事实增加刑罚量,确定基准刑。

第四节　抢　夺　罪

一、定义

抢夺罪,是指以非法占有为目的,乘人不备,公开夺取数额较大的公私财物的行为。本罪侵犯的法益是受害人所有物的所有权或实际控制权。

二、犯罪客观要件

本罪在客观上表现为乘人不备,出其不意,公然对财物行使有形力使他人不及抗拒,而取得数额较大的财物的行为或者多次抢夺。

(1)公然夺取。这是指犯罪嫌疑人当着公私财物持有者的面,乘其不备,公开夺取其财物的行为。公然夺取是抢夺罪区别于盗窃罪的秘密窃取的一个重要标志。所谓公然,主要是针对财物持有人而言。犯罪嫌疑人在大庭广众之下,"飞车抢夺"行人的拎包、手机等,或抢夺商场营业柜台上摆放的商品,可谓是公然抢夺。犯罪嫌疑人闯入他人住宅,面对房主一人在家,夺取其桌上放置的手机,或者深夜在僻静的小巷内抢走一妇女的拎包,虽然无旁人在场,也是公然抢夺。因此,抢夺以当着持有人的面进行为必要。如果乘持有人不在的时候,即使是不避他人,不怕被别人发现的情况下,取走其财物仍属窃取性质。

(2)强力夺取。毫无疑问,抢夺是一种强力强力夺取行为,否则很难实现财物的非法转移。但强力夺取与强制力或暴力胁迫多去不同,其是不以暴力或胁迫为手段的夺取。这也是抢夺罪与抢劫罪无别的关键点。包括在司法实践中也要注意分抢夺与抢劫在使用轻微暴力的行为界限,前者一般是以不伤害对方为基本前提,如果使用暴力把对方打倒并抢走财物的就是抢劫罪了。

(3)快速远离。一般抢夺罪行为人夺走财物后会迅速离开被害人或抢夺地,如果行为人都去财物后依然不肯离去,甚至对被害人实施威胁或精神强制,那就有可能转化为抢劫了而不是抢夺。

三、犯罪主观要件

本罪主观上是故意,并具有非法占有公私财物的目的。

四、犯罪量度要件

本罪要求抢夺的公私财物数额较大。如果行为人抢夺公私财物价值未达到"数额较大"的标准,一般不成立犯罪,应当视为违反治安管理的行为。

根据2013年最高人民法院、最高人民检察院《关于办理抢夺刑事案件适用法律若干问题的解释》的规定,抢夺公私财物价值1000元至3000元以上、3万元至8万元以上、20万元至40万元以上的,应当分别认定为刑法典第267条规定的"数额较大""数额巨大""数额特别巨大"。各省、自治区、直辖市高级人民法院、人民检察院可以根据本地区经济发展状况,并考虑社会治安状况,在前款规定的数额幅度内,确定本地区执行的具体数额标准,报最高人民法院、最高人民检察院批准。抢夺公私财物,具有下列情形之一的,"数额较大"的标准按照前述规定标准的50%确定:(1)曾因抢劫、抢夺或者聚众哄抢受过刑事处罚的;(2)1年内曾因抢夺或者哄抢受过行政处罚的;(3)1年内抢夺3次以上的;(4)驾驶机动车、非机动车抢夺的;(5)组织、控制未成年人抢夺的;(6)抢夺老年人、未成年人、孕妇、携带婴幼儿的人、残疾人、丧失劳动能力人的财物的;(7)在医院抢夺病人或者其亲友财物的;(8)抢夺救灾、抢险、防汛、优抚、扶贫、移民、救济款物的;(9)自然灾害、事故灾害、社会安全事件等突发事件期间,在事件发生地抢夺的;(10)导致他人轻伤或者精神失常等严重后果的。

《刑法修正案(九)》在本罪第1款增加规定"多次抢夺的"构成抢夺罪,主要原因为:(1)多次抢夺严重破坏社会秩序;(2)多次抢夺体现行为人主观恶性大;(3)在劳动教养秩序被废除之前,此种行为不仅可以按照治安处罚来进行处理,符合条件的还可以予以劳动教养。总体来说,此次修订严密了刑事法网,增强了实务操作性。但对于该入罪规定应严格把握,同时应颁布相关的司法解释进行制约。

五、本罪的认定

(一)既遂与未遂

行为人实施了抢夺的行为,非法取得了他人的财物,就成立抢夺罪既遂。如果抢夺行为未能达到非法取得财物的目的,但目标财物数额较大,有相关严重情节的,属于抢夺罪的未遂。

(二)本罪的犯罪情节

根据2013年最高人民法院、最高人民检察院《关于办理抢夺刑事案件适用法律若干问题的解释》的规定,抢夺公私财物,具有下列情形之一的,应当认定为刑法典第267条规定的"其他严重情节":(1)导致他人重伤的;(2)导致他人自杀的;(3)具有本解释第2条第3项至第10项规定的情形之一,数额达"数额巨大"标准的50%的。具有下列情形之一的,应当认定为刑法第267条规定的"其他特别严重情节":(1)导致他人死亡的;(2)具有本解释第2条第3项至第10项规定的情形之一,数额达到本解释第1条规定的"数额特别巨大"50%的。

抢夺公私财物数额较大,但未造成他人轻伤以上伤害,行为人系初犯,认罪、悔罪,退赃、退赔,且具有下列情形之一的,可以认定为犯罪情节轻微,不起诉或者免予刑事处罚;必要时,由有关部门依法予以行政处罚:(1)具有法定从宽处罚情节的;(2)没有参与分赃或者获赃较少,且不是主犯的;(3)被害人谅解的;(4)其他情节轻微、危害不大的。

(三) 犯罪转化

1. 抢夺罪与抢劫罪的转化

我国刑法典第267条第2款规定:"携带凶器抢夺的,依照本法第263条的规定定罪处罚。"也就是要按照抢劫罪定罪处罚。"携带凶器",是指在抢夺时携带枪支、爆炸物、管制刀具等凶器的行为。携带凶器本身就是一种违法犯罪行为。携带凶器往往会使被害人产生恐惧感或者精神强制,造成被害人不敢进行反抗。因此,这种行为实质上,是一种胁迫行为。犯罪嫌疑人往往因携带凶器而有恃无恐,进行抢劫。一旦被害人反抗,或者在被公安干警抓捕时,或者被见义勇为的人民群众制止时,犯罪嫌疑人则会使用凶器,因此可以说这种行为是以暴力作后盾的。由于犯罪嫌疑人携带凶器抢夺,不仅侵犯了他人的财产所有权,而且对他人的人身也构成了威胁,其危害程度较之普通的抢夺行为大得多,并且具有一定的抢劫罪的特征。刑法为了更好地保护公民的人身权利和公私财物的所有权,所以规定对携带凶器抢夺的,依照抢劫罪定罪处罚。

根据2013年最高人民法院、最高人民检察院《关于办理抢夺刑事案件适用法律若干问题的解释》的规定,驾驶机动车、非机动车夺取他人财物,具有下列情形之一的,应当以抢劫罪定罪处罚:(1)夺取他人财物时因被害人不放手而强行夺取的;(2)驾驶车辆逼挤、撞击或者强行逼倒他人夺取财物的;(3)明知会致人伤亡仍然强行夺取并放任造成财物持有人轻伤以上后果的。

2. 盗窃罪转化的抢夺罪

盗窃罪的窃取行为必须能贯穿整个窃取财物的全过程,如果行为人先是窃取,但在还没有既遂之前,即控制财物之前,已经被受害人发觉,行为人进而将窃取转化为公然抢夺的,则应认定为抢夺罪。如果盗窃时携带暴力工具或盗窃被发现后以暴力或精神相威胁的,则转化为抢劫罪。

六、本罪的刑事责任

根据刑法典第267条的规定,犯本罪的,处3年以下有期徒刑、拘役或者管制,并处或者单处罚金;数额巨大或者有其他严重情节的处3年以上10年以下有期徒刑,并处罚金;数额特别巨大或者有其他特别严重情节的,处10年以上有期徒刑或者无期徒刑,并处罚金或者没收财产。携带凶器抢夺的,依照刑法典第263条的规定按抢劫罪处罚。

根据2013年最高人民法院《关于实施量刑规范化工作的通知》的规定,构成抢夺罪的,可以根据下列不同情形在相应的幅度内确定量刑起点:(1)达到数额较大起点的,可以在1年以下有期徒刑、拘役幅度内确定量刑起点;(2)达到数额巨大起点或者有其他严重情节的,可以在3年至4年有期徒刑幅度内确定量刑起点;(3)达到数额特别巨大起点或者有其他特别严重情节的,可以在10年至12年有期徒刑幅度内确定量刑起点;依法应当判处无期徒刑的除外。在量刑起点的基础上,可以根据抢夺数额等其他影响犯罪构成的犯罪事实增加刑罚量,确定基准刑。

第五节 侵 占 罪

一、定义

侵占罪,是指将代为保管的他人财物、遗忘物或者埋藏物非法占为己有,数额较大拒不退还的行为。

二、犯罪客观要件

本罪客观上是将代为保管的财物、遗忘物或者埋藏物非法占为己有,拒不退还的行为。

(1)将代为保管的财物、遗忘物或者埋藏物非法占为己有。根据刑法典的规定,本罪的行为对象比较明确,为代为保管的财物、遗忘物和埋藏物三种。但是以下两种情况值得探讨。

第一,侵占他人非法财物是否成立本罪?学界存在肯定说和否定说之争。肯定说认为,侵占他人非法财物可成立侵占罪,即非法财物可以成为侵占罪的犯罪对象。理由是:尽管在民法上,给付人对其交付别人代管的非法财物是没有返还请求权的,但民法上有无保护与刑法上是否成立犯罪是两回事。否定说认为,侵占他人非法财物不成立犯罪,即非法财物不能成为侵占罪的犯罪对象。其理由是:给付人人对其交付的非法财物没有所有权,不得请求返还其物,因此委托人对受托人不能主张所有权的保护。我们认为从本罪所保护的法益来看,肯定说更具有合理性,侵占罪的犯罪对象不仅仅是公民的合法财产,而且还应当包括基于不法原因的给付财物即非法财物。应注意的是,承认侵占非法财物构成侵占罪并不意味着承认财物给付人对该非法财物享有所有权,更不能认为法律保护非法财产所有权。将非法财物作为侵占罪的犯罪对象,是对侵占行为本身的否定,体现了法律的评价功能,这与抢劫盗窃犯手中的赃物应构成抢劫罪的道理是相同的。

第二，侵占了遗失物、遗弃物、隐藏物和漂流物是否构成本罪？本书认为，应当根据不同情况区别对待：一是对于拾得他人遗失物、漂流物的，如经遗失物所有人或遗失人提出确实充分的证据证明该遗失物属于自己所有或系自己遗失，并向拾得人提出索要的请求，拾得人扔拒绝向权利人交还，对拾得人的行为应以侵占罪论处。二是遗弃物是他人抛弃所有权的财物，属于无主物，拾得人可以依据其拾得行为取得该遗弃物的所有权，其占有行为属于合法行为，当然不可能成立侵占罪，所以遗弃物不是侵占罪的犯罪对象。三是如果隐藏物是以埋在地下的方式隐藏的，应以埋藏物对待，当然应成为本罪的对象；如果隐藏物是隐藏于地面上的，行为人无意中拾得，并故意占为己有，经所有人或隐藏人索要拒不交还的，也应以埋藏物对待，按本罪论处，在这种情况下，隐藏物与埋藏物对于本罪的性质是相同的，只不过藏匿的方式不同而已；如果行为人事先知道隐藏物（亦包括埋藏物）的所有人或隐藏人（埋藏物），而以非法占有为目的将该隐藏物（埋藏物）占有己有的则属于盗窃行为，应按盗窃罪论处。所以，隐藏物也可作为本罪的犯罪对象。

这里所谓的非法占有，具有特定含义，即变合法持有为非法所有。侵占罪的一个显著特点就是行为人首先是以合法方式持有他人财物，然后非法将该财物转归己有，拒不退还。从行为过程看，侵占行为的发生是建立在合法持有他人财物基础上的，判断行为人的侵占行为是否成立侵占罪，应考察行为人是否首先合法持有他人财物，即是否依据合法原因取得对他人财物的实际控制，如果行为人持有他人财物一开始就是非法的，则当然不是侵占罪。根据刑法典的规定，本罪的合法持有包括以下三种情况：一是代为保管。既包括受他人委托，代为收藏、管理其财物，如寄存、委托暂时照看，又包括未受委托因无因管理而代为保管他人的财物；既包括依照有关规定而由其托管的财物，如无行为能力的未成年人、精神病人的财物依法应由其监护人代为保管，又包括依照某种契约如借贷、租赁、委托、寄托、运送、合伙、抵押等而持有代为保管，但因职务或工作上的关系代为保管本单位的财物的，不属于本罪的代为保管。行为人如果将财物非法占有的不是构成本罪，而是构成贪污罪或职务侵占罪。二是拾捡他人的遗忘物。三是发掘得到他人的埋藏物，但这种发掘得到不能属于非法。其一般应出于善意偶然得到，如果其本身非法，如盗掘他人埋在坟墓中的财物，或明知他人将某物埋下而故意盗掘得到不成立本罪，应以盗窃罪论处。

（2）行为人拒不交还。所谓拒不交还，是指依法应当将他人的财物退回而拒不退回。如财物所有人明确提出交还并举有证据证明属其所有，行为人仍视而不见，明确表示不予旧还；或者虽然表示退还，但事后又擅自处分致使实际无法退还；或者采用诸如谎称财物被盗、丢失等欺骗手段而拒不归还；或者携带财物逃离他乡而拒不归还；或者已经非法处分而拒不追回或者赔偿的等。包括被害人报案后，司法机关首次责令其退还财物，行为人仍不退还的等，也应一本罪论处。当然，行为人如果最终还是交出或者退还了财物，或者是在他人明确提出主张交还前处理了财物事后已作了或答应赔偿的，甚至是在他人提出主张后还擅自处分财物但又作了赔偿的等，就不应以本罪论处。

三、犯罪主观要件

本罪主观上是故意，即明知属于他人交与自己保管的财物、遗忘物或者埋藏物而仍非法占为己有。本罪还要求必须具有非法占有为目的，仅有故意而无非法占有之目的，不成立本罪。如故意毁坏所代管的他人财物、遗忘物或者埋藏物，或者要求他人偿付因代管等支出的费用而迟延交还或者因不小心毁坏或丢失的等，就不能以本罪论处。

四、犯罪量度要件

本罪要求行为人所占为己有的代为保管的他人财物必须达到"数额较大"。关于具体数额多少才是"数额较大"，由司法机关根据案件的具体情况确定。

五、本罪的认定

本罪不存在未遂状态，因为如果行为人虽然主观上具有非法占有他人财物的目的，但客观上并未将该财物由持有变为己有或并未实施"拒不交还"的行为，在这种情况下行为在客观方面没有具备侵占罪所要求的客观要件，则不成立犯罪，更谈不上犯罪未遂了。本书认为，只要行为人实施了将代为保管的财物、遗忘物或者埋藏物非法占为己有，数额较大，拒不交还的行为即成立既遂。行为人最终的目的（即取得所侵占财物的所有权）是否达到，并不影响本罪既遂的成立。

犯本罪，告诉的才处理。

六、本罪的刑事责任

根据刑法典第270条的规定，犯本罪的，处2年以下有期徒刑、拘役或者罚金；数额巨大或者有其他严重情节的，处2年以上5年以下有期徒刑，并处罚金。犯本罪的，告诉的才处理。

第六节　职务侵占罪

一、定义

职务侵占罪，是指公司、企业或者其他单位的人员以非法占有为目的，利用职务或工作上的便利，将本单位财物非法占为己有，数额较大的行为。本罪所侵害的法益为公司、企业或者其他单位的财产所有权或实际控制权。

二、犯罪客观要件

本罪客观上是利用职务或工作上的便利，将本单位财物非法占为己有的行为。

(1) 利用职务上的便利实施行为。所谓利用职务上的便利,是指行为人利用自己职务上所具有的主管、管理或者经手本单位财物的便利。这里的主管,是指虽然并不具体负责管理、经手本单位的财物,但对本单位财物的调拨、安排、使用等具有决定权。享有主管本单位财物职权的,一般都是在单位中担任领导职务的人员,如厂长、经理等。这里的管理,是指直接负责、保管、看守、使用、处理本单位的财物。这类人员如仓库保管员、会计、出纳人员等。这里的经手,是指本身并不负责对本公司财物的管理,但因为工作需要,对本单位财物有领取、使用、发出或报销等职权。如企业中的工区长、采购员等。对于不是利用职务上、工作上或劳务活动的便利,而是利用工作关系、熟悉作案环境、容易接近财物等方便条件而窃取、骗取本单位财物的行为,不属于利用职务便利的不成立本罪。

(2) 实施了侵占本单位财物的行为。这种侵占可以是作为,也可以是不作为。所谓不作为是指行为人消极地不实施刑法所要求实施的行为,从而达到非法侵占所在单位财物的目的。本单位财物是指单位依法所有或控制的财产。

三、犯罪主观要件

本罪的犯罪主体是特殊主体,即行为人不仅要达到刑事责任年龄,具有刑事责任能力这些条件,还要具备非国有公司、企业或者其他单位人员这一特定身份。根据有关司法解释的规定,村民小组组长利用职务上的便利,将村民小组集体财产非法占为己有,数额较大的行为,以职务侵占罪定罪处罚。[①] 在国有资本控股、参股的股份有限公司中从事管理工作的人员,除受国家机关、国有公司、企业、事业单位委派从事公务的以外,不属于国家工作人员。对其利用职务上的便利,将本单位赃物非法占为己有,数额较大的应当以职务侵占罪论处。[②]

本罪主观上是故意,且具有非法占有公司、企业或其他单位财物的目的。

四、犯罪量度要件

本罪必须达到数额较大的程度。2016年最高人民法院、最高人民检察院《关于办理贪污贿赂刑事案件适用法律若干问题的解释》规定,刑法典第271条规定的职务侵占罪中的"数额较大""数额巨大"的数额起点,应按照关于受贿罪、贪污罪相对应的数额标准规定的2倍、5倍执行,即分别为6—40万元、100—1500万元。

五、本罪的认定

行为人对本单位财物的非法侵占一旦开始,便处于继续状态,但这只是非法所有状态结果的继续,并非本罪的侵占行为的继续。侵占行为的完成,则应视为既遂。本罪不存在

[①] 1999年最高人民法院《关于村民小组组长利用职务上的便利非法占有公共财物行为如何定性问题的批复》。
[②] 2001年最高人民法院《关于在国有资本控股、参股的股份有限公司中从事管理工作的人员利用职务便利非法占有本公司财物如何定罪问题的批复》。

未遂形态,侵占行为是如果没有完成,不宜以犯罪论处。

六、本罪的刑事责任

根据刑法典第271条的规定,犯本罪的,处5年以下有期徒刑或者拘役;数额巨大的处5年以上有期徒刑,可以并处没收财产。

根据2013年最高人民法院《关于实施量刑规范化工作的通知》的规定,成立职务侵占罪的,可以根据下列不同情形在相应的幅度内确定量刑起点:(1)达到数额较大起点的,可以在2年以下有期徒刑、拘役幅度内确定量刑起点;(2)达到数额巨大起点的,可以在5年至6年有期徒刑幅度内确定量刑起点。在量刑起点的基础上,可以根据职务侵占数额等其他影响犯罪构成的犯罪事实增加刑罚量,确定基准刑。

第七节 挪用资金罪

一、定义

挪用资金罪,是指公司、企业或者其他单位的人员,利用职务上的便利挪用本单位资金归个人使用或者借贷给他人,数额较大、超过3个月未还,或者虽未超过3个月但数额较大、进行营利活动的,或者进行非法活动的行为。本罪所侵害的法益为公司、企业或者其他单位的财产所有权或实际控制权。

二、犯罪客观要件

本罪客观上是行为人利用职务上的便利,挪用本单位资金归个人使用或者借贷给他人,数额较大、超过3个月未还的或者虽未超过3个月,但数额较大、进行营利活动的,或者进行非法活动的行为。

(1)挪用本单位资金归个人使用或者借贷给他人,数额较大、超过3个月未还的。

这是较轻的一种挪用行为。其构成特征是行为人利用职务上主管、经手本单位资金的便利条件而挪用本单位资金,具用途主要是归个人使用或者借贷给他人使用,但未用于从事不正当的经济活动,而且挪用数额较大,且时间上超过3个月而未还。

(2)挪用本单位资金归个人使用或者借贷给他人,虽未超过3个月,但数额较大,进行营利活动的,或者进行非法活动的。

这种行为没有挪用时间是否超过3个月以及超过3个月是否退还的限制,只要数额较大,且进行营利活动或非法活动的就成立犯罪。所谓"营利活动",主要是指进行经商、投资、购买股票或债券等活动。所谓"非法活动",就是指将挪用来的资金用来进行走私、赌博等活动。

三、犯罪主观要件

本罪的主体是特殊主体。即行为人不仅要达到刑事责任年龄,具有刑事责任能力这些条件,还要具备非国有公司、企业或者其他单位人员这一特定身份才能构成。具有国家工作人员身份的人,不能成为本罪的主体,只能成为挪用公款罪的主体。根据我国有关司法解释的规定,对于受国家机关、国有公司、企业、事业单位、人民团体委托,管理、经营国有财产的非国家工作人员,利用职务上的便利,挪用国有资金归个人使用成立犯罪的,应当依照刑法典第272条第1款的规定定罪处罚。[①] 筹建公司的工作人员在公司登记注册前,利用职务上的便利,挪用准备设立的公司在银行开设的临时账户上的资金,归个人使用或者借贷给他人,数额较大、超过3个月未还的,或者未超过3个月,但数额较大、进行营利活动的,或者进行非法活动的,应当根据刑法典第272条的规定追究刑事责任。[②]

本罪主观上为故意,即行为人明知自已在挪用或借贷本单位资金,并且利用了职务上的便利,而仍然实施了挪用行为。

四、犯罪量度要件

根据有关司法解释的规定,刑法典第272条规定的挪用资金罪中的"数额较大""数额巨大"以及"进行非法活动"情形的数额起点,按照2016年最高人民法院、最高人民检察院《关于办理贪污贿赂刑事案件适用法律若干问题的解释》关于挪用公款罪"数额较大""情节严重"以及"进行非法活动"的数额标准规定的2倍执行。

五、本罪的认定

刑法典规定挪用资金罪的宗旨就在于保护资金的占有权不受侵犯,因此注重的是资金是否被挪出,至于资金是否被实际使用,不是刑法关心的重点,资金一经挪出,就发生了资金占有权受到侵犯的结果,即成立犯罪既遂。对于行为人擅自挪用资金是为了将资金使用于非法活动和营利活动以外的其他活动的情况,如果时间不超过3个月,自然不存在以犯罪论处的问题,也就不存在未遂的状态。如果挪用资金数额较大并且用于营利活动的,只要资金被挪出,即构成犯罪既遂,资金实际上没有被使用的事实不影响犯罪既遂的成立。如果挪用资金进行非法活动的,只要资金被挪出,即构成犯罪既遂,资金实际上没有被非法使用的事实不影响犯罪既遂的成立。

六、本罪的刑事责任

根据刑法典第272条的规定,犯本罪的,处3年以下有期徒刑或者拘役;挪用本单位

---

① 2000年最高人民法院《关于对受委托管理、经营国有财产人员挪用国有资金行为如何定罪问题的批复》。
② 2000年最高人民检察院《关于挪用尚未注册成立公司资金的行为适用法律问题的批复》。

资金数额巨大的,或者数额较大不退还的处 3 年以上 10 年以下有期徒刑。应注意的是,这里的"不退还"是行为人客观上由于某种原因不能归还。如果行为人挪用本单位资金后,由于某种原因转化为主观上不愿意退还的,则行为性质转化为职务侵占罪。

第八节 敲诈勒索罪

一、定义

敲诈勒索罪,是指以非法占有为目的对被害人使用威胁或要挟的方法,强行索要公私财物数额较大的行为。本罪侵犯的法益是复杂法益,不仅侵犯公私财物的占有权,还危及他人的人身权利或者其他权益。

二、犯罪客观要件

本罪客观上对被害人使用了威胁或要挟的方法,强行索要公私财物数额较大的行为。具体说就是客观上对被害人使用威胁或要挟的方法来实现犯罪目的。

威胁或要挟的方法,是指将危害结果害告之被害人迫使被害人处分财产,即如果不按照行为人的要求处分财产,就会在当场(当场遭受的恶害只能是暴力以外的内容)或者在将来的某个时间遭受恶害。[①] 威胁或要挟的内容没有限制,包括对被害人及其亲属的生命、身体自由、名誉等进行威胁,威胁或要挟行为只要足以使他人产生恐惧心理即可,不要求现实上使被害人产生了恐惧心理。威胁或要挟的内容或由行为人自己实施,或由他人实施,威胁内容的实现也并不要求其自身是违法的,例如,行为人知道他人的犯罪事实,向司法机关告发是合法的,但行为人以向司法机关告发进行威胁索取财物的,也成立敲诈勒索罪。威胁的方法没有限制,既可能是明示的,也可能是暗示的;既可以使用语言文字,也可以使用动作手势;既可以直接通告被害人,也可以通过第三者通告被害人。

三、犯罪主观要件

本罪主观上是故意,并且应当具有不法占有公私财物的目的,如果行为人不具有这种目的,或者索取财物的目的并不违法,如债权人为讨还久欠不还的债务而使用带有一定威胁成份的语言,催促债务人加快偿还等,则不成立敲诈勒索罪。

四、犯罪量度要件

敲诈勒索的行为只有数额较大时,才成立犯罪。根据 2013 年最高人民法院、最高人民检察院《关于办理敲诈勒索刑事案件适用法律若干问题的解释》的规定,敲诈勒索公私

---

① 张明楷:《刑法学》(第 2 版),法律出版社 2003 年版,第 763 页。

财物价值2000元至5000元以上、3万元至10万元以上、30万元至50万元以上的,应当分别认定为刑法典第274条规定的"数额较大""数额巨大""数额特别巨大"。

五、本罪的认定

行为人使用了威胁或要挟手段,非法取得了他人的财物就成立了敲诈勒索罪的既遂。如果行为人仅仅使用了威胁或要挟手段,被害人并未产生恐惧情绪,因而没有交出财物;或者被害人虽然产生了恐惧,但并未交出财物,均属于敲诈勒索罪的未遂。

六、本罪的刑事责任

根据刑法典第274条的规定,本罪有三个量刑幅度:(1)敲诈勒索公私财物,数额较大或者多次敲诈勒索的,处3年以下有期徒刑、拘役或者管制,并处或者单处罚金;(2)数额巨大或者有其他严重情节的,处3年以上10年以下有期徒刑,并处罚金;(3)数额特别巨大或者有其他特别严重情节的,处10年以上有期徒刑,并处罚金。

根据2013年最高人民法院《关于实施量刑规范化工作的通知》的规定,成立敲诈勒索罪的,可以根据下列不同情形在相应的幅度内确定量刑起点:(1)达到数额较大起点的,或者2年内3次敲诈勒索的,可以在1年以下有期徒刑、拘役幅度内确定量刑起点;(2)达到数额巨大起点或者有其他严重情节的,可以在3年至5年有期徒刑幅度内确定量刑起点;(3)达到数额特别巨大起点或者有其他特别严重情节的,可以在10年至12年有期徒刑幅度内确定量刑起点。在量刑起点的基础上,可以根据敲诈勒索数额、次数、犯罪情节严重程度等其他影响犯罪构成的犯罪事实增加刑罚量,确定基准刑;多次敲诈勒索,数额达到较大以上的,以敲诈勒索数额确定量刑起点,敲诈勒索次数可作为调节基准刑的量刑情节;数额未达到较大的,以敲诈勒索次数确定量刑起点,超过3次的次数作为增加刑罚量的事实。

第九节　其他侵犯财产罪

一、聚众哄抢罪

聚众哄抢罪,是指以不法所有为目的,聚众哄抢公私财物,数额较大或者有其他严重情节的行为。本罪在客观方面表现为聚众哄抢公私财物,数额较大,情节严重的行为。所谓聚众哄抢公私财物,是指3人或者3人以上联合起来,抢夺公私财物。数额较大可依据盗窃罪的认定数额。"其他严重情节",通常是指参与哄抢人数较多;哄抢较重要的物资;社会影响很坏;哄抢一般历史文物;哄抢数额不大,但次数较多的等。其他特别严重情节,主要是指哄抢重要军事物资;哄抢抢险、救灾、救济、优抚等特定物资;哄抢珍贵出土文物;煽动大规模、大范围哄抢活动,后果严重;由于哄抢行为造成公私财产巨大损失;由于哄抢行为造成大中型企业停产、停业;由于哄抢导致被害人精神失常、自杀的等。"首要分子",是指在聚众哄抢中起组织、策划、指挥作用的人员。"积极参加的"人一般是指在聚众哄抢中,积极出主意,起骨干带头作用,哄抢财物较多的。本罪主观上是故意,即具有聚众哄抢的故意,目的是非法占有公私财物。

根据刑法典第268条的规定,犯本罪的,处3年以下有期徒刑、拘役或者管制,并处罚金;数额巨大或者有其他特别严重情节的处3年以上10年以下有期徒刑,并处罚金。

二、挪用特定款物罪

挪用特定款物罪,是指违反特定款物专用的财经管理制度,挪用国家用于救灾、抢险、防汛、优抚、扶贫、移民、救济款物,情节严重,致使国家和人民群众利益遭受重大损害的行为。挪用失业保险基金与下岗职工基本生活保障资金的,也属于挪用救济款物。[①] 这里的"挪用",只能是将特定款物挪用于其他公共用途,如果行为人为了个人使用而挪用特定款物,以挪用公款罪从重处罚。根据2010年最高人民检察院、公安部《关于公安机关管辖的刑事案件立案追诉标准的规定(二)》的规定,挪用用于救灾、抢险、防汛、优抚、扶贫、移民、救济款物、涉嫌下列情形之一的,应予追诉:(1)挪用特定款物价值在5000元以上的;(2)造成国家和人民群众直接经济损失数额在5万元以上的;(3)虽未达到上述数额标准的,但造成人民群众的生产、生活严重困难的。本罪主观是故意。

根据刑法典第273条的规定,犯本罪的,处3年以下有期徒刑或者拘役;情节特别严重的处3年以上7年以下有期徒刑。

三、故意毁坏财物罪

故意毁坏财物罪,是指故意毁坏公私财物,数额较大或者有其他严重情节的行为。毁坏包括毁灭和损害两种。毁灭,是指用焚烧、摔砸等方法使物品全部丧失其价值或使用价值;损坏,是指使物品部分丧失其价值或使用价值。毁坏公私财物的方法,有多种多样。但是,如果行为人使用放火、决水、投毒、爆炸等危险方法破坏公私财物,危害公共安全的,应当以本法分则第2章危害公共安全罪中的有关犯罪论处。本罪主观上是故意。

根据刑法典第275条的规定,犯本罪的,处3年以下有期徒刑、拘役或者罚金;数额巨大或者有其他特别严重情节的处3年以上7年以下有期徒刑。

四、破坏生产经营罪

破坏生产经营罪,是指由于泄愤报复或者其他个人目的,毁坏机器设备、残害耕畜或者以其他方法破坏生产经营的行为。必须注意的是,本罪破坏的对象都必须与生产经营

[①] 2003年最高人民检察院《关于挪用失业保险基金和下岗职工基本生活保障资金的行为适用法律问题的批复》。

活动直接相联系,破坏用于生产经营的生产工具、生产工艺、生产对象等。如果是毁坏闲置不用或在仓库备用的机器设备、已经收获并未用于加工生产的粮食、水果,残害已经丧失畜役力的待售肉食牲畜的行为,则由于它们与生产经营活动没有直接联系,因此不能成立本罪。显然,本罪主观上是故意。

根据刑法典第276条的规定,犯本罪的,处3年以下有期徒刑、拘役或者管制;情节严重的,处3年以上7年以下有期徒刑。

五、拒不支付劳动报酬罪

拒不支付劳动报酬罪,是指以转移财产、逃匿等方法逃避支付劳动者的劳动报酬或者有能力支付而不支付劳动者的劳动报酬,数额较大,经政府有关部门责令支付仍不支付的行为。成立本罪要求"数额较大,经政府有关部门责令支付仍不支付。"刑法典第276条之一所称"造成严重后果的",一般是指以下几种情况:(1)造成劳动者或者其被赡养人、被扶养人、被抚养人的基本生活受到严重影响、重大疾病无法及时医治或者失学的;(2)对要求支付劳动报酬的劳动者使用暴力或者进行暴力威胁的;(3)造成其他严重后果的。[①] 本罪主观上是故意。

根据刑法典第276条之一的规定,犯本罪的,处3年以下有期徒刑或者拘役,并处或者单处罚金;造成严重后果的处3年以上7年以下有期徒刑,并处罚金。单位犯前款罪的,对单位判处罚金,并对其直接负责的主管人员和其他直接责任人员,依照前款的规定处罚。有前两款行为,尚未造成严重后果,在提起公诉前支付劳动者的劳动报酬,并依法承担相应赔偿责任的,可以减轻或者免除处罚。

第十节 罪之比较与适用

为了加深对相关具体犯罪的理解,要注意此罪与彼罪的划分。在本节中,对于一些易混淆的犯罪将在定罪与量刑方面加以比较,并配以适当案例予以说明。

一、本章罪之比较

(一)抢劫罪与抢夺罪的区别

两者的区别主要表现为:(1)犯罪主体不同。抢劫罪主体为特殊主体,应当是年满14周岁、具有刑事责任能力的自然人;抢夺罪主体为年满16周岁、具有刑事责任能力的自然人。(2)客观方面不同。抢劫行为直接对被害人人身实施暴力、威胁或者其他方法;抢夺行为是直接对物实施暴力,抢夺行为过程中即使出现了人身伤害,但只要其行为暴力不是直接指向被害人人身,不应当认定为抢劫罪。

[①] 2013年最高人民法院《关于审理拒不支付劳动报酬刑事案件适用法律若干问题的解释》。

(二) 抢劫罪与敲诈勒索罪的区别

两者的区别主要表现为：(1) 犯罪主体不同。抢劫罪主体为特殊主体，应当是年满14周岁、具有刑事责任能力的自然人；敲诈勒索罪主体为年满16周岁、具有刑事责任能力的自然人。(2) 两者威胁的内容不同。抢劫罪只能是针对人身实施暴力、伤害相威胁；敲诈勒索罪威胁的内容则比较广泛，可以是针对人身实施威胁，也可以是以毁人名誉、毁其前途、揭发隐私等相威胁。(3) 两者非法所得的获得时间不同。抢劫罪只能在当场获得，而敲诈勒索罪可以是当场获得非法利益，也可以在将来的某个时间获得。(4) 暴力程度不同。抢劫罪中的暴力达到了足以抑制被害人反抗的程度；敲诈勒索罪中可能也有暴力行为的存在，但其暴力程度只能是没有达到足以抑制他人反抗的轻微程度。

(三) 盗窃罪与诈骗罪的区别

盗窃罪与诈骗罪的区别主要体现在行为方式上，前者表现为"窃取"，后者表现为"骗取"。但在一些情况下，盗窃行为与诈骗行为有交叉时，则可以从被害人是否基于错误认识而处分财产这个角度出发，如果不存在被害人处分财产的事实，则不可能成立诈骗罪。

(四) 诈骗罪与敲诈勒索罪的区别

两者的区别主要表现为：(1) 主观故意内容不同。诈骗罪是意图通过虚构事实或者隐瞒真相的方法，骗取公私财物；敲诈勒索罪是意图通过被被害人威胁或者要挟的方法，强索公私财物。(2) 客观方面不同。诈骗罪采取虚构事实、隐瞒真相的方法，使被害人产生错误认识而错误处分财产；敲诈勒索罪是对被害人威胁或者要挟的方式，强行索取财物。

(五) 侵占罪与盗窃罪的区别

两者的区别主要表现为：盗窃罪是秘密窃取公私财物的行为，在盗窃时，财物并不在行为人控制之下；而侵占罪则是行为人侵占物主委托管理的财物，其实施侵占行为时，被侵占之物当时已在他的实际控制之下。

(六) 职务侵占罪与盗窃罪的区别

两者的区别主要表现为：(1) 主体不同。职务侵占罪的主体是特殊主体，盗窃罪的主体为一般主体。(2) 客观方面不同。职务侵占罪是利用职务的便利侵占实际掌管的本单位财物；而盗窃罪则是采用秘密窃取的手段获取他人财物的行为。

(七) 职务侵占罪与侵占罪的区别

两者的区别主要表现为：(1) 主体不同。职务侵占罪的主体是公司、企业或者其他单位的工作人员，且非国家工作人员，为特殊主体；而侵占罪的主体为一般主体。(2) 主观方面不同。职务侵占罪在主观方面表现为明知是单位的财物而决意采取侵吞、窃取、欺诈等手段非法占为己有；而侵占罪的主观内容则明知是他人的代为保管的财物、遗忘物或埋藏物而决意占为己有，拒不交还。(3) 客观方面不同。职务侵占罪在客观方面表现为利用职务之便将单位财物非法占为己有，并且行为人必须利用职务上的便利，采取的是侵吞、窃取、骗取等手段，而财物是否先已为其持有则不影响本罪成立；而侵占罪则必先合法地持有了他人的财物,再利用各种手段占为己有且拒不交还,行为不必要求利用职务之便。

(八)挪用资金罪与职务侵占罪的区别

两者的区别主要表现为:(1)主观方面不同。挪用资金罪行为人的目的在于非法取得本单位资金的使用权,但并不是意图永久非法占有,而是准备用后归还;职务侵占罪的行为人的目的在于非法取得本单位财物的所有权,而并非暂时使用。(2)客观方面不同。挪用资金罪表现为公司、企业或者其他单位的工作人员,利用职务上的便利,挪用本单位资金归个人使用或者借贷给他人,数额较大、超过3个月未还的,或者虽未超过3个月,但数额较大、进行营利活动的,或进行非法活动的行为;职务侵占罪表现为公司、企业或者其他单位的人员,利用职务上的便利,将本单位财物非法占为己有,数额较大的行为。挪用资金罪的行为方式是挪用,即未经合法批准或许可而擅自挪归自己使用或者借贷给他人;职务侵占罪的行为方式是侵占,即行为人利用职务上便利,侵吞、窃取、骗取或者以其他手段非法法占有本单位财物。挪用本单位资金进行非法活动的,并不要求"数额较大"即可成立犯罪;职务侵占罪只有侵占本单位财物数额较大的,才能构成。

(九)聚众哄抢罪与抢劫罪的区别

两者的区别主要表现为:(1)主体不同。聚众哄抢罪的主体只能是首要分子和积极参加者;而抢劫罪无此限定。(2)客观方面不同。聚众哄抢罪表现为聚集多人,公然强抢数额较大的公私财产或者情节严重的行为;抢劫罪则是以暴力、胁迫或其他手段,强行劫取公私财物的行为。

(十)聚众哄抢罪与抢夺罪的区别

两罪区别的关键在于直接抢夺的人员的多寡,如果直接抢夺的人数众多,构成聚众哄抢罪;如果直接抢劫的人数较少,构成抢夺罪。

二、与其他章节罪之比较

(一)抢劫罪与故意杀人罪的区别

两者的区别主要表现为:(1)为事后图财,先将被害人杀死的,属图财杀人,不成立抢劫罪。(2)抢劫后为灭口杀人的,成立两罪,数罪并罚。(3)由于他因故意杀人,之后产生非法占有其财产的,应定故意杀人罪和盗窃罪,数罪并罚。(4)为当场获得财产而杀人的为抢劫罪。

(二)抢劫罪与绑架罪的区别

两者的区别主要表现为:抢劫罪是逼迫被绑架人交付财物,而绑架罪是向被绑架人的近亲属或者其他有关人勒索财产。行为人使用暴力扣押被害人离开日常生活场所后,仍然向被害人勒索财物时,应当认定为抢劫罪。

(三)抢劫罪与抢劫枪支、弹药、爆炸物、危险物质罪的区别

两者的区别主要表现为:(1)抢劫对象不同。在行为人故意抢劫财物但实际上抢劫

的是枪支、弹药、爆炸物、危险物质时,应当按照主客观相一致的原则定罪量刑。(2)后者为前者的一个特殊罪名,应按照特别法优于普通法的原则处理。

(四)盗窃罪与盗窃枪支、弹药、爆炸物、危险物质罪的区别

两者的区别主要表现为:(1)盗窃对象不同。在行为人故意盗窃财物但实际上盗窃的是枪支、弹药、爆炸物、危险物质时,应当按照主客观相一致的原则定罪量刑。(2)后者为前者的一个特殊罪名,应按照特别法优于普通法的原则处理。

(五)职务侵占罪与贪污罪的区别

两者的区别主要表现为:(1)主体要件不同。职务侵占罪的主体是公司、企业或者其他单位的人员。无论是股份有限公司、有限责任公司,还是国有公司、企业、中外合资、中外合作、集体性质企业、外商独资企业、私营企业等中不具有国家工作人员身份的一切职工都可成为职务侵占罪的主体。贪污罪的主体则只限于国家工作人员,其中包括在国有公司、企业或者其他公司、企业中行使管理职权,并具有国家工作人员身份的人员,包括受国有公司、国有企业委派或者聘请,作为国有公司、国有企业代表,在中外合资、合作、股份制公司、企业等非国有单位中,行使管理职权,并具有国家工作人员身份的人员。(2)客观方面不同。职务侵占罪是利用职务的便利,侵占本单位财物的行为,本单位财物既可能是公共财物,也可能是私有财物;贪污罪是指利用职务上的便利,侵吞、盗窃、骗取公共财物的行为,这里的财物则只能是公共财物。

(六)挪用资金罪与挪用公款罪的区别

两者的区别主要表现为:(1)主体要件不同。挪用资金罪的主体是公司、企业或者其他单位的人员。无论是股份有限公司、有限责任公司,还是国有公司、企业、中外合资、中外合作、集体性质企业、外商独资企业、私营企业等中不具有国家工作人员身份的一切职工都可成为职务侵占罪的主体。挪用公款罪的主体则只限于国家工作人员,其中包括在国有公司、企业或者其他公司、企业中行使管理职权,并具有国家工作人员身份的人员,包括受国有公司、国有企业委派或者聘请,作为国有公司、国有企业代表,在中外合资、合作、股份制公司、企业等非国有单位中,行使管理职权,并具有国家工作人员身份的人员。(2)客观方面不同。挪用资金罪侵犯对象是公司、企业或者其他单位的资金,其中,既包括国有或者集体所有的资金,也包括公民个人所有、外商所有的资金。挪用公款罪侵犯的对象仅限于公款,其中主要是国有财产和国家投资、参股的单位财产,即国家机关、国有公司、企业、事业单位等所有的款项。

(七)敲诈勒索罪与招摇撞骗罪的区别

当犯罪行为人冒充国家工作人员要挟他人交付财物的情况下,两罪容易产生混淆。两者的区别主要表现为:敲诈勒索罪是利用假冒的国家工作人员身份要挟被害人,使他们产生恐惧心理,不得以交出财物;而后者是利用假冒的国家工作人员身份欺骗被害人,使他们信以为真,自愿交出财物。

三、案例适用

【案例1】

被告人刘某远得知某消防设备制造厂工人刘某与同事孙某争吵,即伙同华某等人至该厂找刘某欲给其"摆平"此事,遭刘某拒绝,被告人刘某远等人即向其索要"报酬",索得"555"牌香烟2包。被告人刘某远对其给付的"报酬"嫌少,对刘某心怀不满,此后,多次至该厂找刘某索要费用,其间于1998年8月,刘某远伙同华某等人将刘某带至某服装厂门前殴打,逼其出具400元借条一张,限当日下午交款,同日15时向刘某索得人民币200元。后又将刘某带至市妇幼保健站附近殴打,逼其出具700元借条一张。同年10月的一天,刘某远伙同华某等人,又将刘某带至市妇幼保健站附近殴打,迫使其出具500元借条1张。嗣后,刘某远等人多次到消防设备制造厂找刘某,或在路上拦截刘某,凭借条向其索取钱财,共索得人民币1300元。

讨论问题:被告人行为构成抢劫罪还是敲诈勒索罪?为什么?

【案例2】

被告人陈某在广州市买得假金项链一条,于1998年3月15日来到上海。某日,陈某在上海商场金店,见柜台里放有一条重24.09克,价值人民币4600.30元的金项链,与自己买的假金项链式样相同,遂产生以假换真的想法。陈某随即到黄埔商业大厦买得金坠一个,签字笔一支,并将金坠的重量标签涂改为24.09克系在假金项链上。然后又返回上海商场金店,以挑选金项链为名,乘售货员不备之机,用自己的假金项链换了真金项链。次日,陈某将金项链卖掉,获赃款1000元。尔后,陈某又前往广州买得假金项链11条、假金戒指9枚及涂改液等物品,于3月26日返沪。3月28日陈某再次来到上海商场金店,采用上述手段,以假换真换得一条重11.09克、价值1218.30元的金项链。当天,陈某又以同样手段调换一条重19.78克、价值2213.90元的金项链时,被售货员发觉,当场将其抓获。

讨论问题:被告人陈某的行为构成何罪?为什么?

【案例3】

甲公司职员张某在工作中负责保管公章,并有权使用公章与他人签订合同。2003年1月张某私自以公司名义,使用公章向乙公司借款20万元后,携款逃走。

讨论问题:张某的行为构成诈骗罪还是职务侵占罪?为什么?

【案例4】

某日下午5时,为庆祝自己即将转正上机,某航空公司飞行大队见习飞行员陈某,约同事到常府街百姓人家吃饭。他先在建设银行门口的自动取款机上取了500元,然后便在取款机旁等同事。这时他想到刚才取的钱有点不对,又到取款机上查询。见取款机屏幕上显示的是询问状态,陈某立即意识到有人忘记取卡。在思想斗争了几十秒后,他查询出该卡共有4679.36元,便迅速修改了密码,把卡取出后,与同事吃饭去了。当晚10时,同事还在百姓人家吃饭,陈某一人下楼,回到拾到卡的那台自动取款机取款。因为知道取款机上有摄像头,陈某特意把外套脱掉拿在右手,左手捂住脸,分三次取走3000元。夜里,陈某送女友回家后路过御道街,想起修改过密码的卡上还有1000多元,便找了家建行取款机,把外套衣领竖起来挡住脸,只露出眼睛,又分3次取走1600元。

讨论问题:陈某的行为成立犯罪吗?如果成立犯罪,成立何种罪名?为什么?

第三编 | 侵犯社会法益的犯罪

第六章　危害公共安全罪
第七章　破坏社会主义市场经济秩序罪（1）：生产、
　　　　销售伪劣商品罪
第八章　破坏社会主义市场经济秩序罪（2）：妨害
　　　　对公司、企业管理秩序罪
第九章　破坏社会主义市场经济秩序罪（3）：
　　　　破坏金融管理秩序罪
第十章　破坏社会主义市场经济秩序罪（4）：金融诈骗罪
第十一章　破坏社会主义市场经济秩序罪（5）：
　　　　　侵犯知识产权罪
第十二章　破坏社会主义市场经济秩序罪（6）：
　　　　　扰乱市场秩序罪
第十三章　妨害社会管理秩序罪（1）：扰乱公共秩序罪
第十四章　妨害社会管理秩序罪（2）：妨害文物管理罪
第十五章　妨害社会管理秩序罪（3）：危害公共卫生罪
第十六章　妨害社会管理秩序罪（4）：破坏环境资源保护罪
第十七章　妨害社会管理秩序罪（5）：走私、贩卖、
　　　　　运输、制造毒品罪
第十八章　妨害社会管理秩序罪（6）：组织、强迫、引诱、
　　　　　容留、介绍卖淫罪
第十九章　妨碍社会管理秩序罪（7）：制作、贩卖、传播
　　　　　淫秽物品罪

第六章

危害公共安全罪

危害公共安全罪,是指故意或过失地危害不特定多数人的生命、健康或重大公私财产以及公共生活安全的行为。

本类罪侵害的法益是公共安全,即不特定多数人的生命、健康或重大公私财产以及公共生活安全。所谓不特定多数人的生命、健康或重大公私财产以及公共生活安全,是指犯罪行为可能侵害的对象和可能造成的危害结果事先无法确定,行为人既无法预料,也难以控制,并不意味着实施危害公共安全犯罪的行为人一定没有特定侵犯的对象或目标。

本类罪在客观方面表现为危害公共安全的行为。危害公共安全的行为可以作为方式实施,也可以不作为方式实施。实践中,危害公共安全行为的具体方式大致可以归结为两类:一类是只有行为已经造成危害公共安全的严重后果,才构成危害公共安全罪。过失危害公共安全的犯罪,如交通肇事罪、失火罪等,都需要造成严重后果才构成犯罪。另一类是虽未造成实际损害结果,但行为使法益面临威胁,足以使不特定多数人的生命、健康或重大公私财产以及公共生活陷入危险的,也构成危害公共安全的犯罪。

本类罪的主体多数是一般主体,少数则是特殊主体,即由业务上、职务上有特定身份的人员构成,如重大责任事故罪、重大飞行事故罪等。根据我国刑法典第17条第2款的规定,已满14周岁不满16周岁的人,对放火、爆炸、投放危险物质犯罪,应当负刑事责任。本章多数犯罪只能由自然人主体构成,某些犯罪可以由自然人也可以由单位构成,如非法制造、买卖、运输、储存危险物质罪;有些犯罪只能由单位构成,如工程重大安全事故罪。

本类罪在主观上既可能出于故意,也可能出于过失。有些罪是故意,如放火罪、爆炸罪、投放危险物质犯罪;有些罪是过失,如交通肇事罪、丢失枪支不报罪。

第一节 放 火 罪

一、定义

放火罪,是指故意放火点燃、焚毁公私财物,导致公共安全受到侵害的行为。本罪侵害的法益,是不特定的大多数人的人身安全、社会公共安全秩序和重大公私财产。

二、犯罪客观要件

本罪客观上是实施放火焚烧公私财物,危害公共安全的行为。所谓放火,就是故意引起公私财物燃烧的行为。放火的行为方式可以是作为,即用各种引火物,直接把公私财物点燃;也可以是不作为,即故意不履行自己防止火灾发生的义务,放任火灾的发生。例如,某电气维修工人,发现其负责维护的电气设备已经损坏,可能引起火灾,而他不加维修,放任火灾的发生。这就是以不作为的方式实施的放火行为。

以作为方式实施的放火行为必须具备三个条件:一是要有火种;二是要有目的物,即要烧毁的对象物;三是要让火种与目的物接触。在这三个条件已经具备的情况下,行为人使火种开始起火,就是放火行为的实行;目的物一旦着火,即使将火种撤离或者扑灭,目的物仍可独立继续燃烧,放火行为就被视为实行终了。

以不作为的方式实施的放火行为人必须负有防止火灾发生的特定义务,而且能够履行这种特定义务而不履行,以致发生火灾。其特点为:(1) 行为人必须是负有特定作为义务的人;(2) 行为人有能力履行这种特定的作为义务;(3) 行为人客观上必须有不履行这种特定作为义务的事实。从义务的来源看,一是法律所规定的义务;二是职务或业务上所要求的义务,如油区防火员就负有消除火灾隐患,防止火灾发生的义务;三是行为人的先前行为所引起的义务,如行为人随手把烟头丢在窗帘上,引起窗帘着火,行为人就负有扑灭窗帘着火燃烧的义务。从司法实践来看,行为人的特定义务主要是后两种情况。

三、犯罪主观要件

本罪的主体是一般主体,根据刑法典第17条第2款的规定,已满14周岁不满16周岁的人犯放火罪应当负刑事责任。

本罪主观上是故意,即明知自己的放火行为会引起火灾,危害公共安全,并且希望或者放任这种情况发生的心理态度。如果不是出于故意,则不成立放火罪。放火的动机是多种多样的,如因个人的某种利益得不到满足而放火,因对批评、处分不满而放火,因泄愤报复而放火,为湮灭罪证、嫁祸于人而放火,因恋爱关系破裂而放火,因家庭矛盾激化而放火等。无论出于何种动机,都不影响放火罪成立。但查明放火动机,对于正确判断行为人的主观心理态度及定罪量刑的关键。

四、犯罪量度要件

本罪侵犯的法益是公共安全,即不特定多数人的人身安全、社会公共安全和重大公私财产安全等。也就是说放火行为一经实施,就可能造成不特定多数人的伤亡或者使不特定的公私财产遭受难以预料的重大损失。这种犯罪后果的严重性和广泛性往往是难以预料的,甚至是行为人自己也难以控制的。这也是放火罪同以放火方法实施的故意杀人、故意毁坏公私财物罪的本质区别。因此,可以说并非所有的用放火方法实施的犯罪行为都成立放火罪,关键是要看放火行为是否足以危害公共安全。如果行为人实施放火行为,而将火势有效地控制在较小的范围内,没有危害也不足以危害不特定多数人的生命、健康和重大公私财产的安全,就不是放火罪,而应根据案件具体情节定故意毁坏公私财物罪或故意杀人罪、故意伤害罪等。

五、本罪的认定

认定本罪的既遂与未遂,应以本条规定的放火罪的构成要件为标准。只要实施了放火行为,点着了目的物,引起目的物独立燃烧,使目的物有被焚毁的危险,即使由于意志以外的原因,目的物没有被焚毁,没有造成严重后果,也成立放火罪的既遂。如果正要点火,就被人抓获,或者刚点着引火物,就被大雨浇灭等,应被认为是放火罪的未遂。

六、本罪的刑事责任

根据刑法典第 114 条、第 115 条第 1 款的规定,犯本罪的,尚未造成严重后果的处 3 年以上 10 年以下有期徒刑;致人重伤、死亡或者使公私财产遭受重大损失,处 10 年以上有期徒刑、无期徒刑或者死刑。

第二节　爆　炸　罪

一、定义

爆炸罪,是指故意用爆炸的方法,杀伤不特定多人、毁坏重大公私财物,危害公共安全的行为。本罪侵害的法益,是不特定多人的生命、健康和重大公私财产。

二、犯罪客观要件

本罪客观上是对公私财物或人身实施爆炸,危害公共安全的行为。爆炸行为有作为和不作为两种基本方式。

本罪客观要件的本质,在于爆炸行为危害或足以危害不特定多数人的生命、健康或重大公私财产的安全,爆炸行为指向的对象是不特定多人的生命、健康和重大公私财物。某些爆炸行为,行为人主观上是指向特定的人或者物,但发生在人群密集或者财物集中的公共场所,客观上危害了不特定多人的生命、健康或者重大公私财产的安全,也可以爆炸罪论处。如果爆炸行为是指向特定的人或者特定的公私财物,并且有意识地把破坏的范围限制在不危害公共安全的范围,客观上也未发生危害公共安全的结果,则不应定爆炸罪,而应根据实际情况定其他罪名。

三、犯罪主观要件

本罪的主体是一般主体,根据刑法典第17条第2款的规定,已满14周岁不满16周岁的人犯爆炸罪应当负刑事责任。本罪主观上是故意,且动机多种多样,如出于报复、嫉妒、怨恨、诬陷等。当然,犯罪动机如何并不影响本罪的成立,但影响到量刑。

四、本罪的认定

根据刑法典的规定,只要行为人实施爆炸危害公共安全,即便尚未造成严重后果也成立既遂。如果致人重伤、死亡或者使公私财产遭受重大损失,应按刑法典第115条作为爆炸罪的结果加重犯处罚。至于爆炸罪的未遂,从立法精神看不存在实行终了的未遂。因为爆炸行为已经实行终了,在一定条件下就足以危害不特定多人的生命、健康或重大财产的安全,无论是否引起严重后果,都是既遂。爆炸罪未遂只能发生在爆炸行为尚未实行终了的阶段,如刚着手引爆或者在引爆过程中,被人发现夺下炸药,使爆炸未能得逞。这种情况属于未实行终了的爆炸未遂。

五、本罪的刑事责任

根据刑法典第114条、第115条第1款的规定,犯本罪的,尚未造成严重后果的处3年以上10年以下有期徒刑;致人重伤、死亡或者使公私财产遭受重大损失的,处10年以上有期徒刑、无期徒刑或者死刑。

第三节 以危险方法危害公共安全罪

一、定义

以危险方法危害公共安全罪,是指故意以放火、决水、爆炸、投放危险物质以外的并与之相当的危险方法,足以危害公共安全的行为。本罪侵害的法益,是不特定多人的生命、健康和重大公私财产。

二、犯罪客观要件

本罪客观上是以其他危险方法危害公共安全的行为。

所谓其他危险方法,是指放火、决水、爆炸、投放危险物质之外的,但与上述危险方法的危险性相当的、足以危害公共安全的犯罪方法,即这种危险方法一经实施就可能造成或造成不特定多数人的伤亡或重大公私财产的毁损。因此,其他危险方法的本质特征是具有广泛的杀伤力和破坏性,不能作无限制的扩大解释,任意扩大其适用的范围。从司法实践来看以危险方法危害公共安全的犯罪突出表现为:(1)以私设电网的危险方法危害公共安全;(2)以驾车撞人的危险方法危害公共安全;(3)以制、输坏血、病毒血的危险方法危害公共安全;(4)以向人群开枪的危险方法危害公共安全。根据我国有关司法解释的规定,邪教组织人员以自焚、自爆或者其他危险方法危害公共安全的,依照本罪定罪处罚。①

对于以其他危险方法危害公共安全的行为在如何确定罪名,刑法理论和司法实践有两种观点:一是根据实际使用的危险方法具体确定罪名,如"以驾车撞人的危险方法危害公共安全罪",这虽然更能反映具体案件的特点,有利于把握案件的性质,但罪名处于不稳定状态,不利于贯彻罪刑法定原则。二是认定为"以其他危险方法危害公共安全罪",这虽然比较抽象、概括,但是反映了犯罪的本质,可以使罪名处于稳定状态。最高人民法院《关于执行〈中华人民共和国刑法〉确定罪名的规定》最终吸收了上述两种意见的合理内核,确定为"以危险方法危害公共安全罪"。

我国刑法典条文仅规定了本罪的行为、性质等方面的要素,而没有明文规定本罪的具体行为结构和方式,导致"其他危险方法"没有限定,这与罪刑法定原则的明确性要求还有距离。司法实践导致本罪囊括了刑法分则没有明文规定的,具有危害公共安全性质的全部行为,使其成为危害公共安全罪的"兜底"条款。本书认为,应该采取限制解释的态度。根据同类解释原则,"以其他危险方法"必须与前面所列举的行为相当;根据该罪所处的地位,"以其他危险方法"只是刑法典第114条、第115条的"兜底"规定,而不是第二章的"兜底"规定。如果某种行为符合其他犯罪的构成要件,应尽量认定为其他犯罪,而不宜认定为本罪。② 根据我国有关司法解释,故意传播突发传染病病原体,危害公共安全的依照本罪定罪处罚。③

三、犯罪主观要件

本罪主观上是故意,而且犯罪目的和动机多种多样,如为报复泄愤而驾驶汽车向人群冲撞,为防盗而私架电网等。不论行为人出于何种个人目的和动机,都不影响本罪的成立,但影响量刑。

四、本罪的认定

根据刑法典的规定,只要行为人实施了其他危险方法,危害公共安全尚未造成严重后果,就成立既遂。如果致人重伤、死亡或者使公私财产遭受重大损失,应按本罪的结果加重犯处罚。至于以危险方法危害公共安全罪的未遂,从立法精神看不存在实行终了的未

---

① 2001最高人民法院、最高人民检察院《关于办理组织和利用邪教组织犯罪案件具体应用若干问题的解释(二)》。
② 张明楷:《刑法学》(第2版),法律出版社2003年版,第545页。
③ 2003年最高人民法院、最高人民检察院《关于办理妨害预防、控制突发传染病疫情等灾害的刑事案件具体应用法律若干问题的解释》。

遂。因为危险行为已经实行终了,在一定条件下就足以危害不特定多人的生命、健康或重大财产的安全,无论是否引起严重后果都是既遂。以危险方法危害公共安全罪的未遂,只能发生在爆炸行为尚未实行终了阶段。

五、本罪的刑事责任

根据刑法典第114条、第115条第1款的规定,犯本罪的,尚未造成严重后果的处3年以上10年以下有期徒刑;致人重伤、死亡或者使公私财产遭受重大损失的,处10年以上有期徒刑、无期徒刑或者死刑。

第四节 破坏交通工具罪

一、定义

破坏交通工具罪,是指故意破坏火车、汽车、电车、船只、航空器,足以使火车、汽车、电车、船只、航空器发生倾覆、毁坏危险或者造成严重后果的行为。这是一种以交通工具作为特定破坏对象的危害公共安全的犯罪。本罪侵害的法益是交通运输安全。

二、犯罪客观要件

本罪客观上是破坏火车、汽车、电车、船只、航空器等交通工具,足以使交通工具发生倾覆、毁坏危险或者造成严重后果的行为。

首先,行为破坏的对象,仅限于法定的火车、汽车、电车、船只、航空器等大型的现代化交通工具。

其次,必须实施了破坏行为。劫持航空器、船只、汽车的行为已经成为其他独立犯罪,而不成立本罪。但是刑法典没有将劫持火车、电车的行为规定为独立犯罪,从实质上看,劫持火车、电车的行为也足以使火车、电车发生倾覆、毁坏危险,故应视为本罪的破坏行为。

最后,破坏行为足以使火车、汽车、电车、船只、航空器发生倾覆、毁坏危险。一般而言,判断行为人的行为是否足以造成交通工具倾覆或者毁坏的危险,应从以下两个方面来判断:(1)要看被破坏的交通工具是否正在使用期间。所谓正在使用的交通工具,不仅包括正在行驶或者飞行中的交通工具,也包括经过验收,在交付使用期间停机待用的交通工具。(2)要看破坏的方法和部位。一般地说,只有使用放火、爆炸等危险方法,或者用其他方法破坏交通工具的重要装置部件,才足以造成车翻、船沉、航空器坠落的严重后果,才能成立本罪。

三、犯罪主观要件

本罪主观上是故意,而且动机多种多样,如出于报复泄愤、邀功请赏或嫁祸于人而蓄意制造事故,出于贪利而盗窃正在使用的交通工具的重要部件,出于流氓动机故意捣乱破坏等。无论出于何种个人动机都不影响本罪的成立,但影响量刑。

四、本罪的认定

破坏交通工具只要达到足以使之发生倾覆、毁坏危险,无论是否造成严重后果,均构成本罪的既遂。

本罪是否存在未遂,刑法学界有肯定说和否定说两种不同观点。否定说认为,本罪属于危险犯,以行为造成交通工具倾覆、毁坏危险作为法定的既遂标准。而行为人着手实施犯罪就具备了这种危险性已经达到既遂状态,因而无既遂与未遂之分。肯定说认为,根据本条的规定,本罪是以行为造成交通工具倾覆、毁坏的实际危险状态作为既遂的标志,通常行为实行终了才会产生这种实际危险状态。如果行为人虽已着手对交通工具进行破坏,但尚不足以造成交通工具倾覆、毁坏的实际危险状态,就成立本罪未遂。比如,行为人刚着手破坏汽车的刹车系统,未容剪断刹车管即被当场抓获,而未得逞,就应按破坏交通工具未遂犯处理。我们认为,后一种意见较为合理。

五、本罪的刑事责任

根据刑法典第 116 条、第 119 条第 1 款的规定,犯本罪的,尚未造成严重后果的处 3 年以上 10 年以下有期徒刑;造成严重后果的处 10 年以上有期徒刑、无期徒刑或者死刑。

第五节 组织、领导、参加恐怖组织罪

一、定义

组织、领导、参加恐怖组织罪,是指组织、领导或者参加恐怖组织活动,危害公共安全的行为。本罪侵害的法益是公共安全。

二、犯罪客观要件

本罪客观上实施了组织、领导或者参加恐怖活动组织的行为。

根据《反恐怖主义法》的规定,恐怖主义是指通过暴力、破坏、恐吓等手段,制造社会恐慌、危害公共安全、侵犯人身财产,或者胁迫国家机关、国际组织,以实现其政治、意识形态等目的的主张和行为。所谓恐怖活动,是指恐怖主义性质的下列行为:(1)组织、策划、准备实施、实施造成或者意图造成人员伤亡、重大财产损失、公共设施损坏、社会秩序混乱等严重社会危害的活动的;(2)宣扬恐怖主义,煽动实施恐怖活动,或者非法持有宣扬恐怖主义的物品,强制他人在公共场所穿戴宣扬恐怖主义的服饰、标志的;(3)组织、领导、参加恐怖活动组织的;(4)为恐怖活动组织、恐怖活动人员、实施恐怖活动或者恐怖活动培

训提供信息、资金、物资、劳务、技术、场所等支持、协助、便利的;(5)其他恐怖活动。所谓恐怖活动组织,是指3人以上为实施恐怖活动而组成的犯罪组织。

本罪所谓的"组织",是指行为人首倡、鼓动、发起、召集有实行恐怖活动目的的人,结合成一个恐怖活动组织的行为。"领导",是指恐怖组织成立以后,恐怖组织的领导者所实施的策划、指挥、布置、协调恐怖组织活动的行为。"积极参加",是指自愿加入恐怖组织,并且积极参加谋划、实施恐怖活动,但不一定是首要分子。"其他参加",是指行为人虽然不是恐怖组织的组织者、领导者或积极参加者,却经过一定方式,加入了恐怖组织,成为了恐怖组织的一名成员。恐怖组织由于其规模大小、组织严密程度不同,故而参加这些恐怖组织的方式也不同,有的是口头方式,有的是书面方式,有的要通过一定的手续,甚至还要举行一定的仪式。但无论采取何种方式参加的,只要实际加入,就是参加。

本罪的对象是不特定多数人的生命、健康和财产安全,可以是本国公民,也可以是外国人。

本罪是选择性罪名,行为人只要实施了组织、领导、积极参加或者参加恐怖组织行为之一者,便成立本罪。行为人实施两个或两个以上的行为,比如既组织又领导恐怖组织的,也只成立本罪一罪,不实行数罪并罚。另外,该组织事实上是否开始实施恐怖活动如杀人、爆炸、绑架等,不影响本罪的成立。但是,行为人如果组织、领导、参加恐怖组织后,又实施了杀人、爆炸、绑架等恐怖活动犯罪的,则应将组织、领导、参加恐怖组织罪与其他相关的犯罪实行数罪并罚。

三、犯罪主观要件

本罪主观上是故意,且动机是多种多样的,有的是为了报复社会,有的是出于某种政治目的,有的是为了图财贪利,还有的是人格变态等。无论行为人出于何种动机,均不影响本罪的成立。

四、本罪的认定

如果仅实施了所谓的组织、领导行为,而没有恐怖组织的成立,不可能认定为本罪;至于参加行为,也不是一声称参加而不管参加进了与否都是既遂,而是必须经过一定方式,实际加入了恐怖组织,成为了恐怖组织的一名成员,才构成既遂。

五、本罪的刑事责任

根据刑法典第120条的规定,犯本罪的,处10年以上有期徒刑或者无期徒刑,并处没收财产;积极参加的处3年以上10年以下有期徒刑,并处罚金;其他参加的处3年以下有期徒刑、拘役、管制或者剥夺政治权利,可以并处罚金。犯前款罪并实施杀人、爆炸、绑架等犯罪的,依照数罪并罚的规定处罚。

第六节 劫持航空器罪

一、定义

劫持航空器罪,是指以暴力、胁迫或者其他方法劫持航空器的行为。本罪侵害的法益是航空运输安全。

二、犯罪客观要件

本罪客观上表现为使用暴力、胁迫或者其他方法劫持航空器的行为。

本罪的对象是使用中的航空器。如何理解航空器,我国刑法并未明确区分民用航空器与国家航空器。所谓使用中是指从地面人员或机组对某一特定飞行器开始进行飞行前准备起,直到降落后 24 小时止。因此,不能狭义地把本罪的侵犯对象理解为飞行中的航空器。

本罪的行为方式是必须以暴力、胁迫或者其他方法劫持航空器。劫持,是指犯罪人按照自己的意志,非法强行劫夺或控制航空器的行为。劫持航空器的行为,一经实施,即构成本罪;行为人是否实际控制了航空器,并不影响犯罪成立。

三、犯罪主观要件

本罪主观上是故意。本罪对犯罪目的没有要求,行为人劫持航空器,不论出于何种目的,都不影响本罪的成立。

四、本罪的认定

关于本罪的既遂与未遂,刑法学界存在以下不同意见:(1)着手说。该说认为,劫持航空器的犯罪属于行为犯,只要行为人一开始着手实施劫持行为,无论该行为持续时间长短,无论把航空器劫持到哪里,均构成劫持航空器罪的既遂。只有在特殊情况下,如罪犯已将犯罪工具带入航空器内,在准备开始着手实施劫持行为就被抓获,因而未能实施劫持行为的才是该罪的未遂。(2)目的说。该说认为,犯罪人劫持航空器的目的一般是要外逃,因此行为人在着手实施劫持行为后,把航空器劫持到了他指定的地点,劫机外逃取得了成功才是该罪的既遂;如果未能使航空器劫持到预定的降落地,就是该罪的未遂。(3)离境说。该说认为,行为人着手实施劫持行为后,被劫持的航空器飞出了本国的领域以外,即飞出了国境线的,构成该罪的既遂,否则就是未遂。(4)控制说。该说认为,行为人着手实施劫持行为后,已经实际控制了该航空器的,为该罪的既遂,未能控制该航空器的,为未遂。① 本书赞同第一种观点,这样有利于对此类犯罪行为的严密控制和打击。

五、本罪的刑事责任

根据刑法典第 121 条的规定,犯本罪的,处 10 年以上有期徒刑或者无期徒刑;致人重伤、死亡或者使航空器遭受严重破坏的,处死刑。

第七节　非法制造、买卖、运输、邮寄、储存枪支、弹药、爆炸物罪

一、定义

非法制造、买卖、运输、邮寄、储存枪支、弹药、爆炸物罪,是指违反国家有关枪支、弹药、爆炸物管理法规,未经批准,擅自制造、买卖、运输、邮寄、储存枪支、弹药、爆炸物,危害公共安全的的行为。本罪侵害的法益是公共安全。

二、犯罪客观要件

本罪客观上表现为非法制造、买卖、运输、邮寄、储存枪支、弹药、爆炸物的行为。

所谓非法制造,是指违反国家有关法规,未经有关部门批准,私自制造枪支、弹药、爆炸物的行为。制造包括制作、加工、组装、改装、拼装、修理等具体方式,无论采取哪一种方式进行制造,也无论是否制造成功,抑或是自用还是出售,只要实施了制造的行为,即构成本罪。

所谓非法买卖,是指违反法律规定,未经有关部门批准许可,私自购买或者出售枪支、弹药、爆炸物的行为。买卖,即包括以金钱货币作价的各种非法经营的交易行为,亦包括以物换取枪支、弹药、爆炸物的以物易物的交换行为,以及赊购等行为方式。无论其方式如何,只要属于买卖行为,即构成本罪。

所谓非法运输,是指违反法律规定,未经批准许可,私自在国境内从一个地方运到另一个地方的行为。其既可以通过陆运、水运或空运,亦可以是随身携带,其方式的不同不影响行为的性质。

所谓非法邮寄,是指违反法律规定,私自通过邮局邮寄枪支、弹药、爆炸物的行为。既可以成批邮寄,亦可以夹在其他邮寄的仿品中邮寄。无论方式如何,只要属于非法,即可构成本罪。

所谓非法储存,是指明知是他人非法制造、买卖、运输、邮寄的枪支、弹药、爆炸物而为其存放的行为。储存行为既可以藏在家中,又可以存在他处,如山洞中、他人家里等。不

---

① 周光权:《刑法各论讲义》,清华大学出版社 2003 年版,第 186 页。

论地点如何,只要属于非法,就不影响本罪成立。

所谓非法,在本罪中是指违反有关法律规定,未经有关部门批准私自进行的有关行为。如果经过有关部门许可,但是由于行为人采用欺骗、贿赂等非法手段而得以批准的,此时尽管形式合法,其实质仍属非法,一经查获的,亦应当以本罪的非法论处。

本罪属于选择性罪名。行为人只要实施非法制造、买卖、运输、邮寄、储存枪支、弹药、爆炸物行为之一的,即可构成犯罪,如果非法制造枪支、弹药、爆炸物以后,又自己运输和贩卖的,只构成非法制造、运输、买卖枪支、弹药、爆炸物罪一罪,不实行数罪并罚。

三、犯罪主观要件

本罪主体为一般主体,即达到法定刑事责任年龄、具有刑事责任能力的自然人都可以成立。根据刑法典第125条第3款的规定,单位也可成为本罪主体。单位非法从事制造、买卖、运输、邮寄、储存枪支、弹药、爆炸物的活动,其主管人员和直接责任人员,应按本罪论处。

本罪主观上是故意,即明知是枪支、弹药、爆炸物而非法制造、买卖、运输、邮寄、储存。其动机则可能多种多样,有了营利,有的为了实施其他犯罪。不同的动机一般不影响定罪。

四、犯罪量度要件

成立本罪要满足量度要件。2009年最高人民法院《关于审理非法制造、买卖、运输枪支、弹药、爆炸物等刑事案件具体应用法律若干问题的解释》规定,个人或单位非法制造、买卖、运输、邮寄、储存枪支、弹药、爆炸物,具有下列情形之一的,依照刑法典第125条第1款的规定,以非法制造、买卖、运输、邮寄、储存枪支、弹药、爆炸物罪定罪处罚:(1) 非法制造、买卖、运输、邮寄、储存军用枪支1支以上的;(2) 非法制造、买卖、运输、邮寄、储存以火药为动力发射枪弹的非军用枪支1支以上或以压缩气体等为动力的其他非军用枪支2支以上的;(3) 非法制造、买卖、运输、邮寄、储存军用子弹10发以上、气枪铅弹500发以上或者其他非军用子弹100发以上的;(4) 非法制造、买卖、运输、邮寄、储存手榴弹1枚以上的;(5) 非法制造、买卖、运输、邮寄、储存爆炸装置的;(6) 非法制造、买卖、运输、邮寄、储存炸药、发射药、黑火药1000克以上或者烟火药3000克以上、雷管30枚以上或者导火索、导爆索30米以上的;(7) 具有生产爆炸物品资格的单位不按照规定的品种制造,或者具有销售、使用爆炸物品资格的单位超过限额买卖炸药、发射药、黑火药10千克以上或者烟火药30千克以上、雷管300枚以上或者导火索、导爆索300米以上的;(8) 多次非法制造、买卖、运输、邮寄、储存弹药、爆炸物的;(9) 虽未达到上述最低数量标准,但具有造成严重后果等其他恶劣情节的。

五、本罪的刑事责任

根据刑法典第125条第1款、第3款的规定,犯本罪的,处3年以上10年以下有期徒刑;情节严重的处10年以上有期徒刑、无期徒刑或者死刑。单位犯本罪的对单位判处罚金,并对其直接负责的主管人员和其他直接责任人员,依照上述规定处罚。

第八节 违规制造、销售枪支罪

一、定义

违规制造、销售枪支罪,是指依法被指定、确定的枪支制造企业、销售企业,违反枪支管理规定,非法制造或销售枪支的行为。本罪侵害的法益是公共安全。

二、犯罪客观要件

本罪客观上表现为违规制造或销售枪支的行为。

本罪的对象是枪支,既包括公务用枪,也包括民用用枪。枪支不仅指整枪,而且还包括枪支的主要零部件及用于枪支的弹药。

本罪的行为方式表现为下列几种:(1)以非法销售为目的,超过限额或者不按照规定的品种制造、配售枪支。超过限额,是指超过国家有关主管部门下达的制造或销售枪支的年数量指标或任务。不按照规定的品种制造枪支,即不按照国家规定的技术标准,擅自改变枪支的性能、结构进行制造,如只能制造步枪的企业而去制造机枪等。不按照规定的品种配售枪支,即不按照配购证件载明的品种、型号和数量进行销售,如只能销售体育运动用枪的企业去销售狩猎用枪等。(2)以非法销售为目的,制造无号、重号、假号的枪支。制造无号枪支,即不在枪支指定部位铸印制造厂的厂名、枪种代码和国务院公安部门统一编制的枪支序号。制造重号枪支,即枪支上铸印的枪种代码和枪支序号与其他枪支重复,换言之就是两支或多支枪支使用同一序号。制造假号枪支,即在枪支上使用国务院公安部门根本没有下达的序号。(3)非法销售枪支或者在境内销售为出口制造的枪支。非法销售枪支,即违反法律规定,擅自销售枪支,既包括制造枪支的企业非法销售,也包括销售枪支企业除超过配额或不按照规定的品种销售以外的其他非法销售的行为,如销售假号、重号、无号枪支等。在境内销售为出口制造的枪支,是指为出口制造的枪支必须销售往境外,而如果在境内销售,本身即属非法。

本罪是选择性罪名,根据行为是属于擅自制造,还是属于擅自销售,而定违规制造枪支罪或违规销售枪支罪。如果既有制造又有销售行为的,则为违规制造、销售枪支罪。

三、犯罪主观要件

本罪的主体是特殊主体,即依法被指定、确定的枪支制造企业、销售企业。如果是个人或者非被指定的制造、销售企业非法制造、销售枪支,则应以非法制造、买卖枪支罪定罪处刑。

本罪主观上是故意。违规制造枪支必须有以非法销售的目的，如果行为人不具有此目的，而是为了自用，则不成立本罪。

四、犯罪量度要件

成立本罪需要满足量度要件。根据 2009 年最高人民法院《关于审理非法制造、买卖、运输枪支、弹药、爆炸物等刑事案件具体应用法律若干问题的解释》的规定，依法被指定或者确定的枪支制造、销售企业，实施刑法典第 126 条规定的行为，具有下列情形之一的，以违规制造、销售枪支罪定罪处罚：(1) 违规制造枪支 5 支以上的；(2) 违规销售枪支 2 支以上的；(3) 虽未达到上述最低数量标准，但具有造成严重后果等其他恶劣情节的。

具有下列情形之一的，属于刑法典第 126 条规定的"情节严重"：(1) 违规制造枪支 20 支以上的；(2) 违规销售枪支 10 支以上的；(3) 达到本条第一款规定的最低数量标准，并具有造成严重后果等其他恶劣情节的。具有下列情形之一的，属于刑法典第 126 条规定的"情节特别严重"：(1) 违规制造枪支 50 支以上的；(2) 违规销售枪支 30 支以上的；(3) 达到本条第 2 款规定的最低数量标准，并具有造成严重后果等其他恶劣情节的。

五、本罪的认定

本罪是行为犯。对于制造行为，只要行为人出于非法销售目的，将制造行为实施完毕，即构成本罪既遂，至于是否已将制造的枪支销售出去，则无任何影响。当然，已开始实施了制造行为，但还未制造完毕，如在制造过程中被查获，则应根据情况构成未遂或中止。对于销售行为，则必须已将枪支卖出，才能构成既遂，否则应以未遂或中止处理。

六、本罪的刑事责任

根据刑法典第 126 条的规定，犯本罪的，对单位判处罚金，并对其直接负责的主管人员和其他直接责任人员，处 5 年以下有期徒刑；情节严重的，处 5 年以上 10 年以下有期徒刑；情节特别严重的处 10 年以上有期徒刑或者无期徒刑。

第九节　重大飞行事故罪

一、定义

重大飞行事故罪，是指航空人员违反规章制度，致使发生重大飞行事故，造成严重后果的行为。本罪侵害的法益是空中运输的正常秩序和空中运输的安全。

二、犯罪客观要件

本罪客观上表现为行为人违反规章制度，致使发生重大飞行事故，造成严重后果的行为。

(1) 行为人必须有违反规章制度的行为。

(2) 必须造成发生重大事故,造成严重后果。所谓重大事故,根据民航飞行事故划分标准,主要是指:第一,人员死亡,死亡人数在 39 人及其以下者;第二,航空器严重损坏或迫降在无法运出的地方(最大起飞重量 5.7 吨及其以下的航空器除外);第三,航空器失踪,机上人员在 39 人及其以下者。① 所谓严重后果,一般是指飞机等航空器或者其他航空设施受到严重损坏,航空器上人员遭受重伤,公私财产受到严重损失等。也就是说,造成 1 至 39 人死亡,属于重大飞行事故,应适用第一档法定刑,处 5 年以下有期徒刑或者拘役。但本条第二档法定刑的适用条件仍然是造成人员死亡。这样一来,造成人员死亡的,既可适用第一档法定刑,也可适用第二档法定刑。这在司法实践中应如何解决,有待立法机关或司法机关作出解释。

(3) 严重后果必须是违章行为引起的,二者之间存在因果关系。违反规章制度,致人重伤、死亡或者使公私财产遭受重大损失的行为,必须发生在从始发机场准备载人装货至终点机场旅客离去,货物卸完的整个交通运输活动过程中。

三、犯罪主观要件

本罪的主体是特殊主体,即航空人员。根据我国民用航空法 39 条的规定,航空人员,是指从事民用航空活动的空勤人员和地面人员。空勤人员包括驾驶员、领航员、飞行通信员、机械员、乘务员,地面人员包括民用航空维修人员、空中交通管制员、飞行签派员、航空电台通信员。

本罪主观上是过失。行为人对于违反规章制度可能是有意的,但是对于飞行事故的发生则是过失。

四、本罪的刑事责任

根据刑法典第 131 条的规定,犯本罪的,处 3 年以下有期徒刑或者拘役;造成飞机坠毁或者人员死亡的处 3 年以上 7 年以下有期徒刑。

第十节 交通肇事罪

一、定义

交通肇事罪,是指违反交通运输管理法规,因而发生重大事故,致人重伤、死亡或者使公私财产遭受重大损失的行为。本罪侵害的法益是交通运输安全。

---

① 2000 年《中华人民共和国国家标准民用航空器飞行事故等级》。

二、犯罪客观要件

本罪客观上表现为行为人违反交通运输管理法规,因而发生重大事故,致人重伤、死亡或者使公私财产遭受重大损失的行为。

(1) 必须有违反交通运输管理法规的行为。这里的违反交通运输管理法规行为,主要是违反水上、海上、公路的交通运输法规。

(2) 必须发生重大事故,致人重伤、死亡或者使公私财产遭受重大损失的严重后果。行为人虽然违反了交通运输管理法规,但未造成上述法定严重后果的,不构成本罪。

(3) 严重后果必须由违反交通运输管理法规行为引起,二者之间存在因果关系。

(4) 违反交通运输管理法规,致人重伤、死亡或者使公私财产遭受重大损失的行为,必须发生在从始发车站、码头、机场准备载人装货至终点车站、码头、机场旅客离去、货物卸完的整个交通运输活动过程中。从空间上说,必须发生在公共交通管理范围内的公路、城镇道路、和水路上;从时间上说,必须发生在正在进行的交通运输活动中。最高人民法院《关于审理交通肇事刑事案件具体应用法律若干问题的解释》第8条规定:"在实行公共交通管理的范围内发生重大交通事故的,依照刑法第133条和本解释的有关规定办理。在公共交通管理的范围外,驾驶机动车辆或者使用其他交通工具致人伤亡或者致使公共财产或者他人财产遭受重大损失,构成犯罪的,分别依照刑法第134条、第135条、第133条等规定定罪处罚。"由此可见,对于这类案件的认定,关键是要查明它是否发生在属于公共交通管理的水道、公路上。

利用非机动车,如自行车、三轮车、马车等,从事交通运输活动,违章肇事,致人重伤、死亡,是否构成交通肇事罪?学界存在不同的看法。第一种意见认为:交通肇事罪属于危害公共安全的犯罪,即能够同时造成不特定的多人伤亡或者公私财产的广泛损害,而驾驶非机动车从事交通运输活动,违章肇事,一般只能给特定的个别人造成伤亡或者数量有限的财产损失,不具有危害公共安全的性质。因此,不应定交通肇事罪,而应根据具体情况,确定其犯罪的性质,造成他人死亡的,定过失致人死亡罪;造成重伤的,定过失致人重伤罪。第二种意见认为:它虽一般只能造成特定的个别人的伤亡或者有限的损失,但不能因此而否认其具有危害公共安全的性质,况且许多城镇交通事故都直接或间接与非机动车违章行车有关。因此,上述人员违章肇事,应当以交通肇事罪论处。如果因其撞死人而按过失致人死亡罪论处,因其撞伤人而按过失致人重伤罪论处,是不合理的。目前在司法实践中,一般按第二种意见定罪量刑,即以交通肇事罪论处。[①]

三、犯罪主观要件

本罪的主体是一般主体,主要是公路和水路上从事交通运输的人员。但是,这不能理

---

① 何秉松主编:《刑法教科书》(下卷),中国法制出版社2000年版,第719页。

解为在上述交通运输部门工作的一切人员,也不能理解为仅指火车、汽车、电车、船只、航空器等交通工具的驾车人员,而应理解为一切直接从事交通运输业务和保证交通运输的人员以及非交通运输人员。交通运输人员具体包括以下四种从事交通运输的人员:(1) 交通运输工具的驾驶人员,如火车、汽车、电车司机等;(2) 交通设备的操纵人员,如扳道员、巡道员、道口看守员等;(3) 交通运输活动的直接领导、指挥人员,如船长、机长、领航员、调度员等;(4) 交通运输安全的管理人员,如交通协管员、交通警察等。他们担负的职责同交通运输有直接关系,一旦不正确履行自己的职责,都可能造成重大交通事故。

非交通运输人员违反规章制度,如非司机违章开车,在交通运输中发生重大事故,造成严重后果的,也构成本罪的主体。根据有关司法解释的规定,在偷开机动车辆过程中发生交通肇事构成犯罪,又构成其他罪的,应当以交通肇事罪和其他罪实行数罪并罚。① 另外,单位主管人员、机动车辆所有人或者机动车辆承包人指使、强令他人违章驾驶造成重大交通事故,以交通肇事罪定罪处罚。② 交通肇事后,单位主管人员、机动车辆所有人、承包人或者乘车人指使肇事人逃逸,致使被害人因得不到救助而死亡的,以交通肇事罪的共犯论处。③ 但是,该司法解释违背了共同犯罪是二人以上共同故意犯罪的基本原理。

本罪的主观方面是过失,这是指行为人对自己的违章行为可能造成的严重后果的心理态度而言。

四、犯罪量度要件

成立本罪需要满足量度要件。根据 2000 年最高人民法院《关于审理交通肇事刑事案件具体应用法律若干问题的解释》的规定,交通肇事具有下列情形之一的,处 3 年以下有期徒刑或者拘役:(1) 死亡 1 人或者重伤 3 人以上,负事故全部或者主要责任的;(2) 死亡 3 人以上,负事故同等责任的;(3) 造成公共财产或者他人财产直接损失,负事故全部或者主要责任,无能力赔偿数额在 30 万元以上的。交通肇事致 1 人以上重伤,负事故全部或者主要责任,并具有下列情形之一的,以交通肇事罪定罪处罚:(1) 酒后、吸食毒品后驾驶机动车辆的;(2) 无驾驶资格驾驶机动车辆的;(3) 明知是安全装置不全或者安全机件失灵的机动车辆而驾驶的;(4) 明知是无牌证或者已报废的机动车辆而驾驶的;(5) 严重超载驾驶的;(6) 为逃避法律追究逃离事故现场的。交通肇事具有下列情形之一的,属于"有其他特别恶劣情节":(1) 死亡 2 人以上或者重伤 5 人以上,负事故全部或者主要责任的;(2) 死亡 6 人以上,负事故同等责任的;(3) 造成公共财产或者他人财产直接损失,负事故全部或者主要责任,无能力赔偿数额在 60 万元以上的。

根据 2013 年最高人民法院《关于实施量刑规范化工作的通知》的规定,构成交通肇事罪的,可以根据下列不同情形在相应的幅度内确定量刑起点:(1) 致人重伤、死亡或者使

---

① 2013 年最高人民法院、最高人民检察院《关于办理盗窃刑事案件适用法律若干问题的解释》第 10 条。
② 2000 年最高人民法院《关于审理交通肇事刑事案件具体应用法律若干问题的解释》第 7 条。
③ 2000 年最高人民法院《关于审理交通肇事刑事案件具体应用法律若干问题的解释》第 5 条。

公私财产遭受重大损失的,可以在 2 年以下有期徒刑、拘役幅度内确定量刑起点;(2) 交通运输肇事后逃逸或者有其他特别恶劣情节的,可以在 3 年至 5 年有期徒刑幅度内确定量刑起点;(3) 因逃逸致 1 人死亡的,可以在 7 年至 10 年有期徒刑幅度内确定量刑起点。在量刑起点的基础上,可以根据事故责任、致人重伤、死亡的人数或者财产损失的数额以及逃逸等其他影响犯罪构成的犯罪事实增加刑罚量,确定基准刑。

五、本罪的刑事责任

根据刑法典第 133 条的规定,犯本罪的,处 3 年以下有期徒刑或者拘役;交通运输肇事后逃逸或者有其他特别恶劣情节的处 3 年以上 7 年以下有期徒刑;因逃逸致人死亡的处 7 年以上有期徒刑。

交通运输肇事后逃逸,是指行为人在发生交通事故后,为逃避法律追究而逃跑的行为。因逃逸致人死亡,是指行为人在交通肇事后为逃避法律追究而逃跑,致使被害人因得不到救助而死亡的情形。[①] 这应限于过失,还应包括连续造成 2 次交通事故的情形。因此,行为人在交通肇事后为逃避法律追究,将被害人带离事故现场后隐藏或者遗弃,致使被害人无法得到救助而死亡或者严重残疾的,应当分别以故意杀人罪或者故意伤害罪定罪处罚。[②]

第十一节　危险驾驶罪

一、定义

危险驾驶罪,是指在道路上驾驶机动车,追逐竞驶、情节恶劣,或者在道路上醉酒驾驶机动车,或者在道路上从事校车业务或者旅客运输,严重超过额定乘员载客或者严重超过规定时速行驶,或者违反危险化学品安全管理规定运输危险化学品、危及公共安全的行为;或者机动车所有人、管理人对在道路上从事校车业务或者旅客运输,严重超过额定乘员载客或者严重超过规定时速行驶,或者违反危险化学品安全管理规定运输危险化学品、危及公共安全的行为负有直接责任的行为。本罪侵害的法法益是公共安全和交通管理秩序。

二、犯罪客观要件

本罪客观上主要表现为有以下情形:

(1) 追逐竞驶,情节恶劣。追逐竞驶,是指行为人在道路上高速、超速行驶,随意追逐、超越其他车辆,频繁、突然并线,近距离驶入其他车辆之前的危险驾驶行为。

---

① 2000 年最高人民法院《关于审理交通肇事刑事案件具体应用法律若干问题的解释》第 5 条。
② 2000 年最高人民法院《关于审理交通肇事刑事案件具体应用法律若干问题的解释》第 6 条。

(2) 醉酒驾驶机动车。车辆驾驶人员血液中的酒精含量大于或者等于 80 mg/100 ml 的属于醉酒驾驶。

(3) 从事校车业务或者旅客运输,严重超过额定乘员载客,或者严重超过规定时速行驶。

(4) 违反危险化学品安全管理规定运输危险化学品,危及公共安全。

三、犯罪主观要件

本罪主观上是故意,危险驾驶行为实际上是对法益存在一种潜在的威胁,是一种状态,并不需要一定有危害结果的产生。一般认为,行为人是对自己行为的一种放任的心理状态,对危害结果的发生存在着一种间接故意,因为就行为人本身来说他一定知道他的行为会发生危害公共交通安全的结果,但是他却希望或者放任此种危害结果的发生。同时,危险驾驶罪是一种行为犯、危险犯,并不是结果犯,法律只要求有危险驾驶行为,因此,只要行为人有此行为就一定是故意的,不可能是过失或者是意外事件,这也是此罪名与交通肇事罪的重大区别。

四、本罪的刑事责任

根据刑法典第133条之一的规定,犯本罪的,处拘役,并处罚金。有危险驾驶行为,同时构成其他犯罪的,依照处罚较重的规定定罪处罚。

第十二节　重大责任事故罪

一、定义

重大责任事故罪,是指在生产、作业中违反有关安全管理的规定,因而发生重大伤亡事故或者造成其他严重后果的行为。本罪侵害的法益是厂矿企业或者事业单位的生产安全。

二、犯罪客观要件

本罪客观上表现为在生产、作业中违反有关安全管理的规定,因而发生重大伤亡事故或者造成其他严重后果的行为。行为主体为自然人,包括对生产、作业负有组织、指挥或者管理职责的负责人、管理人员、实际控制人、投资人等人员,以及直接从事生产、作业的人员。至于企业的性质,则不影响本罪的成立。例如,在押罪犯是劳改企业中直接从事生产的人员,可以成为本罪的行为主体;无照施工经营者以及群众合作经营组织或个体经营户的从业人员,无证开采的小煤矿从业人员,均可成为本罪的行为主体。行为与结果的内容为,在生产、作业中实施违反有关安全管理规定的行为,因而发生重大伤亡事故或者造成其他严重后果。重大事故必须发生在生产、作业活动中,并同有关职工、从业人员的生产、作业活动有直接联系。①

三、犯罪主观要件

本罪主观上过失,既可以是疏忽大意的过失,也可以是过于自信的过失。

四、犯罪量度要件

本罪的成立,要求发生重大伤亡事故或者其他严重后果。根据2015年最高人民法院、最高人民检察院《关于办理危害生产安全刑事案件适用法律若干问题的解释》第3条的规定,具有下列情形之一的,应当认定为"造成严重后果"或者"发生重大伤亡事故或者造成其他严重后果",对相关责任人员,处3年以下有期徒刑或者拘役:(1) 造成死亡1人以上,或者重伤3人以上的;(2) 造成直接经济损失100万元以上的;(3) 其他造成严重后果或者重大安全事故的情形。

五、本罪的认定

1. 罪与非罪的界限

要注意区分重大责任事故与自然事故、技术事故。自然事故的引起是超出人们的预料之外的,属于意外事件与不可抗力。技术事故则是由于技术条件或设备条件的限制而无法避免的事故。对于自然事故、技术事故,不能作为犯罪处理。②

2. 此罪与彼罪的界限

(1) 对于厂(矿)区内机动车作业期间发生的伤亡事故案件,应根据不同情况,区别对待。在公共交通管理范围内,因违反交通运输管理法规,造成重大事故的,应认定为交通肇事罪;因违反安全生产规章制度,发生重大伤亡事故,造成严重后果的,应认定为重大责任事故罪;在公共交通管理范围外发生重大事故的,应认定为重大责任事故罪。

(2) 本罪与过失致人死亡罪是法条竞合关系。例如,某施工工地升降机操作工刘某未注意下方有人即按启动按钮,造成维修工张某当场被挤压身亡,刘某报告事故时隐瞒了自己按下启动按钮的事实。本案中,刘某未注意到下方有人即启动按钮,说明刘某没有预见到自己的行为可能会产生危害结果。因此,刘某的主观罪过是过失。刘某的行为同时符合重大责任事故罪与过失致人死亡罪,以重大责任事故罪论处。③

---

① 李晓明主编:《中国刑法分论》,清华大学出版社2014年版,第54页。
② 周光权:《刑法各论》(第2版),中国人民大学出版社2011年版,第168页。
③ 选自2010年司法考试卷二第12题。

六、本罪的刑事责任

根据刑法典第 134 条第 1 款的规定,犯本罪的,处 3 年以下有期徒刑或者拘役;情节特别恶劣的,处 3 年以上 7 年以下有期徒刑。

第十三节 其他危害公共安全罪

其他危害公共安全的犯罪,我们需要引起注意,了解其犯罪的构成和特点,加以学习和研究。

一、决水罪

决水罪,是指故意破坏水利设施,制造水患,危害公共安全的行为。认定足以危害公共安全,一般应以决水后水流开始冲溢为标准。因为水流具有巨大的冲刷力,水势一旦失控,往往借助于冲刷力愈冲愈烈,从而构成对不特定多数人的生命、健康或重大公私财产安全的严重威胁。如果行为人刚着手破坏水利设施,或者在破坏过程中,由于犯罪分子意志以外的原因,未致使所决之水流开始冲溢,即为决水罪未遂。

根据刑法典第 114 条、第 115 条第 1 款的规定,犯本罪的,尚未造成严重后果的,处 3 年以上 10 年以下有期徒刑;致人重伤、死亡或者使公私财产遭受重大损失的,处 10 年以上有期徒刑、无期徒刑或者死刑。

二、投放危险物质罪

投放危险物质罪是指故意投放毒害性、放射性、传染病病原体等物质,危害公共安全的行为。

根据刑法典第 114 条、第 115 条第 1 款的规定,犯本罪的,尚未造成严重后果的,处 3 年以上 10 年以下有期徒刑;致人重伤、死亡或者使公私财产遭受重大损失的,处 10 年以上有期徒刑、无期徒刑或者死刑。

三、失火罪

失火罪,是指由于行为人的过失引起火灾,造成严重后果,危害公共安全的行为。

根据刑法典第 115 条第 2 款的规定,犯本罪的,处 3 年以上 7 年以下有期徒刑;情节较轻的,处 3 年以下有期徒刑或者拘役。

四、过失决水罪

过失决水罪,是指过失决水,引起水灾,危害公共安全,造成严重后果的行为。

根据刑法典第 115 条第 2 款的规定,犯本罪的,处 3 年以上 7 年以下有期徒刑;情节较轻的,处 3 年以下有期徒刑或者拘役。

五、过失爆炸罪

过失爆炸罪,是指行为人出于过失引起爆炸,危害公共安全,造成严重后果的行为。

根据刑法典第 115 条第 2 款的规定,犯本罪的,处 3 年以上 7 年以下有期徒刑;情节较轻的,处 3 年以下有期徒刑或者拘役。

六、过失投放危险物质罪

过失投放危险物质罪,是指由于行为人由于过失而置放毒害性、放射性、传染病病原体等物质或者以其他危险方法致人重伤、死亡或者使公私财产遭受重大损失,危害公共安全的行为。根据有关司法解释,患有突发传染病或者疑似突发传染病而拒绝接受检疫、强制隔离或者治疗,过失造成传染病传播,情节严重,危害公共安全的,依照本罪定罪处罚。[①] 该司法解释规定是否合适性,尚需要进一步研究。

根据刑法典第 115 条第 2 款的规定,犯本罪的,处 3 年以上 7 年以下有期徒刑;情节较轻的,处 3 年以下有期徒刑或者拘役。

七、过失以危险方法危害公共安全罪

过失以危险方法危害公共安全罪,是指过失地以失火、决水、爆炸、投放危险物质以外的危险方法危害公共安全,造成严重后果的行为。

根据刑法典第 115 条第 2 款的规定,犯本罪的,处 3 年以上 7 年以下有期徒刑;情节较轻的,处 3 年以下有期徒刑或者拘役。

八、破坏交通设施罪

破坏交通设施罪,是指故意破坏轨道、桥梁、隧道、公路、机场、航道、灯塔、标志或者进行其他破坏活动,足以使火车、汽车、电车、船只、航空器发生倾覆、毁坏危险,足以危害公共安全的行为。破坏交通设施不论采取何种方法,只要足以使交通工具发生倾覆、毁坏危险,就构成破坏交通设施罪的既遂。如果破坏行为不可能使交通工具发生倾覆或毁坏,不危及交通运输安全,则不能按本罪处理。

根据刑法典第 117 条、第 119 条第 1 款的规定,犯本罪的,尚未造成严重后果的,处 3 年以上 10 年以下有期徒刑;造成严重后果的,处 10 年以上有期徒刑、无期徒刑或者死刑。

九、破坏电力设备罪

破坏电力设备罪,是指故意破坏正在使用中的电力设备,危害公共安全的行为。

[①] 2003 年最高人民法院、最高人民检察院《关于办理妨害预防、控制突发传染病疫情等灾害的刑事案件具体应用法律若干问题的解释》。

根据刑法典第118条、第119条第1款的规定,犯本罪的,尚未造成严重后果的,处3年以上10年以下有期徒刑;造成严重后果的,处10年以上有期徒刑、无期徒刑或者死刑。

十、破坏易燃易爆设备罪

破坏易燃易爆设备罪,是指故意破坏正在使用中的燃气或者其他易燃易爆设备,危害公共安全的行为。2007年最高人民法院、最高人民检察院《关于办理盗窃油气、破坏油气设备等刑事案件具体应用法律若干问题的解释》第1条规定,在实施盗窃油气等行为过程中,采用切割、打孔、撬砸、拆卸、开关等手段破坏正在使用的油气设备的,属于刑法典第118条规定的"破坏燃气或者其他易燃易爆设备"的行为;危害公共安全,尚未造成严重后果的,依照刑法典第118条的规定定罪处罚。第4条规定,盗窃油气同时构成盗窃罪和破坏易燃易爆设备罪的,依照刑法处罚较重的规定定罪处罚。

根据刑法典第118条、第119条第1款的规定,犯本罪的,尚未造成严重后果的,处3年以上10年以下有期徒刑;造成严重后果的,处10年以上有期徒刑、无期徒刑或者死刑。

十一、过失损坏交通工具罪

过失损坏交通工具罪,是指由于过失而引起火车、汽车、电车、船只、航空器遭受严重破坏,造成严重后果的行为。

根据刑法典第119条第2款的规定,犯本罪的,处3年以上7年以下有期徒刑;情节较轻的,处3年以下有期徒刑或者拘役。

十二、过失损坏交通设施罪

过失损坏交通设施罪,是指由于过失而损坏轨道、桥梁、隧道、公路、机场、航道、灯塔、标志等交通设备,危害公共安全,致使火车、汽车、电车、船只、航空器倾覆或毁坏,造成严重后果的行为。

根据刑法典第119条第2款的规定,犯本罪的,处3年以上7年以下有期徒刑;情节较轻的,处3年以下有期徒刑或者拘役

十三、过失损坏电力设备罪

过失损坏电力设备罪,是指过失损坏电力设备,危害公共安全,造成严重后果的行为。

根据刑法典第119条第2款的规定,犯本罪的,处3年以上7年以下有期徒刑;情节较轻的,处3年以下有期徒刑或者拘役。

十四、过失损坏易燃易爆设备罪

过失损坏易燃易爆设备罪,是指过失损坏燃气或者其他易燃易爆设备,危害公共安全,造成严重后果的行为。

根据刑法典第 119 条第 2 款的规定,犯本罪的,处 3 年以上 7 年以下有期徒刑;情节较轻的,处 3 年以下有期徒刑或者拘役。

十五、帮助恐怖活动罪

刑法典第 120 条之一规定,资助恐怖活动组织、实施恐怖活动的个人的,或者资助恐怖活动培训的,处……为恐怖活动组织、实施恐怖活动或者恐怖活动培训招募、运送人员的,依照前款的规定处罚。根据 2015 年最高人民法院、最高人民检察院《关于执行〈中华人民共和国刑法〉确定罪名的补充规定(六)》的规定,将该条罪名确定为帮助恐怖活动罪,取消资助恐怖活动罪罪名。

帮助恐怖活动罪,是指资助恐怖活动组织、实施恐怖活动的个人的,或者资助恐怖活动培训的行为;或者为恐怖活动组织、实施恐怖活动或者恐怖活动培训招募、运送人员的行为。"资助",是指提供经费、场所和物资,使恐怖组织得以成立或者维持,使个人的恐怖活动能够实施。"招募",是指通过"合法"或非法途径向特定或不特定的群体募集人员之行为。"运送",是指用交通工具运输人员。

根据刑法典第 120 条之一的规定,犯本罪的,处 5 年以下有期徒刑、拘役、管制或者剥夺政治权利,并处罚金;情节严重的,处 5 年以上有期徒刑,并处罚金或者没收财产。单位犯本罪的,对单位判处罚金,并对其直接负责的主管人员和其他直接责任人员,依照第 1 款的规定处罚。

十六、准备实施恐怖活动罪

准备实施恐怖活动罪,是指行为人为实施恐怖活动准备凶器、危险物品或者其他工具,组织恐怖活动培训或者积极参加恐怖活动培训,为实施恐怖活动与境外恐怖活动组织或者人员联络,为实施恐怖活动进行策划或者其他准备的行为。"策划",即指制定恐怖活动的计划、选择实施恐怖活动的目标、时间、地点,以及分配任务等行为。关于本罪的"情节严重",是指准备凶器、危险品数量巨大,培训人员数量众多,与境外恐怖活动组织频繁联络,策划袭击可能造成重大人员伤亡以及重大目标破坏等情形。[①]

根据刑法典第 120 条之二的规定,犯本罪的,处 5 年以下有期徒刑、拘役、管制或者剥夺政治权利,并处罚金;情节严重的,处 5 年以上有期徒刑,并处罚金或者没收财产。有前款行为,同时构成其他犯罪的,依照处罚较重的规定定罪处罚。

十七、宣扬恐怖主义、极端主义、煽动实施恐怖活动罪

宣扬恐怖主义、极端主义、煽动实施恐怖活动罪,是指以制作、散发宣扬恐怖主义、极

---

① 全国人大常委会法制工作委员会刑法室编著:《中华人民共和国刑法解读》,中国法制出版社 2015 年版,第 194 页。

端主义的图书、音频视频资料或者其他物品,或者通过讲授、发布信息等方式宣扬恐怖主义、极端主义,或者煽动实施恐怖活动的行为。

根据刑法典第120条之三的规定,犯本罪的,处5年以下有期徒刑、拘役、管制或者剥夺政治权利,并处罚金;情节严重的,处5年以上有期徒刑,并处罚金或者没收财产。

十八、利用极端主义破坏法律实施罪

利用极端主义破坏法律实施罪,是指利用极端主义煽动、胁迫群众破坏国家法律确立的婚姻、司法、教育、社会管理等制度实施的行为。

根据刑法典第120条之四的规定,犯本罪的,处3年以下有期徒刑、拘役或者管制,并处罚金;情节严重的,处3年以上7年以下有期徒刑,并处罚金;情节特别严重的,处7年以上有期徒刑,并处罚金或者没收财产。

十九、强制穿戴宣扬恐怖主义、极端主义服饰、标志罪

强制穿戴宣扬恐怖主义、极端主义服饰、标志罪,是指以暴力、胁迫等方式强制他人在公共场所穿着、佩戴宣扬恐怖主义、极端主义服饰、标志的行为。

根据刑法典第120条之五的规定,犯本罪的,处3年以下有期徒刑、拘役或者管制,并处罚金。

二十、非法持有宣扬恐怖主义、极端主义物品罪

非法持有宣扬恐怖主义、极端主义物品罪,是指明知是宣扬恐怖主义、极端主义的图书、音频视频资料或者其他物品而非法持有,情节严重的行为。构成本罪要求"情节严重",关于"情节严重",可根据行为人持有的宣扬恐怖主义、极端主义的图书、音频视频资料或者其他物品的数量多少,包含的内容严重程度,是否曾因类似行为受到处罚等情况作出认定。

根据刑法典第120条之六的规定,犯本罪的,处3年以下有期徒刑、拘役或者管制,并处或者单处罚金。

二十一、劫持船只、汽车罪

劫持船只、汽车罪,是指以暴力、胁迫或者其他方法劫持船只、汽车的行为。

根据刑法典第122条的规定,犯本罪的,处5年以上10年以下有期徒刑;造成严重后果的,处10年以上有期徒刑或者无期徒刑。

二十二、暴力危及飞行安全罪

暴力危及飞行安全罪,是指对飞行中的航空器上的人员使用暴力,危及飞行安全的行为。

根据刑法典第 123 条的规定,犯本罪的,尚未造成严重后果的,处 5 年以下有期徒刑或者拘役;造成严重后果的,处 5 年以上有期徒刑。

二十三、破坏广播电视设施、公用电信设施罪

破坏广播电视设施、公用电信设施罪,是指故意破坏正在使用中的广播电视设施、公用电信设施,危害公共安全的行为。

根据刑法典第 124 条第 1 款的规定,犯本罪的,处 3 年以上 7 年以下有期徒刑;造成严重后果的,处 7 年以上有期徒刑[①]。

二十四、过失损坏广播电视设施、公用电信设施罪

刑法典第 124 条第 2 款规定:过失犯前款罪的,处……。

过失损坏广播电视设施、公用电信设施罪,是指过失损坏广播电视设施、公用电信设施,造成严重后果,危害公共安全的行为。

根据刑法典第 124 条第 2 款的规定,犯本罪,处 3 年以上 7 年以下有期徒刑;情节较轻的,处 3 年以下有期徒刑或者拘役。

二十五、非法制造、买卖、运输、储存危险物质罪

非法制造、买卖、运输、储存危险物质罪,是指违反法律规定,非法制造、买卖、运输、储存毒害性、放射性、传染病病原体等物质,危害公共安全的行为。

根据刑法典第 125 条第 2 款的规定,犯本罪的,处 3 年以上 10 年以下有期徒刑;情节严重的,处 10 年以上有期徒刑、无期徒刑或者死刑。单位犯本罪的,对单位判处罚金,并对其直接负责的主管人员和其他直接责任人员,依照上述规定处罚。[②]

二十六、盗窃、抢夺枪支、弹药、爆炸物、危险物质罪

盗窃、抢夺枪支、弹药、爆炸物、危险物质罪,是指以非法占有为目的,窃取或者抢夺枪支、弹药、爆炸物的,或者窃取、抢夺毒害性、放射性、传染病病原体等危险物质,危害公共安全的行为。

根据刑法典第 127 条第 1 款的规定,犯本罪的,处 3 年以上 10 年以下有期徒刑;情节严重的,处 10 年以上有期徒刑、无期徒刑或者死刑。[③]

[①] 具体应用法律问题,可参见 2004 年最高人民法院《关于审理破坏公用电信设施刑事案件具体应用法律若干问题的解释》。

[②] 具体应用法律问题,可参见 2009 年最高人民法院《关于审理非法制造、买卖、运输枪支、弹药、爆炸物等刑事案件具体应用法律若干问题的解释》。

[③] 同上。

二十七、抢劫枪支、弹药、爆炸物、危险物质罪

抢劫枪支、弹药、爆炸物、危险物质罪,是指使用暴力、胁迫或者其他方法,强行劫取枪支、弹药、爆炸物、危险物质的行为。

根据刑法典第 127 条第 2 款的规定,犯本罪的,处 10 年以上有期徒刑、无期徒刑或者死刑。

二十八、非法持有、私藏枪支、弹药罪

非法持有、私藏枪支、弹药罪,是指违反枪支、弹药的管理规定,私自携带或者隐藏枪支、弹药,危害公共安全的行为。根据有关司法解释的规定,"非法持有",是指不符合配备、配置枪支、弹药条件的人员,违反枪支管理法律、法规的规定,擅自持有枪支、弹药的行为。"私藏",是指依法配备、配置枪支、弹药的人员,在配备、配置枪支、弹药的条件消除后,违反枪支管理法律、法规的规定,私自藏匿所配备、配置的枪支、弹药且拒不交出的行为。①

根据刑法典第 128 条第 1 款的规定,犯本罪的,处 3 年以下有期徒刑、拘役或者管制;情节严重的,处 3 年以上 7 年以下有期徒刑。②

二十九、非法出租、出借枪支罪

非法出租、出借枪支罪,是指依法配备公务用枪的人员或单位,违反枪支管理规定,非法出租、出借枪支,或者依法配置枪支的人员或单位,违反枪支管理规定,非法出租、出借枪支,造成严重后果的行为。依法配备公务用枪的人员或单位,违反枪支管理规定,非法出租、出借枪支,是行为犯,只要实施行为即构成;而非法出租、出借枪支是出于故意。而依法配置枪支的人员或单位,违反枪支管理规定,非法出租、出借枪支,造成严重后果的行为,是结果犯,非法出租、出借枪支是出于故意,但是对于造成的严重后果是过失。根据有关司法解释,依法配备公务用枪的人员,违反法律规定,将公务用枪用作借债质押物,使枪支处于非依法持枪人的控制、使用之下,严重危害公共安全,是非法出借枪支行为的一种形式,应以非法出借枪支罪追究刑事责任;对接受枪支质押的人员,构成犯罪的,应以非法持有枪支罪追究其刑事责任。③

根据刑法典第 128 条第 2 款、第 3 款的规定,犯本罪的,处 3 年以下有期徒刑、拘役或者管制;情节严重的,处 3 年以上 7 年以下有期徒刑。单位犯罪的,对单位判处罚金,并对

---

① 2009 年最高人民法院《关于审理非法制造、买卖、运输枪支、弹药、爆炸物等刑事案件具体应用法律若干问题的解释》。
② 具体应用法律问题,可参见 2009 年最高人民法院《关于审理非法制造、买卖、运输枪支、弹药、爆炸物等刑事案件具体应用法律若干问题的解释》。
③ 1998 年最高人民检察院《关于将公务用枪用作借债质押的行为如何适用法律问题的批复》。

直接负责的主管人员和其他直接责任人员,依照第 1 款的规定处罚。

三十、丢失枪支不报罪

丢失枪支不报罪,是指依法配备公务用枪的人员,丢失枪支不及时报告,造成严重后果的行为。本罪的"丢失",既包括因行为人保管不善而遗失,也包括枪支被盗、被抢、被骗或其他丧失对枪支控制的情况。"不及时报告",是指在发现枪支丢失后未立即报告,这是构成本罪的一个重要条件。"严重后果",是指枪支丢失落入犯罪分子手中,造成重大人身伤亡后果。

根据刑法典第 129 条的规定,犯本罪的,处 3 年以下有期徒刑或者拘役。

三十一、非法携带枪支、弹药、管制刀具、危险物品危及公共安全罪

非法携带枪支、弹药、管制刀具、危险物品危及公共安全罪,是指违反国家有关管理规定,非法携带枪支、弹药、管制刀具或者爆炸性、易燃性、放射性、毒害性、腐蚀性物品,进入公共场所或者公共交通工具,危害公共安全,情节严重的行为。本罪是行为犯,只要行为人非法携带枪支、弹药、管制刀具、危险物品进入了公共场所或公共交通工具,达到情节严重,即可构成本罪,并不以造成实际危害后果为构成必要。倘若发生其他后果,如爆炸、火灾等,则应依其主观的内容,以其他罪,如爆炸罪、过失爆炸罪、放火罪、失火罪、破坏交通工具罪等论处,非法携带的行为则不再单独构成其罪。

根据刑法典第 130 条的规定,犯本罪的,处 3 年以下有期徒刑、拘役或者管制。[①]

三十二、铁路运营安全事故罪

铁路运营安全事故罪,是指铁路职工违反规章制度,致使发生铁路运营安全事故,造成严重后果的行为。本罪的主体为特殊主体,即铁路职工,本罪主观方面为过失。

根据刑法典第 132 条的规定,犯本罪的,处 3 年以下有期徒刑或者拘役;造成特别严重后果的,处 3 年以上 7 年以下有期徒刑。

三十三、强令违章冒险作业罪

强令违章冒险作业罪,是指在生产作业中违反有关安全管理的规定,强令他人违章冒险作业,因而发生重大伤亡事故或者造成其他严重后果的行为。[②]

根据刑法典第 134 条第 2 款的规定,犯本罪的,处 5 年以下有期徒刑或者拘役;情节特别恶劣的,处 5 年以上有期徒刑。

---

① 具体应用法律问题,可参见 2009 年最高人民法院《关于审理非法制造、买卖、运输枪支、弹药、爆炸物等刑事案件具体应用法律若干问题的解释》。
② 李晓明主编:《中国刑法分论》,清华大学出版社 2014 年版,第 55 页。

三十四、重大劳动安全事故罪

重大劳动安全事故罪,是指安全生产设施或者安全生产条件不符合国家规定,因而发生重大伤亡事故或者造成其他严重后果的行为。① 本罪的主观方面为过失,主体为直接负责的单位主管人员和其他直接责任人员。

根据刑法典第 135 条的规定,犯本罪的,对直接负责的主管人员和其他直接责任人员,处 3 年以下有期徒刑或者拘役;情节特别恶劣的,处 3 年以上 7 年以下有期徒刑。

三十五、大型群众性活动重大安全事故罪

大型群众性活动重大安全事故罪,是指举办大型群众性活动违反安全管理规定,因而发生重大伤亡事故或者造成其他严重后果的行为。② 本罪的主观方面为过失,主体为直接负责的单位主管人员和其他直接责任人员。

根据刑法典第 135 条之一的规定,犯本罪的,对直接负责的主管人员和其他直接责任人员,处 3 年以下有期徒刑或者拘役;情节特别恶劣的,处 3 年以上 7 年以下有期徒刑。

三十六、危险物品肇事罪

危险物品肇事罪,是指违反爆炸性、易燃性、放射性、毒害性、腐蚀性物品的管理规定,在生产、储存、运输、使用中,由于过失发生重大事故,造成严重后果的行为。

根据刑法典第 136 条的规定,犯本罪的,处 3 年以下有期徒刑或者拘役;后果特别严重的,处 3 年以上 7 年以下有期徒刑。

三十七、工程重大安全事故罪

工程重大安全事故罪,是指建设单位、设计单位、施工单位、工程监理单位违反国家规定,降低工程质量标准,造成重大安全事故的行为。本罪的主体是特殊主体,只能是建设单位、设计单位或者是施工单位及工程监理单位。本罪在主观方面是过失,行为人对于违反国家规定,降低工程质量标准,有时是明知故犯的,但是对其行为所造成的危害结果,则是过失的。

根据刑法典第 137 条的规定,犯本罪的,对直接责任人员,处 5 年以下有期徒刑或者拘役,并处罚金;后果特别严重的,处 5 年以上 10 年以下有期徒刑,并处罚金。

三十八、教育设施重大安全事故罪

教育设施重大安全事故罪,是指明知校舍或者教育教学设施有危险,而不采取措施或

---

① 彭文华、王昭武、吴江:《中国刑法罪刑适用》(第 4 版),法律出版社 2013 年版,第 114 页。
② 李晓明主编:《中国刑法分论》,清华大学出版社 2014 年版,第 56 页。

者不及时报告,致使发生重大伤亡事故的行为。

根据刑法典第 138 条的规定,犯本罪的,对直接责任人员,处 3 年以下有期徒刑或者拘役;后果特别严重的,处 3 年以上 7 年以下有期徒刑。

三十九、消防责任事故罪

消防责任事故罪,是指违反消防管理法规,经消防监督机构通知采取改正措施而拒绝执行,造成严重后果的行为。"拒绝执行"包括完全不执行或者不按照消防监督机构的要求执行。

根据刑法典第 139 条的规定,犯本罪的,对直接责任人员,处 3 年以下有期徒刑或者拘役;后果特别严重的,处 3 年以上 7 年以下有期徒刑。

四十、不报、谎报安全事故罪

不报、谎报安全事故罪,是指在安全事故发生后,负有报告职责的人员不报或者谎报事故情况,贻误事故抢救,情节严重的行为。对于本罪的主观方面有不同的观点,有学者认为是过失[1],有学者认为是故意[2]。我们赞成后一种观点。

根据刑法典第 139 条之一的规定,犯本罪的,处 3 年以下有期徒刑或者拘役;情节特别严重的,处 3 年以上 7 年以下有期徒刑。

第十四节 罪之比较与适用

在本节中,要注意区分此罪与彼罪。对于一些易相似的犯罪将在定罪与量刑方面加以比较,结合相关案例,以加深对具体犯罪的理解。

一、本章罪之比较

(一)放火罪、爆炸罪与破坏交通工具罪等犯罪的区别

如果行为人以放火、爆炸为手段,破坏交通工具、交通设施、电力设备、易燃易爆设备和广播电视设施、公用电信设施,从行为方式、危害后果来看,破坏交通工具罪等犯罪在犯罪构成要件上和放火罪、爆炸罪有很多相同之处。由于刑法典对破坏交通工具等行为有专门规定,具有放火罪、爆炸罪规定的以危险方法危害公共安全的特征,应按照特别法条优于普通法条的原则,分别以破坏交通工具、破坏交通设施罪、破坏电力设备罪、破坏易燃易爆设备罪和破坏广播电视设施、公用电信设施罪论处。

(二)爆炸罪与(以爆炸方法实施的)故意杀人罪、故意伤害罪的区别

爆炸罪与(以爆炸方法实施的)故意杀人罪、故意伤害罪在使用的手段和危害后果都

---

[1] 李希慧主编:《刑法各论》,武汉大学出版社 2009 年版,第 87 页。
[2] 张明楷:《刑法学》(第 4 版),法律出版社 2011 年版,第 643 页。

有相同之处，其主要区别在于：(1) 侵犯的法益不同。爆炸罪侵犯的是公共安全；而故意杀人罪、故意伤害罪侵犯的是特定公民的人身权利。(2) 客观方面不同。在爆炸罪中，行为人引发爆炸物或以其他方法制造爆炸，造成或足以造成不特定多数人的伤亡或重大公私财产的毁损，其危害结果是难以预料和难以控制的；在故意杀人罪、故意伤害罪中，行为人虽也使用爆炸的方法，但还可以使用其他方法，其行为所造成的危害后果是特定的某个人或某几个人的伤亡，而且一般只造成人身伤亡，不造成财产毁损。因此，行为人针对特定的对象实施爆炸行为，如果选择的作案环境和条件只能杀伤特定的某个人或某几个人，而不危及公共安全的，则应分别按故意杀人罪或故意伤害罪论处。如果爆炸行为虽然指向特定的对象，但行为人预见其爆炸行为会危害公共安全而仍实施爆炸行为，危害公共安全，应以爆炸罪论处。

(三) 破坏交通设施罪与破坏交通工具罪的区别

两罪都是危害交通运输安全的犯罪，其主要区别在于侵犯的对象不同。由于交通设备与交通工具之间的相互依存关系，破坏交通设施往往引起交通工具的倾覆、毁坏，而且这种危害结果的发生通常是行为人所追求的目的；同样，破坏交通工具也常引起交通设备被破坏。在这种情况下，是定破坏交通设施罪，还是定破坏交通工具罪，要视行为的直接指向而定。如果行为指向交通设施，直接破坏交通设备，应定破坏交通设施罪，所引起的交通工具的倾覆、毁坏，应视为破坏交通设施，造成严重后果，是破坏交通设施罪的结果加重犯。如果行为指向交通工具，直接破坏交通工具，应定破坏交通工具罪，其所引起的对交通设备的破坏，也应视为破坏交通工具，造成严重后果的情况。

(四) 劫持航空器罪与（以航空器为对象的）破坏交通工具罪的区别

两罪的区别主要在于：(1) 主观故意的内容不同。劫持航空器罪主观上是要将航空器劫持到指定的地点；以航空器为对象的破坏交通工具罪的目的是使航空器倾覆、毁坏。(2) 行为方式不同。劫持航空器罪是公然地使用暴力、胁迫或者其他方法劫持航空器；以航空器为对象的破坏交通工具罪，则通常是用秘密方法，不一定使用暴力。

(五) 违规制造、销售枪支罪与非法制造、买卖枪支、弹药罪的区别

两罪的区别主要在于：(1) 犯罪主体不同。违规制造、销售枪支罪是特殊主体，只有依法被指定为制造、销售枪支的单位才能构成，主体本来具有制造或销售枪支的资格，只是行为违反枪支管理规定而属非法；非法制造、买卖枪支、弹药罪则是一般主体，既可以是个人，还可以是单位，主体没有制造或销售枪支的资格，本身就构成非法。(2) 主观方面不同。违规制造、销售枪支罪必须具有非法销售的目的；非法制造、买卖枪支、弹药罪则不论是为了销售，还是为了自用，均不影响其罪成立。(3) 客观方面不同。违规制造、销售枪支罪在客观方面必须表现为法定的形式之一，否则不能构成其罪；非法制造、买卖枪支、弹药罪在客观方面则没有限制。

(六) 交通肇事罪与过失损坏交通工具罪、过失损坏交通设施罪的区别

交通肇事罪与过失损坏交通工具罪、过失损坏交通设施罪在主观方面都出于过失，在

客观方面都造成了致人重伤、死亡或者使公私财产遭受重大损失的严重后果,危害了公共安全。其主要区别在于:(1)犯罪主体不同。交通肇事罪的主体主要是从事交通运输的人员,虽然非交通运输人员也可构成,但必须是在操纵交通工具、交通设备,他们与交通运输人员不同的,仅是不具有"交通运输人员"身份;过失损坏交通工具罪、过失损坏交通设施罪的主体为一般主体。(2)客观方面不同。交通肇事罪发生在交通运输活动过程中,严重后果是由于在交通运输活动过程中违反规章制度引起的;过失损坏交通工具罪、过失损坏交通设施罪的发生与交通运输活动无关,严重后果是由于行为人在交通运输活动以外的日常生产、生活中马虎草率、粗枝大叶,不细心谨慎引起的。

(七)工程重大安全事故罪与重大责任事故罪的区别

两罪都是过失犯罪,都以法定的严重后果作为构成犯罪的必备条件,但主要区别在于:(1)犯罪主体不同。工程重大安全事故罪的犯罪主体是建设单位、设计单位、施工单位、工程监理单位,属于单位犯罪;重大责任事故罪的主体包括对生产、作业负组织、指挥或者管理职责的负责人、管理人员、实际控制人、投资人等人员,属于自然人犯罪。(2)客观方面不同。工程重大安全事故罪在客观方面表现为违反国家规定,降低工程质量标准,造成重大安全事故的行为;重大责任事故罪则表现为不服从管理、违反规章制度或者强令工人违章冒险作业,因而发生重大伤亡事故或者造成其他严重后果的行为。

二、与其他章节罪之比较

(一)投放危险物质罪与生产、销售有毒、有害食品罪的区别

在生产、销售的食品中掺入有毒、有害的非食品原料的,实际上也是一种投放危险物质的行为,危害的也是公共安全,但是这种行为已经被刑法规定为一种独立的犯罪,即生产、销售有毒、有害食品罪。

(二)破坏交通工具罪与盗窃罪的区别

实践中发生的出于盗窃目的破坏交通工具的案件,容易同由于盗窃交通工具的设备、一般部件等构成的盗窃罪相混淆。区分两罪的关键在于破坏的对象和侵犯的法益不同。在破坏交通工具罪中,行为人以盗窃为目的,破坏的是正在使用的交通工具的重要装置和部件,足以造成交通工具倾覆、毁坏危险,因而侵犯了交通运输安全法益。在盗窃罪中,行为人出于盗窃的目的,毁坏的是非使用中的交通工具,或者交通工具的一般设备,因为这类交通工具未承担运输任务,破坏部位不影响交通工具安全行驶,因而对交通运输安全无现实危险性,其侵犯的法益只能体现为公私财产的所有关系。

由于在这类案件中,行为人秘密窃取交通工具的设备、部件,大多不是临时起意,盗窃目的往往需要实施拆卸等破坏行为才能实现。这样盗窃行为和毁坏公私财物的行为就发生牵连关系,对这种案件应视情节,定为盗窃罪或故意毁坏财物罪。

(三)组织、领导、参加恐怖组织罪与组织、领导、参加黑社会性质组织罪的区别

两罪在客观方面的行为方式非常相近,恐怖组织与黑社会性质组织都是犯罪组织,并

且在人员构成、犯罪方式、活动形式等方面也非常相似。两罪的区别在于:(1)类罪名不同。组织、领导、参加恐怖组织罪是危害公共安全的犯罪;而组织、领导、参加黑社会性质组织罪是破坏社会管理秩序的犯罪。(2)组织、领导、参加的犯罪组织不同。恐怖组织一般政治色彩较浓,具有一定的政治目的;黑社会性质组织更多是为了追求非法的经济利益,主要构成对经济、社会生活秩序的严重破坏。

三、案例适用

【案例1】

王某与赵女谈恋爱未成,王某便起报复之心。一天夜晚,王某将一桶汽油倒进赵女家,然后点燃。他怕邻居出来救火,就将邻居的门锁上。火将赵女的父母烧伤,并烧坏一些衣物。

讨论问题:王某构成什么犯罪?为什么?

【案例2】

养殖场汽车司机李师傅因父亲病重请假回家了,汽车被没有驾驶证的汽车修理工张某私自开出,去城里拉新买的家具。在市区会车时,超越了中心线把对面来车撞翻,造成一死二人重伤。

讨论问题:非驾驶员开车撞死人,应当怎样处理?为什么?

【案例3】

吴某、王某经事先预谋,用铁钩将路面上铺设的窨井盖拉起,抬上电动三轮车,在近100米的路面上连续盗窃窨井盖5块,致使该两处路段路面严重破损,而该两处路段是附近中学学生上学、放学的必经之路,因此直接危及过路行人及车辆的安全。

讨论问题:对吴某、王某应当怎样处理?为什么?

【案例4】

徐某酒后驾车先后撞了3位行人、两辆汽车、两辆摩托车,其中1名中学生被他拖行了400多米,直至过往车辆围追堵截将徐某截住,才终止其恶行。这名被拖行400多米的中学生送至医院后被宣告死亡。

讨论问题:对徐某应当怎样处理?为什么?

【案例5】

无业人员苗某窜至天津铁路分局东光车站,从3道停留的72039次货物列车1—10节车厢,盗窃闸瓦钎44根。经鉴定,列车闸瓦钎被拆盗后,足以造成列车颠覆,危及公共安全。

讨论问题:对苗某应当怎样处理?为什么?

【案例6】

一架由北京飞往福州的中国国际航空公司CA1505航班到达福州上空时,乘客董某手持装满汽油的易拉罐,以炸机相威胁,要求飞机飞往台湾。随后,董某将易拉罐内的汽油倾洒到飞机内并点燃。火势很快被乘客和机组人员控制住并完全扑灭,董某也被机组人员制服,除 2 名旅客衣服部分被烧外,其余旅客均安然无恙。

讨论问题:对董某应当怎样处理?为什么?

【案例 7】

李某在任矿长期间,伙同他人买下某无合法采矿手续的煤矿,擅自指挥工人进入该矿井采挖煤炭。开采期间,李某指派无盯班安全员资格的王某担任井下盯班安全员。后来,煤矿因停电造成井下通风停止,王某未及时将工人撤出矿井,致使该矿井内发生瓦斯爆炸致 4 人死亡。

讨论问题:对该案应当怎样处理?为什么?

第七章

破坏社会主义市场经济秩序罪(1)：生产、销售伪劣商品罪

　　破坏社会主义市场经济秩序罪，是指违反市场经济管理法规进行非法经济活动，严重破坏社会主义市场经济秩序的行为。生产、销售伪劣商品罪，是指生产者、销售者在商品中掺杂、掺假，以假充真，以次充好或者以不合格商品冒充合格商品，生产、销售的商品情节严重或者数额较大的行为。①

　　本类犯罪侵犯的法益是广大用户和消费者的合法权益。根据我国《消费者权益保护法》的相关规定，消费者在购买、使用商品和接受服务时享有人身、财产安全不受损害的权利。消费者享有知悉其购买、使用的商品或者接受的服务真实情况的权利。消费者有权根据商品或者服务的不同情况，要求经营者提供商品的价格、产地、生产者、用途、性能、规格、等级、主要成份、生产日期、有效期限、检验合格证明、使用方法说明书、售后服务，或者服务的内容、规格、费用等有关情况。经营者应当保证其提供的商品或者服务符合保障人身、财产安全的要求。对可能危及人身、财产安全的商品和服务，应当向消费者作出真实的说明和明确的警示，并说明和标明正确使用商品或者接受服务的方法以及防止危害发生的方法。经营者发现其提供的商品或者服务存在严重缺陷，即使正确使用商品或者接受服务仍然可能对人身、财产安全造成危害的，应当立即向有关行政部门报告和告知消费者，并采取防止危害发生的措施。经营者应当向消费者提供有关商品或者服务的真实信息，不得作引人误解的虚假宣传。经营者对消费者就其提供的商品或者服务的质量和使

---

　　① 法学界对这一概念的表述也有所不同：有人认为，生产、销售伪劣商品罪，是违反国家产品质量法规，生产、销售不合格产品，严重扰乱商品生产、销售秩序的行为。参见周其华：《新刑法各罪使用研究》，中国法制出版社1997年版，第102页。有人认为，生产、销售伪劣商品罪是指生产者、销售者违反质量管理法规，故意生产、销售各种伪劣商品情节严重或危险较大的行为。参见陈兴良：《刑法疏议》，中国人民公安大学出版社1997年版，第258页；马克昌主编：《经济犯罪新论》，武汉大学出版社1998年版，第57页。还有人认为，生产、销售伪劣商品罪，是指生产者、销售者以谋取非法利润为目的，故意在产品中掺杂、掺假，以假充真，以次充好或以不合格产品冒充合格产品，销售金额在5万元以上或者具有其他严重情节的行为。参见黄京平主编：《破坏市场经济秩序罪研究》，中国人民大学出版社1999年版，第81页。也有人认为，生产、销售伪劣商品罪是指生产者、销售者，违反国家对产品质量、安全的监督管理的法律、法规，生产、销售伪劣商品，危害人体健康和人身、财产安全，侵害用户、消费者的合法权益，破坏社会主义市场秩序，情节严重的行为。参见高西江主编：《中华人民共和国刑法的修订与适用》，中国方正出版社1997年版，第396页。

用方法等问题提出的询问,应当作为真实、明确的答复。商店提供商品应当明码标价。经营者应当标明其真实名称和标记。租赁他人柜台或者场地的经营者,应当标明其真实名称和标记。经营者提供商品或者服务,应当按照国家有关规定或者商业惯例向消费者出具购货凭证或者服务单据;消费者索要购货凭证或者服务单据的,经营者必须出具。经营者应当保证在正常使用商品或者接受服务的情况下其提供的商品或者服务应当具有的质量、性能、用途和有效期限;但消费者在购买该商品或者接受该服务前已经知道其存在瑕疵的除外。

本类犯罪客观上表现为行为人具有生产、销售了伪劣商品的行为。犯罪对象是伪劣商品,伪劣商品是指质量低劣不符合相关要求的国家标准、行业标准或地方标准的商品,即不合格商品。按照 2001 年最高人民法院、最高人民检察院《关于办理生产、销售伪劣商品刑事案件具体应用法律若干问题的解释》的规定,不合格商品是指不符合《产品质量法》第 26 条第 2 款规定的质量要求的产品。销售金额是指生产者、销售者出售伪劣商品后所得和应得的全部违法收入。

本类犯罪为一般主体。关于生产、销售伪劣商品罪的主体特征有两种看法:一种观点认为是一般主体;另一种观点认为是特殊主体,即生产者、销售者。因为对生产、销售伪劣商品罪而言,只有生产者、销售者才能成立本罪,其他人不成立本罪。但本书认为,生产者、销售者也是一般主体。或许有人说,自然人或单位成为某种商品的生产者或销售者是有条件的,但这如同犯罪需要犯罪技能一样,不能以此认定该犯罪主体是特殊主体。因此,生产者、销售者不应成为特殊主体。

本类犯罪的主观上是直接故意。在本类罪主体上有两种观点:一种观点认为,本罪在主观上是间接故意,虽然行为人故意违反国家对产品质量监督管理的法律、法规,甚至明知生产、销售伪劣商品罪会发生危害人体健康和人身财产安全,坑害用户、消费者的结果,但其最终是为了牟利,而不是为危害他人健康为第一目的,说到底是放任这种结果的发生,故是间接故意。如果行为人在主观方面出于直接故意,即希望这种结果的发生,则应按危害公共安全罪、侵犯人身权利或侵犯财产罪的有关条文定罪处刑。[①] 另一种观点认为,生产、销售伪劣商品罪的主观方面是故意,包括直接故意和间接故意。[②] 本书认为,生产、销售伪劣商品罪的主观方面是故意,而且是直接故意。行为人对于生产、销售的是伪劣商品必须具有明确认识,即行为人在明知生产、销售的是伪劣商品的情况下而仍然予以生产、销售,故只有直接故意才能构成本类犯罪。

本类犯罪有结果犯既遂(如刑法典第 140 条)、危险犯既遂(如刑法典第 143 条)和行为犯既遂(如刑法典第 144 条)等三种形态。

本类犯罪的刑事责任主要以犯罪的数额为依据进行轻重不同的处罚。法定刑最低刑

---

① 高西江主编:《中华人民共和国刑法的修订与适用》,中国方正出版社 1997 年版,第 399—400 页。
② 马克昌主编:《经济犯罪新论》,武汉大学出版社 1998 年版,第 64 页。

为2年以下有期徒刑或者拘役,最高刑为死刑;每个罪都规定了单处或并处罚金或并处没收财产。

对本类犯罪单位刑事责任的追究,应依照刑法典第150条的规定,采用双罚原则进行处罚。

另外在犯罪类型上,刑法典第140条规定的犯罪与第141条至第148条规定的犯罪存在着法规竞合的问题,第140条为普通法,第142条至第148条为特别法。依照刑法典第149条的规定,适用重法优于轻法的原则予以解决。

第一节　生产、销售伪劣产品罪[①]

一、定义

生产、销售伪劣产品罪,是指生产者、销售者在产品中掺杂、掺假,以假充真,以次充好或者以不合格产品冒充合格产品,生产、销售的产品数额较大的行为。[②]

本罪侵犯的法益是广大用户和消费者的合法权益。具体是指广大用户和消费者的人身、财产安全不受损害的权利;消费者享有知悉其购买、使用的商品或者接受的服务真实情况的权利;消费者享有公平交易的权利;消费者因购买、使用商品或者接受服务受到人身、财产损害的,享有依法获得赔偿的权利。

二、犯罪客观要件

本罪客观上表现为生产者、销售者实施了在产品中掺杂、掺假,以假充真,以次充好或以不合格产品冒充合格产品的行为。本罪的对象是伪劣产品,即假冒产品和劣质产品。假冒产品是指产品的产地、生产厂家、种类等方面假冒其他的产品。劣质产品是指质量低劣,达不到产品质量标准规定的要求。具体行为表现为:(1)在产品中掺杂、掺假,是指在产品中掺入杂质或者异物,致使产品质量不符合国家法律、法规或者产品明示质量标准规定的质量要求,降低、失去应有使用性能的;(2)以假充真,是指以不具有某种使用性能的产品冒充具有该种使用性能的产品的;(3)以次充好,是指以低等级、低档次产品冒充高

[①] 我国刑法分则第三章第一节类罪名"生产、销售伪劣商品罪"使用的是"商品"一词,这就存在着"产品"和"商品"之间关系的问题。就基本含义而言,商品是指用于交换的劳动产品,产品这一概念的外延大于商品。问题就在于:就刑法典的规定而言,二者是否同一含义? 在刑法理论界一般对二者是同一含义不持异议。如有论者主张在理论上将生产、销售伪劣产品罪称为"生产、销售一般商品罪",也有论者认为在理论上将本罪名称为"生产、销售一般伪劣商品罪"更为准确。"既然商品和产品含义相同,为什么立法不使用同一概念呢? 有论者认为这是为了使具体的罪名与类罪名相区别。

[②] 对于这一概念,法学界也有不同的表述:有人将数额较大表述为5万元。参见赵秉志主编:《新刑法教程》,中国人民大学出版社1997年版,第470页。有人在概念中加入"故意"。参见马克昌主编:《经济犯罪新论》,武汉大学出版社1998年版,第57页。有人在概念中加入"以谋取非法利润为目的"。参见黄京平主编:《破坏市场经济秩序罪研究》,中国人民大学出版社1999年版,第106页。

等级、高档次产品,或者以残次、废旧零配件组合、拼装后冒充正品或者新产品的;(4) 不合格产品,是指不符合我国产品质量法第 26 条第 2 款规定的质量要求的产品。

三、犯罪主观要件

本罪主体是一般主体,自然人和单位均可构成。本罪主观上是故意,即行为人明知生产、销售的是伪劣产品而仍然予以生产或者销售。并且行为人通常具有非法牟利的目的,但非法牟利的目的不是成立本罪的必备要件,行为人是否具有非法牟利的目的,不影响本罪的成立。过失不成立本罪,但当发现此问题时仍销售的则以本罪论处。

四、犯罪量度

成立本罪需要满足量度要件。根据 2008 年最高人民检察院、公安部《关于公安机关管辖的刑事案件立案追诉标准的规定(一)》第 16 条规定,生产者、销售者在产品中掺杂、掺假,以假充真,以次充好或者以不合格产品冒充合格产品,涉嫌下列情形之一的,应予立案追诉:(1) 伪劣产品销售金额 5 万元以上的;(2) 伪劣产品尚未销售,货值金额 15 万元以上的;(3) 伪劣产品销售金额不满 5 万元,但将已销售金额乘以 3 倍后,与尚未销售的伪劣产品货值金额合计 15 万元以上的。

五、本罪的认定

实施生产、销售伪劣商品犯罪,同时构成侵犯知识产权、非法经营等其他犯罪的,依照处罚较重的规定定罪处罚。实施生产、销售伪劣商品犯罪,又以暴力、威胁方法抗拒查处,构成其他犯罪的,依照数罪并罚的规定处罚。国家工作人员参与生产、销售伪劣商品犯罪的,从重处罚。①

六、本罪的刑事责任

根据刑法典第 140 条的规定,犯本罪的,销售金额 5 万元以上不满 20 万元的,处 2 年以下有期徒刑或者拘役,并处或者单处销售金额 50%以上 2 倍以下罚金;销售金额 20 万元以上不满 50 万元的,处 2 年以上 7 年以下有期徒刑,并处销售金额 50%以上 2 倍以下罚金;销售金额 50 万元以上不满 200 万元的,处 7 年以上有期徒刑,并处销售金额 50%以上 2 倍以下罚金;销售金额 200 万元以上的,处 15 年有期徒刑或者无期徒刑,并处销售金额 50%以上 2 倍以下罚金或者没收财产。

---

① 2001 年最高人民法院、最高人民检察院《关于办理生产、销售伪劣商品刑事案件具体应用法律若干问题的解释》。

第二节 生产、销售不符合安全标准食品罪

一、定义

生产、销售不符合安全标准的食品罪,是指违反我国食品安全法律法规的规定,生产、销售不符合食品安全标准的食品,足以造成严重食物中毒事故或者其他严重食源性疾患的行为。本罪侵犯的法益是广大公民的食用符合安全标准食品的权益。

二、犯罪客观要件

本罪客观上表现为生产、销售不符合安全标准的食品,足以造成严重食物中毒事故或其他严重食源性疾患的行为。所谓"严重食物中毒",指细菌性、化学性、真菌性和有毒动植物等引起的严重暴发性中毒。所谓"严重食源性疾患",指以食物为感染源导致的严重疾病。根据2001年最高人民法院、最高人民检察院《关于办理生产、销售伪劣商品刑事案件具体应用法律若干问题的解释》第4条的规定,"严重食物中毒"和"严重食源性疾患"是指经省级以上卫生行政部门确定的机构鉴定,食品中含有可能导致严重食物中毒事故或者其他严重食源性疾患的超标准的有害细菌或者其他污染物的情形。

三、犯罪主观要件

本罪主体是一般主体,既包括自然人也包括单位。关于本罪主观上是否包括过失,我国刑法学界仍存在较大分歧:一种观点认为,本罪在主观上有时是故意有时是过失[1];第二种观点认为,本罪主观上是过失[2];第三种观点认为,本罪主观上只能是故意。[3] 本书同意第三种观点,本罪只能由故意构成,过失不成立本罪。关于本罪主观故意的内容,我国刑法学界对此亦有争论:有学者认为,本罪的主观故意包括直接故意和间接故意[4];也有学者认为,本罪的主观故意只能是间接故意。本书认为,在本罪的故意中,行为人对于"足以造成严重食物中毒事故或者其他严重食源性疾患"的危害结果在认识因素上是明知的,但行为并不积极追求该危害结果的发生,并且该危害结果并不是行为人的根本目的,也不是其手段性结果。如果行为人主观故意上是以该危害结果为核心的目的,或者希望出现此结果,则其行为应认定为"以其他方法危害公共安全罪"。所以,本罪主观上只能是间接故意,直接故意不以本罪论处。

---

[1] 欧阳涛主编:《生产销售假冒伪劣产品犯罪剖析及对策》,中国政法大学出版社1999年版,第115页。
[2] 娄云生:《刑法新罪名解释》,中国检察出版社1994年版,第320页。
[3] 马克昌主编:《经济犯罪新论》,武汉大学出版社1998年版,第82页。
[4] 孙建国、汤留生主编:《新刑法原理与实务》,四川人民出版社1997年版,第304页。

四、犯罪量度要件

成立本罪需要满足该行为足以造成严重食物中毒事故或者其他严重食源性疾病。根据2013年最高人民法院、最高人民检察院《关于办理危害危害食品安全刑事案件具体应用法律若干问题的解释》第1条的规定,生产、销售不符合食品安全标准的食品,具有下列情形之一的应当认定为刑法典第143规定的"足以造成严重食物中毒事故或者其他严重食源性疾病":(1)含有严重超出标准限量的致病性微生物、农药残留、兽药残留、重金属、污染物质以及其他危害人体健康的物质的;(2)属于病死、死因不明或者检验检疫不合格的畜、禽、兽、水产动物及其肉类、肉类制品的;(3)属于国家为防控疾病等特殊需要明令禁止生产、销售的;(4)婴幼儿食品中生长发育所需营养成分严重不符合食品安全标准的;(5)其他足以造成严重食物中毒事故或者严重食源性疾病的情形。

五、本罪的刑事责任

根据刑法典第143条的规定,犯本罪的,处3年以下有期徒刑或者拘役,并处罚金;对人体健康造成严重危害或者有其他严重情节的,处3年以上7年以下有期徒刑,并处罚金;后果特别严重的,处7年以上有期徒刑或者无期徒刑,并处罚金或者没收财产。

第三节 生产、销售不符合安全标准的产品罪

一、定义

生产、销售不符合安全标准的产品罪,是指违反国家产品质量法规,生产不符合保障人身、财产安全的国家标准、行业标准的电器、压力容器、易燃易爆产品或其他不符合保障人身、财产安全的国家标准、行业标准的产品,或者销售明知是以上不符合保障人身、财产安全的国家标准、行业标准的产品,造成严重后果的行为。

本罪侵犯的法益是广大消费者的人身安全和财产安全。广大消费者有权使用符合保障人体健康和人身、财产安全的产品。我国《产品质量法》第13条规定:"可能危及人体健康和人身、财产安全的工业产品,必须符合保障人体健康和人身、财产安全的国家标准、行业标准;未制定国家标准、行业标准的,必须符合保障人体健康和人身、财产安全的要求。禁止生产、销售不符合保障人体健康和人身、财产安全的标准和要求的工业产品。具体管理办法由国务院规定。"第14条规定:"国家根据国际通用的质量管理标准,推行企业质量体系认证制度。企业根据自愿原则可以向国务院产品质量监督部门认可的或者国务院产品质量监督部门授权的部门认可的认证机构申请企业质量体系认证。经认证合格的,由认证机构颁发企业质量体系认证证书。国家参照国际先进的产品标准和技术要求,推行产品质量认证制度。企业根据自愿原则可以向国务院产品质量监督部门认可的或者国务

院产品质量监督部门授权的部门认可的认证机构申请产品质量认证。经认证合格的,由认证机构颁发产品质量认证证书,准许企业在产品或者其包装上使用产品质量认证标志。"

二、犯罪客观要件

本罪客观上表现为行为人违反产品质量管理法律规定,生产、销售不符合保障人身、财产安全的国家标准、行业标准的电器、压力容器、易燃易爆产品或其他不符不符合保障人身、财产安全的国家标准、行业标准的产品的行为。具体而言:(1) 行为人生产、销售了不符合保障人身、财产安全的国家标准、行业标准的产品。(2) 生产、销售上述不符合国家或行业规范的安全标准的产品,必须造成了严重后果。所谓"造成严重后果",是指消费者的人身、财产安全受到严重损害,表现为致人伤亡或财产的严重损失。因此,本罪在刑法理论上可称其为实害犯。(3) 行为人生产、销售不符合安全标准的产品的行为与严重后果间存在因果关系。行为人生产、销售不符合安全标准的产品与危害必须存在引起与被引起的关系,即消费者使用不符合安全标准的产品发生了严重后果,而引起危害后果的原因是行为人生产、销售不符合安全标准的产品。

根据 2015 年最高人民法院、最高人民检察院《关于办理危害生产安全刑事案件适用法律若干问题的解释》第 11 条的规定,生产不符合保障人身、财产安全的国家标准、行业标准的安全设备,或者明知安全设备不符合保障人身、财产安全的国家标准、行业标准而进行销售,致使发生安全事故,造成严重后果的,依照刑法典第 146 条的规定定罪处罚。

三、犯罪主观要件

本罪主体是一般主体,自然人和单位均可构成。关于本罪的主观要件,学界存在不同的观点:第一种观点认为,本罪在主观上是故意。① 第二种观点认为,本罪在主观上对行为是故意,对结果是过失的。② 第三种观点认为,本罪在主观上是"以谋取非法利润为目的的直接故意",行为人对"严重后果"的心理态度既可以是间接故意,也可以是过失。③

本书认为上述三种观点均值得商榷。第一种观点认为,本罪在主观上是故意。由于故意的形式有直接故意和间接故意,因此对第一种观点需要进一步探究,即本罪存不存在直接故意犯罪?本书认为,本罪不存在直接故意犯罪。所谓直接故意犯罪是行为人明知行为会造成危害社会的结果而希望结果的发生。行为人生产、销售不符合安全标准的产品,不是希望有危害结果的发生。第二种观点认为,本罪主观上对行为是故意的,而对结果是过失的。这种认识角度显然与我国刑法的规定不一致。第三种观点认为行为人对

---

① 陶驷驹主编:《中国新刑法通论》,群众出版社 1997 年版,第 540 页;欧阳涛等主编:《中华人民共和国新刑法注释与适用》,人民法院出版社 1997 年版,第 281 页。
② 赵秉志主编:《新刑法全书》,中国人民公安大学出版社 1997 年版,第 580 页。
③ 黄京平主编:《破坏市场经济秩序罪研究》,中国人民大学出版社 1999 年版,第 154 页。

"严重后果"的心理态度既可以是间接故意,也可以是过失,即认为本罪既可以是间接故意犯罪,也可以是过失犯罪,即复合罪过。① 本书认为,在主观上本罪是间接故意,即行为人明知所生产的电器、压力容器、易燃易爆产品或其他产品不符合安全标准仍予以生产或者明知所销售产品不符合安全标准仍予以销售,对这些产品可能造成危害人身、财产安全的后果,持放任态度。

四、犯罪量度要件

成立本罪需要满足量度要件。根据 2008 年最高人民检察院、公安部《关于公安机关管辖的刑事案件立案追诉标准的规定(一)》的规定,生产不符合保障人身、财产安全的国家标准、行业标准的电器、压力容器、易燃易爆或者其他不符合保障人身、财产安全的国家标准、行业标准的产品,或者销售明知是以上不符合保障人身、财产安全的国家标准、行业标准的产品,涉嫌下列情形之一的,应予立案追诉:(1)造成人员种上或者死亡的;(2)造成直接经济损失 10 万元以上的;(3)其他造成严重后果的情形。

五、本罪的刑事责任

根据刑法典第 146 条的规定,犯本罪的,处 5 年以下有期徒刑,并处销售金额 50% 以上 2 倍以下罚金;后果特别严重的,处 5 年以上有期徒刑,并处销售金额 50% 以上 2 倍以下罚金。

第四节 生产、销售伪劣农药、兽药、化肥、种子罪

一、定义

生产、销售伪劣农药、兽药、化肥、种子罪,是指生产假农药、假兽药、假化肥,销售明知是假的或者失去使用效能的农药、兽药、化肥、种子,或者生产者、销售者以不合格的农药、兽药、化肥、种子冒充合格的农药、兽药、化肥、种子,使生产遭受较大损失的行为。

本罪侵犯的法益是广大农民的合法权益。从 1989 年 1 月 1 日起,我国对农药实行专营。专营单位不准收购和销售未经登记和没有生产许可证(或准产证)的农药。今后再销售假劣农药(包括失效的农药)的,要吊销其营业执照,并对直接责任者,依法从严惩处。

根据我国《兽药管理条例》的规定,禁止生产、经营假兽药。有下列情形之一的,为假兽药:(1)以非兽药冒充兽药或者以他种兽药冒充此种兽药的;(2)兽药所含成分的种类、名称与兽药国家标准不符合的。有下列情形之一的,按照假兽药处理:(1)国务院兽医行政管理部门规定禁止使用的;(2)依照本条例规定应当经审查批准而未经审查批准即生

---

① 储槐植、杨书文:《复合罪过形式探析》,载《法学研究》1999 年第 1 期。

产、进口的,或者依照本条例规定应当经抽查检验、审查核对而未经抽查检验、审查核对即销售、进口的;(3)变质的;(4)被污染的;(5)所标明的适应症或者功能主治超出规定范围的。

种子是农业、林业生产最基本的生产资料。根据我国《种子法》第59条的规定,违反本法规定,生产、经营假、劣种子的,由县级以上人民政府农业、林业行政主管部门或者工商行政管理机关责令停止生产、经营,没收种子和违法所得,吊销种子生产许可证、种子经营许可证或者营业执照,并处以罚款;有违法所得的,处以违法所得5倍以上10倍以下罚款;没有违法所得的,处以2000元以上5万元以下罚款;构成犯罪的,依法追究刑事责任。

二、犯罪客观要件

本罪在客观要件上表现为生产假农药、假兽药、假化肥、销售明知是假的或者失去使用效能的农药、兽药、化肥、种子,或者生产者、销售者以不合格的农药、兽药、化肥、种子冒充合格的农药、兽药、化肥、种子,使生产遭受较大损失的行为。本罪客观上有三种表现形式:(1)生产假农药、假兽药、假化肥、假种子。(2)销售明知是假的或者失去使用效能的农药、兽药、化肥、种子。所谓"失去使用效能",是指因过期、受潮、变质而丧失了原有功效和使用效能。假农药、假兽药、假化肥、假种子与失去使用效能的农药、兽药、化肥、种子是两个不同概念,前者根本就不是真的,就没有使用效能,也就无从谈起失去使用效能的问题;后者是真的,具有使用效能,只是由于过期、受潮、变质而丧失了效能而已。(3)生产者、销售者以不合格的农药、兽药、化肥、种子冒充合格的农药、兽药、化肥、种子。所谓"以不合格的农药、兽药、化肥、种子冒充合格的农药、兽药、化肥、种子",是指生产、销售的农药、兽药、化肥、种子不符合国家标准、行业标准、企业标准或社会标准而又冒充符合这些标准的农药、兽药、化肥、种子进行销售的行为。

生产、销售的农药、兽药、化肥、种子,必须使生产遭受较大损失才能成立本罪。何谓"使生产遭受较大的损失",立法或司法均没有作出解释,实践中一般是指比较严重或比较大的范围的农作物减产、死亡,较多牲畜的病患或死亡等。"损失",既包括直接损失,也包括间接损失。

三、犯罪主观要件

本罪主体是一般主体,自然人和单位均可构成。关于本罪的罪过形式,学界存在不同观点:第一种观点认为,本罪只能由故意构成。① 第二种观点认为,本罪主观方面一般由间接故意构成,即行为人明知是假的或者失去使用效能的农药、兽药、化肥、种子而故意予以生产或者销售,或者故意以假充真,对其所造成的危害结果一般持放任的态度。② 第三

---

① 陶驷驹主编:《中国新刑法通论》,群众出版社1997年版,第542页;赵秉志主编:《中国特别刑法研究》,中国人民公安大学出版社1997年版,第375页。
② 赵秉志主编:《新刑法教程》,中国人民大学出版社1997年版,第531页。

种观点认为,本罪是复合罪过形式,既有故意(间接故意)也有过失的罪过形式。[①] 本书认为,第一种观点是正确的,生产、销售伪劣农药、兽药、化肥、种子罪的罪过形式是故意,包括直接故意和间接故意。其故意的内容表现为三种形式:一是故意生产假农药、假兽药、假化肥;二是明知是假的或失去使用效能的农药、兽药、化肥、种子而故意予以销售;三是故意以不合格的农药、兽药、化肥、种子冒充合格的农药、兽药、化肥、种子。第二种观点认为本罪是间接故意,认为罪过形式,无论是故意还是过失,都是针对行为所造成的危害社会的结果而言的,而非对行为本身所持的态度。生产者虽然生产、销售伪劣农药、兽药、化肥、种子的行为是故意的,但是对于所造成的损害结果主观上是过失。我们认为这种观点是不正确的。所谓"故意"是指对"行为"的故意;所谓"过失"是指对"结果"的过失。本罪行为人生产、销售伪劣农药、兽药、化肥、种子行为的故意十分明显,而这一种行为可以说它必然造成一定的危害结果。因此,刑法将这一种行为规定为犯罪。本罪与交通肇事罪的罪过形式有所不同,交通肇事本身这一行为不成立犯罪,其行为必须造成严重后果才成立犯罪,但行为人对严重后果的发生主观上是过失。相反,本罪的后果是必然发生的,只是刑法对后果的大小有一定的要求而已。因此,本书认为本罪在主观上是故意,第三种观点同样不可取。

四、犯罪量度要件

成立本罪需要满足量度要件。根据 2001 年最高人民法院、最高人民检察院《关于办理生产、销售伪劣商品刑事案件具体应用法律若干问题的解释》第 7 条的规定,生产、销售伪劣农药、兽药、化肥、种子罪中"使生产遭受较大损失",一般以 2 万元为起点;"重大损失",一般以 10 万元为起点;"特别重大损失",一般以 50 万元为起点。根据 2008 年最高人民检察院、公安部《关于公安机关管辖的刑事案件立案追诉标准的规定(一)》第 23 条的规定:生产假农药、假兽药、假化肥,销售明知是假的或者失去使用效能的农药、兽药、化肥、种子,或者生产者、销售者以不合格的农药、兽药、化肥、种子冒充合格的农药、兽药、化肥、种子,涉嫌下列情形之一的,应予立案追诉:(1)使生产遭受损失 2 万元以上的;(2)其他使生产遭受较大损失的情形。

五、本罪的认定

本罪为结果犯,不存在未遂。只要行为人生产了假农药、假兽药、假化肥,销售了明知是假的或者失去使用效能的农药、兽药、化肥、种子,或者生产者、销售者以不合格的农药、兽药、化肥、种子冒充了合格的农药、兽药、化肥、种子,使生产遭受较大损失的,即为本罪的既遂。

---

① 储槐植、杨书文:《复合罪过形式探析》,载《法学研究》1999 年第 1 期。

六、本罪的刑事责任

根据刑法典第 147 条的规定,犯本罪的,处 3 年以下有期徒刑或者拘役,并处或者单处销售金额 50% 以上 2 倍以下罚金;使生产遭受重大损失的,处 3 年以上 7 年以下有期徒刑,并处销售金额 50% 以上 2 倍以下罚金;使生产遭受特别重大损失的,处 7 年以上有期徒刑或者无期徒刑,并处销售金额 50% 以上 2 倍以下罚金或者没收财产。

第五节　其他生产、销售伪劣商品罪

其他生产、销售伪劣商品罪主要包括:生产、销售假药罪,生产、销售劣药罪,生产、销售有毒、有害食品罪,生产、销售不符合安全标准的医用器材罪以及生产、销售不符合卫生标准的化妆品罪。实践中,要么这些犯罪比较容易认定,要么这些犯罪比较少发,故这里简单加以介绍。

一、生产、销售假药罪

生产、销售假药罪,是指违反国家药品管理法规,非法生产、销售假药,足以严重危及人体健康,或对人体健康造成严重危害的行为。根据我国《药品管理法》第 48 条的规定,有下列情形之一的,为假药:(1) 药品所含成份与国家药品标准规定的成份不符的;(2) 以非药品冒充药品或者以他种药品冒充此种药品的。有下列情形之一的药品,按假药论处:(1) 国务院药品监督管理部门规定禁止使用的;(2) 依照本法必须批准而未经批准生产、进口,或者依照本法必须检验而未经检验即销售的;(3) 变质的;(4) 被污染的;(5) 使用依照本法必须取得批准文号而未取得批准文号的原料药生产的;(6) 所标明的适应症或者功能主治超出规定范围的。

本罪主体是一般主体。生产、销售假药罪的单位可以是国有、集体所有的公司、企业、事业单位,也包括依法设立的合资经营、合作经营企业和具有法人资格的独资、私营公司、企业、事业单位。自然人为生产、销售假药而设立公司、企业、事、业单位,或者公司、企业、事业单位设立后,以实施犯罪为主要活动的,按自然人犯罪处理;行为人盗用单位名义实施生产销售假药犯罪的,违法所得由实施犯罪人的个人私分的,依自然人犯罪处罚。①

根据刑法典第 141 条的规定,犯本罪的,处 3 年以下有期徒刑或者拘役,并处罚金;对人体健康造成严重危害或者有其他严重情节的,处 3 年以上 10 年以下有期徒刑,并处罚金;致人死亡或者有其他特别严重情节的,处 10 年以上有期徒刑、无期徒刑或者死刑,并处罚金或者没收财产。

---

① 1999 年最高人民法院《关于审理单位犯罪案件具体应用法律有关问题的解释》。

二、生产、销售劣药罪

生产、销售劣药罪,是指违反国家药品管理法规,非法生产、销售劣药,对人体健康造成严重危害的行为。所谓劣药,根据我国《药品管理法》第49条的规定,禁止生产、销售劣药。药品成份的含量不符合国家药品标准的,为劣药。有下列情形之一的药品,按劣药论处:(1)未标明有效期或者更改有效期的;(2)不注明或者更改生产批号的;(3)超过有效期的;(4)直接接触药品的包装材料和容器未经批准的;(5)擅自添加着色剂、防腐剂、香料、矫味剂及辅料的;(6)其他不符合药品标准规定的。其次,生产、销售的劣药对人体健康造成了严重危害。本罪是结果犯,必须实际发生了严重危害人体健康的结果,才构成本罪。所谓"对人体健康造成严重危害",可以根据2014年最高人民法院、最高人民检察院《关于办理危害药品安全刑事案件适用法律若干问题的解释》第2条和第5条的规定进行认定。本罪为结果犯,不存在未遂。只要行为人生产、销售劣药,对人体健康造成严重危害的,即构成本罪的既遂。

根据刑法典第142条的规定,犯本罪的,处3年以上10年以下有期徒刑,并处销售金额50%以上2倍以下罚金;后果特别严重的,处10年以上有期徒刑或者无期徒刑,并处销售金额50%以上2倍以下罚金或者没收财产。

三、生产、销售有毒、有害食品罪

生产、销售有毒、有害食品罪,是指违反食品安全法规,在生产、销售的食品中掺入有毒、有害的非食品原料,或者销售明知掺入有毒、有害的非食品原料的食品的行为。所谓"有毒、有害的非食品原料",是指含有毒性元素或者会损害人体健康而不能作为食品或者食品添加剂的物质,如工业酒精、工业染料、色素、毒品、精神药品等。其中,"有毒的非食品原料"是指破坏人体健康甚至危及人们生命的非食品原料,"有害的非食品原料"是指不利于人体健康的非食品原料。其次,本罪客观方面表现为在生产、销售的食品中掺入有毒、有害的非食品原料。使用盐酸克仑特罗等禁止在饲料和动物饮用水中使用的药品或者含有该类药品的饲料养殖供人食用的动物,或者销售明知是使用该类药品或者含有该类药品的饲料养殖的供人食用的动物的或者明知是使用盐酸克仑特罗等禁止在饲料和动物饮用水中使用的药品或者含有该类药品的饲料养殖的供人食用的动物,而提供屠宰等加工服务,或者销售其制品的,以生产、销售有毒、有害食品罪追究刑事责任。① 本罪为行为犯,只要行为人在其所生产、销售的食品中掺入有毒、有害的非食品原料,或者销售明知掺有有毒、有害的非食品原料的食品的,即为既遂。

根据刑法典第144条的规定,犯本罪的,处5年以下有期徒刑,并处罚金;对人体健康

---

① 2002年最高人民法院、最高人民检察院《关于办理非法生产、销售、使用禁止在饲料和动物饮用水中使用的药品等刑事案件具体应用法律若干问题的解释》。

造成严重危害或者有其他严重情节的,处5年以上10年以下有期徒刑,并处罚金;致人死亡或者有其他特别严重情节的,依照本法第141条的规定处罚。①

四、生产、销售不符合标准的医用器材罪

生产、销售不符合标准的医用器材罪是指生产不符合保障人体健康的国家标准、行业标准的医疗器械、医用卫生材料,或者销售明知是不符合保障人体健康的国家标准、行业标准的医疗器械、医用卫生材料,足以严重危害人体健康的行为。所谓"足以严重危害人体健康的",是指如果使用这些伪劣医疗器械、医用卫生材料,将足够造成病人器官严重损伤、丧失某种生理功能等情形。本罪为危险犯。只要行为人生产了不符合保障人体健康的国家标准、行业标准的医疗器械、医用卫生材料,或者销售了明知是不符合保障人体健康的国家标准、行业标准的医疗器械、医用卫生材料,足以严重危害人体健康的,即为既遂。

根据刑法典第145条的规定,犯本罪的,处3年以下有期徒刑或者拘役,并处销售金额50%以上2倍以下罚金;对人体健康造成严重危害的,处3年以上10年以下有期徒刑,并处销售金额50%以上2倍以下罚金;后果特别严重的,处10年以上有期徒刑或者无期徒刑,并处销售金额50%以上2倍以下罚金或者没收财产。后果特别严重,是指生产、销售不符合标准的医疗器械、医用卫生材料,造成感染病毒性肝炎等难以治愈的疾病、1人以上重伤、3人以上轻伤或者其他严重后果的。②

五、生产、销售不符合卫生标准的化妆品罪

生产、销售不符合卫生标准的化妆品罪,是指生产不符合卫生标准的化妆品,或者销售明知是不符合卫生标准的化妆品,造成严重后果的行为。所谓"造成严重后果",一般是指对人身造成严重伤害,例如造成皮肤感染、毁容、残疾等严重后果。

根据刑法典第148条的规定,犯本罪的,处3年以下有期徒刑或者拘役,并处或者单处销售金额50%以上2倍以下罚金。

第六节 罪之比较与适用

本类罪位于刑法分则第三章破坏社会主义市场经济秩序罪的第一节。本类罪不但互相间存在着一些混淆之处,且与其他章节规定的犯罪也有相似之处。因此,适当的阐述显得十分必要。

---

① 具体司法适用,参见2013年最高人民法院、最高人民检察院《关于办理危害食品安全刑事案件具体应用法律若干问题的解释》。
② 2001年最高人民法院、最高人民检察院《关于办理生产、销售伪劣商品刑事案件具体应用法律若干问题的解释》。

一、本章罪之比较

（一）生产、销售假药罪与生产、销售劣药罪的区别

生产、销售假药罪与生产、销售劣药罪的主要区别在于：（1）行为对象不同。生产、销售假药罪的对象是假药，生产、销售劣药罪的对象是劣药。（2）客观方面不同。生产、销售假药罪是行为犯，生产、销售劣药罪是实害犯。由于劣药对于社会的危害性低于假药，因此刑法规定生产、销售劣药必须出现对人体健康造成严重危害的后果才构成犯罪，而生产、销售假药不要求对人体健康造成严重后果，只要求有足以严重危害人体健康的危险，即可构成。

（二）生产、销售假药罪罪与非罪的界限

生产、销售假药罪罪与非罪的界限，应注意以下几点：（1）犯罪对象是否是假药。如果行为人生产、销售的对象不是我国药品管理法所称的假药和按假药处理的药品与非药品，不构成犯罪。在这里要注意区分生产、销售假药罪与民间按照偏方生产、销售药品的界限。有些按照民间偏方生产的药品对某些疾病包括疑难杂症确有一定疗效，也没有明显的副作用。按照该偏方生产、销售药品，虽然违反了国家药品管理制度，但不宜按生产、销售假药罪处理。（2）行为人生产、销售假药是否具有故意。如果行为人因过失生产、销售假药的，不构成本罪。

（三）生产、销售劣药罪罪与非罪的界限

生产、销售劣药罪罪与非罪的界限，应注意以下几点：（1）区分本罪与违反药品管理法规而生产、销售劣药的一般违法行为的界限。本罪与一般违法行为区别的关键在于，是否"对人体健康造成严重危害"。生产、销售劣药，对人体健康造成严重危害的，构成本罪。生产、销售劣药，没有对人体健康造成严重危害的，销售金额不满5万元的，属一般违法行为，不构成犯罪；如果生产、销售金额在5万元以上的，构成刑法典第149条规定的生产、销售伪劣产品罪。（2）区分生产、销售劣药罪与生产药品中的技术事故及误卖劣药的界限。两者区别的关键在于，行为人的主观态度。生产劣药罪是故意犯罪，行为人主观上是出于故意，即明知所生产、销售的药品是劣药，而仍故意进行生产、销售。生产药品过程中的技术事故，是由于技术条件的限制或者设备不良，导致生产出不符合国家药品标准或者省、自治区、直辖市药品标准的劣药。误销售劣药的行为，是误认为药品是符合国家药品标准或者省、自治区、直辖市药品标准的药品，而进行销售的行为。误销售劣药的行为，从行为人主观心理态度来分析，主要有两种情况：一是不应预见也不能预见自己销售的药品是劣药；二是应当预见自己销售的药品可能是劣药，由于疏忽大意而没有预见。显然，误销售劣药是过失行为，不构成本罪。

（四）生产、销售不符合安全标准的食品罪罪与非罪的界限

生产、销售不符合安全标准的食品罪罪与非罪的界限，应注意以下几点：（1）行为人生产、销售不符合安全标准的食品，是否足以造成严重食物中毒事故或者其他严重食源性疾病。如果行为人生产、销售不符合安全标准的食品不足以造成上述疾患的,则不构成犯罪。(2) 行为人主观上是否具有故意。生产、销售不符合安全标准的食品罪只有故意才能构成。

(五) 生产、销售有毒、有害食品罪罪与非罪的界限

在食品生产经营行业中,食品的生产经营者出于各种不同的目的,在食品中掺入有毒、有害的非食品原料的行为时有发生,对这一行为是否构成生产、销售有毒、有害食品罪的认定,可以从以下几点来分析:(1) 根据刑法典第 144 条的规定,构成生产、销售有毒、有害食品罪包括三种情况:一是生产者在所生产的食品中掺入有毒、有害的非食品原料;二是销售者在他人生产的合格食品中掺入有毒、有害的非食品原料;三是销售者明知所销售的食品中掺有有毒、有害的非食品原料而予以销售。概括以上三点内容,构成本罪的,必须要求实施了掺入有毒、有害的非食品原料的行为。也就是说,行为人客观上在食品中掺入的是非食品原料,并且是有毒、有害的非食品原料才构成本罪。如果掺入的是食品的添加剂,虽然数量超标,不宜以本罪定罪。对于造成严重后果的,可按生产、销售不符合安全标准的食品罪论处。(2) 行为人主观上是否具有故意。这是区分本罪罪与非罪的关键。如果行为人是故意在生产、销售的食品中掺入有毒、有害的非食品原料,或者明知其生产、销售的食品中掺有有毒、有害的非食品原料而仍予以销售,不管其行为人是出于何种目的和动机,都构成本罪;如果行为人是出于过失,则不构成本罪。

(七) 生产、销售不符合安全标准的食品罪与重大责任事故罪的区别

两罪的区别主要表现为:(1) 客观方面不同。生产、销售不符合安全标准的食品罪在客观方面表现为违反食品安全管理法规,生产、销售足以造成严重食物中毒事故或者其他严重食源性疾患的食品的行为;重大责任事故罪在客观方面表现为行为人在生产、作业过程中违章操作或强令工人违章作业并造成重大事故的行为。(2) 主体不同。生产、销售不符合安全标准的食品罪的主体既可以是自然人,也可以是单位;重大责任事故罪的主体只能是自然人,且为特殊主体——工厂、矿山、林场、建筑企业或者其他直接从事生产的企业、事业单位。

(八) 生产、销售不符合卫生标准的化妆品罪与故意伤害罪的区别

两罪的主要区别在于:(1) 犯罪目的不同。生产、销售不符合卫生标准的化妆品罪的犯罪目的是追求非法利益;故意伤害罪的犯罪目的一般来说是损害他人身体健康。(2) 罪过内容不同。生产、销售不符合卫生标准的化妆品罪虽为故意犯罪,但并不直接追求危害人体健康结果的发生;故意伤害罪是希望或者放任了危害人体健康结果的发生。如果行为人故意销售不符合卫生标准的化妆品以追求伤害他人目的的,应认定构成故意伤害罪;如果销售者明知是不符合卫生标准的化妆品,为追求非法利益放任危害结果发生而致他人伤害的,此时行为人既符合间接故意伤害罪的构成,又符合销售不符合卫生标准的化妆品罪的构成,属于法条竞合,应按特别法优于普通法的原则,认定为销售不符合卫生标准的化妆品罪。(3) 客观行为不同。生产、销售不符合卫生标准的化妆品罪表现为

生产、销售不符合卫生标准的化妆品;故意伤害罪的行为表现为故意损害他人人体健康。(4)行为对象不同。生产、销售不符合卫生标准的化妆品罪的对象往往不特定;故意伤害罪侵害的对象往往特定。

二、与其他章节罪之比较

(一)生产、销售伪劣产品罪与诈骗罪的区别

诈骗罪,是指以非法占有为目的,用虚构事实或隐瞒真相的欺骗方法,骗取数额较大的公私财物的行为。诈骗罪与本罪有许多相似之处,如客观行为均有欺诈的性质,都为故意犯罪,主观上均有获得非法利益的目的,因而易于混淆。但是,两者的区别在于:(1)犯罪目的不同。生产、销售伪劣产品的犯罪目的是获取非法利润;诈骗罪的犯罪目的则是非法占有公私财物。(2)犯罪主体有所不同。生产、销售伪劣产品罪既可由自然人,亦可由单位实施;诈骗罪只能由自然人构成。(3)客观方面有些不同。虽然生产、销售伪劣产品含有欺诈因素,但一般限于产品质量方面,毕竟还是一种经营活动、经济行为;诈骗行为表现为以虚构事实或隐瞒真相的方法骗取他人财物,其本身不是经济行为。在司法实践中,正确区分生产、销售伪劣产品罪和诈骗罪的界限,关键要把握住两点:(1)从主观上看有无真实交易的意图。生产、销售伪劣产品罪的行为人有真实的交易意图,进行真实的交易活动,只是在产品质量上没有达到合格标准;诈骗罪的行为人根本没有真实的交易意图,交易只不过是其诈骗的手段。(2)从客观上看是否交付了标的以及标的有无价值。对于诈骗罪来说,由于行为人并非真实地履行合同,而是出于非法占有对方钱财的目的,往往不会履行合同,交付标的;即使万不得已交付了标的,而标的也是毫无价值的东西。但对于生产、销售伪劣产品罪,行为人主观上只是追求非法利润,具有履行合同的意图,客观上一般都交付了标的,虽然标的并非真的、好的或合格的,但也并非毫无价值,而是有一定成本的。

(二)生产、销售伪劣产品罪销售假冒注册商标的商品罪与假冒注册商标罪的区别

假冒注册商标罪,是指未经注册商标所有者许可,在同一种商品上使用与其注册商标相同的商标,情节严重的行为;销售假冒注册商标的商品罪,是指销售明知是假冒注册商标的商品,销售金额数额较大的行为。司法实践表明,故意销售假冒注册商标的商品罪往往与销售伪劣产品罪是互相交织的。犯罪分子为了能够顺利销售出去达到犯罪的目的而假冒商标,或者故意销售假冒注册商标商品,往往也是用自己生产的质量较差的商品冒充他人质量较好或信誉较好的商品,其实质也是一种以假充真、以次充好的行为。假冒注册商标罪的行为方式是未经注册商标所有人许可,在同一种商品上使用与其注册商标相同的商标;生产、销售伪劣产品罪的行为方式是在产品中掺杂、掺假,以假充真,以次充好或者以不合格产品冒充合格产品。假冒注册商标并不必然在产品中掺杂、掺假,以假充真,以次充好或者以不合格产品冒充合格产品,假冒注册商标的商品也有可能在质量上不逊色于甚至优于对应的商品,行为人可能只是利用该商标代表的信誉;相应地,生产、销售伪劣产品不必然假冒他人注册商标。可见,"假冒"并不必然是"伪劣"的,"伪劣"的也并不必然是"假冒"的。"假冒"之"假"不同于"伪劣"之"假","假冒"之"假"是指商品商标之真假,即假借冒用他人注册商标,是就注册商标专用权权属而言的;"伪劣"之"假"是以非此种质地的产品掺入或冒充此种质地的商品,是就商品质量而言的。①

三、案例适用

【案例1】

被告人郭某因涉嫌生产、销售伪劣产品罪被提起公诉。法院审理查明:1996年上半年,被告人郭某在无实际生产能力并未经工商行政管理机关登记许可的情况下,租用某市某村的部分房屋开办工厂,声称要制造生产电池的设备。7月15日,郭某以某村开办的某市光明蓄电池厂的名义,与江苏省××市某电池有限公司签订了标的为20.6万元的R6型5号电池生产设备购销合同,并通过某村党支部书记兼光明蓄电池厂厂长王某,盖了光明蓄电池厂公章。此后,某电池有限公司汇入光明蓄电池厂账面的12.6万元预付货款,被郭某冒充王本朝的签名取走。郭某用其中的5万余元,先后从苏州某电池配件厂等单位购得废旧的R6型5号电池生产设备,自己也生产了部分零配件,经刷新、拼装后,冒充合格产品销售给大禾电池有限公司14套。该设备经市技术监督局鉴定,不具备应有的使用性能,是不合格产品。上述事实,有被告人郭某的供述,证人证言及工矿产品购销合同书、市技术监督局鉴定书等证据证实。法院认为,被告人郭某构成生产、销售伪劣产品罪,判处有期徒刑1年6个月;并处罚金12.6万元。

讨论问题:法院的判决是否正确?为什么?

【案例2】

被告人韩某因涉嫌犯非法经营罪被提起公诉。被告人付某因涉嫌犯生产伪劣产品罪被提起公诉。被告人韩某某因涉嫌犯非法经营罪被提起公诉。起诉书指控被告人韩某、付某在无任何证照手续的情况下从事棉花加工业务,并在生产过程中掺杂使假,销售金额在5万元以上,其行为均已构成伪劣产品罪。被告人韩某某违反国家规定,未经许可经营法律规定的专营物品,扰乱市场秩序,情节严重,其行为已构成非法经营罪。在共同犯罪中,被告人付某起次要作用,系从犯,且案发后投案自首,应依法从轻惩处。

被告人韩某辩称:其办厂主要是来料加工,是应他人要求掺回收棉,没有销售,不构成犯罪。其辩护人提出:被告人韩某的棉花加工厂虽无审批手续,但按规定尚未到办手续的时间;韩某某没有掺杂使假的行为,起诉书指控韩某某生产目的是为了销售与事实不符;韩某某的行为不构成犯罪。被告人付某辩称:其只是帮忙修机器,没有生产更没有销售,不构成犯罪。其辩护人提出:公诉机关指控三被告人协商筹建棉花加工厂没有证据;付某等人购买设备时不应该申请登记;指控付某生产经营没有证据,修机器并不是生产经营,

---

① 黄京平主编:《破坏市场经济秩序罪研究》,中国人民大学出版社1999年版,第118页。

账上虽有支出，但并不是经营管理；指控付某直接掺杂使假没有证据，付某没有掺杂使假的故意，也没有这一行为，认定付某与韩某是共同犯罪与事实不符。付某的行为不构成犯罪。被告人韩某某辩称：其不知道韩某办厂没有手续，其收到的钱不是生产经营中的钱，没有参与生产经营，不构成犯罪。其辩护人提出：购买设备不等于非法经营行为，被告人韩某某没有非法生产经营行为；起诉书指控三被告人协商筹建棉花加工厂没有证据；被告人韩某某的行为不构成犯罪。

法院审理认定：2000年春，被告人韩某筹建棉花加工厂，并指派被告人付某、韩某某从外地购回一套棉花加工设备。在为崔某、于某等人（均在逃）加工棉花的过程中，应崔某、于某等人的要求，韩某从他人处借得一台打麦机专门用于加工回收棉，并同意在籽棉中掺入回收棉，共计加工劣质棉163.445吨，价值170余万元，全部由崔某、于某等人销出。韩某获取加工费7.24万元。在共同生产经营过程中，韩某负责全面工作；付某负责维修机器，并购买了部分生产用品；韩某某购买了部分生产用品。2000年12月3日，被告人付某到尉氏县公安局投案。法院被告人韩某犯生产伪劣产品罪，判处有期徒刑15年，并处罚金100万元；被告人付某犯生产伪劣产品罪，判处有期徒刑11年，并处罚金90万元；被告人韩某某犯生产伪劣产品罪，判处有期徒刑10年，并处罚金90万元。

讨论问题：(1) 为他人加工伪劣产品的行为能否构成生产、销售伪劣产品罪？(2) 仅有伪劣产品的加工生产行为，但没有销售行为的，应定生产伪劣产品罪，还是生产、销售伪劣产品罪定罪？(3) 本案法院的判决是否准确？为什么？

【案例3】

被告人黄某，系某酒厂临时工。1998年9月初，黄某买回工业酒精500克勾兑成白酒与本厂的其他临时工一起吃喝没发生什么问题，遂想以此发财。同年9月底，黄某以作燃料或经销化学品为名先后四次购进工业酒精3839.8千克随意勾兑成15吨散装白酒，以每斤1元至1.3元价格在市场进行批销和零售，造成大范围的饮用者甲醇中毒。其中4人死亡，7人双目失明。案发后，经有关部门对尚未售出的假酒进行子封存，才未造成更大的伤亡损失。经鉴定，假酒的甲醇含量超过国家规定标准达229至333.8倍。

讨论问题：本案应如何处理？

第八章

破坏社会主义市场经济秩序罪(2)：妨害对公司、企业管理秩序罪

妨害对公司、企业的管理秩序罪，是指违反公司、企业法律法规的有关规定，妨害国家对公司、企业的管理制度，情节严重的行为。① 妨害对公司、企业的管理秩序罪包括我国刑法典第158条虚报注册资本罪至刑法典第169条之一背信损害上市公司利益罪罪，共计17个罪名。

本类犯罪的法益为国家对公司、企业的管理秩序。这一管理秩序是指由一系列有关公司、企业的各种管理制度所建立起来的秩序。根据我国公司、企业法律法规以及刑法典对各种涉及公司、企业违法犯罪的规定，可能被犯罪所侵犯的维系国家对公司、企业的管理秩序的管理制度主要包括：公司、企业设立、登记与组织机构的制度；公司、企业经营方面的制度；公司、企业解散与清算的制度；公司、企业工作人员岗位廉洁的制度等。客观上表现为违反公司法、企业法的有关规定，实施了妨害国家对公司、企业管理秩序的行为，且情节严重。主体因具体犯罪不同而要求不同，有的犯罪是自然人主体，有的是单位主体，而有的既可以是自然人也可以是单位。本类犯罪多数是故意犯罪，即行为人明知自己的行为违反公司法、企业法的规定，会发生妨害对公司、企业的管理秩序的结果，并且希望或放任这种结果发生，因而成立犯罪。此类犯罪中只有国有公司、企业、事业单位人员失职罪，签订、履行合同失职被骗罪属于过失犯罪。如果行为人主观上没有过失，由于意外事故而致使国家利益遭受重大损失的，行为人并不因此而承担刑事责任。

妨害对公司、企业管理秩序罪的行为特点包括：(1) 隐蔽性。该类犯罪多发生在公司设立、经营、清算等经济运行环节，并不为一般民众所知情，通常其犯罪结果并不表面化，因而犯罪案件往往难以暴露。(2) 牵连性。该类犯罪案件，往往涉及面广，责任分散，甚至是民事责任、行政责任或者刑事责任掺合在一起，查证起来会牵连到许多方面。(3) 智能化。在犯罪学的分类上，国外往往把这类犯罪称作"白领犯罪"，这类犯罪不同于杀人、抢劫等暴力犯罪，也不同于一般的盗窃、诈骗犯罪。行为人往往掌握公司设立、经营、清

---

① 孙力主编：《妨害对公司、企业的管理秩序罪》，中国人民公安大学出版社2003年版，第9页。

算、管理等方面的专业知识，甚至还了解金融、证券、法律专业知识。（4）抗法性。该类犯罪除具备一切犯罪行为的三个基本特征之外，还须具备抗法性，即违反公司法、企业法的有关规定。

我国刑法典第158条至第169条之一规定了妨害对公司、企业的管理秩序罪的惩处，体现了罪刑相适应的基本原则。该类犯罪所包括的17种犯罪，不属于特别严重的犯罪。除了我国刑法典第163条、第164条规定的非国家工作人员受贿罪和对非国家工作人员行贿罪外，法定刑最高的分别为7年以下、5年以下或3年以下有期徒刑。我国刑法典对该类犯罪较多地规定了财产刑的适用，注意对犯罪人进行经济上的剥夺。单位也构成该类犯罪的，除惩处单位外，还注重惩处对其直接负责的主管人员和其他直接责任人员，我国刑法典还分别规定了"双罚制"和"代罚制"。如刑法典第160条规定，单位犯欺诈发行股票、债券罪的，对单位判处罚金，并对其直接负责的主管人员和其他直接责任人员，处5年以下有期徒刑或者拘役，这是"双罚制"的立法例。而刑法典第161条规定，单位构成违规披露、不披露重要信息罪的，对其直接负责的主管人员和其他直接责任人员，处3年以下有期徒刑或者拘役，并处或者单处2万元以上20万元以下罚金，而不再处罚公司本身，这是"代罚制"的立法例。

第一节　虚报注册资本罪

一、定义

虚报注册资本罪，是指申请公司登记的单位或个人使用虚假证明文件或者采用其他欺诈手段虚报注册资本，欺骗公司登记主管部门，取得公司登记，虚报注册资本数额巨大、后果严重或者有其他严重情节的行为。本罪的法益是公司登记管理制度。

二、犯罪客观要件

本罪客观上表现为行为人虚报注册资本，欺骗公司登记主管部门，取得公司登记的行为。

按照公司法、公司登记管理条例以及其他公司法规之规定，注册资本是指有限责任公司的股东和股份有限公司的股东在公司登记机构登记的实际出资总额。对于有限责任公司而言，设立公司除了应当具备其他的法定条件外，其注册资本为全体股东实缴的出资额，也包括经过评估作价的作为出资的实物、工业产权、非专利技术或者土地使用权，它是公司开展经营活动的物质前提，是对外承担债务的财产保证。注册资本是建立公司信誉吸收社会资金的财产保证，也是其确保债权人权益的物质基础。

（1）使用虚假证明文件或者采用其他欺诈手段虚报注册资本。虚报注册资本是指公司的股东的实际出资总额没有达到公司法规定的最低限度要求，而用欺骗的手段虚报已达到了法定限额的情形。虚报注册资本还包括已达到法定数额却虚报具有更高数额的资本。[①] 虚假证明文件主要是指在申请公司登记时,行为人向公司登记的主管部门提供凭空编造的或者有重大遗漏或内容虚假的不真实的验资报告、资产评估报告、出资单据、银行账户、产权转让的证明文件等能够证明注册资本真实性的证明文书。其他欺诈手段主要是指虚假证明文件以外的其他虚报注册资本骗取公司登记的方法,例如用贿赂方法收买有关工作人员,恶意串通,虚报注册资本而欺骗公司登记机关。

（2）欺骗公司登记主管部门取得公司登记。无论是有限责任公司还是股份有限公司,其设立必须向其所属管辖的工商行政管理机关申请核准注册登记。虚报注册资本罪的客观方面的表现之一就是行为人使用了上述的欺诈手段,采用虚假验资证明和其他证明文件,向公司登记主管部门虚报注册资本,骗取公司登记主管部门,使公司登记主管部门对其提交的虚假的验资证明和其他证明文件信以为真而给予公司登记,从而取得《企业法人营业执照》;如果欺诈手段被登记机关发觉而未予登记的,则不成立本罪。

（3）虚报注册资本数额巨大、后果严重或者有其他严重情节的行为。所谓后果严重,主要是指尽管其虚报的注册资本没有达到数额巨大的程度,但其在骗取了公司登记之后的非法经营或者其他非法活动,严重侵害了债权人的权益或者给国家造成重大的经济损失或者造成恶劣的社会影响。所谓其他严重情节,主要是指尽管其虚报的注册资本没有达到数额巨大的程度,也没有达到后果严重的程度,但其虚报注册资本的手段或方法恶劣,或者诱发其他犯罪等情形。当然,行为人的行为只要满足其中一种情形即可成立本罪,即只要具备虚报注册资本数额巨大,或后果严重,或有其他严重情节之一即可。根据刑法典第158、159条中"违反公司法"的规定,本罪只适用于依法实行注册资本实缴登记制的公司。

三、犯罪主观要件

本罪主体是申请公司登记的人,也就是说构成本罪的只能是申请公司登记的单位与个人,其他的单位与个人不能构成本罪的主体。公司,是指有限责任公司与股份有限公司。设立有限责任公司的,申请公司登记的人是指由全体股东指定的代表或者共同委托的代理人。设立股份有限公司的,申请公司登记的人是指董事会,因为按照公司法的规定,股份有限公司必须经由董事会向登记机关申请登记。

本罪主观上是故意,即行为人明知自己的实际注册资本没有达到法律规定的最低限额的要求,而故意使用虚假证明文件或者采用其他欺诈手段虚报注册资本而骗取公司登记。

四、犯罪量度要件

成立本罪需要满足量度要件。根据2010年最高人民检察院、公安部《关于公安机关

[①] 张明楷:《刑法学》(第2版),法律出版社2003年版,第598页。

管辖的刑事案件立案追诉标准的规定(二)》的规定,申请公司登记使用虚假证明文件或者采取其他欺诈手段虚报注册资本,欺骗公司登记主管部门,取得公司登记,涉嫌下列情形之一的,应予立案追诉:(1)超过法定出资期限,实缴注册资本不足法定注册资本最低限额,有限责任公司虚报数额在30万元以上并占其应缴出资数额60%以上的,股份有限公司虚报数额在300万元以上并占其应缴出资数额30%以上的;(2)超过法定出资期限,实缴注册资本达到法定注册资本最低限额,但仍虚报注册资本,有限责任公司虚报数额在100万元以上并占其应缴出资数额60%以上的,股份有限公司虚报数额在1000万元以上并占其应缴出资数额30%以上的;(3)造成投资者或者其他债权人直接经济损失累计数额在10万元以上的;(4)虽未达到上述数额标准,但具有下列情形之一的:① 两年内因虚报注册资本受过行政处罚2次以上,又虚报注册资本的;② 向公司登记主管人员行贿的;③ 为进行违法活动而注册的。(5)其他后果严重或者有其他严重情节的情形。

五、本罪的认定

认定虚报注册资本罪的未完成形态时,应注意区分不同的情况:(1)以情节作为客观要件的案件,系情节犯,不存在犯罪未遂;(2)以数额巨大作为客观方面构成要件的案件,存在犯罪未遂的可能性。如果行为人使用证明文件或者采用其他欺诈手段虚报注册资本数额巨大,在登记时公司主管部门有所怀疑,未予公司登记,并按照国家工商行政管理局发布的《公司注册资本登记管理暂行规定》有关规定,要求其到指定的验资机构进行验资,则行为人的犯罪处于未遂形态。

需要补充说明的是,根据2014年全国人大常委会《关于〈刑法〉第一百五十八条、第一百五十九条的解释》的规定,针对《公司法》修改后刑法典第158条、第159条对实行注册资本实缴登记制、认缴登记制的公司的适用范围问题,刑法典第158条、第159条的规定,只适用于依法实行注册资本实缴登记制的公司。①

六、本罪的刑事责任

根据刑法典第158条的规定,犯本罪的,处3年以下有期徒刑或者拘役,并处或者单处虚报注册资本金额1%以上5%以下罚金。单位犯本罪的对单位判处罚金,并对其直接负责的主管人员和其他直接责任人员,处3年以下有期徒刑或者拘役。上述"虚报注册资本金额"不是指行为人申报的全部金额,而是指超过实际资本部分的金额。

---

① 对此还可以参阅2014年最高人民检察院、公安部《关于严格依法办理虚报注册资本和虚假出资抽逃出资刑事案件的通知》。

第二节　违规披露、不披露重要信息罪

一、定义

违规披露、不披露重要信息罪是指，依法负有信息披露义务的公司、企业向股东和社会公众提供虚假的或者隐瞒重要事实的财务会计报告，或者对依法应当披露的其他重要信息不按照规定披露，严重损害股东或者其他人利益，或者有其他严重情节的行为。

二、犯罪客观要件

本罪客观上表现为行为人提供虚假的或者隐瞒重要事实的财务会计报告的行为，以及对依法应当披露的其他重要信息不按照规定披露的行为。公司、企业的年度财务会计报告，又称财务报告或会计报告。依照财政部颁布的《企业会计准则》的规定，财务报告是反映企业财务状况和经营成果的书面文件，包括资产负债表、损益表、财务状况变动表、附表及会计报表附注和财务情况说明书及利润分配表等。根据我国《公司法》第164条、第165条之规定，公司应当在每一个会计年度终了时作财务会计报告，并依法经审查验证。对依法应当披露的其他重要信息也必须按照规定披露，这也是为了与证券法和证券投资基金法关于应当公开披露的信息内容相协调。

（1）公司、企业向股东和社会公众提供虚假的或者隐瞒重要事实的财务会计报告。虚假的财务会计报告可以是虚假的资产负债表，也可能是虚假的损益表或者财务状况变动表，也可能是虚假的财务情况说明书或者利润分配表，也可能所有的会计报表及附属明细表都是虚假的。隐瞒重要事实的财务会计报告，主要是隐瞒公司的负债情形或重大亏损从而误导股东或社会公众的情形，但这种虚假的或隐瞒重要事实的财务会计报告必须已经向股东与社会公众公布。所以即便公司制作了虚假的或隐瞒重要事实的财务会计报告，如果没有向股东与社会公众公布不成立本罪。

（2）对依法应当披露的其他重要信息不按照规定披露。依照我国《公司法》、行政法规和国务院财政部门的规定，公司应当在每一会计年度终了时制作财务会计报告，并依法经审查验证。如上所述，财务会计报告应当包括下列财务会计报表及附属明细表，包括资产负债表；损益表；财务状况变动表；财务情况说明书；利润分配表等。而且有限责任公司应当按照公司章程规定的期限将财务会计报告送交各股东，股份有限公司的财务会计报告应当在召开股东大会年会的20日以前置备于本公司，供股东查阅，以募集设立方式成立的股份有限公司必须公告其财务会计报告等。也就是说如果行为人不按照这些规定披露应当披露的信息，严重损害股东或者其他人利益或者有其他严重情节的行为也将成立犯罪。

三、犯罪主观要件

本罪属于纯正的单位犯罪，且只有公司、企业才能构成本罪，个人或不具备公司、企业资格的不能成为本罪的主体。我国的公司包括有限责任公司和股份有限公司，实际上企业是指包括公司在内的一切合法成立的经济实体。也有人认为，本罪的主体是公司内部负责财务会计的主管人员和其他直接责任人员。[①] 这显然是没有注意到本罪为单位犯罪所致。[②] 还有人认为，《刑法修正案（六）》第 5 条对本罪的主体添加了限制词，即"依法负有信息披露义务的公司、企业"，而不是原来的"公司"，实际上缩小了本罪的犯罪主体范围。[③] 但我们认为，这些规定实际上是对公司、企业应当"依法负有信息披露义务"的进一步明确，而非限制性规定。

本罪主观上是故意，即明知向股东和社会公众提供虚假的或者隐瞒重要事实的财务会计报告，会严重损害股东或者其他人的利益，并希望或者放任这种危害结果的发生，或者故意对依法应当披露的其他重要信息不按照规定披露，导致严重损害股东或者其他人利益，或者有其他严重情节的行为。

四、犯罪量度要件

成立本罪需要满足量度要件。根据 2010 年最高人民检察院、公安部《关于公安机关管辖的刑事案件立案追诉标准的规定（二）》的规定，依法负有信息披露义务的公司、企业向股东和社会公众提供虚假的或者隐瞒重要事实的财务会计报告，或者对依法应当披露的其他重要信息不按照规定披露，涉嫌下列情形之一的，应予立案追诉：（1）造成股东、债权人或者其他人直接经济损失数额累计在 50 万元以上的；（2）虚增或者虚减资产达到当期披露的资产总额 30％以上的；（3）虚增或者虚减利润达到当期披露的利润总额 30％以上的；（4）未按照规定披露的重大诉讼、仲裁、担保、关联交易或者其他重大事项所涉及的数额或者连续 12 个月的累计数额占净资产 50％以上的；（5）致使公司发行的股票、公司债券或者国务院依法认定的其他证券被终止上市交易或者多次被暂停上市交易的；（6）致使不符合发行条件的公司、企业骗取发行核准并且上市交易的；（7）在公司财务会计报告中将亏损披露为盈利，或者将盈利披露为亏损的；（8）多次提供虚假的或者隐瞒重要事实的财务会计报告，或者多次对依法应当披露的其他重要信息不按照规定披露的；（9）其他严重损害股东、债权人或者其他人利益，或者有其他严重情节的情形。

---

① 苏惠渔主编：《刑法学》，中国政法大学出版社 1997 年版，第 498 页。
② 李晓明主编：《刑法学》（下），法律出版社 2001 年版，第 192 页。
③ 潘志国：《刑法修正案（六）修改了什么？》，http://law-lib.com/lw/lw_view.asp?no=7715&page=2，访问日期：2015 年 5 月 6 日。

五、本罪的刑事责任

根据刑法典第 161 条的规定,犯本罪的,对其直接负责的主管人员和其他直接责任人员处 3 年以下有期徒刑或者拘役,并处或者单处 2 万元以上 20 万元以下罚金。

本罪采取的是代罚制,只规定对直接负责的主管人员和其他直接责任人员进行处罚,没有对作为犯罪主体的公司规定罚金,主要是考虑到不应再加重公司的负担,以便更好地保护股东、债权人以及其他人的合法权益。"直接负责的主管人员和其他直接责任人员",主要是指对公司财务报告的真实性、可靠性负有责任的公司董事长、董事、总经理、经理、监事以及直接参与虚假财务会计报告制作工作的财会人员。

第三节 隐匿、故意销毁会计凭证、会计账簿、财务会计报告罪

一、定义

隐匿、故意销毁会计凭证、会计账簿、财务会计报告罪,是指故意隐匿、销毁依法应当保存的会计凭证、会计账簿、财务会计报告,情节严重的行为。本罪的法益保护对象是依法应当保存的会计凭证、会计账簿、财务会计报告。

二、犯罪客观要件

本罪客观上表现为两种行为方式:一种是隐匿行为,另一种是销毁行为。所谓隐匿,是指通过一切行为(包括但不限于隐藏材料、隐瞒材料数量、转移材料等方式)阻止他人依法发现会计凭证、会计账簿、财务会计报告;所谓销毁,是指通过一切行为(包括但不限于撕毁、火烧、腐蚀、涂没等方式)破坏会计凭证、会计账簿、财务会计报告的有效性。

三、犯罪主观要件

本罪主体为一般主体,自然人和单位都可以成为本罪的主体。

本罪主观上是故意,过失行为不成立本罪。虽然法条只要求销毁行为出于故意,事实上隐匿行为也肯定是出于故意,所以刑法典便没有再予以强调;但实践中销毁行为也有可能是过失行为导致,于是,刑法条文要求司法机关注意,只追究故意销毁行为的刑事责任。

四、犯罪量度要件

成立本罪要求情节严重。根据 2010 年最高人民检察院、公安部《关于公安机关管辖的刑事案件立案追诉标准的规定(二)》的规定,隐匿或者故意销毁依法应当保存的会计凭证、会计账簿、财务会计报告,涉嫌下列情形之一的,应予立案追诉:(1)隐匿、故意销毁的

会计凭证、会计账簿、财务会计报告涉及金额在50万元以上的;(2)依法应当向司法机关、行政机关、有关主管部门等提供而隐匿、故意销毁或者拒不交出会计凭证、会计账簿、财务会计报告的;(3)其他情节严重的情形。

五、本罪的刑事责任

根据刑法典第162条之一的规定,犯本罪的,处5年以下有期徒刑,并处或者单处2万元以上20万元以下罚金。单位犯本罪的,对单位判处罚金,并对其直接负责的主管人员和其他直接责任人员依照上述规定处罚。

第四节 非国家工作人员受贿罪

一、定义

非国家工作人员受贿罪,是指公司、企业或者其他单位的工作人员利用职务上的便利,索取他人财物或者非法收受他人财物,为他人谋取利益,数额较大的行为。本罪侵犯的法益既包括公司、企业、其他单位的正常管理制度,还侵犯了这些单位的工作人员的职务廉洁性,甚至形成市场上的不公平竞争,扰乱了市场及秩序。至于实际上是否获取了不正当利益,则不影响本罪的成立。

二、犯罪客观要件

本罪客观上是利用职务上的便利,索取他人财物或者非法收受他人财物,为他人谋取利益的行为。

(1)利用职务上的便利。利用职务上的便利,是指行为人利用自己主管、经营公司、企业的职权,或者利用其基于上述职务有关的便利条件。包括利用本人职务范围内的权力和本人地位形成的便利条件,当他人有求于行为人的职务行为时,行为人以职务行为或允诺职务行为作为条件,实施受贿行为。

(2)索取他人财物或者非法收受他人财物,为他人谋利益,数额较大。非法收受他人财物,是指行为人利用职务上的便利,为他人谋取利益而接受请托人主动送与的财物的行为。收受财物,可以是事前收受,也可以是事后收受,可以是直接的,也可以是间接的。索取他人财物,是指利用职务上的便利主动向请托人索要财物的行为。这里的财物应包括有形财物、无形财物及财产性利益。不管是索取他人财物、还是收受他人财物,都必须为他人谋取利益。但"为他人谋取利益"只是一种允诺行为,不要求行为人实际上为他人谋取了利益。

(3)在经济往来中,违反国家规定,收受各种名义的回扣、手续费,归个人所有。认定本罪时应将违反国家规定,收受各种名义的回扣、手续费的行为,与正当业务行为相区别。

我国《反不正当竞争法》第8条第1款规定："经营者不得采用财物或者其他手段进行贿赂以销售或者购买商品。在账外暗中给予对方单位或者个人回扣的，以行贿论处；对方单位或者个人在账外暗中收受回扣的，以受贿论处。"根据1996年国家工商行政管理局《关于禁止商业贿赂行为的暂行规定》的规定，回扣是指经营者销售商品时在账外暗中以现金、实物或者其他方式退给对方单位或者个人的一定比例的商品价款；账外暗中，是指未在依法设立的反映其生产经营活动或者行政事业经费收支的财务账上按照财务会计制度规定明确如实记载，包括不记入财务账、转入其他财务账或者做假账等。回扣是伪劣产品泛滥的重要原因；回扣导致商品价格不正当提高，损害消费者的合法权益；回扣导致国家税收流失；回扣破坏了平等、公平竞争的市场秩序；回扣不是国际惯例，相反，国际社会都禁止回扣。应当充分认识回扣的危害性，正确理解刑法典规定的精神，严格将收受回扣的行为认定为受贿罪。

根据我国《反不正当竞争法》第8条第2款的规定，经营者销售或者购买商品，可以以明示方法给对方折扣，可以给中间人佣金；但经营者给对方折扣、给中间人佣金的，必须如实入账；接受折扣、佣金的经营者也必须如实入账。折扣，即商品购销中的让利，是指经营者在销售商品时，以明示并如实入账的方式给予对方的价格优惠；佣金，是指经营者在市场交易中给予为其提供服务的具有合法经营资格的中间人的劳动报酬。对合法接受折扣、佣金的，不能认定为受贿；但对违反国家规定，收受各种名义的回扣、手续费，归个人所有的，应认定为受贿。

三、犯罪主观要件

本罪主体必须是公司、企业或者其他单位的工作人员，是指公司、企业或者其他单位中从事领导、组织、管理工作的又不具有国家工作人员身份的工作人员，如公司的董事、监事、经理、企业的经理或厂长、财会人员以及其他受公司、企业委派从事一定的管理事务具有相应职务便利的职工。但是，本罪主体不包括国有公司、企业中从事公务的人员和国有公司、企业委派到非国有公司、企业从事公务的人员。根据我国刑法典第184条的规定，银行或者其他金融机构的工作人员（国有金融机构工作人员和国有金融机构委派到非国有金融机构从事公务的人员除外），在金融业务活动中索取他人财物或者非法收受他人财物，为他人谋取利益的，或者违反国家规定，收受各种名义的回扣、手续费，归个人所有的，以非国家工作人员受贿罪论处。

本罪主观上是故意，即行为人明知自己收受贿赂的行为是非法的，却故意收受贿赂；行为人明知自己的行为会发生侵犯公司、企业管理秩序的结果，却故意实施。

四、犯罪量度要件

成立本罪需要满足量度要件，即达到数额较大。根据2016年最高人民法院、最高人民检察院《关于办理贪污贿赂刑事案件适用法律若干问题的解释》的规定，刑法典第163

条规定的非国家工作人员受贿罪中的"数额较大""数额巨大"的数额起点,按照受贿罪、贪污罪相对应的数额标准规定的 2 倍、5 倍执行,即 6—40 万元和 40—1500 万元。

五、本罪的刑事责任

根据刑法典第 163 条的规定,犯本罪的,处 5 年以下有期徒刑或者拘役;数额巨大的,处 5 年以上有期徒刑,可以并处没收财产。公司、企业或者其他单位的工作人员在经济往来中,利用职务上的便利,违反国家规定,收受各种名义的回扣、手续费,归个人所有的,依照前款的规定处罚。

第五节 签订、履行合同失职被骗罪

一、定义

签订、履行合同失职被骗罪,是指国有公司、企业、事业单位直接负责的主管人员,在签订、履行合同过程中,因严重不负责任被诈骗,致使国家利益遭受重大损失的行为。本罪的法益是国有公司、企业、事业单位对合同的正常管理秩序和国家利益。

二、犯罪客观要件

本罪客观上是行为人在签订、履行合同的过程中,因严重不负责任被诈骗,致使国家利益遭受重大损失的行为。

(1) 行为人须负有特定的职责义务且能够履行这一义务。国有单位的主管人员在签订、履行合同的过程中负有特殊的职责,即担负着保护国有资产保值增值的使命。

(2) 行为必须发生在签订、履行合同过程中。行为人的这一义务必须是发生在合同签订、履行这一特定过程或范围之中。如果不是发生在合同的签订和履行过程中,则不构成本罪。

(3) 行为人须有严重不负责任的行为。因严重不负责任被诈骗,是指行为人在应当识破并且能够识破对方合同骗局的情形下,因为严重不负责任而上当受骗。严重不负责任在合同签订的过程中主要表现为:不严格审查对方的主体资格、不仔细研究合同的条款规定、盲目轻信对方的意思表示、不履行合同应当具备的形式要件等。在合同履行的过程中主要表现为:明知对方无履约能力而不立即中止合同履行、明知对方有欺诈行为而不立即终止合同履行、对已被合同确认机构确认为无效的合同仍继续履行等。所应注意的是,并非在签订、履行合同过程中严重不负责任的一切行为,都成立本罪。因严重不负责任而不能履行合同,致使国家利益遭受重大损失的,不成立本罪;只有因严重不负责任被诈骗,从而致使国家利益遭受重大损失的,才成立本罪;但也不是凡是被诈骗的都成立本罪,只有因为严重不负责任被诈骗才可能成立本罪。

(4) 致使国家利益遭受重大损失。"致使国家利益遭受重大损失"包括造成大量财物被诈骗、因为被骗造成停产等损失。本罪属于结果犯,即以发生重大损失作为成立本罪的条件。

三、犯罪主观要件

本罪主体属于特殊主体,即国有公司、企业、事业单位直接负责的主管人员,也就是具有领导、决策作用的负责人以及直接分管签订、履行合同的负责人。金融机构、从事对外贸易经营活动的公司、企业的工作人员严重不负责任,造成大量外汇被骗购或者逃汇,致使国家利益遭受重大损失的,也应当成为本罪主体。

本罪主观上是过失,既可以表现为疏忽大意的过失,也可以是过于自信的过失。

四、犯罪量度要件

成立本罪需要满足量度要件,即致使国家利益遭受重大损失。根据2010年最高人民检察院、公安部《关于公安机关管辖的刑事案件立案追诉标准的规定(二)》的规定,国有公司、企业、事业单位直接负责的主管人员,在签订、履行合同过程中,因严重不负责任被诈骗,涉嫌下列情形之一的,应予立案追诉:(1) 造成国家直接经济损失数额在50万元以上的;(2) 造成有关单位破产、停业、停产6个月以上,或者被吊销许可证和营业执照、责令关闭、撤销、解散的;(3) 其他致使国家利益遭受重大损失的情形。金融机构、从事对外贸易经营活动的公司、企业的工作人员严重不负责任,造成100万美元以上外汇被骗购或者逃汇1000万美元以上的,应予立案追诉。本条规定的"诈骗",是指对方当事人的行为已经涉嫌诈骗犯罪,不以对方当事人已经被人民法院判决构成诈骗犯罪作为立案追诉的前提。

五、本罪的刑事责任

根据刑法典第167条的规定,犯本罪的,处3年以下有期徒刑或者拘役;致使国家利益遭受特别重大损失的,处3年以上7年以下有期徒刑。

第六节　其他妨害对公司、企业的管理秩序罪

其他妨害对公司、企业的管理秩序罪,主要包括虚假出资、抽逃出资罪,欺诈发行股票、债券罪,妨害清算罪,虚假破产罪,对非国家工作人员行贿罪,对外国公职人员、国际公共组织官员行贿罪,非法经营同类营业罪,为亲友非法牟利罪,国有公司、企业、事业单位人员失职罪,国有公司、企业、事业单位人员滥用职权罪,徇私舞弊低价折股、出售国有资产罪,背信损害上市公司利益罪。实践中,要么这些犯罪比较容易认定,要么这些犯罪比较少发,故这里简单加以介绍。

一、虚假出资、抽逃出资罪

虚假出资、抽逃出资罪，是指公司发起人、股东违反公司法的规定，未交付货币、实物或者未转移财产权，虚假出资，或者在公司成立后又抽逃其出资，数额巨大、后果严重或者有其他严重情节的行为。本罪名为选择性罪名。

根据2010年最高人民检察院、公安部《关于公安机关管辖的刑事案件立案追诉标准的规定（二）》的规定，公司发起人、股东违反公司法的规定未交付货币、实物或者未转移财产权，虚假出资，或者在公司成立后又抽逃其出资，涉嫌下列情形之一的，应予立案追诉：(1) 超过法定出资期限，有限责任公司股东虚假出资数额在30万元以上并占其应缴出资数额60%以上的，股份有限公司发起人、股东虚假出资数额在300万元以上并占其应缴出资数额30%以上的；(2) 有限责任公司股东抽逃出资数额在30万元以上并占其实缴出资数额60%以上的，股份有限公司发起人、股东抽逃出资数额在300万元以上并占其实缴出资数额30%以上的；(3) 造成公司、股东、债权人的直接经济损失累计数额在10万元以上的；(4) 虽未达到上述数额标准，但具有下列情形之一的：致使公司资不抵债或者无法正常经营的；公司发起人、股东合谋虚假出资、抽逃出资的；两年内因虚假出资、抽逃出资受过行政处罚2次以上，又虚假出资、抽逃出资的；利用虚假出资、抽逃出资所得资金进行违法活动的。(5) 其他后果严重或者有其他严重情节的情形。

根据刑法典第159条的规定，犯本罪的，处5年以下有期徒刑或者拘役，并处或者单处虚假出资金额或者抽逃出资金额2%以上10%以下罚金。单位犯本罪的，对单位判处罚金，并对其直接负责的主管人员和其他直接责任人员，处5年以下有期徒刑或者拘役。

需要补充说明的是，根据2014年全国人大常委会《关于〈刑法〉第一百五十八条、第一百五十九条的解释》的规定，针对《公司法》修改后刑法典第158条、第159条对实行注册资本实缴登记制、认缴登记制的公司的适用范围问题，刑法典第158条、第159条的规定，只适用于依法实行注册资本实缴登记制的公司。

二、欺诈发行股票、债券罪

欺诈发行股票、债券罪，是指在招股说明书、认股书、公司、企业债券募集办法中，隐瞒重要事实或者编造重大虚假内容，发行股票或者公司、企业债券，数额巨大、后果严重或者有其他严重情节的行为。本罪是特殊主体，即股票或者公司、企业债券的发行人，既包括自然人也包括单位。由于工作失误而造成股票或者公司、企业债券有疏漏的，主观上没有非法募集资金的目的，不构成犯罪。

根据2010年最高人民检察院、公安部关《于公安机关管辖的刑事案件立案追诉标准的规定（二）》的规定，在招股说明书、认股书、公司、企业债券募集办法中隐瞒重要事实或者编造重大虚假内容，发行股票或者公司、企业债券，涉嫌下列情形之一的，应予立案追诉：(1) 发行数额在500万元以上的；(2) 伪造、变造国家机关公文、有效证明文件或者相关凭证、单据的;(3) 利用募集的资金进行违法活动的;(4) 转移或者隐瞒所募集资金的;(5) 其他后果严重或者有其他严重情节的情形。

根据刑法典第160条的规定,犯本罪的,处5年以下有期徒刑或者拘役,并处或者单处非法募集资金金额1%以上5%以下罚金。单位犯本罪的,对单位判处罚金,并对其直接负责的主管人员和其他直接责任人员,处5年以下有期徒刑或者拘役。"非法募集资金金额",是指通过欺诈方法发行股票或公司、企业债券所筹集的资金数额。

三、妨害清算罪

妨害清算罪,是指公司、企业在进行清算时,隐匿财产,对资产负债表或者财产清单作虚伪记载或者在未清偿债务前分配公司、企业财产,严重损害债权人或者其他人利益的行为。

本罪客观上必须具备三个要件:(1) 行为发生在公司、企业清算财产时。(2) 实施了以下四种行为之一:一是隐匿财产;二是对资产负债表作虚假记载,如夸大负债数额,作实际上并不存在的负债记载,对特定债权人作不符合事实的负债记载等;三是对财产清单作虚伪记载,如减少公司、企业的收入,提高固定资产的价格等;四是在清偿债务前分配公司、企业财产。但是,本罪行为不包括集体私分国有资产的行为,对后者应认定为私分国有资产罪。(3) 严重损害债权人或者其他人的利益。本罪主体事实上包括自然人与单位,但刑法只处罚直接负责的主管人员和其他直接责任人员。

根据2010年最高人民检察院、公安部《关于公安机关管辖的刑事案件立案追诉标准的规定(二)》的规定,隐匿或者故意销毁依法应当保存的会计凭证、会计账簿、财务会计报告,涉嫌下列情形之一的,应予立案追诉:(1) 隐匿、故意销毁的会计凭证、会计账簿、财务会计报告涉及金额在50万元以上的;(2) 依法应当向司法机关、行政机关、有关主管部门等提供而隐匿、故意销毁或者拒不交出会计凭证、会计账簿、财务会计报告的;(3) 其他情节严重的情形。

根据刑法典第162条的规定,犯本罪的,对直接负责的主管人员和其他直接责任人员,处5年以下有期徒刑或者拘役,并处或者单处2万元以上20万元以下罚金。

四、虚假破产罪

虚假破产罪,是指公司、企业通过隐匿财产、承担虚假债务或者以其他方式转移财产、处分财产,实施虚假破产,严重损害债权人和其他人利益的行为。本罪主体是直接负责的主管人员和其他直接责任人员,主观方面必须出于故意。

根据我国刑法典第162条之二的规定,犯本罪的,对直接负责的主管人员和其他直接责任人员,处5年以下有期徒刑或者拘役,并处或者单处2万元以上20万元以下罚金。

五、对非国家工作人员行贿罪

对非国家工作人员行贿罪,是指为谋取不正当利益,给予公司、企业或者其他单位的工作人员以财物,数额较大的行为。"谋取不正当利益",是指行贿人谋取违反法律、法规、规章或者政策规定的利益,或者要求对方违反法律、法规、规章、政策、行业规范的规定提供帮助或者方便条件。在招标投标、政府采购等商业活动中,违背公平原则,给予相关人员财物以谋取竞争优势的,属于"谋取不正当利益"。[1] 谋取不正当利益是犯罪主观要件,至于是否实际获取了不正当利益,不影响本罪的成立。[2]

本罪与非国家工作人员受贿罪属对向犯,行贿者与受贿者分别成立不同的罪名,且同为数额犯,本罪的成立以达到"数额较大"为必需。我国刑法典第164条第1款规定的对非国家工作人员行贿罪中的"数额较大""数额巨大"的数额起点,按照2016年最高人民法院、最高人民检察院《关于办理贪污贿赂刑事案件适用法律若干问题的解释》第7条、第8条第1款关于行贿罪的数额标准规定的2倍执行。

根据刑法典第164条的规定,犯本罪的,处3年以下有期徒刑或者拘役,并处罚金;数额巨大的,处3年以上10年以下有期徒刑,并处罚金。单位犯本罪的,对单位判处罚金,并对直接负责的主管人员和其他直接责任人员,依照上述规定处罚。如果行贿人在被追诉前主动交代行贿行为的,可以减轻处罚或者免除处罚。

六、对外国公职人员、国际公共组织官员行贿罪

对外国公职人员、国际公共组织官员行贿罪,是指为谋取不正当利益,给予外国公职人员或者国际公共组织官员以财物的行为。外国公职人员,是指外国经任命或选举担任立法、行政、行政管理或者司法职务的人员,以及为外国国家及公共机构或者公营企业行使公共职能的人员。国际公共组织官员,是指国际公务员或者经国际组织授权代表该组织行事的人员。实施行贿行为,主观上必须是谋取不正当商业利益。根据2011年最高人民检察院、公安部《关于公安机关管辖的刑事案件立案追诉标准的规定(二)的补充规定》的规定,为谋取不正当商业利益,给予外国公职人员或者国际公共组织官员以财物,个人行贿数额在1万元以上的,单位行贿数额在20万元以上的,应予立案追诉。

根据刑法典第164条的规定,犯本罪的,数额较大的,处3年以下有期徒刑或者拘役;数额巨大的,处3年以上10年以下有期徒刑,并处罚金。单位犯罪的,对单位判处罚金,并对其直接负责的主管人员和其他直接责任人员,依照第一款的规定处罚。行贿人在被追诉前主动交待行贿行为的,可以减轻处罚或者免除处罚。

七、非法经营同类营业罪

非法经营同类营业罪,是指国有公司、企业的董事、经理利用职务便利自己经营或者为他人经营与其所任职公司、企业同类的营业,获取非法利益,数额巨大的行为。

---

[1] 2008年最高人民法院、最高人民检察院《关于办理商业贿赂刑事案件适用法律若干问题的意见》。
[2] 李晓明主编:《中国刑法分论》,清华大学出版社2014年版,第91页。

公司、企业的董事、经理,应当忠实履行职务,维护该公司、企业的合法权益。董事、经理拥有管理公司、企业事务的权利,熟知该公司、企业的内情,如果允许其在该公司、企业外与该公司、企业自由竞业,就可能为了自己或者他人谋取私利而损害该公司、企业的利益。因此,我国《公司法》禁止公司、企业的董事、经理自营或者为他人经营与其所任职公司企业同类的营业,刑法典则进一步将其中的严重行为规定为非法经营同类营业罪。

本罪主体只能是国有公司、企业的董事、经理。客观方面表现为利用职务上的便利,自己经营与其所任职公司、企业同类的营业,或者为他人经营与其所任职公司、企业同类的营业,获取非法利益,数额巨大的行为。本罪主观方面只能是故意,过失不可能成立本罪。根据2010年最高人民检察院、公安部《关于公安机关管辖的刑事案件立案追诉标准的规定(二)》的规定,国有公司、企业的董事、经理利用职务便利,自己经营或者为他人经营与其所任职公司、企业同类的营业,获取非法利益,数额在10万元以上的,应予追诉。

根据刑法典第165条的规定,犯本罪的,处3年以下有期徒刑或者拘役,并处或者单处罚金;数额特别巨大的,处3年以上7年以下有期徒刑,并处罚金。

八、为亲友非法牟利罪

为亲友非法牟利罪,是指国有公司、企业、事业单位的工作人员,利用职务上的便利,违背任务,致使国家利益遭受重大损失的行为。

本罪客观方面必须符合三个条件:(1)必须利用职务上的便利,即利用自己主管、管理、经营、经手公司、企业业务的便利。(2)必须实施了下列三种行为之一:一是将本单位的盈利业务交由自己的亲友进行经营;二是以明显高于市场的价格向自己亲友经营管理的单位采购商品,或者以明显低于市场的价格向自己的亲友经营管理的单位销售商品;三是向自己的亲友经营管理的单位采购不合格的商品。实施其中一种行为的即可成立本罪,同时实施上述行为的也只成立一罪。(3)必须致使国家利益遭受重大损失。根据2010年最高人民检察院、公安部《关于公安机关管辖的刑事案件立案追诉标准的规定(二)》的规定,具有下列情形之一的,应当追诉:造成国家直接经济损失数额在10万元以上的;使其亲友非法获利数额在20万元以上的;造成有关单位破产、停业、停产6个月以上,或者被吊销许可证和营业执照、责令关闭、撤销、解散的;其他致使国家利益遭受重大损失的情形。

根据刑法典第166条的规定,犯本罪的,处3年以下有期徒刑或者拘役,并处或者单处罚金;致使国家利益遭受特别重大损失的,处3年以上7年以下有期徒刑,并处罚金。

九、国有公司、企业、事业单位人员失职罪

国有公司、企业、事业人员失职罪,是指国有公司、企业、事业单位的工作人员,由于严重不负责任,造成国有公司、企业、事业单位破产、严重损失致使国家利益遭受重大损失的行为。本罪是特殊主体,即国有公司、企业、事业单位的工作人员。本罪属于过失犯罪。

根据 2010 年最高人民检察院、公安部《关于公安机关管辖的刑事案件立案追诉标准的规定（二）》的规定，具有下列情形之一的，应当追诉：（1）造成国家直接经济损失数额在 50 万元以上的；（2）致使国有公司、企业停产 1 年以上或者破产的；（3）造成恶劣影响的。

根据刑法典第 168 条的规定，犯本罪的，处 3 年以下有期徒刑或者拘役；致使国家遭受特别重大损失的，处 3 年以上 7 年以下有期徒刑。国有公司、企业、事业单位的工作人员，徇私舞弊犯上述罪的，从重处罚。

十、国有公司、企业、事业单位人员滥用职权罪

国有公司、企业、事业单位人员滥用职权罪，是指国有公司、企业、事业单位的工作人员滥用职权，造成国有公司、企业、事业单位破产、严重亏损，致使国家利益遭受重大损失的行为。本罪属于故意犯罪。

根据 2010 年最高人民检察院、公安部《关于公安机关管辖的刑事案件立案追诉标准的规定（二）》的规定，具有下列情形之一的，应当追诉：（1）造成国家直接经济损失数额在 30 万元以上的；（2）致使国有公司、企业停产 6 个月以上或者破产的；（3）造成恶劣影响的。

根据刑法典第 168 条的规定，犯本罪的，处 3 年以下有期徒刑或者拘役；致使国家遭受特别重大损失的，处 3 年以上 7 年以下有期徒刑。国有公司、企业、事业单位的工作人员，徇私舞弊犯上述罪的，从重处罚。

十一、徇私舞弊低价折股、出售国有资产罪

徇私舞弊低价折股、出售国有资产罪，是指国有公司、企业或者其上级主管部门直接负责的主管人员，徇私舞弊，将国有资产低价折股或者低价出售，致使国家利益遭受重大损失的行为。

根据 2010 年最高人民检察院、公安部《关于公安机关管辖的刑事案件立案追诉标准的规定（二）》的规定，国有公司、企业或者其上级主管部门直接负责的主管人员，徇私舞弊，将国有资产低价折股或者低价出售，涉嫌下列情形之一的，应予追诉：（1）造成国家直接经济损失数额在 30 万元以上的；（2）致使国有公司、企业停产 6 个月以上或者破产的；（3）造成恶劣影响的。

根据刑法典第 169 条的规定，犯本罪的，处 3 年以下有期徒刑或者拘役；致使国家利益遭受特别重大损失的，处 3 年以上 7 年以下有期徒刑。

十二、背信损害上市公司利益罪

背信损害上市公司利益罪，是指上市公司的董事、经理、高级管理人员，违背对公司的忠实义务，利用职务便利，操纵上市公司从事损害上市公司利益的活动，致使上市公司利益遭受重大损失的行为；或者上市公司的控股股东或者实际控制人，指使上市公司董事、

经理、高级管理人员从事损害上市公司利益的活动,致使上市公司利益遭受重大损失的行为。① "利用职务便利",是指利用担任上市公司董事、经理、高级管理人员职务而享有的管理职权以及由此而产生的工作便利条件。损害上市公司利益的行为具体包括:(1)无偿向其他单位或者个人提供资金、商品、服务或者其他资产;(2)以明显不公平的条件,提供或者接受资金、商品、服务或者其他资产;(3)向明显不具有清偿能力的单位或者个人提供资金、商品、服务或者其他资产;(4)为明显不具有清偿能力的单位或者个人提供担保,或者无正当理由为其他单位或者个人提供担保;(5)无正当理由放弃债权、承担债务;(6)采用其他方式损害上市公司利益。上市公司的控股股东或者实际控制人,指使上市公司董事、监事、高级管理人员实施上述损害上市公司利益的活动,致使上市公司利益遭受重大损失。本罪的犯罪主体是特殊主体,包括上市公司的董事、监事和高级管理人员,以及上市公司的控股股东或者实际控制人。

根据2010年最高人民检察院、公安部《关于公安机关管辖的刑事案件立案追诉标准的规定(二)》的规定,"造成重大损失"主要是指:(1)无偿向其他单位或者个人提供资金、商品、服务或者其他资产,致使上市公司直接经济损失数额在150万元以上的;(2)以明显不公平的条件,提供或者接受资金、商品、服务或者其他资产,致使上市公司直接经济损失数额在150万元以上的;(3)向明显不具有清偿能力的单位或者个人提供资金、商品、服务或者其他资产,致使上市公司直接经济损失数额在150万元以上的;(4)为明显不具有清偿能力的单位或者个人提供担保,或者无正当理由为其他单位或者个人提供担保,致使上市公司直接经济损失数额在150万元以上的;(5)无正当理由放弃债权、承担债务,致使上市公司直接经济损失数额在150万元以上的;(6)致使公司发行的股票、公司债券或者国务院依法认定的其他证券被终止上市交易或者多次被暂停上市交易的;(7)其他致使上市公司利益遭受重大损失的情形。

根据刑法典第169条之一第1款的规定,犯本罪的,处3年以下有期徒刑或者拘役,并处或者单处罚金;致使上市公司利益遭受特别重大损失的,处3年以上7年以下有期徒刑,并处罚金。

犯前款罪的上市公司的控股股东或者实际控制人是单位的,对单位判处罚金,并对其直接负责的主管人员和其他直接责任人员,依照刑法典第169条之一第1款的规定处罚。实施本罪行为,同时触犯职务侵占罪或者贪污罪的,按照想象竞合犯的处罚原则处理。

第七节 罪之比较与适用

此罪与彼罪的划分是实践中的一个难题。在本节中,对于一些易混淆的犯罪将在定罪与量刑方面加以比较,并配以适当案例,以加深对具体犯罪的理解。

---

① 李晓明主编:《中国刑法分论》,清华大学出版社2014年版,第97页。

一、本章罪之比较

(一) 虚报注册资本罪与虚假出资罪的区别

虚报注册资本罪和虚假出资罪在客观方面有相同之处,表现在两罪的行为人都可能是在公司设立过程中,明明没有缴纳其应当缴纳的资本或者转移财产权,却谎称已经缴纳或者转移,而且两罪存在紧密联系,即行为人为了虚报注册资本,往往首先必须进行虚假出资。

两罪的区别主要表现为:(1)在是否存在虚假行为方面不同。虚报注册资本罪在客观方面并不一定存在虚假出资行为;虚假出资罪则必定存在虚假出资行为。(2)在是否骗取公司登记机关方面不同。虚报注册资本罪的行为人必定要实施欺骗公司登记机关的行为;虚假出资罪中的行为人由于虚假出资不是为了骗取公司登记,因而不会去欺骗公司登记机关,而只是欺骗其他公司发起人、股东或者债权人,如将虚假的验资证明交给其他股东,谎称已足额出资。(3)在虚假出资的具体表现上不同。虚报注册资本罪中的虚假出资行为可以表现为出资不足额;虚假出资罪则不包括这种虚假出资行为。[①](4)两罪的犯罪主体有所不同。虚假出资罪的主体是公司发起人和股东;虚报注册资本罪的主体是申请公司登记的人。当然,实践中,公司发起人和股东可能同时又是申请公司登记的人,但并非所有公司发起人和股东同时又是申请公司登记的人。

值得注意的是,如果公司发起人或者股东为了虚报注册资本而虚假出资,那么其虚假出资行为属于为了实施虚报注册资本罪采取的手段行为。如果虚假出资行为同时构成虚假出资罪,那么虚报注册资本罪和虚假出资罪之间存在牵连关系,属于牵连犯。在这种情况下,应当按照从一重罪处断的原则,选择其中的重罪定罪处罚。

(二) 为亲友非法牟利罪与非法经营同类营业罪的区别

为亲友非法牟利罪与非法经营同类营业罪在客观方面都利用了职务便利,损害了国家的经济利益,主观方面都出于故意,犯罪主体都是特殊主体。两罪的区别主要表现为:(1)犯罪主体范围不同。为亲友非法牟利罪的主体是国有公司、企业、事业单位的工作人员,包括国有公司、企业的董事和经理;非法经营同类营业罪的主体是国有公司、企业的董事和经理。(2)客观方面不同。为亲友非法牟利罪的客观行为表现为利用职务便利,将本单位的盈利业务交由自己的亲友经营,或者以明显高于市场的价格向自己的亲友进行经营管理的单位采购商品或者明显低于市场的价格向自己的亲友经营管理的单位销售商品,或者向自己的亲友经营管理的单位采购不合格商品,而使国家利益遭受重大损失或特别重大损失;非法经营同类营业罪在客观方面则表现为行为人利用职务便利,为自己经营或者为他人经营与其所任职公司、企业同类的营业,获取非法利益,数额巨大的行为。

---

① 两罪在客观方面的这种区别表明,虚报注册资本罪侵犯的法益是公司登记管理制度,虚假出资罪侵犯的法益却是其他公司发起人、股东或者债权人利益。

(3) 对犯罪结果的要求不同。非法经营同类营业罪以行为人获利数额巨大为定罪条件，国家利益遭受损失的情况不影响定罪；为亲友非法牟利罪则以行为给国家利益造成重大损失为定罪条件，行为人自己是否获得非法利益以及非法获利的数额大小均不影响定罪。

二、与其他章节罪之比较

(一) 欺诈发行股票、债券罪与擅自发行股票、公司、企业债券罪的区别

擅自发行股票、公司、企业债券罪是指未经公司法规定的有关主管部门批准，擅自发行股票或者公司、企业债券，数额巨大、后果严重或者有其他严重情节的行为。两罪的共同点在于都违反公司法律法规的规定，都侵犯了国家对证券市场的管理制度以及投资者、股东、社会公众和债权人的利益、主观上也都出于故意。

两罪的区别主要表现为：(1) 犯罪主体不同。欺诈发行股票、债券罪主体为特殊主体，即公司发起人，股份有限公司、有限责任公司或企业；擅自发行股票、债券罪的主体是一般主体，凡达到刑事责任年龄并具备刑事责任能力的自然人或单位均可构成该罪主体。(2) 客观方面不同。欺诈发行股票、债券罪行为人是以制作虚假的招股说明书、认股书、公司、企业债券发行办法并且一般是经过主管部门批准而发行股票、债券；擅自发行股票、公司、企业债券罪是未经批准而发行股票、债券，即行为人发行股票、债券的行为在程序上不合法，本身不具有制作虚假募资文件的欺诈性，强调的是未经审批的擅自发行股票、债券行为。如果行为人既实施了擅自发行股票、债券行为，又采用制作虚假的招股说明书、认股书、公司、企业债券募集办法发行股票或公司、企业债券的，应按一罪从重处罚，不实行数罪并罚。

(二) 非国家工作人员受贿罪与受贿罪的区别

非国家工作人员受贿罪与一般受贿罪在主观和客观特征上都具有犯罪故意及利用职务之便索取或收受贿赂、为他人谋用利益特征，但两者的区别主要表现为：(1) 所侵犯的法益不同。非国家工作人员受贿罪侵犯的法益是公司、企业、其他单位人员职务或者业务行为的廉洁制度；受贿罪所侵犯的法益是国家机关的正常管理活动和信誉。(2) 犯罪主体不同。非国家工作人员受贿罪罪的主体是公司、企业、其他单位人员；受贿罪的主体是国家工作人员，对于国有公司、企业中从事公务的人员，包括具有国家工作人员身份的人和没有国家工作人员身份的，在国有公司、企业、事业单位、人民团体中从事公务的人员利用职务之便索贿、受贿，或者在经济往来中，违反国家规定收受各种名义的回扣、手续费归个人所有，构成犯罪的，应以受贿罪论处。

(三) 非法经营同类营业罪与非法经营罪的区别

根据刑法典第225条的规定，非法经营罪是指违反国家规定，未经许可经营法律、行政法规规定的专营、专卖物品或者其他限制买卖的物品，情节严重的行为，买卖进出口许

可证、进出口原产地证明以及其他法律、行政法规规定的经营许可证或者批准文件,情节严重的行为,以及其他严重扰乱市场秩序的行为。两罪区别主要表现为:(1)侵害的法益不同。非法经营罪侵害的法益是市场秩序,属于扰乱市场秩序罪;非法经营同类营业罪侵害的法益是国有公司、企业的管理秩序,属于妨害对公司、企业的管理秩序罪。(2)犯罪主体不同。非法经营罪由一般主体构成,任何年满16周岁、具有刑事责任能力的自然人都能实施,犯罪主体还包括单位;非法经营同类营业罪由特殊主体构成,必须是国有公司、企业的董事、经理才能实施这项犯罪,单位不是主体。(3)客观方面明显不同。非法经营同类营业罪是一种个人行为,与个人的职务直接相关,必须利用职务便利实施;非法经营罪可以是个人行为也可以是单位行为,没有"利用职务便利"的要求。在非法经营同类营业罪中,行为人所从事的同类营业本身不一定具有非法的性质,在很多情况下是经过合法的注册登记并在登记的经营范围内营业,只是由于行为人的身份是董事、经理而违反了法律规定,也就是说,非法性是由行为人的身份以及两种营业的同类性决定的;在非法经营罪中,行为人所从事的营业活动是法律禁止或者限制的,本身具有非法的属性,与人的身份无关。

(四)签订、履行合同失职被骗罪与合同诈骗罪的区别

合同诈骗罪,是指以非法占有为目的,在签订、履行合同的过程中,骗取对方当事人的财物,数额较大的行为。签订、履行合同失职被骗罪与合同诈骗罪都属于破坏社会主义市场经济秩序的犯罪,都是发生在签订、履行合同过程中的犯罪,而且存在着一定的对合、因果关系。对合犯是实施行为者双方互为实现特定犯罪构成的必要条件的犯罪。通常认为,对合犯实施行为者双方的主观方面均由故意构成,如贿赂罪。虽然签订、履行合同失职罪的主观方面只能是过失,而合同诈骗罪的主观方面却只能表现为故意,但此两罪仍然构成对合犯,即没有合同诈骗罪也就没有签订、履行合同失职被骗罪。

但是,两罪也存在许多明显的区别,主要表现为:(1)侵犯的法益不同。签订、履行合同失职被骗罪侵犯的法益是国有公司、企业、事业单位对合同的正常管理秩序和国家利益;合同诈骗罪侵犯的法益是市场管理秩序和当事人的财产权益。(2)犯罪的客观方面不同。签订、履行合同失职被骗罪在客观方面表现为在签订、履行合同过程中,因严重不负责任被诈骗,致使国家利益遭受重大损失的行为,属于典型的不作为犯罪形式;合同诈骗罪在客观方面则表现为在签订、履行合同的过程中,骗取对方当事人的财物,数额较大的行为,属于典型的作为犯罪形式。(3)定罪情节不同。签订、履行合同失职被骗罪的定罪情节是致使国家利益遭受重大损失;合同诈骗罪的定罪情节是骗取对方当事人的财物,数额较大。(4)犯罪的主体不同。签订、履行合同失职被骗罪的主体仅指国有公司、企业、事业单位直接负责的主管人员,属于特殊主体;合同诈骗罪的主体包括个人和单位,从个人主体来看,是指达到法定责任年龄、具有刑事责任能力的自然人,不属于特殊主体。(5)犯罪的主观方面不同。签订、履行合同失职被骗罪在主观方面只能是过失,不存在故

意,更不存在犯罪目的;合同诈骗罪在主观方面只能是故意,不存在过失,而且必须存在以非法占有为目的。(6)法定刑不同。由于签订、履行合同失职被骗罪是过失犯罪,因而处罚较轻,法定最高刑为7年有期徒刑;合同诈骗是故意犯罪,个人犯罪的法定最高刑为无期徒刑,单位犯罪则一般实行双罚制。

三、案例适用

【琼民源案】

琼民源案件是我国证券市场自建立以来最严重的一起证券欺诈案件。1997年1月22日和2月1日,海南民源现代农业发展股份有限公司(以下简称琼民源)在《证券时报》上刊登的年度报告和补充公告称,1996年该公司实现利润5.7亿余元,本年度资本公积金增加6.57亿元。琼民源的年度报告刊登后,市场反映强烈,该公司股价波动异常。琼民源公司全部董事在讨论琼民源利润分配的股东大会上集体辞职,导致琼民源无人申请复牌。为此,国务院证券委员会同审计署、中国人民银行、中国证监会组成联合调查组,对琼民源公布的1996年公司业绩进行调查。

经查明:1996年5月至1997年1月期间,琼民源公司的原董事长马某某为树立琼民源公司在股票交易中的良好业绩形象,以达到北京某通信总公司发行10亿元人民币可转换债券,换回该公司原经营亏损的目的,指使下属工作人员围绕"民源大厦项目"的房产,通过利用部门借款进行循环转账等手段,虚列该公司及其子公司1996年"其他业务收入"和"营业外收入"四笔,共计实现利润人民币5.66亿元。财会人员班某某按照马某某的指示,将上述虚假收入编入1996年度公司"合并资产负债表"、"合并损益表"等财务报表。某会计师事务所在未认真核查有关账务的情况下,为琼民源公司出具了无保留意见的审计报告。马某某为达到其目的,于1996年10月,指使班某某等人将琼民源公司所属多家子公司、企业进行重组的资产、"民源大厦工程项目"部分房产及农业使用开发的合作土地等,违规提供给海南大正会计师事务所进行资产评估,共计虚假增加资本公积金人民币6.57亿元。马某某违反有关规定,指使班某某及其他财务人员将上述评估虚增资本公积金数额调整了有关账目,并编制了有关财务报表。1997年1月22日和2月1日,经民源公司董事会讨论决定后,先后在《证券时报》上刊登1996年度财务会计报告和补充公告称,该公司实现利润5.7亿元人民币;资本公积金增加6.57亿元人民币。该财务会计报告公布后,误导了广大投资者,并致使同年2月28日下午琼民源公司因召开股东大会期间该公司股票交易停牌,长期未恢复交易的后果,造成持股者重大损失。

琼民源的上述行为,严重违反股票发行与交易管理暂行条例、禁止证券欺诈行为暂行办法以及国家土地管理制度和会计制度,欺骗股东和社会公众。其行为误导了广大投资者,严重损害了琼民源股东和社会公众的合法权益,在社会上造成了极其恶劣的影响,已涉嫌构成向股东和社会公众提供虚假财务报告的犯罪行为。该公司提供虚假财务报告的主要责任人马某某、班某某已涉嫌犯罪。

　　法院认为,被告人马某某身为公司董事长,指使所属工作人员虚编财务会计报告,系直接负责的主管人员;被告人班某某身为公司聘用的财务人员,参与编制虚假财务会计报告等,系直接责任人员,二被告人的行为均已构成违规披露、不披露重要信息罪,犯罪情节严重,依法应予从重惩处,遂于1998年11月12日作出一审判决,判处被告人马某某有期徒刑3年,被告人班某某有期徒刑2年,缓刑2年。

　　讨论问题:本案中被告人马某某、班某某犯罪的具体实行行为是什么?

第九章

破坏社会主义市场经济秩序罪(3)：
破坏金融管理秩序罪

　　破坏金融管理秩序罪是指违反国家对金融市场监督管理的法律、法规，从事危害国家对货币、外汇、有价证券以及金融机构、证券交易和保险公司管理的活动，破坏金融秩序，依法应负刑事责任的行为。该类犯罪侵犯的法益是国家的金融管理秩序。

第一节　伪造货币罪

一、定义

　　伪造货币罪，是指没有货币发行权的人仿照真货币的外部特征，非法制造出外观上足以使一般人认为是真货币的假货币，妨害货币的公共信用的行为。对于本罪侵犯的法益刑法理论上存在货币发行权说和公共信用说两种不同的观点。本书认为，伪造货币的行为人没有货币的发行权，其伪造货币的行为自然是侵犯了国家的货币发行权。但伪造货币的行为最终将导致人们对货币的真实性产生怀疑，因而在根本上将会影响到货币的公共信用。在市场经济体制不断发展和完善的形势下，货币的公共信用是保障交易安全和金融秩序的基础，更需要刑法对其予以特殊的保护，因而将伪造货币罪的法益界定为货币的公共信用，更符合我国的金融现状和司法需要。

二、犯罪客观要件

　　本罪客观上表现为违反国家货币管理法规，伪造货币的行为。所谓伪造货币，是指没有货币制造权的人仿照人民币或者外币的面额、图案、色彩、质地、式样、规格等，使用多种方法非法制造假货币，冒充真货币的行为。对于伪造的货币应当注意必须是仿照真人民币或外币制造的，与真币相似的假币。伪造的货币主要应在于它与真币的相似性，而不在于其相同性，即不要求与真币完全相同、一模一样。尽管科学技术已非常发达，致使伪造假币的手段越来越高明，伪造的效果极为逼真、难以辨认，但行为人毕竟是以假币冒充真币,因而自然不可能达到与真币完全一致的程度。其相似性只要求足以蒙蔽、欺骗他人,达到可使人信以为真即可。"货币"包括正在流通的人民币(含硬币、普通纪念币、贵金属纪念币)、港元、澳门元、新"台币"以及其他国家及地区流通的法定货币。如果伪造已经停止通用的古钱、废钞,则不成立本罪。以使用为目的,伪造停止流通的货币,或者使用伪造的货币的,以诈骗罪定罪处罚(仅仅伪造停止流通的货币的,只是诈骗罪的预备行为)。行为人制造货币版样或者与他人事前通谋,为他人伪造货币提供版样的,成立伪造货币罪。"伪造"货币的本质在于使非属于此种货币的材料取得此种货币形式,而"变造"货币的本质在于使同一种货币材料改变数额、数量。

【例题】 关于货币犯罪下列哪一选项是错误的?(2013年国家司法考试真题)

A. 伪造货币罪中的"货币",包括在国内流通的人民币、在国内可兑换的境外货币,以及正在流通的境外货币。

B. 《刑法》规定,伪造货币并出售或者运输伪造的货币的,依照伪造货币罪从重处罚。据此,行为人伪造美元,并运输他人伪造的欧元的,应按伪造货币罪从重处罚。

C. 将低额美元的纸币加工成高额英镑的纸币的,属于伪造货币。

D. 对人民真币加工处理,使100元面额变为50元面额的,属于变造货币。

答案:B

三、犯罪主观要件

本罪在主观方面只能由直接故意构成,间接故意和过失不构成本罪。过去理论上一般认为本罪在主观方面必须具有营利目的,否则不构成犯罪。但是从立法本身来看,本条并未对主观目的予以规定,行为人只要出于故意伪造货币的,一般就可以认为构成本罪,而不必过于苛求其必须具备什么目的。如果行为人确实是为了显示自己的技巧或为了自我欣赏而伪造极少量的货币的,可视为刑法典第13条所称"情节显著轻微,危害不大"的情况而不认为是犯罪。

四、犯罪量度要件

成立本罪需要满足量度要件。根据2010年最高人民检察院、公安部《关于公安机关管辖的刑事案件立案追诉标准的规定(二)》的规定,伪造货币,总面额在2000元以上或者币量200张(枚)以上的,应予追诉。

五、本罪的刑事责任

根据刑法典第170条的规定,犯本罪的,处3年以上10年以下有期徒刑,并处罚金;有下列情形之一的,处10年以上有期徒刑或者无期徒刑,并处罚金或者没收财产:(1)伪造货币集团的首要分子;(2)伪造货币数额特别巨大的;(3)有其他特别严重情节的。

第二节 持有、使用假币罪

一、定义

持有、使用假币罪，是指明知是伪造的货币而故意持有或者使用，数额较大的行为。本罪侵犯的法益是国家对货币的管理制度。

二、犯罪客观要件

本罪客观表现为持有、使用伪造的货币，数额较大的行为。所谓持有，是指控制、掌握伪造的货币的行为。具体来说，它既可以是行为人把伪造的货币带在身上、藏在家中或其他地方，也可以是把伪造的货币委托他人保管，处于自己支配的范围之内。不管行为人持有伪造的货币的原因和目的是什么，只要能证明行为人确实掌握、控制了一定数额的伪造的货币，即符合本罪的行为特征。所谓使用，是指将伪造的货币冒充真币而予以流通的行为。一般来说，接受货币的对方并不知该货币属于伪造的货币，因此这种使用带有欺骗的性质。至于使用的具体方法，可以多种多样。如有的用以购买商品，有的用之偿还债务，有的借予他人，甚至有的充当赌资等。具体使用方法不影响本罪的成立。根据2000年最高人民法院《关于审理伪造货币等案件具体应用法律若干问题的解释》的规定，行为人购买假币后使用，构成犯罪的，以购买假币罪定罪，从重处罚，不另定使用假币罪。①

【例题】 甲发现某银行的ATM机能够存入编号以"HD"开头的假币，于是窃取了三张借记卡，先后两次采取存入假币取出真币的方法，共从ATM机内获取6000元人民币。甲的行为构成何罪？（2009年国家司法考试真题）

A. 使用假币罪。
B. 信用卡诈骗罪。
C. 盗窃罪。
D. 以假币换取货币罪。

答案：AC

三、犯罪主观要件

本罪主观上是故意，即明知是伪造的货币而仍非法持有与使用。如受他人的蒙蔽、欺骗误以为是真币而为之携带或保管的，在出卖商品、经济往来等活动中误收了伪造的货币

---

① 这种解释结论会导致量刑不协调。张明楷教授在《刑法学》（第4版）中论述认为：行为人为了出售假币而购买后，并未出售而是使用的，以购买假币罪处罚；行为人为了自己使用而购买假币的，不认定购买假币罪，而是应分别情况认定为使用假币罪或持有假币罪。

后不知道而持有或使用的等,因不具有犯罪故意不构成本罪。但误收后发现为伪造的货币仍继续持有或使用的,仍可构成本罪。所谓明知,既包括对伪造的货币的确知,即完全知道所持有、使用的货币是伪造的,也包括对伪造的货币的可能知,即对持有、使用的货币虽然不能完全肯定是伪造的,但却知道其有可能是伪造的。犯罪的动机则多种多样,但不能出于走私、伪造、出售、购买、运输以及金融工作人员出于购买及以假币换取真币等罪的故意,否则应构成他罪,而不是本罪。

四、犯罪量度要件

成立本罪需要满足数额较大。根据2000年最高人民法院《关于审理伪造货币等案件具体应用法律若干问题的解释》的规定,持有、使用假币,总面额在4000元以上不满5万元的,属于"数额较大";总面额在5万元以上不满20万元的,属于"数额巨大";总面额在20万元以上的,属于"数额特别巨大"。根据2010年最高人民检察院、公安部《关于公安机关管辖的刑事案件立案追诉标准的规定(二)》的规定,明知是伪造的货币而持有、使用,总面额在4000元以上或者币量在400张(枚)以上的,应予立案追诉。

五、本罪的认定

持有、使用假币罪与相关犯罪的关联性主要表现在以下方面:

(1)各种假币犯罪行为之间的关系。行为人持有、使用自己所伪造的货币的额,仅成立伪造货币罪。行为人出售、运输假币构成犯罪,同时有使用假币行为的,应当实行数罪并罚。购买假币后使用的,成立购买假币罪,从重处罚。①

(2)持有、使用假币罪与盗窃罪的关系。行为人使用真实有效的信用卡或者存折,通过ATM机成功存入假币,然后从其他ATM机中取出真币。行为人通过ATM机存入假币的行为构成使用假币罪,其后从ATM上取出真币的行为构成盗窃罪,应当数罪并罚。②

六、本罪的刑事责任

根据刑法典第172条的规定,犯本罪的,处3年以下有期徒刑或者拘役,并处或者单处1万元以上10万元以下罚金;数额巨大的,处3年以上10年以下有期徒刑,并处2万

---

① 这是司法解释的观点。但张明楷教授认为,为了自己使用而购买假币的,成立持有、使用假币罪;为了出售而购买假币的,后并未出售而是使用的,成立购买假币罪;一方面为了出售而购买假币后使用一部分,另一方面为了自己使用而购买假币后使用的,对于前者应认定为购买假币罪,对于后者应认定为持有、使用假币罪,应当实行数罪并罚。参见张明楷:《使用假币罪与相关犯罪的关系》,载《政治与法律》2012年第6期;张明楷:《刑法学》(第4版),法律出版社2011年版,第680页。

② 本案事实上存在两个行为,客观上侵害了两个法益,行为人对两个法益都有责任,故应当认为这类行为成立使用假币罪和盗窃罪数罪并罚。参见张明楷:《使用假币罪与相关犯罪的关系》,载《政治与法律》2012年第6期;张明楷:《刑法学》(第4版),法律出版社2011年版,第680页。

元以上20万元以下罚金；数额特别巨大的，处10年以上有期徒刑，并处5万元以上50万元以下罚金或者没收财产。

第三节　高利转贷罪

一、定义

高利转贷罪，是指违反国家规定，以转贷牟利为目的，套取金融机构信贷资金高利转贷他人，违法所得数额较大的行为。本罪的法益是国家的信贷资金管理制度。

二、犯罪客观要件

本罪客观上表现为以转贷牟利为目的，套取金融机构信贷资金高利转贷他人，违法所得数额较大的行为。具体表现为：(1) 行为人套取金融机构的信贷资金，即行为人假设借款用途、编造虚假理由，向金融机构贷出一定量的信用资金；(2) 将套取来的信用资金转贷他人，包括单位和个人；(3) 取得数额较大的违法所得。本罪属结果犯，只有在转贷行为取得违法所得且数额较大的情况下，才构成犯罪。套取金融机构信贷资金高利转贷他人的内容包含"套取金融机构信贷资金"与"高利转贷他人"两部分。

三、犯罪主观要件

本罪在主观上只能由直接故意构成，而且以转贷牟利为目的。间接故意及过失不成立本罪。

四、犯罪量度要件

成立本罪需要满足数额较大。根据2010年最高人民检察院、公安部《关于公安机关管辖的刑事案件立案追诉标准的规定(二)》的规定，以转贷牟利为目的，套取金融机构信贷资金高利转贷他人，涉嫌下列情形之一的，应予立案追诉：(1) 高利转贷，违法所得数额在10万元以上的；(2) 虽未达到上述数额标准，但两年内因高利转贷受过行政处罚2次以上，又高利转贷的。

五、本罪的认定

司法实践中，一些个人或单位从金融机构套取了大量的信贷资金，并且将信贷资金以高于原利率的利率转贷给了他人，按照其转贷的利率，行为人必将获得数额较大的违法收入，但在他人还未偿还本息时就被有关部门发现，致使其未能获得违法收入。对于这种情况，应按本罪的犯罪未遂处理。对于已经获得了数额较大的违法收入的，则按本罪的既遂处理。

六、本罪的刑事责任

根据刑法典第 175 条的规定,犯本罪的,处 3 年以下有期徒刑或者拘役,并处违法所得 1 倍以上 5 倍以下罚金;数额巨大的,处 3 年以上 7 年以下有期徒刑,并处违法所得 1 倍以上 5 倍以下罚金。单位犯本罪的,对单位判处罚金,并对其直接负责的主管人员和其他直接责任人员,处 3 年以下有期徒刑或者拘役。

第四节 非法吸收公众存款罪

一、定义

非法吸收公众存款罪,是指无权办理公众存款业务的单位或者个人,采用非法方法吸收公众存款或者变相吸收公众存款,严重扰乱金融秩序的行为。具体表现为:(1) 非法吸收公众存款,即未经中国人民银行批准,向社会不特定对象吸收资金,出具凭证,承诺在一定期限内还本付息的活动。(2) 变相吸收公众存款,即未经中国人民银行批准,不以吸收公众存款的名义,向社会不特定对象吸收资金,但承诺履行的义务与吸收公众存款相同,即都是还本付息的活动。"非法"一般表现为主体不合法或者行为方式、内容不合法(如擅自提高利率吸收存款)。"公众"是指不特定对象,包括不特定的个人与不特定的单位。至于非法吸收某一单位内部成员的存款的行为能否成立本罪,则应通过考察单位成员的数量、吸收方法等因素,判断是否面对不特定对象吸收存款。非法吸收或者变相吸收公众存款,扰乱金融秩序的,才成立本罪。

二、犯罪客观要件

本罪客观上实施了非法吸收或者变相吸收公众存款,扰乱经济秩序的行为。根据 2010 年最高人民法院《关于审理非法集资刑事案件具体应用法律若干问题的解释》的规定,违反国家金融管理法律规定,向社会公众(包括单位和个人)吸收资金的行为,同时具备下列四个条件的,除刑法典另有规定的以外,应当认定为刑法典第 176 条规定的"非法吸收公众存款或者变相吸收公众存款":(1) 未经有关部门依法批准或者借用合法经营的形式吸收资金;(2) 通过媒体、推介会、传单、手机短信等途径向社会公开宣传;(3) 承诺在一定期限内以货币、实物、股权等方式还本付息或者给付回报;(4) 向社会公众即社会不特定对象吸收资金。未向社会公开宣传,在亲友或者单位内部针对特定对象吸收资金的,不属于非法吸收或者变相吸收公众存款。实施下列行为之一,符合本解释第 1 条第 1 款规定的条件的,应当依照刑法典第 176 条的规定以非法吸收公众存款罪定罪处罚:(1) 不具有房产销售的真实内容或者不以房产销售为主要目的,以返本销售、售后包租、约定回购、销售房产份额等方式非法吸收资金的;(2) 以转让林权并代为管护等方式非法吸收资金的;(3)以代种植(养殖)、租种植(养殖)、联合种植(养殖)等方式非法吸收资金的;(4)不具有销售商品、提供服务的真实内容或者不以销售商品、提供服务为主要目的,以商品回购、寄存代售等方式非法吸收资金的;(5)不具有发行股票、债券的真实内容,以虚假转让股权、发售虚构债券等方式非法吸收资金的;(6)不具有募集基金的真实内容,以假借境外基金、发售虚构基金等方式非法吸收资金的;(7)不具有销售保险的真实内容,以假冒保险公司、伪造保险单据等方式非法吸收资金的;(8)以投资入股的方式非法吸收资金的;(9)以委托理财的方式非法吸收资金的;(10)利用民间"会""社"等组织非法吸收资金的;(11)其他非法吸收资金的行为。

三、犯罪主观要件

本罪主观上是故意,即行为人明知自己的行为是非法吸收公众存款、破坏金融管理秩序并希望或者放任这种结果产生。

四、犯罪量度要件

成立本罪需要满足量度要件。非法吸收或变相吸收公众存款具有下列情形之一的,应当依法追究刑事责任:个人非法吸收或者变相吸收公众存款,数额在20万元以上的,单位非法吸收或者变相吸收公众存款,数额在100万元以上的;个人非法吸收或者变相吸收公众存款对象30人以上的,单位非法吸收或者变相吸收公众存款对象150人以上的;个人非法吸收或者变相吸收公众存款,给存款人造成直接经济损失数额在10万元以上的,单位非法吸收或者变相吸收公众存款,给存款人造成直接经济损失数额在50万元以上的;造成恶劣社会影响或者其他严重后果的。①

五、本罪的刑事责任

根据刑法典第176条的规定,犯本罪的,处3年以下有期徒刑或者拘役,并处或者单处2万元以上20万元以下罚金;数额巨大或者有其他严重情节的处3年以上10年以下有期徒刑,并处5万元以上50万元以下罚金。单位犯本罪的对单位判处罚金,并对其直接负责的主管人员和其他直接责任人员,依照上述规定处罚。

第五节 伪造、变造金融票证罪

一、定义

伪造、变造金融票证罪,是指伪造、变造汇票、本票、支票、委托收款凭证、汇款凭证、银

---

① 2010年最高人民法院《关于审理非法集资刑事案件具体应用法律若干问题的解释》。

行存单、信用证或者附随的单据、文件，以及伪造信用卡等金融票证的行为。本罪侵犯的法益是国家的金融票证管理制度。

二、犯罪客观要件

本罪客观上是伪造、变造各种金融票证的行为。具体表现为：(1) 伪造、变造汇票、本票、支票；(2) 伪造、变造委托收款凭证、汇款凭证、银行存单等其他银行结算凭证；(3) 伪造、变造信用证或者附随的单据、文件；(4) 伪造信用卡。所谓伪造金融票证，是指无权制作金融票证而假冒他人或虚构他人的名义擅自制作金融票证的行为；所谓变造金融票证，是指擅自对他人的有效金融票证上所载内容进行变更的行为。伪造和变造金融票证的结果都产生"假金融票证"，但伪造是一种完全的造假行为，变造则以真实的金融票证为前提，变造后的金融票证并未完全否定原来的有效成份。因此相对来说，伪造金融票证的危害性要大于变造金融票证，前者可能给被害人造成更大的损失。

三、犯罪主观要件

本罪主观上只能是故意。如果行为人因过失而错写误填票证内容的，虽然要承担相应的民事责任，但不能让其承担刑事责任。即使行为人错写误填票证后又故意使用的，也只能按金融票据诈骗罪等其他犯罪追究刑事责任，而不能以本罪论处。

本条没有要求行为人必须具有一定的目的才能成立本罪，而过去理论上通常解释伪造有价证券应有营利目的才成立犯罪，因而通常本罪也应具有营利目的，但不是必备要件；还有人认为本罪应有使用目的才能成立犯罪。[①] 本书认为，本条既然没有规定本罪主观上必须以一定的目的作为成立要件，那么行为人只要出于故意而伪造、变造金融票证的，原则上就成立犯罪，而没有必要再去探究行为人是否具有什么目的。这也是本条的立法意图所在。至于那些确实既无营利目的也无使用目的等，而纯粹因个人兴趣等原因伪造、变造金融票证以自我欣赏、收藏而不让其流通的，可视为情节显著轻微危害不大而不认为成立犯罪。

四、犯罪量度要件

成立本罪需要满足量度要件。根据 2010 年最高人民检察院、公安部《关于公安机关管辖的刑事案件立案追诉标准的规定(二)》的规定，伪造、变造金融票证，涉嫌下列情形之一的，应予立案追诉：(1) 伪造、变造汇票、本票、支票，或者伪造、变造委托收款凭证、汇款凭证、银行存单等其他银行结算凭证，或者伪造、变造信用证或者附随的单据、文件，总面额在 1 万元以上或者数量在 10 张以上的；(2) 伪造信用卡 1 张以上，或者伪造空白信用卡 10 张以上的。

---

① 张明楷：《刑法学》(第 2 版)，法律出版社 2003 年版，第 617 页。

五、本罪的刑事责任

根据刑法典第 177 条的规定,犯本罪的,处 5 年以下有期徒刑或者拘役,并处或者单处 2 万元以上 20 万元以下罚金;情节严重的,处 5 年以上 10 年以下有期徒刑,并处 5 万元以上 50 万元以下罚金;情节特别严重的,处 10 年以上有期徒刑或者无期徒刑,并处 5 万元以上 50 万元以下罚金或者没收财产。单位犯本罪的,对单位判处罚金,并对直接负责的主管人员和其他直接责任人员,依照上述规定处罚。

第六节　内幕交易、泄露内幕信息罪

一、定义

内幕交易、泄露内幕信息罪,是指证券、期货交易内幕信息的知情人员或者非法获取证券、期货交易内幕信息的人员,在涉及证券的发行,证券、期货交易或者其他对证券、期货交易价格有重大影响的信息尚未公开前,买入或者卖出该证券,或者从事与该内幕信息有关的期货交易,或者泄露该信息,或者明示、暗示他人从事上述交易活动,情节严重的行为。本罪侵害的法益是证券期货的正常交易管理秩序。

二、犯罪客观要件

本罪客观上是行为人违反有关法律、法规,在涉及证券的发行,证券、期货交易或者其他对证券、期货交易价格有重大影响的信息尚未公开前,买入或者卖出该证券,或者从事与该内幕信息有关的期货交易,或者泄露该信息,或者明示、暗示他人从事上述交易活动的行为。

(1) 行为人利用内幕信息,直接参与证券、期货买卖。行为人在涉及证券发行,证券、期货交易或者其他对证券、期货交易价格有重大影响的信息正式公开以前,本人利用自己所处的特殊位置而获悉的内幕信息,掌握有利的条件和时机,进行证券、期货的买入或卖出,从而使自己从中获利或减少损失。

(2) 行为人故意泄露内幕信息。行为人在涉及证券发行,证券、期货交易或者其他对证券、期货交易价格有重大影响的信息正式公开前,将自己所知悉的内幕信息故意予以泄露,主要是指行为人以明示或者暗示的方式透露、提供给与公司没有关系的第三人。这里的"泄露"是指将处于保密状态的信息公开化,使之进入公开领域。具体表现有两种形式:一是将信息告知不应或无权知道该信息的人,也就是说,扩大了信息公布范围。此乃信息在空间范围上的泄露;二是在保密期届满前解密,也就是说超前公布信息。此乃信息在时间阶段上的泄露。当然,信息的上述两种泄露情形是同步的,即信息在空间范围上的泄露,针对获密者来说,也就是信息在时间阶段上的泄露;反之亦然。此外,对泄露内幕信息行为而言，泄露者本人不一定直接参与证券、期货的买卖行为，但通过为他人提供公司内幕信息，从而间接地参与了证券、期货交易行为。与第一种情形直接买卖证券、期货相比，泄露内幕信息对证券、期货交易市场、投资者及相关公司所造成的损失，往往更为严重。知情人员一般由于人数少，财力有限，买卖证券、期货数量不会太大，而泄露内幕信息则可能一传十、十传百，甚至引起外界财团参与，从而会引起相当严重后果。

（3）明示或者暗示他人从事上述交易活动。知悉内幕信息的人员，自己虽然不直接实施内幕交易行为，但却以直接或者间接的方式，明示或者暗示其亲属朋友从事上述内幕交易行为。

三、犯罪主观要件

本罪的主体为特殊主体，是知悉内幕信息的人，即内幕人员。所谓内幕人员，是指证券、期货交易内幕信息的知情人员或者非法获取证券、期货交易内幕信息的人员。依我国《证券法》第68条的规定，内幕人员是指由于持有发行人的证券，或者在发行人或者与发行人有密切联系的公司中担任董事、监事、高级管理人员，或者由于其会员地位、管理地位、监督地位和职业地位，或者作为雇员、专业顾问履行职务，能够接触或者获得内幕信息的人员。

本罪主观上只能是故意，过失不成立本罪。行为人故意的内容为明知自己或他人内幕交易行为会侵犯其他投资者的合法权益，扰乱证券、期货市场管理秩序，却希望或放任这种结果发生。过失行为不构成本罪，过失行为者主观上没有恶意，不以非法牟利或非法避免损失为目的，其客观上利用内幕信息进行证券、期货交易的行为只能是因疏忽大意没有尽到应尽的注意义务，而错误地认为该信息已经公开。但是对此类过失行为应施以行政处罚。

四、犯罪量度要件

成立本罪需要达到情节严重。所谓情节严重，根据2012年最高人民法院、最高人民检察院《关于办理内幕交易、泄露内幕信息刑事案件具体应用法律若干问题的解释》的规定，具有下列情形之一的为"情节严重"：(1) 买入或者卖出证券，或者泄露内幕信息使他人买入或者卖出证券，成交额累计在50万元以上的；(2) 买入或者卖出期货合约，或者泄露内幕消息使他人买入或者卖出期货合约，占用保证金数额累计在30万元以上的；(3) 获利或者避免损失数额累计在15万元以上的；(4) 3次以上进行内幕交易、泄露内幕信息的；(5) 有其他严重情节的。具有下列情形之一的，应当认定为刑法典第180条第1款规定的"情节特别严重"：(1) 证券交易额在250万元以上的；(2) 期货交易占用保证金数额在150万元以上的；(3) 获利或者避免损失数额在75万元以上的；(4) 具有其他特别严重的情形。2010年最高人民检察院公安部《关于公安机关管辖的刑事案件立案追诉标准的规定（二）》第35条规定，涉嫌下列情形之一的，应予立案追诉：(1) 证券交易成交额累计在50万元以上的;(2)期货交易占用保证金数额累计在30万元以上的;(3)获利或者避免损失数额累计在15万元以上的;(4)多次进行内幕交易、泄露内幕信息的;(5)其他情节严重的情形。

五、本罪的刑事责任

根据刑法典第180条的规定,犯本罪的,处5年以下有期徒刑或者拘役,并处或者单处违法所得1倍以上5倍以下罚金;情节特别严重的,处5年以上10年以下有期徒刑,并处违法所得1倍以上5倍以下罚金。单位犯本罪的对单位判处罚金,并对其直接负责的主管人员和其他直接责任人员,处5年以下有期徒刑或者拘役。

第七节 利用未公开信息交易罪

一、定义

利用未公开信息交易罪,是指证券交易所、期货交易所、证券公司、期货经纪公司、基金管理公司、商业银行、保险公司等金融机构的从业人员以及有关监管部门或者行业协会的工作人员,利用因职务便利获取的内幕信息以外的其他未公开的信息,违反规定,从事与该信息相关的证券、期货交易活动,或者明示、暗示他人从事相关交易活动,情节严重的行为。

近年来,基金公司、商业银行、保险公司、证券公司、期货公司等金融机构大都开展了投资理财业务或者客户资产管理业务,手中拥有大量客户资金。将客户资金投资于证券、期货等金融产品是代客投资理财和客户资产管理的主要方式之一。这类资产管理机构的一些从业人员,在用客户资金买入证券或者其衍生品、期货或者期权合约等金融产品前,以自己名义或假借他人名义或者告知其亲属、朋友、关系户,先行低价买入证券、期货等金融产品,然后用客户资金拉升到高位后自己率先卖出牟取暴利。由于这些人户大多隐秘,"偷食"金融产品上涨盈利,因而被形象地称为"老鼠仓"。它严重破坏金融管理秩序,损害市场的公平、公正和公开,严重损害客户投资者的利益和金融行业信誉,也损害从业人员所在单位的利益,应以犯罪论处。

二、犯罪客观要件

本罪客观上是行为人实施了利用因职务便利获取的内幕信息以外的其他未公开的信息,违反规定,从事与该信息相关的证券、期货交易活动,或者明示、暗示他人从事相关交易活动。所谓"内幕信息以外的其他未公开的信息",主要是指资产管理机构、代客投资理财机构即将用客户资金投资购买某个证券、期货等金融产品的决策信息。因不属于法律规定的"内幕消息",也未要求必须公开,故称"内幕信息以外的其他未公开的信息"。所谓

"违反规定,从事与该信息相关的证券、期货交易活动",不仅包括证券投资基金法等法律、行政法规所规定的禁止基金等资产管理机构的从业人员从事损害客户利益的交易等行为,也包括证监会发布的禁止资产管理机构从业人员从事违背受托义务的交易活动等行为,主要是指资产管理机构的从业人员在用客户资金买入证券或者其衍生品、期货或者期权合约等金融产品前,自己先行买入,或者在卖出前,自己先行卖出等行为。

三、犯罪主观要件

本罪的主体是特殊主体,只能是证券交易所、期货交易所、证券公司、期货经纪公司、基金管理公司、商业银行、保险公司等金融机构的从业人员以及有关监管部门或者行业协会的工作人员。本罪主观上只能是故意,过失不能成立本罪。

四、犯罪量度要件

成立本罪需要满足情节严重。所谓情节严重,根据 2012 年最高人民法院、最高人民检察院《关于办理内幕交易、泄露内幕信息刑事案件具体应用法律若干问题的解释》的规定,具有下列情形之一的为"情节严重":(1)买入或者卖出证券,或者泄露内幕信息使他人买入或者卖出证券,成交额累计在 50 万元以上的;(2)买入或者卖出期货合约,或者泄露内幕消息使他人买入或者卖出期货合约,占用保证金数额累计在 30 万元以上的;(3)获利或者避免损失数额累计在 15 万元以上的;(4)3 次以上进行内幕交易、泄露内幕信息的;(5)有其他严重情节的。具有下列情形之一的,应当认定为刑法典第 180 条第 1 款规定的"情节特别严重":(1)证券交易额在 250 万元以上的;(2)期货交易占用保证金数额在 150 万元以上的;(3)获利或者避免损失数额在 75 万元以上的;(4)具有其他特别严重的情形。

五、本罪的刑事责任

根据刑法典 180 条的规定,犯本罪的,处 5 年以下有期徒刑或者拘役,并处或者单处违法所得 1 倍以上 5 倍以下罚金;情节特别严重的,处 5 年以上 10 年以下有期徒刑,并处违法所得 1 倍以上 5 倍以下罚金。

第八节 违法发放贷款罪

一、定义

违法发放贷款罪,是指银行或者其他金融机构以及银行或者其他金融机构的工作人员违反法律、行政法规规定,向关系人发放信用贷款或者发放担保贷款的条件优于其他借款人同类贷款的条件,造成较大损失的行为。本罪的法益是国家贷款管理制度和金融机构的利益。

二、犯罪客观要件

本罪客观上是行为人实施了违反国家规定发放贷款的行为。

(1) 行为人必须是违反法律、行政法规的规定发放贷款。违反的"法律、行政法规"是指商业银行法、合同法、贷款通则、信贷资金管理暂行办法以及其他规定了有关信贷管理内容的一切法律、行政法规。

(2) 贷款的对象既可以是普通民众也可以是法律规定的"关系人"。本条规定的"关系人"不是泛指与银行或者其他金融机构的工作人员有关系的人员,它是一个法定的概念。根据我国《商业银行法》第40条的规定,商业银行的关系人是指:商业银行的董事、监事、管理人员、信贷业务人员及其近亲属;前述所列人员投资或者担任高级管理职务的公司、企业和其他经济组织。

三、犯罪主观要件

本罪的主体属特殊主体,只限于银行或者其他金融机构及其工作人员,非上述主体不能构成本罪。此外,单位可以构成本罪。本罪在主观上故意,即明知是违反国家规定发放贷款,而仍然实施该行为。

四、犯罪量度要件

成立本罪需要数额巨大或者造成重大损失。根据2010年最高人民检察院、公安部《关于公安机关管辖的刑事案件立案追诉标准的规定(二)》的规定,银行或者其他金融机构及其工作人员违反国家规定发放贷款,涉嫌下列情形之一的,应予立案追诉:(1) 违法发放贷款,数额在100万元以上的;(2) 违法发放贷款,造成直接经济损失数额在20万元以上的。

五、本罪的刑事责任

根据刑法典第186条的规定,犯本罪的,数额巨大或者造成重大损失的,处5年以下有期徒刑或者拘役,并处1万元以上10万元以下罚金;数额特别巨大或者造成特别重大损失的,处5年以上有期徒刑,并处2万元以上20万元以下罚金。银行或者其他金融机构的工作人员违反国家规定,向关系人发放贷款的,依照前款的规定从重处罚。单位犯前两款罪的,对单位判处罚金,并对直接负责的主管人员和其他直接责任人员,依照前两款的规定处罚。

第九节 违规出具金融票证罪

一、定义

违规出具金融票证罪,是指银行或者其他金融机构的工作人员以及单位违反规定,为他人出具信用证或者其他保函、票据、存单、资信证明,情节严重的行为。

二、犯罪客观要件

本罪客观上实施了为他人非法出具各种金融票证的行为。"违反规定",不仅指刑法典第96条所规定的"国家规定",也包括银行或者其他金融机构制定的内部规章或业务规则;"他人",包括自然人和单位;"信用证"是指银行出具的有条件承诺付款的书面文件。"保函"又称"担保函",是指金融机构以自身的信用向他人开具的保证义务主体按照保函规定履行特定义务,一旦义务主体未能履行保函所规定的义务,由担保人代为履行义务的书面保证文件。"票据",是指《票据法》规定的汇票、本票、支票;"存单",是指有经营存款业务资格的银行或者其他金融机构在收取客户存款后向存款人开具的书面凭证。"资信证明",是指反映一个单位或者个人资金及信用情况的书面证明文件。

三、犯罪主观方面

本罪的主体是特殊主体,即银行或者其他金融机构及其工作人员。这里规定的"银行",是指广义的银行,包括中国人民银行、各商业银行、政策性银行以及其他在我国境内设立的中外合资银行和外资银行。"其他金融机构",是指除银行以外的其他金融机构,即所谓非银行金融机构。自然人和单位均能成立本罪。

本罪主观上是故意,即故意违反规定而出具金融票证。

四、犯罪量度要件

成立本罪要求情节严重。根据2010年最高人民检察院、公安部《关于公安机关管辖的刑事案件立案追诉标准的规定(二)》的规定,银行或者其他金融机构及其工作人员违反规定,为他人出具信用证或者其他保函、票据、存单、资信证明,涉嫌下列情形之一的,应予立案追诉:(1)违反规定为他人出具信用证或者其他保函、票据、存单、资信证明,数额在100万元以上的;(2)违反规定为他人出具信用证或者其他保函、票据、存单、资信证明,造成直接经济损失数额在20万元以上的;(3)多次违规出具信用证或者其他保函、票据、存单、资信证明的;(4)接受贿赂违规出具信用证或者其他保函、票据、存单、资信证明的;(5)其他情节严重的情形。

五、本罪的刑事责任

根据刑法典第188条的规定,犯本罪的,处5年以下有期徒刑或者拘役;情节特别严重的,处5年以上有期徒刑。单位犯本罪的,对单位判处罚金,并对其直接负责的主管人员和其他直接责任人员,依照自然人犯本罪的规定处罚。

第十节　逃　汇　罪

一、定义

逃汇罪,是指公司、企业或者其他单位,违反国家规定,擅自将外汇存放境外,或者将境内的外汇非法转移到境外,数额较大的行为。本罪侵犯的法益是国家的外汇管理制度。

二、犯罪客观要件

本罪客观上实施了违反国家规定,擅自将外汇存放境外,或者将境内的外汇非法转移至境外,数额较大的行为。所谓逃汇,是指国家机关、企事业单位、团体,违反国家外汇管理规定,将应售给国家的外汇,私自转移、转让、买卖、存放境外,以及将外汇私自携带、托带或者邮寄出境等。逃汇行为主要包括:(1)违反国家规定擅自将外汇存放在境外的。(2)不按照国家规定将外汇卖给指定银行的。(3)违反国家规定汇出外汇或者携带出境的。(4)未经外汇管理机关批准,擅自将外币存款凭证、外币有价证券携带或者邮寄出境的。(5)其他逃汇的行为。由此可见,逃汇的方式很多,但并不是一切逃汇行为都构成犯罪。本条关于逃汇罪的规定,只列举了两种表现方式:(1)擅自将外汇存放境外;(2)把境内的外汇非法转移到境外。

三、犯罪主观要件

本罪的主体是特殊主体,即只有公司、企业或其他单位才能构成本罪。本罪在主观方面只能由故意构成,过失不构成本罪。本罪是故意犯罪,要求行为人对本罪的构成要件事实有认识,包括对犯罪对象、行为性质、客体要件、因果关系等的认识。也就是说,行为人必须认识到自己的行为是在逃汇。当然,这种认识并不需要行为人了解关于逃汇的具体法规,只要行为人知道自己的行为是违法即可。

本罪虽然是故意犯罪,但并不以牟利为目的。虽然刑法学界有人主张此罪要以牟利为目的,但我们认为,本条并未规定此罪必须有牟利的目的,而且许多行为人逃汇并不以牟利为目的,如一些单位可能为了扩大生产、购置设备等逃汇。因此,以牟利为目的不是本罪的构成要件。

四、犯罪量度要件

成立本罪要求数额较大。根据2010年最高人民检察院、公安部《关于公安机关管辖的刑事案件立案追诉标准的规定（二）》的规定，"数额较大"是指单笔在200万美元以上或者累计数额在500万美元以上。

五、本罪的刑事责任

根据刑法典第190条的规定，犯本罪的，对单位判处逃汇数额5%以上30%以下罚金，并对其直接负责的主管人员和其他直接责任人员处5年以下有期徒刑或者拘役；数额巨大或者有其他严重情节的，对单位判处逃汇数额5%以上30%以下罚金，并对其直接负责的主管人员和其他直接责任人员处5年以上有期徒刑。

第十一节 骗购外汇罪

一、定义

骗购外汇罪，是指使用伪造、变造的海关签发的报关单、进口证明、外汇管理部门核准的凭证、单据，骗购外汇，数额较大的行为。本罪侵犯的法益是国家的外汇管理制度。

二、犯罪客观要件

本罪客观上主要表现为：实施了伪造海关凭证、单据的行为；实施了变造海关凭证、单据的行为；骗购国家外汇，达到数额较大的程度。所谓伪造，是仿造真的海关签发的凭证、单据的形式、色彩、字样等制作的假的海关凭证、单据。所谓变造，是将海关签发的凭证、单据，采用挖、补、涂改等方法，改变其日期、币种、增加币量等制作出来的海关凭证、单据。骗购外汇的行为方式通常表现为：（1）使用伪造、变造的海关签发的报关单、进口证明、外汇管理部门核准件等凭证和单据的；（2）重复使用海关签发的报关单、进口证明、外汇管理部门核准件等凭证和单据的；（3）以其他方式骗购外汇的。

三、犯罪主观要件

本罪主体是一般主体，主观上是故意，过失不构成本罪，即行为人以骗购外汇为目的，故意实施伪造、变造的海关凭证、单据获取外汇，并希望这种结果发生。

四、犯罪量度要件

成立本罪要求数额较大。根据2010年最高人民检察院、公安部《关于公安机关管辖的刑事案件立案追诉标准的规定（二）》的规定，骗购外汇数额在50万美元以上，应予立案追诉。

五、本罪的刑事责任

根据1998年全国人大常委会《关于惩治骗购外汇、逃汇和非法买卖外汇犯罪的决定》的规定,骗购外汇,数额较大的,处5年以下有期徒刑或者拘役,并处骗购外汇数额5%以上30%以下罚金;数额巨大或者有其他严重情节的,处5年以上10年以下有期徒刑,并处骗购外汇数额5%以上30%以下罚金;数额特别巨大或者有其他特别严重情节的,处10年以上有期徒刑或者无期徒刑,并处骗购外汇数额5%五以上30%以下罚金或者没收财产。

伪造、变造海关签发的报关单、进口证明、外汇管理部门核准件等凭证和单据,并用于骗购外汇的,依照前款的规定从重处罚。

单位犯本罪的,对单位按上述规定判处罚金,并对其直接负责的主管人员和其他直接责任人员,处5年以下有期徒刑或者拘役;数额巨大或者有其他严重情节的处5年以上10年以下有期徒刑;数额特别巨大或者有其他特别严重情节的,处10年以上有期徒刑或者无期徒刑。

第十二节　　洗　钱　罪

一、定义

洗钱罪,是指明知是毒品犯罪、黑社会性质组织犯罪、恐怖活动犯罪、走私犯罪、贪污贿赂犯罪、破坏金融管理秩序犯罪、金融诈骗犯罪的所得及其产生的收益,以提供资金账户、协助将财产转换为现金或者金融票据、通过转账结算方式协助资金转移、协助将资金汇往境外以及其他方法掩饰、隐瞒犯罪的违法所得及其收益的性质和来源的行为。本罪侵犯的法益是国家的金融管理秩序。

二、犯罪客观要件

本罪客观上是明知是毒品犯罪、黑社会性质组织犯罪、恐怖活动犯罪、走私犯罪的违法所得及其产生的收益,为了掩饰、隐瞒其来源和性质,而实施了洗钱行为。具体来说,主要包括以下5种表现形式:

(1) 提供资金账户。这是赃款在金融领域内流转的第一个环节,赃款持有人应首先开立一个银行账户,然后才能将该赃款汇出境外或开出票据以供使用等。该账户往往掩盖了赃款持有人的真实身份,具体手法是为赃款持有人提供帮助,为其在金融机构开立合法账户或开立假账户。通过上述行为,使赃款与赃款持有人在形式上分离,使司法机关难以追查赃款的去向。

（2）协助将财产转换为现金或金融票据。毒品犯罪、黑社会性质组织犯罪、恐怖活动犯罪、走私犯罪在犯罪过程中，除可以获得现金、收益外，还往往会得到大量不便于携带、难以转移的财产，诸如股票、债券、贵重金属、名人字画乃至汽车、船舶和其他一些不动产。行为人只要明知该财产是上述三种犯罪所得的，无论采取质押、抵押还是买卖的方式同财产持有人交易，将该财产换为现金或金融票据，即可构成本罪。

（3）通过转账结算方式协助资金转移，也就是将非法资金混杂于合法的现金中，凭借银行支票或其他方法使这笔资金以合法的形式出现，以便用来开办公司、企业，从而使得非法资金具有流动性并获得利润。

（4）协助将资金汇往境外。将国内的赃款迅速转移至境外的一些"保密银行"是赃款持有人经常采用的方式。而在我国，资金的境内、外之间流动是在国家的监控之下，尤其是资金调往境外更不是一般的公民或企业所能办到的。所以一些特殊的享有将资金调往境外权利的公民、企业，只要其为赃款调往境外提供帮助，即可构成本罪。

（5）以其他方法掩饰、隐瞒犯罪的违法所得及其收益的性质和来源的。这主要是指：将犯罪收入藏匿于汽车或其他交通工具中，带出国境，然后兑换成外币或购买财产，或以国外亲属的名字存入国外银行，然后再返回本国；开设酒吧、饭店、旅馆、超市、夜总会、舞厅等服务行业及日常大量使用现金的行业，把非法获取的收入混入合法收入之中；用现金购买不动产等然后变卖出去；用"高昂"的价格购买某种劣质的产品甚至废料等将钱寄往异地或异国的同伙，以此将钱转移出去，使赃钱合法化等。

【例题】 关于洗钱罪的认定，下列哪一选项是错误的？（2012年国家司法考试真题）

A. 刑法第191条虽未明文规定侵犯财产罪是洗钱罪的上游犯罪，但是，黑社会性质组织实施的侵犯财产罪，依然是洗钱罪的上游犯罪。

B. 将上游的毒品犯罪误认为是贪污犯罪所得而实施洗钱行为的，不影响洗钱罪的成立。

C. 上游犯罪事实上可以确认，因上游犯罪人死亡依法不能追究刑事责任的，不影响洗钱罪的认定。

D. 单位贷款诈骗应以合同诈骗罪论处，合同诈骗罪不是洗钱罪的上游犯罪。为单位贷款诈骗所得实施洗钱行为的，不成立洗钱罪。

答案：D

三、犯罪主观要件

本罪主体是一般主体，主观上是故意，即行为人明知是毒品犯罪、黑社会性质组织犯罪、恐怖活动犯罪、走私犯罪的违法所得及其产生的收益而掩饰、隐瞒该财物的非法性质和来源。如果行为人确实不知道犯罪的违法所得及其收益，而误认为是合法来源的财物，不成立犯罪。

2009年最高人民法院《关于审理洗钱等刑事案件具体应用法律若干问题的解释》第1条规定，具有下列情形之一的，可以认定被告人明知系犯罪所得及其收益，但有证据证明确实不知道的除外：(1) 知道他人从事犯罪活动，协助转换或者转移财物的；(2) 没有正当理由，通过非法途径协助转换或者转移财物的；(3) 没有正当理由，以明显低于市场的价格收购财物的；(4) 没有正当理由，协助转换或者转移财物，收取明显高于市场的"手续费"的；(5) 没有正当理由，协助他人将巨额现金散存于多个银行账户或者在不同银行账户之间频繁划转的；(6) 协助近亲属或者其他关系密切的人转换或者转移与其职业或者财产状况明显不符的财物的；(7) 其他可以认定行为人明知的情形。

四、本罪的认定

本罪是行为犯，只要行为人实施了上述5种行为之一，不论其犯罪目的是否达到或其结果如何，均属犯罪既遂。

五、本罪的刑事责任

根据刑法典第191条的规定，犯本罪的，除没收上述犯罪的违法所得及其产生的收益外，处5年以下有期徒刑或者拘役，并处或者单处洗钱数额5%以上20%以下罚金；情节严重的，处5年以上10年以下有期徒刑，并处洗钱数额5%以上20%以下罚金。单位犯本罪的，对单位判处罚金，并对其直接负责的主管人员和其他直接责任人员，处5年以下有期徒刑或者拘役；情节严重的，处5年以上10年以下有期徒刑。

第十三节　其他破坏金融管理秩序罪

本章介绍了破坏金融管理秩序罪的一些重点罪名，还有其他的一些罪名由于认定较为简单，实践中适用比较少，故简单介绍。

一、出售、购买、运输假币罪

出售、购买、运输假币罪，是指出售、购买伪造的货币或者明知是伪造的货币而运输，数额较大的行为。

所谓出售伪造的货币，是指以营利为目的，以各种方式，通过各种途径以一定的价格卖出伪造的货币的行为；所谓购买伪造的货币，是指行为人以一定的价格用真货币换取伪造的货币的行为；所谓运输伪造的货币，是指行为人主观上明知是伪造的货币，而使用汽车、航空器、火车、轮船等交通工具或者以其他方式将伪造的货币从甲地携带至乙地的行为。上述行为只有在数额较大时才构成犯罪。本罪属于选择性罪名，行为人只要实施上述行为之一的，即构成本罪，同时实施上述两个行为或三个行为的，也只按一罪论处，不定数罪实行数罪并罚。

根据2000年最高人民法院《关于审理伪造货币等案件具体应用法律若干问题的解释》的规定,总面额在4000元以上不满5万元的,属于"数额较大";总面额在5万元以上不满20万元的,属于"数额巨大";总面额在20万元以上的,属于"数额特别巨大"。主体是一般主体,主观上是故意。

根据刑法典第171条第1款的规定,犯本罪的,处3年以下有期徒刑或者拘役,并处2万元以上20万元以下罚金;数额巨大的,处3年以上10年以下有期徒刑,并处5万元以上50万元以下罚金;数额特别巨大的,处10年以上有期徒刑或者无期徒刑,并处5万元以上50万元以下罚金或者没收财产。

二、金融工作人员购买假币、以假币换取货币罪

金融工作人员购买假币、以假币换取货币罪,是指银行或者其他金融机构的工作人员购买伪造的货币或者利用职务上的便利,以伪造的货币换取货币,数额较大的行为。

所谓购买伪造的货币,是指以一定的价格利用货币或物品买回、换取伪造的货币之行为。所谓以伪造的货币换取货币的行为,是指以伪造的假币换取真币的行为。这种行为方式,必须在利用职务之便的情况下实施,才能构成本罪的客观之方面。所谓利用职务之便,是指利用职务范围内的权力和地位所形成的主管、经管、经手货币的便利条件;既包括利用职权的便利,即在自己职务范围内因职务而产生、享有的处理某种事务的便利,如人事权等,又包括利用本人的职权或地位所形成的便利条件。无论出于哪一种情况,都应当与自己的诸如管理货币的发行、流通与回笼,存款的吸收与提取,贷款的发放与收回,国内外汇兑的往来等等从事货币流通及相关的业务职责活动相联系。如果没有利用本身的职务之便,只是因工作关系熟悉作案的环境、方法、条件等,而将伪造的货币换取真币的,就不是本罪的客观之行为。如某银行的一工作人员将假币向其银行某一储蓄所与之不相识的人员兑换真币,以及晚上趁无人之机,潜入金库将假币换取真币的行为,都因未利用职务之便因而不能构成本罪。当然,这不排除可以成立他罪。本罪的主体是特殊主体,即只有在金融机构从事公务的人员才能构成。本罪主观上是故意,即明知是伪造的货币而予以购买或者利用职务之便利换取货币。如果行为人在工作中误将假币支付给他人,不能视为利用职务便利以假币换取真币。

根据刑法典第171条第2款的规定以及2000年最高人民法院《关于审理伪造货币等案件具体应用法律若干问题的解释》的规定,银行或者其他金融机构的工作人员购买假币或者利用职务上的便利,以假币换取货币,总面额在4000元以上不满5万元或者币量在400张(枚)以上不足5000张(枚)的,处3年以上10年以下有期徒刑,并处2元以上20万元以下罚金;总面额在5万元以上或者币量在5000张(枚)以上或者有其他严重情节的,处10年以上有期徒刑或者无期徒刑,并处2万元以上20万元以下罚金或者没收财产;总面额不满人民币4000元或者币量不足400张(枚)或者具有其他情节较轻情形的,处3年以下有期徒刑或者拘役,并处或者单处1万元以上10万元以下罚金。

根据 2010 年最高人民检察院、公安部《关于公安机关管辖的刑事案件立案追诉标准的规定(二)》第 20 条的规定,出售、购买伪造的货币或者明知是伪造的货币而运输,总面额在 4000 元以上或者币量在 400 张(枚)以上的,应予立案追诉。第 21 条规定,银行或者其他金融机构的工作人员购买伪造的货币或者利用职务上的便利,以伪造的货币换取货币,总面额在 2000 元以上或者币量 200 张(枚)以上的,应予追诉。

三、变造货币罪

变造货币罪,是指对货币采用剪贴、挖补、揭层、涂改、拼接等方法加工处理,以增加货币面值或增大货币数量,数额较大的行为。①

所谓变造货币,是指行为人在真币的基础上,以真币为基本的材料,通过对其剪贴、挖补、拼凑、揭层、涂改等方法加工处理,致使原有的货币改变形态、数量、面值造成原货币升值的行为。本罪在主观上由故意构成,即行为人必须明知是货币并进行变造以增大面值或增多币量的,才能构成本罪。如果行为人确实不知是货币而进行加工的,不管其加工变成的面值或币量多大,均不构成犯罪。例如,在实践中可能有的行为人因各种原因间接获得外币而又不认识,行为人出于好奇等心理对其进行剪贴、挖补、拼凑、揭层、涂改等,有的变造后还作为纪念品送给他人,对此当然不能以犯罪论处。应注意的是,本条没有规定成立本罪必须具有营利或者流通使用的目的,因此只要行为人出于故意变造货币且数额较大的即可构成本罪。根据 2000 年最高人民法院《关于审理伪造货币等案件具体应用法律若干问题的解释》第 6 条的规定,变造货币的总面额在 2000 元以上不满 3 万元的,属于"数额较大";总面额在 3 万元以上的,属于"数额巨大"。

根据刑法典第 173 条的规定,犯本罪的,处 3 年以下有期徒刑或者拘役,并处或者单处 1 万元以上 10 万元以下罚金;数额巨大的,处 3 年以上 10 年以下有期徒刑,并处 2 万元以上 20 万元以下罚金。

四、擅自设立金融机构罪

擅自设立金融机构罪,是指未经中国人民银行批准,擅自设立商业银行、证券交易所、期货交易所、证券公司、期货经纪公司、保险公司或者其他金融机构的行为。根据我国《商业银行法》和有关银行法规的规定,设立商业银行或者其他金融机构,必须符合一定的条件,按照规定的程序提出申请,经审核批准,由中国人民银行或者有关分行发给《经营金融业务许可证》,始得营业。凡未经中国人民银行批准,擅自开业或者经营金融业务成立犯罪的,以本罪论处。

本罪是结果犯,即必须有成立商业银行或者其他金融机构的结果。如果设立金融机

---

① 根据 2010 年最高人民检察院、公安部《关于公安机关管辖的刑事案件立案追诉标准的规定(二)》的规定,变造货币,总面额在 2000 元以上或者币量在 200 张(枚)以上的,应予追诉。

构还在预备阶段,或者由于某种原因使行为人意图设立的商业银行或者其他金融机构并未实际成立,则不构成本罪。至于擅自设立的商业银行或者其他金融机构是不是已开展业务,是否从事相应的金融业务,是否已经造成了危害,均不影响本罪的成立。"情节严重"主要是指从行为、手段、实际造成的危害后果等因素确定,一般包括:成立多家商业银行或者其他金融机构的;采取恶劣手段,如以伪造中国人民银行批准文件或国务院文件等方式,或者编造谎言,欺骗群众,或者国家机关擅自设立金融机构;不顾主管机关的批评擅自设立金融机构,造成恶劣影响,给他人造成了重大的经济损失等。本罪主体是一般主体,主观上是故意。

根据刑法典第 174 条第 1 款的规定,犯本罪的,处 3 年以下有期徒刑或者拘役,并处或者单处 2 万元以上 20 万元以下罚金;情节严重的,处 3 年以上 10 年以下有期徒刑,并处 5 万元以上 50 万元以下的罚金。单位犯本罪的,对单位判处罚金,并对其直接负责的主管人员和其他直接责任人员,依照上述规定处罚。

五、伪造、变造、转让金融机构经营许可证、批准文件罪

伪造、变造、转让金融机构经营许可证、批准文件罪,是指违反国家金融管理法规,非法伪造、变造、转让商业银行、证券交易所、期货交易所、证券公司、期货经纪公司、保险公司或者其他金融机构经营许可证或者批准文件的行为。

所谓伪造,是指无权制作的单位或个人,依照颁证机关即中国人民银行统一制作的《经营金融业务许可证》的式样,包括形状、色彩、内容、格式等特征,非法制作假的《经营金融业务许可证》的行为。行为的结果是假的许可证。既然是假的,就并不要求与真正的经营金融业务许可证完全一致。只要冠之以此种证件的名称,足以达到以假乱真、蒙蔽他人的目的即可。至于伪造的方式,则可以多种多样,有的是印刷,有的是予以复印,有的是用石印、影印、木印、胶印等方法加以复制,有的则是通过手工描绘,无论采用何种方式,只要是依照真的制造出来了假的金融机构经营许可证,即可构成本罪。所谓变造,是指行为人采取剪裁、挖补、拼凑、涂改、覆盖、揭层等方法对真《经营金融业务许可证》加以改造处理,从而使其内容加以改变的行为,如变更经营单位的名称与地址、经营业务的范围、批准的日期、批准单位、批准文号等。所谓转让,是指行为人将自己或他人的金融机构经营许可证转交给别的单位或个人使用的行为。本罪主体是一般主体,主观上是故意,一般具有营利或谋取其他非法利益的目的。有的是为了自用,有的是为了出卖,有的是为了帮助他人实现不法之意图,但无论其动机如何,都不会影响本罪的成立。

根据刑法典第 174 条第 2 款的规定,犯本罪的,处 3 年以下有期徒刑或者拘役,并处或者单处 2 万元以上 20 万元以下罚金;情节严重的,处 3 年以上 10 年以下有期徒刑,并处 5 万元以上 50 万元以下罚金。单位犯本罪的,对单位判处罚金,并对其直接负责的主管人员和其他责任人员,依照上述规定处罚。

六、骗取贷款、票据承兑、金融票证罪

骗取贷款、票据承兑、金融票证罪,是指以欺骗手段取得银行或者其他金融机构贷款、票据承兑、信用证、保函等金融票证,给银行或者其他金融机构造成重大损失或者有其他严重情节的行为。在理论上,本罪是一种骗取金融机构信用的行为,行为人在申请贷款、办理金融票证过程中,使用虚假的手段,如提供虚假的资信证明、经济合同、财产担保能力等资料,骗取银行或者其他金融机构的信任,从而获得银行或者其他金融机构提供的贷款或者金融票证的使用权本罪主体是一般主体,主观上是故意。

根据刑法典第175条之一的规定,犯本罪的[①],处3年以下有期徒刑或者拘役,并处或者单处罚金;给银行或者其他金融机构造成特别重大损失或者有其他特别严重情节的,处3年以上7年以下有期徒刑,并处罚金。单位犯本罪的,对单位判处罚金,并对其直接负责的主管人员和其他直接责任人员,依照自然人犯本罪的规定处罚。

七、妨害信用卡管理罪

妨害信用卡管理罪是指违反国家信用卡管理法规,妨害信用卡管理,破坏国家金融秩序的行为。本罪客观上主要表现为:(1)明知是伪造的信用卡而持有、运输的,或者明知是伪造的空白信用卡而持有、运输,数量较大的;(2)非法持有他人信用卡,数量较大的;(3)使用虚假的身份证明骗领信用卡的;(4)出售、购买、为他人提供伪造的信用卡或者以虚假的身份证明骗领的信用卡的。本罪主体是一般主体,主观上是故意。

根据刑法典第177条之一第1款的规定,犯本罪的,处3年以下有期徒刑或者拘役,并处或者单处1万元以上10万元以下罚金;数量巨大或者有其他严重情节的,处3年以上10年以下有期徒刑,并处2万元以上20万元以下罚金。

八、窃取、收买、非法提供信用卡信息罪

窃取、收买、非法提供信用卡信息罪,是指窃取、收买、非法提供信用卡信息资料的行为,客观方面表现为以秘密手段获取或者以金钱、物质等换取他人信用卡信息资料的行为,或者违反有关规定,私自提供他人信用卡信息资料的行为。以虚假的身份证明骗领信用卡,并不要求身份证明本身是虚假的,行为人使用他人真实身份证明(包括居民身份证、军官证、士兵证、港澳居民往来内地通行证、台湾居民来往大陆通行证、护照等身份证明)为自己骗领信用卡的,也属于以虚假身份证明骗领信用卡。本罪主体是一般主体,主观上

[①] 根据2010年最高人民检察院、公安部《关于公安机关管辖的刑事案件立案追诉标准的规定(二)》的规定,涉嫌下列情形之一的,应予立案追诉:(1)欺骗手段取得贷款、票据承兑、信用证、保函等,数额在100万元以上的;(2)以欺骗手段取得贷款、票据承兑、信用证、保函等,给银行或者其他金融机构造成直接经济损失数额在20万元以上的;(3)虽未达到上述数额标准,但多次以欺骗手段取得贷款、票据承兑、信用证、保函等的;(4)其他给银行或者其他金融机构造成重大损失或者有其他严重情节的情形。

是故意。

根据刑法典 177 条之一的规定,犯本罪的处 3 年以下有期徒刑或者拘役,并处或者单处 1 万元以上 10 万元以下罚金;数量巨大或者有其他严重情节的处 3 年以上 10 年以下有期徒刑,并处 2 万元以上 20 万元以下罚金。银行或者其他金融机构的工作人员利用职务上的便利,窃取、收买或者非法提供他人信用卡信息资料的,从重处罚。

九、伪造、变造国家有价证券罪

伪造、变造国家有价证券罪,是指违反国家证券管理法规,伪造、变造国库券或者国家发行的其他有价证券,数额较大的行为。

所谓伪造,是指仿照有价证券的图案、形式、颜色、面值、格式等外形特征,通过复印、绘制、印刷等方法制作假证券的行为,使非有价证券摇身而变成"有价证券"。所谓变造,是指对真实有效的有价证券使用涂改、挖补、拼凑、剪接、覆盖等各种方式进行加工,使其主要内容如发行的面额、发行期限或张数等加以改变的行为,是在真的基础上变少为多,使真的有价证券变成非原来的有价证券。所谓国家有价证券,包括国库券和国家发行的其他有价证券。国库券是指国家为解决急需的预算支出而由财政部发行的一种国家债券;它按面值公开发行,上面注明了偿还债务的期限与到期的利息,一段时间后可以依法予以转让、买卖。所谓国家发行的其他有价证券,是指国家发行的国库券以外的载明一定财产价值的其他有价证券,如国家建设债券、保值公债、财政债券等。所谓数额较大,是指伪造、变造国家证券的数额较大。如果仅有伪造、变造国家证券的行为,但没有达到数额较大,就不能以本罪论处。本罪行为人虽然具有以伪造、变造国家有价证券牟取非法利益的目的,但其既遂的标准不是以其目的是否实现来判定。本罪主体是一般主体,主观上是故意。行为人只要出于故意实施了伪造或变造国家证券的行为并且达到了数额较大,即成立本罪既遂;至于是否已牟取了非法利益,则不影响既遂成立。如果数额较大的国家有价证券因意志以外的原因没有被伪造、变造出来,即伪造、变造行为已开始实施但未完毕的则是犯罪未遂。

根据刑法典第 178 条第 1 款的规定,犯本罪的,处 3 年以下有期徒刑或者拘役,并处或者单处 2 万元以上 20 万元以下罚金;数额巨大的,处 3 年以上 10 年以下有期徒刑,并处 5 万元以上 50 万元以下罚金;数额特别巨大的,处 10 年以上有期徒刑或者无期徒刑,并处 5 万元以上 50 万元以下罚金或者没收财产。单位犯本罪的,对单位判处罚金,并对其直接负责的主管人员和其他直接责任人员,依照上述规定处罚。

十、伪造、变造股票、公司、企业债券罪

伪造、变造股票、公司、企业债券罪,是指违反国家有关有价证券管理法规,伪造、变造股票或者公司、企业债券,数额较大的行为。所谓股票,是由公司签发的证明股东所持股份的要式凭证。所谓公司、企业债券,是公司、企业依照法定程序发行的,约定在一定期限

内还本付息的有价证券,是一种用以显示和证明与他人形成的金钱债务关系的证券。根据我国《公司法》的规定,债券必须载明公司的名称、面额、利率、偿还期限等事项。所谓数额较大,是指伪造、变造股票或者公司、企业债券的面额较大。本罪不仅要求具有伪造、变造股票或者公司、企业债券的行为,而且还要达到数额较大的标准,缺少其一,都不能成立本罪。本罪主体是一般主体,主观上是故意,并且具有牟取非法利益的目的,过失不能构成本罪。本罪主观方面虽然要求具有牟取非法利益的目的,但其既遂的标准不是以目的是否实现为标准的。行为人只要出于故意实施了伪造、变造股票或公司、企业债券的行为,一达到数额较大①,即成立本罪,其目的是否实现则在所不问。行为人出于故意实施伪造、变造行为,但由于意志以外的原因尚未完成,只要能查明其足以达到数额较大的标准,则就可构成本罪未遂。

根据刑法典第178条第2款、第3款的规定,犯本罪的,处3年以下有期徒刑或者拘役,并处或者单处1万元以上10万元以下罚金;数额巨大的,处3年以上10年以下有期徒刑,并处2万元以上20万元以下罚金。单位犯本罪的,对单位判处罚金,并对其直接负责的主管人员和其他直接责任人员,依照上述规定处罚。

十一、擅自发行股票、公司、企业债券罪

擅自发行股票,公司、企业债券罪,是指未经国家有关主管部门批准,擅自发行股票,公司、企业债券,数额巨大,后果严重或者有其他严重情节的行为。成立本罪需要达到数额巨大的程度或者造成其他严重后果,或者有其他严重情节。②

根据刑法典第179条的规定,犯本罪的,处5年以下有期徒刑或者拘役,并处或者单处非法募集资金金额1%以上5%以下的罚金;单位犯本罪的对单位判处罚金,并对其直接负责的主管人员和其他直接责任人员,处5年以下有期徒刑或者拘役。

十二、编造并传播证券、期货交易虚假信息罪

编造并传播证券、期货交易虚假信息罪,是指编造并且传播影响证券、期货的虚假信息,扰乱证券、期货交易市场,造成严重后果的行为。"编造"是指捏造虚假信息,既包括虚构本不存在的信息,也包括篡改、加工、隐瞒真实的信息。"传播"是指使用各种方式,使虚假信息处于不特定人或者多数人知悉或可能知悉的状态。

根据2010年最高人民检察院、公安部《关于公安机关管辖的刑事案件立案追诉标准的规定(二)》的规定,编造并且传播影响证券、期货交易的虚假信息,扰乱证券、期货交易

---

① 根据2010年最高人民检察院、公安部《关于公安机关管辖的刑事案件立案追诉标准的规定(二)》的规定,伪造、变造股票或者公司、企业债券,总面额在5000元以上的,应予追诉。

② 根据2010年最高人民检察院、公安部《关于公安机关管辖的刑事案件立案追诉标准的规定(二)》的规定,未经国家有关主管部门批准,擅自发行股票或者公司、企业债券,涉嫌下列情形之一的,应予追诉:(1)发行数额在50万元以上的;(2)虽未达到上述数额标准,但是擅自发行致使30人以上的投资者购买了公司的股票,公司、企业债券;(3)不能及时清偿或者清退的;(4)造成恶劣影响的。

市场,涉嫌下列情形之一的,应予追诉:(1)获利或者避免损失数额累计在5万元以上的;(2)造成投资者直接经济损失数额在5万元以上的;(3)致使交易价格和交易量异常波动的;(4)虽未达到上述数额标准,但多次编造并且传播影响证券、期货交易的虚假信息;(5)造成恶劣影响的。

根据刑法典第181条的规定,犯本罪的处5年以下有期徒刑或者拘役,并处或者单处1万元以上10万元以下罚金;单位犯本罪的对单位判处罚金,并对其直接负责的主管人员和其他直接责任人,处5年以下有期徒刑或者拘役。

十三、诱骗投资者买卖证券、期货合约罪

诱骗投资者买卖证券、期货合约罪,是指证券交易所、期货交易所、证券公司、期货经纪公司的从业人员,证券业协会、期货业协会或者证券期货监督管理部门的工作人员,故意提供虚假信息或者伪造、变造、销毁交易记录,诱骗投资者买卖证券、期货合约,造成严重损失的行为。

本罪所指的虚假信息与"编造并传播证券、期货交易虚假信息罪"和"内幕交易、泄露内幕信息罪"中提及的虚假信息的内容是不同的,本罪提及的虚假信息是指:(1)发行人、证券经营机构在招股说明书、上市公告书、公司报告及其他文件中作出的虚假陈述;(2)律师事务所、审计师事务所、资产评估机构等专业性证券机构在其出具的法律意见书、审计报告、资产评估报告中或其他文件中作的虚假陈述;(3)证券交易所、证券业协会或者其他证券自律性组织作出的对证券市场产生影响的虚假陈述;(4)发行人、证券经营机构、专业性证券服务机构、证券业自律组织向证券监督部门提交的各种文件、报告中的虚假陈述;(5)在证券发行、交易及其相关活动中的其他虚假陈述。本罪的主体是特殊主体,只有在证券交易所、证券公司、期货交易所的从业人员或者证券业协会、证券管理协会从事管理工作的人员才能成立本罪。单位也可成为本罪主体。本罪主观上是故意,并且有诱骗投资人买卖的目的。

根据2010年最高人民检察院、公安部《关于公安机关管辖的刑事案件立案追诉标准的规定(二)》的规定:证券交易所、期货交易所、证券公司、期货经纪公司的从业人员,证券业协会、期货业协会或者证券期货监督管理部门的工作人员,故意提供虚假信息或者伪造、变造、销毁交易记录,诱骗投资者买卖证券、期货合约,涉嫌下列情形之一的,应予追诉:(1)获利或者避免损失数额累计在5万元以上的;(2)造成投资者直接经济损失数额在5万元以上的;(3)致使交易价格和交易量异常波动的;(4)造成恶劣影响的。

根据刑法典181条的规定,犯本罪的,处5年以下有期徒刑或者拘役,并处或者单处1万元以上10万元以下罚金;情节特别恶劣的处5年以上10年以下有期徒刑,并处2万元以上20万元以下罚金;单位犯本罪的对单位判处罚金,并对其直接负责的主管人员和其他直接责任人员,处5年以下有期徒刑或者拘役。

十四、操纵证券、期货市场罪

操纵证券、期货市场罪,是指自然人或者单位故意操纵证券、期货市场,情节严重的行为。本罪在客观要件上主要表现为:(1)单独或者合谋,集中资金优势、持股或者持仓优势或者利用信息优势联合或者连续买卖,操纵证券、期货交易价格或者证券、期货交易量;(2)与他人串通,以事先约定的时间、价格和方式相互进行证券、期货交易,影响证券、期货交易价格或者证券、期货交易量;(3)在自己实际控制的账户之间进行证券交易,或者以自己为交易对象,自买自卖期货合约,影响证券、期货交易价格或者证券、期货交易量;(4)以其他方法操纵证券、期货市场。实施上述行为之一,情节严重的则构成本罪。[①]

根据刑法典第182条的规定,犯本罪的,处5年以下有期徒刑或者拘役,并处或者单处罚金;情节特别恶劣的,处5年以上10年以下有期徒刑,并处罚金。单位犯本罪的对单位判处罚金,并对其直接负责的主管人员和其他直接责任人员,依照自然人犯本罪的规定处罚。

十五、背信运用受托财产罪

背信运用受托财产罪,是指商业银行、证券交易所、期货交易所、证券公司、期货经纪公司、保险公司或者其他金融机构,违背受托义务,擅自运用客户或者其他委托、信托的财产,情节严重的行为。

"委托、信托的财产",是指在委托理财业务中,委托人存放于商业银行或者其他金融机构中的资金,包括:客户在证券交易所证券交易账户中存放的用于买卖证券的资金;客户在委托理财业务中存放于理财账户的资金;信托业务中的信托资金。本罪是单位犯罪,只有从事受托财产管理的金融机构才能成立本罪。

成立本罪要求情节严重。根据2010年最高人民检察院、公安部《关于公安机关管辖的刑事案件立案追诉标准的规定(二)》的规定,涉嫌下列情形之一的,应予立案追诉:(1)擅自运用客户资金或者其他委托、信托的财产数额在30万元以上的;(2)虽未达到上述数额标准,但多次擅自运用客户资金或者其他委托、信托的财产,或者擅自运用多个客户资金或者其他委托、信托的财产的;(3)其他情节严重的情形。

根据刑法典第185条之一的规定,犯本罪的,对单位判处罚金,并对其直接负责的主管人员和其他直接责任人员,处3年以下有期徒刑或者拘役,并处3万元以上30万元以下罚金;情节特别严重的,处3年以上10年以下有期徒刑,并处5万元以上50万元以下罚金。

[①] 关于本罪的追诉标准,参见2010年最高人民检察院、公安部《关于公安机关管辖的刑事案件立案追诉标准的规定(二)》第39条规定的8种情形。

十六、违法运用资金罪

违法运用资金罪,是指社会保障基金管理机构、住房公积金管理机构等公众资金管理机构,以及保险公司、保险资产管理公司、证券投资基金管理公司,违反国家规定运用资金的行为。本罪在客观方面表现为:违反国家关于特定公众资金、投资基金运作及管理的规定,改变特定资金或基金的用途、投资方向与运作模式,使用该特定资金的行为。[1] 本罪为纯正的单位犯罪,且为特殊单位犯罪主体,包括社会保障基金管理机构、住房公积金管理机构等公众资金管理机构,以及保险公司、保险资产管理公司、证券投资基金管理公司。本罪在主观上是故意。

根据刑法典第185条之一的规定,犯本罪的,对单位判处罚金,并对其直接负责的主管人员和其他直接责任人员,处3年以下有期徒刑或者拘役,并处3万元以上30万元以下罚金;情节特别严重的,处3年以上10年以下有期徒刑,并处5万元以上50万元以下罚金。

十七、吸收客户资金不入账罪

吸收客户资金不入账罪,是指银行或者其他金融机构的工作人员以及单位,吸收客户资金不入账,数额巨大或者造成重大损失的行为。[2] 根据最高人民法院2001印发的《全国法院审理金融犯罪案件工作座谈会纪要》的规定,"至于是否记入法定账目以外设立的其他账目不影响本罪成立"。当然,如果银行或者其他金融机构工作人员将所吸纳的客户存款不记入任何账目的,而是另行自己存入或使用,可视具体情况按贪污罪或者职务侵占罪论处。

根据刑法典第187条的规定,犯本罪的,处5年以下有期徒刑或者拘役,并处2万元以上20万元以下罚金;数额特别巨大或者造成特别重大损失的,处5年以上有期徒刑,并处5万元以上50万元以下罚金。单位犯本罪的,对单位判处罚金,并对其直接负责的主管人员和其他直接责任人员,依照自然人犯本罪的规定处罚。

十八、对违法票据承兑、付款、保证罪

对违法票据承兑、付款、保证罪,是指银行或者其他金融机构的工作人员在票据业务中,对违反票据法规定的票据予以承兑、付款或者保证,造成重大损失的行为。本罪的犯罪主体是特殊主体,即行为人必须是银行或者其他金融机构从业人员,银行、金融机构也

---

[1] 根据2010年最高人民检察院、公安部《关于公安机关管辖的刑事案件立案追诉标准的规定(二)》的规定,涉嫌下列情形之一的,应予立案追诉:(1)违反国家规定运用资金数额在30万元以上的;(2)虽未达到上述数额标准,但多次违反国家规定运用资金的;(3)其他情节严重的情形。

[2] 根据2010年最高人民检察院、公安部《关于公安机关管辖的刑事案件立案追诉标准的规定(二)》的规定,吸收客户资金不入账,数额在100万元以上的,或者造成直接经济损失数额在20万元以上的,应予立案追诉。

能构成本罪主体。本罪在主观方面的表现为过失,即行为人由于疏忽大意没有预见到发生的后果造成重大损失的行为。

根据刑法典第189条之规定,犯本罪的,处5年以下有期徒刑或者拘役;造成特别重大损失的,处5年以上有期徒刑。单位犯本罪的,对单位判处罚金,并对其直接负责的主管人员和其他直接责任人员,依照自然人犯本罪的规定处罚。

第十四节 罪之比较与适用

本类罪规定在我国刑法分则第三章破坏社会主义市场经济秩序罪的第四节。不仅犯罪互相间存在着混淆,而且与其他章节规定的犯罪也有相似之处。因此,适当的比较和阐述显得十分必要。

一、本章罪之比较

(一)伪造、变造金融票证罪与伪造、变造国家有价证券罪的区别

两罪的区别主要表现为:(1)侵犯的法益和犯罪对象不同。伪造、变造金融票证罪侵犯的是国家对金融票证的管理制度,犯罪对象是汇票、支票、本票、委托收款凭证、汇款凭证、银行存单、信用证或者附随的单据、文件,以及信用卡等金融票证;伪造、变造国家有价证券罪侵犯的是国家对一般有价证券的管理制度,犯罪对象是上述金融票证以外的其他有价证券,如国库券、政府债券、股票等。(2)客观方面表现不同。伪造、变造国家有价证券罪将数额较大作为构成伪造、变造有价证券罪的要件;伪造、变造金融票证罪则没有这一要求。(3)法定刑轻重不同。伪造、变造金融票证罪法定刑重;伪造、变造国家有价证券罪法定刑轻。

(二)金融工作人员购买假币、以假币换取货币罪与购买假币罪的区别

两罪的区别主要表现为:(1)行为主体不同。金融工作人员购买假币、以假币换取货币罪的主体是银行等金融机构的工作人员;购买假币罪的主体则为一般主体。(2)客观方面不同。金融工作人员购买假币、以假币换取货币罪只要具有购买的行为,无论其购买数额的多少都可构成本罪;购买假币罪不仅要求具有购买假币的行为,而且亦要求购买假币的数量达到数额较大的标准,否则即不可能构成犯罪。

(三)变造货币罪与伪造货币罪的区别

两罪的区别主要表现为:(1)变造货币是在货币的基础上进行加工处理,以增加原货币的面值;伪造货币则是将非货币的一些物质经过加工后伪造成货币,有的伪造货币的行为要利用货币,如采用彩色复印机伪造货币的。(2)变造的货币在某种程度上有原货币的成分,如原货币的纸张、金属防伪线等;伪造的货币则不具有原货币的成分,如将真实的金属货币熔化之后铸成新币。(3)变造货币的犯罪受到其行为方式的限制,变造的数额远远小于伪造的数额,而且变造货币犯罪是在真实货币的基础上进行加工处理,行

为人为此还须先行投入一部分货币才能进行变造货币的犯罪,其牟取的非法利益往往小于伪造货币的非法所得利益;伪造货币的犯罪有的是成批、大量地"生产货币",社会危害性相对变造货币要大得多。

(四) 伪造、变造股票、公司、企业债券罪与伪造、变造国家有价证券罪的区别

两罪在主观方面、客观方面、主体上都相一致,主要区别则是犯罪对象不同。伪造、变造股票、公司、企业债券罪的对象虽然亦为有价证券,但其属于公司、企业依法发行的一种有价证券;伪造、变造国家有价证券罪的对象则是国家发行的有价证券,其危害性比前罪更大。

二、与其他章节罪之比较

(一) 内幕交易、泄露内幕信息罪与侵犯商业秘密罪的区别

内幕交易、泄露内幕信息罪的客观方面包括知道内幕信息的内幕人员或非内幕人员将内幕信息非法泄露和公开的情形,而侵犯商业秘密罪的客观方面包括披露、使用或者允许他人使用以不正当手段获取的权利人的商业秘密和违反约定或者违反权利人有关保守商业秘密的要求,披露、使用或者允许他人使用其所掌握的商业秘密两种情形。因此,内幕交易罪与侵犯商业秘密罪就存在着一定的联系,如两者的犯罪对象都具有秘密性,两者的客观方面都包括泄露或提前公开不该公开的相关内容等。

两罪的区别主要表现为:(1) 侵犯的对象不同。内幕交易、泄露内幕信息罪侵犯的是内幕信息,该信息必然影响证券、期货交易市场价格;侵犯商业秘密罪侵犯的是商业秘密,是指不为公众知悉,能为权利人带来经济利益、具有实用性并经权利人采取保密措施的技术信息与经营信息。(2) 客观行为不同。内幕交易、泄露内幕信息罪包括行为人不公开内幕信息而本人直接加以利用、或者将内幕信息公开建议别人加以利用从而本人间接参与两种情形侵犯商业秘密罪包括三种情形:以盗窃、利诱、胁迫或者其他不正当手段获取权利人的商业秘密;披露、使用或者允许他人使用以前项手段获取的权利人的商业秘密;违反约定或者违反权利人有关保守秘密的要求,披露、使用或者允许他人使用其所掌握的商业秘密。

(二) 内幕交易、泄露内幕信息罪与泄露国家秘密罪的区别

两罪的区别主要表现为:(1) 主观方面不同。内幕交易、泄露内幕信息罪主观上只能是故意,行为人往往还具有牟取非法利益或避免损失的犯罪目的;泄露国家秘密罪主观上既可以是故意,也可以是过失。(2) 犯罪主体不同。内幕交易、泄露内幕信息罪的主体包括内幕人员和非内幕人员,并不一定都是国家机关工作人员;泄露国家秘密罪的主体只能是国家机关工作人员。(3) 在犯罪对象不同。内幕交易、泄露内幕信息罪侵犯的是内幕信息,具体范围由法律和行政法规来确定,并非都属于国家秘密的范畴;泄露国家秘密罪侵犯的是国家秘密,具体包括国防、外交、立法、司法、财政、经济、科技等方面不应公开的事项,也包括一切未经决定或虽经决定而尚未公开的国家事项,以及一切有关国家机密的

文件、电报、函件、资料等。显然,内幕交易、泄露内幕信息罪的范围要小,机密程度要低。(4)客观方面不同。内幕交易、泄露内幕信息罪是指违反有关证券、期货法规,行为人利用内幕信息进行证券、期货交易或泄露内幕信息的行为;泄露国家秘密罪是指行为人违反国家秘密法律法规,故意或过失泄露国家秘密的行为。此外,实践中也会出现内幕交易、泄露内幕信息罪和泄露国家秘密罪想象竞合的问题。例如,知悉内幕信息的人为国家机关工作人员,其所泄露的内幕信息属于国家秘密,此种情形应依照想象竞合犯的处罚原则来处理。

(三)逃汇罪与走私罪的区别

两罪的区别主要表现为:(1)侵犯的对象不同。逃汇罪侵犯的对象仅限于外汇;走私罪侵犯的对象却比本罪广泛得多,它包括外汇在内的一切禁止或限制进出境的货物与物品或者应当缴纳关税的货物及物品。(2)客观方面的表现形式不同。逃汇罪在客观方面表现为逃汇的行为,逃汇的外在形式是将境外取得的应当调回境内的外汇而不调回,或把境内的外汇私自转移到国外等;走私罪的客观行为却是行为人逃避海关监管,非法运输、携带、邮寄货物、物品进出国(边)境的行为。(3)犯罪主体不同。逃汇罪的主体是特殊主体,仅限于国有公司、企业或者其他国有单位以及这些单位的直接负责的主管人员和其他直接责任人员,自然人构成犯罪时,显然必以单位构成犯罪为前提;走私罪的主体则为一般主体,凡达到刑事责任年龄具有刑事责任能力的自然人,均可成为本罪的主体,单位亦可构成走私罪。

(四)洗钱罪与掩饰、隐瞒犯罪所得、犯罪所得收益罪的区别

两罪的区别主要表现为:(1)行为的对象不同。洗钱罪的上游犯罪特指毒品犯罪、黑社会性质组织犯罪、恐怖活动组织犯罪、走私犯罪的违法所得及其产生的收益等;掩饰、隐瞒犯罪所得、犯罪所得收益罪泛指一切犯罪的所得赃物。(2)行为方式不同。洗钱罪是指通过某类中介机构来隐瞒和掩饰违法所得及其收益的性质和来源;掩饰、隐瞒犯罪所得、犯罪所得收益罪则包括窝藏、转移、收购或代为销售赃物四种行为。

三、案例适用

【案例1】

张某原在一家公司上班,因公司经济效益不好,张某遂辞职并欲自己开茶馆,但苦于开办资金不足,便向朋友姚某借钱,并承诺可以给姚高于银行的利息。姚某想,像张某这样为做生意需要资金又愿支付高息的人肯定很多,于是便与其妻商量,能否把社会上的闲散资金借来,然后放贷给他人,从中赚取高额利差,此想法得到其妻的赞同。不久,姚某夫妇设立了"××资金互助会",并伪造了资金互助会所用的各种文件、印章、票据等。几个月后,该资金互助会开业,专事吸收社会闲散资金和放贷业务,经营数月后被有关部门发现并查封。

讨论问题:姚某夫妇的行为能否以擅自设立金融机构罪定罪?为什么?

【案例 2】

陈某系某市工商银行城中营业部出纳员。在一次聚会中,陈某通过朋友认识了王某。王某得知陈某在银行工作后,便动起了坏主意。他劝陈某与他合作,两人共同出资,由王某负责购进假币,然后由陈某利用工作便利负责将其兑换成真币,两人再按赢利额分成。陈某经不住诱惑,遂表示同意。嗣后,王某购进假币 10 万元并交给陈某,陈某便利用出纳工作之便,将假币掺入真币之中陆续交给提款人,平均每天出手千余元,不到两个月,陈某已将近 7 万元假币兑换成真币。一次偶然的机会,陈某的行径被当众识破,王某、陈某随即被逮捕归案。

讨论问题:对王某和陈某的行为应当如何定罪?为什么?

第十章

破坏社会主义市场经济秩序罪(4)：金融诈骗罪

金融诈骗罪是指行为人以非法占有为目的，利用非法融资、金融票据、信用证、信用卡等金融工具或者保险手段骗取公私财物，依照刑法应当受到刑罚处罚的一类犯罪的统称。金融诈骗罪是我国刑法分则第三章规定的犯罪，本章从第 192 条至第 200 条共有 9 个条文，包括 8 个罪名，重点规定了各类金融诈骗犯罪。①

本章犯罪的法益是国家金融管理制度和公民、法人或其他非法人组织的财产权。本章犯罪的主体既包括自然人，也包括单位。至于自然人，只要是年满 16 周岁具有刑事责任能力的人即可构成金融诈骗罪的犯罪主体；至于单位，由于在这部分刑法典中没有特别要求，所以依照我国刑法典第 30 条的规定进行认定。②

第一节 集资诈骗罪

一、定义

集资诈骗罪是指以非法占有为目的，使用诈骗方法非法集资，数额较大的行为。本罪的法益是国家(金融机构)集资管理制度和公私财产所有权。

二、犯罪客观要件

本罪客观上表现为使用诈骗方法非法集资的行为。

(1) 行为人使用了诈骗方法。诈骗方法一般包括虚构事实或隐瞒真相。本罪"诈骗

---

① 1995 年第八届全国人民代表大会常务委员会第十四次会议通过了《关于惩治破坏金融秩序犯罪的决定》，规定了 6 种金融诈骗犯罪行为及其刑事责任。1997 年修订刑法典时，在前述《决定》的基础上，增设了有价证券诈骗罪，并将金融诈骗犯罪扩展为一节。

② 依照我国现行刑法典的规定，只有集资诈骗罪、票据诈骗罪、金融凭证诈骗罪、信用证诈骗罪以及保险诈骗罪可以由单位构成。王作富：《刑法分则实务研究》(下)，中国方正出版社 2003 年版，第 634 页。

方法"是指行为人采取虚构集资用途,以虚假的证明文件和高回报率为诱饵,骗取集资款的手段。虚构集资用途,一般表现为虚构客观上不存在的企业或企业发展规划项目,以此表明集资用途,而且往往吹嘘集资投资少、收益高。①

(2) 行为了实施了非法集资。集资,是指公司、企业、个人或者其他组织经过中国人民银行及国家有关部门批准,按照法律、法规通过正当渠道,向社会公众或者集体募集资金的行为。② 集资是金融机构的主要职能;公司、企业也可依据法律法规,采取发行股票、债券等融资方式筹集资金。在市场经济下,集资能够充分利用社会闲散资金,成为公司、企业获取资金的有效渠道。但为了保障国家正常的金融秩序和公私财产的安全,集资必须依照法定的条件、程序和方式进行,否则就是非法的。所谓非法集资,是指上述主体未经有权机关批准,违反法律法规,向社会公众或集体筹集资金的行为。③

三、犯罪主观要件

本罪的犯罪主体可以是已满16周岁具有辨认控制能力的自然人,也可以是单位。④本罪主观上是直接故意,并且具有非法占有集资款的目的。间接故意和过失不成立本罪。请特别注意,对此学界有争论。⑤

如果行为人仅有非法集资的故意,而无非法占有集资款的目的,则不能构成本罪。行为人主观上具有的非法占有的目的,是指非法占为己有(包括使第三者或单位不法所有)的目的,而不是暂时占有、使用的目的。在司法实践中,认定是否具有非法占有目的,应当坚持主客观相一致的原则,既要避免单纯根据损失结果客观归罪,也不能仅凭被告人自己的供述,而应根据案件具体情况具体分析。根据2010年最高人民法院《关于审理非法集资刑事案件具体应用法律若干问题的解释》的规定,使用诈骗方法集资,具有下列情形之一的,可以认定为"以非法占有为目的":(1) 集资后不用于生产经营活动或者用于生产经营活动与筹集资金规模明显不成比例,致使集资款不能返还的;(2) 肆意挥霍集资款,致使集资款不能返还的;(3) 携带集资款逃匿的;(4) 将集资款用于违法犯罪活动的;(5) 抽逃、转移资金、隐匿财产,逃避返还资金的;(6) 隐匿、销毁账目,或者搞假破产、假倒闭,逃避返还资金的;(7) 拒不交代资金去向,逃避返还资金的;(8) 其他可以认定非法占有目的的情形。

---

① 可参见2010年最高人民法院《关于审理非法集资刑事案件具体应用法律若干问题的解释》第2条的规定。
② 范春明主编:《金融犯罪的法律适用》,人民法院出版社2002年版,第126页。
③ 非法集资行为大致可以分为两类:一类是非法发行各类债券、股票等集资行为;另一类是通过组织地下钱庄如"抬会""标会"等,以民间互助的名义,以高额利息为诱饵进行集资行为。
④ 在集资诈骗罪的主体问题上,关于"金融机构能否成为本罪的主体"在学术界有一定的争论。详细内容请参见赵秉志主编:《金融诈骗罪新论》,人民法院出版社2001年版,第68—70页。
⑤ 有学者认为本罪主观方面的故意包括"希望"或"放任"两种心理态度。张明楷:《刑法学》(第2版),法律出版社2003年版,第215—224页,第628页。本书采纳的观点请参见周道鸾、张军:《刑法罪名精释——对最高人民法院、最高人民检察院关于罪名司法解释的理解和适用》(第2版),人民法院出版社2003年版,第264页。

四、犯罪量度要件

成立本罪要求数额较大。根据2010年最高人民法院《关于审理非法集资刑事案件具体应用法律若干问题的解释》的规定，个人进行集资诈骗，数额在10万元以上的，应当认定为"数额较大"；单位进行集资诈骗，数额在50万元以上的，应当认定为"数额较大"；集资诈骗的数额以行为人实际骗取的数额就算，案发前已归还的数额应予扣除。行为人为实施集资诈骗活动而支付广告费、中介费、手续费、回扣、或者用于行贿、赠与等费用，不予扣除。行为人为实施集资诈骗活动而支付的利息，除本金为归还可予折本金以外，应当计入诈骗数额。

五、本罪的认定

行为人以非法占有为目的，使用诈骗方法非法集资，数额较大的即成立本罪既遂。如果行为人以非法占有数额较大的集资款为目的，已经着手使用诈骗方法非法集资，但由于意志以外的原因而未得逞，为本罪的未遂。通常情况下，资不抵债卷款跑路的大都也被认定为集资诈骗。

六、本罪的刑事责任

根据刑法典第192条、第200条的规定，犯本罪的，处5年以下有期徒刑或者拘役，并处2万元以上20万元以下罚金；数额巨大或者有其他严重情节的处5年以上10年以下有期徒刑，并处5万元以上50万元以下罚金；数额特别巨大或者有其他特别严重情节的，处10年以上有期徒刑或者无期徒刑，并处5万元以上50万元以下罚金或者没收财产。

单位犯本罪的，对单位判处罚金，并对直接负责的主管人员和其他直接责任人员处5年以下有期徒刑或者拘役；数额巨大或者有其他严重情节的，处5年以上10年以下有期徒刑；数额特别巨大或者有其他特别严重情节的，处10年以上有期徒刑或者无期徒刑。

第二节 贷款诈骗罪

一、定义

贷款诈骗罪，是指以非法占有为目的，使用欺诈方法，诈骗银行或其他金融机构的贷款，数额较大的行为。本罪侵害的法益是国家对银行贷款的管理制度和社会主义公有财产的所有权。

二、犯罪客观要件

本罪客观上是行为人是使用诈骗方法，诈骗银行或其他金融机构的贷款的行为。

（1）本罪的犯罪对象是银行或者其他金融机构的贷款。贷款是指贷款人对借款人提供的并按约定的利率和期限还本付息的货币资金。按照商业银行法、公司法的规定，目前我国从事贷款业务的主要商业银行有国有独资商业银行、全国性综合商业银行、区域性商业银行，以及国外银行在我国境内设立的分行、中外合资银行等。此外，根据金融机构管理规定，不冠以银行名称但经营金融业务的组织也可以经营贷款业务。"其他金融机构"，主要是指除银行以外的信托公司、城市信用社、农村信用社等具有信贷业务的非银行金融机构。

（2）行为人使用了诈骗方法。

根据刑法典第193条的规定，诈骗方法具体表现为以下形式：

第一，编造引进资金、项目等虚假理由。这主要是指行为人编造根本不存在或者情况不实的所谓会产生良好社会效益和经济效益的投资项目，或者以引入外资需要配套资金等理由，直接向银行或者其他金融机构诈骗贷款，也包括先编造虚假理由向金融机构骗取资金存入证明，再以此证明向另一金融机构申请贷款的行为。①

第二，使用虚假的经济合同。主要是指行为人使用伪造、变造、过期、作废的经济合同来冒充真实有效的经济合同骗取金融机构贷款的。②

第三，使用虚假的证明文件。主要是指使用虚假的存款证明、资产评估报告、担保单位的担保函等向银行或者其他金融机构申请贷款时所需的证明文件骗取贷款。

第四，使用虚假的产权证明作担保或者超出抵押物价值重复担保的。所谓产权证明，是指行为人对动产、不动产或者货币、可即时兑付的骗局享有所有权的书面文件；所谓超出抵押物价值重复担保，是指在申请担保贷款过程中，用同一抵押物进行重复抵押并且所抵押担保的贷款的价值超出抵押物的价值。

第五，以其他方法诈骗贷款。是指伪造单位公章、印鉴，或者伪造、变造金融票证骗取贷款，或者借贷后故意转移资金或资产，拒不返还；或者以假币作抵押骗取贷款的等等。

行为人使用上述方法之一即可成立本罪；同时使用几种方法的也只成立一罪，并不数罪并罚。

【例题】 关于贷款诈骗罪的判断，下列哪一选项是正确的？（2007年国家司法考试真题）

A. 甲以欺骗手段骗取银行贷款，给银行造成重大损失的，构成贷款诈骗罪。

B. 乙以牟利为目的套取银行信贷资金，转贷给某企业，从中赚取巨额利益的，构成贷款诈骗罪。

C. 丙公司以非法占有为目的，编造虚假的项目骗取银行贷款。该公司构成贷款诈骗。

---

① 曹子丹、侯国云主编：《中华人民共和国刑法精解》，中国政法大学出版社1997年版，第176页。
② 金融机构发放贷款时需要对贷款的用途进行审查，所以行为人要用虚假的合同来冒充。

D. 丁使用虚假的证明文件，骗取银行贷款后携款潜逃的，构成贷款诈骗罪。

答案：AC

三、犯罪主观要件

本罪犯罪主体必须是已满16周岁，具有辨认和控制能力的自然人，单位不能成为本罪主体。那么，单位实施的贷款诈骗行为应当如何处理呢？我国刑法学界对此存在两种不同的观点[①]。"但是，在司法实践中，对于单位明显以非法占有为目的，利用签订、履行借款合同诈骗银行或者其他金融机构贷款，符合刑法典第224条规定的合同诈骗罪构成要件的，应当以合同诈骗罪处罚。"[②]我们认为在司法实践中，对于单位实施贷款犯罪的，应当依此规定处理。

本罪主观上是直接故意，并且以非法占有银行或其他金融机构的贷款为目的。[③] 认定行为人主观上有无非法占有的目的，应参照2010年最高人民法院《关于审理非法集资刑事案件具体应用法律若干问题的解释》的相关规定。

另外，认定贷款诈骗，要严格区分其与借贷纠纷的界限。合法贷款以后没有按规定的用途使用贷款，或者由于某种原因致使不能按时返还贷款，在这种情况下，往往引起借贷纠纷。那么，如何区分借贷纠纷与贷款诈骗？而、对于采用欺骗手段骗取贷款的行为，究竟是按借贷纠纷处理还是按贷款诈骗罪定罪处罚？关键在于行为人在主观上是否具有非法占有贷款的目的。如果确有证据证明行为人主观上不具有非法占有的目的，案发时有能力履行还贷义务，或者案发时虽不能归还贷款，但不能归还是行为人意志以外的原因造成的，那就不能认定为贷款诈骗罪，而属于借贷纠纷；反之，如果行为人主观上具有非法占有的目的，则应认定为贷款诈骗罪。如因经营不善、被骗、市场风险等，不应以贷款诈骗罪定罪处罚。

四、犯罪量度要件

成立本罪要求数额较大。根据2010年最高人民检察院、公安部《关于公安机关管辖的刑事案件立案追诉标准的规定（二）》的规定，以非法占有为目的，诈骗银行或者其他金融机构的贷款，数额在2万元以上的，应予立案。犯贷款诈骗罪而数额巨大或者有其他严重情节的，是本罪的加重处罚事由。犯贷款诈骗罪而数额特别巨大或者有其他特别严重情节的，是本罪的特别加重处罚事由。

---

① 具体内容参见张明楷：《刑法学》（第2版），法律出版社2003年版，第630页。
② 具体参见2001年最高人民法院《全国法院审理金融犯罪案件工作座谈会纪要》。
③ 本罪主观故意的产生存在有两种情况：一种是产生于申请贷款之前，这是最常见、最典型的贷款诈骗表现形式。另一种是产生于合法取得贷款之后、归还本金和利息之前。

五、本罪的认定

行为人以非法占有为目的,诈骗银行或者其他金融机构的贷款,数额较大的,即构成本罪的既遂。如果行为人以非法占有数额较大的贷款为目的,诈骗银行或者其他金融机构的贷款,但由于意志以外的原因而未得逞的,构成本罪的未遂。

六、本罪的刑事责任

根据刑法典第 193 条的规定,犯本罪的,数额较大的,处 5 年以下有期徒刑或者拘役,并处 2 万元以上 20 元以下罚金;数额巨大或者有其他严重情节的,处 5 年以上 10 年以下有期徒刑,并处 5 万元以上 50 万元以下罚金;数额特别巨大或者有其他特别严重情节的,处 10 年以上有期徒刑或者无期徒刑,并处 5 万元以上 50 万元以下罚金或者没收财产。

第三节　票据诈骗罪

一、定义

票据诈骗罪,是指以非法占有为目的,用虚构事实或者隐瞒真相的方法,利用金融票据进行诈骗活动,骗取数额较大的财物的行为。本罪的法益是国家对票据活动的管理秩序和公私财产的所有权。

二、犯罪客观要件

本罪客观上是利用金融票据进行诈骗活动,骗取他人财物的行为。这里的"金融票据",是狭义的票据,即我国《票据法》第 2 条所指的"汇票、本票和支票"这三种票据,不包括提单、仓单、保单、发票等票据。

(1) 明知是伪造、变造的汇票、本票、支票而使用的。这种情况主要包含三层含义:第一,行为人使用的汇票、本票和支票必须是伪造或变造的。"伪造"是指行为人仿照真实的汇票、本票和支票的形式、图案、颜色、格式通过印刷、复印、拓印、绘制等制作方法非法制造票据的行为。"变造"是指行为人在真实的汇票、本票和支票的基础上,或者以真实的票据为基本材料,通过剪接、挖补、覆盖、涂改等方法,增加票据的面额或变更出票人及其账户等改变真票据实质内容的行为;或者窃得空白票据、偷盖有效印章、填写虚假内容等方法,使票据的主要内容"合法有效"的行为。第二,行为人在主观上对其使用的汇票、本票、支票,必须明知是伪造、变造的。行为人在主观上是否明知其所使用的汇票、本票、支票是伪造或者变造的,是划分罪与非罪界限的重要标准。如果行为人在使用汇票、本票、支票时,在主观上不知其使用的票据是伪造或者变造的,即使实际取得了票据利益,也不能据此认定其行为构成票据诈骗罪。第三,行为人必须实施了使用伪造、变造的汇票、本票、支票的行为。即行为人直接利用伪造、变造的汇票、本票、支票骗取财物,也包括利用伪造、变造的票据作交易抵押等。如果行为人只是伪造、变造了金融票据,而没有实际使用的,则不能构成票据诈骗罪,而应以伪造、变造金融票据罪定罪处罚。

(2) 明知是作废的汇票、本票、支票而使用的。对此,需注意以下两点:第一,作废的票据,是指根据法律和有关规定不能使用的票据,既包括票据法中所说的"过期"票据①,也包括无效的票据②、被依法宣布作废的票据(主要是根据国家有关规定予以废止的票据,如国家规定更换票据版本,明令不得实际使用的票据)。第二,行为人在主观上对其使用的汇票、本票、支票,必须明知是作废的。最后,行为人必须实际使用了作废的汇票、本票、支票。对于虽然持有作废汇票、本票、支票,但并未实际使用的行为人,不能认定为票据诈骗罪。

(3) 冒用他人的汇票、本票、支票的。冒用是指行为人擅自以合法持票人的名义,支配、使用、转让自己无权支配的合法持票人的票据的行为。实践中冒用一般包括以下情形:第一,使用通过非法手段获取的汇票、本票和支票进行诈骗活动,如盗窃、诈骗、抢劫他人支票后用于消费、购物等;第二,未经合法持票人授权或虽经授权,但擅自超越授权范围,以合法持票人名义支配、使用、转让合法持票人的票据,进行诈骗活动;第三,擅自使用他人委托代为保管的票据或捡拾他人遗失的票据进行诈骗活动。本罪的行为人在主观上也必须明知是他人的汇票、本票、支票而冒用。

(4) 签发空头支票或者与其预留印鉴不符的支票,骗取财物的。该行为主要表现为:第一,行为人必须实施了签发空头支票或者与其预留印鉴不符的支票的行为。"签发空头支票",是指出票人签发的支票金额超过其付款时在付款人处实有的存款金额的支票。③"签发与其预留印鉴不符的支票",是指票据签发人在其所签发的支票上加盖与其预留在银行或其他金融机构的印鉴不一致的财务公章或签发人的名章。可以是一个印鉴不符,也可以是所有预留印鉴都不符。第二,行为人的目的是骗取财物。行为人必须是明知自己的账户存款不足或者根本没钱,而套取银行信用,违反结算规定,故意签发空头支票或者与其预留印鉴不符的支票以骗取财物。

(5) 汇票、本票的出票人签发无资金保证的汇票、本票或者在出票时作虚假记载,骗取财物的。这类行为主要表现为:第一,汇票、本票的出票人签发无资金保证的汇票、本票④;第二,汇票、本票的出票人在出票时作虚假记载,骗取财物的。实施本行为的主体是特定主体,即汇票、本票的出票人。行为人如果实施两种或两种上述行为的,仍定一罪,不

---

① 过期的票据,是指因为在法定期限内不行使票据权利,而导致票据权利消灭的票据。具体情形参见我国《票据法》第 17 条。
② 参见我国《票据法》第 8、9、22、76、85 等相关条款。
③ 我国《票据法》对签发空头支票的行为是严格控制的,按规定使用支票必须在银行或者其他金融机构开立支票存款账户,也只有在银行开立支票存款账户,并注入一定的资金,才能领用支票。
④ "无资金保证的汇票、本票",是指汇票、本票的出票人在承兑其签发的票据时,不具有按票据支付的能力。此处的汇票,包括银行汇票和商业汇票;本票仅指银行本票。

数罪并罚,但属于一种加重情节。①

三、犯罪主观要件

本罪主体是一般主体,包括个人和单位。但也有个别票据诈骗行为只能由特定主体构成的例外,如上述的"签发无资金保证的汇票、本票或者在出票时作虚假记载,骗取财物"行为的主体只能是特定的。本罪在主观上只能是故意,并且具有非法占有他人财物的目的。②

四、犯罪量度要件

成立本罪需要数额较大。根据2010年最高人民检察院、公安部《关于公安机关管辖的刑事案件立案追诉标准的规定(二)》的规定,个人进行金融票据诈骗,数额在1万元以上的;单位进行金融票据诈骗,数额在10万元以上的,应当予以立案。

五、本罪的认定

如果行为人以非法占有为目的,进行金融票据诈骗活动,数额较大的,即构成本罪的既遂。如果行为人以非法占有数额较大的公私财物为目的,进行金融票据诈骗活动,但由于意志以外的原因而未得逞的,构成本罪的未遂。

六、本罪的刑事责任

根据刑法典第194条第1款的规定,犯本罪的,处5年以下有期徒刑或者拘役,并处2万元以上20元以下罚金;数额巨大或者有其他严重情节的处5年以上10年以下有期徒刑,并处5万元以上50元以下罚金;数额特别巨大或者有其他特别严重情节的,处10年以上有期徒刑或者无期徒刑,并处5万元以上50万元以下罚金或者没收财产。

刑法典第200条规定,单位犯本罪的对单位判处罚金,并对其直接负责的主管人员和其他直接责任人员,处5年以下有期徒刑或者拘役;数额巨大或者有其他严重情节的处5年以上10年以下有期徒刑;数额特别巨大或者有其他特别严重情节的处10年以上有期徒刑或无期徒刑。

---

① 曹子丹、侯国云主编:《中华人民共和国刑法精解》,中国政法大学出版社1997年版,第179页
② 我国刑法分则第三章第五节仅在第192条、第193条明文规定了"以非法占有为目的",第194条至第198条没有规定"以非法占有为目的",于是有人认为,第194条至第198条的金融诈骗罪不需要"以非法占有为目的"。但本书认为,第194条至第198条的金融诈骗罪也要求行为人具有非法占有他人财物的目的。

第四节　信用卡诈骗罪

一、定义

信用卡诈骗罪,是指以非法占有为目的,利用信用卡进行诈骗活动,骗取较大财物的行为。本罪的法益是国家金融管理制度和公私财产所有权。犯罪对象是信用卡。①

二、犯罪客观要件

本罪的客观要件表现为利用信用卡进行诈骗活动,骗取数额较大的财物。

(1) 使用伪造的信用卡或者使用以虚假的身份证明骗领的信用卡的。

伪造信用卡通常有两种行为方式:一是模仿信用卡的质地、模式、版块、图样以及磁条密码等非法制造信用卡;二是在真实信用卡的基础上进行伪造。"使用伪造的信用卡",即行为人以伪造的信用卡购买商品、在银行或者自动柜员机上支取现金以及接受用信用卡进行支付结算的各种服务等。伪造的信用卡②来源不限,既可以是行为人自己伪造而使用,也可以是他人伪造后行为人获得而使用。

一般申领信用卡,发卡银行均要求申领人提供本人有效的身份证明,包括居民身份证、军官证、户口等。以虚假的身份骗领信用卡是指假借他人名义,通常是利用伪造、窃取的身份证明,骗取发卡机关的信任而取得信用卡的行为。值得注意的是,以这种方式取得的信用卡是真实的信用卡,但这类信用卡因缺乏合法基础而为无效的信用卡。"使用以虚假的身份证明骗领的信用卡",指利用这类信用卡进行消费、取现、进行支付结算等各种行为。

(2) 使用作废的信用卡的。

使用作废的信用卡,是指行为人使用因法定原因而失去效用的信用卡,这类信用卡曾是真实有效的,但基于以下原因而作废:一是超过有效使用期限而失效③;二是持卡人在信用卡有效使用期限内停止使用该卡,并将该卡交回发卡机构;三是因挂失而使信用卡无效。

---

① 信用卡按是否向发卡银行交存备用金,分为贷记卡、准贷记卡。贷记卡是指发卡银行给予持卡人一定信用额度,持卡人可在信用额度内先消费、后还款的信用卡;准贷记卡是指持卡人须先按发卡银行要求交存一定金额的备用金,当备用金账户余额不足支付时,可在发卡银行规定的信用额度内透支的信用卡。参见1999年中国人民银行《银行卡业务管理办法》第2条、第5条、第6条、第17条规定。

② 随着信用卡产业高速增长,各类银行卡犯罪也日趋严重,由于信用卡犯罪在各个犯罪环节上表现的形式不同,在具体适用刑法时存在一定困难。故2005年第十届全国人大常委会第十四次会议通过了《刑法修正案(五)》,第2条对刑法典第196条进行了修改,增加了"使用以虚假的身份证明骗领的信用卡"进行诈骗的情形。

③ 《中国工商银行牡丹信用卡章程》规定:牡丹信用卡有效期最长为2年,如果持卡人到期需要继续使用,应办理更换新卡手续。已过期的牡丹信用卡不能继续使用……。

(3) 冒用他人的信用卡的。

信用卡必须由本人使用，不得转让、转借。冒用他人的信用卡是指行为人冒充合法持卡人名义使用信用卡骗取财物或服务。

(4) 恶意透支的。

恶意透支，是指持卡人以非法占有为目的，超过规定限额或者规定的期限，并且经发卡银行催收后仍不归还的行为。[①] "催收"既包括书面催收，也包括口头催收，但仅限于对持卡人本人催收，对保证人或者持卡人家属催收的，不属于"催收"。"仍不归还"，是指自收到发卡银行催收通知之日起3个月内仍不归还。

三、犯罪主观要件

本罪犯罪主体是是一般主体，单位不能成为本罪主体。本罪主观上直接故意，而且行为人具有非法占有信用卡账户资金的目的。

四、犯罪量度要件

成立本罪需要数额较大。根据2009年最高人民法院、最高人民检察院《关于办理妨害信用卡管理刑事案件具体应用法律若干问题》的规定，使用伪造的信用卡，或者使用以虚假的身份证明骗领的信用卡，或者使用作废的信用卡，或者冒用他人信用卡，进行诈骗活动，数额在5000元以上不满5万元的；恶意透支，数额在1万元以上不满10万元的，应当认定为"数额较大"。犯信用卡诈骗罪而数额巨大或者有其他严重情节的，是本罪的加重处罚事由。犯本罪而数额特别巨大后有其他特别严重情节的，是本罪的特别加重处罚事由。

五、本罪的认定

只要行为人以非法占有为目的，进行信用卡诈骗活动，数额较大的，即构成本罪的既遂。如果行为人以非法占有数额较大的公私财物为目的，已经着手信用卡诈骗活动，但由于意志以外的原因而未得逞的，为本罪的未遂。

六、本罪的刑事责任

依照刑法典第196条的规定，犯本罪的，处5年以下有期徒刑或者拘役，并处2万元以上20万元以下罚金；数额巨大或者有其他严重情节的，处5年以上10年以下有期徒刑，并处5万元以上50万元以下罚金；数额特别巨大或者有其他特别严重情节的，处10年以上有期徒刑或者无期徒刑，并处5万元以上50万元以下罚金或者没收财产。

---

① 信用卡具有透支功能，银行向持卡人提供消费信贷，即允许持卡人在资金不足的情况下，先进行消费，以后再补足资金，并按规定支付一定的利息，但善意的透支必须在规定的额度内并在规定期限内归还。

关于盗窃信用卡并使用的行为的处罚,根据刑法典第196条第3款的规定,依照刑法典第264条盗窃罪的规定定罪处罚。①

第五节　保险诈骗罪

一、定义

保险诈骗罪,是指投保人、被保险人或受益人,违反保险法规定,用虚构事实或者隐瞒真相的方法,骗取保险金,数额较大的行为。本罪侵犯的法益是国家的保险制度和公共财产的所有权。

二、犯罪客观要件

本罪客观上是违反保险法律法规规定,用虚构事实或者隐瞒真相的方法,骗取保险金,数额较大的行为。具体行为方式主要表现为以下情形:

(1) 投保人故意虚构保险标的,骗取保险金。投保人是指与保险人订立保险合同,并按照保险合同负有支付保险费义务的人。保险标的指作为保险对象的财产及其有关利益或者人的寿命和身体,是保险合同的核心内容。虚构保险标的,指投保人为了骗取保险金,故意虚构了一个根本不存在的保险标的并与保险人签订保险合同。

(2) 投保人、被保险人或者受益人对发生的保险事故编造虚假的原因或者夸大损失的程度,骗取保险金。根据我国《保险法》的规定,保险人只对因保险责任范围内的原因引起的保险事故承担赔偿责任或给付保险金。"对发生的保险事故编造虚假的原因",是指行为人明知发生的事故不属于保险责任范围内不予赔偿的情况,为了达到骗取保险金的目的而隐瞒事实真相,把事故谎报为保险责任范围内的;"夸大损失程度",是指在发生保险事故后,行为人为达到骗取更多的保险金的目的,故意把事故的损失夸大。

(3) 投保人、被保险人或者受益人编造未曾发生的保险事故,骗取保险金。即本来没有发生保险事故,行为人谎称发生了保险事故而骗取保险金的行为。

(4) 投保人、被保险人故意造成财产损失的保险事故,骗取保险金。即为骗取保险金,投保人、被保险人在保险合同有效期内有意、人为地制造出财产损失的保险事故,如放火焚烧投保的房屋等。②

(5) 投保人、受益人故意造成被保险人死亡、伤残或疾病,以骗取保险金。③

行为人实施上述五种保险诈骗行为之一的,即可构成本罪;实施了两种或两种以上行

---

① 盗窃数额根据行为人盗窃信用卡后使用的数额认定。
② 行为人故意造成财产损失的保险事故往往触犯了刑法典的其他规定,如放火焚烧投保的房屋危害公共安全的,又构成了放火罪。这种情形虽然属于牵连犯,但根据刑法典第198条第2款的规定,应当依照数罪并罚的规定处罚。
③ 此情形也属于牵连犯,根据刑法典第198条第2款的规定,对其应数罪并罚。

为的,仍为一罪。

【例题】 甲将自己的汽车藏匿,以汽车被盗为由向保险公司索赔。保险公司认为该案存有疑点,随即报警。在掌握充分证据后,侦查机关安排保险公司向甲"理赔"。甲到保险公司二楼财务室领取20万元赔偿金后,刚走到一楼即被守候的多名侦查人员抓获。关于甲的行为,下列哪一选项是正确的?(2009年国家司法考试真题)

A. 保险诈骗罪未遂。
B. 保险诈骗罪既遂。
C. 保险诈骗罪预备。
D. 合同诈骗罪。

答案:A

三、犯罪主观要件

本罪的犯罪主体是特殊主体,即投保人、被保险人或者受益人,包括自然人和单位。根据刑法第198条第4款的规定,保险事故的鉴定人、证明人、财产评估人故意提供虚假的证明文件,为他人诈骗提供条件的,以保险诈骗罪的共犯论处。本罪主观上是直接故意,并且行为人具有非法占有保险金的目的。

四、犯罪量度要件

成立本罪需要数额较大。根据2010年最高人民检察院、公安部《关于公安机关管辖的刑事案件立案追诉标准的规定(二)》的规定,个人进行保险诈骗,数额在1万元以上的;单位进行保险诈骗,数额在5万元以上的,应当予以追诉。

五、本罪的认定

如果行为人以非法占有为目的,进行保险诈骗活动,骗取保险金数额较大的,即构成本罪的既遂。如果行为人以非法占有数额较大的保险金为目的,已经着手保险诈骗活动,但由于意志以外的原因而未能得逞,如保险公司识破其阴谋的,为本罪的未遂。①

六、本罪的刑事责任

根据刑法典第198条第1款的规定,犯本罪的,处5年以下有期徒刑或者拘役,并处1万元以上10万元以下罚金;数额巨大或者有其他严重情节的,处5年以上10年以下有期

---

① 对于保险诈骗罪而言,开始实施索赔行为或者开始向保险公司提出支付保险金请求的行为,才是本罪的着手,而不应当开始实施虚构保险标的、开始制造保险事故等为着手。张明楷:《未遂犯论》,法律出版社1997年版,第130页。

徒刑,并处 2 万元以上 20 万元以下罚金;数额特别巨大或者有其他特别严重情节的,处 10 年以上有期徒刑,并处 2 万元以上 20 万元以下罚金或者没收财产。

依照刑法典第 198 条第 2 款的规定,有前款第 4 项、第 5 项所列行为,同时构成其他犯罪的,依照数罪并罚的规定处罚。

依照刑法典第 198 条第 3 款的规定,单位犯第 1 款罪的,对单位判处罚金,并对其直接负责的主管人员和其他直接责任人员,处 5 年以下有期徒刑或者拘役;数额巨大或者有其他严重情节的,处 5 年以上 10 年以下有期徒刑;数额特别巨大或者有其他特别严重情节的,处 10 年以上有期徒刑。

保险事故的鉴定人、证明人、财产评估人故意提供虚假的证明文件,为他人诈骗提供条件的,以保险诈骗的共犯论处。

第六节 其他金融诈骗罪

其他金融诈骗罪,包括金融凭证诈骗罪、信用证诈骗罪与有价证券诈骗罪,在此作简单介绍。

一、金融凭证诈骗罪

金融凭证诈骗罪,是指以非法占有为目的,使用伪造、变造的委托收款凭证、汇款凭证、银行存单等其他银行结算凭证,骗取数额较大的公私财物的行为。① 根据 2010 年最高人民检察院、公安部《关于公安机关管辖的刑事案件立案追诉标准的规定(二)》的规定,个人进行金融凭证诈骗,数额在 1 万元以上的;单位进行金融凭证诈骗,数额在 10 万元以上的应予立案追诉。

根据刑法典第 194 条第 1 款的规定,犯本罪的,处 5 年以下有期徒刑或者拘役,并处 2 万元以上 20 元以下罚金;数额巨大或者有其他严重情节的,处 5 年以上 10 年以下有期徒刑,并处 5 万元以上 50 元以下罚金;数额特别巨大或者有其他特别严重情节的,处 10 年以上有期徒刑或者无期徒刑,并处 5 万元以上 50 万元以下罚金或者没收财产。

刑法典第 200 条规定,单位犯本罪的,对单位判处罚金,并对其直接负责的主管人员和其他直接责任人员,处 5 年以下有期徒刑或者拘役;数额巨大或者有其他严重情节的,处 5 年以上 10 年以下有期徒刑;数额特别巨大或者有其他特别严重情节的,处 10 年以上有期徒刑或者无期徒刑。

---

① 金融凭证是金融结算的媒介和载体,其中委托收款凭证是指收款人在委托银行向付款人收款时所填写的凭证和证明;汇款凭证是指汇款人委托银行将款项汇给在外地的收款人时所填写的凭证和证明;银行存单是由储户向银行交存款项,办理开户,银行签发的载有储户姓名、账号、存款金额、利息、存期、存入日和到期日等内容的存单。

二、信用证诈骗罪

信用证诈骗罪,是指用虚构事实或者隐瞒真相的方法,利用信用证骗取货物或者银行款项的行为。本罪的行为具体表现为:(1)使用伪造、变造的信用证或者附随的单据、文件;(2)使用作废的信用证;(3)骗取信用证;(4)以其他方法进行信用证诈骗活动。

根据刑法典第195条的规定,犯本罪的,处5年以下有期徒刑或者拘役,并处2万元以上20万元以下罚金;数额巨大或者有其他严重情节的,处5年以上10年以下有期徒刑,并处5万元以上50万元以下罚金;数额特别巨大或者有其他特别严重情节的,处10年以上有期徒刑或者无期徒刑,并处5万元以上50万元以下罚金或者没收财产。

根据刑法典第200条的规定,单位犯信用证诈骗罪的,对单位判处罚金,并对其直接负责的主管人员和其他直接责任人员,处5年以下有期徒刑或者拘役;数额巨大或者有其他严重情节的,处5年以上10年以下有期徒刑;数额特别巨大或者有其他特别严重情节的,处10年以上有期徒刑或者无期徒刑。

需要指出的是,刑法典第195条未规定必须"数额较大"才能构成本罪,而本书认为,本罪同时也是数额犯,刑法典之所以没有明确规定构成本罪既遂需要"数额较大",是由于考虑到信用证结算方式涉及国际贸易,金额一般都比较大,故无规定的必要。[①]

三、有价证券诈骗罪

有价证券诈骗罪,是指以非法占有为目的,使用伪造、变造的国库券或者国家发行的其他有价证券,骗取财物数额较大的行为。根据2010年最高人民检察院、公安部《关于公安机关管辖的刑事案件立案追诉标准的规定(二)》的规定,进行有价证券进行诈骗活动,数额在1万元以上的,应予追诉。

根据刑法典第197条的规定,犯本罪的,处5年以下有期徒刑或者拘役,并处2万元以上20万元以下罚金;数额巨大或者有其他严重情节的,处5年以上10年以下有期徒刑,并处5万元以上50万元以下罚金;数额特别巨大或者有其他特别严重情节的,处10年以上有期徒刑或者无期徒刑,并处5万元以上50万元以下罚金或者没收财产。

第七节 罪之比较与适用

本类罪规定在我国刑法分则第三章破坏社会主义市场经济秩序罪的第五节,不仅犯罪互相之间存在着一些混淆,而且与其他章节规定的犯罪也有相似之处。

[①] 对这一问题存在争议,参见张穹主编:《新刑法罪与非罪此罪与彼罪的界限》,中国检察出版社1998年版,第139页;参见赵长青主编:《经济刑法学》,法律出版社1999年版,第319页;参见刘远著主编:《金融诈骗罪研究》,中国检察出版社2002年版,第419页。

一、本章罪之比较

（一）集资诈骗罪与其他诈骗形式犯罪的区别

1. 集资诈骗罪与欺诈发行股票、债券罪

欺诈发行股票、债券罪也是一种采用欺诈方法非法募集资金的行为。集资诈骗罪与欺诈发行股票、债券罪的区别主要表现为：(1) 发生的具体场合不同。集资诈骗罪可以发生在任何集资活动过程中；欺诈发行股票、债券罪只能发生在发行股票或者公司、企业债券的特定集资活动中。(2) 主观目的不同。集资诈骗罪以非法占有集资款为目的；欺诈发行股票、债券罪则以非法募集资金本身为目的，不以非法占有所募集资金为目的。

2. 集资诈骗罪与擅自发行股票、公司、企业债券罪

集资诈骗罪与擅自发行股票、公司、企业债券罪的区别主要表现为：(1) 客观方面不尽相同。集资诈骗罪的非法集资行为具有诈骗性质；擅自发行股票、公司、企业债券罪的非法集资行为则一般不具有诈骗性质。(2) 发生的具体场合不同。集资诈骗罪可以发生在任何集资活动过程中；擅自发行股票、公司、企业债券罪只能发生在发行股票或者公司、企业债券的特定集资活动过程中。(3) 主观目的不同。集资诈骗罪以非法占有为目的；擅自发行股票、公司、企业债券罪的目的在于通过擅自发行股票、公司、企业债券来募集资金以发展生产、经营，不具有非法占有的目的。

3. 集资诈骗罪与非法吸收公众存款罪

集资诈骗罪与非法吸收公众存款罪的区别主要表现为：(1) 犯罪的目的不同。集资诈骗罪是非法占有所募集的资金；非法吸收公众存款罪在主观上并不具有非法占有公众存款的目的。这是两者最本质的区别。(2) 手段不同。集资诈骗罪的行为人一般是采取诈骗手段，骗取公众信任后非法取得集资款；非法吸收公众存款罪虽在主体资格、条件、程序上往往有弄虚作假行为，但在吸收存款的目的上则不需要采取欺骗手段。(3) 侵犯的法益不同。集资诈骗罪除了侵犯国家正常的集资管理秩序，还侵犯了公私财产所有权；非法吸收公众存款罪侵犯的只是国家正常的集资管理秩序。

（二）贷款诈骗罪与合同诈骗罪的区别

贷款时银行或者其他金融机构与贷款人都必须签订贷款合同。贷款人实施贷款诈骗罪时，虽签订了贷款合同但并无履行合同的诚意，签订贷款合同仅是贷款人诈骗贷款的必经手续而已。可见，贷款诈骗具有合同诈骗的性质，但贷款诈骗罪与合同诈骗罪的区别主要表现为：(1) 合同性质不同。贷款诈骗罪中的合同仅限于贷款合同；合同诈骗中的合同是指一般合同，并不限于贷款合同。(2) 行为对象不同。贷款诈骗罪的行为对象是银行或其他金融机构的贷款；合同诈骗罪的行为对象则是对方当事人的任何钱物。

（三）票据诈骗罪与其他涉及金融票证犯罪的区别

1. 票据诈骗罪与伪造、变造金融票证罪的区别

票据诈骗罪重在强调"使用"金融票据进行诈骗活动；伪造、变造金融票证罪重在强调

"伪造、变造"金融票证行为。实践中,两罪常常存在紧密的联系。如行为人伪造、变造汇票、本票、支票后使用这些伪造、变造的金融票据进行诈骗活动的,构成牵连犯,应按金融票据诈骗罪处理,不实行数罪并罚。

2. 票据诈骗罪与违规出具金融票证罪的区别

票据诈骗罪与违规出具金融票证罪的区别主要表现为:(1) 犯罪主体不同。票据诈骗罪的主体是一般主体;违规出具金融票证罪的主体是银行或其他金融机构的工作人员,也可以是单位。(2) 主观故意不同。出具金融票证罪的行为人为私利或私情为他人提供帮助,如果在不明知情况下帮助他人实施票据诈骗罪等犯罪而实施非法出具金融票证行为,则按照违规出具金融票证罪处罚。

(四) 信用卡诈骗罪与信用证诈骗罪的区别

信用卡诈骗罪与信用证诈骗罪的区别关键在于行为对象不同,信用卡诈骗罪是以信用卡进行诈骗活动,而信用证诈骗罪则是以信用证进行诈骗活动。

(五) 金融凭证诈骗罪与票据诈骗罪的区别

金融凭证诈骗罪与票据诈骗罪的区别有许多相同之处:犯罪主体都是一般主体,主观方面都出于直接故意并具有非法占有他人财物之目的。金融凭证诈骗罪与票据诈骗罪的区别主要表现为:(1) 行为对象不同。金融凭证诈骗罪的行为对象是伪造、变造的委托收款凭证、汇款凭证、银行存单等其他银行结算凭证;票据诈骗罪的行为对象则是伪造、变造的汇票、本票和支票。(2) 客观方面不同。金融凭证诈骗罪在客观方面仅表现为使用伪造、变造的银行结算凭证骗取财物;票据诈骗罪在客观方面除表现为使用伪造、变造的汇票、本票、支票骗取财物外,还包括明知是作废的汇票、本票、支票而使用的,冒用他人的汇票、本票、支票的,签发空头支票或者与其预留印鉴不符的支票骗取财物的情形。

(六) 有价证券诈骗罪与伪造、变造有价证券罪的区别

有价证券诈骗罪与伪造、变造有价证券罪的区别主要在于客观方面不同。有价证券诈骗罪在客观方面表现为使用伪造、变造有价证券进行诈骗活动,数额较大的行为,强调的是"使用"行为;伪造、变造有价证券罪则表现为伪造、变造有价证券,数额较大的行为,其强调的是"伪造、变造"行为。实践中,如果行为人既伪造、变造有价证券,并使用伪造、变造的有价证券进行诈骗犯罪活动的,属于本罪与伪造、变造有价证券罪的牵连犯,应按照从一重罪处罚原则处罚。

二、与其他章节罪之比较

(一) 集资诈骗罪与诈骗罪的区别

诈骗罪是指行为人采用虚构事实或者隐瞒真相的方法,骗取数额较大公私财产的行为。从广义上说,诈骗性集资行为,也是一种诈骗行为。集资诈骗罪与诈骗罪具有法条竞合的关系,依据特别法条优于普通法条的原则,发生集资诈骗时,应按本罪即集资诈骗罪定罪量刑。集资诈骗罪与诈骗罪的区别主要表现为:(1) 客观方面不同。集资诈骗罪表

现为使用诈骗方法进行非法集资,数额较大的行为;诈骗罪则表现为使用一切虚构事实和隐瞒真相的方法骗取数额较大的公私财务。(2) 主体不同。集资诈骗罪的主体除了自然人还包括单位,而诈骗罪的主体只能是自然人。

（二）保险诈骗罪与职务侵占罪、贪污罪的区别

保险诈骗罪与职务侵占罪、贪污罪的区别主要在于主体不同:保险诈骗罪的主体是保险合同中的投保人、被保险人和受益人;职务侵占罪、贪污罪的主体分别为保险公司的工作人员、国有保险公司工作人员和国有保险公司委派到非国有公司从事公务的人员。但如果保险诈骗的行为人(投保人、被保险人和受益人)与保险公司的工作人员相勾结骗取保险金,构成共同犯罪时,应当根据共犯与身份犯的原理以及共同犯罪的其他原理确定罪名。①

三、案例适用②

【案例 1】

1999 年 7 月,张某在没有任何抵押物品和偿还能力的情况下,利用涂改后的虚假房产证明,经过房产估价和公正,从银行骗取贷款 4 万元。其中 1 万元交了购买汽车的定金,1 万元被其挥霍,另外 2 万元至案发时尚未动用,即被公安机关追回。法院经审理后认为,张某的行为构成贷款诈骗罪。

讨论问题:张某利用涂改后的虚假房产证明,从银行骗取贷款的行为是否具有非法占有的目的? 张某的行为是否构成贷款诈骗罪? 贷款罪的犯罪金额如何认定?

【案例 2】

1999 年 3 月,董某在自家地种植了 14 亩小麦,并向保险公司投了保。后因当年小麦欠收,董某损失惨重。为骗取保险金,减少损失,董某于 1999 年 7 月 23 日晚到本村麦场,将自家麦堆点燃烧毁,为使自己不被怀疑,董某又将旁边同村村民的麦堆点燃,致使全村小麦全部被火烧毁,直接经济损失达 3 万元。法院经审理后认为,董某的行为构成保险诈骗罪和放火罪。

讨论问题:董某主观上出于一个犯罪目的,而实施了骗取保险金、放火两个行为,是构成一罪还是数罪? 骗取保险金和放火两个行为之间是否具有牵连关系? 如果董某构成牵连犯,对牵连犯应当如何处理?

---

① 张明楷:《刑法学》(第 2 版),法律出版社 2003 年版,第 638 页。
② 案例参考鲜铁可编著:《金融犯罪定罪量刑案例评析》,中国民主法制出版社 2003 年版,第 199 页以下。

第十一章

破坏社会主义市场经济秩序罪(5)：侵犯知识产权罪

知识产权是"人们就其智力创造的成果依法享有的专有权利"[①]。它不仅是一个国家文明和发达程度的标志，也是一个国家综合竞争能力的展现，更是一种现代社会激烈竞争的资源，它是国家和企业参与竞争，求得生存和发展的重要竞争资源。目前人类社会从农业经济、工业经济跨入了知识经济时代，知识经济时代最直观和最基本的特征，就是知识作为生产要素的地位得到空前的提高。[②] 由于知识经济的兴起以及经济全球化的发展，知识产权已逐渐成为市场竞争的焦点，侵犯知识产权犯罪也在不断增多，故加强知识产权的刑事保护已成为一种国际趋势。

侵犯知识产权罪是指违反知识产权管理法规，故意或者过失侵犯他人知识产权，情节严重的行为。[③] 作为世界贸易组织规则重要组成部分的《与贸易有关的知识产权协议》（简称《TRIPS协议》）对知识产权的范围进行了列举：著作权，商标权，地理标记权，工业品外观设计权，专利权，集成电路布图设计权，未公开信息权（商业秘密），许可合同中的限制竞争行为等。《TRIPS协议》还规定："全体成员均应提供刑事程序及刑事惩罚，至少对于有意以商业规模假冒商标或对版权盗版的情况是如此。可以采用的救济应包括处以足够起威慑作用的监禁，或处以罚金，或二者并处，以符合适用于相应严重罪行的惩罚标准为限。在适当场合，可采用的救济还应包括扣留、没收或销毁侵权商品以及任何主要用于从事上述犯罪活动的原料及其工具。成员可规定将刑事程序及刑事惩罚适用于侵犯知识产权的其他情况，尤其是有意侵权并且以商业规模侵权的情况。"[④] 显然，该规定对于加入世界贸易组织框架的世界各国知识产权的刑事保护有着明显的制约作用。

在我国侵犯知识产权犯罪的起因主要包括：(1) 利益驱动导致侵害知识产权行为愈演愈烈。对于侵犯他人的知识产权的犯罪人而言是一种成本低廉、效益显著、风险较小的

[①] 郑成思主编：《知识产权法教程》，法律出版社1993年版，第1页。
[②] 张今：《知识产权新视野》，中国政法大学出版社2000年版，第2页。
[③] 李晓明主编：《经济犯罪学》，中国人民公安大学出版社2001年版，第527页。
[④] 郑成思：《WTO知识产权协议逐条讲解》，中国方正出版社2001年版，第172页。

"经济活动"。(2)缺乏尊重知识产权的文化传统。长期以来,我国对知识产权重控制轻保护,传统文化上也是"重义轻利""义务本位",对自己或他人的权利保护特别是智力劳动成果保护不够重视,轻视私人财产权。(3)受计划经济体制观念的长期影响。导致许多公民缺乏知识产权意识,包括行政监督以及执法司法乏力。(4)网络现代化为侵犯他人知识产权提供了许多方便和便利条件。

我国刑法典在第三章第七节规定了"侵犯知识产权罪",共8个条文,其中在第213条至第219条规定了7个罪名,即假冒注册商标罪,销售假冒注册商标的商品罪,非法制造、销售非法制造的注册商标标识罪,假冒专利罪,侵犯著作权罪,销售侵权复制品罪以及侵犯商业秘密罪。侵犯知识产权犯罪虽然是在新的经济犯罪背景下产生的,但侵犯知识产权罪不同于一般的刑事犯罪和经济犯罪,表现出来的犯罪行为方式也不一样,故可以从行为特征和法律特征两方面来认识。

侵犯知识产权犯罪的行为特征主要表现为:(1)涉及领域较广,地域大。侵犯知识产权罪涉及众多经济、文化、科技领域,牵连到政府机关、高等院校、科研机构、卫生部门、出版业、制造业、畜牧业、信息业等许多行业和部门,而且随着经济的发展犯罪数量逐年上升。(2)行为智能化,作案手段更隐蔽。知识产权的一个重要特征就是无形性,可以同时为多个主体使用,犯罪人侵犯知识产权并不导致权利人自身权利的耗损或灭失,即"流而不失"。而且,犯罪人往往具有较高的专业水平和技能,信息十分灵通,许多犯罪分子甚至借助于网络实施跨地域犯罪,使犯罪行为与结果在空间上分离。十分隐蔽。(3)犯罪主体日趋群体化,危害越来越严重。犯罪人面对强大的司法阻碍,以严密的组织和技术分工形成产供销"一条龙",逃避司法和行政机关的查处。这些犯罪组织还寻求地方保护的法外支持,以非法贿赂、威胁等手段形成黑色经济的保护伞。另外,侵犯知识产权罪严重损害权利人的合法利益,破坏公平竞争秩序和健康的经济运行。(4)涉外因素增多,国际化趋势越来越明显。我国加入世界贸易组织后,国际贸易迅速发展,侵犯知识产权罪对象的跨国性和流动性逐渐增多,犯罪人往往利用各国之间的法律冲突大肆侵犯知识产权,逃避法律制裁。

侵犯知识产权犯罪的法律特征主要表现为:(1)所侵害的法益是我国对知识产权的管理制度和知识产权权利人的合法权利。(2)客观上表现为犯罪人实施了严重侵犯他人受法律保护的知识产权的行为。(3)犯罪主体是一般主体,包括自然人和单位。(4)主观上犯罪人具有侵犯他人知识产权的直接故意,具有获取非法盈利或侵犯他人声望名誉的不法目的。需要注意的是,在侵犯商业秘密犯罪中,犯罪人有可能存在严重过失的情形。

第一节 假冒注册商标罪

一、定义

假冒注册商标罪,是指未经注册商标所有人许可,在同一种商品上使用与其注册商标相同的商标,情节严重的行为。

本罪侵害的法益是国家对注册商标的管理制度和注册商标权利人的商标专用权。商标是自然人、法人或者其他组织为表明自己所生产、制造、加工、拣选或者经销的商品以及所提供的服务项目有别于他人,而在自己的生产、制造、加工、拣选或者经销的商品以及所提供的服务项目上所作的能够反映其显著特征的标记。我国商标专用权实行注册保护制度,商标注册人享有商标专用权,受法律保护。假冒他人注册商标,不仅侵犯了他人的注册商标专用权,更严重的是扰乱了国家对商标的管理秩序。

二、犯罪客观要件

本罪客观上是未经注册商标所有人许可,在同一种商品上使用与其商标相同标识的行为。

(1) 行为人使用了未经注册商标所有人许可的商标。

"未经注册商标所有人许可"应当从实质意义上理解,不能机械地照搬商标法的规定。一些行为人经过注册商标所有人许可,但未签订许可使用合同就使用了注册商标,或者签订了许可使用合同未按照商标法规定报商标局备案。这些行为只是违反了商标使用的管理制度,是在法律上存在瑕疵的行为,没有同时侵犯商标专用权,不能认定为假冒注册商标罪。故注意通过签订商标使用许可合同,来保护双方的权利与义务。

(2) 行为人在同一种商品上使用了与他人注册商标相同的商标。

所谓"同一种商品",是按照商品分类表的规定,属于同一商品类别和同一商品名称的商品。我国于1988年11月1日开始采用《商标注册用商品和服务国际分类表》,它是识别是否同一种商品的依据。所谓"相同商标",是指商标的法定构成要素,即文字、图形或其组合相同的商标。对于"相同"的商标,是否要求与注册商标在所有特征上完全相同?对于使用与他人注册商标"基本相同"或者"近似"的商标行为,是否可以认定为假冒注册商标罪?我们认为,对"相同"认定,应以是否足以使一般消费者误认是注册商标为标准。换言之,"相同"并不是要求假冒商标与注册商标的读音、含义、外形没有任何差异。实践中假冒商标与注册商标总会存在一些细微差别,在认定是否"相同"时应当依据一般消费者的识别能力为标准,采取整体比较和商标显著部分比较相结合的方法综合判定。因为商标是商品生产者或经营者为把自己生产或经营的商品与其他人生产或经营的同类商品区别开来,而使用在一定的商品、商品包装及其他宣传品上的专用标记,它具有标志商品来源的功能。消费者在依据注册商标购买商品时,不可能携带真正的注册商标与之对比,只能依据自己的记忆,而记忆中的商标与注册商标很难做到完全一致。如果一味要求假冒商标与注册商标没有任何差别,就难以严密刑事法网,不利于保护注册商标权利人的合法权利和消费者的正当权益。

根据2004年最高人民法院、最高人民检察院《关于办理侵犯知识产权刑事案件具体应用法律若干问题的解释》第8条的规定,刑法典第213条规定的"相同的商标"是指与被假冒的注册商标完全相同,或者与被假冒的注册商标在视觉上基本无差别、足以对公众产生误导的商标。刑法典第213条规定的"使用"是指将注册商标或者假冒的注册商标用于商品、商品包装或者容器以及产品说明书、商品交易文书,或者将注册商标或者假冒的注册商标用于广告宣传、展览以及其他商业活动等行为。实施刑法典第213条规定的假冒注册商标犯罪,又销售该假冒注册商标的商品,构成犯罪的应当以假冒注册商标罪定罪处罚。实施刑法典第213条规定的假冒注册商标犯罪,又销售明知是他人的假冒注册商标的商品,构成犯罪的应当实行数罪并罚。

另外,只有注册商标才享有商标专用权,所以行为人所假冒的商标必须是经过商标局审核注册的商标,否则不成立假冒注册商标罪。我国除对香烟、药品等商品实行强制注册外,其他商品均采取自愿注册原则。服务商标也可以成为本罪的对象,我国《商标法》第4条规定:"本法有关商品商标的规定,适用于服务商标。"服务商标是指金融、运输、广播、建筑、旅馆以及各种维修等服务行业为便于顾客与他人所提供的相同或类似服务相区别而使用的标记。在同一种服务项目上使用与他人注册商标相同商标也是假冒他人注册商标的行为,成立假冒注册商标罪。

三、犯罪主观要件

本罪的主体是一般主体,即自然人或单位。本罪主观是故意,即行为人认识到自己使用的商标与他人已经注册的商标相同,为未经注册商标所有人许可,在同一种商品上使用与他人注册商标相同的商标的行为。行为人的犯罪动机不影响犯罪的成立。

四、犯罪量度要件

成立本罪要求情节严重。根据2004年最高人民法院、最高人民检察院《关于办理侵犯知识产权刑事案件具体应用法律若干问题的解释》规定,未经注册商标所有人许可,在同一种商品上使用与其注册商标相同的商标,具有下列情形之一的,属于刑法典第213条规定的"情节严重",应当以假冒注册商标罪判处3年以下有期徒刑或者拘役,并处或者单处罚金:(1)非法经营数额在5万元以上或者违法所得数额在3万元以上的;(2)假冒两种以上注册商标,非法经营数额在3万元以上或者违法所得数额在2万元以上的;(3)其他情节严重的情形。

另外,具有下列情形之一的,属于刑法典第213条规定的"情节特别严重",应当以假冒注册商标罪判处 3 年以上 7 年以下有期徒刑,并处罚金:(1) 非法经营数额在 25 万元以上或者违法所得数额在 15 万元以上的;(2) 假冒两种以上注册商标,非法经营数额在 15 万元以上或者违法所得数额在 10 万元以上的;(3) 其他情节特别严重的情形。①

五、本罪的刑事责任

根据刑法典第 213、220 条的规定,犯本罪的,处 3 年以下有期徒刑或者拘役,并处或者单处罚金;情节特别严重的,处 3 年以上 7 年以下有期徒刑,并处罚金。单位犯本罪的,对单位判处罚金,并对直接负责的主管人员和其他直接责任人员,依照上述规定处罚。

第二节　假冒专利罪

一、定义

假冒专利罪是指违反国家专利管理法规,故意假冒他人专利,情节严重的行为。

本罪侵害的法益是国家对专利的管理制度和专利权人的专利权。我国专利法规定了三种专利:发明、实用新型和外观设计。专利法律制度的本质属性有两点:(1) 以法律手段实现对技术实施的垄断;(2) 以书面方式实现对技术信息及技术权利状态的公开。专利权人是指依法申请并且获得专利权的人,包括自然人和单位。任何专利都是有期限限制的合法垄断,所以本罪假冒专利的行为必须发生在专利权的保护期限内。

二、犯罪客观要件

本罪客观上是未经专利权人许可,假冒他人专利的行为。根据我国《专利法》的相关规定,专利实施分为自行实施、许可实施、转让实施和国家强制实施等 4 种方式。其中,许可实施和转让实施的前提都是得到了专利权人同意。"未经专利权人许可"不能仅仅从形式上理解,如果经过专利权人同意而实施其专利,只是在登记备案等法律手续上存在瑕疵的不能以本罪定罪处罚。"假冒他人专利的行为"应当是指行为人以谋利为目的,在自己制造和销售的产品上使用专利权人专用的专利标记或专利号,或将自己使用的方法冒充他人的专利方法的行为。只要行为在侵犯专利权的同时侵犯了市场竞争秩序,并且符合属于"假冒他人专利"用语范围之内的行为,就是本罪中假冒他人专利的行为。② 我国《专利法实施细则》第 84 条与 2004 年最高人民法院、最高人民检察院《关于办理侵犯知识产

---

① 这里所称"非法经营数额",是指行为人在实施侵犯知识产权行为过程中,制造、储存、运输、销售侵权产品的价值。已销售的侵权产品的价值,按照实际销售的价格计算。制造、储存、运输和未销售的侵权产品的价值,按照标价或者已经查清的侵权产品的实际销售平均价格计算。侵权产品没有标价或者无法查清其实际销售价格的,按照被侵权产品的市场中间价格计算。多次实施侵犯知识产权行为,未经行政处理或者刑事处罚的,非法经营数额、违法所得数额或者销售金额累计计算。

② 张明楷:《刑法学》(第 2 版),法律出版社 2003 年版,第 655 页。

权刑事案件具体应用法律若干问题的解释》第 10 条规定:实施下列行为之一的属于刑法典第 216 条规定的"假冒他人专利"的行为:(1) 未经许可在其制造或者销售的产品、产品的包装上标注他人专利号的;(2) 未经许可在广告或者其他宣传材料中使用他人的专利号,使人将所涉及的技术误认为是他人专利技术的;(3) 未经许可在合同中使用他人的专利号,使人将合同涉及的技术误认为是他人专利技术的;(4) 伪造或者变造他人的专利证书、专利文件或者专利申请文件的。

注意不能将一般专利侵权行为和假冒他人专利行为相混淆,误将制造、使用、销售他人的专利产品,使用他人专利方法的行为作为假冒他人专利的具体行为,将仿造他人专利产品的行为作为假冒他人专利行为的具体表现之一。"侵权不一定是假冒",未经专利权人的许可,制造或销售他人的专利产品或使用他人的专利方法,这种行为不是假冒专利,而是客观上擅自实施了他人的专利。我国《专利法》第 60 条对擅自实施行为的处理做了明确规定[①],并不适用刑法典中关于假冒他人专利罪的规定。

另外,注意假冒他人专利行为和冒充专利行为相区别,假冒他人专利的行为人使用的是真实、有效的他人的专利标记、证书或专利号,而冒充专利的行为则是指将非专利产品冒充为专利产品、将非专利方法冒充为专利方法的行为。我国《专利法》第 63 条对冒充专利行为的处理做了明确规定:假冒专利的,除依法承担民事责任外,由管理专利工作的部门责令改正并予公告,没收违法所得,可以并处违法所得 4 倍以下的罚款;没有违法所得的,可以处 20 万元以下的罚款;构成犯罪的,依法追究刑事责任。《专利法实施细则》第 84 条规定,下列行为属于《专利法》第 63 条规定的假冒专利的行为:(1) 在未被授予专利权的产品或者其包装上标注专利标识,专利权被宣告无效后或者终止后继续在产品或者其包装上标注专利标识,或者未经许可在产品或者产品包装上标注他人的专利号;(2) 销售第(1)项所述产品;(3) 在产品说明书等材料中将未被授予专利权的技术或者设计称为专利技术或者专利设计,将专利申请称为专利,或者未经许可使用他人的专利号,使公众将所涉及的技术或者设计误认为是专利技术或者专利设计;(4) 伪造或者变造专利证书、专利文件或者专利申请文件;(5) 其他使公众混淆,将未被授予专利权的技术或者设计误认为是专利技术或者专利设计的行为。对于冒充专利的行为,法规并没有限定"未经许可"和"他人"的条件。该行为冒充的是实际上并不存在的专利,是"无中生有",属于违法行为;而假冒他人专利行为假冒的是他人已经取得的、真实存在的专利,是"以假乱真",情节严重的以犯罪论处。两者在一定条件下可以相互转化。

---

① 根据我国《专利法》第 60 条规定,未经专利权人许可,实施其专利,即侵犯其专利权,引起纠纷的,由当事人协商解决;不愿协商或者协商不成的,专利权人或者利害关系人可以向人民法院起诉,也可以请求管理专利工作的部门处理。管理专利工作的部门处理时,认定侵权行为成立的,可以责令侵权人立即停止侵权行为,当事人不服的,可以自收到处理通知之日起 15 日内依照我国《行政诉讼法》向人民法院起诉;侵权人期满不起诉又不停止侵权行为的,管理专利工作的部门可以申请人民法院强制执行。

三、犯罪主观要件

本罪主观上是故意。是否具有获取非法经济利益的目的，不影响本罪的成立。

四、犯罪量度要件

成立本罪需要情节严重。根据 2004 年最高人民法院、最高人民检察院《关于办理侵犯知识产权刑事案件具体应用法律若干问题的解释》的规定，假冒他人专利，具有下列情形之一的，属于刑法典第 216 条规定的"情节严重"，应当以假冒专利罪判处 3 年以下有期徒刑或者拘役，并处或者单处罚金：(1) 非法经营数额在 20 万元以上或者违法所得数额在 10 万元以上的；(2) 给专利权人造成直接经济损失 50 万元以上的；(3) 假冒两项以上他人专利，非法经营数额在 10 万元以上或者违法所得数额在 5 万元以上的；(4) 其他情节严重的情形。

需要注意的是，我国刑法典关于假冒专利罪的规定显得很被动。对假冒专利罪，刑法典只规定了一个情节，即"情节严重"，没有关于"情节特别严重"的量刑规定，而且仅仅规定了一个量刑幅度"3 年以下有期徒刑或者拘役"。刑法典第 7 条第 1 款规定："中国公民在中国域外犯罪，适用本法，但是按最高刑为 3 年以下有期徒刑的可以不予追究。"这就可能造成中国人在域外犯假冒专利罪无法追究。另外，刑法典第 8 条规定："外国人在中国域外对中国国家和公民犯罪，而按本法规定最低刑为 3 年以上有期徒刑的，可以适用本法，但是按照犯罪地的法律不受处罚的除外。"外国人在中国域外假冒中国专利，依据刑法难以追究其刑事责任。

五、本罪的刑事责任

根据刑法典第 216、220 条的规定，犯本罪的，处 3 年以下有期徒刑或者拘役，并处或者单处罚金。单位犯本罪的，对单位判处罚金，并对直接负责的主管人员和其他直接责任人员，依照上述规定处罚。

第三节　侵犯著作权罪

一、定义

侵犯著作权罪，是指以营利为目的，违反著作权法的规定，侵犯他人著作权，违法所得数额较大或者有其他严重情节的行为。

本罪侵害的法益是国家对著作权的管理制度和他人的著作权或者邻接权。狭义的著作权仅仅指作品的作者依法享有的权利，主要有人身权和财产权，广义的著作权还包括与著作权有关的其他权利，即著作邻接权。所谓邻接权，是指传播作品的人对其所赋予的作品的传播形式所享有的权利,包括出版者、表演者、电台、电视台和录音录像者的相应的权利。

二、犯罪客观要件

根据刑法典217条的规定,本罪在客观要件上表现为四种行为:

(1) 未经著作权人许可,复制发行其文字作品、音乐、电影、电视、录像作品、计算机软件及其他作品的。"未经著作权人许可",是指没有得到著作权人授权或者伪造、涂改著作权人授权许可文件或者超出授权许可范围的情形。[①] 所谓"作品",按照我国《著作权法实施条例》第2条规定,是指文学、艺术和科学领域内具有独创性并能以某种有形形式复制的智力成果。所谓"复制",是指以印刷、复印、拓印、录音、录像、翻录、翻拍等方式将作品制作一份或多份的行为;按照工程设计、产品设计图纸及其说明进行施工、生产工业品,不属于本法所称的复制。所谓"复制发行","是指行为人以营利为目的,未经著作权人许可而实施的复制、发行或者既复制又发行其文字作品、音乐、电影、电视、录像作品、计算机软件及其他作品的行为。"[②] 此外,"通过信息网络向公众传播他人文字作品、音乐、电影、电视、录像作品、计算机软件及其他作品的行为,应当视为刑法第217条规定的'复制发行'"[③]

(2) 出版他人享有专有出版权的图书的。出版是指将作品编辑加工后,经过复制向公众发行。图书专有出版权是一种十分重要的邻接权,是一种排他性的权利。如果是非专有出版权,或者行为人经过专有出版权人许可而出版的,则不构成本罪。

(3) 未经录音录像制作者许可,复制发行其制作的录音录像的。我国《著作权法》第42条规定:"录音录像制作者对其制作的录音录像制品,享有许可他人复制、发行、出租、通过信息网络向公众传播并获得报酬的权利;权利的保护期为50年,截止于该制品首次制作完成后第50年的12月31日。"需要注意的是,该条规定的录音录像制品与前述第(1)种情形中的录音录像作品不同。第(1)种情形中的录音录像作品是著作人直接摄制或者为传播自己的作品而制作的录音录像产品,其享有的是该作品的著作权。而《著作权法》第42条规定的录音录像制品是指录音录像作者传播他人作品而制作的,其享有的是该录音、录像的邻接权。

(4) 制作、出售假冒他人署名的美术作品的。我国《著作权法实施条例》第4条对美术作品的定义是:"美术作品,是指绘画、书法、雕塑等以线条、色彩或者其他方式构成的有审美意义的平面或者立体的造型艺术作品。"这里的"制作、出售"一般包括三种方式:一是

---

① 参见2004年最高人民法院、最高人民检察院《关于办理侵犯知识产权刑事案件具体应用法律若干问题的解释》。
② 参见1998年最高人民法院《关于审理非法出版物刑事案件具体应用法律若干问题的解释》。
③ 参见2004年最高人民法院、最高人民检察院《关于办理侵犯知识产权刑事案件具体应用法律若干问题的解释》。

以临摹的方法临摹他人的美术作品,署上他人的姓名,假冒他人的美术作品出售,牟取非法利益;二是在他人的美术作品上署上第三人的姓名,假冒该第三人的美术作品出售,牟取非法利益;三是在自己的美术作品上署上他人的姓名,假冒他人的美术作品出售,牟取非法利益。

值得注意的是,上述第(1)(3)种情形中的"复制"与"发行"以及第(4)种情形中的"制作、出售"行为是选择性的,二者只要具备其一即可构成本罪。另外,我国刑法典将戏剧、曲艺、舞蹈、杂技等艺术作品从刑法保护中排除出去,与《著作权法》第48条中"构成犯罪的,依法追究刑事责任"的规定不符,宜根据我国的具体国情作出修改。

【例题】 赵某多次临摹某著名国画大师的一幅名画,然后署上该国画大师姓名并加盖伪造印鉴,谎称真迹售得收入6万元。对于赵某的行为如何定罪处罚?(2009年国家司法考试真题)

A. 按诈骗罪和侵犯著作权罪,数罪并罚。
B. 按侵犯著作权罪处罚。
C. 按生产、销售伪劣产品罪处罚。
D. 按非法经营罪处罚。
答案:B

三、犯罪主观要件

本罪主体是一般主体,单位和个人均可成立本罪。出版单位与他人事前通谋,向其出售、出租或者以其他形式转让该出版单位的名称、书号、刊号、版号,构成犯罪的,对该出版单位应当以共犯论处。

本罪主观上是故意,并以营利为目的。其中以刊登收费广告等方式直接或者间接收取费用的情形,属于刑法典第217条规定的"以营利为目的"。对于一些不具有营利目的但严重侵犯著作权的行为,虽然《著作权法》规定可以构成犯罪,刑法典却不能对其进行处罚。在司法实践中,将营利目的作为犯罪构成的主观要件设定不利于打击犯罪。《著作权法》对侵犯著作权的行为并未要求具备营利目的,与之对比,刑法典的规定稍显滞后。

四、犯罪量度要件

成立本罪需要数额较大。根据2004年最高人民法院、最高人民检察院《关于办理侵犯知识产权刑事案件具体应用法律若干问题的解释》的规定,以营利为目的,实施刑法典第217条所列侵犯著作权行为之一,违法所得数额在3万元以上的,属于"违法所得数额较大"。根据2011年最高人民法院、最高人民检察院、公安部《关于办理侵犯知识产权刑事案件具体应用法律若干问题的意见》的规定,具有下列情形之一的,属于"有其他严重情节":(1)非法经营数额在5万元以上的;(2)传播他人作品的数量合计在500件(部)以上的;(3)传播他人作品的实际被点击数达到5万次以上的;(4)以会员制方式传播他人作品,注册会员达到1000人以上的;(5)数额或者数量虽未达到第(1)项至第(4)项规定标准,但分别达到其中2项以上标准一半以上的;(6)其他严重情节的情形。

实施前款规定的行为,数额或者数量达到前款第(1)项至第(5)项规定标准5倍以上的,属于刑法典第217条规定的"其他特别严重情节"。

五、刑事责任

根据刑法典第217、220条的规定,犯本罪的,违法所得数额较大或者有其他严重情节的,处3年以下有期徒刑或者拘役,并处或者单处罚金;违法所得数额巨大或者有其他特别严重情节的,处3年以上7年以下有期徒刑,并处罚金。单位犯本罪的,对单位判处罚金,并对直接负责的主管人员和其他直接责任人员,依照上述规定处罚。其中,"违法所得数额"是指获利数额,非法出版物没有定价或者以境外货币定价的,其单价数额应当按照行为人实际出售的价格认定。行为人所签合同价格明显低于出版物成本价,而实际出售价格无法查证的,应当以市场上同类物品的平均价格认定。

第四节　侵犯商业秘密罪

一、定义

侵犯商业秘密罪,是指以盗窃、利诱、胁迫、披露、擅自使用或擅自允许他人使用等不正当手段,侵犯商业秘密,给商业秘密权利人造成重大损失的行为。

本罪侵害的法益是社会主义市场经济秩序和权利人对商业秘密的各种权利,包括所有权、使用权及秘密权等。根据我国刑法典和《反不正当竞争法》的规定,商业秘密是指不为公众所知悉,能为权利人带来经济利益,具有实用性并经权利人采取保密措施的技术信息和经营信息。由此可见,我国法律规定的商业秘密包括技术信息和经营信息,而且两者必须具有秘密性、价值性、实用性和保密性特征。

我国法律对于商业秘密的实用性和价值性的表述不具体,与《TRIPS协议》的有关规定不一致。《TRIPS协议》第39条规定,商业秘密必须符合三个要件:秘密性、价值性和保密性,并没有要求具备实用性。"实用性"往往容易被解释为阶段性的、未最终完成的技术成果不受保护。从某种意义上说,实用性与价值性有重复之处,肯定价值性,能为权利人带来现实或潜在的经济利益,自然就有实用性,再次强调实用性在实践中易产生许多争议。如对否定性的信息,象过去开发失败的试验报告、客户名单,对本企业生产经营无用但对其他企业有用的信息等,如何解释其实用性和价值性;对尚在摸索未使之具体化的原理和较抽象的概念是否保护均存在分歧。

另外,《TRIPS协议》第39条规定构成商业秘密必须具备合理的保密措施。我国刑法典规定,权利人的商业秘密必须经权利人"采取保密措施",即保密性,这与《TRIPS协议》的规定是一致的。由于保密措施是不确定的,对形形色色的各类企业不可能要求同样的保密措施。一些主管单位和行政机关出于好心,对商业秘密的管理提出了许多要求,这些规范性法律文件对商业秘密权利人的要求越多,权利人采取保密措施就越不符合规范。保密措施反而成为权利人寻求司法救济的枷锁。在司法实践中,如何掌握及认定这一必要条件,既缺乏刑法的规定,也没有相应的司法解释可供采用,导致办案人员掌握不准而不敢采取措施。多数商业秘密侵害案件亦因此"以民代刑",即改为民事或行政制裁,没有起到震慑犯罪的应有作用。

二、犯罪客观要件

本罪在客观要件上表现为以非法手段侵犯权利人的商业秘密,并给权利人造成重大损失。

(1) 犯罪对象是权利人的商业秘密。权利人,是指商业秘密的所有人和经商业秘密所有人许可的商业秘密使用人。

(2) 未经商业秘密权利人许可,行为人实施了侵犯商业秘密的行为。这主要表现为四种行为:第一,以盗窃、利诱、胁迫或者其他不正当手段获取权利人的商业秘密的。盗窃是指行为人采取秘密的自认为不被人知的手段窃取权利人的商业秘密。利诱是指行为人利用金钱、地位、美色、工作条件等引诱知悉商业秘密的人员以获取商业秘密的行为。胁迫是指对知悉商业秘密者或其亲友的生命健康、荣誉、财产、名誉等进行危害相要挟,迫使权利人或知悉商业秘密的其他人员交出商业秘密的行为。而其他不正当手段是指除盗窃、利诱、胁迫以外的违背当事人意愿而获取权利人商业秘密的其他违法手段。第二,披露、使用或允许他人使用以前项手段获取的商业秘密的。所谓披露是指行为人将非法获取的商业秘密告知权利人的竞争对手或公诸于众的行为。而使用是指行为人将非法取得的商业秘密予以应用的行为。允许他人使用是指行为人允许他人使用其非法获得的商业秘密,包括有偿和无偿。第三,违反约定或违反权利人有关保守商业秘密的要求披露、使用或者允许他人使用其掌握的商业秘密的。该行为通常是基于职务、业务关系或许可关系等合法途径而知悉商业秘密的特定人,违反了与权利人的保密性约定,或违反了权利人有关保守商业秘密的要求向社会公众披露商业秘密,使用或允许他人使用商业秘密。第四,明知或应知前款所列行为,获取、使用或者披露他人的商业秘密的,以侵犯商业秘密罪论处。这是指第三人确实知道或者根据客观情况推断其"应当"知道,如不可能知道则不成立该行为。

(3) 行为人实施了以上四种行为必须在客观上给权利人造成了重大损失。若行为人的行为并未给权利人造成重大损失,亦不成立本罪。我国刑法将侵犯商业秘密罪定为结果犯,且对损害结果的规定过于模糊,导致在罪与非罪关键问题上弹性太大,不利于犯罪的准确认定与司法操作。刑法典第219条规定"重大损失"及"特别严重后果"是判定侵犯商业秘密罪与非罪、重罪与轻罪的重要标准和尺度,但这些认定标准和尺度十分模糊。有关司法解释①规定的"给商业秘密的权利人造成损失数额在50万元以上",究竟是指被盗窃商业秘密及其载体本身的价值,还是指商业秘密被侵犯后给权利人造成的利益损失? 从其他国家的立法及《TRIPS协议》规则看,显然应是指后者。根据刑法理论,只有过失犯罪要求必须具备法定危害结果这个要件,对故意犯罪中的预备、未遂、中止等形态并未要求必须具备法定危害结果。因此,将侵犯商业秘密罪一律定为结果犯是不恰当的。另外,如何选择商业秘密价值的评估机关,以及如何计算"重大损失"和"特别严重后果",两者又如何区分等,均是我国认定侵犯商业秘密罪的关键。因此,我国立法机关与司法机关应尽快明确或做出解释,在法定危害结果方面对故意和过失两种主观形态加以区分,以便于正确地区分罪与非罪。对于"暴力获取""盗窃""敲诈"等主观恶性较大的犯罪规定为行为犯,对那些违约使用或泄露、严重过失侵权等主观恶性较小的犯罪行为规定为结果犯。这样可以严密刑事法网,有利于司法操作。

【例题】 下列关于侵犯商业秘密罪的说法哪些是正确的?(2004年国家司法考试真题)

A. 窃取权利人的商业秘密,给其造成重大损失的,构成侵犯商业秘密罪。

B. 捡拾权利人的商业秘密资料而擅自披露,给其造成重大损失的,构成侵犯商业秘密罪。

C. 明知对方窃取他人的商业秘密而购买和使用,给权利人造成重大损失的,构成侵犯商业秘密罪。

D. 使用采取利诱手段获取权利人的商业秘密,给权利人造成了重大损失,构成侵犯商业秘密罪。

答案:ACD

三、犯罪主观要件

本罪的主体是一般主体。自然人和单位均可成为本罪主体,但是刑法典第219条第1款第3项的主体只能是特殊主体,而并非一般主体。因为第1款3项规定的主体只能是基于职务、业务、许可关系而知悉权利人商业秘密并负有保密义务的人,如企业的高级管理人员或核心技术人员,机密场所所有工作人员,因劳动合同关系单方面解除或期满而知悉商业秘密的人员、受委托或从事监管活动而知悉商业秘密的人员(如律师、会计师、专利代理人或从事监督活动的公务员)等。

本罪在主观上是故意或严重过失。在刑法典第219条第1款与第2款规定的情形中,行为人可能是明知自己的行为会造成危害结果而积极追求这种结果的发生,也可能是

---

① 2004年最高人民法院、最高人民检察院《关于办理侵犯知识产权刑事案件具体应用法律若干问题的解释》第7条。

放任这一结果的发生,行为人的主观罪过是直接故意与间接故意。但在第 3 款中规定了行为人"应知前款所列行为,获取、使用或者披露他人的商业秘密的","应知"是根据行为人当时所处的情境而对其是否知晓"前款所列行为"的推测,这是与"明知"相对立的一种情形,因而,应当把"应知"理解为明显且十分严重的过失。

四、犯罪量度要件

成立本罪需要满足量度要件。根据 2004 年最高人民法院、最高人民检察院《关于办理侵犯知识产权刑事案件具体应用法律若干问题的解释》第 7 条的规定,实施刑法典第 219 条规定的行为之一,给商业秘密的权利人造成损失数额在 50 万元以上的,属于"给商业秘密的权利人造成重大损失",应当以侵犯商业秘密罪判处 3 年以下有期徒刑或者拘役,并处或者单处罚金。给商业秘密的权利人造成损失数额在 250 万元以上的,属于刑法典第 219 条规定的"造成特别严重后果",应当以侵犯商业秘密罪判处 3 年以上 7 年以下有期徒刑,并处罚金。

根据 2010 年最高人民检察院、公安部《关于公安机关管辖的刑事案件立案追诉标准的规定(二)》第 73 条的规定,侵犯商业秘密,涉嫌下列情形之一的,应予立案追诉:(1)给商业秘密权利人造成损失数额在 50 万元以上的;(2)因侵犯商业秘密违法所得数额在 50 万元以上的;(3)致使商业秘密权利人破产的;(4)其他给商业秘密权利人造成重大损失的情形。

五、本罪的刑事责任

根据刑法典第 219、220 条的规定,犯本罪的,处 3 年以下有期徒刑或者拘役,并处或者单处罚金;造成特别严重后果的,处 3 年以上 7 年以下有期徒刑,并处罚金。单位犯本罪的,对单位判处罚金,并对直接负责的主管人员和其他直接责任人员,依照上述规定处罚。

第五节　其他侵犯知识产权罪

本章介绍了侵犯知识产权罪的一些重点罪名,还有其他的一些罪名由于认定较为简单,实践中适用比较少,故予以简单的介绍。

一、销售假冒注册商标的商品罪

销售假冒注册商标的商品罪,是指销售明知是假冒他人注册商标的商品,销售金额数额较大的行为。这里对"销售"的方式没有限制,可以是零售、批发,也可以是包括在其他商品的让利销售中将假冒注册商标的商品作为"赠品"处理的行为。将假冒注册商标的商品抵作货款或者偿还债务,也属于"销售"。注意销售金额是行为人将假冒注册商标的商品销售给他人后所得和应得的全部违法收入金额,与扣除成本后获利的违法所得金额并不同。销售假冒他人注册商标的商品质量如何,不影响本罪的成立。根据2004年最高人民法院、最高人民检察院《关于办理侵犯知识产权刑事案件具体应用法律若干问题的解释》第9条的规定,刑法典第214条规定的"销售金额",是指销售假冒注册商标的商品后所得和应得的全部违法收入。本罪的主体是一般主体,但不包括在所销售商品上假冒注册商标的犯罪人,即假冒注册商标的犯罪人销售自己假冒注册商标的商品的,属于吸收犯,成立假冒注册商标罪,不成立本罪。如果犯罪人同时销售他人假冒注册商标的商品,则成立数罪。本罪在主观方面本罪表现为故意,强调行为人对犯罪对象——假冒他人注册商标的商品具有"明知"的认识因素。而刑法典第14条关于犯罪故意认识因素的"明知",是指行为人对犯罪构成要件及危害结果的明知。根据2004年最高人民法院、最高人民检察院《关于办理侵犯知识产权刑事案件具体应用法律若干问题的解释》的规定,具有下列情形之一的,应当认定为属于刑法典第214条规定的"明知":(1)知道自己销售的商品上的注册商标被涂改、调换或者覆盖的;(2)因销售假冒注册商标的商品受到过行政处罚或者承担过民事责任,又销售同一种假冒注册商标的商品的;(3)伪造、涂改商标注册人授权文件或者知道该文件被伪造、涂改的;(4)其他知道或者应当知道是假冒注册商标的商品的情形。成立本罪需要满足销售金额较大。根据2010年最高人民检察院、公安部《关于公安机关管辖的刑事案件立案追诉标准的规定(二)》第70条的规定,销售明知是假冒注册商标的商品,涉嫌下列情形之一的,应予立案追诉:(1)销售金额在5万元以上的;(2)尚未销售,货值金额在15万元以上的;(3)销售金额不满5万元,但已销售金额与尚未销售的货值金额合计在15万元以上的。

根据刑法典第214、220条的规定,犯本罪的,销售金额数额较大的,处3年以下有期徒刑或者拘役,并处或者单处罚金;销售金额数额巨大的,处3年以上7年以下有期徒刑,并处罚金。单位犯本罪的,对单位判处罚金,并对直接负责的主管人员和其他直接责任人员,依照上述规定处罚。

二、非法制造、销售非法制造的注册商标标识罪

非法制造、销售非法制造的注册商标标识罪是指伪造、擅自制造他人注册商标标识或者销售伪造、擅自制造的注册商标标识,情节严重的行为。所谓"非法制造",包括伪造和擅自制造。伪造是指按照他人注册商标标识的式样、文字、图形、颜色、质地及制作技术伪造假的注册商标标识;擅自制造是指从事印刷业务的单位或者个人,未经注册商标权利人的许可而制造其注册商标标识,或者超过注册商标权利人委托的数量制造其注册商标标识。

根据刑法典第215、220条的规定,犯本罪的,处3年以下有期徒刑、拘役或者管制,并处或者单处罚金;情节特别严重的,处3年以上7年以下有期徒刑,并处罚金。单位犯本罪的,对单位判处罚金,并对直接负责的主管人员和其他直接责任人员,依照上述规定处罚。

三、销售侵权复制品罪

销售侵权复制品罪,是指以营利为目的,销售明知是侵犯他人著作权的复制品,违法数额巨大的行为。在销售商品中,行为人将侵权复制品作为正品的"赠品"予以"赠送",同样应视为"销售",但仅仅是将侵权复制品赠与、出借他人,不能解释为"销售"。根据2004年最高人民法院、最高人民检察院《关于办理侵犯知识产权刑事案件具体应用法律若干问题的解释》第14条的规定,实施刑法典第217条规定的侵犯著作权犯罪,又销售该侵权复制品,构成犯罪的,应当依照刑法典第217条的规定,以侵犯著作权罪定罪处罚。实施刑法典第217条规定的侵犯著作权犯罪,又销售明知是他人的侵权复制品,构成犯罪的,应当实行数罪并罚。本罪在主观方面是故意,并有营利的目的。行为人必须"明知"自己销售的商品是侵权复制品,如果不知道所销售的商品是侵权复制品,误认为是正品而予以销售,不构成本罪。

根据刑法典第218、220条的规定,犯本罪的,处3年以下有期徒刑或者拘役,并处或者单处罚金。处3年以下有期徒刑或者拘役,并处或者单处罚金。单位犯本罪的,对单位判处罚金,并对直接负责的主管人员和其他直接责任人员,依照上述规定处罚。

第六节 罪之比较与适用

本章犯罪不但互相之间存在着一些混淆之处,而且与其他章节规定的犯罪也有相似之处。

一、本章罪之比较

销售假冒注册商标的商品罪与假冒注册商标罪的区别主要表现为:(1)犯罪主体不同。销售假冒注册商标的商品罪的主体,不包括在所销售商品上假冒注册商标的行为人。如果假冒注册商标的犯罪人销售自己假冒注册商标的商品的,则成立假冒注册商标罪,不成立销售假冒注册商标的商品罪,因为销售假冒注册商标的商品罪强调行为人对犯罪对象——假冒他人注册商标的商品具有"明知"的认识因素,而假冒注册商标罪的犯罪人对自己假冒注册商标的商品,没有必要强调"明知"。如果行为人生产假冒他人注册商标的商品并予以出售,同时又销售他人生产的假冒注册商标的商品,则对行为人以假冒注册商标罪和销售假冒注册商标的商品罪实行数罪并罚。(2)行为对象不同。销售假冒注册商标的商品罪的行为对象是假冒他人注册商标的商品;假冒注册商标罪的行为对象是他人的注册商标。(3)行为方式不同。假冒注册商标罪是未经注册商标所有人许可,在同一种商品上使用与其注册商标相同的商标的行为,"使用"既在生产领域,又在销售领域。销售假冒注册商标的商品罪是销售明知是假冒注册商标的商品的行为,只发生在销售领域。如果行为人在销售某种商品时未经注册商标所有人许可,在该商品上印刷、粘贴、附加假冒注册商标标识的,应认定为假冒注册商标罪。

二、与其他章节罪之比较

(一)假冒注册商标罪与生产、销售伪劣商品犯罪的区别

在司法实践中,假冒注册商标罪往往与生产、销售伪劣商品犯罪交织在一起。生产、销售伪劣商品的行为人为了牟取利润,在商品包装上冒用知名产品的注册商标,符合假冒注册商标罪的构成。另一方面,生产、销售伪劣商品的行为还构成刑法典第140条至第148条规定的各种生产、销售伪劣商品犯罪。这种行为应当属于想象竞合犯,假冒注册商标仅仅是生产、销售伪劣商品行为的组成部分,应择一重罪处罚。

(二)假冒专利罪与诈骗罪的区别

假冒专利罪与诈骗罪都具有欺骗性,区别主要表现为:(1)行为方式不同。假冒专利罪主要是在自己生产、经营的产品或技术中假冒他人专利欺骗不特定的公众;诈骗罪采取各种虚构事实或隐瞒真相的方法欺骗他人。(2)主观方面不同。假冒专利罪的行为人一般是通过欺骗手段进行经营而间接的获得非法利益;诈骗罪的行为人也可能采取假冒专利的方法,但行为对象是特定的,主观目的是直接非法占有他人财物。(3)侵害的法益不同。假冒专利罪侵害的法益是国家对专利的管理制度和专利权人的专利权;诈骗罪侵害的法益是公私财物所有权。

(三)侵犯商业秘密罪与故意泄露国家秘密罪的区别

侵犯商业秘密罪与故意泄露国家秘密罪的区别主要表现为:(1)侵害的法益不同。侵犯商业秘密罪侵害的法益是社会主义市场经济秩序和权利人对商业秘密的各种权利,包括所有权、使用权及秘密权等;故意泄露国家秘密罪侵害的法益是国家保密制度和安全利益。(2)主体不同。侵犯商业秘密罪的主体是一般主体;故意泄露国家秘密罪的主体主要是国家机关工作人员。(3)行为对象不同。侵犯商业秘密罪的行为对象是商业秘密;故意泄露国家秘密罪行为对象是国家秘密。(4)行为方式不同。侵犯商业秘密罪表现为窃取、刺探、收买、非法提供、非法获取、泄露等各种行为;故意泄露国家秘密罪的行为方式仅仅为泄露。

三、案例适用

【案例1】

1998年9月,陈某注册成立了一家交通器材有限公司,主营自行车及零配件的销售业务。1999年至2000年,陈某向江西、浙江等地购买了大量的自行车配件,并从温州一家个体户手中购买了"凤凰牌"自行车商标标识,组装"凤凰牌"自行车整车并以公司名义销售,销售金额共计人民币60万元。

讨论问题:陈某的行为是否构成犯罪,为什么?

第十一章 破坏社会主义市场经济秩序罪(5):侵犯知识产权罪

【案例2】

1999年,上海红光公司发明了一种镍氢电池,并对该电池向国家知识产权局申请了专利。由于该镍氢电池的制造工艺比较特殊,红光公司将其列为技术秘密,与公司每位员工签订了保密协议。2000年,红光公司副总经理张某辞职,利用自己掌握的工艺技术,与他人合作另外成立星光公司,制造与红光公司同样的镍氢电池。截止到2003年5月,星光公司获利人民币200万元。

讨论问题:张某与星光公司的行为是否犯罪?是否构成假冒专利罪?为什么?

【案例3】

李某与王某是个体书商。1999年初,两人共谋出资40万元复制发行上海辞书出版社独家出版的《辞海》普及本。两人共复制了5000套,每套定价人民币480元,实际以每套人民币160元销售给开个体书店的张某。张某没要发票,以现金交易。至2000年5月,张某共销售2000套。

讨论问题:李某与王某是否构成犯罪?两人的非法经营数额如何认定?张某是否构成犯罪?为什么?

【案例4】

1998年,灵光公司开发出一种自来水控制与计量系统软件,派技术人员李某到山西推销。山西浩瀚公司以高薪邀请李某加盟该公司。李某心动,暗中加入浩瀚公司,并提供自来水控制与计量系统软件及源代码,获取报酬人民币5万元。浩瀚公司将该软件改头换面,销往各地。截止到2001年年底,浩瀚公司获利200万元。

讨论问题:李某是否构成犯罪?浩瀚公司的行为如何认定?为什么?

第十二章

破坏社会主义市场经济秩序罪(6)：扰乱市场秩序罪

扰乱市场秩序罪,是指违反国家市场监督管理的法律规定,破坏市场交易秩序、竞争秩序、监管秩序,情节严重的行为。

扰乱市场秩序罪侵犯的法益是市场经济秩序所保护的各方利益。市场秩序的核心是合法、自主、公平、信用、标准统一。[①] 在这样一种市场经济秩序下,各方的利益既包括国家的利益、生产者、销售者以及整个市场经济运转参与者的利益,也包括广大消费者的利益,都体现在一个有显著特点的高效、有序的市场经济秩序中。市场经济的各个组成部分有机联系,使得他们的利益也有机地联系在一起。任何扰乱市场秩序的行为,都会对市场经济的各个组成部分的利益造成损害。为了改善和加强市场经济,我国先后制定并颁布了一系列有关的法律法规,如《反不正当竞争法》《广告法》等法律及相关的行政法规。这些法律法规不仅形成的市场经济秩序,规范了市场行为,同时是市场经济参与者利益的有效保障。

扰乱市场秩序罪在客观上表现为违反市场管理法规,破坏市场进入秩序、交易秩序、竞争秩序,损害市场经济参与者利益,情节严重的行为。扰乱市场秩序的犯罪行为,客观方面的表现形式较为复杂,多表现为积极作为的形式。从行为类型上可分为:(1) 扰乱市场交易秩序的行为。如合同诈骗;非法经营;强迫交易;伪造、倒卖伪造的有价票证;倒卖车票、船票;非法转让、倒卖土地使用权;逃避商检。(2) 扰乱市场竞争秩序的行为。如损害商业信誉、商品声誉;虚假广告;串通投标。

本类犯罪的主体既包括自然人也包括单位,既包括一般主体也包括特殊主体。在各种犯罪中,大部分犯罪主体是一般主体,少数是特殊主体,如虚假广告罪的主体只能是广告主、广告经营者和广告发布者;提供虚假证明文件罪及中介组织人员出具重大失实证明文件罪的主体是承担资产评估、验资、验证、会计、审计和法律服务等职责的中介组织及其

[①] 张明楷:《市场经济下的经济犯罪与对策》,中国检察出版社1995年版,第391页。

工作人员;逃避商检罪的主体限于经营进出口商品的单位和个人。[①] 此外,串通投标罪的主体要求是参与招标活动的招标人和投标人。

本类犯罪在主观方上是故意,而且以直接故意为主。少数的表现为过失,如中介组织人员出具重大失实证明文件罪,行为人主观方面限于过失。本类犯罪的形态主要是结果犯。

本类犯罪的刑事责任在规定主刑的同时,无一例外地都规定了罚金刑。罚金刑的适用形式采用了单科罚金制、选科罚金制和并科罚金制。在基本形式上多采用单科罚金制和选科罚金制,在加重犯中多采用并科罚金制,且罚金刑多采用无限额罚金制。单位犯本类罪的,对单位判处罚金,并对其直接负责的主管人员和其他直接责任人员,依照本节的规定处罚。

第一节 损害商业信誉、商品声誉罪

一、定义

损害商业信誉、商品声誉罪,是指捏造并散布虚假事实,损害他人的商业信誉、商品声誉,给他人造成重大损失或者有其他严重情节的行为。

本罪侵犯的法益是商品经营者的合法权益。商品经营者享有对其所经营的企业及所经营的商品良好的商业信誉和商品声誉的权利。商业信誉和商品声誉可简称为商誉,是指经营者依法对其创造的商誉享有专有权和享有商誉不受侵害的权利。从本质上看,商誉权是类同于知识产权,与专利权、商标权、版权相似。从内容上看,商誉权具有人身性和财产性双重内容。人身性表现为经营者及其所经营企业、商品的声望和名誉;财产性表现为其是一种无形财产。商誉权是与具体的经营者联系在一起的,本身构成一种法律关系。商誉权是一种对世权,权利主体特定,义务主体不特定。除了特定的权利主体以外的任何人都必须承担不得妨碍权利主体行使商誉权的义务。

二、犯罪客观要件

本罪在客观要件上表现为行为人具有捏造并散布虚伪的事实或者以其他手段损害他人商业信誉、商品声誉的行为。

(1)捏造并散布虚伪事实。所谓"捏造",是指无中生有,凭空编造,或者以小夸大,引人误解;所谓"散布",是指以文字、语言为手段将捏造情况在社会或一定范围内加以传播、扩散。"散布"的手段可以是语言、文字或图形,也可以是三者组合。"散布"的方式可以是口头形式,也可以是书面形式;可以是当众公开传播,也可以是私下秘密告知。[②] 所谓"虚

[①] 苏惠渔主编:《刑法学》,中国政法大学出版社1997年版,第576页。
[②] 黄京平主编:《破坏市场经济秩序罪研究》,中国人民大学出版社1999年版,第627页。

伪事实",是指贬低、毁坏他人商业信誉、商品声誉的虚假情况。

（2）损害他人商业信誉、商品声誉。本罪行为一般表现为以下几种情形：第一，通过发布对比性广告、声明性广告，散发公开信或召开新闻发布会等形式散布捏造的虚伪事实，恶意贬低、诋毁他人的商业信誉、商品声誉；第二，在商品包装和说明书上贬低和诋毁他人经营的同类产品，损害他人商誉；第三，通过恶意诉讼，向社会公众散步某种捏造的虚假事实，诋毁他人的商誉；组织人员以消费者的名义向市场监管部门或者新闻单位进行虚假的投诉，诋毁他人的商誉。

三、犯罪主观要件

本罪主体是一般主体，自然人和单位均可成立。本罪主观上是故意，且只能是直接故意。

四、犯罪量度要件

成立本罪需要满足量度要件，即"给他人造成重大损失"或者"有其他严重情节"。诋毁商誉行为造成的损失应如何认定，有学者认为商誉作为一种无形财产，遭到诋毁，受到损害后一般表现为两方面的损失：一方面是营业额、经营利润下降等，可以直接考察；另一方面是经过一段时间后经营者的商誉的社会评价下降。① 诋毁行为造成的损失，包括直接经济损失和间接经济损失两部分有学者认为重大损失只包括直接损失，不包括间接损失。② 但我们认为应包括间接损失。"有其他严重情节"，有学者认为可包括以下情形：行为人多次捏造并散布虚伪事实，诋毁他人商誉，严重扰乱正常的市场竞争秩序的；因损害他人商誉曾经受过两次行政处罚或民事处罚又实施上述行为的；损害他人商誉的手段特别恶劣，社会影响极坏，或者致使他人经营陷入特别困境，被迫停产、停业、转产甚至破产的等。③ 也有学者认为"情节严重"包括以下四个方面：(1)致使他人生产经营活动严重受阻或无法开展，如商品严重积压、滞销，客户纷纷退货或拒收货物、拒付货款；(2)导致他人濒临破产或被责令停业整顿；(3)多次实施损害商业信誉、商品声誉行为；(4)造成恶劣影响的。④

根据 2010 年最高人民检察院、公安部《关于公安机关管辖的刑事案件立案追诉标准的规定（二）》的规定，捏造并散步虚伪事实，损害他人的商业信誉、商品声誉，涉嫌下列情形之一的，应予立案追诉：(1)给他人造成直接经济损失数额在 50 万元以上的。(2)虽未达到上述数额标准，但是具有下列情形之一的：利用互联网或者其他媒体公开损害他人商业信誉、商业声誉；造成公司、企业等单位停业、停产 6 个月以上，或者破产的。(3)其他

---

① 戴建志、陈旭主编：《知识产权损害赔偿研究》，法律出版社 1997 年版，第 102 页。
② 马克昌主编：《经济犯罪新论》，武汉大学出版社 1998 年版，第 565 页。
③ 崔红卫、崔红利：《商业诽谤罪立法刍议》，载《山东法学》1995 年第 1 期。
④ 黄京平主编：《扰乱市场秩序罪》，中国人民大学出版社 1999 年版，第 44 页。

给他人造成重大损失或者其他严重情节的情形。

五、本罪的刑事责任

根据刑法典第 221 条的规定,犯本罪的,处 2 年以下有期徒刑或者拘役,并处或者单处罚金。

第二节 虚假广告罪

一、定义

虚假广告罪是指广告主、广告经营者、广告发布者违反国家法律规定,利用广告对商品或者服务作虚假宣传,情节严重的行为。

本罪侵犯的法益是其他经营着和广大消费者的合法权益。我国《广告法》第 31 条规定:"广告主、广告经营者、广告发布者不得在广告活动中进行任何形式的不正当竞争。"虚假广告对正常的市场竞争秩序的扰乱表现为,虚假广告误导不明真相的消费者,从而排挤经营同类商品、提供同类服务的其他合法经营者,以不正当手段,扩大自己的市场占有率和销售份额,构成了不正当竞争行为,侵害了其他合法经营者的利益,造成了市场竞争秩序的混乱。虚假广告对商品或者服务作虚假宣传,把同广告内容不符的商品或服务推销或提供给消费者,直接损害了消费者的合法权益。

二、犯罪客观要件

本罪在客观要件上表现为行为人具有违反法律规定,利用广告对商品或者服务作虚假宣传,情节严重的行为。

(1) 发布虚假广告的行为必须违反法律规定。所谓"违反法律规定"是指违反《广告法》《反不正当竞争法》《消费者权益保护法》中的关于广告应当合法、真实和不得发布虚假广告等相关规定。

(2) 行为人的行为是利用广告对商品或服务作虚假宣传。虚假广告具体表现形式包括:对产品的性能、质量、成分、用途、有效期限、产地、来源进行夸大,无中生有地进行宣传;对其提供的服务质量、技术标准、价格等进行与实际情况不符、无中生有的虚假宣传;对其商品或服务的信誉、声誉进行漫无目标吹嘘夸大,比如获得特别奖,获优质产品、专利产品、某某专家认证、达到国际标准等方式任意夸大其社会信誉;对特殊商品,任意作不切实际的宣传,比如对药品,任意夸大药效、疗效;其他形式。

三、犯罪主观要件

对于本罪的主观要件,学术界有两种看法:一种观点认为只能是直接故意,另一种观点认为既可以是直接故意也可以是间接故意。本书赞同前一种观点。"利用广告对商品或者服务作虚假宣传，情节严重的"，其中的"利用""宣传"且要达到"情节严重"，非直接故意而不能为。本罪主体是特殊主体，只能是广告主、广告经营者、广告发布者，包括自然人和单位。根据我国《广告法》第2条的规定，广告主，是指为推销商品或者服务，自行或者委托他人设计、制作、发布广告的自然人、法人或者其他组织。广告经营者，是指接受委托提供广告设计、制作、代理服务的自然人、法人或者其他组织。广告发布者，是指为广告主或者广告主委托的广告经营者发布广告的自然人、法人或者其他组织。

四、犯罪量度要件

成立本罪需要达到情节严重。根据2010年最高人民检察院、公安部《关于公安机关管辖的刑事案件立案追诉标准的规定（二）》的规定，属下列情形之一的，应予立案追诉：(1)违法所得数额在10万元以上的；(2)给单个消费者造成直接经济损失数额在5万元以上的，或者给多个消费者造成直接经济损失数额累计在20万元以上的；(3)假借预防、控制突发事件的名义，利用广告作虚假宣传，致使多人上当受骗，违法所得数额在3万元以上的；(4)虽未达到上述数额标准，但2年内因利用广告作虚假宣传，受过2次以上，又有利用广告作虚假宣传的；(5)造成人身伤残的；(6)其他情节严重的情形。

五、本罪的刑事责任

根据刑法典第222条的规定，犯本罪的，处2年以下有期徒刑或者拘役，并处或者单处罚金。

第三节 合同诈骗罪

一、定义

合同诈骗罪是指以非法占有为目的，在签订、履行合同过程中虚构事实、隐瞒真相，骗取对方当事人财物，数额较大的行为。

本罪侵犯的法益是合同当事人的财产权利。合同诈骗犯罪通过合同形式，虚构事实、隐瞒真相的手段骗取他人数额较大的财物，必然侵犯他人的财产权利。

二、犯罪客观要件

本罪在客观要件上表现为在签订、履行合同的过程中，骗取合同对方当事人财物的行为。具体包括：(1)以虚构的单位或者冒用他人的名义签订合同的。虚构单位包括两种情况，一是根本不存在此单位，二是此单位在合同签订前已注销。冒用他人名义是指使用他人身份、姓名或单位的名称。(2)以伪造、变造、作废的票据或者其他虚假的产权证明作担保的。(3)没有实际履行能力,以先履行小额合同或者部分履行合同的方法,诱骗对方当事人继续签订和履行合同的。(4)收受对方当事人订付的货物、货款、预付款或者担保财产后逃匿的。(5)以其他方法骗取对方当事人财物的。所谓其他方法,是指以上列举的四种法定情形之外的虚构事实、隐瞒真相的能够获取对方当事人财物的行为,如伪造虚假标的、蒙蔽对方错误签署文件、掩盖严重影响预期利益的事实、收受对方当事人给付的财物无正当理由拒不返还或挥霍浪费致使无法返还的等。这一规定是立法者考虑到合同诈骗具体形式的多样性无法用例举的形式一一穷尽而设置的开放性规定。这种方式具有较大的灵活性,但缺点较为明显,用之不当会罪及无辜。①

三、犯罪主观要件

本罪主体是一般主体,自然人和单位均可成立。本罪主观上是故意,并且具有非法占有合同当事人财物的目的。行为人明知自己没有签订、履行合同的能力或者诚意,而故意采用虚构事实、阴谋真相的方法,欺骗合同当事人与之签订合同,达到诈骗其财物的目的。

四、犯罪量度要件

成立本罪需要达到数额较大。根据 2010 年最高人民检察院、公安部《关于公安机关管辖的刑事案件立案追诉标准的规定(二)》第 77 条的规定,以非法占有为目的,在签订、履行合同过程中,骗取对方当事人财产,数额在 2 万元以上的,应予立案追诉。

五、本罪的认定

本罪的既遂与未遂,主要以犯罪分子是否已经取得了被骗财物为标准。如果行为人实施了诈骗行为,但没有骗签合同,则应以犯罪未遂论处。如果行为人利用签订虚假合同进行诈骗,但实际只骗得合同中的部分财物,其余部分由于意志以外的原因未能得手。在这种情况下,如果既遂部分如果属于"数额较大"的,则构成本罪,未遂部分作量刑情节处理。

六、本罪的刑事责任

根据刑法典第 224 条的规定,犯本罪的,处 3 年以下有期徒刑或者拘留,并处或单处罚金;数额巨大或者有其他严重情节的,处 3 年以上 10 年以下有期徒刑,并处罚金;数额特别巨大或者有其他特别严重情节的,处 10 年以上有期徒刑或者无期徒刑,并处罚金或没收财产。

在对本罪处罚时应注意以下两个问题:(1)对数额的理解。合同诈骗常涉及三种数额,一是行骗数额,二是受骗实际损失数额,三是实际骗得数额。本书认为,应当是以实际

---

① 杨敦先、苏惠渔主编:《新刑法疑难问题研究与适用》,中国检察出版社 1999 年版,第 523 页。

骗得的数额来确定诈骗的数额。(2) 连环合同诈骗数额认定问题。所谓连环合同诈骗，就是指在合同诈骗行为中，用后一个合同诈骗得到的财物归还前一个合同诈骗的财物。本书认为，同样应以实际骗得的数额来确定诈骗的数额。

第四节 组织、领导传销活动罪

一、定义

组织、领导传销活动罪是指组织、领导以推销商品、提供服务等经营活动为名，要求参加者以缴纳费用或者购买商品、服务等方式获得加入资格，并按照一定顺序组成层级，直接或者间接以发展人员的数量作为计酬或者返利依据，引诱、胁迫参加者继续发展他人参加，骗取财物，扰乱经济社会秩序的传销活动的行为。

二、犯罪客观要件

本罪在客观要件上表现为组织、领导传销活动，扰乱经济社会秩序。本罪中的传销活动具有以下特征：(1) 以推销商品、提供服务等经营活动为名，诱编他人参加；(2) 要求参加者以缴纳费用或者购买商品、服务等方式获得加入资格；(3) 按照一定顺序组成层级，直接或者间接以发展人员的数量作为计酬或者返利依据；(4) 传销活动的最本质特征在于骗取财物，实际上是一种特殊的诈骗活动；(5) 具有扰乱经济社会秩序等多方面的社会危害性。

传销违法犯罪活动，严重扰乱社会秩序，影响社会稳定，危害严重。司法实践中，对这类犯罪往往根据案件的不同情况，分别按照非法经营罪、诈骗罪、集资诈骗罪等犯罪追究刑事责任。但对于靠"拉人头"进行的传销，必须通过欺骗他人发展人员或者交纳一定的费用，才能取得入门资格。这既没有商品，也不提供服务，不存在真实的交易标的，实际上也没有"经营活动"，难以适用非法经营罪进行打击，给办案带来困难。因此，《刑法修正案(七)》新增设了该罪，以更有利于打击组织传销的犯罪。

三、犯罪主观要件

本罪的主体为一般主体。根据刑法典第 224 条的规定，只有传销活动的组织、领导者才能构成本罪。一般参加人员既是违法者，又是受害者，应区别对待，一般不以犯罪论处，视情节给予行政处罚或批评教育即可，这也有利于公安机关瓦解传销组织，及时侦破案件。根据 2010 年最高人民检察院、公安部《关于公安机关管辖的刑事案件立案追诉标准的规定(二)》第 78 条的规定，传销活动的组织者、领导者，是指在传销活动中起组织、领导作用的发起人、决策人、操纵人，以及在传销活动中担负策划、指挥、布置、协调等重要职责，或者在传销活动实施中起到关键作用的人员。根据 2013 年最高人民法院、最高人民检察、公安部《关于办理组织领导传销活动刑事案件适用法律若干问题的意见》的规定,下列人员可以认定为传销活动的组织者、领导者:(1)在传销活动中起发起、策划、操纵作用的人员;(2)在传销活动中承担管理、协调等职责的人员;(3)在传销活动中承担宣传、培训等职责的人员;(4)曾因组织、领导传销活动受过刑事处罚,或者1年以内因组织、领导传销活动受过行政处罚,又直接或者间接发展参与传销活动人员在15人以上且层级在3级以上的人员;(5)其他对传销活动的实施、传销组织的建立、扩大等起关键作用的人员。以单位名义实施组织、领导传销活动犯罪的,对于受单位指派、仅从事劳务性工作的人员,一般不予追究刑事责任。本罪的主观方面表现为故意。

四、犯罪量度要件

成立本罪需要满足量度要件。根据2013年最高人民法院、最高人民检察、公安部《关于办理组织领导传销活动刑事案件适用法律若干问题的意见》的规定,传销组织内部参与传销活动人员在30人以上且层级在3级以上的,应当对组织者、领导者追究刑事责任。具有下列情形之一的,应当认定为刑法典第224条之一规定的"情节严重":(1)组织、领导的参与传销活动人员累计达120人以上的;(2)直接或者间接收取参与传销活动人员缴纳的传销资金数额累计达250万元以上的;(3)曾因组织、领导传销活动受过刑事处罚,或者1年以内因组织、领导传销活动受过行政处罚,又直接或者间接发展参与传销活动人员累计达60人以上的;(4)造成参与传销活动人员精神失常、自杀等严重后果的;(5)造成其他严重后果或者恶劣社会影响的。

五、本罪的认定

本罪实行行为是组织、领导诈骗型传销活动的行为,故参与传销的行为不成立本罪。但是,这并不意味着参与行为不成立任何犯罪。如果行为人组织、领导的是提供商品与服务的原始型传销组织,则不成立组织、领导传销活动罪,而是成立非法经营罪。①

组织、领导多个传销组织,单个或者多个组织中的层级已达3级以上的,可将在各个组织中发展的人数合并计算。组织者、领导者形式上脱离原传销组织后,继续从原传销组织获取报酬或者返利的,原传销组织在其脱离后发展人员的层级数和人数,应当计算为其发展的层级数和人数。办理组织、领导传销活动刑事案件中,确因客观条件的限制无法逐一收集参与传销活动人员的言词证据的,可以结合依法收集并查证属实的缴纳、支付费用及计酬、返利记录,视听资料,传销人员关系图,银行账户交易记录,互联网电子数据,鉴定意见等证据,综合认定参与传销的人数、层级数等犯罪事实。

六、本罪的刑事责任

根据刑法典第224条之一、231条的规定,犯本罪的,处5年以下有期徒刑或者拘役,

---

① 张明楷:《传销犯罪的基本问题》,载《政治与法律》2009年第9期。

并处罚金;情节严重的处5年以上有期徒刑,并处罚金。单位犯本罪的对单位判处罚金,并对其直接负责的主管人员和其他直接责任人员,依照上述规定处罚。

第五节　非法经营罪

一、定义

非法经营罪是指违反国家规定,从事非法经营活动,扰乱市场秩序情节严重的行为。

本罪侵犯的法益涉及多个方面。市场经济也具有自身难以克服的局限性、盲目性等消极因素,在合理有效地配置社会资源,制止非法经营行为方面存在重大缺陷。国家对某些重要商品由物资部门或者有条件的商业部门统一经销的专营、专卖制度,也有对特定行业的经营许可制度,宏观调控手段有利于促使市场经济正常建立、运行和完善。非法经营既侵犯了国家对专营、专卖物品及其他限制买卖物品的经营权益,也侵犯了市场经营者依法参与市场经营,获得经济利益的权益。

二、犯罪客观要件

本罪客观上表现为行为人具有违反国家规定,进行非法经营,扰乱市场秩序的行为。

(1) 经营违反国家规定。非法经营罪在客观方面首先是违反国家规定。这表明非法经营罪构成要件的危害行为必须是违反特定的非刑法规定的行为。[①] 所谓"违反国家规定",是指违反全国人民代表大会及其常务委员会制定的法律、国务院颁布的行政法规、决定、命令等关于对部分物品实行专卖、专营,对部分经营活动实施许可证制度、审批制度的规定。

(2) 实施了非法经营行为。非法经营行为的表现形式包括四种:第一,未经许可经营法律、行政法规规定的专营、专卖物品或者其他限制买卖的物品。根据有关法律、法规的规定,专营、专卖物品在特定的经营环节和经销渠道上,只能由国家指定的专营、专卖机构进行经营,其他单位和个人事实上不可能获得许可。我国目前专营、专卖物品主要包括烟草、食盐、金银以及其他贵重金属等。这些物品往往关系国计民生,或者与老百姓的利益息息相关。第二,买卖进出口许可证、进出口原产地证明以及其他法律、行政法规规定的经营许可证或者批准文件。进出口许可证主要是指进出口配额的批件和允许进出口货物、物品的凭据。进出口原产地证明,主要是指用来证明进出口货物、技术的原产地的有效证明。目前我国签发的原产地证明分为三种:普惠制原产地证明;纺织品(配额)原产地证明;一般原产地证明。其他法律、行政法规的经营许可证或者批准文件,是指国家有关主管机关批准经营前述的专营、专卖物品或者其他限制买卖物品的证明文件,批准经营某些特定行业或特定商品颁发的许可证和批准文件等。第三,未经国家有关主管部门批准

---

① 马克昌主编:《经济犯罪新论》,武汉大学出版社1998年版,第593页。

非法经营证券、期货、保险业务的,或者非法从事资金支付结算业务的。第四,其他严重扰乱市场秩序的非法经营行为。"未取得药品生产、经营许可证件和批准文号,非法生产、销售盐酸克仑特罗等禁止在饲料和动物饮用水中使用的药品,扰乱药品市场秩序,情节严重的或者在生产、销售的饲料中添加盐酸克仑特罗等禁止在饲料和动物饮用水中使用的药品,或者销售明知是添加有该类药品的饲料,情节严重的,以非法经营罪追究刑事责任。"①

我国相关的司法解释和单行刑法规定了两种非法经营行为:非法出版行为和非法买卖外汇行为。非法出版行为包括出版物内容违法与出版物程序违法两大类。有学者认为,对于内容不违法且不构成侵犯著作权的非法出版行为和内容反动但不构成煽动分裂国家或煽动颠覆政权罪的非法出版行为以及不构成淫秽物品犯罪的出版黄色出版物行为,从考虑法律延续性和营利目的出发,应以非法经营罪论处为宜。②

【例题】 下列哪些行为构成非法经营罪?(2009年国家司法考试真题)
A. 甲违反国家规定,擅自经营国际电信业务,扰乱电信市场秩序,情节严重。
B. 乙非法组织传销活动,扰乱市场秩序,情节严重。
C. 丙买卖国家机关颁发的野生动物进出口许可证。
D. 丁复制、发行盗版的《国家计算机考试大纲》。
答案:AC

三、犯罪主观要件

本罪主体是一般主体,自然人和单位均可成立。本罪主观上是故意。

四、犯罪量度要件

成立本罪要求情节严重,主要是看违法经营数额或违法所得数额,同时结合其他情节全面分析。一般而言,所谓"情节严重"是指的行为人非法所得数额较大的;多次进行非法经营活动;非法经营经行政处罚后再犯;导致市场严重混乱;抗拒检查,冲击市场管理机关或围攻、殴打管理人员;对检举人、揭发人进行报复陷害的;利用职权进行非法经营活动,影响极坏的等。③

---

① 2002年最高人民法院、最高人民检察院《关于办理非法生产、销售、使用禁止在饲料和动物饮用水中使用的药品等刑事案件具体应用法律若干问题的解释》。
② 高铭暄、马克昌主编:《刑法学》,中国法制出版社1999年版,第799页。
③ 具体情形参见1998年最高人民法院《关于审理骗购外汇、非法买卖外汇刑事案件具体应用法律若干问题的解释》;1998年最高人民法院《关于审理非法出版物刑事案件具体应用法律若干问题的解释》;2000年最高人民法院《关于审理扰乱电信市场管理秩序案件具体应用法律若干问题的解释》;2003年最高人民法院、最高人民检察院、公安部《办理非法经营国际电信业务犯罪案件联席会议纪要》;2002年最高人民检察院《关于办理非法经营食盐刑事案件具体应用法律若干问题的解释》;2009年最高人民法院、最高人民检察院《关于办理妨害信用卡管理刑事案件具体应用法律若干问题的解释》;2010年最高人民法院、最高人民检察院《关于办理非法生产、销售烟草专卖品等刑事案件具体应用法律若干问题的解释》;等等。

五、本罪的刑事责任

根据刑法典第 225 条的规定,犯本罪的,处 5 年以下有期徒刑或者拘役,并处或者单处违法所得 1 倍以上 5 倍以下罚金;情节特别严重的,处 5 年以上有期徒刑,并处违法所得 1 倍以上 5 倍以下罚金或者没收财产。

第六节 非法转让、倒卖土地使用权罪

一、定义

非法转让、倒卖土地使用权罪,是指以牟利为目的,违反土地管理法规,非法转让、倒卖土地使用权,情节严重的行为。

本罪侵犯的法益是国家对土地所有权以外的其他各项土地权益。我国宪法规定,任何组织或者个人不得侵占、买卖或者以其他形式非法转让土地。土地的使用权可以依照法律的规定转让。所谓土地使用权是指对土地经营和利用的权利。这种权利是具有独立意义的对土地占有、使用、收益和一定范围内的处分的权利。土地使用权包括划拨土地使用权、以出让方式取得的国有土地命名用权、临时用地使用权、集体土地使用权、乡镇建设用地使用权、集体荒地使用权等方面的内容。

二、犯罪客观要件

本罪在客观要件上表现为行为人具有违反土地管理法规非法转让、倒卖土地使用权的行为。

(1) 行为必须违反土地管理法规。这里的"土地管理法规"主要是指我国《土地管理法》及其实施条例、《城市房地产管理法》《城镇土地使用权出让和转让暂行条例》等法律、行政法规①。在土地使用权改革的过程,国务院有关部门还制定了一些部门规章,各地也制定了大量的地方法规。

(2) 行为人必须实施有非法转让、倒卖土地使用权的行为。所谓"非法转让",是指行为人将通过合法手段取得的土地使用权以违反土地管理法规规定的方式、方法、条件或程序转手卖给他人的行为。所谓"倒卖",是指行为人以卖出为目的而买入、卖出土地使用权的行为。非法转让、倒卖土地使用权的行为只包括土地二级市场上土地使用者非法将土地使用权再转移的行为。②

---

① 可参考 2001 年全国人大常委会《关于〈中华人民共和国刑法〉第二百二十八条、第三百四十二条、第四百一十条的解释》。

② 有人认为,土地使用权的非法转让同时包括一级市场和二级市场上的非法行为。但显然,国家作为一级市场的出让人,通过协议、拍卖、招标等形式出让土地使用权,不存在非法转让的情形。

三、犯罪主观要件

本罪主体是一般主体,自然人和单位均可成立。本罪主观上是故意,且具有牟利目的。

四、犯罪量度要件

成立本罪需要情节严重。根据 2000 年最高人民法院《关于审理破坏土地资源刑事案件具体应用法律若干问题的解释》的规定,以牟利为目的,违反土地管理法规,非法转让、倒卖土地使用权,具有下列情形之一的,属于非法转让、倒卖土地使用权"情节严重",依照刑法典第 228 条的规定,以非法转让、倒卖土地使用权罪定罪处罚:(1) 非法转让、倒卖基本农田 5 亩以上的;(2) 非法转让、倒卖基本农田以外的耕地 10 亩以上的;(3) 非法转让、倒卖其他土地 20 亩以上的;(4) 非法获利 50 万元以上的;(5) 非法转让、倒卖土地接近上述数量标准并具有其他恶劣情节的,如曾因非法转让、倒卖土地使用权受过行政处罚或者造成严重后果等。①

五、本罪的刑事责任

根据刑法典第 228 条的规定,犯本罪的,处 3 年以下有期徒刑或者拘役,并处或者单处非法转让、倒卖土地使用权价额 5% 以上 20% 以下罚金;情节特别严重的,处 3 年以上 7 年以下有期徒刑,并处非法转让、倒卖土地使用权价额 5% 以上百分之 20% 以下罚金。

第七节 提供虚假证明文件罪

一、定义

提供虚假证明文件罪,是指承担资产评估、验资、验证、会计、审计、法律服务等职责的中介组织人员故意提供虚假证明文件,情节严重的行为。

本罪侵犯的法益是公司、企业投资者和债权人的合法权益。在我国目前已基本形成一套国家对中介组织及其中介活动进行监督管理的制度。这一制度对于维护社会主义市场经济秩序,都具有积极的意义。中介组织及其人员故意提供虚假证明文件的行为,不仅损害中介市场的规范化发展,而且还会严重损害国家、公众和广大投资者的合法利益,从而扰乱社会主义市场经济秩序。

---

① 此外,还可以参考 2010 年最高人民检察院、公安部《关于公安机关管辖的刑事案件立案追诉标准的规定(二)》第 80 条的规定。

二、犯罪客观要件

本罪在客观要件上表现为行为人具有在承担资产评估、验资、验证、会计、审计、法律服务过程中,具有提供虚假的证明文件的行为。中介组织及其人员必须有提供虚假证明文件之行为。提供虚假证明文件,是指提供内容与实际情况不相符合的资产评估报告、验资报告、验证报告、财务会计报告、审计报告、法律见证书等证明文件。我国有关中介监管的法律法规均明确规定,中介组织人员所提供的证明文件必须真实、准确;同时,这些法律法规对于上述证明文件的出具程序、内容等也都作了详细的要求。所谓"虚假",既包括这些证明文件的全部内容都是虚假的,也包括对其涉及的重要事项作虚假陈述。虚假的证明文件可以是夸大或者缩小了实际情况,也可能是虚构一种事实的存在或者否定一种事实的发生。[①]

三、犯罪主观要件

本罪主体是特殊主体,即只能由承担资产评估、验资、验证、会计、审计、法律服务等职责的中介人员或中介组织才能构成。本罪主观上是故意,是否以营利为目的不影响本罪的成立。

四、犯罪量度要件

成立本罪要求情节严重。根据2010年最高人民检察院、公安部《关于公安机关管辖的刑事案件立案追诉标准的规定(二)》的规定,涉嫌下列情形之一的应予立案追诉:(1)给国家、公众或者其他投资者造成直接经济损失数额在50万元以上的;(2)违法所得数额在10万元以上的;(3)虚假证明文件虚构数额在100万元且占实际数额30%以上的;(4)虽未达到上述数额标准,但具有下列情形之一的:在提供虚假证明文件过程中索取或者非法接受他人财物的;2年内因提供虚假证明文件,受过行政处罚2次以上,又提供虚假证明文件的。(5)其他情节严重的情形。

五、本罪的刑事责任

根据刑法典第229条的规定,犯本罪的,处5年以下有期徒刑或者拘役,并处罚金;前款规定的人员,索取他人财物或者非法收受他人财物,犯前款罪的,处5年以上10年以下有期徒刑,并处罚金。

对于第2款个人受贿而提供虚假证明文件的是何种性质的犯罪,我们认为应当是情节加重犯。第2款的量刑比单一的本罪要重,比受贿罪的量刑要轻,所以不能理解为是结果加重犯,又非结合犯的典型情形。因此,理解为情节加重犯比较合理。

---

① 李文胜等:《扰乱市场秩序罪的认定与处理》,中国检察出版社1998年版,第240页。

第八节 其他扰乱市场秩序罪

其他扰乱市场秩序罪犯罪主要包括：串通投标罪，强迫交易罪，伪造、倒卖伪造的有价票证罪，倒卖车票、船票罪，出具证明文件重大失实罪，逃避商检罪。实践中，要么这些犯罪比较容易认定，要么这些犯罪比较少发，故予以简单介绍。

一、串通投标罪

串通投标罪，是指投标人相互串通投标报价，损害招标人或者其他投标人的利益，情节严重的行为；或者投标人与招标人串通投标，损害国家、集体、公民的合法利益的行为。所谓"串通投标"，是指投标人之间互相串通，用抬价或托价的方式，共同损害投标人利益或者与招标人恶意串通、相互勾结，排挤其他投标人损害国家利益和其他投标人利益的行为。所谓"情节严重"，是指串通投标手段恶劣或多次实施串通投标行为的，组成"目标集团"排斥其他投标人或限制竞价投标的，给招标人，其他投标人或国家、集体、公民利益造成重大损失的，造成投标工程无法完成，质量低劣国家财产遭受重大损失的。本罪主体是特殊主体，即招标人或投标人。只有具有招标、投标资格的自然人和单位才能可以，其他自然人和单位不能单独成为串通投标罪的主体。

根据刑法典第 223 条的规定，犯本罪的，处 3 年以下有期徒刑或者拘役，并处或者单处罚金。

二、强迫交易罪

强迫交易罪，是指以暴力、威胁手段强迫他人强买强卖商品，强迫他人提供服务或者强迫他人接受服务，情节严重的行为。所谓"暴力"，是指对他人人身实行殴打、捆绑等人身强制手段。所谓"威胁"，是指对他人以实施暴力、进行恐吓、要挟等精神强制手段。所谓"强买商品"，是指在没有协商一致的情况下，强行购买商品，通常是低价购买。具体表现为：强买强卖商品，强迫他人提供或者接受服务的，强迫他人参与或者退出投标、拍卖，强迫他人转让或者收购公司、企业的股份、债券或者其他资产的和强迫他人参与或者退出特定的经营活动的。所谓"强卖商品"，是指在没有协商一致的情况下，强行要求他人购买自己的商品，通常是高价出卖商品。所谓"强迫他人提供服务"，是指在没有协商一致的情况下，强迫他人提供服务，通常是低价服务。所谓"强迫他人接受服务"，是指在没有协商一致的情况下，强迫他人接受服务，通常是高价服务。所谓"情节严重"，可以从行为的次数、造成的后果等方面来认定。[①]

[①] 可以参考 2008 年最高人民检察院 公安部《关于公安机关管辖的刑事案件立案追诉标准的规定（一）》第 28 条的规定。

根据刑法典第226条的规定,犯本罪的,处3年以下有期徒刑或者拘役,并处或者单处罚金;情节特别严重的,处3年以上7年以下有期徒刑,并处罚金。

三、伪造、倒卖伪造的有价票证罪

伪造、倒卖伪造的有价票证罪,是指伪造或者倒卖伪造的车票、船票、邮票或其他有价票证,数额较大的行为。

根据刑法典第227条的规定,犯本罪的,处2年以下有期徒刑、拘役或者管制,并处或者单处票证价额1倍以上5倍以下罚金;数额巨大的,处2年以上7年以下有期徒刑,并处票证价额1倍以上5倍以下罚金。

四、倒卖车票、船票罪

倒卖车票、船票罪,是指以违反国家对车票、船票的管理规定,倒卖车票、船票,情节严重的行为。所谓"情节严重"是指倒卖车票、船票数额较大的,多次倒卖车票、船票,受到两次以上行政处罚仍不改悔的等。

根据刑法典第227条的规定,犯本罪的,处3年以下有期徒刑、拘役或者管制,并处或者单处票证价额1倍以上5倍以下罚金。

五、出具证明文件重大失实罪

出具证明文件重大失实罪,是指承担资产评估、验资、验证、会计、审计、法律服务等职责的中介组织的人员,严重不负责任,出具的证明文件严重失实,造成严重后果的行为。所谓"重大失实"是指证明文件所要证明的重要内容失实。包括遗漏重要内容,和实际情况相去甚远。所谓"严重后果"是指由于证明文件严重失实给国家、公众、广大投资人造成重大经济损失或其他严重后果。本罪主体是特殊主体,只能由承担资产评估、验资、验证、会计、审计、法律服务等职责的中介组织人员才能构成,单位也可以构成本罪。本罪主观方面是过失,即因疏忽大意,严重不负责任的工作态度造成出具的证明文件重大失实。

根据刑法典第229条的规定,犯本罪的,处3年以下有期徒刑或者拘役,并处或者单处罚金。①

六、逃避商检罪

逃避商检罪,是指违反进出口商品检验法的规定,逃避进出口商品检验,情节严重的

---

① 根据2010年最高人民检察院 公安部《关于公安机关管辖的刑事案件立案追诉标准的规定(二)》第81条的规定,承担资产评估、验资、验证、会计、审计、法律服务等职责的中介组织的人员故意提供虚假证明文件,涉嫌下列情形之一的,应予立案追诉:(1)给国家、公众或其他投资者造成直接经济损失数额在50万元以上的。(2)违法所得数额在10万元以上的。(3)虚假证明文件虚构数额在100万元且占实际数额30%以上的。(4)虽未达到上述数额标准,但具有下列情形之一的:在提供虚假证明文件过程中索取或者非法接受他人财物的;2年内因提供虚假证明文件,受过行政处罚2次以上,又提供虚假证明文件的。(5)其他情节严重的情形。

行为。所谓"情节严重"是指多次逃避商检的,逃避商检的商品价值数额较大且给国家、集体、人民利益造成很大损失的。本罪主体是特殊主体,即只能是负有服检义务的进出口商品的经营者构成,包括个人和单位。

根据刑法典第230条的规定,犯本罪的,处3年以下有期徒刑或者拘役,并处或者单处罚金。

第九节 罪之比较与适用

本类罪规定在我国刑法分则第三章第八节,不仅本类犯罪之间存在着一些混淆,而且与其他章节规定的犯罪也有相似之处。

一、本章罪之比较

(一) 损害商业信誉、商品声誉罪与虚假广告罪的区别

损害商业信誉、商品声誉罪与虚假广告罪中的"利用虚假的广告诋毁他人商誉"的表现形式存在相似之处,容易混淆。二者的区别主要表现为:(1) 主体不同。损害商业信誉、商品声誉罪的主体是一般主体;虚假广告罪的主体是特殊主体,即仅限于广告主、广告经营者、广告发布者。(2) 主观故意内容不同。损害商业信誉、商品声誉罪一般是出于损害他人商誉的目的;虚假广告罪则是利用虚假广告以骗取消费者的钱财。

(二) 串通投标罪罪与非罪的界限

串通投标罪与串通投标的一般违法行为都是不正当竞争行为,两者在主体、行为方式、主观心理等方面存在类似或相同之处,如何认定罪与非罪的界限具有一定的难度。在司法实践中,主要把握串通投标行为是否是"情节严重":(1) 从数额大小来考察情节是否严重,以数额多少、标的大小来认定情节是否严重。被侵害财产利益的大小多少直接反映了犯罪的危害程度。(2) 从主观恶性上考察情节是否严重。主观恶性是指行为人主观上的反社会性,它主要是通过犯罪时的心理态度表现出来。凡是主观恶性大的,其行为的社会危害性也大,因而可以视为情节严重。(3) 从行为方式上认定情节是否严重。行为方式是指犯罪的客观表现形式,主要包括行为的手段、方法等。行为方式是犯罪的社会危害性的主要表现,行为方式不同,行为的社会危害性也就不同。因此,在认定情节是否严重的时候,要认真地考察行为方式。(4) 从客观后果上来认定情节是否严重。就串通投标罪而言,客观后果是指串通投标行为所造成的危害社会的后果,它以直观的形式反映了行为的社会危害性。例如,串通投标行为导致国家重点项目因招标失败而误期,串通投标行为造成恶劣的国际影响、严重影响我国的外资投资环境等。应当指出,这几个方面都不是孤立的,而是密切联系的,在认定情节是否严重时,需综合进行考察。

(三) 串通投标罪与合同诈骗罪的区别

合同诈骗罪,是指以非法占有为目的,在签订、履行合同过程中,使用欺诈手段,骗取

对方当事人财物,数额较大的行为。合同诈骗罪与串通投标罪的相似点表现为:招标与投标本身是一种合同缔结方式,不过是一种特殊的合同缔结方式,因此,也可以说串通投标行为是发生在签订合同过程中的不法行为;串通投标罪中的"串通"具有很大的隐蔽性和欺骗性,因此其带有诈骗的性质。串通投标罪与合同诈骗罪的区别主要在于客观方面,即串通投标是一种特殊的合同订立方式,其具有十分鲜明的外部特征,从而易与一般的合同欺诈行为相区别。

(四)合同诈骗罪罪与非罪的界限

认定合同诈骗罪罪与非罪的界限,可以从以下方面确认是本罪还是合同纠纷:(1)客观行为不同。合同诈骗罪的行为人根本不会履行合同;普通合同纠纷的当事人则努力去履行合同,但由于某种客观情况,如引可抗力等因素,而没有完全履行合同。(2)主观上是否有履行合同的诚意。是否有诚意,可以从标的物、钱款的去向进行考察。如果行为人拿到钱以后大肆挥霍或挪用,根本不用于生产经营的,可以认为没有履行合同诚意;否则,合同当事人则会积极地组织货源,推销产品。(3)当事人有无履行合同、担保履行合同的能力。如果行为人根本无力履行、无力担保履行合同,却与对方当事人签订合同的,应以合同诈骗罪论处。(4)合同当事人采用的手段不同。如果采用虚构事实、设置骗局的方法签订合同的,构成合同诈骗罪。

二、与其他章节罪之比较

(一)损害商业信誉、商品声誉罪与诽谤罪的区别

诽谤罪是指故意捏造并散布某种虚构的事实,足以损害他人的人格,破坏他人的名誉,情节严重的行为。损害商业信誉、商品声誉罪与诽谤罪的相似之处在于都是故意捏造并散布某种虚构的事实,都侵犯了人格权。但是两者有明显的区别。损害商业信誉、商品声誉罪的犯罪对象是商业信誉和商品声誉,而诽谤罪侵犯的对象只能是公民的人格和名誉。损害商业信誉、商品声誉罪既侵犯商品生产者、经营者的人格权与荣誉权及商品声誉拥有者的合法权益,又侵犯了市场管理秩序,而诽谤罪侵犯的是公民的人格权和名誉权。

(二)非法经营罪与买卖国家机关公文、证件、印章罪的区别

买卖国家机关公文、证件、印章罪是指以金钱为对价买卖国家机关的公文、证件、印章,情节严重的行为。非法经营罪与买卖国家机关公文、证件、印章罪在客观方面都表现为买卖行为,且非法经营罪也有买卖进出口许可证、进出口原产地证以及其他法律、行政法规规定的经营许可证或文件等国家机关的公文。非法经营罪与买卖国家机关公文、证件、印章罪的区别主要表现为:(1)非法经营罪的主体是一般主体,可以是自然人也可以是单位;买卖国家机关公文、证件、印章罪只能由自然人构成。(2)非法经营罪侵害的是市场管理活动;买卖国家机关公文、证件、印章罪侵害的是公共秩序。(3)非法经营罪的犯罪对象只限于进出口的许可证,进出口原产地证明及其他法律、行政法规规定的经营许

可证和批准文件;买卖国家机关公文、证件、印章罪的犯罪对象是这些证件以外的国家机关公文、证件和印章。(4)非法经营罪除了买卖进出口许可证等公文、证件外,还包括其他非法经营行为;买卖国家机关公文、证件、印章罪只限于买卖证件、公文、印章的行为。

(三)强迫交易罪与抢劫罪的区别

抢劫罪,是指以非法占有为目的,采用暴力、胁迫或者其他方法,当场强行劫取公私财物的行为。强迫交易罪与抢劫罪有许多相似之处,都是故意犯罪,都采用了暴力、威胁手段,都侵犯了公民的人身权利并对被害人造成了一定的经济损失。但强迫交易罪与抢劫罪的区别主要表现为:(1)使用暴力或者威胁的程度不同。强迫交易罪只要求行为人的暴力、威胁使得被害人不得已违背其真实意思表示进行交易即可;抢劫罪的暴力、威胁则是使得被害人不敢或者不能反抗,显然抢劫罪要求的暴力、威胁程度要高一些。(2)犯罪目的不同。强迫交易罪的目的在于强买强卖商品、强迫他人提供服务或者强迫他人接受服务等;抢劫罪的目的排除被害人的反抗或者使其产生恐惧感而不敢反抗,以便当场劫取财物。(3)客观后果不同。强迫交易罪的行为人虽然违背了自愿、平等、公平、诚实信用的交易原则,以不利于被害人的不公正的价格交易,但与被害人之间还是有一定的金钱给付的,表现的仍是一种买卖关系;抢劫罪的行为人则是在不付任何价金的情况下,劫取了被害人的财物,与被害人之间不存在任何买卖关系。(4)情节要求不同。强迫交易罪的成立以"情节严重"为要件;抢劫罪的成立没有情节严重的要求。(5)犯罪主体不同。强迫交易罪的主体可以是年满16周岁、具有刑事责任能力的自然人,也可以是单位;抢劫罪的主体只能是自然人而不能是单位,并且是年满14周岁、具备刑事责任能力的自然人。

(四)强迫交易罪与敲诈勒索罪的区别

敲诈勒索罪,是指以非法占有为目的,采取威胁、要挟手段,索取数额较大的公私财物的行为。强迫交易罪与敲诈勒索罪的区别主要表现为:(1)客观方面不同。强迫交易罪只能发生在商品或者服务的交易过程中,表现为强行给付不平等对价和违背对方真实意思表示的交易行为;敲诈勒索罪则是行为人对公私财产的所有人、保管人进行威胁或要挟,实施精神强制,迫使其向自己交付财物,是没有任何对价的索取,且不限于商品或服务的交易过程。(2)犯罪目的不同。强迫交易罪虽没有规定行为人的主观目的,但行为人一般是出于获取某一种利益目的;敲诈勒索罪主观上要求具有以非法占有他人财物为目的。(3)情节要求不同。强迫交易罪是情节犯,要求"情节严重"才构成该罪;敲诈勒索罪是数额犯,要求敲诈勒索的"数额较大"才构成该罪。(4)犯罪主体不同。强迫交易罪的主体既可以是自然人,又可以是单位;敲诈勒索罪的主体只能是自然人。

三、案例适用

【案例1】

被告人孙某、陈某在没有营业执照和未申领音像制品经营许可证的情况下,在本市某岭路某号,由孙某负责进货、发货和结算,陈某帮助收发货等,共同从事 VCD 和 DVD 的批发业务,经营额计人民币 100 余万元。2003 年 4 月 23 日,公安机关又在上述两处共查获侵权音像制品 1.3 万余张。法院经审理确认,被告人孙某、陈某在明知或应当知道没有营业执照和音像制品经营许可证是不能销售音像制品的情况下,违反法律规定,从事非法出版物的经营活动,严重扰乱市场秩序,其行为均已构成非法经营罪,且情节特别严重,依法应予惩处。以非法经营罪分别判处孙某有期徒刑 10 年,剥夺政治权利 2 年,罚金人民币 15 万元;判处陈某有期徒刑 7 年,剥夺政治权利 1 年,罚金人民币 12 万元。

讨论问题:法院的判决是否准确?为什么?

【案例 2】

2000 年元月份,被告人邓某因承建某高速公路 E10-11 标段两座桥涵工程的需要,借用某公司公章作担保,与徐州市某钢模站签订钢模租赁合同,租用钢模站钢管、扣件、卡子、联角等租赁物,租期 6 个月,价值 122740 元。在履行合同过程中,被告人邓某承建的工程亏损,遂违反合同约定,将部分租赁物低价出卖抵账,另一部分租赁物借给他人使用,因借用人下落不明,致使这部分租赁物无法追回。后被告人邓某外逃。归案后邓某辩称因其欠工人工资,被逼无奈之下才将租赁物变卖的,主观上没有诈骗的故意。法院认定邓某构成合同诈骗罪。其诈骗金额在 10 万元以上,属于数额巨大。判处有期徒刑 4 年,并处罚金人民币 1 万元。

讨论问题:本案法院的判决是否准确?为什么?

【案例 3】

郑某贷款购买了一辆普通型卧铺大客车,2001 年开始投入营运。2003 年 7 月 14 日,该车从北京一建筑工地载 42 名民工返乡。上车时,郑某等人分别向乘客收取了 150 元至 180 元的车费。当夜 2 时许,在行车途中,3 名司乘人员堵住车门,以"补票"为名,要乘客按路途远近每人再补 50 元至 100 元车费,声称不补票就下车。稍有不从者便遭拳打脚踢,再不从者便被撕扯衣服强行搜身。深夜无其他车辆可乘,乘客只好掏钱"补票"。车行大约 50 公里后,司乘人员以用匕首捅乘客等暴力手段相威胁,再次强行向全车乘客每人收取 50 元过桥费,乘客迫于暴力最后均如数交出。

讨论问题:本案应如何定性?

第十三章

妨害社会管理秩序罪(1)：扰乱公共秩序罪

妨害社会管理秩序罪是指妨害国家社会管理活动，破坏社会秩序，依法应受刑罚处罚的行为。该类罪名规定在我国刑法分则第六章第277条至第367条，共九节136个罪名。具体分为九类：(1)扰乱公共秩序罪，包括50个罪名；(2)妨害司法罪，包括20个罪名；(3)妨害国(边)境管理罪，包括8个罪名；(4)妨害文物管理罪，包括10个罪名；(5)危害公共卫生罪，包括11个罪名；(6)破坏环境资源保护罪，包括15个罪名；(7)走私、贩卖、运输、制造毒品罪，包括11个罪名；(8)组织、强迫、引诱、容留、介绍卖淫罪，包括6个罪名；(9)制作、贩卖、传播淫秽物品罪，包括5个罪名。

本类犯罪侵犯的法益是国家对社会管理所形成的秩序。秩序是指自然界和人类社会运动、发展和变化的规律性现象，某种程度的一致性、连续性和稳定性是它的基本特征，它是相对无序而言的。法律与秩序之间有着必然的联系，一方面人们追求有秩序的生活必然促使法律的产生，并要求法律具备确定性、稳定性的品质；另一方面法律又促使静态秩序的形成和动态秩序的实现。基于上述法律与秩序关系的理解，刑法实际上并不以创设秩序为主，更主要地是保障由其他部门法所创设的秩序。这种广义上的秩序涵括政治、经济、文化、社会生活的方方面面，是一个整体，而本章犯罪所侵犯的秩序则是不包括刑法分则其他各章已经涉及的部分，是有特定范围的。

本类犯罪中有相当部分的属于法定犯，其恶性源于法律的禁止。这一特点使得罪状描述上有空白罪状，司法适用时必须参照相关的法律规定才能确定犯罪的客观要件。此外社会生活条件的变化，又会引起社会管理规则、管理模式发生变化，这使得本类罪名的变化比起自然犯要频繁。

本类犯罪的主体多数是一般主体，也有特殊主体，如故意延误投递邮件罪，就仅限于邮政工作人员。多数犯罪主体是自然人，少数是自然人和单位均可，极少数罪名只能是单位犯罪，如非法向外国人出售、赠送珍贵文物罪，就仅限于国有博物馆、图书馆等单位。

本类犯罪刑事责任上财产刑的运用比较广泛，相当多的罪名可以判处罚金或者没收财产。

扰乱公共秩序罪是妨害社会管理秩序罪中的一类犯罪，共包括50个罪名。扰乱公共秩序罪作为妨害社会管理秩序罪的重要组成部分,同样侵犯的是社会管理秩序,如果再细分该类犯罪又倾向于侵犯公共秩序,对公共秩序可以从以下方面理解:(1)公共秩序不能完全等同于公共场所秩序,公共场所秩序只是公共秩序的一部分,是典型的公共秩序。(2)在社会管理秩序中公共秩序的特点在于公共性,该秩序涉及的人员范围比较广,有一定的开放性,不局限于某一部门、某一地点。(3)公共秩序既可以是现实的公共秩序,如聚众扰乱社会秩序、聚众冲击国家机关;也可以是存在于人们观念中的公共秩序,如聚众淫乱犯罪。(4)扰乱公共秩序在本章中似有兜底性质,凡属于妨害社会管理秩序的犯罪但又不便于归纳到其他小节中,均统统纳入本小节,因此会存在某些犯罪扰乱公共秩序不突出的现象。

第一节 妨害公务罪

一、定义

妨害公务罪是指以暴力、威胁方法阻碍国家机关工作人员依法执行职务的行为。国家职能的实现是通过国家机关工作人员的职务行为来完成的,妨害公务罪的危害本质就是破坏国家机关的管理活动,所以说本罪侵犯的法益应该是国家机关的正常管理秩序。此外本罪的客观方面只限于暴力和威胁方法,这又决定了必然会侵害国家机关工作人员的人身权利,这也应该成为妨害公务罪侵犯法益的另一个方面。尽管本罪实际还涵括了阻碍红十字会工作人员履行职责,非暴力、威胁方法阻碍国家安全机关、公安机关工作人员履行职责的情形,但是我们认为这些特定情况法律上是视为妨害公务来处理的,在论述本罪侵犯的法益时不需要一并纳入。法律所以规定依照处理就是因为行为中有相近之处,而不是突出不同之处。

二、犯罪客观要件

本罪的客观要件认定时要注意:(1)暴力、威胁方法。暴力是指殴打、捆绑或者其他人身强制,威胁是指以杀害、伤害报复等言语性精神强制。暴力的程度不能是重伤或者致人死亡。一般不协助的做法不构成暴力、威胁方法。(2)国家机关工作人员。国家机关工作人员是指国家机关从事公务的人员。各级人大代表履行代表职务时应属于立法机关的工作人员。本罪中的国家机关工作人员是能否作扩充解释观点不一。我们认为根据罪刑法定原则的要求,在没有立法解释之前,不能轻易将国家机关工作人员与国家工作人员等同起来。根据最高人民检察院相关司法解释的规定,对于以暴力、威胁方法阻碍国家事业单位人员依照法律、行政法规的规定执行行政职务的,或者以暴力、威胁方法阻碍国家机关中受委托从事行政执法活动的事业编制人员执行行政执法职务的,可以对侵害人以妨害公务罪追究刑事责任。① 从行政法的角度分析除国家行政机关执法外,尚存在授权执法和委托执法,这三类形式执法的法律效力是相同的,阻碍哪一种形式执法均属于妨害公务。但最高人民检察院关于犯罪主体的司法解释有越权之嫌,比较妥当的做法应该参照渎职罪主体的扩大解释一样,由全国人大常委会做出立法解释。(3)依法执行职务和依法执行代表职务、依法履行职责、依法执行国家安全工作任务。上述行为首先是职务行为,公务员的双重身份有时难免发生冲突,判断职务行为时需参照行政法学的研究成果:时间标准、名义标准、职责权限标准、公共利益标准、目的意志标准、法律适用标准。② 各级人大代表限于代表职务,红十会工作人员限于在突发事件和自然灾害的救援活动。执行国家安全任务限于涉及境外机构、组织、个人实施或者指使、资助他人实施的;或者境内组织、个人与境外机构、组织、个人相勾结实施的危害国家安全的行为。(4)职务行为合法性判断标准。各级人大代表及红十会工作人员的职务行为比较容易判断。国家机关工作人员的执法行为面广量大形式多样,如何判断行为是否合法刑法理论上有积极说、消极说、折衷说之争;有客观说、主观说之分。我国刑法学界多数认为对国家权威的维护和国家利益的保护,绝不能以牺牲人民合法权利和破坏法治为代价。妨害公务罪之成立必须以公务人员的职务行为合法为要件;如果公务人员滥用职权,假公济私,专横跋扈,执行所谓的"公务",则不仅得不到法律的保护,而且国家还赋予了公民对这种不法行为依法抵制、斗争的权利,情节严重的甚至要论以犯罪。③ 我们也赞同这一观点,对职务行为合法性的严格掌握有利于缩小刑法的打击面,有助于行政执法水平的提高,并且不会影响国家机关正常的工作。

《刑法修正案(九)》增加规定:暴力袭击正在依法执行职务的人民警察的,依照妨害公务罪的规定从重处罚。近年来袭警事件频发,袭警手段有不断升级的趋势,警察被侮辱谩骂、围攻阻挠已司空见惯,更甚者是打砸基层公安机关,危及警察人身安全,还有的犯罪分子在警察亮明执法身份后,仍然叫嚣"打的就是警察",态度十分嚣张,行为十分粗暴,警察执法权威荡然无存。④ 针对当前我国社会矛盾多发、暴力袭警事件时有发生的实际情况,在妨害公务罪中将暴力袭击正在依法执行职务的人民警察的行为明确列举出来,明确对暴力袭警行为从重处罚,这可以更好地震慑和预防犯罪,有利于树立和维护警察执法权威,明确警务执法的不可侵犯性。

三、犯罪主观要件

本罪的主体为年满16周岁、具有刑事责任能力的自然人。本罪主观上表现为故意。

---

① 2000年最高人民检察院《关于以暴力、威胁方法阻碍事业编制人员依法执行行政职务是否对侵害人以妨害公务罪论处的批复》。
② 任中杰主编:《行政法与行政诉讼法》,中国政法大学出版社1999年版,第75页。
③ 张穹主编:《刑法适用手册》(中册),中国人民公安大学出版社1997年版,第1007页。
④ 《刑法修正案(九)》表决通过"袭警"行为将被从重处罚》,http://news.cpd.com.cn/n3559/c30198431/content.html,访问日期:2015年8月29日。

四、本罪的刑事责任

根据刑法典第 277 条的规定，犯本罪的，处 3 年以下有期徒刑、拘役、管制或者罚金。暴力袭击正在依法执行职务的人民警察的，依照本条第 1 款的规定从重处罚。

根据 2013 年最高人民法院《关于实施量刑规范化工作的通知》的规定，构成妨害公务罪的，可以在 2 年以下有期徒刑、拘役幅度内确定量刑起点。在量刑起点的基础上，可以根据妨害公务造成的后果、犯罪情节严重程度等其他影响犯罪构成的犯罪事实增加刑罚量，确定基准刑。

第二节 伪造、变造、买卖国家机关、公文、证件、印章罪

一、定义

伪造、变造、买卖国家机关、公文、证件、印章罪是指伪造、变造、买卖国家机关、公文、证件、印章的行为。伪造、变造、买卖国家机关公文、证件、印章罪侵犯的法益国外刑法理论有四种学说，即公共信用说、交易安全说、预备罪说、文书机能说。[①] 国内的教材在表述犯罪客体时一般均为国家机关的信誉和管理活动。国家机关的公共管理活动很多时候需要通过公文、证件形式来实现，印章是国家机关活动的重要证明。国家机关的公文、证件、印章不论是在经济、生活交往中，还是诉讼中具有很强的公信力。在我国伪造、变造限定为有相对应的真实公文、证件、印章的存在，买卖的对象也限于真实的公文、证件、印章。如果是伪造、变造、买卖不存在的公文、证件、印章则不作本罪处理。[②] 基于此，本罪侵害的法益应为国家机关的公信更为妥当。

公文是指国家机关制作的用以联系事务、指导工作、处理问题的书面文件，其具体形式可以是决定、公告、通知、批复等。证件是指国家机关制作的、颁布的，用以证明身份、职务、权利义务或者有关事实的凭证。如营业执照、工作证、驾驶执照等。印章是指国家机关刻制的文字与图形表明主体同一性的公章、专用章。公文、证件、印章的种类非常多，根据司法解释的规定，下列公文、证件均属于本罪所指的公文、证件：(1) 机动车牌证，机动车入户、过户、验证的有关证明文件。(2) 林木采伐许可证，林木运输证件，森林、林木、林地权属证书，占用或者征用林地审核同意书，育林基金等缴费收据以及其他同家机关批准的林业证件。(3) 国家机关颁发的野生动物允许进出口证明书、特许猎捕证、狩猎证、驯养繁殖许可证等公文、证件。(4) 加工贸易登记手册、特定减免税批文等涉税单证。但是

[①] 张明楷：《刑法的基本立场》，中国法制出版社 2002 年版，第 136 页。
[②] 法律也有例外的规定，全国人大常委会《关于惩治骗购外汇、逃汇和非法买卖外汇犯罪的规定》第 2 条规定，买卖伪造的、变造的海关签发的报关单、进口证明、外汇管理部门核准件等凭证和单据或者国家机关的其他公文、证件、印章的，依照刑法典第 280 条的规定定罪处罚。

伪造、变造、买卖武装部队的公文、证件、印章的和伪造、变造、转让金融机构经营许可证的另行定罪处罚。

二、犯罪客观要件

本罪是一个选择性罪名，包括行为选择和对象选择，即伪造、变造、买卖三个行为和公文、证件、印章三个对象，伪造是指冒用制作机关的名义制造假的公文、证件、印章，也包括超越职限制作。变造是指对原来有效的公文、证件、印章用涂改、拼接、填充内容等方法，使原有内容发生变化的行为。买卖是指以国家机关公文、证件、印章为对象的买进卖出行为。需要指出的是伪造、变造的公文、证件、印章并不要求与真实的完全一致。

三、犯罪主观要件

本罪的主体为年满16周岁、具有刑事责任能力的自然人。本罪主观上表现为故意。

四、本罪的认定

认定本罪既遂时要坚持行为要素和结果要素的统一。伪造、变造行为属生产性质的，应以制作产品过程和产品出现的结果来衡量。凡是制作公文、证件、印章的行为结束以及虚假的公文、证件、印章出现即为犯罪既遂。买卖公文、证件、印章是买卖行为的一种，应以交易对象所有权的转让为既遂的判断标准，凡是所有权已经转移的为犯罪既遂。

五、本罪的刑事责任

根据刑法典第280条第1款的规定，犯本罪的，处3年以下有期徒刑、拘役、管制或者剥夺政治权利，并处罚金；情节严重的，处3年以上10年以下有期徒刑，并处罚金。

第三节 伪造、变造、买卖身份证件罪

一、定义

伪造、变造、买卖身份证件罪，是指伪造、变造、买卖居民身份证、护照、社会保障卡、驾驶证等依法可以用于证明身份的证件的行为。居民身份证、护照、社会保障卡、驾驶证等依法可以用于证明身份的证件是国家颁发的证件，因此伪造、变造、买卖身份证件罪侵犯的法益是国家机关的公信。根据我国居民身份证法的规定，居住在我国境内的年满16周岁的中国公民，必须申领居民身份证；未满16周岁的中国公民，可以申领居民身份证。公民在办理常住户口登记项目的变更、兵役登记、婚姻登记、收养登记、申请办理出境手续时等都必须出示居民身份证。可以说实施居民身份证制度是公民现代生活的需要，也是国家人口管理的需要。

二、犯罪客观要件

本罪的客观要件表现为伪造、变造、买卖居民身份证、护照、社会保障卡、驾驶证等依法可以用于证明身份的证件的行为。伪造是指无身份证件制作权的人制作虚假的身份证、护照、社会保障卡、驾驶证等依法可以用于证明身份的证件的行为。变造是指通过涂改、拼接等方法改变真的身份证、护照、社会保障卡、驾驶证等依法可以用于证明身份的证件登记的内容。买卖是指购买或销售身份证、护照、社会保障卡、驾驶证等依法可以用于证明身份的证件的行为。对于购买居民身份证或者伪造居民身份证行为的处理,存在四种观点:一是成立买卖国家机关证件罪;二是成立伪造居民身份证罪的共犯;三是将购买伪造的居民身份证并利用伪造的居民身份证从事一般违法活动的行为认定为伪造居民身份证罪;四是不认定为犯罪。第四种观点是通说,即单纯购买居民身份证或伪造居民身份证的行为不成立犯罪。[①] 当然,如果行为人事先与伪造居民身份证的人通谋,为其出售伪造的居民身份证的,成立共犯。

三、犯罪主观要件

本罪的主体为年满16周岁、具有刑事责任能力的自然人。本罪主观上表现为故意。

四、本罪的刑事责任

根据刑法典第280条第3款的规定,犯本罪的,处3年以下有期徒刑、拘役、管制或者剥夺政治权利,并处罚金;情节严重的,处3年以上7年以下有期徒刑,并处罚金。

第四节 组织考试作弊罪

一、定义

组织考试作弊罪,是指在法律规定的国家考试中,组织作弊的行为,或者为他人实施组织考试作弊犯罪提供作弊器材或者其他帮助的行为。

二、犯罪客观要件

本罪的客观要件表现为行为人在法律规定的国家考试中,组织作弊的行为,或者为他人实施组织考试作弊犯罪提供作弊器材或者其他帮助的行为。

根据刑法典第284条之一的规定,考试范围限定在"法律规定的国家考试",如公务员录用考试、司法考试、高考、研究生入学考试、计算机等级考试、全国英语等级考试等,目前

---

① 张明楷主编:《刑法学》(第4版),法律出版社2011年,第925—926页。

我国有近 20 部法律对"法律规定的国家考试"作了规定。所谓"组织",即组织、筹划、指挥、安排他人进行考试作弊的行为,组织者可以是一人,也可以是多人。所谓"作弊",是指在考试过程中弄虚作假的行为。对于考试作弊,我国相关考试规定中一般有明确的认定规定。例如,《公务员录用考试违纪违规行为处理办法(试行)》对公务员考试中的作弊以及处理有明确规定。再如教育部《国家教育考试违规处理办法》第 6 条规定,考生违背考试公平、公正原则,以不正当手段获得或者试图获得试题答案、考试成绩,有下列行为之一的,应当认定为考试作弊:(1) 携带与考试内容相关的文字材料或者存储有与考试内容相关资料的电子设备参加考试的;(2) 抄袭或者协助他人抄袭试题答案或者与考试内容相关的资料的;(3) 抢夺、窃取他人试卷、答卷或者强迫他人为自己抄袭提供方便的;(4) 在考试过程中使用通讯设备的;(5) 由他人冒名代替参加考试的;(6) 故意销毁试卷、答卷或者考试材料的;(7) 在答卷上填写与本人身份不符的姓名、考号等信息的;(8) 传、接物品或者交换试卷、答卷、草稿纸的;(9) 其他作弊行为。这里的"帮助行为"分两大类:(1) 提供作弊器材,包括密拍、发送及接收设备三大类。(2) 提供其他帮助,主要包括设立和维护作弊网站、窃取或出售考生信息、开展无线作弊器材使用培训等等。

三、犯罪主观要件

本罪的主体为一般主体,主观上表现为故意。

四、本罪的刑事责任

根据刑法典第 284 条之一的规定,犯本罪的,处 3 年以下有期徒刑或者拘役,并处或者单处罚金;情节严重的,处 3 年以上 7 年以下有期徒刑,并处罚金。为他人实施前款犯罪提供作弊器材或者其他帮助的,依照前款的规定处罚。

根据 2015 年最高人民法院《关于〈中华人民共和国刑法修正案(九)〉时间效力问题的解释》第 6 条的规定,对于 2015 年 10 月 31 日以前组织考试作弊,为他人组织考试作弊提供作弊器材或者其他帮助,以及非法向他人出售或者提供考试试题、答案,根据修正前刑法应当以非法获取国家秘密罪、非法生产、销售间谍专用器材罪或者故意泄露国家秘密罪等追究刑事责任的,适用修正前刑法的有关规定。但是,根据修正后的刑法典第 284 条之一的规定处刑较轻的,适用修正后刑法典的有关规定。

第五节 非法侵入计算机信息系统罪

一、定义

非法侵入计算机信息系统罪是指违反国家规定,侵入国家事务、国防建设、尖端科学技术领域的计算机信息系统的行为。非法侵入计算机信息系统罪是随着计算机与网络技术发展衍生的新型犯罪,计算机信息系统是指由计算机及其相关的和配套的设备、设施(含网络)构成的,按照一定的应用目标和规划对信息进行采集、加工、存储、传输、检索等处理的人机系统。随着信息技术的飞跃发展,越来越多的重要信息保存在计算机信息系统中或者以计算机存储数据的方式出现,使之成为名符其实的资料库。非法侵入他人计算机信息系统势必影响该项技术的使用成本和推广,从这一角度分析将本罪的犯罪客体理解为"计算机信息系统安全"[①]似不够贴切,本罪行为表现为非法访问他人信息系统,而不是破坏、干扰他人信息系统,因此应界定为计算机信息系统工作的管理秩序。

二、犯罪客观要件

本罪的客观方面有两个环节:(1)违反国家规定的侵入行为,即非法侵入。违反国家规定的侵入是指违反有关计算机信息系统管理方面的国家法律和行政法规,不具有合法身份或者条件而未经授权的擅自侵入。侵入的具体含义是指调取、访问计算机信息系统内的系统资源,不是对系统内资源的删除、修改等。(2)特定的计算机信息系统。目前法律规定仅限于国家事务、国防建设、尖端科学技术领域的计算机信息系统。

三、犯罪主观要件

本罪的主体既可以是自然人也可以是单位。本罪在主观上是故意,认定时并没有困难,但是究其犯罪动机,多数恶性程度并不突出,出于好奇、刺激、显示才能、恶作剧的十分常见。

四、本罪的认定

有观点认为本罪是行为犯,只要查证行为人有侵入信息系统的事实,即构成犯罪既遂。我们认为这样的观点不妥。非法侵入计算机信息系统的行为是一个挑战破解信息系统防护措施的过程,实践中有可能突破但绝大多数情况下,是未能突破,从这一行为特征分析我们认为突破防护进入系统认定为既遂,相反未突破防护未进入系统的视为未遂。

五、本罪的刑事责任

根据刑法典第 285 条的规定,犯本罪的,处 3 年以下有期徒刑或者拘役。单位犯本罪的,对单位判处罚金,并对其直接负责的主管人员和其他直接责任人员,依照该款的规定处罚。

[①] 高铭暄、马克昌主编:《刑法学》,北京大学出版社、高等教育出版社 2000 年版,第 541 页。

第六节 破坏计算机信息系统罪

一、定义

破坏计算机信息系统罪是指违反国家规定，对计算机信息系统功能进行删除、修改、增加、干扰，造成计算机信息系统不能正常运行，后果严重的行为。破坏计算机信息系统罪也是伴随计算机与网络技术发展而衍生的新型犯罪，在认定时既要把握犯罪成立的标准，又要注意技术上的特点，特别是犯罪行为方式的内涵与外延。本罪侵犯的法益，一方面体现在破坏他人计算机信息系统的安全，更重要的方面是计算机系统工作管理秩序。

二、犯罪客观要件

本罪客观行为包括两大类：(1) 破坏计算机信息系统。如对计算机信息系统功能进行删除、修改、增加、干扰，导致系统不能正常运行；对系统中存储、处理或者传输的数据和应用程序进行删除、修改、增加的操作。（2）故意制作、传播计算机病毒等破坏性程序。根据 2011 年最高人民法院、最高人民检察院《关于办理危害计算机信息系统安全刑事案件应用法律若干问题的解释》的规定，具有下列情形之一的程序，应当认定为刑法典第286 条第 3 款规定的"计算机病毒等破坏性程序"：能够通过网络、存储介质、文件等媒介，将自身的部分、全部或者变种进行复制、传播，并破坏计算机系统功能、数据或者应用程序的；能够在预先设定条件下自动触发，并破坏计算机系统功能、数据或者应用程序的；其他专门设计用于破坏计算机系统功能、数据或者应用程序的程序。

三、犯罪主观要件

本罪的主体既可以是自然人也可以是单位，本罪在主观上是故意。

四、犯罪量度要件

成立本罪需要后果严重。根据 2011 年最高人民法院、最高人民检察院《关于办理危害计算机信息系统安全刑事案件应用法律若干问题的解释》的规定，破坏计算机信息系统功能、数据或者应用程序，具有下列情形之一的，应当认定为刑法典第286 条第 1 款和第 2 款规定的"后果严重"：(1) 造成 10 台以上计算机信息系统的主要软件或者硬件不能正常运行的；(2) 对 20 台以上计算机信息系统中存储、处理或者传输的数据进行删除、修改、增加操作的；(3) 违法所得 5000 元以上或者造成经济损失 1 万元以上的；(4) 造成为 100 台以上计算机信息系统提供域名解析、身份认证、计费等基础服务或者为 1 万以上用户提供服务的计算机信息系统不能正常运行累计 1 小时以上的；(5) 造成其他严重后果的。

五、本罪的刑事责任

根据刑法典第 286 条的规定,犯本罪的,处 5 年以下有期徒刑或者拘役;后果特别严重的,处 5 年以上有期徒刑。单位犯本罪的,对单位判处罚金,并对其直接负责的主管人员和其他直接责任人员,依照第 1 款的规定处罚。

利用计算机实施金融诈骗、盗窃、贪污、挪用公款、窃取国家秘密或者其他犯罪,依具体犯罪行为另行定罪处罚。

第七节　拒不履行信息网络安全管理义务罪

一、定义

拒不履行信息网络安全管理义务罪,是指网络服务提供者不履行法律、行政法规规定的信息网络安全管理义务,经监管部门责令采取改正措施而拒不改正,情节严重的行为。

二、犯罪客观要件

本罪的客观要件表现为以下方面:(1) 行为人不履行法律、行政法规规定的信息网络安全管理义务。此方面的法律、行政法规主要有全国人大常委会《关于加强网络信息保护的决定》、国务院《电信条例》《互联网信息服务管理办法》《计算机信息网络国际联网安全保护管理办法》等。(2) 行为人经监管部门责令采取改正措施而拒不改正。这里的监管部门,是指依据法律、行政法规的规定对网络服务提供者负有监管职责的各个部门。(3) 行为人拒不改正之行为导致特定的危害后果发生。

三、犯罪主观要件

本罪的主体为特殊主体,即网络服务提供者,包括自然人与单位。本罪主观上表现为故意。

四、犯罪量度要件

成立本罪要求情节严重,具体而言,包括下列情形:致使违法信息大量传播的;致使用户信息泄露,造成严重后果的;致使刑事案件证据灭失,情节严重的;有其他严重情节的。

五、本罪的刑事责任

根据刑法典第 286 条之一的规定,犯本罪的,处 3 年以下有期徒刑、拘役或者管制,并处或者单处罚金。单位犯本罪的,对单位判处罚金,并对其直接负责的主管人员和其他直接责任人员,依照前款的规定处罚。有前两款行为,同时构成其他犯罪的,依照处罚较重的规定定罪处罚。

第八节　非法利用信息网络罪

一、定义

非法利用信息网络罪,是指利用信息网络,设立用于实施诈骗、传授犯罪方法、制作或者销售违禁物品、管制物品等违法犯罪活动的网站、通讯群组,或者发布有关制作或者销售毒品、枪支、淫秽物品等违禁物品、管制物品或者其他违法犯罪信息,或者为实施诈骗等违法犯罪活动发布信息,情节严重的行为。

二、犯罪客观要件

本罪的客观要件表现为三种行为:(1)利用信息网络,设立用于实施诈骗、传授犯罪方法、制作或者销售违禁物品、管制物品等违法犯罪活动的网站、通讯群组的行为;(2)利用信息网络,发布有关制作或者销售毒品、枪支、淫秽物品等违禁物品、管制物品或者其他违法犯罪信息的行为;(3)利用信息网络,为实施诈骗等违法犯罪活动发布信息的行为。

三、犯罪主观要件

本罪的主体为一般主体,包括自然人与单位。本罪主观上表现为故意。

四、犯罪量度要件

成立本罪要求情节严重。对于"情节严重"的认定,主要可以结合行为人发布信息的具体内容、数量、扩散的范围、受害人的数量、获取非法利益的数额以及造成的社会等因素综合考量。

五、本罪的刑事责任

根据刑法典第287条之一的规定,犯本罪的,处3年以下有期徒刑或者拘役,并处或者单处罚金。单位犯本罪的,对单位判处罚金,并对其直接负责的主管人员和其他直接责任人员,依照第一款的规定处罚。有前两款行为,同时构成其他犯罪的,依照处罚较重的规定定罪处罚。

另外,根据2016年最高人民法院《关于审理毒品犯罪案件适用法律若干问题的解释》的规定,利用信息网络,设立用于实施传授制造毒品、非法生产制毒物品的方法、贩卖毒品,非法买卖制毒物品或者组织他人吸食、注射毒品等违法犯罪活动的网站、通讯群组,或者发布实施前述违法犯罪活动的信息,情节严重的,应当依照刑法典第287条之一的规定,以非法利用信息网络罪定罪处罚。实施刑法典第287条之一规定的行为,同时构成贩卖毒品罪、非法买卖制毒物品罪、传授犯罪方法罪等犯罪的,依照处罚较重的规定定罪处罚。

第九节　帮助信息网络犯罪活动罪

一、定义

帮助信息网络犯罪活动罪,是指明知他人利用信息网络实施犯罪,为其犯罪提供互联网接入、服务器托管、网络存储、通讯传输等技术支持,或者提供广告推广、支付结算等帮助,情节严重的行为。

二、犯罪客观要件

本罪在客观要件上表现为为他人利用信息网络实施犯罪提供互联网接入、服务器托管、网络存储、通讯传输等技术支持,或者提供广告推广、支付结算等帮助。构成本罪需具备以下条件:(1) 行为人主观上明知他人利用信息网络实施犯罪。(2) 行为人实施了帮助他人利用信息网络实施犯罪的行为。根据本条的规定,帮助行为主要有以下几种具体形式:为他人利用信息网络实施犯罪提供互联网接入、服务器托管、网络存储、通讯传输等技术支持;为他人利用信息网络实施犯罪提供广告推广;为他人利用信息网络实施犯罪提供支付结算帮助。

三、犯罪主观要件

本罪的主体为一般主体,包括自然人与单位。本罪主观上表现为故意。

四、犯罪量度要件

成立本罪要求情节严重。对于情节严重的认定,主要可以结合行为人所帮助的具体网络犯罪的性质和危害后果、帮助行为在相关网络犯罪中起到的实际作用、帮助行为非法获利的数额等情况综合考量。[①]

五、本罪的刑事责任

根据刑法典第287条之二的规定,犯本罪的,处3年以下有期徒刑或者拘役,并处或者单处罚金。单位犯本罪的,对单位判处罚金,并对其直接负责的主管人员和其他直接责任人员,依照第1款的规定处罚。有前两款行为,同时构成其他犯罪的,依照处罚较重的

[①] 全国人大常委会法制工作委员会刑法室编著:《中华人民共和国刑法解读》,中国法制出版社2015年版,第697页。

规定定罪处罚。

另外,根据 2016 年最高人民法院《关于审理毒品犯罪案件适用法律若干问题的解释》的规定,实施刑法典第 287 条之二规定的行为,同时构成贩卖毒品罪、非法买卖制毒物品罪、传授犯罪方法罪等犯罪的,依照处罚较重的规定定罪处罚。

第十节　聚众冲击国家机关罪

一、定义

聚众冲击国家机关罪是指聚众冲击国家机关,致使国家机关工作无法进行,造成严重损失的行为。国家职能是维护阶级统治和公共事务的管理,国家职能的实现要通过各级国家机关的工作,扰乱国家机关的工作秩序必然影响国家职能的实现,刑法规定本罪就是把破坏国家机关的工作秩序和破坏其他单位的工作秩序相区分。因此本罪侵犯的法益应该是特定的社会秩序,即国家机关的工作秩序。国家机关是依法设立的具有特定国家管理职能的组织,政党组织、社会组织、企业事业单位、自治团体均在范围之外,另外聚众冲击军事管理机关管理下的军事禁区、军事管理区,聚众哄闹、冲击人民法院的审判的行为,另行定罪处罚。

二、犯罪客观要件

本罪在客观上强调聚众冲击,致使国家机关工作无法进行,造成严重损失的。聚众是多人同一时间同一地点聚集在一起,多人一般是 3 人以上。刑法中聚众性质的犯罪都有处罚首要分子的规定,因此聚众性质犯罪中的聚众显然又包含有首要分子纠集组织的含义。冲击国家机关最基本的含义是强行冲闯国家机关门禁,阻塞通道,阻止国家工作人员的进出。但是实践中绝非只能如此,实际上包含各种形式的扰乱行为,如强占办公场所,切断国家机关的通讯、交通设备等等。不论何种具体行为方式都要结合已经造成的严重危害机关工作秩序来综合考察。严重损失的认定既要考察物质性损失,更要重视的是非物质损失。

三、犯罪主观要件

聚众性质的犯罪涉及的参加人人数众多,每个人的作用差异很大,刑法绝大多数情况下只处罚首要分子和积极参加者。根据刑法典第 97 条的规定,首要分子为在犯罪集团或者聚众犯罪中起组织、策划、指挥作用的犯罪分子;积极参加分子是指尚未起到首要分子的作用,但又比较积极情节严重的,一般包括组织策划过程的参与人,现场冲击中比较积极的人。首要分子、积极参加分子可以是一人,也可以是多人。认定时,首要分子、积极参加分子、一般参加人要在相互比较中加以确认,并从严把握。

四、本罪的刑事责任

根据刑法典第 290 条第 2 款的规定，犯本罪的，对首要分子处 5 年以上 10 年以下有期徒刑；其他积极参加的，处 5 年以下有期徒刑、拘役、管制或者剥夺政治权利。

第十一节　编造、故意传播虚假恐怖信息罪

一、定义

编造、故意传播虚假恐怖信息罪，是指编造爆炸威胁、生化威胁、放射威胁等恐怖信息，或者明知是编造的恐怖信息而故意传播，严重扰乱社会秩序的行为。恐怖性质的犯罪危及公共安全，是刑法打击的重点。虚假的恐怖信息并不会造成不特定多数人人身、财产的实际损害，而是会引发公众恐慌，影响生产生活秩序，因此编造、故意传播虚假的恐怖信息罪侵犯的法益是公共秩序。

二、犯罪客观要件

本罪客观方面的行为有两类：编造虚假恐怖信息与故意传播虚假恐怖信息。编造既可以是完全的捏造纯粹的无中生有，也可以是比较明显夸大其辞，将特定范围内的事件夸大引起公众恐慌。编造行为应该与传播紧密相联，编造与传播实践中很多时候是结合在一起的，否则仅仅是编造而无传播行为的扩散是无法造成公共秩序混乱的。故意传播行为中的故意是指明知信息是虚假的恐怖信息，传播是向公众传递信息，认定时要综合考虑传播途径的特殊性，受众的不特定性。虚假的恐怖信息的认定，一要把握虚假的含义，虚假有全部虚假、部分虚假和引人误解之分，要把信息的内容与公众的理解，信息的内容与公共秩序紊乱联系在一起考察。"虚假恐怖信息"，是指以发生爆炸威胁、生化威胁、放射威胁、劫持航空器威胁、重大灾情、重大疫情等严重威胁公共安全的事件为内容，可能引起社会恐慌或者公共安全危机的不真实信息。[①]

三、犯罪主观要件

本罪的主体为一般主体，主观上表现为故意。

四、犯罪量度要件

成立本罪需要达到"严重扰乱社会秩序"的程度。根据 2013 年最高人民法院《关于审理编造、故意传播虚假恐怖信息刑事案件适用法律若干问题的解释》的规定，编造、故意传

---

① 2013 年最高人民法院《关于审理编造、故意传播虚假恐怖信息刑事案件适用法律若干问题的解释》。

播虚假恐怖信息,具有下列情形之一的,应当认定为刑法典第 291 条之一的"严重扰乱社会秩序":(1) 致使机场、车站、码头、商场、影剧院、运动场馆等人员密集场所秩序混乱,或者采取紧急疏散措施的;(2) 影响航空器、列车、船舶等大型客运交通工具正常运行的;(3) 致使国家机关、学校、医院、厂矿企业等单位的工作、生产、经营、教学、科研等活动中断的;(4) 造成行政村或者社区居民生活秩序严重混乱的;(5) 致使公安、武警、消防、卫生检疫等职能部门采取紧急应对措施的;(6) 其他严重扰乱社会秩序的。

五、本罪的认定

编造、故意传播虚假恐怖信息,严重扰乱社会秩序,同时又构成其他犯罪的,择一重罪处罚。根据 2013 年最高人民法院《关于审理编造、故意传播虚假恐怖信息刑事案件适用法律若干问题的解释》的规定,编造、故意传播虚假恐怖信息,严重扰乱社会秩序,具有下列情形之一的,应当依照刑法典第 291 条之一的规定,在 5 年以下有期徒刑范围内酌情从重处罚:(1) 致使航班备降或返航;或者致使列车、船舶等大型客运交通工具中断运行的;(2) 多次编造、故意传播虚假恐怖信息的;(3) 造成直接经济损失 20 万元以上的;(4) 造成乡镇、街道区域范围居民生活秩序严重混乱的;(5) 具有其他酌情从重处罚情节的。具有下列情形之一的,应当认定为刑法典第 291 条之一的"造成严重后果",处 5 年以上有期徒刑:(1) 造成 3 人以上轻伤或者 1 人以上重伤的;(2) 造成直接经济损失 50 万元以上的;(3) 造成县级以上区域范围居民生活秩序严重混乱的;(4) 妨碍国家重大活动进行的;(5) 造成其他严重后果的。

六、本罪的刑事责任

根据刑法典第 291 条之一的规定,犯本罪的,处 5 年以下有期徒刑、拘役或者管制;造成严重后果的,处 5 年以上有期徒刑。

第十二节 编造、故意传播虚假信息罪

一、定义

编造、故意传播虚假信息罪,是指编造虚假的险情、疫情、灾情、警情,在信息网络或者其他媒体上传播,或者明知是上述虚假信息,故意在信息网络或者其他媒体上传播,严重扰乱社会秩序的行为。

二、犯罪客观要件

本罪的客观要件表现为行为人编造虚假的险情、疫情、灾情、警情,在信息网络或者其他媒体上传播,或者明知是上述虚假信息,故意在信息网络或者其他媒体上传播。具体而

言:(1) 行为人编造、故意传播的是虚假的险情、疫情、灾情、警情。(2) 行为方式包括两种情况:编造虚假的险情、疫情、灾情、警情后传播;明知是上述虚假信息而故意传播。(3) 传播方式主要是在信息网络或者其他媒体上进行传播。

三、犯罪主观要件

本罪的主体为一般主体。本罪在主观上表现为故意,即故意编造虚假的险情、疫情、灾情、警情,并将自己编造的相关信息在信息网络或者其他媒体上传播的,或者明知是他人编造的上述虚假信息而故意在信息网络或者其他媒体上传播的,才构成犯罪。如果行为人确实无法辨别信息真伪,不知相关信息为谣言而误传的,不构成犯罪。

四、犯罪量度要件

成立本罪需要达到"严重扰乱社会秩序"的程度。严重扰乱社会秩序,是指造成社会秩序严混乱,致使工作、生产、营业和教学、科研、医疗等活动受到严重干扰甚至无法进行的情况,如致使车站、码头等人员密集场所秩序严重混乱或采取紧急疏散措施,影响航空器、列车、船舶等大型客运交通工具正常运行,致使厂矿企业等单位的生产、经营活动中断,造成人民群众生活秩序严重混乱等。①

五、本罪的刑事责任

根据刑法典第 291 条之一的规定,犯本罪的,处 3 年以下有期徒刑、拘役或者管制;造成严重后果的,处 3 年以上 7 年以下有期徒刑。

第十三节 聚众斗殴罪

一、定义

聚众斗殴罪是指纠集多人相互斗殴的行为。聚众斗殴罪是从 1979 年刑法典规定的流氓罪分离而来的,是指基于报复、称霸等不法动机纠集多人相互殴斗破坏公共秩序。本罪侵犯的法益是公共秩序,但不限于是公共场所秩序,因为即使发生在僻静之处或者特定范围之内的聚众斗殴也以本罪论处。公共场所的聚众斗殴现实地破坏公共秩序,特定地域内的聚众斗殴虽远离公众和现实的公共秩序,但也能使公众产生恐慌,影响对规则的遵守。

---

① 全国人大常委会法制工作委员会刑法室编著:《中华人民共和国刑法解读》,中国法制出版社 2015 年版,第 709 页。

二、犯罪客观要件

聚众斗殴的客观要件为强调聚众,即纠集3人以上,斗殴实质是伤害行为。聚众斗殴致人重伤、死亡的,要依照故意伤害(致人重伤)罪、故意杀人罪定罪处罚。这样看来斗殴就是轻伤以下程度的伤害行为。与其他聚众犯罪相比,聚众斗殴是相互之间的争斗,聚众是指双方还是其中的一方呢?我们认为认定时要严格遵守两个规则:一是斗殴的参与人必须是3人以上,有聚众的特征;二是斗殴的一方有3人以上即可,不要求双方均要超过3人。行为人在斗殴过程中并无杀人故意,只是客观上致人重伤、死亡的,就成立故意杀人、故意伤害罪。其中的"人"包括对方成员与本方成员。该规定仅适用于直接造成死亡的斗殴者和首要分子,对于其他参与者不适用该规定。

三、犯罪主观要件

聚众斗殴罪的主体为一般主体,在主观上是故意,不论是对行为的认识因素还是对行为结果的意志因素认定都不困难。犯罪的动机不作为定罪的因素之一,这对其他犯罪而言很清楚,就聚众斗殴罪而言,重视犯罪动机意义显得相对重要。因民事纠纷引发的群体性殴斗和聚众斗殴性质是不同的,聚众斗殴多数是不法的团伙因争利泄愤引发的,公然蔑视法纪挑战秩序的动机非常突出。

四、犯罪量度要件

聚众斗殴中有下列情节之一的,属加重情节,对首要分子和其他积极参加的,处3年以上10年以下有期徒刑:(1)多次聚众斗殴的;(2)聚众斗殴人数多,规模大,社会影响恶劣的;(3)在公共场所或者交通要道聚众斗殴,造成社会秩序严重混乱的;(4)持械聚众斗殴的。这些特定加重情节中,多次的理解参照司法解释对其他犯罪多次的规定应为3次以上。

五、本罪的刑事责任

根据刑法典第292条的规定,犯本罪的,对首要分子和其他积极参加的,处3年以下有期徒刑、拘役或者管制;有加重情节的,处3年以上10年以下有期徒刑。

根据2013年最高人民法院《关于实施量刑规范化工作的通知》的规定,构成聚众斗殴罪的,可以根据下列不同情形在相应的幅度内确定确定量刑起点:(1)犯罪情节一般的,可以在2年以下有期徒刑、拘役幅度内确定量刑起点。(2)有下列情形之一的,可以在3年至5年有期徒刑幅度内确定量刑起点:聚众斗殴3次的;聚众斗殴人数多,规模大,社会影响恶劣的;在公共场所或者交通要道聚众斗殴,造成社会秩序严重混乱的;持械聚众斗殴的。在量刑起点的基础上,可根据聚众斗殴人数、次数、手段严重程度等其他影响犯罪构成的犯罪事实,增加刑罚量确定基准刑。

第十四节 寻衅滋事罪

一、定义

寻衅滋事罪是指无事生非,肆意挑衅,起哄捣乱,破坏公共秩序的行为。本罪是从1979年刑法典规定的流氓罪分解而来。寻衅滋事多数发生在公共场合,但亦允许有例外,因此本罪侵犯的法益并不完全限于公共场所秩序,也还包含对共同生活规则的破坏。

二、犯罪客观要件

本罪在客观上表现为:(1)随意殴打他人,情节恶劣的;(2)追逐、拦截、辱骂他人,情节恶劣的;(3)强拿硬要或者任意损毁、占用公私财物,情节严重的;(4)在公共场所起哄闹事,造成公共场所秩序严重混乱的。综合分析这些具体的行为方式都有相对应的其他罪,如何加以区分和正确认定?寻衅滋事中的这些行为本身程度不严重,如随意殴打他人是不能致人重伤或者死亡的,而犯罪情节恶劣是指对公共秩序的危害比较大,体现得是对法纪的蔑视和挑战公共生活准则。

三、犯罪主观要件

本罪的主体为一般主体,主观上是故意。

四、犯罪量度要件

成立本罪需要满足量度要件。2013年最高人民法院、最高人民检察院《关于办理寻衅滋事刑事案件适用法律若干问题的解释》第2条、第3条、第4条、第5条分别对刑法典第293条第1款第1项、第2项、第3项、第4项所要求的情节作了详细的规定。

五、本罪的刑事责任

根据刑法典第293条的规定,犯本罪的,处5年以下有期徒刑、拘役或者管制。纠集他人多次实施前款行为,严重破坏社会秩序的,处5年以上10年以下有期徒刑,可以并处罚金。

根据2013年最高人民法院《关于实施量刑规范化工作的通知》的规定,构成寻衅滋事罪的,可以根据下列不同情形在相应的幅度内确定确定量刑起点:(1)寻衅滋事一次的,可以在3年以下有期徒刑、拘役蝠度内确定量刑起点。(2)纠集他人3次寻衅滋事(每次都构成犯罪),严重破坏社会秩序的,可以在5年至7年有期徒刑幅度内确定量刑起点。在量刑起点的基础上,可以根据寻衅滋事次数、伤害后果、强拿硬要他人财物或任意损毁、占用公私财物数额等其他影响犯罪构成的犯罪事实增加刑罚量,确定基准刑。

第十五节　组织、领导、参加黑社会性质组织罪

一、定义

组织、领导、参加黑社会性质组织罪是指组织、领导和积极参加以暴力、威胁或者其他手段有组织地进行违法犯罪活动，称霸一方，为非作恶，欺压、残害群众，严重破坏经济、社会生活秩序的黑社会性质的组织的行为。王汉斌在《关于〈中华人民共和国刑法〉（修订草案）的说明》中指出："在我国，明显的、典型的黑社会犯罪还没有出现，但带有黑社会性质的犯罪集团已经出现，横行乡里，称霸一方，为非作歹，欺压、残害群众的有组织犯罪时有出现。"这说明刑法中的黑社会性质的组织是不明显、不典型的黑社会组织，是黑社会组织的雏形。一般认为，黑社会组织应为在一定地域内从事违法犯罪活动的，控制一定区域，形成与主流相对抗的，具有自己独立的文化制度的地缘组织。① 所谓"不明显"，主要是指组织的秘密性和犯罪活动的不公开性，尚未达到公然的程度；所谓"不典型"，主要是指组织规模和严密程度以及对特定区域的控制力尚不突出，但是我们也应该注意到任由黑社会性质组织的发展蔓延其结果必然是黑社会组织。

黑社会性质组织应当同时具备以下特征：（1）形成稳定的犯罪组织，人数较多，有明确的组织者、领导者，骨干成员基本固定；（2）有组织地通过违法犯罪活动或者其他手段获取经济利益，具有一定的经济实力，以支持该组织的活动；（3）以暴力、威胁或者其他手段，有组织地多次进行违法活动，为非作恶，欺压、残害群众；（4）通过实施违法犯罪活动，或者利用国家工作人员的包庇纵容，称霸一方，在一定区域或者行业内，形成非法控制或者重大影响，严重破坏经济、社会生活秩序。这些特征特别突出黑社会性质的组织具有以下特点：（1）组织性。人数较多，成员固定，牟利以支持组织的生存。（2）活动的违法性。以违法犯罪为主要活动方式，以此牟取非法利益，形成非法控制。（3）后果的严重性。严重危及当地群众的生产生活，破坏经济生活秩序。此外需要指出的是，尽管实践中黑社会性质组织通常会寻求国家工作人员的庇护，但法律上并不以此为先决条件，有无保护伞不影响认定。

二、犯罪客观要件

本罪在客观主要是关于有组织、领导、积极参加和参加等行为之分。组织是指首倡、发起、纠集和发展有共同目的的人建立黑社会性质组织。领导是指在组织中处于领导地位的人，起到策划、指挥、协调作用的人。积极参加是指不仅成为组织的一员而且积极参与了一定的违法犯罪活动。参加是指或仅成为组织的一员，或者参与违法犯罪活动情节

---

① 高一飞：《有组织犯罪问题专论》，中国政法大学出版社2000年版，第102页。

轻微。刑法特别强调行为方式的不同，参加的与组织、领导、积极参加的刑事责任有相当大的差别。

【例题】 关于黑社会性质组织犯罪的认定问题，下列说法哪些是正确的？（2003年国家司法考试真题）

A. 黑社会性质组织是犯罪集团，具有犯罪集团的一般属性。
B. 黑社会性质组织犯罪所从事的危害行为，既包括犯罪行为，又包括违法犯罪行为。
C. 组织、领导、参加黑社会性质组织罪，既包括组织、领导、参加黑社会性质组织的行为，又包括在该黑社会性质组织统一策划、指挥下从事的其他犯罪行为。
D. 具有国家工作人员的非法保护，是认定黑社会性质组织的必要条件。

答案：AB

三、本罪的认定

根据刑法典的规定，组织、领导、积极参加、参加黑社会性质组织本身就是犯罪行为，之后再进行其他犯罪的，要实行数罪并罚。也就是说，如果还实施了杀人、抢劫、非法经营犯罪的，要以组织、领导、参加黑社会性质组织罪与故意杀人罪、抢劫罪、非法经营罪数罪并罚。这与一般犯罪集团犯罪是有区别的。刑法典之所以这样规定，一是将这类犯罪作为刑法打击的重点，二是与对这类犯罪的性质认识有联系。组织、领导、参加黑社会性质组织犯罪侵犯的法益并不是针对人身权、财产权等具体受害人的权利，而是对社会公共秩序的侵犯。组织存在的本身就是对公共利益的损害和公共秩序的威胁。

四、本罪的刑事责任

根据刑法典第294条第1款的规定，犯本罪的，处7年以上有期徒刑，并处没收财产；积极参加的，处3年以上7年以下有期徒刑，可以并处罚金或者没收财产；其他参加的，处3年以下有期徒刑、拘役、管制或者剥夺政治权利，可以并处罚金。第4款规定，犯前3款罪又有其他犯罪行为的，依照数罪并罚的规定处罚。对于黑社会性质组织的组织者、领导者，应当按照其所组织领导的黑社会性质组织所犯的全部罪行处罚；对于黑社会性质组织的参加者，应当按其所参与的犯罪处罚。

第十六节 包庇、纵容黑社会性质组织罪

一、定义

包庇、纵容黑社会性质组织罪是国家工作人员或者积极阻挠对黑社会性质组织的打击，或者不积极履行职责查处黑社会性质组织的犯罪的行为。本罪直接侵害的法益应该是职权的正当行使，行为所带来的后果是黑社会性质组织的滋生与发展。从实践来看，黑

社会性质组织之所以得到产生和发展,除了自身的经济基础外,很重要的一点就是通过贿赂等手段拉拢腐蚀国家机关工作人员,本罪的设立正是从这一实践认识出发的。

二、犯罪客观要件

包庇、纵容黑社会性质组织罪的客观表现为包庇和纵容。根据我国相关司法解释的规定,包庇是指国家机关工作人员为使黑社会性质组织及成员逃避查禁,而通风报信,隐匿、毁灭、伪造证据,阻止他人作证、检举揭发,指使他人作伪证,帮助逃匿,或者阻挠其他国家机关工作人员依法查禁的行为。纵容是指国家机关工作人员不依法履行职责,放纵黑社会性质组织进行违法犯罪活动的行为。① 除了这些具体的列举外,我们以为包庇更倾向于滥用职权而纵容更倾向于玩忽职守。

三、犯罪主观要件

本罪是特殊主体,只能是国家机关的工作人员,即在国家机关从事公务的人员,不包括以国家工作人员论处的人员。此外已成为黑社会性质组织成员的国家机关工作人员不以本罪论处。

四、犯罪量度要件

根据2000年最高人民法院《关于审理黑社会性质组织犯罪的案件具体应用法律若干问题的解释》的规定,有下列情节之一的,属于"情节严重":(1)包庇、纵容黑社会性质组织跨境实施违法犯罪活动的;(2)包庇、纵容境外黑社会组织在境内实施违法犯罪活动的;(3)多次实施包庇、纵容行为的;(4)致使某一区域或者行业的经济、社会生活秩序遭受黑社会性质组织特别严重破坏的;(5)致使黑社会性质组织的组织者、领导者逃匿,或者致使对黑社会性质组织的查禁工作严重受阻的;(6)具有其他严重情节的。

五、本罪的刑事责任

根据刑法典第294条第3款的规定,犯本罪的,处5年以下有期徒刑、拘役或者剥夺政治权利;情节严重的,处5年以上有期徒刑。犯前3款罪又有其他犯罪行为的,依照数罪并罚的规定处罚。

第十七节 非法集会、游行、示威罪

一、定义

非法集会、游行、示威罪是指举行集会、游行、示威,未依照法律规定申请或者申请未

---

① 2000年最高人民法院《关于审理黑社会性质组织犯罪的案件具体应用法律若干问题的解释》。

获许可,或者未按照主管机关许可的起止时间、地点、路线进行,又拒不服从解散命令,严重破坏社会秩序的行为。集会、游行、示威是公民的宪法自由。集会是指聚集于露天公共场所,发表意见,表达意愿的活动。游行是指在公共道路、露天场所列队行进,表达共同意愿的活动。示威是指在露天公共场所或者公共道路上以集会、游行、静坐等方式,表达要求、抗议或者支持、声援等共同意愿的活动。① 鉴于集会、游行、示威都是公共活动,在我国列入行政许可的范畴,必须事先取得许可,并在指定时间、地点、路线进行。非法集会、游行、示威侵害的法益是公共场所秩序。

二、犯罪客观要件

非法集会、游行、示威罪的客观行为有两种情形:(1)未依照法律规定申请或者申请未获许可,擅自举行集会、游行、示威又拒不服从解散命令,严重破坏社会秩序的。法律规定需要集会、游行、示威的,负责人必须于举行日期的5日前向主管部门提出申请,主管机关应当在申请举行日的2日前答复结果。负责人对不许可不服的,可以向同级人民政府申请复议,由其做出最终裁决。(2)未按照主管机关许可的起止时间、地点、线路进行集会、游行、示威,又拒不服从解散命令,严重破坏秩序的。申请集会、游行、示威负责人提出的申请书中应当注明起止时间、地点、线路、参加的人数等内容,主管机关认为起止时间、地点、线路的选择会对交通秩序和社会秩序造成严重影响的,在决定许可的同时可以作出变更,并通知负责人。非法集会、游会、示威罪的客观行为是一个复合行为,具有擅自举行或者不按规定的时间、地点、线路举行,拒不服从解散命令以及严重破坏秩序的三者统一。

三、犯罪主观要件

非法集会、游行、示威罪的主体是负责人和直接责任人员,并不包括一般参与人、参加人。负责人的确定比较容易,根据我国相关法律、法规的规定,集会、游行、示威必须有负责人,而且递交申请书时,必须是负责人亲自递交;负责人可以是一个人,也可以是几个人。直接责任人我们理解应该是集会、游行、示威的现场上抗拒解散命令,严重破坏秩序的人,可以是现场的组织者、负责人,也可以是普通的参加人。

四、本罪的刑事责任

根据刑法典第296条的规定,犯本罪的,对负责人和直接责任人员,处5年以下有期徒刑、拘役、管制或者剥夺政治权利。

---

① 参见我国《集会游行示威法》第2条的规定。

第十八节 破坏集会、游行、示威罪

一、定义

破坏集会、游行、示威罪是指扰乱、冲击或者以其他方法破坏依法举行的集会、游行、示威,造成公共秩序混乱的行为。集会、游行、示威是公民行使民主权利的重要形式,对于依法举行的集会、游行、示威,国家需要视情况安排人民警察维护秩序,集会、游行、示威的负责人也要担负起维护秩序的责任,使公民行使权利时不妨碍公共秩序。破坏集会、游行、示威罪侵害的法益正是公共场所秩序,具体可以表现为公共的交通秩序,公共的生产、生活秩序等。此外这类犯罪行为也侵犯了公民行使宪法规定的民主权利。基于此,刑法典对犯罪的成立限定了前提条件,即必须是依法举行的集会、游行、示威,必须是造成公共秩序混乱的结果。

二、犯罪客观要件

破坏集会、游行、示威的客观行为法律规定为扰乱、冲击或者其他方法。实践中,具体破坏方法多种多样,或者说可能是各种方法交织在一起,参加集会、游行、示威的人与其他人员的破坏行为不一样,破坏游行与破坏集会的行为不一样。认定时,要重点考虑和犯罪结果相联系,有无造成公共秩序混乱的可能。

三、犯罪主观要件

本罪主体为一般主体,主观上为故意。

四、本罪的刑事责任

根据刑法典第 298 条的规定,犯本罪的,处 5 年以下有期徒刑、拘役、管制或者剥夺政治权利。对于破坏行为致他人轻伤、致他人财物毁坏的,不另外定罪处罚;对致人重伤,要结合案情实行数罪并罚。

第十九节 组织、利用会道门、邪教组织、利用迷信破坏法律实施罪

一、定义

组织、利用会道门、邪教组织、利用迷信破坏法律实施罪是指组织、利用会道门、邪教

组织、利用迷信破坏法律实施的行为。"会道门"是封建迷信组织的总称①,会道门在我国有很久的历史,如青帮、洪门、丐帮等。新中国成立后,我国政府取缔了一切反动会道门。会道门不是宗教团体,不受法律承认和保护。实践中利用会道门犯罪的,既有被取缔的会道门组织的死灰复燃,也有新成立的会道门。

"邪教组织"是指冒用宗教、气功或者其他名义建立,神化首要分子,利用制造、散布迷信邪说等手段蛊惑、蒙骗他人,发展、控制成员,危害社会的非法组织。②"迷信"就是盲目的崇拜,通常指人们在认识事物水平低下的情况下,对于自然界、社会现象缺少正确的理解和客观认识而产生的信仰、崇拜某种自然力量、虚构的鬼神,乃至古人,形成习惯化或者正常化了的认识或者活动。迷信通常有两个含义:一是指人们认识论,二是迷信活动。本罪所指利用迷信既包括利用人们的错误认识,又包括利用迷信活动,而往往实施本罪时两者是紧密联系的。③

组织、利用会道门、邪教组织、利用迷信破坏法律实施罪造成的危害后果是多种多样的,基于本罪侵犯的法益是公共秩序,因此造成扰乱秩序以外其他后果严重的,一般应实行数罪并罚。

二、犯罪客观要件

本罪在客观要件上表现为组织和利用两大类。组织行为应该包括在建立会道门、邪教组织中起领导作用的行为,策划会道门,邪教组织开展非法活动和指挥会道门、邪教组织具体非法活动等情形。利用指用各种手段使会道门、邪教组织为自己服务。破坏法律实施应泛指各种抗拒行为和不履行法定义务的行为。我国相关的司法解释对组织、利用邪教组织破坏法律实施的行为做了比较全面的列举④,这对我们理解组织、利用会道门和利用迷信破坏法律实施也有指导意义。

三、犯罪量度要件

成立本罪需要满足量度要件。根据1999年最高人民法院、最高人民检察院《关于办理组织和利用邪教组织犯罪案件具体应用法律若干问题的解释》的规定,组织、利用邪教组织并具有下列情形之一的,以本罪论处:(1) 聚众围攻、冲击国家机关、企业事业单位,扰乱国家机关、企业事业单位的工作、生产、经营、教学和科研秩序的;(2) 非法举行集会、游行、示威,煽动、欺骗、组织其成员或者他人聚众围攻、冲击、强占、哄闹公共场所及宗教场所,扰乱社会秩序的;(3) 抗拒有关部门取缔或者已经被有关部门取缔,又恢复或者另

---

① 李福成主编:《中华人民共和国刑法问答》,人民法院出版社1997年版,第495页。
② 1999年最高人民法院、最高人民检察院《关于办理组织和利用邪教组织犯罪案件具体应用法律若干问题的解释》。
③ 赵秉志主编:《扰乱公共秩序罪》,中国人民公安大学出版社2003年版,第412页。
④ 1999年最高人民法院、最高人民检察院《关于办理组织和利用邪教组织犯罪案件具体应用法律若干问题的解释》。

行建立邪教组织,或者继续进行邪教活动的;(4) 煽动、欺骗、组织其成员或者其他人不履行法定义务,情节严重的;(5) 出版、印刷、复制、发行宣传邪教内容的出版物,以及印制邪教组织标识的;(6) 其他破坏国家法律、行政法规实施行为的。此外,司法解释又进一步细化了一下情形:(1) 制作、传播邪教传单、图片、标语、报纸 300 份以上,书刊 100 册以上,光盘 100 张以上,录音、录像带 100 盒以上的;(2) 制作、传播宣扬邪教的 DVD、VCD、CD 母盘的;(3) 利用互联网制作、传播邪教组织信息的;(4) 在公共场合悬挂横幅、条幅,或者以书写、喷涂标语等方式宣扬邪教,造成严重社会影响的;(5) 因制作、传播邪教宣传品受过刑事处罚或者行政处罚又制作、传播的;(6) 其他制作、传播邪教宣传品,情节严重的;(7) 邪教组织被取缔后,仍聚集滋事、公开进行邪教活动,或者聚众冲击国家机关、新闻机构等单位,人数达到 20 人以上的,或者虽未达到 20 人以上,但具有其他严重情节的,对于组织者、策划者、指挥者和屡教不改的积极参加者,认定为本罪;(8) 为组织、策划邪教组织人员聚集滋事、公开进行邪教活动而进行聚会、串联等活动,对于组织者、策划者、指挥者和屡教不改的积极参加者,认定为本罪。[①]

四、本罪的认定

根据刑法典第 300 条的规定,犯本罪又有奸淫妇女、诈骗财物等犯罪行为的,依照数罪并罚的规定处罚。而修正前的刑法典第 300 条第 3 款规定,组织和利用会道门、邪教组织或者利用迷信奸淫妇女、诈骗财物的,分别依照刑法典第 236 条强奸罪、第 266 条诈骗罪的规定定罪处罚,即将该种行为规定为一罪进行处理。《刑法修正案(九)》将刑法典第 300 条第 3 款由之前规定的按一罪处理变为数罪并罚。应当注意的是,只有行为人的行为构成组织、利用会道门、邪教组织、利用迷信破坏法律实施罪的前提条件下,又有奸淫妇女、诈骗财物等犯罪行为的,才能以组织、利用会道门、邪教组织、利用迷信破坏法律实施罪和强奸罪、诈骗罪等罪进行数罪并罚。如果行为人只是利用会道门、邪教组织、迷信进行奸淫妇女、诈骗财物等犯罪的,并没有组织、利用会道门、邪教组织或者利用迷信破坏法律实施,应当认定为强奸罪、诈骗罪一罪。

五、本罪的刑事责任

根据刑法典第 300 条第 1 款的规定,犯本罪的,处 3 年以上 7 年以下有期徒刑,并处罚金;情节特别严重的,处 7 年以上有期徒刑或者无期徒刑,并处罚金或者没收财产;情节较轻的,处 3 年以下有期徒刑、拘役、管制或者剥夺政治权利,并处或者单处罚金。犯该款罪又有奸淫妇女、诈骗财物等犯罪行为的,依照数罪并罚的规定处罚。

[①] 2001 年最高人民法院、最高人民检察院《关于办理组织和利用邪教组织犯罪案件具体应用法律若干问题的解释(二)》。

第二十节　聚众淫乱罪

一、定义

聚众淫乱罪是指公然蔑视法纪和社会公德，聚众进行集体性淫乱活动。本罪是从1979年刑法典规定的流氓罪分解而来的，本罪侵犯的法益是公共秩序。但这类犯罪并不出现在公共场合，因而并不针对公共场所的秩序，有观点认为是"公共秩序中的交往秩序"[1]，我们认为交往秩序也接近于是法律保护的社会风尚。

二、犯罪客观要件

本罪的客观要件是聚众行为和淫乱行为的结合，就是说从整体上分析案件有这两类行为但是并不是每一个人都必须同时具备，可以存在仅组织聚集多人的聚众行为，或者仅参加淫乱的行为。聚众应是3人以上，多人中可以是男性和女性，但也不排除同属男性或者女性。淫乱行为主要是指违反道德规范的性交行为，但是又不仅局限于男女之间的性交，还包括其他有背性道德的行为。淫乱行为重在"乱"，与性交往中正常的风尚相背。

三、犯罪主观要件

聚众淫乱罪也只是追究首要分子和多次参加的，首要分子是组织、策划、指挥聚众淫乱活动的人，至于首要分子本人是否有淫乱行为不论。多次参加的应理解为参加淫乱活动3次以上。

四、本罪的刑事责任

根据刑法典第301条的规定，犯本罪的，对首要分子或者多次参加的，处5年以下有期徒刑、拘役或者管制。

第二十一节　赌　博　罪

一、定义

赌博罪是指以营利为目的，聚众赌博或者以赌博为业的行为。赌博，词典解释为"用斗牌、掷色子等形式，拿财物作注比输赢"[2]。赌博可分为赌事和博戏两种形式：赌事是指胜负完全取决于偶然因素的情况；博戏则部分取决于个人的能力。赌博中的胜负主要表

---

[1] 赵秉志主编：《扰乱公共秩序罪》，中国人民公安大学出版社2003年版，第431页。
[2] 《现代汉语词典》（第5版），商务印书馆2005年版，第337页。

现为财物(财产性利益)的取得与丧失,如果是其他性质的利益则不属于赌博的范畴。

二、犯罪客观要件

本罪并不泛指赌博行为,更不是一些带有彩头的娱乐行为,而是特指以营利为目的、聚众赌博有下列之一行为:(1) 组织 3 人以上赌博,抽头渔利数额累计达到 5000 元以上的;(2) 组织 3 人以上赌博,赌资数额累计达到 5 万元以上的;(3) 组织 3 人以上赌博,参赌人数累计达到 20 人以上的;(4) 组织中华人民共和国公民 10 人以上赴境外赌博,从中收取回扣、介绍费的。[①] 本书认为,以赌博为业应指主要经济收入直接来源于赌博活动,不包含为赌博活动提供了某些服务而取得经济收入的人。

随着社会的发展,网络的普及,司法实践中普遍存在的网络赌博行为值得我们关注。为此,2010 年,最高人民法院、最高人民检察院、公安部颁布《关于办理网络赌博犯罪案件适用法律若干问题的意见》,对正确适用法律办理网络赌博犯罪案件具有重要的指导意义。

三、犯罪主观要件

犯罪主体为一般主体,主观上是故意,且以营利为目的。实现营利途径包括赌赢获得利益,聚众赌博获得各种名义的手续费、介绍费、人头费等。对于营利目的的理解要结合客观行为一并考察,开设赌场的必然要向进入赌场的参赌人收取场地费、一定比例的服务费等,比较容易认定营利目的。聚众赌博的人从中抽头渔利体现出营利目的。对于以赌博为业的则要兼顾从事赌博的长期性、连续性,但营利目的的认定并不以赌博输赢的结局来决定,即不论输赢都可以以营利为目的。

四、犯罪量度要件

构成本罪需要满足量度要件。根据 2008 年最高人民检察院、公安部《关于公安机关管辖的刑事案件立案追诉标准的规定(一)》第 43 条的规定,以营利为目的,聚众赌博,涉嫌下列情形之一的,应予立案追诉:(1) 组织 3 人以上赌博,抽头渔利数额累计 5000 元以上的;(2) 组织 3 人以上赌博,赌资数额累计 5 万元以上的;(3) 组织 3 人以上赌博,参赌人数累计 20 人以上的;(4) 组织中华人民共和国公民 10 人以上赴境外赌博,从中收取回扣、介绍费的;(5) 其他聚众赌博应予追究刑事责任的情形。以营利为目的,以赌博为业的,应予立案追诉。赌博犯罪中用作赌注的款物、换取筹码的款物和通过赌博赢取的款物属于赌资。通过计算机网络实施赌博犯罪的,赌资数额可以按照在计算机网络上投注或者赢取的点数乘以每一点实际代表的金额认定。

---

① 2005 年最高人民法院、最高人民检察院《关于办理赌博刑事案件具体应用法律若干问题的解释》。

五、本罪的认定

根据我国相关司法解释的规定,行为人设置圈套诈骗他人参赌获取钱财,属赌博行为,构成犯罪的,应当以赌博罪定罪处罚。参赌者识破骗局要求退还所输钱财,设赌者又使用暴力或者以暴力相威胁,拒绝退还的,应以赌博罪从重处罚;致参赌者伤害或者死亡的,应以赌博罪和故意伤害罪或者故意杀人罪,依法实行数罪并罚。① 对这一解释有学者认为应以诈骗罪和抢劫罪认定,我们认为要把握司法解释规定的前提。一般而言,行为人设圈套诈骗他人参赌应视为一种骗术,是诈骗的行为方式之一,构成犯罪的,应定为诈骗罪,为拒还财物而施以暴力或者暴力相威胁的,应为转化型的抢劫行为。但对于赌博行为中使用欺骗伎俩的,应不妨碍赌博罪的认定。

六、本罪的刑事责任

根据刑法典第303条的规定,犯本罪的,处3年以下有期徒刑、拘役或者管制,并处罚金。

第二十二节 其他扰乱公共秩序罪

本章介绍了扰乱公共秩序罪的一些重点罪名,还有其他的一些罪名由于认定较为简单,实践中适用比较少,故予以简要介绍。

一、煽动暴力抗拒法律实施罪

煽动暴力抗拒法律实施罪是指煽动群众暴力抗拒国家法律、行政法规实施的行为。本罪的客观要件需注意以下内容:(1)煽动。煽动是指以鼓动性言语或者文字蛊惑、劝诱、引导他人去实施违法犯罪行为。(2)群众的认定。作为被煽动的对象一定有人数较多的特点,或者是人数不特定的多数或者是人数特定的多数。参照我国刑法典其他罪名有关"多数"的规定,应该统一确定为3人以上。(3)暴力抗拒。暴力抗拒是指用武力或者其他强制性手段抵抗、拒绝履行法定义务。如果是非暴力不合作的行为,则不作犯罪论处。(4)法律、行政法规。"法律、行政法规"的含义是特定的,法律是指全国人大及其常委会制定的规范性文件,行政法规是指国务院制定的规范性文件。较之法律、行政法规效力层次低的规范性文件如地方性法规、部门规章和地方性规章、自治条例和单行条例等。抗拒法律实施,既可以是直接抗拒法律、行政法规,也可以是实施法律、行政法规具体的低效力层次的规范性文件,特别是有法律、行政法规授权的规范性文件。

---

① 1995年最高人民法院《关于对设置圈套诈骗他人参赌又向索还钱财的受骗者施以暴力或暴力相威胁的行为应如何定罪问题的批复》。

根据刑法典第 278 条的规定，犯本罪的，处 3 年以下有期徒刑、拘役、管制或者剥夺政治权利；造成严重后果的，处 3 年以上 7 年以下有期徒刑。

二、招摇撞骗罪

招摇撞骗罪是指冒充国家机关工作人员招摇撞骗的行为。本罪的客观要件具有以下特征：(1) 冒充国家机关工作人员。非国家机关工作人员冒充国家机关工作人员，是典型的冒充行为。此外，也包括国家机关工作人员冒充其他国家机关工作人员，如职务低的冒充职务高的、甲部门工作人员冒充乙部门工作人员等，但是冒充军人招摇撞骗的则成立其他犯罪。冒充可以是有对应的具体的人，也可以是虚构的人。国家机关工作人员是指在国家机关从事公务的人员，不包括在国家机关内从事工勤等劳务工作的人员。人民警察是指公安机关、国家安全机关、监狱、劳动教养管理机关的人民警察和人民法院、人民检察院的司法警察。(2) 实施了招摇撞骗行为。招摇撞骗是指招摇过市、炫耀身份，撞骗是骗取利益，认定犯罪时必须是两者的结合，仅仅是出于爱慕虚荣吹嘘自己，或虽然诈骗不法利益但没有冒充和招摇行为均不能定罪。招摇撞骗中的骗取利益和诈骗罪不同，它不局限于财产性利益，还可以是地位、荣誉或者其他非法利益。如果冒充国家机关工作人员骗取数额较大、巨大或者特别巨大财物的，则成立招摇撞骗罪与诈骗罪的想象竞合犯，择一重罪论处。①

根据刑法典第 279 条的规定，犯本罪的，处 3 年以下有期徒刑、拘役、管制或者剥夺政治权利；情节严重的，处 3 年以上 10 年以下有期徒刑。冒充人民警察招摇撞骗的，依照前款的规定从重处罚。

三、盗窃、抢夺、毁灭国家机关公文、证件、印章罪

盗窃、抢夺、毁灭国家机关公文、证件、印章罪是指盗窃、抢夺、毁灭国家机关的公文、证件、印章的行为。本罪属于选择性罪名，行为方式包括盗窃、抢夺和毁灭，行为对象包括公文、证件和印章。盗窃、抢夺、毁灭行为的认定参照侵犯财产犯罪中的盗窃、抢夺、毁灭犯罪的客观方面。公文、证件、印章的认定参照伪造、变造、买卖国家机关公文、证件、印章罪。需要指出的是，本罪主观方面是直接故意，即明知是国家机关的公文、证件、印章而实施盗窃、抢夺、毁灭行为。

根据刑法典第 280 条第 1 款的规定，犯本罪的，处 3 年以下有期徒刑、拘役、管制或者剥夺政治权利，并处罚金；情节严重的，处 3 年以上 10 年以下有期徒刑，并处罚金。

---

① 关于诈骗罪与招摇撞骗罪的关系，刑法理论曾经存在重大分歧。有的主张两者是普通法条和特殊法条的法条竞合的关系，有的主张二者只是可能出现事实的竞合，即属于想象竞合犯。法条竞合的观点会得出不合理的结论，如果按照特殊法优先的原则，适用特殊法条招摇撞骗罪，后者的法定最高刑 10 年，而诈骗罪的法定最高刑为无期徒刑，明显不符合罪行相适应。而且，两罪的法益并不存在包含关系。若按照想象竞合犯的观点，则可以有效地克服法条竞合出现的问题。正因为如此，当前刑法理论和司法实践的主流观点都采取了想象竞合的观点。

四、伪造公司、企业、事业单位、人民团体印章罪

伪造公司、企业、事业单位、人民团体印章罪是指伪造公司、企业、事业单位、人民团体的印章的行为。本罪的客观要件具有以下特征：(1) 行为方式只限于伪造，没有变造、买卖等行为。伪造必须有对应的真实单位，不能是虚构的。(2) 行为对象只限于印章。具体认定时如果伪造文书、证件同时伪造了印文的，也认为是伪造了印章。伪造的私人印章能起到单位证明作用的，也认为是伪造了单位的印章。(3) 公司、企业、事业单位和人民团体。公司特指《公司法》规定的股份有限公司和有限责任公司。企业是指公司以外的营利性组织，主要是合伙企业、个人独资企业、外资企业。事业单位、人民团体不是严谨的法律概念，应该参照相应的法律、政策确定范围。根据我国相关司法解释的规定，伪造高等院校印章制作学历、学位证书的行为，依照伪造事业单位印章罪定罪处罚。① 我们认为，凡是合法登记的各类社会团体都应该纳入保护的范围。

根据刑法典第 280 条第 2 款的规定，犯本罪的，处 3 年以下有期徒刑、拘役、管制或者剥夺政治权利，并处罚金。

五、使用虚假身份证件、盗用身份证件罪

使用虚假身份证件、盗用身份证件罪，是指在依照国家规定应当提供身份证明的活动中，使用伪造、变造的或者盗用他人的居民身份证、护照、社会保障卡、驾驶证等依法可以用于证明身份的证件的行为。

根据刑法典第 280 条之一的规定，犯本罪的，处拘役或者管制，并处或者单处罚金。有前款行为同时构成其他犯罪的，依照处罚较重的规定定罪处罚。

六、非法生产、买卖警用装备罪

非法生产、买卖警用装备罪是指非法生产、买卖人民警察制式服装、车辆号码等专用标志、警械，情节严重的行为。本罪认定时，需要注意以下内容：(1) 犯罪主体既可以是个人，也可以是单位。(2) 非法生产是指没有资格的单位、个人批量生产警用装备，或者是有资格的单位超出指定数量批量生产警用装备。非法买卖是指未经法定许可买卖警用装备。(3) 警用装备的范围，包括人民警察制式服装；人民警察专用标志，如警衔标志、车辆号码、警灯、警用警报器等；警械，如警棍、催泪弹、手铐、脚镣、警绳等。具体认定时要严格限定在警察身份、警察业务的专用标志性物品。(4) 人民警察的范围，限于公安机关、国家安全机关、监狱、劳动教养管理机关的人民警察和人民法院、人民检察院的司法警察，不包括企业内设的经济民警等。

---

① 2001 年最高人民法院、最高人民检察院《关于办理伪造、贩卖伪造的高等院校学历、学位证明刑事案件如何适用法律问题的解释》。

根据刑法典第 281 条的规定,犯本罪的,处 3 年以下有期徒刑、拘役或者管制,并处或者单处罚金。单位犯前款罪的,对单位判处罚金,并对其直接负责的主管人员和其他直接责任人员,依照前款的规定处罚。

七、非法获取国家秘密罪

非法获取国家秘密罪是指以窃取、刺探、收买方法,非法获取国家秘密的行为。本罪认定时,需要注意以下内容:(1) 行为方式只限于窃取、刺探、收买。尽管这三种方式的外延比较广泛,但也不能认为它们已经包括了所有获取国家秘密的方式,如恐吓、感情利诱等。(2) 国家秘密。国家秘密的认定参照《保密法》的规定,单位的秘密、个人秘密、未列入国家秘密的政党团体秘密均应排除。(3) 主观方面要排除是为境外组织、机构、个人而非法获取国家秘密,否则成立其他罪。

根据刑法典第 282 条第 1 款的规定,犯本罪的,处 3 年以下有期徒刑、拘役、管制或者剥夺政治权利;情节严重的,处 3 年以上 7 年以下有期徒刑。

八、非法持有国家绝密、机密文件、资料、物品罪

非法持有国家绝密、机密文件、资料、物品罪是指非法持有属于国家绝密、机密的文件、资料或者其他物品,拒不说明来源与用途的行为。本罪的客观要件具有以下特征:(1) 非法持有。非法是指没有合法的根据,既可以是不属于接触保管秘密文件的人而持有,也可以是有此身份的人违反规定而持有。持有是实际控制的一种事实状态,持有的对象是秘密信息的载体,如文件、资料、物品,而不是信息的本身,持有人是否知悉信息本身并不妨碍认定。(2) 国家绝密、机密文件、资料、物品。国家秘密分为三个等级,本罪只强调是绝密、机密级,不包括秘密级。(3) 拒不说明来源与用途。这是本罪与其他持有型犯罪的重要区别,不仅强调持有的事实状态,而且还附加拒不说明来源与用途。拒不说明可以是拒绝提供信息,也可以是提供虚假的信息。

根据刑法典第 282 条第 2 款的规定,犯本罪的,处 3 年以下有期徒刑、拘役或者管制。

九、非法生产、销售专用间谍器材、窃听、窃照专用器材罪

根据 2015 年最高人民法院、最高人民检察院《关于执行〈中华人民共和国刑法〉确定罪名的补充规定(六)》的规定,刑法典第 283 条的罪名确定为非法生产、销售专用间谍器材、窃听、窃照专用器材罪,取消非法生产、销售间谍专用器材罪罪名。

非法生产、销售专用间谍器材、窃听、窃照专用器材罪,是指非法生产、销售专用间谍器材或者窃听、窃照专用器材的行为。本罪认定时,需要注意以下内容:(1) 非法生产、销售是指未经国家主管部门批准擅自生产、销售以及虽经批准,但擅自超计划生产、超范围销售。(2) 专用间谍器材。专用间谍器材的范围由国家安全部确认,主要有暗藏式窃听、窃照器材,突发式收发报机,一次性密码本,密写工具以及用于获取情报的电子监听、截取

器材。(3) 窃听、窃照专用器材。"窃听专用器材",是指以伪装或者隐蔽方式使用,经公安机关依法进行技术检测后作出认定性结论,有以下情形之一的:具有无线发射、接收语音信号功能的发射、接收器材;微型语音信号拾取或者录制设备;能够获取无线通信信息的电子接收器材;利用搭接、感应等方式获取通讯线路信息的器材;利用固体传声、光纤、微波、激光、红外线等技术获取语音信息的器材;可遥控语音接收器件或者电子设备中的语音接收功能,获取相关语音信息,且无明显提示的器材(含软件);其他具有窃听功能的器材。窃照专用器材,是指以伪装或者隐蔽方式使用,经公安机关依法进行技术检测后作出认定性结论,有以下情形之一的:具有无线发射功能的照相、摄像器材;微型针孔式摄像装置以及使用微型针孔式摄像装置的照相、摄像器材;取消正常取景器和回放显示器的微小相机和摄像机;利用搭接、感应等方式获取图像信息的器材;可遥控照相、摄像器件或者电子设备中的照相、摄像功能,获取相关图像信息,且无明显提示的器材(含软件);其他具有窃照功能的器材。[1]

根据刑法典第283条的规定,犯本罪的,处3年以下有期徒刑、拘役或者管制,并处或者单处罚金;情节严重的,处3年以上7年以下有期徒刑,并处罚金。单位犯本罪的,对单位判处罚金,并对其直接负责的主管人员和其他直接责任人员,依照前款的规定处罚。

十、非法使用窃听、窃照专用器材罪

非法使用窃听、窃照专用器材罪是指非法使用窃听、窃照专用器材,造成严重后果的行为。本罪的客观要件具有以下特征:(1) 非法使用。非法使用是指非法律、法规授权人员使用窃听、窃照设备;或者授权人员违反规定擅自使用。(2) 窃听、窃照专用器材。这类器材比窃听、窃照专用间谍器材要广一点,具体认定时要结合案情考虑。(3) 造成严重后果。本罪是有情节要求的,表现为出现严重后果,包括引起被窃听、窃照对象重大人身伤亡,或者造成他人巨额经济损失,或者引发国家间的争端等。

根据刑法典第284条的规定,犯本罪的,处2年以下有期徒刑、拘役或者管制。

十一、非法出售、提供试题、答案罪

非法出售、提供试题、答案罪,是指为实施考试作弊行为,向他人非法出售或者提供法律规定的国家考试的试题、答案的行为。本罪的客观方面表现为行为人向他人非法出售或者提供法律规定的国家考试的试题、答案的行为。本罪认定时,需要注意以下内容:(1) 实施的是非法出售或者提供行为。(2) 必须是刑法典第284条之一规定的"法律规定的国家考试"。(3) 所提供的必须是试题、答案。

根据刑法典第284条之一第3款的规定,犯本罪的,处3年以下有期徒刑或者拘役,

---

[1] 2014年国家工商总局、公安部、国家质量监督检验检疫总局《禁止非法生产销售使用窃听窃照专用器材和"伪基站"设备的规定》。

并处或者单处罚金;情节严重的,处 3 年以上 7 年以下有期徒刑,并处罚金。

十二、代替考试罪

代替考试罪,是指代替他人或者让他人代替自己参加法律规定的国家考试的行为。本罪认定时,需要注意以下内容:(1)代替他人。代替他人是指冒名顶替应参加考试的人去参加考试。(2)让他人代替自己。让他人代替自己是指让他人冒名顶替自己去参加自己应该参加的考试。(3)必须是刑法典第 284 条之一规定的"法律规定的国家考试"。

根据刑法典第 284 条之一第 4 款的规定,犯本罪的,处拘役或者管制,并处或者单处罚金。

十三、非法获取计算机信息系统数据、非法控制计算机信息系统罪

非法获取计算机信息系统数据、非法控制计算机信息系统罪,是指违反国家规定,侵入国家事务、国防建设、尖端科学技术领域的计算机信息系统以外的计算机信息系统或者采用其他技术手段,获取该计算机信息系统中存储、处理或者传输的数据,或者对该计算机信息系统实施非法控制,情节严重的行为。该罪在客观方面表现为上述三种行为情节严重。① 明知是他人非法控制的计算机信息系统,而对该计算机信息系统的控制权加以利用的,构成本罪。明知是非法获取计算机信息系统数据犯罪所获取的数据、非法控制计算机信息系统犯罪所获取的计算机信息系统控制权,而予以转移、收购、代为销售或者以其他方法掩饰、隐瞒,违法所得 5000 元以上的,以掩饰、隐瞒犯罪所得罪定罪处罚。

根据刑法典第 285 条第 2 款的规定,犯本罪的,处 3 年以下有期徒刑或者拘役,并处或者单处罚金;情节特别严重的,处 3 年以上 7 年以下有期徒刑,并处罚金。单位犯该款罪的,对单位判处罚金,并对其直接负责的主管人员和其他直接责任人员,依照该款的规定处罚。

十四、提供侵入、非法控制计算机信息系统程序、工具罪

提供侵入、非法控制计算机信息系统程序、工具罪,是指提供专门用于侵入、非法控制计算机信息系统的程序、工具,或者明知他人实施侵入、非法控制计算机信息系统的违法犯罪行为而为其提供程序、工具,情节严重的行为。该罪在量度要件表现为上述行为情节严重。根据 2011 年最高人民法院、最高人民检察院《关于办理危害计算机信息系统安全刑事案件应用法律若干问题的解释》的规定,提供侵入、非法控制计算机信息系统的程序、

---

① 根据 2011 年最高人民法院、最高人民检察院《关于办理危害计算机信息系统安全刑事案件应用法律若干问题的解释》的规定,包括以下情形:一是获取支付结算、证券交易、期货交易等网络金融服务的身份认证信息 10 组以上的;二是获取前项以外的身份认证信息 500 组以上的;三是非法控制计算机信息系统 20 台以上的;四是违法所得 5000元以上或者造成经济损失 1 万元以上的;五是其他情节严重的情形。这里的"经济损失",包括危害计算机信息系统犯罪行为给用户直接造成的经济损失,以及用户为恢复数据、功能而支出的必要费用。

工具,具有下列情形之一的,应当认定为"情节严重":(1) 提供能够用于非法获取支付结算、证券交易、期货交易等网络金融服务身份认证信息的专门性程序、工具 5 人次以上的;(2) 提供第(1)项以外的专门用于侵入、非法控制计算机信息系统的程序、工具 20 人次以上的;(3) 明知他人实施非法获取支付结算、证券交易、期货交易等网络金融服务身份认证信息的违法犯罪行为而为其提供程序、工具 5 人次以上的;(4) 明知他人实施第(3)项以外的侵入、非法控制计算机信息系统的违法犯罪行为而为其提供程序、工具 20 人次以上的;(5) 违法所得 5000 元以上或者造成经济损失 1 万元以上的;(6) 其他情节严重的情形。这里所谓的经济损失,包括危害计算机信息系统犯罪行为给用户直接造成的经济损失,以及用户为恢复数据、功能而支出的必要费用。该罪的犯罪对象是特定的程序、工具,具有下列情形之一的程序、工具,应当认定为专门用于侵入、非法控制计算机信息系统的程序、工具:(1) 具有避开或者突破计算机信息系统安全保护措施,未经授权或者超越授权获取计算机信息系统数据的功能的;(2) 具有避开或者突破计算机信息系统安全保护措施,未经授权或者超越授权对计算机信息系统实施控制的功能的;(3) 其他专门设计用于侵入、非法控制计算机信息系统、非法获取计算机信息系统数据的程序、工具。① 根据 2011 年最高人民法院、最高人民检察院《关于办理危害计算机信息系统安全刑事案件应用法律若干问题的解释》的规定,对于是否属于"专门用于侵入、非法控制计算机信息系统的程序、工具"难以确定的,应当委托省级以上负责计算机信息系统安全保护管理工作的部门检验。司法机关根据检验结论,并结合案件具体情况认定。该《解释》第 9 条规定,明知他人实施刑法典第 285 条规定的行为提供帮助的,应当认定为本罪的共同犯罪。②

根据刑法典第 285 条第 3 款的规定,犯本罪的,处 3 年以下有期徒刑或者拘役,并处或者单处罚金;情节特别严重的,处 3 年以上 7 年以下有期徒刑,并处罚金。单位犯该款罪的对单位判处罚金,并对其直接负责的主管人员和其他直接责任人员,依照该款的规定处罚。

十五、扰乱无线电通讯管理秩序罪

扰乱无线电通讯管理秩序罪是指违反国家规定,擅自设置、使用无线电台(站),或者擅自使用无线电频率,干扰无线电通讯秩序,情节严重的行为。本罪的客观要件具有以下特征:(1) 违反国家规定。是指违反全国人大及其常委会制定的规范性文件和国务院制定的规范性文件。就本罪而言,是指 2016 年修订的国务院、中央军委联合发布的《中华人民共和国无线电管理条例》。(2) 擅自设置、使用无线电台(站)或者擅自使用无线电频

---

① 李晓明主编:《中国刑法分论》,清华大学出版社 2014 年版,第 286 页。
② 根据 2011 年最高人民法院、最高人民检察院《关于办理危害计算机信息系统安全刑事案件应用法律若干问题的解释》的规定,具有下列情形之一的应当认定为本罪的共同犯罪:(1) 为其提供用于破坏计算机信息系统功能、数据或者应用程序的程序、工具,违法所得 5000 元以上或者提供 10 人次以上的;(2) 为其提供互联网接入、服务器托管、网络存储空间、通讯传输通道、费用结算、交易服务、广告服务、技术培训、技术支持等帮助,违法所得 5000 元以上的;(3) 通过委托推广软件、投放广告等方式向其提供资金 5000 元以上的。

率,干扰无线电通讯秩序。擅自设置、使用无线电台(站)是指未经批准,自行建设、装备设备建立台(站),并且进行无线广播的行为。擅自使用无线电频率是指违反无线电管理条例等有关无线电频率指配和使用的规定,私自使用无线电频率。(3) 必须达到情节严重。行为人违反国家规定,擅自设置、使用无线电台(站),或者擅自使用无线电频率,干扰无线电通讯秩序的行为,必须达到情节严重。

根据刑法典第 288 条的规定,犯本罪的,处 3 年以下有期徒刑、拘役或者管制,并处或者单处罚金;情节特别严重的,处 3 年以上 7 年以下有期徒刑,并处罚金。单位犯前款罪的对单位判处罚金,并对其直接负责的主管人员和其他直接责任人员,依照前款的规定处罚。

十六、聚众扰乱社会秩序罪

聚众扰乱社会秩序罪是指聚众扰乱社会秩序,情节严重,致使工作、生产、营业和教学、科研、医疗无法进行,造成严重损失的行为。本罪认定时,需要注意以下内容:(1) 本罪属于聚众性质犯罪,参与的主体是多数。(2) 本罪有兜底性质,社会秩序中不包括国家机关的工作秩序、公共场所秩序和公共交通秩序等。这主要是指企业的生产秩序、学校的教学秩序、科研部门的科研秩序、医疗部门的服务秩序等。(3) 处罚时要结合惩办与教育相结合的方针,只处罚首要分子和积极参加分子,一般的参与者不追究刑事责任。

根据刑法典第 290 条的规定,犯本罪的,对首要分子,处 3 年以上 7 年以下有期徒刑;对其他积极参加的,处 3 年以下有期徒刑、拘役、管制或者剥夺政治权利。

十七、扰乱国家机关工作秩序罪

扰乱国家机关工作秩序罪,是指多次扰乱国家机关工作秩序,经行政处罚后仍不改正,造成严重后果的行为。成立本罪需要同时具备三个要件:(1) 多次扰乱国家机关工作秩序;(2) 经行政处罚后仍不改正;(3) 造成严重后果。

根据刑法典第 290 条第 3 款的规定,犯本罪的,处 3 年以下有期徒刑、拘役或者管制。

十八、组织、资助非法聚集罪

组织、资助非法聚集罪,是指多次组织、资助他人非法聚集,扰乱社会秩序,情节严重的行为。本罪的客观要件具有以下特征:(1) 多次组织、资助他人非法聚集;(2) 扰乱社会秩序;(3) 情节严重。"组织"是指组织、策划、协调、指挥非法聚集活动的行为;"资助"是指提供经费、物资及其他物质便利等帮助;"非法聚集"是指未经相关部门批准而在公共场所等地点进行集会、集结。构成本罪要求情节严重。

根据刑法典第 290 条第 4 款的规定,犯本罪的,处 3 年以下有期徒刑、拘役或者管制。

十九、聚众扰乱公共场所秩序、交通秩序罪

聚众扰乱公共场所秩序、交通秩序罪是指聚众扰乱车站、码头、民用航空站、商场、公

园、影剧院、展览会、运动场或者其他公共场所秩序,聚众堵塞交通或者破坏交通秩序,抗拒、阻碍国家治安管理工作人员依法执行职务,情节严重的行为。本罪认定时,需要注意以下内容:(1)本罪属于聚众性质的犯罪,参与人数多。(2)公共场所是指不特定多数人随时出入、逗留、使用的场所,除了法律上列明的车站、码头外,还应包括交易会等公共场所。(3)公共交通秩序。扰乱公共交通秩序有阻塞交通线路的通畅,抗拒管理人员维持交通秩序等。(4)法律只处罚首要分子,不包括积极参加者和一般的参与人。

根据刑法典第291条的规定,犯本罪的,对首要分子处5年以下有期徒刑、拘役或者管制。

二十、投放虚假危险物质罪

投放虚假危险物质罪是指投放虚假的爆炸性、毒害性、放射性、传染病病原体等物质,严重扰乱社会秩序的行为。本罪认定时,需要注意以下内容:(1)本罪是《刑法修正案(三)》新增加的犯罪。(2)投放行为与告知行为。本罪的行为不仅需要有实际的投放行为,而且必须将此行为告知他人,为公众所知悉,否则难以引起公众的恐慌。(3)虚假的危险物质。危险物质是指足以引起公众恐慌的危及公共安全的物质。

根据刑法典第291条之一的规定,犯本罪的,处5年以下有期徒刑、拘役或者管制;造成严重后果的,处5年以上有期徒刑。

二十一、入境发展黑社会组织罪

入境发展黑社会组织罪是指境外的黑社会组织的人员到中华人民共和国境内发展组织成员的行为。本罪的客观要件具有以下特征:(1)境外与境内的内涵。境外包括国外,也包括港、澳、台地区,境内特指祖国大陆。(2)发展组织成员的含义。根据我国相关司法解释的规定,是指将境内、外人员吸收为该黑社会组织成员的行为。对黑社会组织成员进行内部调整等行为,可视为发展组织成员。①

根据刑法典第294条第2款的规定,犯本罪的,处3年以上10年以下有期徒刑。

二十二、传授犯罪方法罪

传授犯罪方法罪是指故意向他人传授犯罪方法的行为。本罪认定时,需要注意以下内容:(1)传授是指以语言、文字、动作、网络等方式向特定的对象传承讲授。(2)犯罪方法应该限于刑法分则规定的犯罪之中,但是刑法中的某些犯罪因自身的特殊性是无法传授方法的,如过失犯罪。(3)犯罪既遂的认定。对于传授犯罪方法这类犯罪有无未遂,理论上存在争论。我们认为结合行为和结果要素分析,传授犯罪方法罪似有未遂与既遂之分,鉴于传授的对象是特定的,既遂的标准就是传授的犯罪方法的信息为对方接收知悉。

---

① 2000年最高人民法院《关于审理黑社会性质组织犯罪的案件具体应用法律若干问题的解释》。

根据刑法典第 295 条的规定,犯本罪的,处 5 年以下有期徒刑,拘役或者管制;情节严重的,处 5 年以上 10 年以下有期徒刑;情节特别严重的,处 10 年以上有期徒刑或者无期徒刑。

二十三、非法携带武器、管制刀具、爆炸物参加集会、游行、示威罪

非法携带武器、管制刀具、爆炸物参加集会、游行、示威罪是指违反法律规定,携带武器、管制刀具或者爆炸物参加集会、游行、示威的行为。本罪的客观要件具有以下特征:(1)违反法律规定。这是指违反我国有关集会、游行、示威的法律、法规,集会、游行、示威应当和平进行,不得携带武器、管制刀具和爆炸物,不得使用暴力或者煽动使用暴力。(2)武器、管制刀具、爆炸物。武器是指各种枪支、弹药以及其他可用于伤害人身的器械。管制刀具和爆炸物的范围参照公安部门的相关规定。(3)参加集会游行、示威。行为人的行为时间正处在集会、游行、示威进行当中。

根据刑法典第 297 条的规定,犯本罪的,处 3 年以下有期徒刑、拘役、管制或者剥夺政治权利。

二十四、侮辱国旗、国徽罪

侮辱国旗、国徽罪是指在公众场合故意以焚烧、毁损、涂划、玷污、践踏等方式侮辱中华人民共和国国旗、国徽的行为。本罪的客观要件具有以下特征:(1)公众场合的认定。公众场合不等同于公共场所,即使在私人场所,在众多人面前侮辱国旗、国徽的,也视为在公众场合,公众场合突出的是多数人在场。(2)侮辱行为。侮辱一般是降低公众对其的评价,诋毁其形象,降低其威信,法律列举的多数是物理形态上的破坏,此外还包括有不当的使用等。(3)国旗、国徽,这里特指我国的国旗、国徽,不包括其他国家的国旗、国徽,或者国际组织的旗帜、标识,或者国内企业事业单位的旗帜、标识或者政党、军队的旗帜、标识等。此外一般情况下,包含有国旗、国徽图案的其他物品不属于国旗、国徽范畴。

根据刑法典第 299 条的规定,犯本罪的,处 3 年以下有期徒刑、拘役、管制或者剥夺政治权利。

二十五、组织、利用会道门、邪教组织、利用迷信致人重伤、死亡罪

根据 2015 年最高人民法院、最高人民检察院《关于执行〈中华人民共和国刑法〉确定罪名的补充规定(六)》的规定,将刑法典第 300 条罪名确定为组织、利用会道门、邪教组织、利用迷信致人重伤、死亡罪,取消组织、利用会道门、邪教组织、利用迷信致人死亡罪罪名。

组织、利用会道门、邪教组织、利用迷信致人重伤、死亡罪,是指组织、利用会道门、邪教组织或者利用迷信蒙骗他人,致人重伤、死亡的的行为。本罪认定时,需要注意以下内容:(1)根据我国相关司法解释的规定,组织、利用邪教组织蒙骗他人,致人死亡的,是指组织、利用邪教组织制造、散布迷信邪说,蒙骗其成员或者其他人实施绝食、自残、自虐等行为,或者阻止病人进行正常治疗,致人死亡的情形。具有下列情形之一的,属于情节特别严重:(1)造成3人以上死亡的;(2)造成死亡人数不满3人,但造成多人重伤的;(3)曾因邪教活动受到过刑事或者行政处罚,又组织和利用邪教组织蒙骗他人,致人死亡的;(4)造成其他特别严重后果的。组织和利用邪教组织制造、散布迷信邪说,指使、胁迫其成员或者其他人实施自杀、自伤行为的,以故意杀人罪或者故意伤害罪定罪处罚。① 这一规定对我们理解组织和利用会道门或者利用迷信蒙骗他人,致人死亡的情形同样有指导意义。本罪的主观方面是过失。蒙骗他人是故意,但对致人死亡结果是过失。另外在实践中,有些人利用某些邪教组织成员对邪教的深信不疑,直接组织、策划、煽动、教唆、帮助邪教组织人员自杀、自残的,其性质就与前述有些人因愚昧无知、受蒙骗而自己进行绝食等自杀行为不同。对此应当依照刑法典第232条、第234条规定的故意杀人罪、故意伤害罪定罪处罚。②

根据刑法典第300条的规定,犯本罪的,处3年以上7年以下有期徒刑,并处罚金;情节特别严重的,处7年以上有期徒刑或者无期徒刑,并处罚金或者没收财产;情节较轻的,处3年以下有期徒刑、拘役、管制或者剥夺政治权利,并处或者单处罚金。

二十六、引诱未成年人聚众淫乱罪

引诱未成年人聚众淫乱罪是指引诱未成年人参加聚众淫乱活动的行为。本罪的客观要件具有以下特征:(1)引诱行为是指勾引、诱惑本无意参加的人参加聚众淫乱活动。引诱具有教唆的性质,引诱不同于欺骗,引诱人尽管起到蛊惑拉拢作用,但决定参加仍出于本人的意愿,引诱更不同于强迫。(2)参加聚众淫乱活动。参加既可以是直接参与了聚众性的淫乱活动,也包括参加了但没有实际的淫乱活动。如何认定聚众淫乱可以参照聚众淫乱罪中的认定标准。

根据刑法典第301条第2款的规定,犯本罪的,处5年以下有期徒刑、拘役或者管制并从重处罚。

二十七、盗窃、侮辱、故意毁坏尸体、尸骨、骨灰罪

根据2015年最高人民法院、最高人民检察院《关于执行〈中华人民共和国刑法〉确定罪名的补充规定(六)》的规定,刑法典第302条罪名确定为盗窃、侮辱、故意毁坏尸体、尸骨、骨灰罪,取消盗窃、侮辱尸体罪罪名。

盗窃、侮辱、故意毁坏尸体、尸骨、骨灰罪,是指盗窃、侮辱、故意毁坏尸体、尸骨、骨灰

---

① 1999年最高人民法院、最高人民检察院《关于办理组织和利用邪教组织犯罪案件中具体应用法律若干问题的解释》。
② 全国人大常委会法制工作委员会刑法室编著:《中华人民共和国刑法解读》,中国法制出版社2015年版,第730页。

的行为。本罪的客观要件具有以下特征:(1)行为对象为尸体、尸骨、骨灰;(2)行为人实施的是盗窃、侮辱、故意毁坏尸体、尸骨、骨灰的行为;(3)主观方面为故意,需要明知所侵犯的对象是尸体、尸骨、骨灰。

根据刑法典第 302 条的规定,犯本罪的,处 3 年以下有期徒刑、拘役或者管制。

二十八、开设赌场罪

开设赌场罪,是指以营利为目的经营赌场,为多人赌博提供场所或者提供非法网络赌博空间等的行为。赌场不限于物理空间,也包括网络虚拟空间。根据我国相关司法解释的规定,具有下列情形之一的,属于刑法典第 303 条第 2 款规定的"开设赌场"行为:(1)建立赌博网站并接受投注的;(2)建立赌博网站并提供给他人组织赌博的;(3)为赌博网站担任代理并接受投注的;(4)参与赌博网站利润分成的。① 但是,网络"开设赌场"与经国家批准的合法"游戏网站"涉及网络游戏币游戏的区别,关键是看该网络游戏最终能否兑现(即对换成能流动的人民币现金等),尤其是网络游戏网站自身能否独立实现该种功能。如果是参赌人员私下买卖游戏币或自己实现兑现,则不能轻易认定该经国家批准的游戏网站为赌博网站。就网络赌博网站认定的主观方面而言,根据 2010 年最高人民法院、最高人民检察院、公安部《关于办理网络赌博犯罪案件适用法律若干问题的意见》的规定,具有下列情形之一的,应当认定行为人"明知",但是有证据证明确实不知道的除外:(1)收到行政主管机关书面等方式的告知后,仍然实施上述行为的;(2)为赌博网站提供互联网接入、服务器托管、网络存储空间、通讯传输通道、投放广告、软件开发、技术支持、资金支付结算等服务,收取服务费明显异常的;(3)在执法人员调查时,通过销毁、修改数据、账本等方式故意规避调查或者向犯罪嫌疑人通风报信的;(4)其他有证据证明行为人明知的。根据 2005 年最高人民法院、最高人民检察院《关于办理赌博刑事案件具体应用法律若干问题的解释》的规定,明知他人实施赌博犯罪活动,而为其提供资金、计算机网络、通讯、费用结算等直接帮助的,以赌博罪的共犯论处。具体而言,属于开设赌场罪的共同犯罪的行为包括:(1)为赌博网站提供互联网接入、服务器托管、网络存储空间、通讯传输通道、投放广告、发展会员、软件开发、技术支持等服务,收取服务费数额在 2 万元以上的;(2)为赌博网站提供资金支付结算服务,收取服务费数额在 1 万元以上或者帮助收取赌资 20 万元以上的;(3)为 10 个以上赌博网站投放与网址、赔率等信息有关的广告或者为赌博网站投放广告累计 100 条以上的。所谓"开设赌场"情节严重,根据 2010 年最高人民法院、最高人民检察院、公安部《关于办理网络赌博犯罪案件适用法律若干问题的意见》的规定,是指具有下列情形之一的:(1)抽头渔利数额累计达到 3 万元以上的;(2)赌资数额累计达到 30 万元以上的;(3)参赌人数累计达到 120 人以上的;(4)建立赌博网站后通

---

① 2010 年最高人民法院、最高人民检察院、公安部《关于办理网络赌博犯罪案件适用法律若干问题的意见》第 1 条"关于网上开设赌场犯罪的定罪量刑标准"的规定。

过提供给他人组织赌博,违法所得数额在3万元以上的;(5)参与赌博网站利润分成,违法所得数额在3万元以上的;(6)为赌博网站招募下级代理,由下级代理接受投注的;(7)招揽未成年人参与网络赌博的;(8)其他情节严重的情形。

根据刑法典第303条第2款的规定,犯本罪的,处3年以下有期徒刑、拘役或者管制,并处罚金;情节严重的,处3年以上10年以下有期徒刑,并处罚金。

二十九、故意延误投递邮件罪

故意延误投递邮件罪是指邮政工作人员严重不负责任,故意延误投递邮件,致使公共财产、国家和人民利益遭受重大损失的行为。本罪认定时,需要注意以下内容:(1)本罪的犯罪主体是邮政工作人员,属于特殊主体犯罪。具体认定时要结合邮件投递的职责,如投递员、分拣员、押运员、搬运员等。可以是邮政企业的正式职工,也可以是受委托的代办人员。(2)严重不负责任的含义。我们认为立法对本罪做此修饰无实际意义,因为邮政工作人员故意延误投递邮件本身必然是严重不负责任,必然是违背职责,违反法律法规和操作规程。(3)致使公共财产、国家和人民利益遭受重大损失,法律如此表述应理解为构成犯罪必须造成实际的后果,并不排除造成公民个人或者具体单位严重损失。(4)本罪的主观方面是故意,故意的内容是指延误投递邮件,至于对引发的严重后果可能出于故意,也可能出于过失。

根据刑法典第304条的规定,犯本罪的,处2年以下有期徒刑或者拘役。

第二十三节　罪之比较与适用

本章罪位于我国刑法分则第六章妨害社会管理秩序罪的第一节。本章犯罪不但互相之间存在着一些混淆之处,而且与其他章节规定的犯罪也有相似之处。

一、本章罪之比较

(一)聚众扰乱社会秩序罪与聚众冲击国家机关罪的区别

聚众扰乱社会秩序罪和聚众冲击国家机关罪均规定在刑法典第290条之中,同属于侵犯公共秩序,主要区别表现为:聚众冲击国家机关罪特指行为导致国家机关工作无法正常进行,而聚众扰乱社会秩序罪则泛指行为导致企业、事业单位或其他组织的工作无法正常开展。

(二)聚众扰乱社会秩序罪与聚众扰乱公共场所秩序罪的区别

聚众扰乱社会秩序罪与聚众扰乱公共场所秩序罪分别规定在刑法典第290条与第291条之中,聚众扰乱公共场所秩序罪限定于特定的公共场所,如车站、码头、商场、公园、影剧院等场所,这些场所供不特定多数人使用,属于社会公共资源,不服务于特定人群。

（三）聚众扰乱公共场所秩序罪与寻衅滋事罪的区别

聚众扰乱公共场所秩序罪与寻衅滋事罪分别规定在刑法典第291条与第293条之中，寻衅滋事罪的表现之一是在公共场所起哄闹事，造成公共场所秩序严重混乱的。聚众扰乱公共场所秩序罪与寻衅滋事罪的区别主要表现为：(1) 聚众扰乱公共场所秩序罪的公共场所指向比较明确，如车站、码头等；寻衅滋事罪中的公共场所是泛指，对应的是私人场所。(2) 聚众扰乱公共场所秩序罪一般有特定的聚众目的，为了具体的事项在首要分子指挥策划下进行；寻衅滋事罪则是为了逞强好胜，挑战法纪。

二、与其他章节罪之比较

（一）妨害公务罪与故意伤害罪的区别

故意伤害罪是刑法典第234条规定的侵犯公民人身权利犯罪，行为人依据伤害的程度不同而承担相应的法律责任。妨害公务罪的行为方式包括暴力妨害公务，暴力的程度可能是致人轻伤、致人重伤甚至致人死亡。如何区分妨害公务罪中的暴力和故意伤害罪中的伤害行为，我们以为妨害公务罪中的暴力应限于轻伤及以下。如果暴力致人重伤或者致人死亡的，应按照牵连犯的理论处理，择处刑较重的罪处罚，即以故意伤害（致人重伤）罪、故意伤害（致人死亡）罪定罪处罚。

（二）伪造、变造、买卖国家机关公文、证件、印章罪和盗窃、抢夺、毁灭国家机关公文、证件、印章罪与妨害部队公文、证件、印章罪的区别

妨害部队公文、证件、印章罪是刑法典第375条规定的危害国防利益的犯罪。武装部队的公文、证件、印章也属于国家机关的公文、证件、印章，二者之间是种属的逻辑关系。在认定时要根据特别条款优于普通条款的原则处理。此外，妨害部队公文、证件、印章罪的行为方式有伪造、变造、买卖、盗窃、抢夺五种，并没有列举毁灭，如果是毁灭部队的公文、证件、印章的只能定毁灭国家机关公文、证件、印章罪。

（三）伪造、变造、买卖国家机关公文、证件、印章罪与伪造、变造、转让金融机构经营许可证罪和非法经营罪的区别

伪造、变造、转让金融机构经营许可证罪规定在刑法典第174条第2款。金融机构经营许可证属于国家机关证件的一类，法律另行规定侧重的是对金融秩序的维护，与伪造、变造、买卖国家机关公文、证件、印章罪属于特别条款与一般条款的关系。非法经营罪规定在刑法典第225条，该罪行为之一是买卖进出口许可证、进出口原产地证明以及法律、行政法规规定的经营许可证或者其他批准文件的。应该说这些许可证、批准文件等也属于国家机关的公文、证件。因此，非法经营罪与买卖国家机关公文、证件、印章罪属于特别条款与一般条款的关系。

（四）招摇撞骗罪与诈骗罪的区别

诈骗罪是刑法典第266条规定的侵犯财产罪，是指虚构事实或者隐瞒真相骗取数额较大的公私财物。招摇撞骗罪与诈骗罪的区别主要表现为：(1) 招摇撞骗罪虚构的事实

是国家机关工作人员的身份与职称；(2) 招摇撞骗罪骗取的利益不限于物质利益和财物；(3) 招摇撞骗罪侵犯的法益并不以财产所有权为主，侧重的是国家机关及工作人员的社会公信，因而在评价危害性大小时并不是单纯计算财产数额等经济指标，不完全取决于数额大小。但是实践中出现的招摇撞骗骗取的财物数额巨大、特别巨大时，那么与诈骗罪属于想象竞合犯情形，应从一重罪处罚。

（五）聚众扰乱社会秩序罪与破坏生产经营罪的区别

破坏生产经营罪是刑法典第276条规定的侵犯财产犯罪。聚众扰乱社会秩序罪与破坏生产经营罪的区别主要表现为：(1) 聚众扰乱社会秩序，可以是影响了他人的生产工作秩序，干扰了他人的生产经营，但它侧重破坏秩序，不在于破坏具体的生产工具、劳动对象致他人造成经济损失。(2) 聚众扰乱社会秩序罪是聚众性质的犯罪；破坏生产经营罪是个人犯罪或者普通的共同犯罪。(3) 破坏生产经营罪要求主观上出于泄愤报复或者其他个人目的，客观上强调毁坏机器、残害耕畜等具体的生产工具、劳动对象。

（六）寻衅滋事罪与故意毁坏财物罪、聚众哄抢罪的区别

聚众哄抢罪是刑法典第268条规定的侵犯财产犯罪，故意毁坏财物罪是刑法典第275条规定的侵犯财产犯罪。寻衅滋事罪的客观方面包括强拿硬要或者任意毁坏、占用公私财物的行为。寻衅滋事罪的本质重在对公共秩序的破坏，是行为人无视公共生活准则，横行霸道挑战法纪的习气，不是特意追求财产的所有或者占有，犯罪的对象也呈现出不特定性和随机性。而聚众哄抢罪重在占有他人财物追求明确的经济利益，故意毁坏他人财物重在出于特定的个人目的毁坏他人财物。因为聚众哄抢罪、故意毁坏财物罪的法定最高刑都高于寻衅滋事罪。因此，它们之间存在想像竞合犯的现象，具体处理时应该择一重罪处罚。

（七）非法获取国家秘密罪与为境外窃取、刺探、收买、非法提供国家秘密、情报罪的区别

为境外窃取、刺探、收买、非法提供国家秘密、情报罪是刑法典第111条规定的危害国家安全的犯罪，强调的是为境外的机构、组织、人员服务；非法获取国家秘密罪则无此特殊目的。此外，非法获取国家秘密罪的行为方式限于窃取、刺探、收买，不包括非法提供；犯罪的对象限于国家绝密、机密、秘密，不包括情报。情报一般是指除国家秘密以外的其他一切可被境外机构、人员利用而危害我国国家安全的情况、资料、消息等。

（八）投放虚假危险物质罪与以危险方法危害公共安全罪的区别

以危险方法危害公共安全罪是刑法典第114条规定的危害公共安全犯罪，是指除放火、决水、爆炸、投放危险物质以外的危及公共安全的犯罪行为的总称。这类行为尚未造成严重后果的，要处以3年以上10年以下有期徒刑；已经造成严重后果的，处10年以上有期徒刑、无期徒刑或者死刑。该罪是一个有实害结果的危险犯，尽管没有造成后果的也要定罪处罚，但这类行为有造成严重后果的实在可能性。投放虚假危险物质罪造成的是公众的恐慌，严重破坏公共秩序，但不可能造成危害公共安全的实害结果。

第十三章 妨害社会管理秩序罪(1):扰乱公共秩序罪

三、案例适用

【案例 1】

被告人李某某,男,46 岁。1999 年 4 月,李某某经人介绍认识郭某某,李某某谎称自己是省法院处级审判员,可将郭某某的两个儿子安排到省法院汽车队和保卫处工作,取得郭某某的信任,不久二人非法同居了几个月。1999 年 7 月,李某某因租房认识了房东邵某某,李某某身着法院制服,自称是省法院刑一庭庭长并谎称和省交通厅厅长有关系,答应将邵某某的女儿调进省交通厅工作,骗取了邵某某人民币 4000 元。1999 年 8 月,李某某结识郭某,李某某自称是省法院刑一庭庭长,得到郭某的信任,答应可帮郭某的妹夫申诉经济案件,骗取郭某的玉枕、项链一条(价值 240 元)。检察机关以诈骗罪、招摇撞骗罪向法院起诉,法院审理后以李某某犯招摇撞骗罪,判处有期徒刑 4 年。

讨论问题:(1)招摇撞骗罪与诈骗罪的区别是什么?(2)法条竞合的法律适用原则是什么?

【案例 2】

被告人郑某某,男,33 岁。2003 年郑某某经人介绍与张某某相识,张某某求郑某某购买 6 件、套车牌证照,并提供了购牌证照的有关资料。2004 年 4 月,郑某某到上海松江以人民币 1000 元购买了伪造的车牌证照 7 件、套,以 3000 元价格卖给了张某某。张某某又加价卖给了其他人。检察机关以郑某某、张某某二人犯买卖国家机关证件罪起诉,法院审理中辩护人认为郑、张二人买卖的车辆牌照属伪造,不属于国家机关证件的范围。我国刑法没有规定买卖伪造的国家机关证件罪,依据罪刑法定原则应做无罪处理。法院审理后,以郑某某犯买卖国家机关证件罪,判处有期徒刑 1 年 6 个月;张某某以同样的罪名,被判处有期徒刑 2 年,缓刑 3 年。

讨论问题:(1)罪刑法定原则如何具体贯彻执行,内涵外延如何把握?(2)买卖国家机关证件、公文、印章罪能否包括伪造的公文、证件、印章?(3)司法解释关于买卖高等院校毕业证书、学历证书的行为是如何定罪的?对本罪的认定有怎样的启发意义?

【案例 3】

1999 年 6 月 30 日,被告人宋某某找到本单位机要员,问有无法轮功方面的文件,机要员回答有一份,宋某某便要求借阅。机要员私自将本省本市下发的一份绝密文件复印件借给宋某某。宋某某拿回家阅读后,为了给法轮功组织提供情况,将该绝密文件复印一份,并于 7 月 1 日将复印件交给当地的法轮功组织负责人,致使绝密文件在当地法轮功组织中广泛流转,而且上了国际互联网,造成国家秘密在国内外大范围泄露。人民法院审理后,以宋某某犯非法获取国家秘密罪,判处有期徒刑 2 年。

讨论问题:(1)非法获取国家秘密罪与泄露国家秘密罪的区别是什么?(2)如何正确认定非法获取国家秘密罪的行为方式?

【案例 4】

被告人陈某,男,22 岁。2004 年 5 月 9 日上午,陈某与另外二名同伙乘坐由湛江开往襄樊方向的列车。次日上午 11 时许,当列车将要到达宜昌站时,陈某以帮助同车厢女青年彭某"泡方便面""要方便面吃"为由,对彭某进行语言挑逗,坐在彭某对面的旅客林某看不过去说了他们几句,被告人陈某一伙以林某指骂他们三人为由对林某进行殴打。在殴打过程中,被告人陈某掏出携带的水果刀将林某刺成轻伤。襄樊铁路运输法院审理后,以寻衅滋事罪判处陈某有期徒刑 2 年,缓刑 3 年。

讨论问题:(1) 如何区分寻衅滋事罪与故意伤害罪?(2) 如何正确把握寻衅滋事罪中殴打他人的伤害程度。

【案例 5】

被告人裴某某,男,25 岁。2001 年 2 月 7 日 7 时许,被告人裴某某拦住去上学的初中生刘某,向刘某要钱,遭到拒绝后,遂以"不给钱,就将你扔下河"相威胁,并从刘某的西装上衣口袋搜去人民币 48 元,在搜钱过程中将刘某的衣服口袋撕坏。2 月 13 日 17 时许,被告人裴某某拦住去学校上晚自修的初中生郭某某,要郭某某给点买香烟的钱,并以拳头顶住郭某某的嘴巴相威胁。郭某某说身上只有 110 元,其中 100 元要用于交住宿费。裴某某说将钱拿出来看看,如果真只有 110 元,他只要 10 元。郭某某遂将身上票面额分别为 100 元和 10 元的人民币掏出来给裴某某看,裴某某看后只拿走 10 元。当日 18 时许,被告人裴某某又拦住上自修的初中生张某某,以借钱为名问张某某身上有没有钱。张某某称没有时,裴某某将手搭在张某某的肩上,瞪眼问"果真没有"。张某某遂将钱包拿出来交给裴某某,钱包中共有 27 元人民币,裴某某拿走其中 26 元,将钱包还给张某某,并说 1 元钱留给他明天吃早饭用。人民法院审理后认为,裴某某从被害人刘某处劫得人民币 48 元,构成抢劫罪,判处有期徒刑 3 年,并处罚金 1000 元;强索郭某某、张某某的钱财,构成寻衅滋事罪,判处有期徒刑 1 年 6 个月。最终决定执行有期徒刑 4 年,并处罚金 1000 元。

讨论问题:(1) 如何区分抢劫罪与寻衅滋事罪主观动机的差别?(2) 如何理解寻衅滋事罪扰乱社会秩序的特征?

【案例 6】

被告人乔某某,男,21 岁;吴某某,男,18 岁;蔡某某,男,17 岁。三人均属某技工学校的在校学生。被告人乔某某等三人平时生活散漫,经常违反校纪校规,受到学校老师的批评教育和处理,三人对学校的管理制度心存不满。特别是由学校学生会组成的护校队,在巡逻中发现他们有违纪行为后,或者直接制止,或者向学校汇报,他们三人对此更加恼怒,并与护校队产生对立情绪,企图伺机报复。11 月 10 日凌晨 2 时许,被告三人到学校操场上把学校升挂在旗杆上的国旗降下,换上两条偷来的男式长裤升挂在旗杆上,随后他们把降下的国旗浇上少许煤油,点燃后扔进护校队的值班室,以此对护校队进行报复。法院审理后以侮辱国旗罪判处乔某某管制 1 年 6 个月;判处吴某某、蔡某某管制各 1 年。

讨论问题:(1) 如何理解在公共场合故意焚烧国旗的行为?(2) 侮辱国旗的其他方式还有哪些?

第十四章

妨害社会管理秩序罪(2):妨害文物管理罪

我国具有数千年的悠久文明发展史,作为一个文物大国,至今拥有诸多的珍贵历史文物和名胜古迹。保护这些珍贵文物、名胜古迹不仅是维护我国及世界人类文化遗产的需要,也是维护我国社会管理秩序的重要内容之一。

妨害文物管理罪是指违反文物管理法规,妨害文物管理,情节严重的行为。妨害文物管理罪侵害的法益是国家的文物管理制度。所谓文物管理制度,是指由国家有关文物管理法规形成的关于文物保护秩序。其内容包括:文物的保管、出售、赠送、开掘与转让等一系列法律规范。[①] 并非一切违反国家文物管理行政法规的行为都构成妨害文物管理的犯罪,只有那些违反国家文物管理行政法规、且依刑法应当受到刑事制裁的行为,才成立犯罪。该类罪包括故意毁损文物罪,故意毁损名胜古迹罪,过失毁损文物罪,非法向外国人出售、赠送珍贵文物罪,倒卖文物罪,非法出售、私赠文物藏品罪,盗掘古文化遗址、古墓葬罪,盗掘古人类化石、古脊椎动物化石罪,抢夺、窃取国有档案罪,擅自出卖、转让国有档案罪共 10 个罪名。犯罪主体绝大多数为一般主体,即绝大多数情况下,只要行为人达到责任年龄、具有责任能力就能成为该类犯罪的主体。但是,非法出售、私赠文物藏品罪却不能由一般主体构成。其中,只有过失毁损文物罪的主观方面为过失心态,其他各罪的主观罪过均为故意。

第一节 故意损毁文物罪

一、定义

故意损毁文物罪,是指故意损毁国家保护的珍贵文物或者被确定为全国重点文物保护单位、省级文物保护单位的文物的行为。

---

① 谢望原:《论妨害文物管理罪》,载《国家检察官学院学报》1999 年第 3 期。

二、犯罪客观要件

本罪的客观要件表现为损毁国家保护的珍贵文物或者被确定为全国重点文物保护单位、省级文物保护单位的文物的行为。

所谓"国家保护的珍贵文物",是指具有重大历史、科学、艺术价值的文物。根据文物保护法律、法规的规定,珍贵文物包括:具有历史、艺术、科学价值的古文化遗址、古墓葬、古建筑、古窟寺和石刻、壁画;与重大历史事件、革命运动和著名人物有关的以及具有重要纪念意义、教育意义或者史料价值的近代现代重要史迹、实物、代表性建筑;历史上各时代珍贵的艺术品、工艺美术品;历史上各时代重要的文献资料以及具有历史、艺术、科学价值的手稿和图书资料等;反映历史上各时代、各民族社会制度、社会生产、社会生活的代表性实物。此外,具有科学价值的古脊椎动物化石和古人类化石同文物一样受国家的保护。文物认定的标准和办法由国务院文物行政部门制定,并报国务院批准。历史上各时代重要实物、艺术品、文献、手稿、图书资料、代表性实物等可移动文物,分为珍贵文物和一般文物,其中珍贵文物分为一、二、三级。所谓"全国重点文物保护单位、省级文物保护单位的文物",是指由国务院、省、自治区、直辖市人民政府根据文物的历史、艺术、科学价值,核定公布并予以重点保护的革命遗址、纪念建筑物、古文化遗址、古墓葬、古建筑、石窟寺、石刻等文物。所谓"损毁",是指使国家保护的珍贵文物或者被确定为全国重点文物保护单位、省级文物保护单位的文物部分破损或者完全毁灭。

三、犯罪主观要件

本罪的主体为一般主体,主观上只能是故意,即明知自己的行为会造成国家保护的珍贵文物或者被确认为全国重点文物保护单位、省级文物保护单位的文物损毁的危害结果,并且希望或者放任此结果的发生。行为人实施损毁行为的动机如何不影响本罪构成。但是,如果行为人不知是上述文物而将其损坏,或者虽然知道但由于过失将其损毁,则不成立本罪。

四、犯罪量度要件

实践中应注意鉴别遭到损毁的文物是否为其主要的、关键的部分及对其外观的破坏程度等,从经济价值、社会影响、危害后果等各种因素进行综合考虑。对某些损坏很轻、影响不大,或者被损坏后易于修复,情节显著轻微的,亦可以不认为是犯罪,但可依照《治安管理处罚法》的相关规定,对故意污损国家保护的文物、名胜古迹、损毁公共雕塑、尚不够刑事处分的行为,处以200元以下罚款或者警告。所谓"情节严重",根据2015年最高人民法院、最高人民检察院《关于办理妨害文物管理等刑事案件适用法律若干问题的解释》第3条的规定,故意损毁国家保护的珍贵文物或者被确定为全国重点文物保护单位、省级文物保护单位的文物,具有下列情形之一的,应当认定为刑法典第324条第1款规定的

"情节严重":(1)造成 5 件以上三级文物损毁的;(2)造成二级以上文物损毁的;(3)致使全国重点文物保护单位、省级文物保护单位的本体严重损毁或者灭失的;(4)多次损毁或者损毁多处全国重点文物保护单位、省级文物保护单位的本体的;(5)其他情节严重的情形。

五、本罪的认定

本罪属于实害结果犯,即以损毁文物的行为是否造成文物的实际毁损这一实害结果作为犯罪是否既遂的标志。① 如造成国家保护的珍贵文物或者被确定为全国重点文物保护单位、省级文物保护单位的文物部分破损或者完全毁灭的,以犯罪既遂论。

六、本罪的刑事责任

根据刑法典第 324 条第 1 款的规定,犯本罪的,处 3 年以下有期徒刑或者拘役,并处或者单处罚金;情节严重的,处 3 年以上 10 年以下有期徒刑,并处罚金。

第二节　倒卖文物罪

一、定义

倒卖文物罪,是指以牟利为目的,倒卖国家禁止经营的文物,情节严重的行为。

二、犯罪客观要件

本罪的客观要件表现为行为人进行倒卖文物的行为。所谓"倒卖",是指以牟利为目的低价买进高价卖出或者转手贩卖文物的行为。本罪的行为对象只能是国家禁止经营的文物。所谓"国家禁止经营的文物",是指受国家保护的并由国家有关主管部门核定公布的属于禁止经营的文物。1992 年国家文物局等部门曾下发《关于加强文物市场管理的通知》,规定了部分禁止经营的文物的具体范围,即指未经许可不得经营的一、二、三级珍贵文物以及其他受国家保护的具有重大历史、文化、科学价值的文物。如果倒卖的不是国家禁止经营的文物,就不构成本罪。此外,构成本罪还要求必须具备情节严重的条件。

三、犯罪主观要件

本罪的主体可以是自然人和单位,主观上是故意,且以牟利为目的。即明知是国家禁止经营的文物而为牟利故意倒卖。对于确实无牟利目的,因为个人兴趣爱好而买卖的,不以犯罪论处。此外,对于确实不知是被禁止买卖的文物而买卖的,也不以犯罪论处。

---

① 刘之雄:《犯罪既遂论》,中国人民公安大学出版社 2003 年版,第 390 页。

四、犯罪量度要件

成立本罪需要满足量度要件。根据 2015 年最高人民法院、最高人民检察院《关于办理妨害文物管理等刑事案件适用法律若干问题的解释》第 6 条的规定,倒卖国家禁止经营的文物,具有下列情形之一的,应当认定为刑法第 326 条规定的"情节严重":(1) 倒卖三级文物的;(2) 交易数额在 5 万元以上的;(3) 其他情节严重的情形。实施前款规定的行为,具有下列情形之一的,应当认定为刑法典第 326 条规定的"情节特别严重":(1) 倒卖二级以上文物的;(2) 倒卖三级文物 5 件以上的;(3) 交易数额在 25 万元以上的;(4) 其他情节特别严重的情形。

五、本罪的刑事责任

根据刑法典第 326 条的规定,犯本罪的,处 5 年以下有期徒刑或者拘役,并处罚金;情节特别严重的,处 5 年以上 10 年以下有期徒刑,并处罚金。单位犯本罪的,对单位判处罚金,并对其直接负责的主管人员和其他直接责任人员,依照上述的规定处罚。

第三节 盗掘古文化遗址、古墓葬罪

一、定义

盗掘古文化遗址、古墓葬罪,是指盗掘具有历史、艺术、文化、科学价值的古文化遗址、古墓葬的行为。

二、犯罪客观要件

本罪的行为方式表现为盗掘行为。所谓"盗掘",是指未经国家文化主管部门批准的私自掘取行为,其行为方式有的是秘密的,有的是公开进行掘取;有的是单个人实施,有的则多人合伙甚至聚众实施。本罪的行为对象是古文化遗址、古墓葬。根据 2015 年最高人民法院、最高人民检察院《关于办理妨害文物管理等刑事案件适用法律若干问题的解释》第 8 条的规定,"古文化遗址、古墓葬"包括水下古文化遗址、古墓葬。"古文化遗址、古墓葬"不以公布为不可移动文物的古文化遗址、古墓葬为限。

【例题】 甲盗掘国家重点保护的古墓葬,窃取大量珍贵文物,并将部分文物偷偷运往境外出售牟利。司法机关发现后,甲为毁灭罪证将剩余珍贵文物损毁。关于本案,下列哪些选项是错误的?(2010 年国家司法考试真题)

A. 运往境外出售与损毁文物,属于不可罚的事后行为,对甲应以盗掘古墓葬罪、盗窃罪论处。

B. 损毁文物是为自己毁灭证据的行为,不成立犯罪,对甲应以盗掘古墓葬罪、盗窃罪、走私文物罪论处。

C. 盗窃文物是盗掘古墓葬罪的法定刑升格条件,对甲应以盗掘古墓葬罪、走私文物罪、故意损毁文物罪论处。

D. 盗掘古墓葬罪的成立不以盗窃文物为前提,对甲应以盗掘古墓葬罪、盗窃罪、走私文物罪、故意损毁文物罪论处。

答案:ABC

三、犯罪主观要件

本罪的主体为一般主体,主观上是故意,而且一般具有非法占有古文化遗址、古墓葬中文物的目的。本罪能否由间接故意构成,理论上有肯定与否定两种截然对立的观点。我们赞成肯定说,即只要行为人的盗掘行为出于故意,其对盗窃的对象是否属于古文化遗址、古墓葬的文物即使是不确定的,也可以成立本罪。

四、犯罪量度要件

本罪的成立要求具备量度要件,情节显著轻微、危害不大的行为不认为是犯罪。

五、本罪的认定

本罪属于行为犯,只要行为人实施了盗掘古文化遗址、古墓葬的行为即可构成本罪。至于是否造成使古文化遗址、古墓葬受到严重破坏的结果,只对确定适用的法定刑有意义。有些盗掘行为虽未使古文化遗址、古墓葬受到严重破坏,但不能认为该行为不成立犯罪或只成立犯罪预备或犯罪未遂。

六、本罪的刑事责任

根据刑法典第328条第1款的规定,犯本罪的,处3年以上10年以下有期徒刑,并处罚金;情节较轻的,处3年以下有期徒刑、拘役或者管制,并处罚金;有下列情形之一的,处10年以上有期徒刑、无期徒刑,并处罚金或者没收财产:(1)盗掘确定为全国重点文物保护单位和省级文物保护单位的古文化遗址、古墓葬的;(2)盗掘古文化遗址、古墓葬集团的首要分子;(3)多次盗掘古文化遗址、古墓葬的;(4)盗掘古文化遗址、古墓葬,并盗窃珍贵文物或者造成珍贵文物严重破坏的。

第四节 其他妨害文物管理罪

本章内容是我国刑法第六章第四节的罪名分析,除了上述重点罪名外,还有一些认定比较容易或者在司法实践中适用比较少的罪名。

一、故意损毁名胜古迹罪

故意损毁名胜古迹罪,是指违反文物保护法规,明知是国家保护的名胜古迹而予以损毁,情节严重的行为。构成本罪需要达到"情节严重"。根据2015年最高人民法院、最高人民检察院《关于办理妨害文物管理等刑事案件适用法律若干问题的解释》第4条的规定,故意损毁国家保护的名胜古迹,具有下列情形之一的,应当认定为刑法典第324条第2款规定的"情节严重":(1)致使名胜古迹严重损毁或者灭失的;(2)多次损毁或者损毁多处名胜古迹的;(3)其他情节严重的情形。

根据刑法典第324条第2款的规定,犯本罪的,处5年以下有期徒刑或者拘役,并处或者单处罚金。

二、过失损毁文物罪

过失损毁文物罪,是指违反文物保护法规,过失损毁国家保护的珍贵文物或者被确定为全国重点文物保护单位、省级文物保护单位的文物,造成严重后果的行为。所谓"损毁",是指由于过失行为如失火、过失污损或摔破等导致珍贵文物损坏或毁灭。根据2015年最高人民法院、最高人民检察院《关于办理妨害文物管理等刑事案件适用法律若干问题的解释》第5条的规定,所谓"造成严重后果",是指造成5件以上三级文物损毁;造成二级以上文物损毁;致使全国重点文物保护单位、省级文物保护单位的本体严重损毁或者灭失。本罪在主观方面必须出于过失,即应当预见自己的行为可能损毁珍贵文物,却因疏忽大意而没有预见或者虽然已预见自己的行为可能损毁珍贵文物,但却轻信能够避免,以致造成珍贵文物损毁,并造成严重后果。

根据刑法典第324条第3款的规定,犯本罪的,处3年以下有期徒刑或者拘役。

三、非法向外国人出售、赠送珍贵文物罪

非法向外国人出售、赠送珍贵文物罪,是指违反文物保护法律、法规,将收藏的国家禁止出口的珍贵文物私自出售或者私自赠送给外国人的行为。本罪在主观方面表现为故意,即行为人明知是禁止出口的珍贵文物而私自出售、赠送给外国人。如果行为人主观上确实不知是珍贵文物或者被他人欺骗利用,因其主观上没有犯罪的故意,不应按本罪处罚。本罪的主体可以是责任人和单位。

根据刑法典第325条的规定,犯本罪的,处5年以下有期徒刑或者拘役,可以并处罚金。单位犯本罪的,对单位判处罚金,并对其直接负责的主管人员和其他直接责任人员,依照上述规定处罚。

四、非法出售、私赠文物藏品罪

非法出售、私赠文物藏品罪,是指国有博物馆、图书馆等单位,违反文物保护法律、法

规,将国家保护的文物藏品出售或者私自赠送给非国有单位或者个人的行为。

根据刑法典第327条的规定,犯本罪的,对单位判处罚金,并对其直接负责的主管人员和其他直接责任人员,处3年以下有期徒刑或者拘役。

五、盗掘古人类化石、古脊椎动物化石罪

盗掘古人类化石、古脊椎动物化石罪,是指盗掘国家保护的具有科学价值的古人类化石和古脊椎动物化石的行为。所谓具有科学价值的古人类化石、古脊椎动物化石,参见《古人类化石和古脊椎动物化石保护管理办法》的相关规定。

根据刑法典第328条第2款的规定,犯本罪的,处3年以上10年以下有期徒刑,并处罚金;情节较轻的,处3年以下有期徒刑、拘役或者管制,并处罚金;具有下列情形之一的,处10年以上有期徒刑、无期徒刑,并处罚金或者没收财产:(1)盗掘确定为全国重点文物保护单位和省级文物保护单位的古人类化石、古脊椎动物化石的;(2)盗掘古人类化石、古脊椎动物化石集团的首要分子;(3)多次盗掘古人类化石、古脊椎动物化石的;(4)盗掘古人类化石、古脊椎动物化石、并盗窃珍贵文物或者造成珍贵文物严重破坏的。

六、抢夺、窃取国有档案罪

抢夺、窃取国有档案罪,是指乘人不备公然夺取或者采取秘密手段获取国有档案的行为。本罪的对象仅限于国有档案,即由国家档案部门、国家机关、国有公司、企业、事业单位、人民团体管理的档案。本罪在主观方面表现为故意,即明知是国家所有的档案而进行抢夺或窃取,如果行为人不知抢劫或窃取的是国家档案的,不构成本罪。

根据刑法典第329条第1款的规定,犯本罪的,处5年以下有期徒刑或者拘役。根据该条第3款的规定,犯本罪同时又构成本法规定的其他犯罪的,依照处罚较重的规定定罪处罚。

七、擅自出卖、转让国有档案罪

擅自出卖、转让国有档案罪,是指行为人违反档案法的规定,擅自出卖、转让国家所有的档案,情节严重的行为。本罪在主观方面表现为故意,即明知是国家所有的档案而擅自出卖或转让,如果行为人不知出卖或转让的是国家档案的,不构成本罪。构成本罪必须达到情节严重。

根据刑法典第329条第2款的规定,犯本罪的,处3年以下有期徒刑或者拘役。根据该条第3款的规定,犯本罪同时又构成本法规定的其他犯罪的,依照处罚较重的规定定罪处罚。

第五节 罪之比较与适用

本章罪不但互相之间存在着一些混淆之处,而且与其他章节规定的犯罪也有相似

之处。

一、本章罪之比较

（一）盗掘古文化遗址、古墓葬罪与故意损毁文物罪、故意损毁名胜古迹罪的区别

盗掘古文化遗址、古墓葬罪与故意损毁文物罪、故意损毁名胜古迹罪的区别主要表现为：(1)犯罪对象不同。盗掘古文化遗址、古墓葬罪的犯罪对象限于古文化遗址、古墓葬；故意损毁文物罪、故意损毁名胜古迹罪的犯罪对象则限于珍贵文物、名胜古迹。(2)客观方面表现不同。盗掘古文化遗址、古墓葬罪表现为私自掘取的行为，其行为方式多为秘密的；故意损毁文物罪、故意损毁名胜古迹罪则表现为损毁行为，其具体表现形式多种多样，包括捣毁、损坏、污损、拆除、挖掘、焚烧等行为。(3)主观方面不同。盗掘古文化遗址、古墓葬罪一般具有非法占有古文化遗址、古墓葬中文物的目的；故意损毁珍贵文物、故意损毁名胜古迹罪则只是出于损毁的故意，其动机可能多种多样，但并无对文物非法占有的目的。

（二）倒卖文物罪与非法向外国人出售、赠送珍贵文物罪的区别

倒卖文物罪与非法向外国人出售、赠送珍贵文物罪的区别主要表现为：(1)售卖的对象不同。倒卖文物罪的售卖对象可以是中国人或者外国人；非法向外国人出售、赠送珍贵文物罪的售卖对象只能是外国人。(2)犯罪对象不同。倒卖文物罪的对象是国家禁止经营的文物；非法向外国人出售、赠送珍贵文物罪的对象是个人或单位收藏的且国家禁止出口的珍贵文物。(3)主观故意的内容不同。倒卖文物罪必须有牟利的目的；非法向外国人出售、赠送珍贵文物罪不以特定目的为必要。

二、与其他章节罪之比较

（一）盗掘古文化遗址、古墓葬罪与盗窃罪的区别

盗掘古文化遗址、古墓葬罪与盗窃罪的区别主要表现为：(1)侵犯的法益不同。盗掘古文化遗址、古墓葬罪侵犯的法益是复杂法益，即国家对古文化遗址、古墓葬的管理制度和国家的财产所有权；盗窃罪侵犯的是单一法益，即公私财产所有权。(2)客观表现不同。盗掘古文化遗址、古墓葬罪表现为违反文物保护法律、法规，未经国家文化主管部门批准，私自挖掘古遗址、古墓葬的行为，其行为方式可以是秘密的，也可以是公开的，而且不论是否窃得文物，只要实施了盗掘行为，就构成本罪；盗窃罪则表现为秘密窃取公私财物，成立犯罪必须以盗窃数额较大为前提，如果未窃取到财物，就是盗窃未遂。

（二）倒卖文物罪与走私文物罪的区别

倒卖文物罪与走私文物罪的区别主要表现为：(1)侵犯的法益不同。倒卖文物罪侵犯的法益则是国家的文物管理制度；走私文物罪侵犯的法益是国家的对外贸易管制。(2)主观方面表现不同。构成倒卖文物罪的行为人主观方面必须要"以牟利为目的"；走私文物罪行为人的犯罪目的与动机如何，不影响犯罪的成立。

三、案例适用

【案例1】

被告人李大军,2001年11月25日凌晨,在大量饮酒后感到家庭、工作中的不顺心事,遂产生报复念头,他携带汽油、毛巾、打火机等物直奔白云山将五龙宫正殿和木牌楼(全国重点文物保护单位)点燃后逃离。大火造成五龙宫殿被焚,珍贵的清代壁画遭毁。此案引起国家文物局及陕西省各级政府、文物主管部门和公安机关的高度重视。省市县公安机关组成专案组进行缜密侦查,根据现场遗留物和群众提供的线索,办案人员发现白云山旅游公司副书记李大军有重大作案嫌疑。2001年12月9日晚,在公安机关强大的攻势下,被告人供认了犯罪事实。另经审查,2000年8月4日该庙"三清殿纵火未遂案"也是被告人所为。

讨论问题:本案被告人的行为构成何罪?为什么?

【案例2】

2001年5月20日,甘肃省兰州市文化稽查队在城隍庙查获一起特大文物贩子贩卖的古生物化石、陶器等文物72件。已将犯罪嫌疑人郭平予以拘留。5月21日,经甘肃省文物局、甘肃省博物馆文物专家鉴定,这起特大文物贩卖案中的66件古生物化石,主要是恐龙牙齿、犀牛头骨、羚羊、鹿、象骨骼的化石,全部属于珍品,其动物生存年代距今约有800—1000万年以上。

讨论问题:本案行为人郭平的行为构成何罪?为什么?

【案例3】

被告人秦根学、董玉强二人系河南濮阳人,他们利用献县汉墓群(国家重点文物保护单位)距村庄远、不易被人发现的有利因素,凭借手枪、探铲、绳索等作案工具,借夜色作掩护,昼伏夜出,于1999年5月5日夜开始对古墓的盗掘活动。夜晚挖掘盗洞,白天则将洞口用木板盖住,并在木板上覆以干土为伪装。5月7日,河北省献县文物管理所、献县公安局刑警四队联合出击,当场抓获盗掘古墓犯罪分子秦根学、董玉强。据查盗洞已从墓顶挖至10米深处。但犯罪分子尚未挖掘到出土文物,且未对古墓造成损坏。

讨论问题:本案被告人行为成立何罪?为什么?

第十五章

妨害社会管理秩序罪(3)：危害公共卫生罪

危害公共卫生罪，是指违反传染病防治、检疫、血液制品管理及其他相关医疗卫生法律、法规，引起传染病传播或者损害他人身体健康的行为。

随着改革开放的深入进行和社会主义市场经济的建立和发展，不可避免地产生了一些诱发犯罪的因素，从而滋生了一些新的危害公共秩序的犯罪活动，严重影响了正常的社会秩序和良好的社会风气。因此我国通过修改、补充刑法分则和依据一些单行法，如《传染病防治法》《进出境动植物检疫法》等，对危害公共卫生罪做了具体规定。我国刑法典从第330条到第337条，共8个条文11个罪名规定了危害公共卫生罪，具体包括：妨害传染病防治罪；传染病菌种、毒种扩散罪；妨害国境卫生检疫罪；非法组织卖血罪；强迫卖血罪；非法采集、供应血液、制作、供应血液制品罪；采集、供应血液、制作、供应血液制品事故罪；医疗事故罪；非法行医罪；非法进行节育手术罪；妨害动植物防疫、检疫罪。

危害公共卫生罪一般具有以下共性：(1)侵犯的法益是国家机关对于公共卫生实行管理所形成的正常秩序，即公共卫生；(2)在客观方面表现为违反各种公共卫生法规，妨碍国家机关的管理活动，破坏管理秩序的行为，具体表现形式多样；(3)主体多数是一般主体，少数为特殊主体，如医疗事故罪的主体只能是医务人员；(4)主观方面，故意和过失都可以构成本罪。

第一节　妨害传染病防治罪

一、定义

妨害传染病防治罪，是指违反传染病防治的规定，引起甲类传染病传播或者有传播严重危险的行为，其侵犯的法益为国家对传染病防治的正常管理活动。

二、犯罪客观要件

本罪在客观要件上表现为违反传染病防治法的规定，引起甲类传染病传播或者有传播严重危险的行为。本罪的行为方式具体表现为：(1) 供水单位供应的饮用水不符合国家规定的卫生标准的；(2) 拒绝按照卫生防疫机构提出的卫生要求，对传染病病原体污染的污水、污物、粪便进行消毒处理的；(3) 准许或者纵容传染病病人、病原携带者和疑似传染病病人从事国务院卫生行政部门规定禁止从事的易使该传染病扩散的工作的；(4) 拒绝执行卫生防疫机构依照传染病防治法提出的预防、控制措施的。甲类传染病的范围，依照我国传染病防治法和国务院有关规定确定。

三、犯罪主观要件

本罪主观方面为过失，即行为人对引起甲类传染病传播或有传播严重危险这一结果是不明知的，但行为人违反传染病防治法规定的行为则是故意的。如果行为人明知会引起甲类传染病传播或传播严重危险而仍实施违反传染病防治法规定的行为的，则应以危害公共安全罪论处。本罪的主体可以是自然人和单位。

四、犯罪量度要件

根据 2008 年最高人民检察院、公安部《关于公安机关管辖的刑事案件立案追诉标准的规定（一）》第 49 条的规定，只要实施了刑法典第 330 条规定的 4 种方式之一，引起甲类传染病传播或者有传播的严重危险的，便可成立本罪。

五、本罪的认定

本罪为危险犯，行为人只要实施了上述行为之一，引起了甲类传染病传播或者有传播严重危险的，无论是否实际导致甲类传染病传播，均已构成本罪。

六、本罪的刑事责任

根据刑法典第 330 条的规定，犯本罪的，处 3 年以下有期徒刑或者拘役；后果特别严重的，处 3 年以上 7 年以下有期徒刑。单位犯本罪的，对单位判处罚金，并对其直接负责的主管人员和其他直接责任人员比照自然人犯本罪的规定处罚。

第二节　妨害国境卫生检疫罪

一、定义

妨害国境卫生检疫罪，是指违反国境卫生检疫规定，引起检疫传染病传播或者有传播危险的行为，其侵犯的法益为国家对国境卫生检疫的正常管理活动。

二、犯罪客观要件

本罪表现为行为人实施了不遵守国境卫生检疫规定，结果引起了检疫传染病传播或者引起了检疫传染病传播严重危险的行为。

三、犯罪主观要件

本罪主观方面为故意，即行为人明知应当接受国境卫生检疫而故意逃避或者拒绝。如果行为人不是故意逃避或者拒绝卫生检疫，就不能以犯罪论处。本罪的主体包括自然人和单位。

四、本罪的认定

本罪为危险犯，行为人的行为只要引起了检疫传染病传播严重危险的，即可构成本罪，而无须实际导致检疫传染病传播。

五、本罪的刑事责任

根据刑法典第332条的规定，犯本罪的，处3年以下有期徒刑或者拘役，并处或者单处罚金。单位犯本罪的，对单位判处罚金，并对其直接负责的主管人员和其他直接责任人员比照自然人犯本罪的规定处罚。

第三节 医疗事故罪

一、定义

医疗事故罪，是指医务人员由于严重不负责任，造成就诊人死亡或者严重损害就诊人身体健康的行为。其侵犯的法益为国家对医务人员在医务工作中的管理规定。

二、犯罪客观要件

本罪在客观要件上表现为由于行为人在医务工作中严重不负责任的作为或者不作为，而造成了医疗事故。

（1）行为人在医务工作中严重不负责任。行为人违背了国家有关医务工作的法律、法规和医务部门的规章制度、诊疗护理常规，没有履行一个医生应尽的职责。如果对就诊人已经尽力抢救了，只是由于医务人员的业务水平低下，或者经验不足，或者医院医疗技术设备太差等客观原因才导致就诊人死亡或者病情恶化，一般不应按照医疗事故罪论处。

（2）导致就诊人严重损害身体健康或者死亡的结果。严重损害身体健康，是指按照2002年国务院《医疗事故处理条例》的规定，造成就诊人残疾或者功能障碍、严重残疾或者严重功能障碍的。如果没有造成就诊人死亡或者身体健康严重损害的，即使给被害人造成了一般轻微伤害的，只能作为一般医疗事故处理，可以对行为人给予行政或者纪律处分，但不能作为犯罪处理。行为人在医务工作中严重不负责任的行为与就诊人重伤或者死亡之间必须存在刑法上的因果关系。

关于本罪中的"严重不负责"的具体表现,2008 年最高人民检察院、公安部《关于公安机关管辖的刑事案件立案追诉标准的规定(一)》第 56 条规定属于以下情形:(1) 擅离职守的;(2) 无正当理由拒绝对危急就诊人实行必要的医疗救治的;(3) 未经批准擅自开展试验性治疗的;(4) 严重违反查对、复核制度的;(5) 使用未经批准使用的药品、消毒药剂、医疗器械的;(6) 严重违反国家法律法规及有明确规定的诊疗技术规范、常规的;(7) 其他严重不负责任的情形。

三、犯罪主观要件

本罪主体为特殊主体,即医务人员。医务人员是指在任何所有制的医疗单位或组织中从事医疗工作,经卫生行政机关批准,取得行医资格的从事医务职业的人员。根据卫生部《关于〈医疗事故处理办法〉若干问题的说明》的相关规定,本罪中所指的医务人员不仅包括医生、护士、防疫人员、药剂人员、麻醉人员等各类卫生技术人员,还包括从事医疗管理、后勤服务等人员。但是法学界有的学者对此持不同意见:医疗单位或组织中的管理人员和后勤人员的主要职责是通过各项服务工作,为医疗、科研、预防工作的顺利进行创造良好的条件,并不是直接保障就诊人的身体健康和生命安全,故而不应成为本罪的主体,除非该类人员在某种特定情形下,直接负有保障就诊人身体健康和生命安全的特定义务。[①] 本罪主观方面为过失。如果行为人借医疗之便,故意伤害或者杀害就诊人的,则应以故意伤害罪或者故意杀人罪论处。

四、犯罪量度要件

本罪的成立必须造成就诊人死亡或者严重损害就诊人身体健康。根据 2008 年最高人民检察院、公安部《关于公安机关管辖的刑事案件立案追诉标准的规定(一)》的规定,严重损害就诊人身体健康,是指造成就诊人严重残疾、重伤、感染艾滋病、病毒性肝炎等难以治愈的疾病或者其他严重损害就诊人身体健康的后果。

五、本罪的刑事责任

根据刑法典第 335 条的规定,犯本罪的,处 3 年以下有期徒刑或者拘役。

第四节　非法行医罪

一、定义

非法行医罪,是指未取得医生执业资格的人非法行医,情节严重的行为,其侵犯的法

[①] 赵秉志主编:《中国刑法案例与学理研究》(分则篇五),法律出版社 2001 年版,第 150—151 页。

益为国家对医疗机构的管理秩序。

二、犯罪客观要件

本罪表现为未取得医生执业资格的人从事诊疗活动的行为。有医生执业资格,而未取得开业执照行医的,不属于非法行医罪。根据2008年最高人民法院《关于审理非法行医刑事案件具体应用法律若干问题的解释》的规定,"未取得医生执业资格的人非法行医"表现为:(1)未取得或者以非法手段取得医师资格从事医疗活动的;(2)个人未取得《医疗机构执业许可证》开办医疗机构的;(3)被依法吊销医师执业证书期间从事医疗活动的;(4)未取得乡村医生执业证书,从事乡村医疗活动的;(5)家庭接生员实施家庭接生以外的医疗行为的。

【例题】 医生甲退休后,擅自为人看病2年多。某日,甲为乙治疗,需注射青霉素。乙自述以前曾注射过青霉素,甲便未做皮试就给乙注射青霉素,乙因青霉素过敏而死亡。关于本案,下列哪一选项是正确的?(2013年国家司法考试真题)

A. 以非法行医罪的结果加重犯论处。
B. 以非法行医罪的基本犯论处。
C. 以过失致人死亡罪论处。
D. 以医疗事故罪论处。

答案:A

三、犯罪主观要件

本罪的主观方面为故意,并以牟利为目的。应当注意,这里所指的故意,仅指对行医而言。对于行医所造成的危害结果,行为人应该是出于过失。事实上,行为人对于本罪危害结果的发生并不是出于希望或者放任。而如果行为人以行医为名,而实施伤害或杀人的行为,则应以故意伤害罪或者故意杀人罪论处。本罪的主体为一般主体,且是未取得医生执业资格的人。

四、犯罪量度要件

本罪在量度上要求是情节严重。根据2008年最高人民检察院、公安部《关于公安机关管辖的刑事案件立案追诉标准的规定(一)》的规定,具有下列情形之一的,应认定为"情节严重":(1)造成就诊人轻度残疾、器官组织损伤导致一般功能障碍,或者中度以上残疾、器官组织损伤导致严重功能障碍,或者死亡的;(2)造成甲类传染病传播、流行或者有传播、流行危险的;(3)使用假药、劣药或不符合国家规定标准的卫生材料、医疗器械,足以严重危害人体健康的;(4)非法行医被卫生行政部门行政处罚两次以后,再次非法行医的;(5)其他情节严重的情形。

五、本罪的刑事责任

根据刑法典第336条的规定,犯本罪的,处3年以下有期徒刑、拘役或者管制,并处或者单处罚金;严重损害就诊人身体健康的,处3年以上10年以下有期徒刑,并处罚金;造成就诊人死亡的,处10年以上有期徒刑,并处罚金。

第五节 其他危害公共卫生罪

本章介绍了危害公共卫生罪的一些重点罪名,还有其他的一些罪名由于认定较为简单,实践中适用比较少,故予以简要介绍。

一、传染病菌种、毒种扩散罪

传染病菌种、毒种扩散罪,是指从事实验、保藏、携带、运输传染病菌种、毒种的人员,违反国务院卫生行政部门的有关规定,造成传染病菌种、毒种扩散,后果严重的行为。成立本罪必须要求达到后果严重,其特点表现为:(1)在实验、保藏、携带、运输传染病菌种、毒种的过程中,特定行为人违反了国务院卫生行政部门的有关规定;(2)造成了传染病菌种、毒种扩散,并导致严重后果。本罪主体是特殊主体,即只有从事实验、保藏、携带运输传染病菌种、毒种的人员才能成为本罪主体。本罪主观方面为过失,但也有学者认为确定为故意犯罪为宜。①

根据刑法典第331条的规定,犯本罪的,处3年以下有期徒刑或者拘役;后果特别严重的,处3年以下7年以上有期徒刑。

二、非法组织卖血罪

非法组织卖血罪,是指违反国家有关规定,非法组织他人出卖血液的行为。非法,是指违反我国献血法规定的无偿献血制度和国家卫生行政部门采供血机构和血液管理办法等行政法规。非法组织他人出卖血液的行为,具体表现为行为人在组织他人卖血过程中实施了策划、指挥、领导的行为。在实践中,这种行为一般表现为动员、拉拢、联络、串联、制定计划、下达命令、分配任务、出某划策等形式。对于公民自愿出卖自己血液的,不能以犯罪论处。对于强迫公民出卖血液的,应以强迫卖血罪论处。

本罪主体为一般主体,单位亦能成为本罪主体。对于单位犯本罪的,实行双罚制,即对单位判处罚金,对其直接负责的主管人员和其他直接责任人员依本罪规定判处相应刑罚。本罪主观要件方面只能为故意,至于是否以牟利为目的,我国刑罚未做规定。一般而言,非法组织他人出卖血液的行为多以牟利为目的,但不是以此目的为本罪构成要件。

---

① 张明楷:《刑法学》(第4版),法律出版社2011年版,第986页。

根据刑法典第 333 条的规定,犯本罪的,处 5 年以下有期徒刑,并处罚金。实施本罪行为,对他人造成伤害的,不以数罪论,而应依照刑法典第 234 条故意伤害罪的规定定罪处罚。

三、强迫卖血罪

强迫卖血罪,是指以暴力、威胁方法强迫他人出卖血液的行为。暴力,是指对他人人身进行打击或实施强制,如殴打、捆绑等。威胁,是指以杀害、伤害、毁坏财产破坏名誉等手段进行要挟,迫使他人接受自己的意志,从而实施卖血行为。本罪是行为犯,故犯罪的成立不以发生实际危害后果为条件。

本罪的主体条件为一般主体,自然人和单位都能成为本罪主体。对于单位犯本罪的,实行双罚制,即对单位判处罚金,对其直接负责的主管人员和其他直接责任人员依本罪规定判处相应刑罚。本罪的主观方面为直接故意,间接故意和过失不构成本罪。是否以牟利为目的,不影响本罪的构成。

根据刑法典第 333 条的规定,犯本罪的,处 5 年以上 10 年以下有期徒刑,并处罚金。实施本罪行为,对他人造成伤害的,不以数罪论,而应依照刑法典第 234 条故意伤害罪的规定定罪处罚。

四、非法采集、供应血液、制作、供应血液制品罪

非法采集、供应血液、制作、供应血液制品罪,是指非法采集、供应血液或者制作、供应血液制品,不符合国家规定的标准,足以危害人体健康的行为。构成本罪必须要求该行为足以危害人体健康。具体而言,这些行为发生在采集、供应血液、制作和供应血液制品过程,且表现为非法性,即行为人没有按照国家标准进行。本罪为危险犯,只要行为人的行为足以危害人体健康,便构成本罪,不需要实际的危害结果产生。本罪的主观方面为故意,且一般以牟利为目的。

根据刑法典第 334 条第 1 款的规定,犯本罪的,处 5 年以下有期徒刑或者拘役,并处罚金;对人体健康造成严重危害的,处 5 年以上 10 年以下有期徒刑,并处罚金;造成特别严重结果的,处 10 年以上有期徒刑或者无期徒刑,并处罚金或者没收财产。

五、采集、供应血液、制作、供应血液制品事故罪

采集、供应血液、制作、供应血液制品事故罪,是指经国家主管部门批准采集、供应血液或者制作、供应血液制品的部门,不依照规定进行检测或者违背其他操作规定,造成危害他人身体健康后果的行为。本罪为结果犯,必须造成危害他人身体健康的危害后果,才构成犯罪既遂。本罪主体只能为经过国家主管部门批准采集、供应血液或者制作、供应血液制品的部门。本罪主观方面为过失。

根据刑法典第 334 条第 2 款的规定,犯本罪的,对单位判处罚金,并对其直接负责的

主管人员和其他直接责任人员,处 5 年以下有期徒刑或者拘役。

六、非法进行节育手术罪

非法进行节育手术罪,是指未取得医生执业资格的人擅自为他人进行节育复通手术、假节育手术、终止妊娠手术或者摘取宫内节育器,情节严重的行为。节育手术,是指复通手术、假节育手术、终止妊娠手术或者摘取宫内节育器四种手术,行为人只要实施了其中之一的,即可构成本罪。本罪为情节犯,要求行为人的行为属于情节严重的,才成立犯罪。所谓情节严重,一般是指多次为他人进行节育复通手术,致使多人超计划生育的;使用不符合卫生标准或医疗标准的方法,致使就诊人遭受重大痛苦或者损害就诊人健康的;以牟利为目的,鼓动他人接受节育复通手术,妨碍计划生育的;等等。①

本罪主体为一般主体,但仅限于没有取得医生执业资格的人。如果已经取得医生执业资格的人实施破坏计划生育的行为,不构成本罪。本罪的主观方面为故意,行为人一般以牟利为目的。

根据刑法典第 336 条第 2 款的规定,犯本罪的,处 3 年以下有期徒刑、拘役或者管制,并处或者单处罚金;严重损害就诊人身体健康的,处 3 年以上 10 年以下有期徒刑,并处罚金;造成就诊人死亡的,处 10 年以上有期徒刑,并处罚金。

七、妨害动植物防疫、检疫罪

妨害动植物防疫、检疫罪,是指违反有关动植物防疫、检疫的国家规定,引起重大动植物疫情的,或者有引起重大动植物疫情危险,情节严重的行为。我国 1997 年修订的刑法典关于本罪罪状的规定为:"违反进出境动植物检疫法的规定,逃避动植物检疫,引起重大动植物疫情的。"但是,考虑到司法实践中,引发重大动植物疫情危险的,不仅有逃避进出境动植物检疫的行为,还有逃避依法实施的境内动植物防疫、检疫的行为。因此,2009 年第十一届全国人大常委员会第七次会议通过的《刑法修正案(七)》对本罪罪状作出上述修改,本罪的成立条件也相应发生变化,即违反有关动植物防疫、检疫国家规定的行为,引起重大动植物疫情的,成立本罪;但如果仅仅引起重大动植物疫情危险,却情节严重的,也成立本罪。

根据刑法典第 337 条的规定,犯本罪的,处 3 年以下有期徒刑或者拘役,并处或者单处罚金;单位犯本罪的,对单位判处罚金,并对其直接负责的主管人员和其他直接责任人员,依照自然人犯本罪的规定处罚。

第六节 罪之比较与适用

本章犯罪不但互相之间存在着一些混淆之处,而且与其他章节规定的犯罪也有相似

---

① 刘家琛主编:《刑法(分则)及配套规定新释新解》(下册),人民法院出版社 2002 年版,第 2216 页。

之处。

一、本章罪之比较

（一）非法行医罪与医疗事故罪的区别

两罪在客观上都可能造成就诊人死亡或者损害就诊人身体健康的后果，且危害后果都是由于两者行为人的过失产生。非法行医罪与医疗事故罪的区别主要表现为：(1) 犯罪主体不同。非法行医罪的主体是没有取得医生执业资格的人；医疗事故罪的主体是取得行医资格的从事医务职业的人员。(2) 主观方面不同。非法行医罪的主观方面为故意，并以牟利为目的，这里所指的"故意"，仅指对行医而言，对于行医所造成的危害结果，行为人应该是出于过失；医疗事故罪主观方面为过失。(3) 造成危害后果原因表现不同。非法行医罪可能是由于责任过失，也可以是技术过失；医疗事故罪则仅限于责任过失。

（二）非法组织卖血罪和强迫卖血罪的区别

两罪的主体都为一般主体，主观上都是出于故意。非法组织卖血罪和强迫卖血罪的区别主要表现为：(1) 侵犯的权利不同。非法组织卖血罪的行为人没有侵犯卖血者的人身权利；强迫卖血罪的行为人则侵犯了卖血者的人身权利。(2) 客观方面表现不同。非法组织卖血罪中的卖血者是出于自愿而卖血；强迫卖血罪中的卖血者则是出于被迫卖血。

二、与其他章节罪之比较

（一）医疗事故罪与重大责任事故罪的区别

两罪都属于过失犯罪，都属于责任事故，都造成了伤亡。医疗事故罪与重大责任事故罪的区别主要表现为：(1) 犯罪主体不同。医疗事故罪的主体仅限于医务人员；重大责任事故罪的主体则是工厂、矿山、林场、建筑企业或者其他企业、事业单位的职工或者领导。(2) 侵犯的法益不同。医疗事故罪主要侵犯了国家对医务工作的管理秩序；重大责任事故罪侵犯了国家对公共安全的管理秩序。(3) 客观方面表现不同。医疗事故罪客观方面表现为由于行为人在医务工作中严重不负责任的作为或者不作为，而造成了就诊人伤亡的医疗事故；重大责任事故罪则表现为工厂、矿山、林场、建筑企业或者其他企业、事业单位的职工由于不服管理、违反规章制度，或者强令工人违章冒险作业，因而发生重大伤亡事故或者造成其他严重后果的行为。

（二）医疗事故罪与过失致人死亡罪、过失致人重伤罪的区别

医疗事故罪与过失致人死亡罪、过失致人重伤罪的区别主要表现为：(1) 犯罪主体不同。医疗事故罪的主体为特殊主体，仅限于医务人员；过失致人死亡罪、过失致人重伤罪主体则为一般主体。(2) 主观过失的性质不同。医疗事故罪的过失属于业务工作中的过失；过失致人死亡罪、过失致人重伤罪的过失则属于日常生活中的过失。(3) 客观方面表

现不同:医疗事故罪表现为行为人在医务工作中严重不负责任,即行为人违背了国家有关医务工作的法律、法规和医务部门的规章制度、诊疗护理常规,没有履行一个医生应尽的职责;过失致人死亡罪、过失致人重伤罪则分别表现为行为人在日常生活中通过某种方式致人死亡或者重伤。(4)侵犯的法益不同。医疗事故罪侵犯的是国家对医务工作的管理秩序;过失致人死亡罪、过失致人重伤罪则侵犯的是公民的生命权和健康权。

(三)采集、供应血液、制作、供应血液制品事故罪与重大责任事故罪的区别

采集、供应血液、制作、供应血液制品事故罪与重大责任事故罪的区别主要表现为:(1)犯罪主体不同。采集、供应血液、制作、供应血液制品事故罪主体为经国家主管部门批准采集、供应血液或者制作、供应血液制品的部门;重大责任事故罪主体为工厂、矿山、林场、建筑企业或者其他企业、事业单位的职工或者领导。(2)客观方面不同。采集、供应血液、制作、供应血液制品事故罪客观方面表现为行为人实施了在采集、供应血液或者制作、供应血液制品的工作中,不依照规定进行检测或者违背其他操作规定,造成危害他人身体健康后果的行为;重大责任事故罪客观方面表现为工厂、矿山、林场、建筑企业或者其他企业、事业单位的职工由于不服管理、违反规章制度,或者强令工人违章冒险作业,因而发生重大伤亡事故或者造成其他严重后果的行为。(3)侵犯的法益不同。采集、供应血液、制作、供应血液制品事故罪侵犯的是国家对采集、供应血液、制作、供应血液制品的管理秩序;重大责任事故罪侵犯的是国家对工厂、矿山、林场、建筑企业或者其他企业、事业单位的管理秩序。

三、案例适用

【案例1】

某日凌晨1时,某医院急诊医师刘某接到该市20公里外某乡电话,称有一产妇,产后胎盘滞留,接生员无法处理,病情危重,请求出诊抢救。刘某简单询问病情后,准备出车,同时让总机将电话转至车库和妇产科。此时,该院值班司机王某刚出车回来,认为风沙太大,能见度低,怕出危险,便要产妇家属等风小一些再来要车。数分钟后,值班医师刘某打电话给车库,值班司机王某称已接到电话,等一下再说。其后,值班医师刘某未再催问,直至天亮下班。产妇家属为了不耽搁时间,徒步用手推车将产妇送至医院,时间已为6时30分。经检查证实为产后大出血,呼吸、心跳均已停止。鉴定结论为一级责任事故。

讨论问题:此案中,对值班司机王某是否可以定医疗事故罪?为什么?

【案例2】

被告人陈某,男,25岁,农民。检察机关以故意伤害罪对陈某提起公诉。法院经公开审理查明:1996年9月,陈某到某医院学习,两年后因多门课程不及格被勒令退学。2000年12月,陈某来到某市郊区,未经当地卫生部门批准,在其租住的农民房内非法开设诊所。2002年2月,来某市打工的王某(女,20岁)被某国家医院诊断为急性阑尾炎,需手术治疗。王某支付不起手术费,经人介绍来到陈某的诊所。双方谈妥以国家医院收费标准

的 50% 的价格为王某做手术。手术过程中,陈某因医术不精,误将王某的右肾切除。法院认为,被告人陈某非法行医,明知医术不精,贸然实施外科手术会给病人带来伤害,而放任这种危害后果的发生,以致造成误切病人肾脏的后果,其行为已构成故意伤害罪。依据我国刑法典的相关规定,判处有期徒刑 5 年。

  讨论问题:本案中,法院的判决是否正确?为什么?

第十六章

妨害社会管理秩序罪(4)：破坏环境资源保护罪

　　破坏环境资源保护罪，是指违反我国环境资源保护法规，破坏环境资源的保护，造成环境资源严重破坏，情节严重的行为。

　　破坏环境资源保护罪侵犯的法益非常广泛。有人认为是公共安全权利，即环境犯罪侵犯的是不特定的多数人的生命、健康和重大公私财产的安全制度。[①] 有人认为是环境权，即环境犯罪侵犯的是国家、法人和公民的环境权。[②] 还有人认为两者兼而有之，即环境犯罪侵犯的是公民的所有权、人身权和环境权。[③] 上述观点各有其合理性，笔者赞同"环境权"的提法。环境权是伴随着环境危机而产生的权利概念，最早以法律的形式确认是1969年美国颁布的《国家环境政策法》，第3条强调："国会认为，每个人都应当享受健康的环境，同时每个人也都有责任对维护和改善环境做出贡献。"1972年斯德哥尔摩人类环境会议上发表的《人类环境宣言》也明确指出："人类有权在一种能够过尊严的和福利的生活环境中，享有自由、平等和充足的生活条件的基本权利，并且负有保护和改善这一代和世世代代的环境的庄严责任。"因此，笔者认为，环境权是环境法律关系的主体享有适宜健康和良好生活的环境，以及合理利用环境资源的基本权利。环境权由于权利和义务的不可分割性，决定了环境法律关系的主体在享有良好环境的同时负有保护环境的义务。

　　破坏环境资源保护罪的客观行为方式表现为各种破坏环境资源的行为。具体而言，可分为污染行为和破坏行为。污染行为，是指向环境排放废物或有毒物质，造成环境严重污染或有严重污染危险的行为。破坏环境行为，是指在开发、利用自然环境的过程中，没有合理利用和保护环境资源，造成直接经济损失环境资源及生态平衡被破坏的行为。

　　从破坏环境资源保护罪的行为状态上，将破坏环境资源保护罪的行为分为行为犯和结果犯。行为犯，是指行为人只要实施了污染或破坏的行为，不管是否造成了现实的危害

[①] 王力生、牛广义：《环境犯罪及其立法的完善》，载《当代法学》1991年第3期。
[②] 陈明义等：《环境保护法规和论文选编》，武汉大学出版社1989年版，第692页。
[③] 邹清平：《论危害环境罪》，载《法学评论》1996年第3期。

后果,也不管是否使侵害的对象处于某种危险之中,即可成立犯罪的情形。如我国刑法典第 339 条规定,违反国家规定,将境外的固体废物进境倾倒、堆放、处置的,处 5 年以下有期徒刑或者拘役,并处罚金。结果犯,是指行为人实施了污染或破坏环境的行为,并实际造成环境被污染或破坏或人的生命、健康和财产受到实际损害的结果,才被视为犯罪的情形。如我国刑法典第 338 条规定,违反国家规定,排放、倾倒或者处置有放射性的废物、含传染病病原体的废物、有毒物质或者其他有害物质,严重污染环境的……。我国关于环境保护的刑事立法大多数是结果犯。笔者认为,事后的惩罚于环境无补,环境犯罪行为犯和危险犯的规定将更加有利于环境资源的保护。

破坏环境资源保护罪的主体可以是自然人或者单位,有的犯罪既可以是自然人,也可以由单位构成。破坏环境资源保护罪的主观方面有的是故意,有的是过失。由于破坏环境资源保护罪的特殊性,有不少学者正在讨论对危险行业企业追究无过失责任。[①]

破坏环境资源保护罪的刑事责任以自由刑为主,同时大量适用了罚金刑。对单位犯罪实行双罚原则。

第一节 污染环境罪

一、定义

污染环境罪,是指违反国家规定,排放、倾倒或者处置有放射性的废物、含传染病病原体的废物、有毒物质或者其他有害物质,严重污染环境的行为。本罪侵犯的法益是环境权,即广大公民享有适宜健康和良好生活的环境,以及合理利用环境资源的权利。

二、犯罪客观要件

本罪的客观要件表现为行为人违反国家规定,排放、倾倒或者处置有放射性的废物、含传染病病原体的废物、有毒物质或者其他有害物质的行为。具体而言,包括以下方面:(1) 行为人必须违反国家规定。所谓违反国家规定,主要指违反我国大气污染防治、固体废物污染环境防治、水污染防治等与环境保护相关的法律、法规。(2) 行为表现为向土地、水体、大气排放、倾倒或者处置危险废物。"排放",是指将未经处理的废水、废气直接向水体、大气稀释。"倾倒",是指将未经处理的废物丢弃于土地或者水体、河面或者海面。"处置",是指将固体废物焚烧和用其他改变固体废物的物理、化学、生物特性的方法,达到减少已产生的固体废物数量,缩小固体废物体积,减少或消除其危险成分的活动,或者将固体废物最终置于不符合环境保护规定要求的场所或者设施并不再取回的活动。(3) 本罪的对象是有放射性的废物、含传染病病原体的废物、有毒物质或者其他有害物质。

[①] 王秀梅、杜澎:《破坏环境资源保护罪》,中国人民公安大学出版社 1998 年版,第 18—19 页。

根据2003年最高人民法院、最高人民检察院《关于办理妨害预防、控制突发传染病疫情等灾害的刑事案件具体应用法律若干问题的解释》的规定,违反《传染病防治法》等国家有关规定,向土地、水体、大气排放、倾倒或者处置含传染病病原体的废物、有毒物质或者其他危险废物,造成突发传染病传播等重大环境污染事故,致使公私财产遭受重大损失或者人身伤亡的严重后果的,依照刑法典第338条的规定定罪处罚。

三、犯罪主观要件

本罪主观方面是过失,即应当预见自己的行为可能造成重大环境污染事故,由于疏忽大意而没有预见,或者已经预见,但轻信能够避免的心理态度。这里的过失,是指行为人对重大环境污染事故后果而言的,对于违反国家规定倾倒、排放或者处置危险废物这一点行为人是明知的。此为目前理论界的通说。对于本罪的主观方面,有人认为既可以出于故意,也可以出于过失。[①] 还有人认为,本罪主观方面是故意,即行为人明知其行为是违反国家环境保护法规规定的行为,仍然实施,过失不构成本罪。[②] 我们认为,对于违反国家规定排放、倾倒或处置危险废物的行为,大多数情况下行为人对污染环境的结果怀有过失的心理态度,但不排除行为人主观上出于故意(大多数是间接故意)的情形,特别是行为人多次排污的情况下,虽经制止仍然实施其生产经营活动,而导致重大环境污染事故发生的情形。本罪主体是一般主体,自然人和单位均可构成。

四、犯罪量度要件

成立本罪要求达到"严重污染环境"。根据2013年最高人民法院、最高人民检察院《关于办理环境污染刑事案件适用法律若干问题的解释》的规定,"严重污染环境"主要表现为:(1)在饮用水水源一级保护区、自然保护区核心区排放、倾倒、处置有放射性的废物、含传染病病原体的废物、有毒物质的;(2)非法排放、倾倒、处置危险废物3吨以上的;(3)非法排放含重金属、持久性有机污染物等严重危害环境、损害人体健康的污染物超过国家污染物排放标准或者省、自治区、直辖市人民政府根据法律授权制定的污染物排放标准3倍以上的;(4)私设暗管或者利用渗井、渗坑、裂隙、溶洞等排放、倾倒、处置有放射性的废物、含传染病病原体的废物、有毒物质的;(5)2年内曾因违反国家规定,排放、倾倒、处置有放射性的废物、含传染病病原体的废物、有毒物质受过2次以上行政处罚,又实施前列行为的;(6)致使乡镇以上集中式饮用水水源取水中断12小时以上的;(7)致使基本农田、防护林地、特种用途林地五亩以上,其他农用地10亩以上,其他土地20亩以上基本功能丧失或者遭受永久性破坏的;(8)致使森林或者其他林木死亡50立方米以上,或者幼树死亡2500株以上的;(9)致使公私财产损失30万元以上的;(10)致使疏散、转移群

---

① 张穹主编:《刑法适用手册》(下册),中国人民公安大学出版社1997年版,第1201页;高西江主编:《中华人民共和国刑法的修订与适用》,中国方正出版社1997年版,第717页。

② 周道鸾等主编:《刑法的修改与适用》,人民法院出版社1997年版,第691页。

众5000人以上的;(11)致使30人以上中毒的;(12)致使3人以上轻伤、轻度残疾或者器官组织损伤导致一般功能障碍的;(13)致使1人以上重伤、中度残疾或者器官组织损伤导致严重功能障碍的;(14)其他严重污染环境的情形。

五、本罪的认定

本罪为结果犯,即行为人具有违反国家规定,排放、倾倒或者处置有放射性的废物、含传染病病原体的废物、有毒物质或者其他有害物质,严重污染环境的,构成本罪既遂。

六、本罪的刑事责任

根据刑法典第338条的规定,犯本罪的,处3年以下有期徒刑或者拘役,并处或者单处罚金;后果特别严重的,处3年以上7年以下有期徒刑,并处罚金。[①]

第二节 非法捕捞水产品罪

一、定义

非法捕捞水产品罪,是指违反保护水产资源法规,在禁渔区、禁渔期或者使用禁用的工具、方法捕捞水产品,情节严重的行为。

本罪侵犯的法益是国家和广大渔民的渔业利益。长期以来对水产品资源的保护重视不够,出现了一些只捕不养、竭泽而渔等滥捕、滥捞的现象,致使我国的水产资源遭受严重的破坏。当前有的鱼类已无法形成渔汛期,或已濒临绝种,捕捞产品数量、种类直线下降。非法捕捞水产品的行为严重损害了国家和广大渔民的渔业利益。

二、犯罪客观要件

本罪的客观要件表现为行为人违反保护水产资源法规,在禁渔区、禁渔期或者使用禁用的工具、方法捕捞水产品的行为。禁渔区,是指由国家法令或者地方政府规定,对某些重要鱼、虾、蟹、贝、藻等,以及其他重要水生生物的产卵场、索饵场、越冬场和洄游通道划定一定范围,禁止所有渔业生产作业的区域或者禁止某种渔业生产作业的区域。禁渔期,是指对某些重要水生生物的产卵场、索饵场、越冬场和洄游通道,规定禁止渔业生产作业或者限制作业的一定期限。禁用的工具,是指禁止使用的超过国家对不同捕捞对象所分别规定的最小网目尺寸的渔具。禁用的方法是指禁止采用的损害水产资源正常繁殖、生长的方法,如炸鱼、毒鱼、电鱼等。

[①] 关于"严重污染环境""后果特别严重"等具体参见2013年最高人民法院、最高人民检察院《关于办理环境污染刑事案件适用法律若干问题的解释》第1条、第3条。

三、犯罪主观要件

本罪主体是一般主体,自然人和单位均可构成。本罪的主观方面是故意。

四、犯罪量度要件

构成本罪,要求具备情节严重。故意非法捕捞水产品的行为必须达到情节严重的程度,才成立犯罪。根据 2016 年最高人民法院《关于审理发生在我国管辖海域相关案件若干问题的规定(二)》第 4 条的规定,违反保护水产资源法规,在海洋水域,在禁渔区、禁渔期或者使用禁用的工具、方法捕捞水产品,具有下列情形之一的,应当认定为刑法典第 340 条规定的"情节严重":(1) 非法捕捞水产品 1 万公斤以上或者价值 10 万元以上的;(2) 非法捕捞有重要经济价值的水生动物苗种、怀卵亲体 2000 公斤以上或者价值 2 万元以上的;(3) 在水产种质资源保护区内捕捞水产品 2000 公斤以上或者价值 2 万元以上的;(4) 在禁渔区内使用禁用的工具或者方法捕捞的;(5) 在禁渔期内使用禁用的工具或者方法捕捞的;(6) 在公海使用禁用渔具从事捕捞作业,造成严重影响的;(7) 其他情节严重的情形。此外,也可以参见 2008 年最高人民检察院、公安部《关于公安机关管辖的刑事案件立案追诉标准的规定(一)》的相关规定,主要是指非法捕捞水产品数量较大的;一贯或多次非法捕捞水产品的;为首组织或聚众非法捕捞水产品的;采用炸鱼、毒鱼、电鱼等方法滥捕水产品;严重破坏水产资源的;非法捕捞、抗拒渔政管理的等。

五、本罪的刑事责任

根据刑法典第 340 条的规定,犯本罪的,处 3 年以下有期徒刑、拘役、管制或者罚金。单位犯本罪的,对单位判处罚金,并对其直接负责的主管人员和其他责任人员,依照自然人犯本罪的规定处罚。

第三节 非法狩猎罪

一、定义

非法狩猎罪,是指违反狩猎法规,在禁猎区、禁猎期或者使用禁用的工具、方法进行狩猎,破坏野生动物资源,情节严重的行为。

本罪侵犯的法益是国家和广大公民的环境权益。我国《野生动物保护法》第 3 条规定:"野生动物资源属于国家所有。国家保障依法从事野生动物科学研究、人工繁育等保护及相关活动的组织和个人的合法权益。"第 6 条规定:"任何组织和个人都有保护野生动物及其栖息地的义务。禁止违法猎捕野生动物、破坏野生动物栖息地。"野生动物资源保护的现状是:经济价值高的种类数量不断减少,经济价值较低的种类数量增加,大型动物的减少,小型动物的数量在增加;有益动物种类的减少,有害动物种类在增加,如林区的紫貂、黄鼬等数量的减少,鼠类数量增加,许多地区食虫鸟类被大量捕捉,引起森林病虫害的大面积发生。一些地方由于猛禽和食肉兽类被大量捕捉,导致鼠害猖獗。如20世纪80年代初,河北张家口、承德地区遭受鼠害面积达133万公顷。这一事实说明,地球上任何一种动物或植物的灭绝,都意味着生态系统链条的扭断,都是对大自然的破坏行为,必将引起其他的连锁反应,并最终把这一反应的恶果强加在人类的身上。

二、犯罪客观要件

本罪的客观要件表现为行为人具有违反野生动物保护法律,在禁猎区、禁猎期或者使用禁用的工具、方法进行猎捕,破坏野生动物资源的行为。主要包括以下方面:(1) 行为违反野生动物保护法律、法规。这里的法律、法规主要是指我国野生动物保护、陆生野生动物保护等法律、法规。《野生动物保护法》第22条规定:"猎捕非国家重点保护野生动物的,应当依法取得县级以上地方人民政府野生动物保护主管部门核发的狩猎证,并且服从猎捕量限额管理。"第23条规定:"猎捕者应当按照特许猎捕证、狩猎证规定的种类、数量、地点、工具、方法和期限进行猎捕。"(2) 行为的具体表现是在禁猎区、禁猎期,或者以禁用的工具、方法进行狩猎。所谓"禁猎区",是指国家对适宜野生动物栖息繁殖或者野生动物资源贫乏和破坏比较严重的地区,如国家自然保护区、风景区、城镇、工矿区、革命圣地,名胜古迹等区域为保护野生动物而划定的禁止狩猎区域。《野生动物保护法》第12条规定:"省级以上人民政府依法划定相关自然保护区域,保护野生动物及其重要栖息地,保护、恢复和改善野生动物生存环境。对不具备划定相关自然保护区域条件的,县级以上人民政府可以采取划定禁猎(渔)区、规定禁猎(渔)期等其他形式予以保护。"所谓"禁猎期",是指按法定程序规定,禁止进行狩猎活动的一定时间期限。禁猎期一般是根据不同野生动物的繁殖及生长期而分别划定的禁止狩猎的期间。禁猎期由县级以上人民政府或其野生动物行政主管部门按照自然规律规定。所谓"禁用的工具",是指足以破坏野生动物资源,危害人畜安全以及破坏森林的工具。《野生动物保护法》第24条明确规定:"禁止使用毒药、爆炸物、电击或者电子诱捕装置以及猎套、猎夹、地枪、排铳等工具进行猎捕,禁止使用夜间照明行猎、歼灭性围猎、捣毁巢穴、火攻、烟熏、网捕等方法进行猎捕,但因科学研究确需网捕、电子诱捕的除外。"所谓"禁用的方法",是指足以破坏、妨害野生动物正常繁殖和生长的方法。如投毒、爆炸、火攻、烟熏、掏窝、拣蛋、夜间照明行猎、歼灭性围攻等。

三、犯罪主观要件

本罪主体是一般主体,自然人和单位均可构成。本罪主观方面是故意。

四、犯罪量度要件

成立本罪必须达到情节严重。所谓"情节严重",根据2008年最高人民检察院、公安部《关于公安机关管辖的刑事案件立案追诉标准的规定(一)》的规定,主要是指以下几种情形:(1)非法狩猎野生动物 20 只以上的;(2)在禁猎区内使用禁用的工具或者禁用的方法狩猎的;(3)在禁猎期内使用禁用的工具或者禁用的方法狩猎的;(4)其他情节严重的情形。

五、本罪的刑事责任

根据刑法典第 341 条的规定,犯本罪的,处 3 年以下有期徒刑、拘役、管制或者罚金。单位犯本罪的,对单位判处罚金,并对其直接负责的主管人员和其他责任人员,依照自然人犯本罪的规定处罚。

第四节 非法占用农用地罪

一、定义

非法占用农用地罪,是指违反土地管理法规,非法占用耕地、林地等农用地,改变被占用土地用途,数量较大,造成耕地、林地等农用地大量毁坏的行为。

本罪侵犯的法益是国家保护农用地资源的合法权益。我国《宪法》规定,任何组织和个人不得侵占、买卖、出租或以其他形式非法转让土地。一切使用土地的组织和个人必须合理利用土地。农用地法律保护的内容主要体现在对农用地数量的法律保护和农用地质量的法律保护。

二、犯罪客观要件

本罪的客观要件表现为行为人违反土地管理法规,非法占用耕地、林地等农用地,改变被占用土地用途的行为。具体包括以下方面:(1)行为违反土地管理法规。这里的土地管理法规,主要是指我国《土地管理法》《土地管理法实施条例》《土地复垦规定》《关于制止农村建房用地的紧急通知》《基本农田保护条例》《国家建设征用土地条例》《水土保持法》和《农业法》等与土地管理相关的法规。(2)要有非法占用耕地、林地等农用地,改变被占用土地用途的行为。"非法占用农用地",是指未经法定程序,办理有关登记、批准手续,而非法占用集体所有的农用地或归他人个人使用的农用地。"改变被占用土地用途",是指将非法占用的农用地改变其农用地的性质、用途,用作他用。如非法从事露天开采;破坏土地表面肥土层;从事副业生产时,乱挖乱倒土石;从事水利、铁路、交通、工矿、电力建设时,未妥善处理废弃的土、石、沙料和矿渣等,致使农用地造成严重损害的;在农用地上非法进行建设或建设其他设施,致使土地板结,肥土丧失。

三、犯罪主观要件

本罪的主体是一般主体,自然人和单位均可构成。本罪的主观方面是故意,即明知是农用地,而违反土地管理法规,非法占用农用地,改变被占用土地用途。但是,对于造成农用地大量毁坏的后果,也包括过失。

四、犯罪量度要件

构成本罪要求造成了数量较大的农用地被改作他用,且造成了数量较大农用地毁坏的后果。根据2008年最高人民检察院、公安部《关于公安机关管辖的刑事案件立案追诉标准的规定(一)》的规定,违反土地管理法规,非法占用耕地、林地等农用地,改变被占用土地用途,造成耕地、林地等农用地大量毁坏,涉嫌下列情形之一的,应予立案追诉:(1)非法占用基本农田5亩以上或者基本农田以外的耕地10亩以上的;(2)非法占用防护林地或者特种用途林地数量单种或者合计5亩以上的;(3)非法占用其他林地10亩以上的;(4)非法占用本款第(2)项、第(3)项规定的林地,其中一项数量达到相应规定的数量标准的50%以上,且两项数量合计达到该项规定的数量标准的;(5)非法占用其他农用地数量较大的情形。另根据2012年最高人民法院《关于审理破坏草原资源刑事案件应用法律若干问题的解释》的规定,非法占用草原,改变被占用草原用途,数量较大,具有下列情形之一的,应当认定为刑法典第342条规定的"造成耕地、林地等农用地大量毁坏":(1)开垦草原种植粮食作物、经济作物、林木的;(2)在草原上建窑、建房、修路、挖砂、采石、采矿、取土、剥取草皮的;(3)在草原上堆放或者排放废弃物,造成草原的原有植被严重毁坏或者严重污染的;(4)违反草原保护、建设、利用规划种植牧草和饲料作物,造成草原沙化或者水土严重流失的;(5)其他造成草原严重毁坏的情形。

五、本罪的刑事责任

根据刑法典第342条的规定,犯本罪的,处5年以下有期徒刑或者拘役,并处或者单处罚金。

第五节 非法采矿罪

一、定义

非法采矿罪,是指违反矿产资源法的规定,未取得采矿许可证擅自采矿,擅自进入国家规划矿区、对国民经济具有重要价值的矿区和他人矿区范围采矿,或者擅自开采国家规定实行保护性开采的特定矿种,情节严重的行为。本罪侵犯的法益是国家保护矿产资源的合法权益。

二、犯罪客观要件

本罪的客观要件表现为行为人具有违反矿产资源法的规定,未取得采矿许可证擅自采矿的,擅自进入国家规划矿区、对国民经济具有重要价值的矿区和他人矿区范围采矿,擅自开采国家规定实行保护性开采的特定矿种的行为。具体包括以下两个方面：(1) 行为违反矿资源保护法律、法规。所谓"违反矿产资源法",主要是指违反我国《矿产资源法》《矿产资源法实施细则》等矿产保护法律、法规。(2) 行为人具有非法采矿,造成矿产资源破坏的行为,具体表现为三种情形：未取得采矿许可证擅自采矿的；擅自进入国家规划矿区、对国民经济具有重要价值的矿区和他人矿区范围采矿的；擅自开采国家规定实行保护性开采的特定矿种的。根据2003年最高人民法院《关于审理非法采矿、破坏性采矿刑事案件具体应用法律若干问题的解释》和2008年最高人民检察院、公安部《关于公安机关管辖的刑事案件立案追诉标准的规定(一)》的相关规定,"未取得采矿许可证擅自采矿",是指无采矿许可证开采矿产资源的；采矿许可证被注销、吊销后继续开采矿产资源的；超越采矿许可证规定的矿区范围开采矿产资源的；未按采矿许可证规定的矿种开采矿产资源的(共生、伴生矿种除外)；其他未取得采矿许可证开采矿产资源的情形。

三、犯罪主观要件

本罪主体是一般主体,自然人和单位均可构成。本罪主观方面是故意,犯罪动机主要是出于非法牟利。

四、犯罪量度要件

构成本罪要求达到情节严重。根据2008年最高人民检察院、公安部《关于公安机关管辖的刑事案件立案追诉标准的规定(一)》的规定,违反矿产资源法律、法规的规定,未取得采矿许可证擅自采矿的,或者擅自进入国家规划矿区、对国民经济具有重要价值的矿区和他人矿区范围采矿的,或者擅自开采国家规定实行保护性开采的特定矿种,经责令停止开采后拒不停止开采,造成矿产资源破坏的价值数额在5万至10万元以上的,应予立案追诉。

五、本罪的认定

根据2007年最高人民法院、最高人民检察院《关于办理盗窃油气、破坏油气设备等刑事案件具体应用法律若干问题的解释》的规定,违反矿产资源法律、法规的规定,非法开采或者破坏性开采石油、天然气资源的,依照刑法典第343条以及最高人民法院《关于审理非法采矿、破坏性采矿刑事案件具体应用法律若干问题的解释》的规定追究刑事责任。

根据2007年最高人民法院、最高人民检察院《关于办理危害矿山生产安全刑事案件具体应用法律若干问题的解释》的规定,采矿许可证被依法暂扣期间擅自开采的,视为刑法典第343条第1款规定的"未取得采矿许可证擅自采矿"。违反矿产资源法律、法规的规定,非法采矿或者采取破坏性的开采方法开采矿产资源,造成重大伤亡事故或者其他严重后果,同时构成刑法典第343条规定的犯罪和刑法典第134条或者第135条规定的犯罪的,依照数罪并罚的规定处罚。

根据2011年最高人民法院《关于进一步加强危害生产安全刑事案件审判工作的意见》,违反安全生产管理规定,非法采矿、破坏性采矿或排放、倾倒、处置有害物质严重污染环境,造成重大伤亡事故或者其他严重后果,同时构成危害生产安全犯罪和破坏环境资源保护犯罪的,依照数罪并罚的规定处罚。

六、本罪的刑事责任

根据刑法典第343条第1款的规定,犯本罪的,处3年以下有期徒刑、拘役或者管制,并处或者单处罚金;情节特别严重的,处3年以上7年以下有期徒刑,并处罚金。

第六节 滥伐林木罪

一、定义

滥伐林木罪,是指违反森林法的规定,未经林业行政主管部门及法律规定的其他主管部门批准并核发采伐许可证,或者虽持有采伐许可证,但违背采伐许可证所规定的地点、数量、树种、方式等任意采伐本单位所有或管理的,以及本人自留山上的森林或者其他林木,数量较大的行为。

本罪侵犯的法益是国家保护林木资源的权益。根据我国《森林法》《森林法实施细则》的规定,凡采伐林木的都必须申请采伐许可证,按许可证的规定进行采伐,但采伐竹子和不是以生产竹材为主要目的的竹林,以及农村居民采伐自留地、房前屋后自有的零星林木除外;国营林业企业事业单位、机关、团体、部队、学校和其他国营企业事业单位采伐林木,由所在地县级以上林业主管部门审核发放采伐许可证;铁路、公路的护路林和城镇林木的更新采伐,由有关主管部门审核发放采伐许可证;农村集体经济组织采伐林木,由县级林业主管部门审核发放采伐许可证;农村居民采伐自留山和个人承包集体的林木,由县级林业主管部门或者其委托的乡、镇人民政府审核发放采伐许可证;采伐以生产竹材为主要目的的竹林,同样适用上述审核程序。《森林法》还规定,森林资源属于国家所有,由法律规定属于集体所有的除外。国家所有的和集体所有的森林、林木和林地,个人所有的林木和使用的林地,其所有者和使用者的合法权益,受法律保护,任何单位和个人不得侵犯。国有企事业单位、机关、团体、部队营造的林木,由营造单位经营并按照国家规定支配林木收益;集体所有制单位营造的林木,归该单位所有;农村居民在房前屋后、自留地、自留山种植的林木,归个人所有,城镇居民和职工在自有房屋的庭院种植的林木,归个人所有;集体或者个人承包国家所有和集体所有的宜林荒山荒地造林的,承包后种植的林木归承包的集体或者个人所有,承包合同另有规定的,按照承包合同的规定执行。在未履行上述审核程序的情况下实施的滥伐行为,就是对林业资源的侵犯。

二、犯罪客观要件

本罪的客观要件表现为行为人具有违反森林法的规定,未经林业行政主管部门及法律规定的其他主管部门批准并核发采伐许可证,或者虽持有采伐许可证,但违背采伐许可证所规定的地点、数量、树种、方式等任意采伐本单位所有或管理的,以及本人自留山上的森林或者其他林木的行为。具体包括以下方面:(1)行为违反森林法。所谓"违反森林法",主要是指违反《森林法》《森林法实施细则》和《森林采伐更新管理办法》等森林保护法律、法规。(2)具有未经林业行政主管部门批准并核发采伐许可证而任意采伐的行为。所谓"未经林业行政主管部门批准并核发采伐许可证而任意采伐的行为",主要是指"无证采伐",即没有经有关林业行政管理部门,以及其他有权批准采伐的主管部门的批准,并核发采伐许可证,而擅自砍伐本单位和本人所有或所管理的林木。所谓"虽持有采伐许可证,但违背采伐许可证所规定的地点、数量、树种、方式而任意采伐本单位或本人所有或管理的森林或者其他林木行为",是指"有证滥伐"的行为,即虽有有关部门批准采伐并核发的采伐许可证,但违背了许可证上所规定的地点、数量、树种和方式等进行的采伐行为。需要明确的是,构成滥伐林木罪所违背采伐许可证上规定的四项内容,并不要求违背上述四项的全部,一般来说,只要违背上述四种内容之一,即可视为滥伐林木的行为。

【例题】 甲公司竖立的广告牌被路边树枝遮挡,甲公司在未取得采伐许可的情况下,将遮挡广告牌的部分树枝砍掉,所砍树枝共计 6 立方米。关于本案,下列哪一选项是正确的?(2013 年国家司法考试真题)

A. 盗伐林木包括砍伐树枝,甲公司的行为成立盗伐林木罪。
B. 盗伐林木罪是行为犯,不以破坏林木资源为要件,甲公司的行为成立盗伐林木罪。
C. 甲公司不以非法占有为目的,只成立滥伐林木罪。
D. 不能以盗伐林木罪判处甲公司罚金。

答案:D

三、犯罪主观要件

本罪主体是一般主体,自然人和单位均可构成。本罪主观方面是故意。

四、犯罪量度要件

构成本罪要求滥伐林木数量较大。根据 2000 年最高人民法院《关于审理破坏森林资源刑事案件具体应用法律若干问题的解释》的规定,滥伐林木"数量较大",以 10 至 20 立方米或者幼树 500 至 1000 株为起点;滥伐林木"数量巨大",以 50 至 100 立方米或者幼树 2500 至 5000 株为起点。上述司法解释第 11 条规定,具有下列情形之一的,属于在林区非法收购盗伐、滥伐的林木"情节严重":(1)非法收购盗伐、滥伐的林木 20 立方米以上或者幼树1000株以上的;(2)非法收购盗伐、滥伐的珍贵树木2立方米以上或者5株以上的;(3)其他情节严重的情形。具有下列情形之一的,属于在林区非法收购盗伐、滥伐的林木"情节特别严重":(1)非法收购盗伐、滥伐的林木100立方米以上或者幼树5000株以上的;(2)非法收购盗伐、滥伐的珍贵树木5立方米以上或者10株以上的;(3)其他情节特别严重的情形。根据2008年最高人民检察院、公安部《关于公安机关管辖的刑事案件立案追诉标准的规定(一)》的规定,违反森林法的规定,滥伐森林或者其他林木,涉嫌下列情形之一的,应予立案追诉:(1)滥伐10至20立方米以上的;(2)滥伐幼树500至1000株以上的。违反森林法的规定,具有下列情形之一的,属于"滥伐森林或者其他林木":(1)未经林业行政主管部门及法律规定的其他主管部门批准并核发林木采伐许可证,或者虽持有林木采伐许可证,但违反林木采伐许可证规定的时间、数量、树种或者方式,任意采伐本单位所有或者本人所有的森林或者其他林木的;(2)超过林木采伐许可证规定的数量采伐他人所有的森林或者其他林木的。

五、本罪的刑事责任

根据刑法典第345条第2款的规定,犯本罪的,处3年以下有期徒刑、拘役或者管制,并处或者单处罚金;数量巨大的,处3年以上7年以下有期徒刑,并处罚金。第4款规定,滥伐国家级自然保护区的森林或者其他林木的,从重处罚。

第七节 其他破坏环境资源保护罪

其他破坏环境资源保护罪,是指污染环境罪、非法捕捞水产品罪、非法狩猎罪、非法占用农用地罪、非法采矿罪、滥伐林木罪以外的其他破坏环境资源保护罪。这类犯罪有:非法处置进口的固体废物罪,擅自进口固体废物罪,非法猎捕、杀害珍贵、濒危野生动物罪,非法收购、运输、出售珍贵、濒危野生动物、珍贵、濒危野生动物制品罪,破坏性采矿罪,非法采伐、毁坏国家重点保护植物罪,非法收购、运输、加工、出售国家重点保护植物、国家重点保护植物制品罪,盗伐林木罪,非法收购、运输、滥伐的林木罪。实践中,要么这些犯罪比较容易认定,要么这些犯罪比较少发,故这里予以简要介绍。

一、非法处置进口的固体废物罪

非法处置进口的固体废物罪,是指违反国家规定,将中国境外的固体废物进境倾倒、堆放、处置的行为。所谓"倾倒",是指通过船舶、汽车等运载工具向水体处置废物或者其他有害物质的行为。所谓"堆放",是指将境外的固体废物直接弃置在土地上的行为。所谓"处置",是指将境外的固体废物焚烧和用其他改变其物理、化学、生物特性的方法,以减少数量、缩小其体积、减少或消除其成分的行为。所谓"固体废物",是指在生产建设、日常生活和其他活动中产生的污染环境的固态、半固态废弃物质。本罪主观方面是故意,并且是直接故意,即明知自己进境倾倒、堆放、处置固体废物的行为是法律禁止的行为,并且希望此种行为发生的心理态度。犯罪动机不影响本罪的成立。本罪为行为犯。

根据刑法典第 339 条第 1 款和 346 条的规定,犯本罪的,处 5 年以下有期徒刑或者拘役,并处罚金;造成重大环境污染事故,致使公私财产遭受重大损失或者严重危害人体健康的,处 5 年以上 10 年以下有期徒刑,并处罚金;后果特别严重的,处 10 年以上有期徒刑,并处罚金。单位犯本罪的,对单位判处罚金,并对直接负责的主管人员和其他直接责任人员,依照上述规定处罚。

二、擅自进口固体废物罪

擅自进口固体废物罪,是指未经国务院有关主管部门许可,擅自进口固体废物用作原料,造成重大环境污染事故,致使公私财产遭受重大损失或者严重危害人体健康的行为。

根据刑法典第 339 条第 2 款和第 346 条的规定,犯本罪的,处 5 年以下有期徒刑或者拘役,并处罚金;后果特别严重的,处 5 年以上 10 年以下有期徒刑,并处罚金。单位犯本罪的,对单位判处罚金,并对直接负责的主管人员和其他直接责任人员,依照上述规定处罚。

三、非法猎捕、杀害珍贵、濒危野生动物罪

非法猎捕、杀害珍贵、濒危野生动物罪,是指违反野生动物保护法规,猎捕、杀害国家重点保护的珍贵、濒危野生动物的行为。本罪侵犯的法益是国家保护珍贵、濒危野生动物的合法权益。这里的"非法猎捕、杀害",是指没有特许猎捕证而非法猎捕、杀害。有特许猎捕证但未按猎捕证所规定的种类、数量、地点、期限或方式捕杀的,仍以非法猎捕、杀害论处。

根据刑法典第 341 条和第 346 条的规定,犯本罪的,处 5 年以下有期徒刑或者拘役,并处罚金;情节严重的,处 5 年以上 10 年以下有期徒刑,并处罚金;情节特别严重的,处 10 年以上有期徒刑,并处罚金或者没收财产。[①] 单位犯本罪的,对单位判处罚金,并对直接负责的主管人员和其他直接责任人员,依照上述规定处罚。

四、非法收购、运输、出售珍贵、濒危野生动物、珍贵、濒危野生动物制品罪

非法收购、运输、出售珍贵、濒危野生动物、珍贵、濒危野生动物制品罪,是指违反国家有关野生动物保护的规定,非法收购、运输、出售国家重点保护的珍贵、濒危野生动物及其制品的行为。本罪为选择式罪名。

根据刑法典第 341 条和第 346 条的规定,犯本罪的,处 5 年以下有期徒刑或者拘役,

---

① 关于"情节严重""情节特别严重"的具体认定参见 2000 年《最高人民法院关于审理破坏野生动物资源刑事案件具体应用法律若干问题的解释》第 4 条的规定。

并处罚金;情节严重的,处 5 年以上 10 年以下有期徒刑,并处罚金;情节特别严重的,处 10 年以上有期徒刑,并处罚金或者没收财产。① 单位犯本罪的,对单位判处罚金,并对直接负责的主管人员和其他直接责任人员,依照上述规定处罚。

五、破坏性采矿罪

破坏性采矿罪,是指行为人违反地质矿产主管部门审查批准的矿产资源开发利用方案开采矿产资源,并造成矿产资源严重破坏的行为。根据 2003 年最高人民法院《关于审理非法采矿、破坏性采矿刑事案件具体应用法律若干问题的解释》的规定,破坏性采矿造成矿产资源破坏的价值,数额在 30 万元以上的,属于"造成矿产资源严重破坏"。本罪是结果犯。

根据刑法典第 343 条第 2 款和第 346 条的规定,犯本罪的,处 5 年以下有期徒刑或者拘役,并处罚金。单位犯本罪的,对单位判处罚金,并对直接负责的主管人员和其他直接责任人员,依照上述规定处罚。

六、非法采伐、毁坏国家重点保护植物罪

非法采伐、毁坏国家重点保护植物罪,是指违反国家规定,非法采伐、毁坏珍贵树木或者国家重点保护的其他植物的行为。所谓"毁坏",是指采用剥皮、取脂、砍枝等方式使树木死亡或者影响其正常生长、使珍贵树木的价值或使用价值部分丧失或者全部丧失等。所谓"珍贵树木",即林业部门制定的国家珍贵树种名录中规定的珍贵树木品种,主要是具有较高的生态、科学研究、经济利用和观赏价值的树木。其中,国家一级珍贵树木主要包括银杉、巨柏、银杏、水松、南方红豆杉、天目、铁木等;国家二级珍贵树木包括云柏、红松、黄杉、白豆杉等。

根据刑法典第 344 条和第 346 条的规定,犯本罪的,处 3 年以下有期徒刑、拘役或者管制,并处罚金;情节严重的,处 3 年以上 7 年以下有期徒刑,并处罚金。单位犯本罪的,对单位判处罚金,并对直接负责的主管人员和其他直接责任人员,依照上述规定处罚。

七、非法收购、运输、加工、出售国家重点保护植物、国家重点保护植物制品罪

非法收购、运输、加工、出售国家重点保护植物、国家重点保护植物制品罪,是指违反国家规定,非法收购、运输、加工、出售国家重点保护植物、国家重点保护植物制品的行为。所谓"非法收购",是指违反国家规定,为了非法出售而购买国家重点保护的植物及其植物制品。所谓"运输",是指将国家重点保护的植物及其植物制品从甲地运往乙地。如果是将珍稀植物及其次制品运输出境,则构成走私珍稀植物及其制品罪。所谓"加工",是指将

---

① 关于"情节严重""情节特别严重"的具体认定参见 2000 年《最高人民法院关于审理破坏野生动物资源刑事案件具体应用法律若干问题的解释》第 5 条的规定。

国家重点保护的植物加工成植物制品,可以是粗加工,也可以是精加工。所谓"出售",是指将国家重点保护植物、国家重点保护植物制品进行出卖。

根据刑法典第344条和第346条的规定,犯本罪的,处3年以下有期徒刑、拘役或者管制,并处罚金;情节严重的,处3年以上7年以下有期徒刑,并处罚金。单位犯本罪的,对单位判处罚金,并对直接负责的主管人员和其他直接责任人员,依照上述规定处罚。

八、盗伐林木罪

盗伐林木罪,是指违反我国森林法及相关法律的规定,盗伐森林或者其他林木,数量较大的行为。本罪侵犯的法益是国家保护林木资源的权益。所谓"盗伐",是指擅自砍伐。本罪所侵犯的对象是森林和其他林木。森林是指具有一定面积的林木的总体,包括竹林。其他林木包括防护林、用材林、经济林、薪炭林、特种用途林等树木。本罪对象的特殊性决定了其客观方面表现形式的特殊性,因此把"盗伐"仅仅理解为"秘密采伐"是不妥的。①

根据2000年最高人民法院《关于审理破坏森林资源刑事案件具体应用法律若干问题的解释》的规定,以非法占有为目的,具有下列情形之一,数量较大的,依照刑法第345条第1款的规定,以盗伐林木罪定罪处罚:(1)擅自砍伐国家、集体、他人所有或者他人承包经营管理的森林或者其他林木的;(2)擅自砍伐本单位或者本人承包经营管理的森林或者其他林木的;(3)在林木采伐许可证规定的地点以外采伐国家、集体、他人所有或者他人承包经营管理的森林或者其他林木的。盗伐林木"数量较大",以2至5立方米或者幼树100至200株为起点;盗伐林木"数量巨大",以20至50立方米或者幼树1000至2000株为起点;盗伐林木"数量特别巨大",以100至200立方米或者幼树5000至1万株为起点。具有下列情形之一的,属于在林区非法收购盗伐、滥伐的林木"情节严重":(1)非法收购盗伐、滥伐的林木20立方米以上或者幼树1000株以上的;(2)非法收购盗伐、滥伐的珍贵树木2立方米以上或者5株以上的;(3)其他情节严重的情形。具有下列情形之一的,属于在林区非法收购盗伐、滥伐的林木"情节特别严重":(1)非法收购盗伐、滥伐的林木100立方米以上或者幼树5000株以上的;(2)非法收购盗伐、滥伐的珍贵树木5立方米以上或者10株以上的;(3)其他情节特别严重的情形。另外,对于盗伐防护林、经济林、特种用途林的,应适当降低数量标准。对于多次盗伐林木未经处理的,应累计盗伐的数量。

根据刑法典第345条和第346条的规定,犯本罪的,处3年以下有期徒刑、拘役或者管制,并处罚金;数量巨大的,处3年以上7年以下有期徒刑,并处罚金。盗伐国家级自然保护区的森林或者其他林木的,从重处罚。单位犯本罪的,对单位判处罚金,并对直接负责的主管人员和其他直接责任人员,依照上述规定处罚。

---

① 赵秉志主编:《疑难刑事问题司法对策》(第1集),吉林人民出版社1999年版,第266页。

九、非法收购、运输、滥伐的林木罪

非法收购、运输盗伐、滥伐的林木罪,是指违反国家规定,非法收购明知是盗伐、滥伐的林木,情节严重的行为。这里的"情节严重",主要是指:多次收购盗伐、滥伐林木的;收购盗伐、滥伐林木,数量巨大的;伪造收购证件从事非法收购活动的等等。

根据刑法典第345条和第346条的规定,犯本罪的,处3年以下有期徒刑、拘役或者管制,并处或者单处罚金;情节特别严重的,处3年以上7年以下有期徒刑,并处罚金。单位犯本罪的,对单位判处罚金,并对直接负责的主管人员和其他直接责任人员,依照上述规定处罚。

第八节 罪之比较与适用

本章罪是我国刑法分则第六章妨害社会管理秩序罪的第六节。本章犯罪不但互相之间存在着一些混淆之处,而且与其他章节规定的犯罪也有相似之处。

一、本章罪之比较

(一)非法处置进口的固体废物罪与擅自进口固体废物罪的区别

两罪的对象都是固体废物,都是从境外运输进境。非法处置进口的固体废物罪与擅自进口固体废物罪的区别主要表现为:(1)是否需要得到批准不同。非法处置进口的固体废物罪是经过国务院有关部门批准;擅自进口固体废物罪是没有经过批准而擅自进口的。(2)客观行为表现不同。非法处置进口的固体废物罪有将境外固体废物进境倾倒、堆放、处置境外固体废物的行为;擅自进口固体废物罪只要求擅自进口。(3)犯罪既遂形态不同。非法处置进口的固体废物罪是行为犯,只要有在境内倾倒、堆放、处置固体废物的行为,即可构成;擅自进口固体废物罪是结果犯,只有造成重大环境污染事故,致使公私财产遭受重大损失或者严重危害人体健康的,才构成本罪。(4)主观故意内容不同。非法处置进口的固体废物罪表现为意图将境外的固体废物进境倾倒、堆放、处置;擅自进口固体废物罪表现为意图将固体废物进口作原料用。

(二)非法采矿罪与破坏性采矿罪的区别

非法采矿罪与破坏性采矿罪的区别主要表现在客观特征上:非法采矿罪是违反矿产资源保护法律、法规,在无证的情况下所实施的非法采矿,或者进入国家规划矿区、对国民经济具有重要价值的矿区和他人矿区范围采矿,或者开采国家规定实行保护性开采的特定矿种,经责令停止开采后拒不停止开采的行为;破坏性采矿罪则是在持有采矿许可证的前提下,违反矿产资源保护法律、法规的规定,采取破坏性的开采方法开采矿产资源的行为。

（三）非法采伐、毁坏国家重点保护植物罪与盗伐林木罪、滥伐林木罪的区别

非法采伐、毁坏国家重点保护植物罪与盗伐林木罪、滥伐林木罪的区别主要表现为：（1）犯罪对象不同。非法采伐、毁坏国家重点保护植物罪侵害的对象只能是国家重点保护的植物；盗伐林木罪、滥伐林木罪侵害的是森林和其他林木。（2）客观行为表现不同。非法采伐、毁坏国家重点保护植物罪表现为非法采伐、毁坏行为；盗伐林木罪、滥伐林木罪表现为盗伐、滥伐行为。（3）犯罪既遂形态不同。非法采伐、毁坏国家重点保护植物罪是行为犯；盗伐林木罪、滥伐林木罪是结果犯。

（四）滥伐林木罪与盗伐林木罪的区别

滥伐林木罪与盗伐林木罪的区别主要表现为：（1）侵害的对象不完全相同。滥伐林木罪侵害的对象是行为人享有所有权或采伐权的林木；盗伐林木罪侵害的对象是行为人既不享有所有权，也不享有采伐权的林木。（2）主观目的不同。滥伐林木罪在主观方面不一定都具有非法占有的目的；盗伐林木罪在主观上一般具有非法占有的目的。（3）犯罪客观方面不同。滥伐林木罪表现为没有按森林法及相关法规的规定去砍伐；盗伐林木罪是擅自砍伐，一般具有秘密性，但不以此为要件。（4）处罚不同。两罪最高法定刑虽然都为7年，但滥伐林木罪处以最高刑要求数量巨大，而盗伐林木罪数量较大即可处以最高刑。

二、与其他章节罪之比较

（一）污染环境罪与重大责任事故罪的区别

两罪的相同之处在于都是结果犯，且都要求造成严重后果。污染环境罪与重大责任事故罪的区别主要表现为：（1）犯罪主体不同。前罪是自然人，也可以是单位；后罪只能是自然人。（2）客观表现不同。前罪表现为违反国家规定，向土地、水体、大气排放、倾倒或者处置危险废物的行为；后罪表现为违反规章制度，因而发生重大事故的行为。（3）犯罪的时间不同。前罪发生的结果可以是长期向土地、水体、大气排放、倾倒或者处置危险废物，在时间上可以表现为长期性；后罪的结果是在生产、作业过程中，一次性的责任事故所造成的，在时间上表现为一次性、偶然性。

（二）污染环境罪与危险物品肇事罪的区别

两罪的相同之处在于都是结果犯，且都要求造成严重后果。污染环境罪与危险物品肇事罪的区别主要表现为：（1）犯罪主体不同。前罪主体是自然人或单位；后罪主体只能是自然人。（2）犯罪对象不同。前罪是危险废物；后罪是危险物品。（3）犯罪发生的时间不同。前罪是在排放、倾倒、处置危险废物过程中发生的；后罪则是在危险物品的生产、运输、保管、使用过程中发生的。（4）发生的结果不同。前罪是造成重大环境污染事故；后罪可以是重大环境污染事故，但也可以是其他的重大事故，如发生重大爆炸、中毒等事故。

（三）非法处置进口的固体废物罪与走私罪的区别

两罪的相同之处在于进口的都是固体废物。非法处置进口的固体废物罪与走私罪的

区别主要表现为:(1)犯罪对象不同。前罪是可用作原料的固体废物;后罪的对象,根据《刑法修正案(四)》第5条的规定,是不能用作原料的固体废物、液态废物和气态废物。(2)客观表现不同。前罪表现为违反国家规定,将中国境外的固体废物进境倾倒、堆放、处置的行为;后罪表现为违反海关法规,逃避海关监管,走私不能用作原料的固体废物、液态废物和气态废物进境行为。

(四)非法捕捞水产品罪与投放危险物质罪、爆炸罪的区别

在一般情况下,这些罪的区别非常明显。但如果行为人用投毒、爆炸方法在禁渔区、禁渔期非法捕捞水产品的,则容易发生混淆。我们认为,在此情况下,区别的关键在于投毒、爆炸行为是否足以危害公共安全。如果行为人的投毒、爆炸行为足以危害公共安全的,就构成投放危险物质罪、爆炸罪;如果行为人的投毒、爆炸行为不足以危害公共安全的,则构成非法捕捞水产品罪。

(五)非法占用农用地罪与非法转让、倒卖土地使用权罪的区别

非法占用农用地罪与非法转让、倒卖土地使用权罪的区别主要表现为:(1)客观表现不同。前罪表现为违反土地管理法规,非法侵占耕地、林地等农用地,改变被占用土地用途,数量较大,造成耕地、林地等农用地大量毁坏的行为;后罪表现为违反土地管理法规,实施了非法转让、倒卖土地使用权,情节严重的行为。(2)主观特征不同。虽然两罪都表现为故意,但是,前罪故意的内容、犯罪的目的和动机不影响犯罪的成立;后罪是目的犯,必须以牟利为目的才可构成本罪。(3)既遂形态不同。前罪是结果犯;后罪是行为犯,只要有情节严重的非法转让、倒卖土地使用权的行为即构成既遂。

三、案例适用

【案例1】

被告人杨某独资开办了天马纸厂,该厂自投产以来,一直没有配置污水处理设备,生产过程中产生的含有挥发酚等有毒物质的污水,都积存在工厂附近的坑里,靠自然蒸发、渗入地下或者排入引黄干渠。天马纸厂因向引黄干渠中排放污水,曾经受到引黄管理局的经济处罚。1997年10月上旬,天马纸厂的污水坑决口,大量污水流入与引黄干渠一闸之隔的壕沟里,将壕沟中的引黄支渠淹没。10月14日下午,被告人杨某在明知壕沟里积存着大量污水的情况下,指派该厂工人以修理引黄干渠闸门启闭机上的传动齿轮为由,借故将闸门提起,致使壕沟里的部分污水流入引黄干渠。10月15日上午,引黄管理局站长刘某发现干渠内进入污水后,找到该厂责令杨某即时排除污水。杨某虽然采取了排污措施,但是未能将污水完全排净,亦未将闸门堵严。当天下午3时许,引黄管理局五级站开机通过引黄干渠向水库管委会管辖的樊村水库供水两个多小时。10月16日早6时许,当引黄水流入樊村水库时,引黄管理局工作人员看到有大量污水同时进入水库,库存的41万方水被污染,遂逆流而上查看,发现污水来自天马纸厂积存污水的壕沟中。由于引黄管理局在发现污水进入樊村水库后,未能及时将此情况通知水库管委会,因此水库管委

会又将被污染的水供给供水公司,使该公司的供水系统被严重污染。为避免发生饮水事故,供水公司只得将北城区的供水中断三天。引黄管理局供给樊村水库的水共计41万方,价值246万元,已被水库管委会拒付水费。水库管委会为清除污染支付各项费用73495元,后将41万方被污染的水以36万元卖给盐化局。扣除所卖水费,水库管委会的实际经济损失为37495元。供水公司因污染遭受各项经济损失共计1076万元,其中有2000元是为清除污染而购置特种工具使用。法院判决认定杨某犯污染环境罪,判处有期徒刑2年,并处罚金5万元人民币。附带民事赔偿250余万。

讨论问题:本案法院的判决是否正确?为什么?

【案例2】

2003年10月底,犯罪嫌疑人洪某欲收购木料,从中牟利。11月10日,洪某与罗某商量购买了罗及其弟自留山上松木28根。次日,在未经林业主管部门审核,又未办理《林木采伐许可证》的情况下,洪某组织他人,砍伐松木28根,并按2—2.4米的规格制成材,在等待上车时,被林业管理部门当场查获,经现场检测木本专业积为7.274立方米,拆据立木蓄积14.699立方米(其中罗某6.299立方米,其弟8.4立方米)。

讨论问题:罗某是否符合滥伐林木罪的主体?洪某的行为是否是滥伐林木的行为?罗某与洪某是否共同构成滥伐林木行为?

【案例3】

2001年1月至2002年3月被告人黄使用"铁猫子"(捕杀工具)和土铳等猎具在湖北省远安县山林中非法猎捕红腹锦鸡9只,并将其制皮。经有关部门鉴定,被告人黄某猎捕的红腹锦鸡系国家二级保护野生动物。法院判决认定被告人黄某犯非法猎捕珍贵、濒危野生动物罪,判处有期徒刑2年,并处罚金1万元。

讨论问题:本案法院的判决是否准确?为什么?

第十七章

妨害社会管理秩序罪(5)：走私、贩卖、运输、制造毒品罪

本类罪侵犯的法益既有国家法益，也有社会法益，部分罪名中也包括个人法益。由于毒品犯罪活动是以毒品为标的物，其犯罪主体既有可能漠视社会对于毒品控制的合法利益期待，也会在犯罪活动中侵害国家对于毒品的管制制度，更可能会教唆、强迫他人吸食毒品，所以本节罪的法益较为多元化。具体而论，走私、贩卖、运输、制造毒品罪与非法生产、买卖、运输制毒物品罪、走私制毒物品罪、非法种植毒品原植物罪既侵害了国家法益也侵害了社会法益，非法持有毒品罪、包庇毒品犯罪分子罪、窝藏、转移、隐瞒毒品、毒赃罪以及非法买卖、运输、携带、持有毒品原植物种子、幼苗罪主要侵害了国家法益，引诱、教唆、欺骗他人吸毒罪、强迫他人吸毒罪、容留他人吸毒罪、非法提供麻醉药品、精神药品罪主要侵害了个人法益。所谓毒品，根据我国《刑法》第357条规定，是指鸦片、海洛因、甲基苯丙胺(冰毒)、吗啡、大麻、可卡因以及国家规定管制的其他能够使人形成瘾癖的麻醉药品和精神药品。国家对上述毒品的生产、销售、供销、运输等，规定了一系列严格的管理制度。这是因为毒品用之得当，可以防病治病，用之不当则会成为瘾癖，危害人的健康和生命。

第一节 走私、贩卖、运输、制造毒品罪

一、定义

走私、贩卖、运输、制造毒品罪，是指明知是毒品而故意实施走私、贩卖、运输、制造特定毒品物质的行为，该罪侵犯法益是国家对毒品的管理制度和人民的生命健康利益。

二、犯罪客观要件

本罪在客观要件上表现为走私、贩卖、运输、制造毒品的行为。走私毒品，是指明知是毒品而非法将其运输、携带、邮寄进出国(边)境的行为。直接向走私人非法收购走私进出口的毒品；或者在内海、领海运输、收购、贩卖毒品的，以走私毒品论处。贩卖毒品，是指明

知是毒品而非法销售,或者以贩卖为目的而非法收买毒品的行为。对于居间介绍买卖毒品的,无论是否获利,均以贩卖毒品罪的共犯论处。运输毒品,是指明知是毒品而采用携带、邮寄、利用他人或者使用交通工具等方法非法运送毒品的行为。制造毒品,是指非法用毒品原植物直接提炼或者用化学方法加工、配制毒品的行为。本罪是选择性罪名,凡是实施了走私、贩卖、运输、制造毒品行为之一的,即以该行为确定罪名;如实施两种以上的行为,即以数行为确定一个罪名,如贩卖、运输毒品罪,不实行数罪并罚。

三、犯罪主观要件

本罪主体既可以是自然人也可以是单位。主观方面是故意,即明知走私、贩卖、运输、制造的对象是毒品,而依然所为,如果不是明知,而是被别人利用、受蒙骗而实施走私、运输、贩卖、制造行为,则不成立犯罪。关于"明知",是指行为人知道或者应当知道所实施的是走私、贩卖、运输毒品的行为。对此,相关司法解释已有明确的规定。①

四、犯罪量度要件

刑法典第247条第1款的规定,走私、贩卖、运输、制造毒品,无论数量多少,都应当追究刑事责任,予以刑事处罚。这并非意味着本罪不受量度要件的制约,对于情节显著轻微、危害不大的行为可不以犯罪处理。

根据2016年最高人民法院《关于审理毒品犯罪案件适用法律若干问题的解释》的规定,在实施走私、贩卖、运输、制造毒品犯罪的过程中,以暴力抗拒检查、拘留、逮捕,造成执法人员死亡、重伤、多人轻伤或者具有其他严重情节的,应当认定为刑法典第347条第2款第4项规定的"以暴力抗拒检查、拘留、逮捕,情节严重"。具有下列情形之一的,应当认定为刑法典第347条第4款规定的"情节严重":(1)向多人贩卖毒品或者多次走私、贩卖、运输、制造毒品的;(2)在戒毒场所、监管场所贩卖毒品的;(3)向在校学生贩卖毒品的;(4)组织、利用残疾人、严重疾病患者、怀孕或者正在哺乳自己婴儿的妇女走私、贩卖、运输、制造毒品的;(5)国家工作人员走私、贩卖、运输、制造毒品的;(6)其他情节严重的情形。

五、本罪的认定

(一) 既遂与未遂

走私毒品主要分为输入毒品与输出毒品,走私途径要通过海路、空路、陆路。其既遂与未遂的区分也应当以装载毒品的船舶是否到达过境的港口或者航空器是否到达国家的领土为标准。我国学界也有学者赞同此观点。② 至于认为只有已经确实通过了海关的支

---

① 2012年最高人民检察院、公安部《关于公安机关管辖的刑事案件立案追诉标准的规定(三)》第1条。
② 张明楷:《刑法学》(第4版),法律出版社2011年版,第1011页。

配地,那么就已经既遂的。我们认为,该见解将既遂的时刻太过于推后,不利于打击毒品犯罪。

(二) 罪与非罪的界限

只要行为人实施了走私、贩卖、运输、制造毒品的行为,不论毒品的数量多少,一律成立犯罪,予以刑事处罚,这体现了我国从严打击毒品犯罪的决心和力度。但若因制药、教学、科研需要,经国家有关主要主管部门的特许从事进出口、买卖、运输、制造毒品的行为,不应以犯罪论处。

(三) 既贩卖毒品,又吸食毒品,如何确定毒品的数量

在司法实践中,常常存在一些犯罪分子一边吸食毒品。一边贩卖毒品,即"以卖养吸"。那么行为人吸食的那一部分应该怎样定性?如某人为吸食毒品而购买50克,其中25克用于自己吸食,而其中另外25克则卖给其他人。对于这种情况,已经吸食掉的毒品因为我国并没有规定吸食毒品为犯罪。所以也就不能对其进行定罪量刑,而只能以贩卖毒品25克对行为人进行定罪处罚。其次,有时行为人在贩卖一部分后,该行为人被抓获,称剩下的这一部分毒品用于自己吸食。这时就应该将贩卖的和剩下的毒品作为一个整体而对其进行定罪处罚。因为行为人已经具有贩毒行为,无法确定行为人对留下的这部分毒品一定不会贩卖。若不对剩余的部分定罪量刑,可考虑适用非法持有毒品罪对其进行定罪处罚,就有放纵该行为人之嫌。

(四) 其他规定

在实施走私、贩卖、运输、制造毒品犯罪的过程中,携带枪支、弹药或者爆炸物用于掩护的,应当认定为刑法典第347条第2款第3项规定的"武装掩护走私、贩卖、运输、制造毒品";枪支、弹药、爆炸物种类的认定,依照相关司法解释的规定执行。①

【例题】 甲、乙通过丙向丁购买毒品,甲购买的目的是为自己吸食,乙购买的目的是为贩卖,丙则通过介绍毒品买卖,从丁处获得一定的好处费。对于本案,下列哪些选项是正确的?(2006年国家司法考试真题)

A. 甲的行为构成贩卖毒品罪。
B. 乙的行为构成贩卖毒品罪。
C. 丙的行为构成贩卖毒品罪。
D. 丁的行为构成贩卖毒品罪。

答案:BCD

六、本罪的刑事责任

根据刑法典第347条的规定,有下列情形之一的,处15年有期徒刑、无期徒刑或者死

---

① 2016年最高人民法院《关于审理毒品犯罪案件适用法律若干问题的解释》。

刑,并处没收财产:(1)走私、贩卖、运输、制造鸦片1000克以上、海洛因或者甲基苯丙胺50克以上或者其他毒品数量大的;(2)走私、贩卖、运输、制造毒品集团的首要分子;(3)武装掩护走私、贩卖、运输、制造毒品的;(4)以暴力抗拒检查、拘留、逮捕,情节严重的;(5)参与有组织的国际贩毒活动的。走私、贩卖、运输、制造鸦片200克以上不满1000克、海洛因或者甲基苯丙胺10克以上不满50克或者其他毒品数量较大的,处7年以上有期徒刑,并处罚金。走私、贩卖、运输、制造鸦片不满200克、海洛因或者甲基苯丙胺不满10克或者其他少量毒品的,处3年以下有期徒刑、拘役或者管制,并处罚金;情节严重的,处3年以上7年以下有期徒刑,并处罚金。单位犯第2款、第3款、第4款罪的,对单位判处罚金,并对其直接负责的主管人员和其他直接责任人员,依照各该款的规定处罚。利用、教唆未成年人走私、贩卖、运输、制造毒品,或者向未成年人出售毒品的,从重处罚。对多次走私、贩卖、运输、制造毒品,未经处理的,毒品数量累计计算。①

第二节　非法持有毒品罪

一、定义

非法持有毒品罪是指违反国家毒品管理法规,未经国家主管部门批准和许可,故意持有一定数量的毒品的行为。本罪侵害的法益是国家对毒品的管制利益。

二、犯罪客观要件

本罪在客观上表现为非法持有毒品的行为。所谓非法,是指违反我国麻醉药品管理、精神药品管理法律、法规的有关规定。所谓持有,是指占有、携带、藏有或者其他方式持有毒品的行为。可以是携带在身,也可以是藏隐秘处或寄存他处。非法持有毒品,也就是指除依照国家有关规定生产、管理、运输、使用麻醉药品、精神药品以外而持有毒品的行为。至于所持有毒品的来源是拾得、受赠或者祖传,不影响本罪的成立。根据查获的证据,不能认定非法持有较大致量毒品是为了进行走私、贩卖、运输或者窝藏毒品犯罪的,才构成本罪。如果有证据能够证明非法持有毒品是为了进行走私、贩卖、运输、窝藏毒品犯罪的,则应当定走私、贩卖、运输或者窝藏毒品罪。

【例题】　关于非法持有毒品罪,下列哪一选项是正确的?(2011年国家司法考试真题)

A. 非法持有毒品的,无论数量多少都应当追究刑事责任。
B. 持有毒品不限于本人持有,包括通过他人持有。

---

① 关于我国《刑法》第347条第2款第1项、第3款的"其他毒品数量大"、"其他毒品数量较大"的认定,参见2016年最高人民法院《关于审理毒品犯罪案件适用法律若干问题的解释》第1条、第2条的相关规定。

C. 持有毒品者而非所有者时,必须知道谁是所有者。
D. 因贩卖而持有毒品的,应当实行数罪并罚。
答案:B

三、犯罪主观要件

本罪主观方面是故意,即行为人明知是毒品而非法持有。不知是毒品而持有,不构成本罪。该罪主体只能是16岁以上的自然人,单位不构成本罪的主体。

四、犯罪量度要件

构成本罪要求达到数量较大的程度。所谓数量较大,根据我国刑法典第348条的规定,是指非法持有鸦片200克以上、海洛因或者甲基苯丙胺10克以上或者其他毒品数量较大的。① 对毒品的数量以查证属实的数量计算,不以纯度折算。行为人只要实施了非法持有数量较大的毒品的行为,才构成本罪。根据2016年最高人民法院《关于审理毒品犯罪案件适用法律若干问题的解释》的规定,非法持有毒品达到刑法典第348条或者本解释第2条规定的"数量较大"标准,且具有下列情形之一的,应当认定为刑法典第348条规定的"情节严重":(1) 在戒毒场所、监管场所非法持有毒品的;(2) 利用、教唆未成年人非法持有毒品的;(3) 国家工作人员非法持有毒品的;(4) 其他情节严重的情形。

五、本罪的认定

(一) 罪与非罪的界限

非法持有鸦片不满200克、海洛因不满10克或者其他少量毒品的,不成立犯罪。

(二) 非法持有毒品罪的罪过形式

违法性意识是指行为人对其行为在法律上是否被允许的有关罪过认识。虽然德日刑法把"违法性"看作是与构成要件符合性、有责性相并列的犯罪构成要件,但是按照我国刑法通说,违法性意识不是犯罪构成的必要条件。例如,《日本刑法典》第140条规定:"持有鸦片烟或吸食鸦片烟之器具者,处一年以下惩役";我国香港地区《刑法条例》也只规定持有毒品罪并未加"非法"限制。我们认为,非法持有毒品罪主观方面不应包括违法性认识。首先,从刑法罪过理论来看,犯罪故意的成立只须有对事实的认识,违法性认识属刑法自身的评价,通常情况下不属于阻却刑事责任的事由,仅在这种违法性认识是因不可抗力或因权力机关懈怠于履行告知义务时才能免责。其次,要求行为人对各种刑事法律、毒品法规、毒品种类、毒品质量等方面具有主观上的认识无疑是苛刻的,因为行为人通常情况下并不具有毒品鉴定的知识。再次,非法持有毒品罪应是先有持有毒品的行为其次才谈得

---

① 另参考2012年最高人民检察院、公安部《关于公安机关管辖的刑事案件立案追诉标准的规定(三)》第2条的规定。

上其刑事违法性问题,在持有毒品罪前加"非法"是不当的,也不符合罪名的科学性。最后,如果要求行为人确知其持有行为违法,将会给刑事司法带来困难,因为行为人认识法律与否乃是其个人精神状态,并非他人可以察知,若认为法律认识错误可阻却责任,法院将以何种标准判断行为人是否知法,颇成问题。所以,非法持有毒品罪之"非法"不应成为行为人主观认识要件。

(三)非法持有毒品罪是否为一种"严格责任"

所谓严格责任(strict liability),是指"对于缺乏主观罪过或罪过不明确的特殊侵害行为追究刑事责任的刑法制度"[①],与绝对责任以及过错推定有明显区别。通说认为,严格责任来源于英美法系国家,尤其在违警犯罪(多为轻罪)中适用,不考虑行为人主观罪过究竟为故意或过失,除非基于第三人原因或不可抗力可以免责外(证明责任由被告承担),只要行为人对于被诉犯罪行为事实状态存在因果关系,行为人不能免责。[②] 严格责任多适用于恐怖型、暴力型重罪和违警型轻罪,在持有毒品罪上适用绝对的严格责任已经很难达到刑事犯罪控制与预防的要求,甚至于违反程序公正。如果因为行为人持有一定毒品就对其定罪,在行为人出于无意识或被第三人陷害情况下很难体现刑事政策的公正。

(四)对非法"持有"行为的认定

我国刑法典虽然规定了这一罪名,但对何种行为属于"持有"并无具体规定。通说认为,持有是指"实际占有、携有、藏有、保存或者其他方式的拥有",毒品是祖辈留传的还是朋友赠送的,在所不问。持有并不一定以在行为人身边或住所发现毒品为其犯罪成立的必要条件,只要毒品被置于行为人实际控制下即可。根据我国刑法典的规定,只有"非法持有鸦片200克以上、海洛因或者甲基苯丙胺10克以上或者其他毒品数量较大的",才构成本罪。刑法典第357条规定"毒品的数量以查证属实的数量计算,不以纯度计算",不过为什么不以纯度计算立法未做出说明,主要是因为毒品纯度鉴定标准不一,难以操作,而且权衡毒品犯罪的社会危害性与效益性所致。

六、本罪的刑事责任

根据刑法典第348条的规定,非法持有鸦片1000克以上、海洛因或甲基苯丙胺50克以上或者其他毒品数量大的,处7年以上有期徒刑或者无期徒刑,并处罚金;非法持有鸦片200克以上不满1000克、海洛因或甲基苯丙胺10克以上不满50克或者其他毒品数量较大的,处3年以下有期徒刑、拘役或者管制,并处罚金;情节严重的,处3年以上7年以下有期徒刑,并处罚金。[③] 根据刑法典第356条的规定,因走私、贩卖、运输、制造非法持有毒品罪被判过刑,又犯非法持有毒品罪的,从重处罚。

---

① 苗有水:《持有型犯罪与严格责任》,载《法律适用》1998年第5期。
② 储槐值:《美国刑法》,北京大学出版社1996年版,第86页。
③ 关于我国刑法典第348条的"其他毒品数量大""其他毒品数量较大"的认定,参见2016年最高人民法院《关于审理毒品犯罪案件适用法律若干问题的解释》第1条、第2条的相关规定。

第三节　非法生产、买卖、运输制毒物品、走私制毒物品罪

一、定义

非法生产、买卖、运输制毒物品、走私制毒物品罪是指违反国家规定,非法生产、买卖、运输醋酸酐、乙醚、三氯甲烷或者其他用于制造毒品的原料、配剂,或者携带上述物品进出境,情节较重的行为。该罪侵害法益是国家对毒品的管制利益。

二、犯罪客观要件

本罪表现为违反国家规定,非法生产、买卖、运输醋酸酐、乙醚、三氯甲烷或者其他用于制造毒品的原料、配剂,或者携带上述物品进出境。根据 2009 年最高人民法院、最高人民检察院、公安部《关于办理制毒物品犯罪案件适用法律若干问题的意见》,违反国家规定,实施下列行为之一的,应认定为非法买卖制毒物品行为:(1) 未经许可或者备案,擅自购买、销售易制毒化学品的;(2) 超出许可证明或者备案证明的品种、数量范围购买、销售易制毒化学品的;(3) 使用他人的或者伪造、变造、失效的许可证明或者备案证明购买、销售易制毒化学品的;(4) 经营单位违反规定,向无购买许可证明、备案证明的单位、个人销售易制毒化学品的,或者明知购买者使用他人的或者伪造、变造、失效的购买许可证明、备案证明,向其销售易制毒化学品的;(5) 以其他方式非法买卖易制毒化学品的。

明知他人制造毒品而为其生产、买卖、运输前款规定的物品的,以制造毒品罪的共犯论处。

【例题】　关于毒品犯罪的论述,下列哪些选项是错误的?(2012 年国家司法考试真题)

A. 非法买卖制毒物品的,无论数量多少,都应追究刑事责任。
B. 缉毒警察掩护、包庇走私毒品的犯罪分子的,构成放纵走私罪。
C. 强行给他人注射毒品,使人形成毒瘾的,应以故意伤害罪论处。
D. 窝藏毒品犯罪所得的财物的,属于窝藏毒赃罪与掩饰、隐瞒犯罪所得罪的法条竞合,应以窝藏毒赃罪定罪处刑。

答案:ABC

三、犯罪主观要件

本罪的主体是一般主体,包括单位和自然人。本罪主观方面是故意,行为人必须明知是制毒物品而生产、买卖、运输或走私。

四、犯罪量度要件

构成本罪需要达到情节较重。根据2016年最高人民法院《关于审理毒品犯罪案件适用法律若干问题的解释》第7条的规定,违反国家规定,非法生产、买卖、运输制毒物品、走私制毒物品,达到下列数量标准的,应当认定为刑法典第350条第1款规定的"情节较重":(1)麻黄碱(麻黄素)、伪麻黄碱(伪麻黄素)、消旋麻黄碱(消旋麻黄素)1千克以上不满5千克;(2)1-苯基-2-丙酮、1-苯基-2-溴-1-丙酮、3,4-亚甲基二氧苯基-2-丙酮、羟亚胺2千克以上不满10千克;(3)3-氧-2-苯基丁腈、邻氯苯基环戊酮、去甲麻黄碱(去甲麻黄素)、甲基麻黄碱(甲基麻黄素)4千克以上不满20千克;(4)醋酸酐10千克以上不满50千克;(5)麻黄浸膏、麻黄浸膏粉、胡椒醛、黄樟素、黄樟油、异黄樟素、麦角酸、麦角胺、麦角新碱、苯乙酸20千克以上不满100千克;(6)N-乙酰邻氨基苯酸、邻氨基苯甲酸、三氯甲烷、乙醚、哌啶50千克以上不满250千克;(7)甲苯、丙酮、甲基乙基酮、高锰酸钾、硫酸、盐酸100千克以上不满500千克;(8)其他制毒物品数量相当的。违反国家规定,非法生产、买卖、运输制毒物品、走私制毒物品,达到前款规定的数量标准最低值的50%,且具有下列情形之一的,应当认定为刑法典第350条第1款规定的"情节较重":(1)曾因非法生产、买卖、运输制毒物品、走私制毒物品受过刑事处罚的;(2)2年内曾因非法生产、买卖、运输制毒物品、走私制毒物品受过行政处罚的;(3)1次组织5人以上或者多次非法生产、买卖、运输制毒物品、走私制毒物品,或者在多个地点非法生产制毒物品的;(4)利用、教唆未成年人非法生产、买卖、运输制毒物品、走私制毒物品的;(5)国家工作人员非法生产、买卖、运输制毒物品、走私制毒物品的;(6)严重影响群众正常生产、生活秩序的;(7)其他情节较重的情形。易制毒化学品生产、经营、购买、运输单位或者个人未办理许可证明或者备案证明,生产、销售、购买、运输易制毒化学品,确实用于合法生产、生活需要的,不以制毒物品犯罪论处。

五、本罪的刑事责任

根据刑法典第350条的规定,犯本罪的,处3年以下有期徒刑、拘役或者管制,并处罚金;情节严重的,处3年以上7年以下有期徒刑,并处罚金;情节特别严重的,处7年以上有期徒刑,并处罚金或者没收财产。① 单位犯前两款罪的,对单位判处罚金,并对其直接负责的主管人员和其他直接责任人员,依照前两款的规定处罚。根据刑法典第356条之规定,因走私、贩卖、运输、制造、非法持有毒品罪被判过刑,又犯本罪的,从重处罚。

---

① 关于我国刑法典第350条第1款"情节严重""情节特别严重"的认定,参见2016年最高人民法院《关于审理毒品犯罪案件适用法律若干问题的解释》第8条的相关规定。

第四节　引诱、教唆、欺骗他人吸毒罪

一、定义

引诱、教唆、欺骗他人吸毒罪，是指通过引诱、教唆、欺骗的方法使他人吸食、注射毒品的行为。本罪侵害的法益是他人的生命健康。

二、犯罪客观要件

本罪的客观要件表现为行为人以引诱、教唆、欺骗的犯罪方法而诱使他人吸食毒品的行为。根据立法的规定有三种行为方式，所以该罪是选择罪名，只要行为人实施上述三种行为任何一种及以上都可构成本罪（不得数罪并罚）。如果行为人只是自己吸食、注射毒品，客观上对他人产生了不良结果，结果引起了他人吸食毒品的欲望与行动，则不能以引诱、教唆、欺骗他人吸食毒品罪定处，否则有客观归罪之嫌。

三、犯罪主观要件

本罪主观方面只能是故意，过失不构成本罪。本罪在主观方面要求故意行为才能构成本罪，因此一些过失行为或无意识的行为不能构成本罪（例如偶尔向他人谈起吸食毒品的快感），只要不是有意识地促使他人吸毒就不能认为是犯罪。在司法实践中，经常有人生病之后行为人为了暂时减轻他人痛苦而将毒品说成是止痛药促使他人吸食或注射而致使他人染上毒瘾。我们认为在这样的情况下应该具体问题具体分析，如果当时情况紧急，他人受伤后缺乏必要的止痛医疗器械，不对其以毒品减轻痛苦就很难保全其性命的情况下，应该认为该"欺骗"行为不构成本罪。因为他人以后吸食毒品的行为属于行为人当时不希望看到的，况且在生命与吸食毒品之间作出选择的活，肯定生命的利益要远远大于毒瘾的危害性。

四、本罪的认定

（一）引诱、教唆、欺骗他人吸食毒品后，吸食人重伤或死亡的如何处理

对于这种情况我国立法中没有明文规定。但是其他国家立法例有相应规定，基本上采用的是加重刑罚的方法解决而不实行数罪并罚。但鉴于我国国情的不同，应该和其他国家有所区别，行为人主观上只想引诱、教咬、欺骗他人吸食毒品，因此可以排除行为人故意致人重伤、致人死亡罪的适用。但究竟是否适用过失重伤或者过失杀人，则应考虑行为人是否已经预料到行为结果的发生或者是否由于疏忽大意而致使他人重伤或死亡。若确实危害结果的发生是意外事故那么就不能对行为人对吸食人重伤或死亡结果的刑事责任。

（二）犯罪对象是已有吸食毒品习惯的人如何处理

如果行为人引诱、教唆、欺骗的对象是没有过吸食、注射毒品经历或虽曾吸食注射毒品，但已彻底戒除的人自然构成本罪。但是若他人虽以前吸食、注射过毒品，现在正在进行戒毒治疗，而行为人通过欺骗的手段又使其毒瘾重燃。对于这种情况，从保护戒毒者、打击引诱、教唆、欺骗者的角度出发，应该对行为人以本罪进行定罪处罚。若犯罪对象是现行的吸食、注射毒品的人，则不应追究其既遂的刑事责任。

五、本罪的刑事责任

根据刑法典第353条第1款的规定，犯本罪的，处3年以下有期徒刑、拘役或者管制，并处罚金；情节严重的，处3年以上7年以下有期徒刑，并处罚金。引诱、教唆、欺骗未成年人吸食、注射毒品的，从重处罚。①

根据刑法典第356条规定，因走私、贩卖、运输、制造、非法持有毒品罪被判过刑，又犯引诱、教唆、欺骗他人吸毒罪的，从重处罚。

第五节　其他走私、贩卖、运输、制造毒品罪

本章详细介绍了相关重点罪名，对于本章其他罪名，因为这些罪名的认定不是很复杂，故予以简要介绍。

一、包庇毒品犯罪分子罪

包庇毒品犯罪分子罪，是指明知是走私、贩卖、运输、制造毒品的犯罪分子而包庇的行为。本罪的行为对象是走私、贩卖、运输、制造毒品的犯罪分子，即刑法典第347条规定的走私、贩卖、运输、制造毒品的犯罪分子。

根据2012年最高人民检察院、公安部《关于公安机关管辖的刑事案件立案追诉标准的规定（三）》第3条的规定，包庇走私、贩卖、运输、制造毒品的犯罪分子，涉嫌下列情形之一的，应予立案追诉：(1) 作虚假证明，帮助掩盖罪行的；(2) 帮助隐藏、转移或者毁灭证据的；(3) 帮助取得虚假身份或者身份证件的；(4) 以其他方式包庇犯罪分子的。实施前款规定的行为，事先通谋的，以走私、贩卖、运输、制造毒品罪的共犯立案追诉。根据2016年最高人民法院《关于审理毒品犯罪案件适用法律若干问题的解释》的规定，包庇走私、贩卖、运输、制造毒品的犯罪分子，具有下列情形之一的，应当认定为刑法典第349条第1款规定的"情节严重"：(1) 被包庇的犯罪分子依法应当判处15年有期徒刑以上刑罚的；(2) 包庇多名或者多次包庇走私、贩卖、运输、制造毒品的犯罪分子的；(3) 严重妨害司法

---

① 关于我国刑法典第353条第1款的"情节严重"的认定，参见2016年最高人民法院《关于审理毒品犯罪案件适用法律若干问题的解释》第11条的相关规定。

机关对被包庇的犯罪分子实施的毒品犯罪进行追究的;(4)其他情节严重的情形。

根据刑法典第349条第1款的规定,犯本罪的,处3年以下有期徒刑、拘役或者管制;情节严重的,处3年以上10年以下有期徒刑。刑法典第356条的规定,因走私、贩卖、运输、制造、非法持有毒品罪被判过刑,又犯窝藏、转移、隐瞒毒品、毒赃罪的,从重处罚。

二、窝藏、转移、隐瞒毒品、毒赃罪

窝藏、转移、隐瞒毒品、毒赃罪,是指明知是毒品或者毒品犯罪所得的财物而为犯罪分子窝藏、转移、隐瞒的行为。

本罪侵害法益是司法机关打击毒品犯罪分子的正常活动。只要证明被告人知道或者应当知道是毒品或者毒品犯罪所得的财物而予以窝藏、转移、隐瞒的,就可以认定。如果不知道而收藏、转移、隐瞒的,不成立犯罪。所谓窝藏,是指将犯罪分子的毒品或者毒品犯罪所得的财物采用各种方法予以藏匿;转移是指从甲处转移到乙处;隐瞒是指司法机关调查犯罪分子的毒品或毒赃时,行为人明知实情而有意隐瞒。实施上述行为之一即可成立犯罪窝藏、转移、隐瞒的对象,必须是特定的犯罪分子的毒品或者毒品犯罪所得的财物。如果是其他物品或者其他犯罪所得的财物,不构成本罪。

根据2016年最高人民法院《关于审理毒品犯罪案件适用法律若干问题的解释》的规定,为走私、贩卖、运输、制造毒品的犯罪分子窝藏、转移、隐瞒毒品或者毒品犯罪所得的财物,具有下列情形之一的,应当认定为刑法典第349条第1款规定的"情节严重":(1)为犯罪分子窝藏、转移、隐瞒毒品达到刑法典第347条第2款第1项或者本解释第1条第1款规定的"数量大"标准的;(2)为犯罪分子窝藏、转移、隐瞒毒品犯罪所得的财物价值达到5万元以上的;(3)为多人或者多次为他人窝藏、转移、隐瞒毒品或者毒品犯罪所得的财物的;(4)严重妨害司法机关对该犯罪分子实施的毒品犯罪进行追究的;(5)其他情节严重的情形。

根据刑法典第349条第1款的规定,犯本罪的,处3年以下有期徒刑、拘役或者管制;情节严重的,处3年以上10年以下有期徒刑。刑法典第356条的规定,因走私、贩卖、运输、制造、非法持有毒品罪被判过刑,又犯窝藏、转移、隐瞒毒品、毒赃罪的,从重处罚。

三、非法种植毒品原植物罪

非法种植毒品原植物罪,是指明知是罂粟、大麻等毒品原植物而非法种植且数量较大,或者经公安机关处理后又种植,或者抗拒铲除的行为。构成非法种植毒品原植物罪,必须具备下列情形:(1)种植罂粟500株以上或者其他毒品原植物数量较大的;(2)经公安机关处理后又种植的,即经公安机关批评教育或治安处罚,行为人自动铲除或被强制铲除后,仍不思悔改,又非法种植的;(3)抗拒铲除的,即对公安机关或毒品原植物种植的主管部门依法强制铲除时,以暴力威胁或其他手段抗拒铲除。如果在抗拒中。造成执法人员重伤或死亡的,应以故意伤害罪(重伤)或故意杀人罪处罚。在第(2)项和第(3)项情况

下,没有种植数量的限制。

根据刑法典第 351 条的规定,犯本罪的,一律强制铲除。有下列情形之一的,处 5 年以下有期徒刑、拘役或者管制,并处罚金:(1) 种植罂粟 500 株以上不满 3000 株或者其他毒品原植物数量较大的;(2) 经公安机关处理后又种植的;(3) 抗拒铲除的。非法种植罂粟 3000 株以上或者其他毒品原植物数量大的,处 5 年以上有期徒刑,并处罚金或者没收财产。非法种植罂粟或者其他毒品原植物,在收获前自动铲除的,可以免除处罚。①

根据刑法典第 356 条的规定,因走私、贩卖、运输、制造、非法持有毒品罪被判过刑,又犯非法种植毒品原植物罪的,从重处罚。

四、非法买卖、运输、携带、持有毒品原植物种子、幼苗罪

非法买卖、运输、携带、持有毒品原植物种子、幼苗罪,是指非法买卖、运输、携带、持有未经灭活的罂粟等毒品原植物种子或者幼苗,数量较大的行为。非法买卖是指以金钱或者实物作价非法购买或卖出的行为。非法运输是指非法从事运输的行为,包括在国内运输和在国(边)境非法输入输出。非法携带、持有是指违反国家规定,随身携带、藏有。未经灭活的罂粟等毒品原植物种子是指没有经过烘烤、放射线照射等处理手段,还能继续繁殖、发芽的罂粟等毒品原植物种子。本罪是选择性罪名,即实施非法买卖、运输、携带、持有未经灭活的罂粟等毒品原植物种子或幼苗的行为之一的,即以该行为确定罪名,实施数个行为,按数个行为确定一个罪名。构成本罪,还必须是非法买卖、运输、携带、持有未经灭活的罂粟等毒品原植物种子或者幼苗,数量较大的,这是区分罪与非罪的重要界限。

根据刑法典第 352 条的规定,犯本罪的,处 3 年以下有期徒刑、拘役或者管制,并处或者单处罚金。根据刑法典第 356 条的规定,因走私、贩卖、运输、制造持有毒品罪,又犯本罪的,从重处罚。②

五、强迫他人吸毒罪

强迫他人吸毒罪,是指违背他人意志,迫使他人吸食、注射毒品的行为。本罪主体为一般主体,主观方面是故意。

根据刑法典第 353 条第 2 款的规定,犯本罪的,处 3 年以上 10 年以下有期徒刑。强迫未成年人吸毒的,从重处罚。根据刑法典第 356 条的规定,因走私、贩卖、运输、制造、非法持有毒品罪被判过刑,又犯强迫他人吸毒罪的,从重处罚。

六、容留他人吸毒罪

容留他人吸毒罪,是指为他人吸食、注射毒品提供场所的行为。这里的"场所"没有特

---

① 关于我国刑法典第 351 条第 1 款第 1 项的"数量较大"、第 2 款的"数量大"的认定,参见 2016 年最高人民法院《关于审理毒品犯罪案件适用法律若干问题的解释》第 9 条的相关规定。

② 关于我国刑法典第 352 条"数量较大"的认定,参见 2016 年最高人民法院《关于审理毒品犯罪案件适用法律若干问题的解释》第 10 条的相关规定。

别限制,住宅、饭店、车辆上等,均可成为容留吸毒的场所。容留行为既可以主动实施,也可以被动实施,既可以是有偿的,也可以是无偿的。① 构成本罪需要满足量度要件,具体包括容留次数、容留人数、容留吸毒造成严重后果等情形。

根据 2016 年最高人民法院《关于审理毒品犯罪案件适用法律若干问题的解释》的规定,容留他人吸食、注射毒品,具有下列情形之一的,应当依照刑法典第 354 条的规定,以容留他人吸毒罪定罪处罚:(1) 1 次容留多人吸食、注射毒品的;(2) 2 年内多次容留他人吸食、注射毒品的;(3) 2 年内曾因容留他人吸食、注射毒品受过行政处罚的;(4) 容留未成年人吸食、注射毒品的;(5) 以牟利为目的容留他人吸食、注射毒品的;(6) 容留他人吸食、注射毒品造成严重后果的;(7) 其他应当追究刑事责任的情形。向他人贩卖毒品后又容留其吸食、注射毒品,或者容留他人吸食、注射毒品并向其贩卖毒品,符合前款规定的容留他人吸毒罪的定罪条件的,以贩卖毒品罪和容留他人吸毒罪数罪并罚。容留近亲属吸食、注射毒品,情节显著轻微危害不大的,不作为犯罪处理;需要追究刑事责任的,可以酌情从宽处罚。

根据刑法典第 354 条的规定,犯本罪的,处 3 年以下有期徒刑、拘役或者管制,并处罚金。根据刑法典第 356 条的规定,因走私、贩卖、运输、制造持有毒品罪被判过刑,又犯容留他人吸毒罪,从重处罚。

七、非法提供麻醉药品、精神药品罪

非法提供麻醉药品、精神药品罪,是指依法从事生产、运输、管理、使用国家管制的麻醉药品、精神药品的单位和人员,违反国家规定,明知他人是吸食、注射毒品的人,而向其提供国家规定管制的能够使人形成瘾癖的麻醉药品、精神药品的行为。行为主体只能是依法从事生产、运输、管理、使用国家管制的麻醉药品、精神药品的单位和人员。

根据 2016 年最高人民法院《关于审理毒品犯罪案件适用法律若干问题的解释》的规定,依法从事生产、运输、管理、使用国家管制的麻醉药品、精神药品的人员,违反国家规定,向吸食、注射毒品的人提供国家规定管制的能够使人形成瘾癖的麻醉药品、精神药品,具有下列情形之一的,应当依照刑法典第 355 条第 1 款的规定,以非法提供麻醉药品、精神药品罪定罪处罚:(1)非法提供麻醉药品、精神药品达到刑法典第 347 条第 3 款或者本解释第 2 条规定的"数量较大"标准最低值的 50%,不满"数量较大"标准的;(2) 2 年内曾因非法提供麻醉药品、精神药品受过行政处罚的;(3) 向多人或者多次非法提供麻醉药品、精神药品的;(4) 向吸食、注射毒品的未成年人非法提供麻醉药品、精神药品的;(5) 非法提供麻醉药品、精神药品造成严重后果的;(6) 其他应当追究刑事责任的情形。

根据刑法典第 355 条的规定,犯本罪的,处 3 年以下有期徒刑或者拘役,并处罚金;情节严重的,处 3 年以上 7 年以下有期徒刑,并处罚金。单位犯本罪的,对单位判处罚金,并

---

① 张明楷:《刑法学》(第 4 版),法律出版社 2011 年版,第 1019 页。

对其直接负责的主管人员和其他直接责任人员,依照前款的规定处罚。① 根据刑法典第356条的规定,因走私、贩卖、运输、制造、非法持有毒品罪被判过刑,又犯非法提供麻醉药品、精神药品罪的,从重处罚。

第六节　罪之比较与适用

本章犯罪不但互相之间存在着一些混淆之处,而且与其他章节规定的犯罪也有相似之处。

一、本章罪之比较

(一) 非法持有毒品罪与走私、贩卖、运输、制造毒品罪的区别

两罪在客观方面、主观故意的内容上都是根本不同的,一般容易区分。但是,两罪都是以毒品为犯罪对象,在一定的时间、空间里都持有毒品,易于混淆。如果在走私、贩卖、运输、制造过程中持有毒品,由于在这种情况下的毒品是用以实施犯罪的物品,因此应分别以走私、贩卖、运输、制造毒品罪定罪处刑。走私、贩卖、运输、制造毒品的犯罪人,都必然要非法持有毒品,因此,如果行为人是因为走私、贩卖、运输、制造毒品而非法持有的,不能认定为非法持有毒品罪,而应认定为走私、贩卖、运输、制造毒品罪。当然也不能对其进行数罪并罚,因为这时二罪之间已成立吸收关系,只依一重罪定罪处罚。此外,有时毒品虽然处以运动状态,也不能单纯地认定为犯有走私、贩卖、运输、制造毒品的行为,也不能仅仅因为犯罪分子将毒品隐匿在某一地而单纯地认定为其构成非法持有毒品罪,而一定要从主观方面和客观方面认真地加以分析。

(二) 窝藏毒品罪与非法持有毒品罪的区别

窝藏毒品罪与非法持有毒品罪的区别主要表现为:前罪窝藏的是犯罪分子的毒品;后罪则不是犯罪分子的毒品。如果没有确凿证据证明是为犯罪分子窝藏毒品,应以非法持有毒品罪论处。非法持有毒品与窝藏毒品最为相似,特别是两者的外在表现完全一致,均为非法存有毒品,其区别主要从主观目的上加以区分。非法持有毒品罪的主观目的主要表现为行为人持有毒品是为了自己吸食,或者行为人持有毒品是为一种司法机关在现实条件下难以查明的目的。但是,窝藏毒品罪在主观方面的表现尤为明显,即只是为了其他毒品犯罪分子藏匿毒物,从而逃避司法机关的追查。此外,两罪在对于毒品数量的要求及其刑事责任的规定也有所不同。

(三) 走私制毒物品罪与走私毒品罪的区别

两罪行为都表现为逃避海关监管的走私方式,都是从走私罪中分离出来而分别成罪

---

① 关于我国刑法典第355条第1款"情节严重"的认定,参见2016年最高人民法院《关于审理毒品犯罪案件适用法律若干问题的解释》第13条的相关规定。

的,因而它们都侵犯了国家的对外贸易管制这一法益,这是它们之间的共同之处。走私制毒物品罪与走私毒品罪的区别主要表现为:(1)侵犯的法益不同。走私制毒物品罪侵犯的法益还包括有国家对制毒物品的进出口管理;走私毒品罪侵犯的法益除了国家对外贸易管制外,还有国家对毒品的进出口管制。(2)犯罪对象不同。走私制毒物品罪的犯罪对象是醋酸酐、乙醚、三氯甲烷或其他用于制造毒品的原料或配剂物品;走私毒品罪的犯罪对象是鸦片、海洛因、甲基苯丙胺、吗啡、大麻以及国家规定管制的其他能够使人形成毒瘾的麻醉药品和精神药品。

(四)走私制毒物品罪与制造毒品罪的区别

走私制毒物品罪与制造毒品罪的区别主要表现为:(1)侵犯的法益不同。走私制毒物品罪侵犯的法益是国家对外贸易管制及国家对制毒物品的进出口管制;制造毒品罪只是侵犯了国家对毒品的管制。(2)客观方面不同。走私制毒物品罪则是对制毒物品这种特殊化学物品的一种走私行为,而且走私制毒物品罪的构成还需"数量较大"这一客观要件;制造毒品罪是以加工或提炼的方法生产毒品,制造毒品罪是行为犯,并不要求数量上的要求。但是,有一点必须明确,即如果行为人明知他人制造毒品而仍然将制毒物品非法运输、携带进出境而为其提供上述制毒物品的,应以制造毒品罪论处,作为制造毒品犯罪分子的共犯处罚。如果行为人在把其所走私的制毒物品向他人提供时不知是用于制造毒品的只是为了牟取暴利而将国家禁止、限制进出口的制毒物品非法运输、携带进出境倒卖的,或者只知他人收买上述制毒物品是为了走私而向其提供出售的,则应以走私制毒物品罪论处。

(五)非法买卖制毒物品罪与走私制毒物品罪的区别

两罪都以制毒物品为犯罪对象,都侵犯了国家对制毒物品的管制。但非法买卖制毒物品罪与走私制毒物品罪的区别主要表现为:(1)侵犯的法益不同。走私制毒物品罪既侵犯了我国对制毒物品的进出口管制,也侵犯了我国的对外贸易管制;非法买卖制毒物品罪只是侵犯了国家对制毒物品国内贸易的管制。(2)客观方面不同。非法买卖制毒物品罪在客观上则表现为在境内非法买卖制毒物品的行为;走私制毒物品罪在客观上表现为运输、携带制毒物品进出境的行为。两罪区别的难点在于直接向走私人非法收购制毒物品的行为以及在内海、领海收购、贩卖制毒物品的行为如何定罪处罚的问题。我们认为,可以参照刑法典第155条的有关规定,而不以非法买卖制毒物品罪来定罪处罚。

(六)强迫他人吸毒罪与贩卖毒品罪的区别

强迫他人吸毒罪与贩卖毒品罪的区别主要表现为:(1)侵犯的法益和犯罪对象不同。前罪侵犯的是复杂法益,即国家对毒品的管理制度和公民的健康权利,犯罪对象是不愿吸食、注射毒品的人;后罪侵犯的是单一法益,即国家对毒品的管理制度,犯罪对象是毒品。(2)客观表现不同。前罪表现为以暴力、胁迫等手段迫使他人吸毒、注射毒品的行为;后罪表现为非法转手倒卖毒品或者销售自制的毒品的行为。如果行为人既强迫他人吸食、注射毒品,又向其贩卖毒品的,则应以贩卖毒品罪论处。

二、与其他章节罪之比较

（一）贩卖、运输、制造毒品罪与诈骗罪的区别

对于故意制造假毒品出售，或明知是非毒品而冒充毒品贩卖的行为，由于行为人主观上不具有制造、贩卖毒品的故意，客观上所制造、贩卖的对象也不是毒品，而是利用假毒品诈骗他人钱财，如果数额较大符合诈骗罪构成要件的，应当按诈骗罪论处。对于行为人不知所获得的是假毒品，将其以真毒品贩卖获利的，由于其主观上具有贩毒的故意，应以贩卖毒品罪未遂论处。如果行为人在非毒品中掺和毒品贩卖，只要贩卖物中含有毒品，应以贩卖毒品罪论处。

（二）强迫他人吸食毒品罪与以投毒方法杀人罪的区别

如果行为人违背他人意志，迫使他人吸食、注射毒品，造成他人因毒品过量死亡，是否可以构成故意杀人罪？从立法意图而言，强迫他人吸食毒品罪在于否定行为人置他人生命、健康不顾，而并非具有杀死他人故意，强迫他人吸食可能是为了取乐，也可能为了控制他人自由或诱使他人从事犯罪。如果行为了以剥夺他人生命为目的，客观上强迫他人吸食过量毒品，应当以故意杀人罪论处。如果行为人主观上难以预见他人吸食毒品之后果，例如，行为人不知受害人对某类毒品过敏而强迫受害人吸食未过量毒品，则不能以故意杀人罪论处（行为人主观上不具有杀死受害人之故意），只能定强迫他人吸食毒品罪。

（三）制造、贩卖毒品罪与制造、贩卖假药、劣药罪的区别

贩卖、制造毒品罪与制造、贩卖假药罪的区别主要表现为：（1）侵害的法益不同。前罪侵犯的主要法益是国家对毒品的管理制度；后罪侵犯的法益是国家的药政管理制度。（2）犯罪对象不同。前罪的犯罪对象是毒品；后罪的犯罪对象则是假药、劣药。（3）是否具有营利目的不同。前罪不要求以营利为目的；后罪则必须以营利为目的。

（四）非法买卖制毒物品罪与非法经营罪的区别

从某种意义上说，非法买卖制毒物品罪是从非法经营罪中分离出来的，其分离原因就在于非法买卖制毒物品罪的对象是特定的，两罪是普通法条与特别法条的关系。凡是违反国家规定，非法买卖制毒物品的行为，不再认定为非法经营罪，而是直接以非法买卖制毒物品罪进行处罚。

三、案例适用

【案例1】

2000年下半年以来，被告人邓帮良、陈贻波、黄有森、伙同何昌育、潘德乙结伙在海口市贩卖毒品海洛因。潘德乙负责联系毒品货源，交给被告人邓帮良，再由邓帮良交与陈贻波、黄有森、何昌育等人分包、零售，所获赃款交给邓帮良，由邓帮良收齐后与潘德乙结算。2001年2月12日，被告人黄有森用被告人何昌育提供的身份证租下海口市万华路2号新兴大厦401房，作为分装毒品的窝点，由邓帮良提供天平秤以及剪刀、塑料袋等分包工具，

并通过手机、寻呼机联系销售毒品。3月27日上午8时左右,被告人邓帮良在海口市沿江饭店607房收到潘德乙提供的海洛因,遂安排黄有森、何昌育分包,安排陈贻波负责销售,并将其手机交给陈贻波以便与买毒人联系。10时20分,何昌育驾驶车牌号为琼CU0428的摩托车与黄有森一起携毒品前往新兴大厦401房,途经机场东路时,遇公安人员设卡临时检查,二人弃车逃跑,后被抓获,并查获黄有森随身携带的海洛因4包重550.3克、何昌育随身携带的海洛因9包重8.85克。当晚,公安人员在海口市沿江饭店610房将邓帮良、陈贻波抓获,同时,对新兴大厦401房进行搜查,缴获海洛因3包重0.93克、天平秤一台、砝码一套、剪刀一把、毒品包装物四片,并在该包装物上提取陈贻波的指纹四枚。

讨论问题:该案中三被告应当如何定罪?对被告人黄有森能否定窝藏毒品罪?

【案例2】

敖某于2001年2月12日,在重庆市某商场附近,贩卖海洛因10克给吸毒人员黄某。2月13日,敖某在重庆市某舞厅附近,又贩卖海洛因5克给吸毒人员黄某。同月14日,敖某在重庆市某医院至某茶楼的楼梯处,再次贩卖海洛因30克给吸毒人员黄某时,发现黄某已经吸食过毒品,有中毒症状,但为谋利仍贩卖给黄某毒品。3月18日,公安人员在敖某租住的房内,搜缴海洛因368.5克以及贩毒工具天平秤和模具。敖某在口供中陈述:我是黄某的主要"货源",1个月内先后向黄某贩卖海洛因近120克,且知黄某曾有吸毒过量医院抢救经历。

讨论问题:本案中对敖某的行为如何定罪?

【案例3】

被告人张某,为了从毒品中牟利,经常采用先欺骗他人吸毒品再向其贩卖毒品方法获利。张某往往通过以极其少量毒品"免费"提供他人,受害人陈某(患有严重心血管疾病)在张某引诱下多次吸食毒品后,心血管病发作而亡。

讨论问题:对张某行为如何定性?

第十八章

妨害社会管理秩序罪(6)：组织、强迫、引诱、容留、介绍卖淫罪

本章规定的犯罪都属于与卖淫活动以及相应的嫖娼活动的犯罪，侵犯的法益是社会治安管理秩序和社会风尚。本章犯罪的共同构成要件是：(1)在客观方面表现为实施了与卖淫嫖娼活动相关联的犯罪行为，具体包括组织他人卖淫行为，引诱、容留、介绍他人卖淫行为，引诱幼女卖淫行为，传播性病行为等。(2)本章罪中大多数犯罪的主体为一般主体，即年满16周岁的具有刑事责任能力的自然人；只有传播性病罪的主体为特殊主体，即明知自己患有梅毒、淋病等严重性病的自然人。(3)本章罪的主观方面是故意，且为直接故意。

第一节 组织卖淫罪

一、定义

组织卖淫罪是指以招募、雇佣、强迫、引诱、容留等手段，控制多人从事卖淫的行为。

组织卖淫罪侵犯了多个法益，包括社会管理秩序、社会道德风尚、他人的性的自由及人身自由等，但主要侵犯的是社会管理秩序和良好的社会道德风尚，因而应归入妨碍社会管理秩序罪。

二、犯罪客观要件

组织卖淫罪在客观要件上表现为行为人实施招募、雇佣、强迫、引诱、容留等手段，纠集、控制多人进行卖淫的行为。

(1)从整体上讲，本罪必须具备组织卖淫行为。所谓组织，是指"安排分散的人或事物使具有一定的系统性或整体性"[1]，它有安排、筹划、指示、指挥等含义。我国刑法在两

---

[1] 《现代汉语词典》(第5版)，商务印书馆2005年版，第1820页。

种不同意义上使用组织一词,一种是在总则中规定的,另一种是分则中所规定的犯罪行为。刑法典第20条规定,组织、领导犯罪集团进行犯罪活动的……是主犯。在此意义上,组织可以看成是按分工为标准所称的组织犯。所谓组织犯,是指组织、领导犯罪集团或者在犯罪集团中起策划、指挥作用的分子①。同时,刑法分则中还规定有一些具体犯罪中的组织行为,如组织、领导、参加黑社会性质组织罪、组织越狱罪等,组织卖淫罪等,这些具体的犯罪组织行为都是实行行为。

组织卖淫罪的"组织",包括三方面含义:一是"组织"(狭义的),即将分散的卖淫行为予以集中、以便控制;二是"策划",即为组织卖淫活动而进行谋划布置、制订计划的行为;三是"指挥",即在卖淫活动中予以主持运作的行为。

(2)从具体方面看,组织他人卖淫采用的主要是招募、雇佣、强迫、引诱、容留等手段。

"招募",是指募集自愿卖淫者到自己的卖淫组织或他人的卖淫组织从事卖淫活动的行为。招募的形式可能是公开的,也可能是秘密的。以公开形式招募的,主要是以广告形式进行,如现在街头小报或街头传单经常刊登招募"公关小姐、先生"式广告,多属此类。

"雇佣",是指以一定的货币、福利等为条件,雇佣自愿卖淫者参加自己的组织从事卖淫活动。广义说,雇佣也是招募的一种方式,但两者表现又不尽相同,雇佣是以支付报酬等为条件,类似于卖淫者为"老板""打工";招募则是按一定数额或比例收取卖淫者的非法所得。雇佣不仅可以直接雇佣卖淫者,也可以向另外的卖淫组织雇佣其人员从事卖淫活动,其性质是相同的。

"强迫",是指以暴力、胁迫或者其他强制性手段,使不愿意卖淫者或者不愿意参加卖淫组织者参加卖淫组织。

"引诱",是指以金钱、财物、色相或者利用被引诱者的好奇心为诱饵,诱使他人参加卖淫组织的行为。

"容留",是指容纳、收留自愿卖淫者参加卖淫组织的卖淫活动。

上述行为是组织卖淫罪的常用手段,其既可以单独使用,也可以混合使用。值得注意的是,单就强迫、引诱、容留他人卖淫行为本身,我国刑法典分别规定了强迫卖淫罪、引诱卖淫罪、容留卖淫罪,它们与本罪区别的关键在于,这些手段是否是在组织他人卖淫的过程中对被组织者实施的,如果是,则构成本罪;否则以强迫卖淫罪、引诱卖淫罪或容留卖淫罪罪论处。

组织卖淫的表现形式主要有两种:一是设置卖淫场所或者变相卖淫场所;二是没有固定的卖淫场所,行为人通过自己掌握控制的卖淫人员,有组织地进行卖淫活动。

组织卖淫的犯罪行为对象具有两个特点:犯罪对象是他人,包括男性和女性;犯罪对象应达到3人以上。

【例题】 下列哪些选项中的双方行为人构成共同犯罪?(2012年国家司法考试

---

① 马克昌主编:《犯罪通论》,武汉大学出版社1999年版,第542页。

真题)

A. 甲见卖淫秽影碟的小贩可怜,给小贩1000元,买下200张淫秽影碟。
B. 乙明知赵某已结婚,仍与其领取结婚证。
C. 丙送给国家工作人员10万元钱,托其将儿子录用为公务员。
D. 丁帮助组织卖淫的王某招募、运送卖淫女。

答案:BCD

三、犯罪主观要件

组织卖淫罪在主观罪过方面表现为直接故意。一般情况下,组织卖淫行为人都是出于非法营利的目的。因为卖淫活动是市场经济的产物,是需求法则的一种非理性表现。嫖娼者为了满足性欲而嫖娼;卖淫者(包括组织者)为了营利而卖淫,市场规律在此领域发生着作用。但这并不意味着组织卖淫者在任何情况下都具有营利的目的,如有些犯罪分子为了报复社会而组织卖淫(在此情况下卖淫者本人可能是为了营利);有些犯罪分子为了满足变态的性欲而组织卖淫(组织者为了偷窥卖淫嫖娼场面等)。犯罪动机指的是激起和推动犯罪人实施犯罪行为的心理动因,组织卖淫犯罪动机是多种多样的,不同动机不影响犯罪的成立。

本罪的主体为一般主体,即年满16周岁、具有刑事责任能力的人。旅馆业、饮食服务业、文化娱乐业、出租汽车业等单位的人员,利用本单位的条件,组织他人卖淫的,也构成本罪。

四、本罪的认定

根据我国刑法典的规定,组织卖淫罪是行为犯,即只要完成组织卖淫行为,就构成既遂。所谓行为犯,是指以法定的犯罪行为的完成作为既遂标志的犯罪。这类犯罪的既遂并不要求造成物质性的和有形的犯罪结果,而以实行行为完成为标志,只要完成了刑法规定的实行行为,就构成既遂。就本罪而言,只要行为人实施了以招募、雇佣、强迫、引诱、容留为手段控制多人进行卖淫的行为,即构成既遂,而不论被组织者是否卖淫。

五、本罪的刑事责任

根据刑法典第358条的规定,犯本罪的,处5年以上10年以下有期徒刑,并处罚金;情节严重的,处10年以上有期徒刑或者无期徒刑,并处罚金或者没收财产。组织未成年人卖淫的,依照前款的规定从重处罚。犯本罪,并有杀害、伤害、强奸、绑架等犯罪行为的,依照数罪并罚的规定处罚。

根据刑法典第361条的规定,旅馆业、饮食服务业、文化娱乐业、出租汽车业等单位的人员,利用本单位的条件,组织卖淫的,依照刑法典第358条的规定定罪处罚。对单位的负责人犯组织卖淫罪的,从重处罚。

第二节 强迫卖淫罪

一、定义

强迫卖淫罪,是指以暴力、胁迫或者其他手段,违背他人意志,迫使其从事卖淫活动的行为。强迫他人卖淫的行为,严重摧残了他人的身心健康,扰乱了社会秩序,社会危害性极其严重。

二、犯罪客观要件

强迫卖淫罪的客观要件表现为以暴力、胁迫或者其他手段,违背他人意志,迫使其卖淫的行为。从司法实践来看,强迫他人卖淫的行为手段主要包括以下内容:

(1) 暴力手段。这表现为行为人对他人施以殴打、体罚、捆绑、强拉硬拽等危害他人人身自由和安全的方法,使被害人不能反抗。暴力手段必须直接作用于被害人并侵害被害人的人身权利。如果暴力手段作用于行为人意图强迫卖淫的人以外的人,从而迫使行为人意图强迫的人就范的,则对后者而言是"胁迫",即精神强制手段。例如,某甲对某乙的小儿子施暴,以此迫使某乙卖淫,就属于胁迫而非暴力。

(2) 胁迫手段。这表现为行为人对被强迫者进行威胁、恫吓,达到精神上的强制,使他人不敢反抗而不得不去卖淫。胁迫的核心是足以引起他人的恐惧心理,使之不敢反抗,从而实现迫使他人卖淫的意图。但值得注意的是,并不是任何胁迫行为都可以构成强迫卖淫罪的胁迫手段。只有在胁迫行为和他人卖淫行为之间存在必然的因果关系时,即因为行为人的胁迫行为使他人已丧失了意志自由,被迫服从卖淫的要求时,实施胁迫行为者才能构成强迫卖淫罪。胁迫的手段可以多种多样,既可以以暴力进行威胁,也可以以非暴力进行威胁,如以揭发隐私、毁坏名誉相威胁等。例如,某甲与青年妇女某乙是情人关系,在某甲与某乙交往过程中,多次发生性行为,某甲给某乙拍了许多裸体照片。某日,某甲将某乙带出,要求某乙卖淫,遭到某乙的拒绝。某甲威胁说:"你不听我的话,就把裸体照透出去!"某乙无奈,只有屈从。某甲的行为就是以揭发隐私、毁坏名誉的胁迫手段迫使他人卖淫。司法实践中,还出现利用婚姻、家庭等有特定义务的从属关系,迫使其卖淫。

(3) 其他手段。这主要包括:采用药物麻醉的方法,使被害人误喝春药、迷药等,在他人不知反抗中从事卖淫活动;利用教养关系等强迫卖淫,如父母迫使女儿,以各种手段,甚至断绝生活来源胁迫其进行卖淫等。实践中,既有恶意使他人陷入孤立无援状态的,也有把本就无靠的他人加以利用迫使其卖淫的。如被告人韦某以金钱引诱为手段,将女青年常甲和常乙诱骗到广东某地后,韦某以无钱开支食宿为由,要二女卖淫,并且不顾二女反对,招来嫖客多人,二女在孤立无援的状态下只有屈从接客。这种情况表面看他人有一定的自愿性,但实质上是行为人使他人处于无援境地、不卖淫不足以谋生的状态中被迫卖淫,本质上仍然违背了他人的意志。

与组织卖淫罪一样,强迫卖淫罪的表现形式主要有两种:一是在卖淫场所或者变相卖淫场所(地下妓院)强迫卖淫;二是没有固定的卖淫场所,行为人通过自己掌握控制的卖淫人员,进行"游击"性地强迫他人卖淫。

三、犯罪主观要件

强迫卖淫罪的主观罪过表现为故意,即明知自己强迫他人卖淫的行为会导致他人人身自由权利、性自由权利遭受损害的危害结果,并且希望或放任该危害结果发生的心理态度。

强迫卖淫罪罪过认识因素包括对自己强迫他人卖淫手段性质的认识;对强迫卖淫行为违法性认识;对被强迫者被迫实施的行为内容的认识等。其中,对强迫卖淫行为违法性的认识,只要行为人认识到自己的行为是法律所禁止即可,而并不要求行为人正确无误地知道自己的行为违反的具体法律规定。对于强迫卖淫者来说,只要行为人具有刑事责任能力就必然能够认识到自己行为的违法性,对此司法机关无需去证明。强迫卖淫罪罪过的意志因素表现为对自己行为所要发生的危害结果持希望或放任发生的态度,即行为人之所以对他人施加暴力、胁迫等强制手段,就是希望或放任他人的人身或性的自由权利受到侵犯的危害结果的发生。本罪的主体限于自然人。

四、本罪的认定

根据我国刑法典的规定,强迫卖淫罪是行为犯,即只要完成强迫卖淫行为,就构成既遂。只要行为人实施了以暴力、胁迫或者其他手段,违背他人意志,迫使其从事卖淫活动的行为,即构成既遂,而不论被组织者是否卖淫。

五、本罪的刑事责任

根据刑法典第358条的规定,犯本罪的,处5年以上10年以下有期徒刑,并处罚金;情节严重的,处10年以上有期徒刑或者无期徒刑,并处罚金或者没收财产。组织未成年人卖淫的,依照前款的规定从重处罚。犯本罪,并有杀害、伤害、强奸、绑架等犯罪行为的,依照数罪并罚的规定处罚。

根据刑法典第361条的规定,旅馆业、饮食服务业、文化娱乐业、出租汽车业等单位的人员,利用本单位的条件,强迫他人卖淫的,依照强迫卖淫罪的规定定罪处罚。上述单位的主要负责人犯强迫卖淫罪的,从重处罚。这里的单位主要负责人,主要是指在单位中负有领导、管理职责的人员;所谓从重处罚,是根据强迫卖淫行为的具体情况,择一相应的法定刑,在选定的量刑幅度内判处较重的刑罚。

第三节 引诱、容留、介绍卖淫罪

一、定义

引诱、容留、介绍卖淫罪,是指以金钱、物质利益或者其他利益为手段,诱使他人卖淫,或者为他人卖淫提供卖淫场所或创造其他便利条件,或者为卖淫者和嫖客居间介绍的行为。本罪是选择性罪名,引诱、容留、介绍他人卖淫这三种行为,不论是同时实施,还是只实施其中一种行为,均构成本罪。在具体定罪的时候按行为人所实施的行为个数确定罪名,如果行为人实施了引诱、容留、介绍卖淫行为,就定引诱、容留、介绍卖淫罪;如果只实施了引诱、容留卖淫行为,就定引诱、容留卖淫罪。

二、犯罪客观要件

本罪的客观要件表现为行为人以金钱、物质利益或者其他利益为手段,诱使他人卖淫,或者为他人卖淫提供卖淫场所或创造其他便利条件,或者为卖淫者和嫖客居间介绍的行为。其行为有引诱、容留、介绍三种。

1. 引诱

引诱,是指行为人利用金钱、物质利益或其他利益为诱饵,或者其他的方式、方法,诱导他人从事卖淫活动。引诱的具体方式、方法有拉拢、劝导、怂恿、诱惑、勾引等,以达到促使他人卖淫的目的。这里的物质利益,是指金钱以外的具有财产价值的物品,如房产、金银首饰、珠宝古玩、汽车、家电等。这里的非物质利益,是指金钱、物质利益以外的其他利益,如提供娱乐、调换工作、给予出国机会等。这里的其他手段,是指金钱、物质利益、非物质利益以外的"诱惑"手段,如向他人宣传、灌输"性解放""性自由"或者其他的腐朽生活方式,以引诱他人卖淫。有一种观点认为引诱是指以金钱、财物或者其他物质利益为手段,诱惑他人从事卖淫活动。[①] 这种观点似有偏颇。如果仅以现实性的物质利益为手段,诱导他人卖淫的行为才成立犯罪,以非物质手段,如腐朽的生活方式等,诱使他人卖淫的,就不能构成本罪之行为,那么许多引诱他人卖淫的行为就处理不了,也不符合司法实践的要求。因此,无论行为人采取何种手段和方法,也不论其中有无利益因素,只要行为人的引诱行为使他人产生卖淫的决意和行为,均构成本罪之引诱。

2. 容留

容留,是指行为人为他人卖淫提供场所或其他便利条件的行为。这里所谓的提供场所,是指行为人为他人的卖淫提供暂时或长期的处所或其他指定的地方。包括行为人自己所有或他人所有的房屋、出租来的房屋、服务业所必备的场所、娱乐业所必备的场所

[①] 欧阳涛主编:《当代中外性犯罪研究》,社会科学文献出版社1993年版,第199页。

等等。值得强调的是,这里的场所,不只仅仅限于房屋,其他诸如汽车、船舶等交通工具也可以作为提供的场所。现实生活中出现的"飞嫖"现象,便是很好例证,"飞嫖"指的是卖淫嫖娼人员为逃避有关机关的查处,借助于现代化的交通工具,在汽车、船舶等交通工具内,在其运行过程中完成嫖卖行为。因此,将自己所有或者经营、使用的交通工具提供给他人作卖淫场所用的,也是本罪的容留行为。所谓其他便利条件,是指行为人为他人卖淫行为提供必要的物品、用具、进出便利等条件。如为他人卖淫把风放哨等。

3. 介绍

介绍,是指在卖淫者和嫖客之间牵线搭桥,勾通撮合,使他人卖淫得以实现的行为,俗称"拉皮条"。如宾馆服务员为房客介绍暗娼,或者专事这类活动,甚至专门向外国人介绍卖淫等等。介绍行为不同于引诱行为,前者的对象可以是嫖娼者,也可以是卖淫者;后者的对象主要是尚不打算卖淫的他人。介绍行为并不需要各种利益的诱导,而引诱行为多需要现实利益的诱惑。同时,介绍行为也不同于容留行为,尽管通常这两种行为有一定的联系:实施容留他人卖淫行为的人也会实施介绍他人来嫖娼,介绍行为一般也会附着于容留行为。但是这几种行为之间的差异却是客观的,不能因为它们经常在卖淫嫖娼活动中相互作用、相互配合、共同组成同一的犯罪过程而忽视了几者间的区别。在实践中,介绍的方式大都表现为双向介绍,如将卖淫者引见给嫖客,或将嫖客引到卖淫者住处当面进行撮合。

三、犯罪主观要件

引诱、容留、介绍卖淫罪主观罪过是故意,即行为人明知自己实施的引诱、容留、介绍他人卖淫行为会导致危害社会(妨害社会风化)的结果,并且希望或放任这一危害社会结果发生的心理态度。特别需要指出的是,在容留卖淫罪中,行为人必须明知容留的对象是卖淫嫖娼者(认识因素),而且正在从事卖淫嫖娼活动,否则就不能构成本罪。本罪的动机可以表现为多种多样,有的是因利所趋,有的是为了破坏他人家庭,有的是出于"拉人下水"的报复社会心理,等等。动机具体如何,并不影响本罪的成立,只是量刑时所要考虑的一个酌定情节。

四、犯罪量度要件

构成本罪需要满足量度要件。根据2008年最高人民检察院、公安部《关于公安机关管辖的刑事案件立案追诉标准的规定(一)》的规定,引诱、容留、介绍他人卖淫,涉嫌下列情形之一的,应予立案追诉:(1)引诱、容留、介绍2人次以上卖淫的;(2)引诱、容留、介绍已满14周岁未满18周岁的未成年人卖淫的;(3)被引诱、容留、介绍卖淫的人患有艾滋病或者患有梅毒、淋病等严重性病;(4)其他引诱、容留、介绍卖淫应予追究刑事责任的情形。

五、本罪的刑事责任

根据刑法典第359条的规定,犯本罪的,处5年以下有期徒刑、拘役或者管制,并处罚金;情节严重的,处5年以上有期徒刑,并处罚金。因此,引诱、容留、介绍卖淫罪有两个量刑幅度,对于实施了引诱、容留、介绍他人卖淫,情节一般的,应在5年以下有期徒刑、拘役或者管制,并处罚金这一量刑幅度内适用刑罚;对于情节严重的,应在"5年以上有期徒刑,并处罚金"这一量刑幅度内适用刑罚。

根据刑法典第361条的规定,旅馆业、饮食服务业、文化娱乐业、出租汽车业等单位的人员,利用本单位的条件,引诱、容留、介绍他人卖淫的,依照引诱、容留、介绍卖淫罪定罪处罚。对这些单位的主要负责人,犯本罪的,从重处罚。所谓从重处罚,是指在相应的量刑幅度内判处较重的刑罚。

第四节　传播性病罪

一、定义

所谓传播性病罪,是指明知自己患有梅毒、淋病等严重性病而卖淫、嫖娼的行为。

二、犯罪客观要件

传播性病的行为方式只能是卖淫、嫖娼两种,即只有通过卖淫、嫖娼方式传播性病的,才能构成本罪,如果一个人虽然传播了性病,但如果不是通过卖淫、嫖娼以外方式传播的,不能构成本罪。如通奸、强奸,在公共浴池洗澡,或者同性恋行为而将性病传染予他人者,或者不成立犯罪,或者构成其他的犯罪,都不能按本罪追究行为人责任。

卖淫是指以获取金钱、财物为目的而把自己的肉体提供给他人以淫乱的行为。嫖娼,是指以金钱、财物作为交换条件,而使他人提供肉体与自己淫乱的行为。而淫乱行为,主要是指性行为,但也不排除手淫、口淫或者其他与性接触有关的行为。

在认定卖淫、嫖娼界限的时候,应把卖淫、嫖娼同仅仅是出卖色相、提供不包括性满足在内的一般色情服务区别开来,后者不能以卖淫、嫖娼论。比如现在在一些娱乐场所,如卡厅、舞厅或娱乐城,有一些所谓的"三陪"小姐,虽然对"三陪"范围及内容在各地甚至各人都有不同的理解,但不可否认在现实生活中确有那种只是"陪吃、陪喝、陪跳"而不"陪睡"的所谓"艺伎"。这些人以向客人提供声、色方面的服务,如供他人观看、抚摸、搂抱、接吻等,但绝不提供除此以外的与性有关的"服务"。她们只是牺牲自己的色相,从客人那儿得到报酬或通过怂恿客人大肆消费,然后从老板那儿提取高额回扣。对这种行为不应视为卖淫,接受"服务"方也不构成嫖娼。

三、犯罪主观要件

传播性病罪在主观罪过方面是故意,而且是直接故意。即行为人明知自己患有梅毒、淋病等严重性病,而希望卖淫、嫖娼行为发生的心理态度。

按照法律规定,行为人必须"明知"自己患有严重性病,如果行为人不明知自己患有严重性病,即便实施了卖淫、嫖娼行为,也不构成此罪。根据2008年最高人民检察院、公安部《关于公安机关管辖的刑事案件立案追诉标准的规定(一)》的规定,具备下列情形之一的,可以认定为"明知":(1) 有证据证明行为人曾到医院就医,被诊断为患有严重性病;(2) 根据本人的知识和经验,能够知道自己患有严重性病的;(3) 通过其他方式能够证明行为人是"明知"的。

四、本罪的刑事责任

根据刑法典第360条第1款的规定,犯本罪的,处5年以下有期徒刑、拘役或者管制,并处罚金。

第五节 其他组织、强迫、引诱、容留、介绍卖淫罪

本章着重介绍了重点罪名,但其他的罪名诸如协助组织卖淫罪、引诱幼女卖淫罪由于认定较为简单,司法适用较少,故予以简要介绍。

一、协助组织卖淫罪

协助组织卖淫罪,是指帮助、辅助组织他人进行卖淫的犯罪行为。协助组织卖淫罪是组织卖淫罪的共犯,立法上把本罪从组织卖淫罪的共犯行为中独立出来,成立独立罪名,不以共犯论。协助组织卖淫罪表现为帮助或辅助他人进行组织他人卖淫的行为。被协助的他人在客观上正在实施组织他人卖淫的行为,而且构成了组织卖淫罪。所谓协助,就是帮助或辅助之义。协助组织卖淫的具体表现方式是多种多样的,主要包括:一是精神方面协助,如国家工作人员利用职权为组织卖淫者充当"保护伞",为组织卖淫者出谋策划等;二是物质方面协助,如为组织卖淫者提供犯罪工具、犯罪场所等;三是人力方面的协助,如为组织者充当"皮条客"、牵线搭桥,勾引嫖客;帮助组织者招募、雇佣、引诱他人卖淫,或者为卖淫组织收钱管账,或者为组织卖淫行为充当保镖或者看管卖淫者等。

国家工作人员与卖淫组织勾结在一起的行为表现得十分复杂,这也与国家工作人员的身份、特别是一部分负有领导责任、直接管理人员的责任有关。组织者往往通过种种手段打通各种各样的环节,拉他们下"水"。对此,应区别不同情形对待:如果司法工作人员或其他国家工作人员实施了利用职权为组织卖淫者协助组织卖淫行为的,应当以办助组织卖淫罪论处;负有查禁卖淫嫖娼职责的行政执法人员,对依法应移交司法机关追究刑事

责任的组织卖淫犯罪人不移交,情节严重的,应以徇私舞弊不移交刑事案件罪论处;有查禁犯罪活动职责的国家机关工作人员,向组织卖淫犯罪分子通风报信,提供便利,帮助犯罪分子逃避处罚的,应依照刑法典第417条之规定以帮助犯罪分子逃避处罚罪论处。国家工作人员利用职务上的管理、查禁等职责索取或者收受组织卖淫行为人的财物为其谋利益的,应依照刑法典第385条受贿罪论处。

根据刑法典358条的规定,犯本罪的,处5年以下有期徒刑,并处罚金;情节严重的,处5年以上10年以下有期徒刑,并处罚金。

二、引诱幼女卖淫罪

引诱幼女卖淫罪,是指以金钱、物质利益或者其他利益为手段,诱使不满14周岁的幼女卖淫的行为。引诱,是指行为人利用金钱、物质利益或其他利益为诱饵,或者其他的方式、方法,诱导幼女从事卖淫活动。引诱的具体方式、方法有拉拢、劝导、怂恿、诱惑、勾引等,以达到促使幼女卖淫的目的。这里的物质利益,是指金钱以外的具有财产价值的物品,如房产、金银首饰、珠宝古玩、汽车、家电等。这里的非物质利益,是指金钱、物质利益以外的其他利益,如提供娱乐、调换工作、给予出国机会等。这里的其他手段,是指金钱、物质利益、非物质利益以外的"诱惑"手段,如向幼女宣传、灌输"性解放""性自由"或者其他腐朽生活方式,以引诱其卖淫。有学者认为引诱幼女卖淫罪是指以金钱、物质手段,勾引、诱惑不满14周岁的幼女从事卖淫活动的行为[①]。这种观点是不全面的。如果仅以现实性的物质利益为手段,诱导幼女卖淫的行为才成立犯罪,以非物质手段,如腐朽的生活方式等,诱使幼女卖淫的,就不能构成本罪之行为,那么许多引诱幼女卖淫的行为就处理不了,也不符合司法实践的要求。因此,无论行为人采取何种手段和方法,也不论其中有无利益因素,只要行为人的引诱行为是促使幼女卖淫的原因,就是本罪的引诱行为。

根据刑法典359条的规定,犯本罪的,处5年以上有期徒刑,并处罚金。

第六节 罪之比较与适用

本章犯罪不但互相之间存在着一些混淆之处,而且与其他章节规定的犯罪如强迫卖淫罪与强奸罪有一定区别。

一、本章罪之比较

(一)强迫卖淫罪与组织卖淫罪的区别

强迫卖淫罪与组织卖淫罪的区别主要表现为:(1)客观方面不同。组织卖淫罪在客观上表现为纠集控制多人从事卖淫的行为,而且在对象上必须是多人,集中表现在因纠

---

① 苏惠渔:《刑法学》,中国政法大学出版社1997年版,第810—811页。

集、控制多人卖淫而形成的组织性;强迫卖淫罪在客观上表现为以暴力、胁迫或其他手段迫使他人卖淫的行为,在犯罪对象上人数较少,不能形成长期、有组织的卖淫。(2) 主观方面不同。两罪虽然在主观方面一般都有牟利的目的,但组织他人卖淫通常以自愿卖淫为主,把自愿卖淫的他人组织起来,以建立卖淫集团,长期从事卖淫,只是在网罗多人时,对个别人员可能会实施一定的强迫行为。强迫卖淫罪却是在主观上明知他人不愿意卖淫而迫使其卖淫,违背他人意志是本罪突出的特征。如果行为人强迫多人、长期卖淫的,这种情况应该属于组织卖淫的行为,不再按强迫卖淫罪定罪处罚。在这种情况下,无论是定组织卖淫罪还是强迫卖淫罪,其法定刑都是相同的,不会出现放纵犯罪的问题。

(二) 协助组织卖淫罪与组织卖淫罪的区别

协助组织卖淫罪附随于组织卖淫罪而存在,协助者和组织者本质上是组织卖淫罪共犯的从犯与主犯关系。协助组织卖淫行为实际上是组织卖淫行为的帮助行为,我国刑法典将该行为规定为独立犯罪,反映了立法者力图严厉打击组织卖淫行为的意向。协助组织卖淫罪与组织卖淫罪的区别主要表现为:(1) 出现的身份不同。协助组织卖淫罪客观方面表现为协助他人组织卖淫的行为,即在组织他人卖淫的共同犯罪中起帮助作用的行为,多以保护人、皮条客、保镖、打手、管账人等身份出现;组织卖淫罪的客观方面表现为控制多人从事卖淫活动的行为。在卖淫集团或其他卖淫组织中,组织卖淫者一般居于首领、头目之地位,以"老板""大哥""大姐"等身份出现。(2) 在从犯中的表现形式不同。组织卖淫罪的从犯分为两种,一是次要实行犯,一是帮助犯。只有帮助犯才能构成协助组织卖淫罪。组织卖淫行为的次要实行犯,是指在组织卖淫犯罪活动中虽起策划、控制作用,但在多名组织卖淫者中处于从属地位,发挥次要作用或听命于人的行为人,对组织卖淫罪的次实行犯应当以从犯论处。在具体区分组织卖淫行为的实行犯与帮助犯时,可以考虑行为人实施的具体行为是否有"组织性",即是否有将分散的卖淫行为予以集中并加以控制、操纵的特征。在具体判断时,应从两个方面把握:一是行为人客观上是否有利用招募、雇佣、强迫、引诱、容留等手段,控制多人卖淫的行为。所谓控制,即表现为安排、布置或者调度等多种形式。二是行为人是否有组织多人卖淫的意思,也就是行为人是否意图对多名卖淫人员施以控制。就协助组织卖淫行为而言,行为人的行为性质不具有组织性。也就是说,行为人只是为组织卖淫者控制多人卖淫提供帮助,而其行为本身没有组织性,而组织卖淫行为次要实行犯的行为性质也具有组织性。协助组织卖淫行为的行为人主观上并无控制多人卖淫的目的,而只是想为他人的组织卖淫行为提供帮助,在心理态度是"协助"与"组织卖淫"的相加,其心理态度的重心仍放在"协助"上,而不是偏重于"组织卖淫"。总而言之,如果行为人的行为具有上述"组织性",那么其行为性质即为组织卖淫行为,其地位即是实行犯(包括次实行犯);相反,如果行为人的行为性质上不具有组织性,则属组织卖淫行为的帮助行为,行为人的地位是组织卖淫共同犯罪活动中的帮助犯,即是协助组织卖淫罪的实行犯。

(三) 强迫卖淫罪与强奸罪的区别

强迫卖淫罪与强奸罪的区别主要表现为：(1) 犯罪对象不同。强迫卖淫罪侵犯的对象是他人，既包括女性也包括男性，女性包括成年妇女和已满14周岁的少女、不满14周岁的幼女；强奸罪的犯罪对象为妇女，不包括男性，而且只限于年满14周岁的少女和成年妇女。(2) 客观表现不同。强迫卖淫罪客观方面表现为以暴力、胁迫或其他手段，迫使他人卖淫的行为，行为人实施暴力等手段与被迫者卖淫之间呈现手段与目的的关系；强奸罪客观方面表现为以暴力、胁迫或其他手段，违背妇女意志，强行与妇女性交的行为。(3) 性行为内容不同。强奸行为仅限于性交行为；强迫他人卖淫行为除迫使其性交外，还有其他的口淫、手淫、肛交等反正常性行为。(4) 犯罪目的不同。强迫妇女卖淫的行为一般具有牟利的目的；强奸罪的目的可以是多样的，却不包含牟利的目的，只有在共同犯罪的情况下，强奸行为才可能具有牟利目的，如某乙为接受某甲的报酬，按其意思强奸了与某甲有仇的女青年某丙。(5) 被害人的表现不同。在强奸行为的情况下，被害妇女多是处于被动接受他人奸淫；在强迫妇女卖淫的行为下，被害妇女有时是"笑脸相近"，主动地去招引嫖客，与嫖客的性行为在表面上是同意的，在实质上是被迫的。

二、案例适用

【案例1】

自2000年4月起，顾某承包经营某大酒店桑拿部，并聘请其朋友刘某负责经营。由于经营亏损，刘某遂产生组织卖淫牟取暴利的念头。2000年11月，刘某开始对桑拿部进行"改造"，安装了用于卖淫的"水床"、按摩床等设备，并聘用胡某担任吧台收银员，负责安排小姐"上钟"，收取小费，向小姐提供性用品，并安排丁某、叶某、黎某作服务员负责接客服务。然后，刘某从社会上招募了20余名年轻漂亮的按摩小姐，在桑拿部包厢内从事卖淫活动。对部分招募的小姐，刘某还安排谢某对她们进行色情技巧培训。为控制卖淫女，刘某向前来应聘者每人收取押金2000元，并规定如在桑拿部"工作"未满2个月而离去的，押金不予退还。此外，她还拟定了一套规章制度，被录用的"小姐"，外出必须请假并准时归来，"客人"的要求必须尽力去满足。"客人"交吧台结账的小费，只发给卖淫女一张小费单，每10天凭小费单结算一次。在短短一年多时间里，刘某从这些卖淫女的卖淫交易中获取了百万余元的暴利。顾某虽然是桑拿部承包人员，但对刘某的经营行为不闻不问，只是按月收取转包费8000元。

讨论问题：顾某的行为构成组织卖淫罪吗？为什么？

【案例2】

被告人牛某于2002年8月1日将18岁的陈某骗到××县城，牛某原本说与她到该县做生意，结果却将她带到了该县城一家酒楼，强迫其接客卖淫。陈某拼命抗争不从，遭到毒打。8月5日凌晨3时多，趁看守的人不备，陈某从三楼吊下一根绳子往下溜。谁知仓促间拿的绳子太短，仅能溜到二楼。为逃离魔窟，她一咬牙，纵身跳下，结果造成第二腰椎压缩性骨折,右下肢瘫痪。

讨论问题:牛某的行为是否构成强迫卖淫罪?是既遂,还是未遂?

【案例3】

2002年3月,高某、蒋某等人承包了××娱乐城桑拿部后,为组织卖淫活动,以招聘"领班""服务员"等名义,聘用了黄某、柯某及卖淫女程某等十人。为逃避公安机关的检查,高某等人在该桑拿部内从休息厅到贵宾房的过道中,"精心"设置了多处暗道、暗门,并对黄某、柯某进行了分工:黄某负责召集、安排卖淫女进入贵宾房进行卖淫活动;柯某守暗门、向卖淫女发放避孕套、记录卖淫次数等。高某、蒋某等人从每名嫖客手中收取的300元中,抽取90%的"业务提成",余款为卖淫女所得。为了更好地使卖淫女为其服务,高某、蒋某让金某(个体医生)定期给程某等十位卖淫女进行"体检",并对患上性病的卖淫女给予治疗。

讨论问题:个体医生金某的行为是否构成协助组织卖淫罪?为什么?

【案例4】

苟某某,女,年方20岁,由于交友不慎,多次和男友发生性关系,感染了淋病。其不但得不到亲友的同情,反而受到讥讽和冷落,苟某某因此受到打击,决意报复男人。于是,她通过卖淫的方式,先后多次将性病传染给他人。苟某某被抓获后,直言不讳地承认就是想通过卖淫方式让男人传染上性病。

讨论问题:对苟某某的行为如何处理?为什么?

第十九章

妨害社会管理秩序罪(7)：
制作、贩卖、传播淫秽物品罪

本章规定的犯罪都属于淫秽物品方面的犯罪，侵犯的法益是社会治安管理秩序和社会风尚。本章犯罪共同构成要件是：(1)在客观方面，实施了制作、复制、出版、贩卖、传播淫秽物品的行为。(2)在主体方面，本章大多数犯罪为一般主体，自然人和单位都可以构成。(3)在主观方面，除了为他人提供书号出版淫秽书刊罪表现为过失以外，其他犯罪都表现为故意。

第一节 制作、复制、出版、贩卖、传播淫秽物品牟利罪

一、定义

制作、复制、出版、贩卖、传播淫秽物品牟利罪，是指以牟利为目的，制作、复制、出版、贩卖、传播淫秽物品的行为。制作、复制、出版、贩卖、传播淫秽物品牟利罪是选择性罪名，其本身包括若干个子罪名，这些罪名因犯罪行为的方式不同而不同。例如，行为人只有制作淫秽物品牟利行为，就构成制作淫秽物品牟利罪；如果行为人既有制作淫秽物品，又有贩卖淫秽物品牟利行为，则构成贩卖淫秽物品牟利罪；等等。

二、犯罪客观要件

本罪的客观要件表现为行为人实施了制作、复制、出版、贩卖、传播淫秽物品的行为。

1. 制作淫秽物品的行为

制作，即制造之义。从广义上说，一切产生淫秽物品的方法都为制作，包括编写、摄制、绘制、雕刻、研制、出版、复制等方式。因为刑法规定了出版、复制淫秽物品行为，从而把复制、出版行为从制造中独立出来，所以，刑法中规定的制作淫秽物品行为是指狭义的制作行为，即除去复制、出版淫秽物品以外产生淫秽物品的行为。我国刑法典规定的制作淫秽物品，是指通过一定手段产生具有独创性的淫秽物品的行为。制作淫秽物品的行为

包括以下要素：(1) 通过一定手段。这里的手段主要有编写、摄制、绘制、雕刻、研刻、设计等。制作不同的淫秽物品会因其载体不同或物质形式不同而有其特殊的手段。如制作淫具，就可能有设计、研制、试验、组装、生产等一系列行为方式；制作淫药，就可能有采集原料、配制、实验、生产等一系列行为方式。(2) 淫秽物品独创性。淫秽物品可以看作是行为人的作品，行为人将一定的想法、观念或情感通过构思、取舍、选择、安排、设计或组合在淫秽物品中表现出来。(3) 制作的淫秽物品必须以一定的有形载体存在。即淫秽物品是一种实物，包括文字形式(如书刊、报纸)、绘画形式(如图片)、摄影形式(如照片)、音像形式(如电影、电视、录像、录音、互联网)或者实物形式(如雕塑、淫具、淫药)等。

2. 复制淫秽物品的行为

所谓复制，是指以印刷、复印、临摹、拓印、录像、翻录、翻拍等方式将某一物品制作多份的行为。复制淫秽物品，是指对已有的淫秽物品进行仿造或重复制作，使之再现[①]。其特征表现为：(1) 复制行为没有原创性或创作性。行为人是对已有的淫秽物品进行仿造，而该淫秽物品可能是别人创作出来的或行为人已经创作出来的淫秽物品。例如翻录淫秽录像，就是利用一定的设备将已有的淫秽内容转录下来。行为没有原创性或创作性是复制行为的最显著的特征，从而将其与本罪中的制作淫秽物品的行为区分开来。(2) 复制行为往往具有重复性。行为人利用同一的方式(有时可能运用几种方式)将已有的淫秽物品仿造为多个。

如上文所述，广义上的制作就包含复制之义。这在我国以往的司法解释中，复制也是被视为制作行为的一种。但鉴于近年来转录走私进口的淫秽影像制品和复制其他淫秽物品的现象比较严重，是淫秽物品得以流传的主要来源之一，社会危害性较大，1990年全国人大常委会《关于惩治走私、制作、贩卖、传播淫秽物品的犯罪分子的决定》将这种行为从制作行为中分离出来，规定了独立的罪名。我国现行刑法典沿用了上述的规定，因而对复制行为和制作行为予以区别。其中，后者具有创作性而前者则不具有这一特征，复制行为只是对已经存在的淫秽物品的再现。

在理解复制行为时，还应注意以下问题[②]：(1) 生产淫秽物品的行为应包含两种含义：一是如果行为人自己创作出来并大规模的制造的，属制作行为；二是如果大规模复制他人已经制作的淫秽物品的，应以复制淫秽物品论。(2) 改写文字型淫秽物品的行为。对此不能一概而论，如果行为人对原有的作品作了实质性的改动，例如将不具备淫秽内容的小说改写成为有淫秽内容的，即应视为制作；但如果行为人仅是作了较少的文字改动，则仍应以复制论。(3) 变换淫秽物品载体的行为。复制行为可分为运用同一载体的复制和用不同载体的复制。后者如将立体物拍摄下来，即变换了载体。一般而言，变换淫秽物品的载体仍不失为一种复制，但在某些情形下则可能是制作行为，如以绘画为范本，行为人将

[①] 陈兴良：《刑法疏议》，中国人民公安大学出版社1997年版，第587页。
[②] 苏彩霞、时延安：《妨害风化犯罪疑案问题司法对策》，吉林人民出版社2001年版，第239—240页。

之刻制成雕塑,就不能仅当作复制,而应视为重新的制作行为。(4) 仿制淫具的行为。淫具是一种实物型淫秽物品,对之仿制往往有分析研究的过程,因而不能视作复制。对于仿照淫具而进行再生产的,不是复制行为,而应以制作淫秽物品牟利罪追究刑事责任。

3. 出版淫秽物品的行为

出版淫秽物品的行为,是指出版单位以合法名义编辑、印刷、发行淫秽书刊、图片和音像制品[①]。其包括以下要素:(1) 行为主体是出版单位。即经国家出版管理部门审批登记,经所在地工商行政管理机关注册并领取了营业执照的出版单位,如各类出版社、杂志社、报社、音像出版社等。除国家批准的出版单位外,任何单位和个人不得出版在社会上公开发行的图书、报刊、音像出版物。因此,如果不是出版单位的其他单位、个人制作、发行淫秽书刊和音像制品,则应区分不同情形视为制作行为或复制行为,而不是出版行为。(2) 出版淫秽物品应具有合法名义。出版单位在社会上公开发行出版物,是国家正式批准的,即享有合法的行政许可,因而其出版淫秽物品形式上是合法的,如具有国家统一的书号,其发行、流传也是公开的,但其实质上是违法的,因而以合法名义出版的淫秽书刊、音像制品也是非法出版物。(3) 出版的淫秽物品限于出版物。即限于文字型、绘画型、摄影型、音像型淫秽物品,而对实物型淫秽物品则无所谓"出版"的。

如上所述,广义上的制作就包含出版之义。鉴于出版作为一种特殊形式,危害范围大、流毒深,而且具有合法的名义,1990 年全国人大常委会《关于惩治走私、制作、贩卖、传播淫秽物品的犯罪分子的决定》将出版淫秽物品的行为从制作淫秽物品的行为中分离出来,独立罪名。"制作"与"出版"的区别主要表现在行为主体上的差异,即出版行为的主体必须是出版单位。非出版单位或个人制作、印刷、发行淫秽出版物的行为,应分别情形以制作或复制淫秽物品牟利罪论。如果非出版单位或个人假冒出版单位的名义进行制作、印刷、发行淫秽出版物,亦因行为主体不合格,而应以制作或复制行为论。

4. 贩卖淫秽物品的行为

贩卖淫秽物品的行为,是指向特定的人或不特定的人有偿转让淫秽物品的行为,主要包括出售和交换两种方式。其包括以下要素:(1) 贩卖淫秽物品行为的对象是特定的或不特定的人。对特定人的贩卖行为,表现为行为人与该特定人具有较为固定的或长期的交易关系,如批发淫秽物品;对不特定人的贩卖行为,表现为行为人非固定性地向他人有偿转让淫秽物品,如零售淫秽物品。(2) 贩卖淫秽物品的行为人主观上具有获得"对价"的目的,即实施的是有偿转让行为,包括民法中买卖合同、易货合同的形式(当然买卖、交换淫秽物品的合同是违法的,因而是无效民事合同)。

在理解贩卖淫秽物品的行为时,还应注意分析以下情形[②]:(1) 广告行为。行为人向不特定的人通过一定的媒介和形式直接地或间接地介绍其拥有的淫秽物品以吸引他人向

[①] 赵秉志主编:《中国特别刑法研究》,中国人民公安大学出版社 1997 年版,第 613 页。
[②] 鲍遂献:《妨害风化犯罪》,中国人民公安大学出版社 1999 年版,第 328 页。

其购买淫秽物品的行为。在民法理论中,广告一般视为要约引诱,即吸引他人向自己发出要约。对淫秽物品进行宣传,其目的若在于贩卖,也应看作是贩卖淫秽物品的一个具体环节,因而如果行为人有以贩卖淫秽物品为目的的广告行为,亦应以贩卖淫秽物品看待。对于广告商,如果其广告淫秽物品的行为是过失的,不以犯罪论;如果明知是淫秽物品而广告赚取广告费的,应以共犯论。(2)运输和携带行为。对此应作区分:如果能够查明行为人具有贩卖的目的,应以贩卖论,视作贩卖淫秽物品的预备行为或贩卖中行为(例如送货);而如果不能查明其有贩卖的目的,但其持有大量的同种的淫秽物品,且通过各种事实表明其并非为自己使用,则可"推定"其有传播的目的,以我国刑法典第 364 条第 1 款传播淫秽物品罪论处;如果既不能查明其有贩卖的目的,又不能证明其持有淫秽物品是为了传播,则不能以犯罪论。

5. 传播淫秽物品的行为

传播淫秽物品的行为,是指在一定范围内以公开的或秘密的方式广泛散布淫秽物品的行为。其要素包括:(1)传播方式多样性。即在一定范围内可以是公开地传播,如为了牟利在公共场合公然播放淫秽录像,也可以是秘密地传播,如为了牟利而秘密出租淫秽光盘等。(2)传播范围广泛性。即传播行为作用的范围是很广泛的,尤其本罪中行为人是以牟利为目的,其为牟利必然尽可能扩大传播面以赚取高额利润。(3)传播方式的多样性。具体方式包括播放、出租、出借、承运、邮寄、携带、互联网传播等。播放,一般是指对音像型淫秽物品的传播,如播放淫秽录像;出租,是指收取一定的租金,让别人暂时使用淫秽物品,如出租淫秽书刊,出租淫秽录像带或激光视盘;出借,是指将淫秽物品借出以换取相应的对价,如出借淫具;承运,即代为运输;邮寄是指通过邮电部门传递;携带,是指随身持有淫秽物品;互联网传播,即通互联网网上传播淫秽物品。

值得注意的是,从广义上说,贩卖也可以看作是一种传播,即贩卖淫秽物品实际上也在扩散淫秽物品。但从我国刑法典第 363 条第 1 款的表述看,两者是并列关系因而是不同的两种行为。传播行为和贩卖行为的界限主要是:贩卖是有偿转让,其行为后果是淫秽物品被转让出去从而变换了所有权关系,即让与所有权;传播是有偿地让他人使用,其行为后果是允许他人在一定时间内使用或拥有,但淫秽物品的所有关系并未发生变化,即让与使用权。

制作、复制、出版、贩卖、传播淫秽物品罪的对象是淫秽物品。所谓淫秽物品,根据我国刑法典第 367 条的规定,淫秽物品是指具体描绘性行为或者露骨宣扬色情的诲淫性的书刊、影片、录像带、录音带、图片及其他淫秽物品。[①] 包含有色情内容的有艺术价值的文学、艺术作品不视为淫秽物品。有关人体生理、医学知识的科学著作不是淫秽物品。根据

---

① 根据 2004 年最高人民法院、最高人民检察院《关于办理利用互联网、移动通讯终端、声讯台制作、复制、出版、贩卖、传播淫秽电子信息刑事案件具体应用法律若干问题的解释》的规定,"其他淫秽物品",包括具体描绘性行为或者露骨宣扬色情的诲淫性的视频文件、音频文件、电子刊物、图片、文章、短信息等互联网、移动通讯终端电子信息和声讯台语音信息。

我国刑法典的规定,结合以往的行政法规规定,淫秽物品具有以下特征[①]:(1)整体淫秽性。淫秽性是淫秽物品的本质特征。淫秽物品必须是具体描绘性行为和露骨宣扬色情的物品。在程度上,淫秽物品表现为整体性淫秽,亦即物品从其基本内容、基本格调来看是淫秽的。基本内容是指淫秽物品以具体描写性行为和露骨宣扬色情为具体内容,且这种描写是整体的而不是局部的;基本格调是指淫秽物品格调低下,充满庸俗糜烂思想。在淫秽效果上,淫秽物品能"挑动人们的性欲,足以导致普通人腐化堕落"。(2)违法性。违法性是指淫秽物品违反了国家有关法律法规。可从以下三方面来考察淫秽物品的违法性:第一,只要具有具体描绘性行为和露骨宣扬色情的,即为违法。第二,列举淫秽物品的具体表现形式。包括淫秽音像制品,如淫秽书籍、报纸、杂志、画册、印刷宣传品、商标纸、扑克牌、图片、照片以及印刷有淫秽图画、文字的产品等;包括淫秽音像制品,如淫秽影片、录像带、录音带、唱片、唱盘、影碟等;还包括其他淫秽物品。第三,区分淫秽物品与一些正当合法性物品的界限。亦即把淫秽物品同描写男女正当爱情生活的书刊、图画、音像制品,宣传有关人体生理医学知识的书刊、图画、音像制品以及因工作需要制作裸体画、裸体塑像区分开来。

根据1988年国家新闻出版署《关于认定淫秽及色情出版物的暂行规定》的规定,我国淫秽物品的种类包括:淫亵性地具体描写性行为、性交及其心理感受;公然宣扬色情淫荡形象;淫亵性描述或者传授性技巧;具体描写乱伦、强奸或者其他犯罪的手段、过程或者细节,足以诱发犯罪的;具体描写少年儿童的性行为;淫亵性地具体描写同性恋的性行为或者其他性变态行为,或者具体描写与性变态有关的暴力、虐待、侮辱行为;其他令普通人不能容忍的对性行为的淫亵性描写。淫秽实物、淫药淫具参照上述规定范围予以认定。

【例题】 关于利用互联网传播淫秽物品牟利的犯罪,可以由哪些主体构成?(2010年国家司法考试真题)

A. 网站建立者。

B. 网站直接管理者。

C. 电信业务经营者。

D. 互联网信息服务提供者。

答案:ABCD

三、犯罪主观要件

本罪在主观罪过上是故意,而且是直接故意,即明知自己的制作、复制、出版、贩卖、传播淫秽物品的行为是刑法禁止的行为,并且希望这种行为发生的心理态度。此外,在主观

[①] 邓又天主编:《刑法释义与司法适用》,中国人民公安大学出版社1997年版,第721页;赵秉志主编:《特别刑法研究》,中国人民公安大学出版社1997年版,第602页;赵炳寿主编:《刑法若干理论问题研究》,四川大学出版社1992年版,第601—602页。

上还必须具有牟利的目的。明知他人实施制作、复制、出版、贩卖、传播淫秽电子信息犯罪，为其提供互联网接入、服务器托管、网络存储空间、通讯传输通道、费用结算等帮助的，对直接负责的主管人员和其他直接责任人员，以共同犯罪论处。

本罪的主体既可以是自然人，也可以是单位。

四、犯罪量度要件

构成本罪需要满足量度要件。根据1998年最高人民法院《关于审理非法出版物刑事案件具体应用法律若干问题的解释》的规定，具有下列情形之一的，应以本罪处罚：(1) 制作、复制、出版淫秽影碟、软件、录像带50至100张(盒)以上，淫秽音碟、录像带100至200张(盒)以上，淫秽扑克、书刊、画册100至200副(册)以上，淫秽照片、画片500至1000张以上的；(2) 贩卖淫秽影碟、软件、录像带100至200张(盒)以上，淫秽音碟、录音带200至400张(盒)以上，淫秽扑克、书刊、画册200至400副(册)以上，淫秽照片、画片1000至2000张以上的；(3) 向他人传播淫秽物品达200至500人次以上，或者组织播放淫秽影、像达10至20场次以上的；(4) 制作、复制、出版、贩卖淫秽物品，获利5000至1万元以上的。具有下列情形之一的，属于本罪的"情节严重"：(1) 制作、复制、出版淫秽影碟、软件、录像带250至500张(盒)以上，淫秽音碟、录音带500至1000张(盒)以上，淫秽扑克、书刊、画册1000至2000副(册)以上，淫秽照片、画片5000至1万张以上的；(2) 贩卖淫秽影碟、软件、录像带500至1000张(盒)以上，淫秽音像、录像带1000至2000张(盒)以上，淫秽扑克、书刊、画册1000至2000副(册)以上，淫秽照片、画片5000至1万张以上的；(3) 向他人传播淫秽物品达1000至2000人次以上，或者组织播放淫秽影、像达50至100场次以上的；(4) 制作、复制、出版、贩卖淫秽物品，获利3000至5000元以上的。其数量达到上述规定数量(数额)5倍以上的，应认定为本罪"情节特别严重"。

另外，根据2004年最高人民法院、最高人民检察院《关于办理利用互联网、移动通讯终端、声讯台制作、复制、出版、贩卖、传播淫秽电子信息刑事案件具体应用法律若干问题的解释》的规定，以牟利为目的，利用互联网、移动通讯终端制作、复制、出版、贩卖、传播淫秽电子信息，具有下列情形之一的，依本罪定罪处罚：(1) 制作、复制、出版、贩卖、传播淫秽电影、表演、动画等视频文件20个以上的；(2) 制作、复制、出版、贩卖、传播淫秽音频文件100个以上的；(3) 制作、复制、出版、贩卖、传播淫秽电子刊物、图片、文章、短信息等200件以上的；(4) 制作、复制、出版、贩卖、传播的淫秽电子信息，实际被点击数达到1万次以上的；(5) 以会员制方式出版、贩卖、传播淫秽电子信息，注册会员达200人以上的；(6) 利用淫秽电子信息收取广告费、会员注册费或者其他费用，违法所得1万元以上的；(7) 数量或者数额虽未达到第(1)项至第(6)项规定标准，但分别达到其中两项以上标准一半以上的；(8) 造成严重后果的。第5条规定，其数量或者数额达到上述规定标准5倍以上的，应当认定为"情节严重"；达到上述规定标准25倍以上的，应当认定为"情节特别严重"。如果具备下列情形之一的，从重处罚：(1) 制作、复制、出版、贩卖、传播具体描绘不满18周岁未成年人性行为的淫秽电子信息的;(2)明知是具体描绘不满18周岁的未成年人性行为的淫秽电子信息而在自己所有、管理或者使用的网站或者网页上提供直接链接的;(3)向不满18周岁的未成年人贩卖、传播淫秽电子信息和语音信息的;(4)通过使用破坏性程序、恶意代码修改用户计算机设置等方法,强制用户访问、下载淫秽电子信息的。

此外,根据2008年最高人民检察院、公安部《关于公安机关管辖的刑事案件立案追诉标准的规定(一)》的规定,以牟利为目的,制作、复制、出版、贩卖、传播淫秽物品,涉嫌下列情形之一的,应予立案追诉:(1)制作、复制、出版淫秽影碟、软件、录像带50至100张(盒)以上,淫秽音碟、录音带100至200张(盒)以上,淫秽扑克、书刊、画册100至200副(册)以上,淫秽照片、画片500至1000张以上的;(2)贩卖淫秽影碟、软件、录像带100至200张(盒)以上,淫秽音碟、录音带200至400张(盒)以上,淫秽扑克、书刊、画册200至400副(册)以上,淫秽照片、画片1000至2000张以上的;(3)向他人传播淫秽物品达200至500人次以上,或者组织播放淫秽影、像达10至20场次以上的;(4)制作、复制、出版、贩卖、传播淫秽物品,获利5000至1万元以上的。以牟利为目的,利用互联网、移动通讯终端制作、复制、出版、贩卖、传播淫秽电子信息,涉嫌下列情形之一的,应予立案追诉:(1)制作、复制、出版、贩卖、传播淫秽电影、表演、动画等视频文件20个以上的;(2)制作、复制、出版、贩卖、传播淫秽音频文件100个以上的;(3)制作、复制、出版、贩卖、传播淫秽电子刊物、图片、文章、短信息等200件以上的;(4)制作、复制、出版、贩卖、传播的淫秽电子信息,实际被点击数达到1万次以上的;(5)以会员制方式出版、贩卖、传播淫秽电子信息,注册会员达200人以上的;(6)利用淫秽电子信息收取广告费、会员注册费或者其他费用,违法所得1万元以上的;(7)数量或者数额虽未达到本款第(1)项至第(6)项规定标准,但分别达到其中两项以上标准的50%以上的;(8)造成严重后果。利用聊天室、论坛、即时通信软件、电子邮件等方式,实施本条第二款规定行为的,应予立案追诉。以牟利为目的,通过声讯台传播淫秽语音信息,涉嫌下列情形之一的,应予立案追诉:(1)向100人次以上传播的;(2)违法所得1万元以上的;(3)造成严重后果的。此外,2010年最高人民法院、最高人民检察院《关于办理利用互联网、移动通讯终端、声讯台制作、复制、出版、贩卖、传播淫秽电子信息刑事案件具体应用法律若干问题的解释(二)》对此也有相应的规定。

五、本罪的刑事责任

根据刑法典第363条第1款的规定,犯本罪的,处3年以下有期徒刑、拘役或者管制,并处罚金;情节严重的,处3年以上10年以下有期徒刑,并处罚金;情节特别严重的,处10年以上有期徒刑或者无期徒刑,并处罚金或者没收财产。

根据刑法典第366条的规定,单位犯本罪的,对单位判处罚金,并对其直接负责的主管人员和其他直接责任人员,依照刑法典第363条的规定,即自然人犯本罪的刑罚进行惩处。

第二节　组织播放淫秽音像制品罪

一、定义

组织播放淫秽音像制品罪,是指不以牟利为目的,组织播放淫秽电影、录像等音像制品的行为。

二、犯罪客观要件

本罪的客观要件表现为行为人纠集多人播放、观看、收听淫秽音像制品的行为。具体而言:(1)从整体上讲,必须具备组织播放行为。组织播放淫秽音像制品罪的"组织",包括三方面含义:一是"组织"(狭义的),即将分散的观众予以集中,以便共同观看、收听音像制品;二是"策划",即为组织播放淫秽音像制品而进行谋划布置、制订计划的行为;三是"指挥",即在播放淫秽音像制品活动中予以主持运作的行为。(2)从具体方面看,组织播放淫秽音像制品的具体手段表现在两方面:一是对观众的组织,即通过煽动、诱骗、召集等方式让多人聚集在一起观看、收听淫秽音像制品;二是对播放活动的组织,即通过准备播放器材、寻找淫秽音像制品、落实播放地点、安排播放时间等方式,使得多人观看、收听淫秽音像制品行为得以得逞。

组织播放淫秽音像制品罪的行为对象是淫秽音像制品。淫秽音像制品,又称淫秽视听产品,是指以光化学记录技术、磁记录技术、数字记录技术等方式把淫秽声音、淫秽图像固定在一定介质之上,供人们视听的各种淫秽制品。比如淫秽电影、幻灯片是利用光学、化学原理;淫秽录音带、淫秽录像带是利用磁记录技术;淫秽影片、电脑软件、光盘等是利用数字处理技术等。

三、犯罪主观要件

组织播放淫秽音像制品罪行为人在主观方面是直接故意,即明知自己组织播放淫秽音像制品行为会导致危害社会结果发生,并希望该危害结果的发生的心理态度。组织播放淫秽音像制品罪行为人主观方面的目的和动机可能是多种多样的,如为了炫耀、显示自己门路广、出于哥们义气、分享刺激、等等,不同的动机不影响本罪的成立。但根据刑法规定,行为人必须不是以牟利为目的,如果行为人组织播放淫秽音像制品是为了牟利,则构成传播淫秽物品牟利罪。

本罪的主体包括自然人和单位。

四、犯罪量度要件

构成本罪需要满足量度要件。根据 2008 年最高人民检察院、公安部《关于公安机关管辖的刑事案件立案追诉标准的规定（一）》的规定，组织播放淫秽的电影、录像等音像制品，涉嫌下列情形之一的，应予立案追诉：(1) 组织播放15至30场次以上的；(2) 造成恶劣社会影响的。

五、本罪的刑事责任

根据刑法典第364条的规定，犯本罪的，处3年以下有期徒刑、拘役或管制，并处罚金；情节严重的，处3年以上10年以下有期徒刑，并处罚金。制作、复制淫秽音像制品组织播放的，从重处罚。向不满18周岁的未成年人传播淫秽物品的，从重处罚。刑法典第366条规定，单位犯本罪的，对单位判处罚金，并对其直接负责的主管人员和其他直接责任人员依照刑法典第364条的规定处罚。

第三节 组织淫秽表演罪

一、定义

组织淫秽表演罪，是指组织进行淫秽表演的行为。

二、犯罪客观要件

本罪的客观要件表现为行为人组织进行淫秽表演的行为。

组织淫秽表演罪的"组织"，是指策划、安排、指挥等行为。这里的策划，是指为组织淫秽表演活动进行谋划、制定计划的行为，如为组织淫秽表演而拟订具体方案等。这里的安排，是指为寻找淫秽表演场所而选择时间、地点、特色表演人员等行为。这里的指挥，是指行为人在实施组织进行淫秽表演过程中起发号施令的作用，如命令、调度淫秽表演的具体行为。指挥是直接实施策划方案、执行组织者意图的实行行为，等于具体施行组织淫秽表演具有直接的决定作用。

所谓淫秽表演，是指在公开场合通过表演者直接的语言、动作进行的，旨在刺激观众性欲，但却伤害普通善良人性正常人性道德的黄色下流的演出活动。淫秽表演具有以下特征：(1) 公开性。淫秽表演必须是当众进行，如果在没有观众场合秘密进行淫秽表演的，不构成本罪，可以按聚众淫乱罪处理。(2) 动态性。行为人必须以语言、动作等动态方式表演，如果是静态的展示、陈列不能称为表演。(3) 淫秽性。表演在整体上宣扬淫秽行为，挑动人们的性欲，足以导致普通人腐化堕落，伤害普通善良人正常的性道德。(4) 多样性。表演形式多种多样，如展示妇女的乳房，展示人、动物的性器官，展示人的各种自然或非自然性交行为，展示各种猥亵行为等。

三、犯罪主观要件

组织淫秽表演罪在主观罪过方面只能是直接故意，即明知自己组织淫秽表演的行为会伤害普通人正常的性的羞耻心,并希望该结果发生的心理态度。

构成组织淫秽表演罪,主观上并不要求行为人必须出于牟利目的。

四、本罪的认定

根据 2008 年最高人民检察院、公安部《关于公安机关管辖的刑事案件立案追诉标准的规定(一)》的规定,以策划、招募、强迫、雇用、引诱、提供场地、提供资金等手段,组织进行淫秽表演,涉嫌下列情形之一的,应予立案追诉:(1)组织表演者进行裸体表演的;(2)组织表演者利用性器官进行诲淫性表演的;(3)组织表演者半裸体或者变相裸体表演并通过语言、动作具体描绘性行为的;(5)其他组织进行淫秽表演应予追究刑事责任的情形。

五、本罪的刑事责任

根据刑法典第 365 条的规定,犯本罪的,处 3 年以下有期徒刑、拘役或者管制,并处罚金;情节严重的,处 3 年以上 10 年以下有期徒刑,并处罚金。刑法典第 366 条规定,单位犯本罪的,对单位判处罚金,并对其直接负责的主管人员和其他直接责任人员,依照上述规定处罚。

第四节　其他制作、贩卖、传播淫秽物品罪

本章介绍了制作、贩卖、传播淫秽物品罪的一些重点罪名,还有其他的一些罪名由于认定较为简单,实践中适用比较少,故予以简要介绍。

一、为他人提供书号出版淫秽书刊罪

为他人提供书号出版淫秽书刊罪,是指行为人违反国家有关出版管理的规定,为他人提供书号,过失导致他人出版淫秽书刊结果的行为。为他人提供书号出版淫秽书刊罪在客观方面表现为违反国家有关出版管理的规定,为他人提供书号的行为。所谓"违反国家有关出版管理的规定",指的是违反前文提及的出版管理条例等行政法规和部门规章。所谓"为他人提供书号",是指将出版社的书号提供给他人使用,允许他人以该出版社的名义出书。

在实践中,违反国家有关出版管理规定,提供书号为他人出版淫秽书刊的行为,主要包括以下形式:(1)放弃书稿的编校、印刷、发行等全部或部分环节而转让他人;(2)出版单位对书稿未经认真终审终校,就把书号提供给他人;(3)出版单位将编校完成的书稿委托给他人去代为印刷、发行,即所谓代印代发;(4)出版单位以书号提供给他人出版期刊,用书号不用期刊号,往往不采用统一刊名。为他人提供书号出版淫秽书刊罪的主观罪过表现为过失,即行为人应当预见所提供的书号可能被他人用于出版淫秽书刊,因为疏忽大

意而没有预见或者已经预见但轻信能够避免,以致发生书号被他人用于出版淫秽书刊后果的心理态度。

根据刑法典第363条的规定,犯本罪的,处3年以下有期徒刑、拘役或者管制,并处或者单处罚金。刑法典第366条规定,单位犯本罪的,对单位判处罚金,并对其直接负责的主管人员和其他直接责任人员,依照上述规定处罚。

二、传播淫秽物品罪

传播淫秽物品罪,是指不以牟利为目的,传播淫秽的书刊、影片、音像、图片或者其他淫秽物品,情节严重的行为。不以牟利为目的,利用互联网或者转移通讯终端传播淫秽电子信息的,也构成本罪。传播淫秽物品罪的客观特征表现为,传播淫秽的书刊、影片、音像、图片或者其他淫秽物品,情节严重的行为。

传播,即广泛散布,这里的"传播"包含以下内容:(1)传播范围的广泛性。传播的对象往往是不特定的或特定的多人,传播空间具有扩张性。详言之,即传播淫秽物品往往表现为在一定跨度空间里向不特定多的人传播。(2)传播内容的多样性。传播淫秽物品既可以是淫秽物品的淫秽内容,如直接向观众播放淫秽影片、音像等;也可以是包含有淫秽内容的淫秽物品(载体),如把淫秽书刊、碟片送给他人等。

认定传播淫秽物品罪应注意以下问题:(1)行为人必须不具有牟利的目的。如果行为人主观上具有牟利的目的,则应该以传播淫秽物品牟利罪论。至于行为人实施非牟利的传播淫秽物品的行为的动机则可能是多种多样的,如有的是为了与他人分享刺激,有的是为了引诱他人堕落,有的是为了炫耀,有的是为了促销或为扩大业务等。不论出于何种动机,都不影响本罪的成立。(2)从认识因素看,行为人必须明知(确切知道和可能知道)自己传播的是淫秽物品行为人必须明知自己传播的是淫秽物品。如果行为人并不知道自己传播的是淫秽物品,则不能构成本罪。

根据刑法典364条的规定,犯本罪的,2年以下有期徒刑、拘役或者管制。向不满18周岁的未成年人传播淫秽物品的,从重处罚。

第五节 罪之比较与适用

本章罪是我国刑法分则第六章妨害社会管理秩序罪的第九节的内容。本章犯罪不但互相之间存在着一些混淆之处,而且与其他章节规定的犯罪也有相似之处。

一、本章罪之比较

(一)为他人提供书号出版淫秽书刊罪与出版淫秽物品牟利罪的区别

为他人提供书号出版淫秽书刊罪与出版淫秽物品牟利罪的区别主要表现为:(1)客观特征不同。为他人提供书号出版淫秽书刊罪的客观方面表现为行为人违反国家有关出版管理的规定,为他人提供书号,致使淫秽书刊出版的行为;出版淫秽物品牟利罪的客观方面表现为出版淫秽物品的具体行为,包括出版淫秽物品所必需的整个过程,只要行为人实施了这一行为,即使淫秽物品未得以出版,其行为亦成立犯罪。(2)既遂形态不同。为他人提供书号出版淫秽书刊罪为结果犯,只有发生了他人利用提供的书号出版淫秽书刊的结果才能成立犯罪;出版淫秽物品罪为行为犯,只要行为人实施了出版淫秽物品行为,就成立犯罪。(3)主观方面完全不同。为他人提供书号出版淫秽书刊罪为过失犯罪,行为人提供书号的行为虽是故意的,但对他人将其提供的书号用以出版淫秽书刊则是持否定态度的;出版淫秽物品牟利罪为故意犯罪,即行为人对出版淫秽物品的行为是明知且采取积极追求危害后果发生的态度,而且构成本罪要求行为人主观上必须有牟利的目的。

(二)传播淫秽物品罪与传播淫秽物品牟利罪的区别

传播淫秽物品罪与传播淫秽物品牟利罪的区别主要表现为:(1)主观目的不同。传播淫秽物品罪在主观上不具有牟利的目的;传播淫秽物品牟利罪必须在主观上具有牟利的目的。(2)对情节的要求不同。构成传播淫秽物品罪,必须是情节严重的行为;对于传播淫秽物品牟利罪,刑法典没有对情节进行限制的规定,刑法理论认为只要实施了传播淫秽物品牟利行为的即可。当然,在具体认定此类行为时,还需要考虑刑法典第13条的"但书"规定,如果传播淫秽物品牟利行为是"情节显著轻微、危害不大"的,也应该"不认为是犯罪"。(3)客观表现形式上有所差别。尽管两罪在客观方面上都表现为传播淫秽物品的行为,但由于行为人主观目的不同,其传播的具体形式也不尽相同。例如,传播淫秽物品罪的传播方式有赠送、非牟利的转卖等具体类型;而传播淫秽物品牟利罪的传播方式有出租、有偿放映等具体类型等。

二、与其他章节罪之比较

(一)传播淫秽物品罪与走私淫秽物品罪的区别

传播淫秽物品罪与走私淫秽物品罪在犯罪主体、犯罪对象等方面都有相似之处,如两罪的主体都既可以是单位,也可以是个人,犯罪对象都是淫秽物品等。传播淫秽物品罪与走私淫秽物品罪的区别主要表现为:(1)故意内容不同。走私淫秽物品罪的主观方面为直接故意,且行为人有牟利或传播的目的;传播淫秽物品罪的主观方面既包括直接故意,又包括间接故意,但行为人并不具有牟利的目的。(2)客观方面不同。传播淫秽物品罪的客观方面表现为传播淫秽的书刊、影片、音像、图片或者其他淫秽物品,情节严重的行为;走私淫秽物品罪客观方面表现为,违反海关法规,逃避海关监管,非法运输、携带或者邮寄淫秽物品进出国(边)境的行为。此外,传播淫秽物品罪的传播方式除了运输、邮寄、携带外,还包括播放、出借,展览等多种类型。

(二)出版淫秽物品牟利罪与出版歧视、侮辱少数民族作品罪的区别

出版歧视、侮辱少数民族作品罪,是指行为人在出版物中刊载歧视、侮辱少数民族的内容,情节恶劣,造成严重后果的行为。出版淫秽物品牟利罪与出版歧视、侮辱少数民族

作品罪的区别主要表现为:(1) 客观方面不同。出版淫秽物品牟利罪在客观上表现为出版单位出版淫秽物品的行为;出版歧视、侮辱少数民族作品罪在客观上表现为在出版物中刊载歧视、侮辱少数民族的内容,情节恶劣,造成严重后果的行为。(2) 主观方面不同。出版淫秽物品牟利罪是目的犯,行为人主观上必须具有牟利的目的;出版歧视、侮辱少数民族作品罪不是目的犯。(3) 刑事责任承担方式不同。出版淫秽物品牟利罪中采用"两罚制",即既追究出版单位的刑事责任,又追究其直接负责的主管人员和其他直接责任人员的刑事责任;出版歧视、侮辱少数民族作品罪,则只追究直接责任人员的刑事责任。但是,如果行为人出版的淫秽出版物中,同时具有歧视、侮辱少数民族内容的,如侮辱性、诲淫性地描写少数民族的性风俗,情节恶劣、后果严重的,则同时触犯出版淫秽物品牟利罪和出版歧视、侮辱少数民族作品罪。对于此种情形,按照处理想像竞合犯的原则从一重罪处断,即以出版淫秽物品牟利罪论处。

三、案例适用

【案例1】

1999年7月至11月间,被告人何某某利用被告人杨某为其提供的和自己申请的互联网免费主页空间,建立了四个色情网站。被告人杨某在某网站和国外的服务器上建立色情写真图库和全球色情引擎两个色情网站,二被告人共在上述网站中刊载淫秽图片7200余幅、淫秽小说94篇、淫秽小电影二部,并共同对上述网站进行维修、更新。为了牟取非法利益,二被告人利用上述色情网站为国外公司做广告,先后收到汇款519.28美元(未兑付)。

讨论问题:二被告人的行为构成传播淫秽物品牟利罪吗?为什么?

【案例2】

金某平日与邻居贝某有间隙,故存心报复。2002年6月的某一天夜晚,金某从外面归来路过贝某的卧室窗口,突然听到窗内传来呻吟声,金某好奇地走近,透过窗口裂缝发现贝某与其妻子正在开着灯做爱,金某灵机一动,觉到报复贝某的机会到了。于是取出随身携带的数码相机拍下了十几张贝某夫妇做爱的照片。第二天,金某便把照片冲洗出来(共冲洗了40张),然后无偿地给朋友、熟人及贝某的朋友发送。结果不仅导致这些淫秽物品在大范围内传播,而且使得贝某夫妇名誉严重受损。

讨论问题:金某的行为构成何罪?为什么?

【案例3】

2002年8月18晚11时许,延安市某公安分局某派出所接到群众电话举报,称辖区内一张姓居民家中正播放黄色录像。派出所4名民警前去调查,民警们来到该居民家后窗户外,从窗户看进去发现,房间内的电视机中正在播放淫秽录像。于是,几名民警找借口进入该居民家中,并径直来到放录像的房间。民警进门后发现,房间内有张某夫妻二人,此时电视机已关闭。几名民警表明身份,并要求两人拿出"黄碟",但该夫妻拒绝警方的要求,拿起床上的碟片砸向民警。民警尚某某正欲弯腰取出碟机中的碟片,张某突然操起身旁一根木棍朝尚某某头部抡去,尚某某用手去挡,木棍砸了下来,尚的左手立刻肿起来。张某的妻子李某也上前撕扯,一民警的衣服被撕烂,一民警的手被抓破。看到场面难以控制,民警将张某摁倒在床上,然后以妨碍警方执行公务将其带回派出所。警方将从现场搜到的 3 张淫秽光碟,连同电视机、影碟机作为证据带回派出所。

讨论问题:张某夫妻二人的行为构成组织播放淫秽音像制品罪吗?为什么?

【案例 4】

杨某与罗某是一对新婚夫妇,思想较为开放,自 2000 年结婚以来,感情一直很好,2002 年 6 月的一天,两人在看了一些写真报道后,突发奇想,决定把自己做爱的镜头自拍下来,一则等以后年老时拿出来回忆,二则可以平时自己欣赏。说干就干,他们准备了拍摄器材,进行了近一个半小时的拍摄工作,拍摄内容全部都是杨某与罗某脱光衣服的交欢过程。之后,杨某与罗某一发不可收拾,连续自拍"四级小电影",共制作成录像带 70 盒。

讨论问题:杨某与罗某的行为是否构成制作淫秽物品牟利罪?为什么?

第四编 | 侵犯国家法益的犯罪

第二十章　危害国家安全罪

第二十一章　走私罪

第二十二章　危害税收征管罪

第二十三章　妨害司法罪

第二十四章　妨害国(边)境管理罪

第二十五章　危害国防利益罪

第二十六章　贪污贿赂罪

第二十七章　渎职罪

第二十八章　军人违反职责罪

第二十章

危害国家安全罪

危害国家安全罪是我国1997年修订的刑法典规定的一类罪名,它是由1979年刑法典中的"反革命罪"更名而来的。当然,对其中的个别罪名及其归类进行了调整,如反革命杀人罪已并入故意杀人罪中,反革命破坏罪已归入危害公共安全类罪中,反革命集团罪已归入妨害社会管理秩序罪中等。它的更名与修改不仅适应了我国的政治形势与阶级关系的变化,而且也便于与国际接轨,避免不必要的误会和有利于与他国的刑事司法协助。因为世界绝大多数国家都惯用危害国家安全罪或国事罪,我们用"反革命罪"就具有政治犯的嫌疑,尤其是基于国际上"政治犯不引渡"的惯例,一旦罪犯外逃,我们就很难实现对其犯罪的追诉和判决。

危害国家安全罪,是指故意危害中华人民共和国国家安全的行为。该类犯罪所侵害的法益是我国的国家安全具体包括我国的主权、领土完整和安全以及人民民主专政的政权和我国社会主义制度等。根据我国刑法分则的规定,危害国家安全罪共计12个罪名。基本上可以将其划分为如下三类:(1)危害国家政权和分裂国家方面的犯罪。具体包括背叛国家罪,分裂国家罪,煽动分裂国家罪,武装叛乱、暴乱罪,颠覆国家政权罪,煽动颠覆国家政权罪和资助危害国家安全犯罪活动罪。(2)叛变、叛逃方面的犯罪。具体包括投敌叛变罪和叛逃罪。(3)间谍、资敌方面的犯罪。具体包括间谍罪,为境外窃取、刺探、收买、非法提供国家秘密、情报罪和资敌罪。

第一节 背叛国家罪

一、定义

背叛国家罪,也称叛国罪,是指中国公民勾结外国或境外机构、组织、个人,危害中华人民共和国的主权、领土完整和安全的行为。本罪侵害的法益是中华人民共和国的主权、领土完整和安全。所谓国家主权,是指国家自主处理本国事务、管理自己国家的权力,包括立法权、行政权、司法权、外交权等,国家主权是国家独立的重要标志。领土完整和安全,是指属于本国主权范围内的领土不容侵犯、侵占或破坏。国家主权、领土完整和安全,是国家保持独立、和平、自主等以及进行社会主义现代化建设的根本条件。

二、犯罪客观要件

本罪的客观要件表现为行为人勾结外国或境外机构、组织、个人,危害中华人民共和国的主权、领土完整和安全的行为。其包括两方面的含义:一是在外在形式上,构成本罪必须有同外国或境外机构、组织、个人相勾结的事实;二是在实质内容上,构成本罪必须有危害中华人民共和国的主权、领土完整和安全的行为。这两方面密不可分,前者是后者得以进行的条件,也是本罪区别于其他危害国家安全罪的重要特征,而后者是本罪的根本内容和目的。例如,行为人勾结外国,实施走私、贩毒等不属于危害国家安全性质的行为,则不构成本罪。这里的"勾结",是指通过暗中接触、信电往来或其他方式进行的通谋、商议和策划等活动。① 勾结的内容通常是策划如何签订卖国条约、组织傀儡政权、对我国发动战争、制造国际争端、向我国提出领土要求等。勾结的方式可以多种多样,如人员秘密接触、彼此信件来往、秘密签约等,不影响本罪的成立。所谓"外国",是指外国政府、政党、政治集团及其他的反动势力和个人。所谓"境外机构、组织、个人",是指台湾、澳门、香港及其他地区(非主权国家)的任何机构、组织和个人。② 所谓"危害国家主权、领土完整和安全的行为",是指策划发动战争、侵占我国领土、与外国政府签订卖国条约、组织傀儡政权等具体表现形式多样的危害国家安全的行为。

三、犯罪主观要件

本罪的主体为特殊主体,即仅限于中国公民。由于"叛国罪的实质是破坏对国家的忠诚"③,这就决定了外国人和无国籍人不能成为本罪的主体,只有我国公民才能成为本罪的主体。外国人和无国籍人如果勾结我国公民背叛国家的,可以共犯的身份予以定罪。现实中,本罪的主体通常是在我国党、政、军机关内身居一定要职、掌握一定权力或者在社会上有重大政治影响的人。

本罪主观方面是故意,且是直接故意,其目的在于危害中华人民共和国国家主权、领土完整和安全,这是区别于其他危害国家安全罪的最本质特征。

四、本罪的认定

(一) 罪与非罪的界限

本罪是行为犯,并不要求真正实现危害国家主权、领土完整和安全的实际后果,只要行为人实施了勾结外国、背叛国家的行为,足以危害国家的主权、领土完整和安全,即构成

---

① 关于"勾结",可参见我国《国家安全法实施细则》第7条的规定。
② 王作富主编:《刑法》,中国人民大学出版社1999年版,第242页。
③ 储槐植:《美国刑法》,北京大学出版社1996年版,第265页。

本罪。本罪客观方面表现为实施了与外国或与境外通谋、策划等勾结的行为。如具只有与外国、境外联系的意向或愿望,并没有具体实施勾结行为,则不成立犯罪。

(二)本罪与其他危害国家安全罪的界限

本罪侵犯的法益是国家主权、领土完整和安全,行为方式是与外国或境外相勾结,危害我国国家主权、领土完整和安全,这是本罪与其他危害国家安全罪的本质区别。首先,只与外国或境外相勾结,并没有危害到国家主权、领土完整和安全的,不构成本罪,而构成其他危害国家安全的犯罪。如间谍罪、投敌叛变罪、叛逃罪、资敌罪等,都有与外国或境外相勾结或联系的行为方式,但因其不直接危及国家的主权、领土完整和安全,故不构成本罪。其次,如果危害的是国家主权、领土完整和安全,但没有与外国相勾结,也不构成本罪,而构成其他危害国家安全罪。如分裂国家罪就不一定与外国或境外相勾结。关于本罪的罪数问题,如果行为人在勾结外国或境外势力危害我国主权、领土完整和安全的过程中,又实施了其他危害国家安全行为的,应按照牵连犯择一重罪处罚。

五、本罪的刑事责任

根据刑法典第102条、第113条的规定,犯本罪的,处无期徒刑或者10年以上有期徒刑。对国家和人民危害特别严重、情节特别恶劣的加重情节的,可以判处死刑。犯本罪的,还可以并处没收财产。与境外机构、组织、个人相勾结背叛国家的,依照本罪定罪处罚。

第二节 分裂国家罪

一、定义

分裂国家罪,是指组织、策划、实施分裂国家,破坏国家统一的行为。本罪侵害的具体法益是中华人民共和国的国家统一和多民族的团结,分裂国家就是把一个原本统一的多民族国家分裂成几个部分或者使不可分割的一部分人民和地区割裂开来,使其分离出去。比如,当前破坏祖国大陆与台湾和平统一的"台独势力"的逆行,就是典型的分裂国家的行为。

二、犯罪客观要件

本罪客观要件表现为行为人实施了组织、策划、实施分裂国家,破坏国家统一的行为。所谓"组织",是指为分裂国家而召集若干人进行的一种非法集结活动;所谓"策划",是指为分裂国家而暗中出谋划策、制定计划或方案等;所谓"实施",是指个人或有组织地将策划的内容付诸行动。本罪的行为方式有组织、策划、实施三种,行为人只要实施了上述三种行为之一,即可构成本罪。侵犯的对象是国家统一,既包括窃取地方权力、抗拒中央领导、脱离中央搞地方割据或独立,也包括制造民族矛盾和民族分裂,导致多民族国家的分裂;还包括破坏祖国大陆与台湾的统一,导致国家领土的分裂。分裂国家是手段,破坏国家统一则是该罪的内容或目的。

三、犯罪主观要件

本罪在主观方面是直接故意,且必须具有分裂国家和破坏国家统一的目的。行为人出于何种动机,不影响本罪的成立。

四、本罪的认定

(一) 既遂与未遂

本罪是行为犯,并不以发生危害国家统一的结果为要件,只要行为人实施了上述组织、策划、实施分裂国家,破坏国家统一的行为之一,即可构成本罪的既遂。

(二) 罪与非罪的界限

认定罪与非罪,主要从以下方面来把握:(1)是否具有分裂国家、破坏国家统一的目的。如果行为人没有分裂国家、破坏祖国统一的目的,只是一时对国家政策、民族政策不理解而实施了一些错误行为,不能认定为本罪。(2)有无组织、策划、实施或煽动分裂国家、破坏国家统一的行为。如果行为人只是出于狭隘民族主义或地方主义情绪,思想上附和或倾向于民族或地方分裂分子,但没有参加组织、策划、实施分裂行为,不能认定为本罪。另外,该罪是行为犯,只要实施了组织、策划、实施分裂国家、破坏国家统一的行为,不需有任何结果,即可认定为犯罪。

(三) 此罪与彼罪的界限

1. 本罪与背叛国家罪的区别

两罪的区别主要表现为:(1)侵犯的法益不同。前罪侵犯的是国家统一、民族团结;后罪侵犯的是国家主权、领土完整和安全。虽然两者均涉及国家领土完整,但前罪是通过制造地方独立或割据而将国家领土分裂出去;后罪是出卖国家主权、出让国家领土,或策划勾结外国向我发动战争侵占我国领土,实质上是以出卖国家主权、出让国家领土或破坏国家领土安全来危害国家安全的。(2)客观表现不同,前罪未将"勾结外国"作为犯罪构成的必备要件;后罪必须要求具备"勾结外国"才成立。(3)主体不完全相同。前罪主体没有特殊要求;后罪只能是中国公民。(4)主观方面不同。前罪具备分裂国家、破坏国家统一的故意和目的;后罪具备危害国家主权、领土完整和安全的故意和目的。

2. 本罪与煽动分裂国家罪的区别

两罪的区别主要表现在实施行为不同:分裂国家罪是组织、策划和实施分裂国家、破坏国家统一的行为;煽动分裂国家罪实施的行为是煽动破坏行为。另外,根据1999年最高人民法院、最高人民检察院《关于办理组织和利用邪教组织犯罪案具体应用法律若干问题的解释》的规定,组织和利用邪教组织,组织、策划、实施、煽动分裂国家、破坏国家统一或者颠覆国家政权、推翻社会主义制度的,分别依照刑法典第 103 条、第 105 条、第 113 条的规定定罪处罚。

五、本罪的刑事责任

根据刑法典第 103 条、第 113 条的规定,犯本罪的,对首要分子或者罪行重大的,处无期徒刑或者 10 年以上有期徒刑;对积极参加的,处 3 年以上 10 年以下有期徒刑;对其他参加的,处 3 年以下有期徒刑、拘役、管制或者剥夺政治权利。与境外机构、组织、个人相勾结的,从重处罚。犯本罪对国家和人民危害特别严重、情节特别恶劣的,可以判处死刑。犯本罪的,可以并处没收财产。

所谓"首要分子",是指在犯罪中起组织、策划、指挥作用的犯罪分子。所谓"罪行重大的"是指除首要分子外的其他罪行比较严重的,在犯罪中起主要作用的犯罪分子。所谓"积极参加的"是指除首要分子和罪行重大以外的,参加犯罪活动较多或比较主动积极的犯罪分子。所谓"其他参加者",是指除上述几种情况外的一般参加者,包括被胁迫、利诱参加者。

第三节 武装叛乱、暴乱罪

一、定义

武装叛乱、暴乱罪,是指组织、策划、实施武装叛乱或者武装暴乱的行为。

二、犯罪客观要件

本罪客观要件表现为行为人实施了组织、策划、实施武装叛乱、暴乱的行为。所谓"组织"、"策划"是指为实施武装叛乱而进行的联络、召集、指使、策动、胁迫、勾引、收买、领导他人参与叛乱的一系列准备活动;所谓"实施"是指开始进行各种叛乱、暴乱活动;所谓"武装叛乱"是指使用军事装备、动用武器进行的投靠境外组织和敌对势力的公开反叛国家和政府的活动;所谓"武装暴乱"是指动用武器进行杀人、放火、抢劫、破坏设备与物资、破坏社会秩序的暴力骚乱活动。

三、犯罪主观要件

本罪主观方面是故意,而且只能直接故意。本罪的犯罪动机多种多样,但何种动机不影响本罪的成立。本罪的主体是一般主体,凡年满 16 周岁、具有刑事责任能力的自然人均可构成本罪。

四、本罪的认定

(一) 既遂与未遂

本罪为行为犯,只要行为人实施了组织、策划、实施武装叛乱、武装暴乱的行为,即可构成本罪的既遂。

(二) 罪与非罪的界限

关于罪与非罪的界限,主要考虑以下方面:(1)注意划清本罪与一般群众闹事的界限。主要区别在于是否具有破坏人民民主专政政权和社会主义制度的目的。一般性的群众闹事主要是对党和国家的政策一时不理解,或因某些部门处理问题不当引起的矛盾激化,并不具有危害国家安全的目的。甚至有的群众由于不明真相,还混入具有危害国家安全意图的犯罪活动中,对此应分清性质,区别对待。(2)武装手段与投掷砖瓦石块也是区分罪与非罪的一个重要标志。

(三) 本罪与分裂国家罪的区别

两罪的区别主要表现为:(1)主观故意内容不同:前罪并不以具有分裂国家的目的为必要要件;后罪必须具有分裂国家的目的才构成。(2)客观方面不同。前罪只能是组织、策划、实施武装叛乱、暴乱的行为;后罪则既可是暴力性的,也可是非暴力性的。如果以武装叛乱、暴乱的行为方式实施分裂国家的犯罪,应以分裂国家罪从重处罚。

(四) 本罪的罪数

在武装叛乱、暴乱犯罪中,往往同时具有杀人、伤害、抢劫、放火等犯罪行为,尽管形式上也触犯了其他罪名,因其行为已涵盖在本罪之中,故不构成数罪,如杀人可按危害特别严重、情节特别恶劣处罚。但叛乱、暴乱后又实施其他危害国家安全行为的,如投敌叛变等,则构成数罪,应予并罚。

五、本罪的刑事责任

根据刑法典第104条的规定,犯本罪的,对首要分子或者罪行重大的,处无期徒刑或者10年以上有期徒刑;对积极参加的,处3年以上10年以下有期徒刑,对其他参加的,处3年以下有期徒刑、拘役、管制或者剥夺政治权利。策动、胁迫、勾引、收买国家机关工作人员、武装部队人员、人民警察、民兵进行武装叛乱或者武装暴乱的,从重处罚。

根据刑法典第113条的规定,犯本罪对国家和人民危害特别严重、情节特别恶劣的,可以判处死刑。犯本罪的,可以并处没收财产。其他参加的是指除首要分子、积极参加的以外的一般参加者。犯本罪对国家和人民危害特别严重、情节特别恶劣的,可以判处死刑。犯本罪的,可以并处没收财产,应当附加剥夺政治权利。刑法典第106条规定,与境外机构、组织、个人相勾结,实施武装叛乱、武装暴乱的,从重处罚。

第四节 颠覆国家政权罪

一、定义

颠覆国家政权罪,是指组织、策划、实施颠覆国家政权、推翻社会主义制度的行为。本罪侵害的具体法益是我国人民民主专政的政权和社会主义的国家制度。

二、犯罪客观要件

本罪的客观要件表现为行为人实施组织、策划、实施颠覆国家政权、推翻社会主义制度的行为。所谓"颠覆国家政权、推翻社会主义制度"是指采取各种手段企图使人民民主专政政权和社会主义制度覆灭。具体包括两个方面的内容:一是要有组织、策划、实施三种行为方式之一;二是要有颠覆国家政权、推翻社会主义制度的内容。至于犯罪手段,可以表现为多种形式,如公开武装夺取政权或者利用和平演变的手段窃取政权等,不同的犯罪手段不影响本罪的成立。

三、犯罪主观要件

本罪主观方面是直接故意,且具有颠覆国家政权、推翻社会主义制度的内容。本罪的主体为一般主体。

四、本罪的认定

(一)既遂与未遂

本罪为行为犯。行为人只要具有组织、策划、实施颠覆国家政权,推翻社会主义制度三种行为方式之一,即可构成本罪的既遂。罪与非罪的界限:本罪并不要求具有颠覆国家政权,推翻社会主义制度的后果,只要组织、策划、实施了颠覆政权和推翻社会主义制度的行为即成立犯罪。当然,对那些情节显著轻微、危害不大的,根据刑法典第13条之规定,不认为是犯罪。

(二)此罪与彼罪的界限

1. 本罪与分裂国家罪和煽动分裂国家罪的区别

三罪的区别主要表现为:(1)主观方面不同。前罪的目的是颠覆现有的合法政权、推翻社会主义制度;分裂国家罪和煽动分裂国家罪的目的是破坏国家与民族的统一。(2)客观方面不尽相同。前罪造成的颠覆政权的结果不一定出现分裂状况;分裂国家罪和煽动分裂国家罪中被分裂后原有的国家政权依然存在的情况可以说是屡见不鲜。

2. 本罪与煽动颠覆国家政权罪的区别

两罪的区别主要表现在行为方式不同:前罪表现为直接组织、策划、实施颠覆国家政权和推翻社会主义制度的行为；后罪只是煽动他人颠覆国家政权和推动社会主义制度。

五、本罪的刑事责任

根据刑法典第 105 条的规定，犯本罪的，对首要分子或者罪行重大的，处无期徒刑或者 10 年以上有期徒刑；对积极参加的，处 3 年以上 10 年以下有期徒刑；对其他参加的，处 3 年以下有期徒刑、拘役、管制或者剥夺政治权利。与境外机构、组织、个人相勾结，组织、策划、实施颠覆国家政权、推翻社会主义制度的，从重处罚。犯本罪的，应当剥夺政治权利，可以并处没收财产。

第五节　间　谍　罪

一、定义

间谍罪，是指参加间谍组织或者接受间谍组织及其代理人的任务，或者为敌人指示轰击目标的行为。本罪侵害的具体法益是我国国家的安全和稳定。

二、犯罪客观要件

本罪客观要件表现为行为人实施了参加间谍组织或者接受间谍组织及其代理人的任务或者为敌人指示轰击目标的行为，行为人只要实施了上述三种方式之一即可构成本罪。所谓"间谍组织"，是指外国政府或国外敌对势力建立的旨在收集我国情报，进行颠覆破坏活动等，危害我国国家安全的组织。所谓"参加"，是指通过一定的程序、手续，加入该组织从而成为间谍组织成员的行为。所谓"间谍组织的代理人"，是指在间谍组织委任、指派或授意下代替该组织从事间谍活动的组织或个人。① 如在华的外国企业、公司或个人，虽然其并不属于国外间谍组织，但其接受了某间谍组织的委托，代为收集情报。由于间谍组织代理人比较复杂，故一般应由国家安全机关来认定。所谓"为敌人指示轰击目标"，是指为处于军事及政治对抗状态的敌对势力提供地图、军事图或直接为其指认目标，方便敌人轰击或轰炸的行为。

【例题】某国家机关工作人员甲借到 M 国探亲的机会滞留不归。一年后甲受雇于 N 国的一个专门收集有关中国军事情报的间谍组织，随后受该组织的指派潜回中国，找到其在某军区参谋部工作的战友乙，以 1 万美元的价格从乙手中购买了 3 份军事机密材料。对甲的行为应如何处理？（2002 年国家司法考试真题）

A. 以叛逃罪论处。

---

① 关于"间谍组织代理人"的规定可参见我国《国家安全法实施细则》第 4 条。

B. 以叛逃罪和间谍罪论处。
C. 以间谍罪论处。
D. 以非法获取军事秘密罪论处。

答案：C

三、犯罪主观要件

本罪主观方面为直接故意，即明知是间谍组织而参加或接受其任务，或者明知是敌人而故意为其指示轰击目标。

四、本罪的认定

（一）既遂与未遂

本罪为行为犯，只要行为人实施了上述三种行为之一，即可构成本罪的既遂，而不问是否出现特定的危害后果。

（二）罪与非罪的界限

把握罪与非罪的界限，要综合考虑以下方面：(1) 间谍罪属于行为犯，无论是否造成危害结果均成立犯罪。根据刑法典第13条规定，如果情节显著轻微，危害不大的，不认为是犯罪。如某人通过收听敌台，向敌台指定地址要求汇一笔钱来，并充分为其服务，实际没有为该机构提供情报，仍属于一般的要钱要物行为，则不成立犯罪。(2) 间谍罪必须具备主观上的故意，否则如果不明真相而参加了间谍组织，或为实现个人目的向间谍机关提供了一些根本不属国家秘密的情况，则不成立犯罪。但如果要求参加组织、请领任务，并接受潜伏、破坏活动任务的，则应以犯罪论处。(3) 对于在间谍组织中未履行加入手续，也未进行间谍活动，仅仅从事一般事务性工作的勤杂人员，一般不以犯罪论处。

（三）此罪与彼罪的界限

1. 本罪与叛逃罪的区别

两罪的区别主要表现为：(1) 行为主体不同。前罪是一般主体；后罪是特殊主体，即必须是国家机关工作人员。(2) 主观方面不同。前罪无特定目的；后罪具有危害国家安全的特定目的。(3) 行为表现不同。前罪表现为参加间谍组织、接受任务或指示轰击目标；后罪表现为擅离岗位、叛逃境外或在境外叛逃。

2. 本罪与投敌叛变罪的区别

两罪的区别主要表现为：(1) 行为主体不完全相同。前罪既可以是中国人民，也可以是外国人；后罪只能是中国公民。(2) 主观方面不同。前罪无特定目的；后罪具有危害国家安全的特定目的。(3) 客观方面不同。前罪是参加组织、接受任务、指示轰炸目标；后罪是投奔敌人或投降敌人。

五、本罪的刑事责任

根据刑法典第 110 条的规定,犯本罪的,处 10 年以上有期徒刑或者无期徒刑;情节较轻的,处 3 年以上 10 年以下有期徒刑。根据刑法典第 113 条的规定,对国家和人民危害特别严重、情节特别恶劣的,可以判处死刑。犯本罪的,应当附加剥夺政治权利,可以并处没收财产。

第六节 为境外窃取、刺探、收买、非法提供国家秘密、情报罪

一、定义

为境外窃取、刺探、收买、非法提供国家秘密、情报罪,是指为境外的机构、组织、人员窃取、刺探、收买、非法提供国家秘密或者情报的行为。本罪侵害的法益是国家秘密或者情报所可能涉及的国家安全利益。

根据 2001 年最高人民法院《关于审理为境外窃取、刺探、收买、非法提供国家秘密或者情报案件具体应用法律若干问题的解释》的规定,"国家秘密"是指我国《保守国家秘密法》,以及《保守国家秘密法实施办法》所规定的事项;这里的"情报",是指关系国家安全,还未公开或者依照有关规定不应公开的各种信息、资料和情况。实际操作中,人民法院审理为境外窃取、刺探、收买、非法提供情报案件,需要对有关事项是否属于情报进行鉴定的,由国家保密工作部门或者省、自治区、直辖市保密工作部门鉴定。

二、犯罪客观要件

本罪的客观要件表现为行为人实施了为境外的机构、组织、人员窃取、刺探、收买、非法提供国家秘密或者情报的行为。所谓"窃取"是指通过各种手段秘密获取国家秘密或情报,具体包括直接盗取,用计算机盗取、用电磁波窃取、用摄影器材拍摄窃取等。"刺探"是指用探听、打探或或使用侦查方式及专门技术获得国家秘密或情报;"收买"是指利用金钱或物质利益收购买取国家秘密或情报;"非法提供"是指国家秘密或情报管理人、持有人、知悉人违反法律规定,未经有关部门批准擅自将国家秘密或情报非法提供给境外机构、组织和个人的行为。侵犯的对象是国家秘密和情报,根据保守国家秘密法的规定,所谓"国家秘密"是指关于国家的安全和利益,依照法定程序确定的一定时间内只限一定范围的人知悉的事项。具体是指我国《保守国家秘密法》第 2 条、第 9 条以及《保守国家秘密法办法》第 4 条确定的事项。"情报"是指关系国家安全和利益,尚未公开或者依照有关规定不应公开的事项。审理为境外窃取、刺探、收买、非法提供国家秘密案件,需要对有关事项是否属于国家秘密以及属于何种密级进行鉴定的,由国家保密工作部门或者省、自治区、直

辖市保密工作部门鉴定。所谓"情报"是指除国家秘密以外的,可供利用危害我国国家安全和利益的多种资料、情报和消息。本罪是选择性罪名,行为人实施上述行为之一,即可成立本罪。两种以上也是一罪,不实行数罪并罚,但可作为从重处罚情节。另外,根据2001年最高人民法院、最高人民检察院《关于办理组织和利用邪教组织犯罪案件具体应用法律若干问题的解释(二)》的规定,邪教组织人员为境外窃取、刺探、收买、非法提供国家秘密、情报的依照本罪定罪处罚。

【例题】 某国间谍戴某,结识了我某国家机关机要员黄某。戴某谎称来华投资建厂需了解政策动向,让黄某借工作之便为其搞到密级为"机密"的《内参报告》四份。戴某拿到文件后送给黄某一部手机,并为其子前往某国留学提供了6万元资金。对黄某的行为如何定罪处罚?(2009年国家司法考试真题)

A. 资助危害国家安全犯罪活动罪、非法获取国家秘密罪,数罪并罚。
B. 为境外窃取、刺探、收买、非法提供国家秘密、情报罪与受贿罪,数罪并罚。
C. 非法获取国家秘密罪、受贿罪,数罪并罚。
D. 故意泄露国家秘密罪、受贿罪,从一重罪处断。
答案:B

三、犯罪主观要件

本罪的主体为一般主体。本罪在主观方面表现为故意,包括直接故意与间接故意。本罪故意的内容必须有两个方面:一是行为人须明知是国家秘密或情报而进行窃取、刺探、收买、非法提供;二是行为人须明知对方为境外的机构、组织、人员而为其窃取、刺探、收买、非法提供国家秘密或者情报。至于行为人的动机如何,不影响本罪的成立。

四、本罪的认定

(一)既遂与未遂

本罪为行为犯,行为人只要实施了为境外的机构、组织、人员窃取、刺探、收买、非法提供国家秘密或者情报四种行为之一,即可构成本罪的既遂。

(二)罪与非罪的界限

认定罪与非罪的关键在于否非法提供,如果是在对外交流中经有关部门批准,依法提供,则不成立犯罪。此外,根据非法提供国家秘密或情报的质量与数量大小,是否造成严重后果,如果多次非法提供,则成立犯罪;如果偶尔因说话不慎,或为显示我方实力而提供,又未造成严重后果,则不成立犯罪。

(三)此罪与彼罪的界限

1. 本罪与故意泄露国家秘密罪的区别

两罪的区别主要表现为:(1)犯罪主体不同。前罪为一般主体;后罪为特殊主体,即只能是国家机关工作人员才能构成。(2) 行为对象不同。前罪是故意非法提供,且非法提供的对象是特定的;后罪是故意泄露,但泄露的对象是不特定的。(3) 侵犯的法益不同。前罪侵犯的是国家安全;后罪侵犯的是国家保密制度。(4) 客观行为不同。前罪表现为境外机构、组织、个人窃取、刺探、收买、非法提供国家机密和情报的行为;后罪表现为违反国家保密法的规定,泄露国家机密情报,情节严重的行为。

2. 本罪与间谍罪的区别

两罪的区别关键在于提供情报的对象不同:前罪是为一般境外机构、组织和个人窃取、刺探、收买、非法提供;后罪是为间谍组织或其代理人提供。如王某为了金钱多次向某外国驻华使馆提供情报,当该驻华使馆人员要求其加入间谍组织时,王某深感事情重大,向公安机关投案自首。本案由于王某事先不知是间谍组织,故王某只能构成本罪,而不能构成间谍罪。

五、本罪的刑事责任

根据刑法典第111条和第113条的规定,犯本罪的,处5年以上10年以下有期徒刑,情节特别严重的,处10年以上有期徒刑或无期徒刑;情节较轻的,处5年以下有期徒刑、拘役、管制或剥夺政治权利;对国家和人民危害特别严重、情节特别恶劣的,可以判处死刑,可并处没收财产。

根据2001年最高人民法院《关于审理为境外窃取、刺探、收买、非法提供国家秘密或者情报案件具体应用法律若干问题的解释》的规定,为境外窃取、刺探、收买、非法提供国家秘密或者情报,具有下列情形之一的,处5年以上10年以下有期徒刑,可以并处没收财产:(1) 为境外窃取、刺探、收买、非法提供机密级国家秘密的;(2) 为境外窃取、刺探、收买、非法提供3项以上秘密级国家秘密的;(3) 为境外窃取、刺探、收买、非法提供国家秘密或者情报,对国家安全和利益造成其他严重损害的。第4条规定,为境外窃取、刺探、收买、非法提供秘密级国家秘密或者情报,属于"情节较轻",处5年以下有期徒刑、拘役、管制或者剥夺政治权利,可以并处没收财产。为境外窃取、刺探、收买、非法提供国家秘密或者情报,具有下列情形之一的,属于"情节特别严重",处10年以上有期徒刑、无期徒刑,可以并处没收财产:(1) 为境外窃取、刺探、收买、非法提供绝密级国家秘密的;(2) 为境外窃取、刺探、收买、非法提供3项以上机密级国家秘密的;(3) 为境外窃取、刺探、收买、非法提供国家秘密或者情报,对国家安全和利益造成其他特别严重损害的。实施前款行为,对国家和人民危害特别严重、情节特别恶劣的,可以判处死刑,并处没收财产。

第七节 其他危害国家安全罪

本章除上述重点罪名外,还有其他几个罪名,故予以简要介绍。

一、煽动分裂国家罪

煽动分裂国家罪,是指通过口头、书面、电子信息等方式进行造谣、诽谤以煽动分裂国家、破坏国家统一,割据一方、另立伪政府、对抗中央人民政府的统一领导的行为。所谓"煽动",是指以语言、文字、图像等方法对他人进行蛊惑或劝诱,具体如当众演讲、呼喊口号、投寄信件、散发传单等;主要目的是煽动挑拨民族关系,制造民族矛盾,搞民族分裂活动,破坏各民族的团结和国家统一;煽动的对象一般是不特定的多数人,至于被煽动的对象是否接受煽动或有无煽动效果等,均不影响本罪的成立。另外,根据我国相关司法解释的规定,利用突发传染病疫情等灾害,制造、传播谣言,或者制作、传播邪教宣传品,煽动分裂国家、破坏国家统一的,以煽动分裂国家罪定罪处罚。[①] 明知出版物中载有煽动分裂国家、破坏国家统一的内容,而予以出版、印刷、发行、传播的,也以本罪定罪处罚。[②]

根据刑法典第 103 条第 2 款的规定,行为人只要实施了煽动分裂国家、破坏国家统一的行为,即可成立犯罪,而并不要求被煽动的人真要听其摆布,或者真正实施分裂国家、破坏国家统一的活动。另外,根据 1998 年最高人民法院《关于审理非法出版物刑事案件具体应用法律若干问题的解释》的规定,明知出版物中载有煽动分裂国家、破坏国家统一或者煽动颠覆国家政权、推翻社会主义制度的内容,而予以出版、印刷、复制、发行、传播的,依照刑法典第 103 条第 2 款或者第 105 条第 2 款的规定,以煽动分裂国家罪或者煽动颠覆国家政权罪定罪处罚。根据 2001 年最高人民法院、最高人民检察院《关于办理组织和利用邪教组织犯罪案件具体应用法律若干问题的解释(二)》的规定,制作、传播邪教宣传品,煽动分裂国家、破坏国家统一,或者煽动颠覆国家政权、推翻社会主义制度的,依照刑法典第 103 条第 2 款、第 105 条第 2 款的规定,以煽动分裂国家罪或者煽动颠覆国家政权罪定罪处罚。根据 2003 年最高人民法院、最高人民检察院《关于办理妨害预防、控制突发传染病疫情等灾害的刑事案件具体应用法律若干问题的解释》的规定,利用突发传染病疫情等灾害,制造、传播谣言,煽动分裂国家、破坏国家统一,或者煽动颠覆国家政权、推翻社会主义制度的,依照刑法典第 103 条第 2 款、第 105 条第 2 款的规定,以煽动分裂国家罪或者煽动颠覆国家政权罪定罪处罚;相反,如果只是在脑子里想这样做,而没有实际实施煽动行为,则不成立犯罪。

要注意区分本罪与分裂国家罪的界限。两罪虽然侵犯的都是国家统一,主观上也都具有分裂国家的目的。但二者也有明显区别:(1)实施的行为不同。前罪是煽动行为;后罪是具体的组织、策划、实施分裂的行为。(2)犯罪形式不同。前罪既可共同实施,也可由单个人实施;后罪只能以共同的形式出现。(3)犯罪故意不同。前罪是煽动故意;后罪

[①] 2003 年最高人民法院、最高人民检察院《关于办理妨害预防、控制突发传染病疫情等灾害的刑事案件具体应用法律若干问题的解释》及 2001 年最高人民法院、最高人民检察院《关于办理组织和利用邪教组织犯罪案件具体应用法律若干问题的解释(二)》。

[②] 1998 年最高人民法院《关于审理非法出版物刑事案件具体应用法律若干问题的解释》。

是组织、策划、实施的故意。(4)行为主体不完全相同。前罪多为民族极端或分裂分子；后罪则不受此限，且多为窃据要职的人物。

根据刑法典第103条第2款、第106条和第113条的规定，犯本罪的，处5年以下有期徒刑、拘役、管制或剥夺政治权利；对首要分子或罪行重大的，处5年以上有期徒刑。对与境外机构、组织、个人相勾结进行煽动分裂国家犯罪的，依据刑法典第103条的规定从重处罚；对国家和人民危害特别严重、情节特别恶劣的，可以判处死刑，并处没收财产。

二、煽动颠覆国家政权罪

煽动颠覆国家政权罪，是指以造谣、诽谤或者其他方式煽动颠覆国家政权、推翻社会主义制度的行为。所谓"造谣、诽谤"是指无中生有、散布谣言、捏造事实的行为。如散布政治性谣言，攻击、污蔑国家的政策、法律，抵毁党和国家领导人，挑拨群众的不满情绪等。所谓"其他方式"包括口头、局面等各种方式，如书写、张贴、散发标语、传单、呼喊口号、发表演讲等，也可使用图片、书画，利用录音、录像、磁盘、计算机网络等各种信息载体等进行煽动。所谓"煽动"是指以上述方式对他人进行鼓动、蛊惑或诱使。煽动的对象一般是不特定的多数人，至于被煽动对象是否接受煽动或有无煽动的效果等，均不影响本罪的成立。也就是说，行为人只要实施了造谣、诽谤等煽动行为，即构成本罪。另外，根据2003年最高人民法院、最高人民检察院《关于办理妨害预防、控制突发传染病疫情等灾害的刑事案件具体应用法律若干问题的解释》的规定，利用突发传染病疫情等灾害，制造、传播谣言，或者制作、传播邪教宣传品，煽动颠覆国家政权、推翻社会主义制度的，以煽动颠覆国家政权罪定罪处罚。根据1998年最高人民法院《关于审理非法出版物刑事案件具体应用法律若干问题的解释》的规定，明知出版物中载有煽动颠覆国家政权、推翻社会主义制度的内容，而予以出版、印刷、复制、发行、传播的，也以本罪定罪处罚。

本罪罪与非罪的界限主要表现为：(1)对于一般的落后、不满言论，甚至一些过激言论，只要不是企图颠覆国家政权、推翻社会主义制度的，或是对中央某些政策的理解，而产生的抵触情绪或发泄不满的，或是反映情况、提出批评、建议，言词过激，甚至带有错误言论的，均属思想认识问题，不应以犯罪论处。(2)某些人即使对政府不满，其理由甚至是造谣诽谤，但没有在公众场合发表、散布，也没有利用信件和互联网进行宣传煽动，也即在群众中没有形成影响的，也不能成立犯罪。根据2001年最高人民法院、最高人民检察院《关于办理组织和利用邪教组织犯罪案件具体应用法律若干问题的解释(二)》的规定，人民检察院审查起诉邪教案件，对于犯罪情节轻微，有悔罪表现，确实不致再危害社会的犯罪嫌疑人，根据《刑事诉讼法》第142第2款的规定，可以作出不起诉决定。但如果多次对人进行造谣、诽谤，也可成立犯罪。

本罪与颠覆国家政权罪的区别主要表现为：(1)前罪以煽动群众的方式进行；后罪以组织、策划、实施的方式进行。(2)前罪为任意共同犯罪；后罪多以共同犯罪形式出现，也可以说是必要共同犯罪。

本罪与煽动分裂国家罪的区别主要表现为：(1)前罪侵犯的是国家政权的稳固；后罪侵犯的是国家和民族的统一。(2)前罪煽动的是破坏国家政权；后罪煽动的是破坏国家的统一。(3)前罪的目的是达到国家政权被颠覆；后罪的目的是致使国家遭分裂。

根据刑法典第105条第2款规定，犯本罪的，处5年以下有期徒刑、拘役、管制或剥夺政治权利；对首要分子或罪行重大的，处5年以上有期徒刑；犯本罪的，应当附加剥夺政治权利，可没收财产。根据刑法典第106条规定，与境外相勾结犯本罪的，应从重处罚。

根据2001年最高人民法院、最高人民检察院《关于办理组织和利用邪教组织犯罪案件具体应用法律若干问题的解释(二)》的规定，制作、传播的邪教宣传品具有煽动分裂国家、破坏国家统一，煽动颠覆国家政权、推翻社会主义制度，侮辱、诽谤他人，严重危害社会秩序和国家利益，或者破坏国家法律、行政法规实施等内容，其行为同时触犯刑法典第103条第2款、第105条第2款、第246条、第300条第1款等规定的，依照处罚较重的规定定罪处罚。人民法院审理邪教案件，对于有悔罪表现，不致再危害社会的被告人，可以依法从轻处罚；依法可以判处管制、拘役或者符合适用缓刑条件的，可以判处管制、拘役或者适用缓刑；对于犯罪情节轻微不需要判处刑罚的，可以免予刑事处罚。

三、资助危害国家安全犯罪活动罪

资助危害国家安全犯罪活动罪，是指境内外机构、组织或个人资助境内组织或个人实施背叛国家罪、分裂国家罪、煽动分裂国家罪、武装叛乱暴乱罪、颠覆国家政权罪和煽动颠覆国家政权罪等危害国家安全犯罪活动的行为。

本罪罪与非罪的界限主要表现为：(1)注意查明行为人主观上是否具有故意。如果行为人不知被资助人从事危害国家安全的事实，或资助的并不是用于危害国家安全的活动则不成立犯罪。但要注意查明事情真伪，避免放纵犯罪。(2)这里的"资助"是指有形物质的支持，如金钱、财物、场地等；如果只是给予精神、舆论上的声援与支持，则不构成此罪。

此罪与彼罪的界限应注意把握以下内容：(1)资助对象只限本条规定的6种危害国家安全的犯罪，如果资助的是其他犯罪，则不构成本罪，可视为其他犯罪的共犯。(2)本罪与本条规定的6种犯罪的区别。区别的关键在于本罪的行为主体不直接参与到被资助的犯罪活动中，只是提供资助即成立犯罪。如果行为人不是资助，而是直接参与、共同策划则不构成本罪，而构成参与和策划的具体罪名。

根据刑法典第107条、第113条的规定，对直接责任人员处5年以下有期徒刑、拘役、管制或者剥夺政治权利；情节严重①的，处5年以上有期徒刑；犯本罪的可并处没收财产。

---

① 所谓情节严重，是指多次资助、资助数额大、资助实施的犯罪造成严重后果的。

四、投敌叛变罪

投敌叛变罪,是指中国公民投奔敌方营垒或者在被俘后投降敌人危害国家安全的行为。本罪在客观方面表现为实施投敌叛变的行为。所谓"投敌"是指投奔国际上与我国为敌的国家或国内敌对势力。所谓"叛变"是指反叛投降敌方变为敌方人员,具体表现为:(1)投奔到境外的敌对国家及其控制区;(2)投奔国内的敌对方;(3)通过与境外敌对国家或敌方联络,成为敌方助手,实际已背叛国家变为敌方工作人员;(4)被捕被俘后投降敌人或敌方。

本罪的主体一般是中国公民,外国人策动或帮助中国公民投敌叛变,应以投敌叛变罪的共犯论处。根据我国刑法典第109条的规定,国家工作人员也可构成本罪。本罪在主观上表现为故意,且行为人具备危害国家安全的目的,如果不具有此目的,而是追求资产阶级生活方式或为投靠亲友则不构成本罪。

本罪罪与非罪的界限,关键在于投敌叛变行为是否达到对国家利益造成严重威胁或损害的程度,只有造成严重威胁或损害的才能成立犯罪。尤其是被捕被俘后,只是停止反抗、交出武器等一般变节或被迫行为,不能视为犯罪;只有在被捕被俘后,向敌方卖身投靠、出卖组织、提供情报或进行其他危害国家安全行为的才构成本罪。

本罪与背叛国家罪的区别主要表现为:(1)前罪侵犯的是人民民主专政的政权和社会主义制度;后罪侵犯的是国家的主权、领土完整和安全。(2)前罪表现为投敌叛变行为;后罪表现为背叛国家、勾结外国、危害国家独立的行为。

本罪与偷越国边境罪的区别主要表现为:(1)前罪侵害的是人民民主专政政权和社会主义制度;后罪侵犯的是国家对出入境的正常管理秩序。(2)前罪表现为实施了投敌叛变的行为;后罪表现为违反出入境管理法律、法规的行为。

根据我国刑法典第108条和第113条的规定,投敌叛变的,处3年以上10年以下有期徒刑;情节严重①或带领武装部队人员、人民警察、民兵投敌叛变的,处10年以上有期徒刑或无期徒刑;危害特别严重、情节特别恶劣的,可判处死刑,可并处没收财产。

五、叛逃罪

叛逃罪,是指国家机关工作人员或者掌握国家秘密的国家工作人员在履行公务期间,擅离岗位,叛逃境外或者在境外叛逃,危害中华人民共和国国家安全的行为。所谓"履行公务",是指在任职期间。所谓"擅离岗位"是指未经主管部门批准,私自离开工作岗位。所谓"叛逃",是指叛变出逃,既可由境内向境外叛逃,也可以是在境外叛逃。所谓"危害国家安全"是指给国家安全、国家荣誉和国家利益造成了危害。

---

① 所谓"情节严重"是指投敌叛变后将我方的阵地、防线的军事设施、武器装备、军事机密告知敌方,以及投敌叛变后参加敌对组织,危害我国安全的情况等。

本罪属于身份犯,仅国家机关工作人员才能构成本罪。本罪主体为特殊主体,只能是我国国家机关工作人员或掌握国家秘密的国家工作人员,主观方面表现为故意。

本罪罪与非罪的界限,关键在于行为人是否具有背叛或反叛之意。如果只是逃离,没有背叛和反叛之意,如前往境外或滞留境外不归,并没有出卖国家利益和反叛国家的言行,不能构成叛逃罪。只有背叛或反叛国家,出卖国家利益,甚至发表背叛国家声明,发表文章攻击、诽谤国家和政府等的,才构成叛逃罪。另外,还要看行为是否达到了危害国家安全利益的程度。达到危害程度的构成叛逃罪,否则属一般违法行为。如李某在出国期间,脱离我方谈判代表团,投靠对方谈判机构,并出卖我方谈判的准备内容等情况,很显然李某已构成叛逃罪。

本罪与投敌叛变罪的区别主要表现为:(1)客观方面不同。前罪只要有叛逃行为,不需要实施其他危害国家安全的行为,且投奔的也不一定是敌对营垒即可成立犯罪;后罪除具有投奔敌对营垒外,尚需具有其他危害国家安全的言行,且投奔的必须是敌对营垒才成立犯罪。(2)行为主体不同。前罪是特殊主体,即必须是国家机关工作人员;后罪是一般主体,即任何达到刑事责任年龄的公民均可构成。

本罪与背叛国家罪的区别主要表现为:(1)前罪侵犯的是一般意义上的国家安全;后罪侵犯的是更高层次的国家主权、领土完整和安全。(2)前罪由一般的国家工作人员构成;后罪大都是掌握一定国家权力或者一定职位和政治影响的人才可构成。(3)前罪必须是在履行公务期间才成立犯罪;后罪在任何时间均可成立犯罪。

根据刑法典第109条和第113条的规定,犯本罪的,处5年以下有期徒刑、拘役、管制或剥夺政治权利;情节严重的,处5年以上10年以下有期徒刑。犯本罪的,可以并处没收财产。掌握国家秘密的国家工作人员犯本罪的,依照上述规定从重处罚。

六、资敌罪

资敌罪,是指战时供给敌人武器装备、军用物资资助敌人的行为。所谓"战时",是指战争时期或期间及作战状态。所谓"武器装备",通常包括枪械、火炮、火箭、导弹、弹药、爆炸器材、坦克、作战飞机、舰艇、核武器等。所谓"军用物资"是指供军事作战、训练、施工、科研、后勤保障等用于军事行动的一切物资。为敌人提供军用物资,无论是有偿无偿均不影响本罪的成立。

本罪罪与非罪的界限主要表现为:(1)资敌罪具有时间上的特定性,即必须是在战时才能成立犯罪,如果是在平时则不构成本罪。(2)资敌罪资助的物品具有特定性,即仅限于武器装备和军用物资,如不属于上述物品,则不构成本罪。(3)资敌行为必须对我国国防安全构成威胁,造成实际损害时才成立犯罪。如果情节显著轻微,危害不大的,根据刑法典第13条的规定,不认为是犯罪。如被我驱逐出境的无国籍人王某,在我边境小范围反击作战时,向敌方提供自制枪支,由于数量少,威力小,尚不足以造成对我国国防安全的威胁与损害,故不构成资敌罪,只属一般的违法行为。

本罪与资助危害国家安全罪的区别主要表现为：(1) 资助的对象不同。前罪是战时的敌人或敌方；后罪是危害国家安全的6种犯罪。(2) 资助的时间要求不同。前罪必须发生在战时；后罪则无战时限制，任何时间都可以。(3) 资助的物资不同。前罪是武器装备和军用物资；后罪是金钱、财物和设备，且财物和设备没有任何限制。

根据刑法典第112条和第113条的规定，犯本罪的，处10年以上有期徒刑或者无期徒刑；情节较轻的，处3年以上10年以下有期徒刑；危害特别严重、情节特别恶劣的，可以判处死刑，并可并处没收财产。

第八节　罪之比较与适用

本节通过罪与罪之间的比较，加深对本章各罪的理解和把握。

一、本章罪之比较

（一）背叛国家罪与分裂国家罪的区别

背叛国家罪与分裂国家罪的区别主要表现为：(1) 主体不同。前罪的犯罪主体是特殊主体，仅限于中国公民；后罪为一般主体，无论是中国公民、外国人或者无国籍人均可成立犯罪。(2) 主观内容不同。前罪是勾结外国，危害中华人民共和国主权、领土完整和安全的直接故意；后罪行为人具有的是分裂国家、破坏国家统一的直接故意。(3) 客观表现不同。首先，前罪"勾结外国或者境外机构、组织或个人"是犯罪客观方面不可或缺的必要内容；后罪"勾结"并非是定罪的构成要件，相反只是量刑时从重处罚的法定情节。其次，前罪表现为危害国家的主权、领土完整和安全的行为；后罪则是脱离中央、制造独立的割据局面的分裂国家、破坏国家统一的行为。

（二）间谍罪与为境外窃取、刺探、收买、非法提供国家秘密、情报罪的区别

两罪均与一定的国家秘密或情报有关，容易引起混淆，它们之间的区别主要在于行为方式上：前罪的行为主要表现为参加间谍组织或者接受间谍组织及其代理人的任务或者是为敌人指示轰击目标三种行为方式；后罪主要表现为为境外的机构、组织或人员窃取、刺探、收买、非法提供国家秘密、情报的行为。如果行为人没有参加间谍组织或不是接受间谍组织及其代理人的任务，而是出于其他目的主动为境外的机构、组织或人员窃取、刺探、收买、非法提供国家秘密、情报的，应以后者定罪。如果行为人参加了间谍组织或接受间谍组织及其代理人的任务后，又实施后者之行为的，应按牵连犯的原则处理，从一重处断。

（三）叛逃罪与投敌叛变罪的区别

两者的区别主要表现为：(1) 客观方面不同。前罪只要有叛逃的行为，不需要实施其他的危害国家安全的行为，而且投奔的也不一定是敌对营垒即可成立犯罪；后罪除具有投奔敌对营垒的行为外，还需要有其他的危害国家安全的言行，而且投奔的必须是敌对营垒

才成立犯罪。(2) 主体不同。前罪是特殊主体,即必须是国家机关工作人员或是掌握国家秘密的国家工作人员;后罪是一般主体,对犯罪主体无特殊的身份要求。

(四) 资敌罪与资助危害国家安全犯罪活动罪的区别

两者的区别主要表现为:(1) 资助的对象不同。前罪是战时的敌人或敌方,而后罪是实施 6 种特定危害国家安全罪的境内组织或个人。(2) 资助的时间不同。前罪必须发生在战时;后罪无此限制。(3) 资助的物资不同。前罪只能是武器装备或军用物资;后罪可以是金钱或其他任何财物。

二、与其他章节罪之比较

(一) 资助危害国家安全犯罪活动罪与窝藏罪的区别

两者在客观上都可以表现为犯罪行为人提供金钱、财物或其他物质帮助行为。两罪的区别主要表现为:(1) 资助的对象不同。前罪可以是特定的组织,也可以是个人;后罪资助的只能是行为人个人。(2) 资助的目的不同。前罪旨在通过物质帮助,以方便境内的组织或个人顺利实施 6 种危害国家安全的犯罪;后罪资助的目的是协助犯罪行为人逃跑,以逃避法律的制裁。如果在资助了行为人实施完特定的危害国家安全罪之后,又帮助其逃跑的,应以资助危害国家安全犯罪活动罪和窝藏罪实行数罪并罚。

(二) 境外窃取、刺探、收买、非法提供国家秘密、情报罪与故意泄露国家秘密罪的区别

两罪的区别主要表现为:(1) 主体不同。前罪为一般主体;后罪为特殊主体,即只能是国家机关工作人员。(2) 表现的行为方式不同。前罪是为境外窃取、刺探、收买、非法提供国家秘密、情报四种行为方式之一;后者是泄露国家秘密,即将还没公开或不应公开的国家秘密加以公开,使国家秘密为不应知晓的人所知晓。(3) 供给的对象不同。前罪只能是境外的机构、组织或个人;后者则是不特定的。(4) 侵害的法益不同。前罪侵害的具体法益是国家安全;后罪侵害的则是国家的保密制度。

三、案例适用

李庆生,别名李阳,间谍化名"江耀",男,1957 年 10 月 10 日生于安徽省安庆市,曾任安庆电视台记者、节目主持人、总编室及广告部副主任等职。1994 年与其妻子从安庆移居台湾,后返回安庆市常住;张新民,间谍化名"方振平",男,1970 年 11 月出生于台湾,祖籍安徽省涡阳县,居住于台中市。

1997 年 11 月李庆生在台湾参加间谍组织,接受了台湾间谍机关搜集大陆情报的任务和间谍活动专业训练,领取了活动经费,配备了间谍活动工具,规定了化名,约定了暗语及通联方法。此后近六年来,李庆生在安徽利用其合法身份,广泛搜集大陆有关政治、经济、军事领域的情报,并以出境探亲或利用台湾间谍机关交通人员入境交接的方式,向台湾间谍机关报送,还多次赴台接受台湾间谍机关的训练指导。

张新民等人接受台湾间谍机关指派担任李庆生的专勤交通,自 1999 年以来先后轮流

在香港、上海、合肥、安庆、广州、厦门等地与李庆生交接情报、传递指令、输送间谍活动经费和间谍活动工具近二十次。2003年9月张新民入境活动时被国家安全机关抓获。安庆市中级人民法院一审以间谍罪分别判处李庆生、张新民有期徒刑11年、10年。①

讨论问题:(1)李庆生、张新民的行为是否构成间谍罪,为什么?(2)对上述两被告的量刑是否准确、适当?

---

① 《两台湾间谍被判刑》,载《人民日报海外版》2004年6月4日。

第二十一章

走 私 罪

　　走私罪是指违反海关法规,非法运输、携带、邮寄国家禁止或限制进出口的货物、物品,或者依法应缴纳关税的货物、物品进出国(边)境,逃避海关监管,偷逃关税,侵害国家对外贸易管制法益的行为。根据我国刑法规定,走私罪属于节罪名,即第三章破坏社会主义市场经济秩序罪中第二节的走私罪,包括走私武器、弹药罪,走私核材料罪,走私假币罪,走私文物罪,走私贵重金属罪,走私珍贵动物、珍贵动物制品罪,走私国家禁止进出口的货物、物品罪,走私淫秽物品罪,走私普通货物、物品罪,走私废物罪。其中,既有重点罪名,又有非重点罪名。

第一节　走私武器、弹药罪

一、定义

　　走私武器、弹药罪,是指故意违反海关法规,逃避海关监管,非法运输、携带、邮寄武器、弹药进出国(边)境,侵害国家对外贸易武器、弹药管制法益的行为。
　　本罪侵犯的法益是国家对外贸易武器、弹药管制秩序。我国的对外贸易管制,既包括对允许进出口的货物、物品征收关税的制度,也包括对特定性质的物品禁止进出境的制度,不仅指对外贸商品交易活动的管制,还包括对违禁品进出口的严格禁止。武器、弹药属于严格禁止进出口的违禁品,走私武器、弹药是破坏对外贸易管制的行为,必然侵害国家对外贸易武器、弹药管制法益。

二、犯罪客观要件

　　本罪在客观要件上表现为违反海关法规,逃避海关监管,非法运输、携带、邮寄武器、弹药进出境的行为。违反海关法规是指违反海关法规中关于禁止武器、弹药进出口的规定,逃避海关监管是指采取不正当的手段逃避海关的监督、管理和检查。
　　本罪多表现为通关或绕关的方式直接运输、携带或邮寄武器、弹药进出国(边)境的行为。通关,即通过海关进出境,但同时采取假报、伪装、藏匿等欺骗手段,瞒过海关的监督、检查,偷运、偷带或夹寄武器、弹药;绕关,即不通过海关或边境哨卡、检查站而携带、运输武器、弹药进出境。实践中,还有一类准走私武器、弹药的行为,即在境内直接向走私人非法收购,以及在内海、领海、界河、界湖运输、收购、贩卖武器、弹药的行为。

本罪的犯罪对象是武器、弹药。所谓"武器、弹药",参见我国海关进口税则和禁止进出境物品表的相关规定确定。其中包括有以火药或压缩气体等为动力,利用管状器具发射金属弹丸或者其他物质,足以致人死亡或丧失知觉的各种枪支,包括各种军用枪支如手枪、步枪、冲锋枪等,体育比赛中所用的枪支如发令枪,狩猎用的有膛线枪、霰弹枪、连发性猎枪、麻醉枪、气手枪、气步枪、小口径枪和自制土枪等各种能致人死亡或丧失知觉的枪支以及供这些枪支所用的弹药。根据 2014 年最高人民法院、最高人民检察院《关于办理走私刑事案件适用法律若干问题的解释》的规定,走私各种弹药的弹头、弹壳,构成犯罪的,依照刑法典第 151 条第 1 款的规定,以走私弹药罪定罪处罚。走私报废或者无法组装并使用的各种弹药的弹头、弹壳,构成犯罪的,依照刑法典第 153 条的规定,以走私普通货物、物品罪定罪处罚;属于废物的,依照刑法典第 152 条第 2 款的规定,以走私废物罪定罪处罚。

【例题】 关于走私犯罪,下列哪一选项是正确的?(2011 年国家司法考试真题)
A. 甲误将淫秽光盘当作普通光盘走私入境。虽不构成走私淫秽物品罪,但如按照普通光盘计算,其偷逃应缴税额较大时,应认定为走私普通货物、物品罪。
B. 乙走私大量弹头、弹壳。由于弹头、弹壳不等于弹药,故乙不成立走私弹药罪。
C. 丙走私枪支入境后非法出卖。此情形属于吸收犯,按重罪吸收轻罪的原则论处。
D. 丁走私武器时以暴力抗拒缉私。此情形属于牵连犯,从一重罪论处。
答案:A

三、犯罪主观要件

本罪的主观方面为故意,即明知是国家禁止进出境的武器、弹药,仍违反海关法规,逃避海关监管,进行走私。关于"明知"的认定,可以根据 2002 年最高人民法院、最高人民检察院、海关总署《关于办理走私刑事案件适用法律若干问题的意见》的规定,行为人明知自己的行为违反国家法律法规,逃避海关监管,偷逃进出境货物、物品的应缴税额,或者逃避国家有关进出境的禁止性管理,并且希望或者放任危害结果发生的,应认定为具有走私的主观故意。走私主观故意中的"明知"是指行为人知道或者应当知道所从事的行为是走私行为。具有下列情形之一的,可以认定为"明知",但有证据证明确属被蒙骗的除外:(1)逃避海关监管,运输、携带、邮寄国家禁止进出境的货物、物品的;(2)用特制的设备或者运输工具走私货物、物品的;(3)未经海关同意,在非设关的码头、海(河)岸、陆路边境等地点,运输(驳载)、收购或者贩卖非法进出境货物、物品的;(4)提供虚假的合同、发票、证明等商业单证委托他人办理通关手续的;(5)以明显低于货物正常进(出)口的应缴税额委托他人代理进(出)口业务的;(6)曾因同一种走私行为受过刑事处罚或者行政处罚的;(7)其他有证据证明的情形。

在主体方面,自然人和单位均可构成本罪。具备以下特征,可以认定为单位走私犯罪:(1)以单位的名义实施走私犯罪;(2)为单位谋取不正当利益或者违法所得大部分归单位所有。①

四、犯罪量度要件

构成本罪需要满足量度要件。根据刑法典第151条的规定,入罪的门槛是"情节较轻",根据2014年最高人民法院、最高人民检察院《关于办理走私刑事案件适用法律若干问题的解释》的规定,走私武器、弹药,具有下列情形之一的,可以认定为刑法典第151条第1款规定的"情节较轻":(1)走私以压缩气体等非火药为动力发射枪弹的枪支2支以上不满5支的;(2)走私气枪铅弹500发以上不满2500发,或者其他子弹10发以上不满50发的;(3)未达到上述数量标准,但属于犯罪集团的首要分子,使用特种车辆从事走私活动,或者走私的武器、弹药被用于实施犯罪等情形的;(4)走私各种口径在60毫米以下常规炮弹、手榴弹或者枪榴弹等分别或者合计不满5枚的。

五、本罪的刑事责任

根据刑法典第151条的规定,犯本罪的,处7年以上有期徒刑,并处罚金或者没收财产;情节特别严重②的,处无期徒刑,并处没收财产;情节较轻的,处3年以上7年以下有期徒刑,并处罚金。③

第二节 走私淫秽物品罪

一、定义

走私淫秽物品罪,是指故意违反海关法规,逃避海关监管,以牟利或者传播为目的,非法运输、携带、邮寄淫秽的影片、录像带、录音带、图片、书刊或者其他淫秽物品进出国(边)境,侵害国家对外贸易淫秽物品管制法益的行为。

走私淫秽物品罪是以淫秽物品为对象实施的一种犯罪。淫秽物品属于违禁品,对社会治安的稳定危害极大,我国历来禁止进出境。因此,走私淫秽物品罪侵害的法益是国家对外贸易禁止淫秽物品进出境的管制。

---

① 2002年最高人民法院、最高人民检察院、海关总署《关于办理走私刑事案件适用法律若干问题的意见》。
② 参见2014年最高人民法院、最高人民检察院《关于办理走私刑事案件适用法律若干问题的解释》。
③ 《刑法修正案(九)》对本条进行了修订,取消了本罪名的死刑适用。

二、犯罪客观要件

本罪在客观要件上表现为行为人违反海关法规,逃避海关监管,非法运输、携带、邮寄淫秽的影片、录像带、录音带、图片、书刊或者其他淫秽物品进出国(边)境的行为。违反海关法规,即违反海关法规中禁止淫秽的影片、录像带、录音带、图片、书刊或者其他淫秽物品进出国(边)境的各种规定。逃避海关监管,是指采取不正当的手段逃避海关的监督、管理和检查。

本罪多表现为以通关或绕关的方式直接运输、携带或邮寄国家禁止进出境的淫秽物品进出国(边)境的行为。实践中,还有一类准走私淫秽物品的行为,即在境内直接向走私人非法收购,以及在内海、领海、界河、界湖运输、收购、贩卖淫秽物品的行为。

本罪的犯罪对象是淫秽物品。淫秽物品具有诲淫性、违法性、反伦理性、载体性的特点,是指具体描绘性行为或者露骨宣扬色情的诲淫性的影片、录像带、录音带、图片、书刊或者其他淫秽物品;其他淫秽物品,是指除淫秽的影片、录像带、录音带、图片、书刊以外的,通过文字、声音、形象等形式表现淫秽内容的影碟、电子出版物等物品。

三、犯罪主观要件

本罪在主观上是直接故意,且具有牟利或者传播的目的。故意是指行为人明知为淫秽物品而仍然运输、携带、邮寄这些物品进出国(边)境,或者在境内直接向走私人法收购,或者在内海、领海、界河、界湖运输、收购、贩卖。以牟利为目的,是指走私淫秽物品是企图通过贩卖、出租、放映或者其他方式而获得钱财或其他非法利益。以传播为目的,是指走私淫秽物品意图在社会上层示、赠送、播放、散布或流传等。

四、犯罪量度要件

构成本罪必须满足量度要件。根据2014年最高人民法院、最高人民检察院《关于办理走私刑事案件适用法律若干问题的解释》的规定,以牟利或者传播为目的,走私淫秽物品,达到下列数量之一的,可以认定为刑法典第152条第1款规定的"情节较轻":(1)走私淫秽录像带、影碟50盘(张)以上不满100盘(张)的;(2)走私淫秽录音带、音碟100盘(张)以上不满200盘(张)的;(3)走私淫秽扑克、书刊、画册100副(册)以上不满200副(册)的;(4)走私淫秽照片、画片500张以上不满1000张的;(5)走私其他淫秽物品相当于上述数量的。此外,根据2008年最高人民检察院、公安部《关于公安机关管辖的刑事案件立案追诉标准的规定(一)》的规定,涉嫌下列情形之一的,应予立案追诉:(1)走私淫秽录像带、影碟50盘(张)以上的;(2)走私淫秽录音带、音碟100盘(张)以上的;(3)走私淫秽扑克、书刊、画册100副(册)以上的;(4)走私淫秽照片、画片500张以上的;(5)走私其他淫秽物品相当于上述数量的;(6)走私淫秽物品数量虽未达到本条第(1)项至第(4)项规定标准,但分别达到其中两项以上标准的50%以上的。

五、本罪的刑事责任

根据刑法典第 152 条的规定,犯本罪的,处 3 年以上 10 年以下有期徒刑,并处罚金;情节严重的,处 10 年以上有期徒刑或者无期徒刑,并处罚金或者没收财产;情节较轻的,处 3 年以下有期徒刑、拘役或者管制,并处罚金。单位犯前款罪的,对单位判处罚金,并对其直接负责的主管人员和其他直接责任人员,依照前款的规定处罚。

与走私淫秽物品罪行为人同谋,为其提供贷款、资金、账号、发票、证明,或者为其提供运输、保管、邮寄或者其他方便的,以走私淫秽物品罪的共犯论处。武装掩护走私淫秽物品的,依刑法典第 151 条第 1 款、第 4 款的规定从重处罚。以暴力、威胁方法抗拒缉私的,以走私淫秽物品罪和刑法典第 277 条规定的阻碍国家机关工作人员依法执行职务罪,予以数罪并罚。

第三节 走私普通货物、物品罪

一、定义

走私普通货物、物品罪,是指故意违反海关法规,逃避海关监管,非法运输、携带、邮寄国家禁止进出口的武器、弹药、核材料、假币、珍贵动物及其制品、珍稀植物及其制品、淫秽物品、毒品、国家禁止进出口的文物、金银和其他贵重金属、境外固体废物以外的货物、物品进出国(边)境,侵害国家对外贸易管制法益,偷逃应缴税额数额较大的行为。

走私普通货物、物品是一种经济犯罪,主要是以逃避国家进出口管理及逃避国家税收获取暴利为目的,严重破坏正常的进出口贸易,造成国家巨额经济损失,侵害国家对外贸易管理法益。

二、犯罪客观要件

本罪在客观要件上表现为行为人违反海关法规,逃避海关监管,走私普通货物、物品,偷逃应缴税额的行为。违反海关法规,是指违反海关法、进出口关税管理条例等有关规定。逃避海关监管,是指采取不正当的手段逃避海关监督、管理和检查。应缴税额,是指进出口货物、物品应当缴纳的进出口关税和进口环节海关代征的税额。

本罪行为表现为以通关或绕关的方式直接运输、携带或邮寄国家普通货物、物品进出国(边)境的行为。实践中还有两类准走私行为:一是未经海关许可并且未补缴应缴税额,擅自将批准进口的来料加工、来件装配、补偿贸易的原材料、零件、制成品、设备等保税货物,在境内销售牟利,或者未经海关许可并且未补缴应缴税额,擅自将特定减税、免税进口的货物、物品在境内销售牟利的行为;二是直接向走私人非法收购数额较大的国家禁止进口物品以外的其他货物、物品,或者没有合法证明,在内海、领海、界河、界湖运输、收购、贩卖数额较大的国家限制进出口货物、物品的行为。

走私的具体手段可归纳为五种：(1) 瞒报，即一般都在设关地进行，通常是把高价值的物品报成低价值的，以达到偷逃税款的目的；(2) 伪报，包括伪报价格、数量及贸易性质及骗取；(3) 少报多进或者多报少出、高报低出，少报多进者偷逃税款，多报少出、高报低出者则骗取退税；(4) "三包"，即一家中介单位替货主实行"包证"——许可证、"包税"——较低的关税、"包核销"——出口核销；(5) 造假。

本罪的犯罪对象，是禁止进出口的武器、弹药、核材料、假币、珍贵动物及其制品、珍稀植物及其制品、淫秽物品、毒品、国家禁止进出口的文物、金银和其他贵重金属、境外固体废物以外的其他货物、物品，具体包括以下三种：(1) 上述物品以外的其他国家禁止进出口的物品；(2) 国家限制进出境的货物、物品；(3) 一般应缴纳关税的货物、物品。

三、犯罪主观要件

本罪的主体为一般主体。在主观方面，本罪为直接故意，即行为人明知自己的行为违反了海关法规，逃避了海关监管，仍然实施走私普通货物、物品进出国（边）境的行为，并具有偷逃关税的目的。

四、本罪的刑事责任

根据刑法典第153条的规定：(1) 走私货物、物品偷逃应缴税额较大或者1年内曾因走私被给予2次行政处罚后又走私的，处3年以下有期徒刑或者拘役，并处偷逃应缴税额1倍以上5倍以下罚金。(2) 走私货物、物品偷逃应缴税额巨大或者有其他严重情节的，处3年以上10年以下有期徒刑，并处偷逃应缴税额1倍以上5倍以下罚金。(3) 走私货物、物品偷逃应缴税额特别巨大或者有其他特别严重情节的，处10年以上有期徒刑或者无期徒刑，并处偷逃应缴税额1倍以上5倍以下罚金或者没收财产。① 单位犯前款罪的，对单位判处罚金，并对其直接负责的主管人员和其他直接责任人员，处3年以下有期徒刑或者拘役；情节严重的，处3年以上10年以下有期徒刑；情节特别严重的，处10年以上有期徒刑。

对多次走私未经处理的，按照累计走私货物、物品的偷逃应缴税额处罚。与走私普通货物、物品罪犯同谋，为其提供贷款、资金、账号、发票、证明，或者为其提供运输、保管、邮寄或者其他方便的，以走私普通货物、物品罪的共犯论处。武装掩护走私普通货物、物品的，依刑法典第151条第1款、第4款的规定从重处罚。以暴力、威胁方法抗拒缉私的，以走私普通货物、物品罪和刑法典第277条规定的阻碍国家机关工作人员依法执行职务罪，依照数罪并罚的规定处罚。

---

① 关于"偷逃应缴税额较大""偷逃应缴税额巨大""应缴税额特别巨大"等的认定参见2014年最高人民法院、最高人民检察院《关于办理走私刑事案件适用法律若干问题的解释》第16条。

根据刑法典第154条的规定,下列走私行为,成立犯罪的,依照走私普通货物、物品罪处罚:(1)未经海关许可并且未补缴应缴税额,擅自将批准进口的来料加工;来件装配、补偿贸易的原材料、零件、制成品、设备等保税货物,在境内销售牟利的。(2)未经海关许可并且未补缴应缴税额,擅自将特定减税、免税进口的货物、物品,在境内销售牟利的。

第四节　其他走私罪

以上着重介绍了本章的重点罪名,此外,对走私核材料罪,走私假币罪,走私文物罪,走私贵重金属罪,走私珍贵动物、珍贵动物制品罪,走私国家禁止进出口的货物、物品罪,走私废物罪予以简要介绍。

一、走私核材料罪

走私核材料罪,是指故意违反海关法规,逃避海关监管,非法运输、携带、邮寄核材料进出国(边)境的行为。违反海关法规,是指违反我国有关核材料进出口管制的规定,包括我国参加的《核材料实物保护公约》《不扩散核武器公约》和《核安全公约》等国际公约的有关规定。逃避海关监管,是指采取不正当的手段逃避海关的监督、管理和检查。本罪多表现为以通关或绕关的方式直接运输、携带或邮寄核材料进出国(边)境的行为。实践中,还有一类准走私核材料行为,即在境内直接向走私人非法收购核材料的行为以及在内海、领海运输、收购、贩卖核材料的行为。本罪的犯罪对象是核材料,是核燃料、核燃料产物和核聚变材料的统称。《核材料管制条例》规定管制的核材料包括:铀-235,含铀-235的材料和制品;铀-233,含铀-233的材料和制品;钚-239,含钚-239的材料和制品;氚,含氚的材料和制品;锂-6,含锂-6的材料和制品;其他需要管制的核材料。根据我国1989年加入的《核材料实物保护公约》的规定,核材料具体包括:钚,但钚-238同位素含量超过80%者除外;铀-233;同位素235或233浓缩的铀;非矿石或矿渣形式的含天然存在的同位素混合物的铀;任何含有上述一种或多种成分的材料。其中"同位素235或233浓缩的铀"是指含有铀同位素235或233或者两种总含量对同位素238的丰度比大于天然存在的同位素235对同位素238的丰度比的铀。

根据刑法典第151条的规定,犯本罪的,处7年以上有期徒刑,并处罚金或者没收财产;情节特别严重的,处无期徒刑,并处没收财产;情节较轻的,处3年以上7年以下有期徒刑,并处罚金。与走私核材料罪犯同谋,为其提供贷款、资金、账号、发票、证明,或者为其提供运输、保管、邮寄或者其他方便的,以走私核材料罪的共犯论处。

武装掩护走私核材料的,依刑法典第151条第1款、第4款的规定从重处罚。以暴力、威胁方法抗拒缉私的,以走私核材料罪和刑法典第277条规定的阻碍国家机关工作人员依法执行职务罪,依照数罪并罚的规定处罚。

单位犯走私核材料的,对单位判处罚金,并对其单位直接负责的主管人员和其他直接责任人员,依照走私核材料罪的规定处罚。

二、走私假币罪

走私假币罪,是指故意违反海关法规,逃避海关监管,非法运输、携带、邮寄伪造的货币进出国(边)境的行为。行为人在主观上必须明知是伪造的货币而走私;不明知是伪造的货币而携带、运输其进出境的,不成立本罪。本罪的犯罪对象是伪造的货币,即仿照真货币的图案、形状、色彩制造出来的假货币,不仅包括伪造的人民币,也包括伪造的境外货币,即伪造的香港、澳门、台湾的货币和外国的货币。

根据刑法典151条的规定,犯本罪的,处7年以上有期徒刑,并处罚金或者没收财产;情节特别严重的,处无期徒刑,并处没收财产;情节较轻的,处3年以上7年以下有期徒刑,并处罚金。

根据2014年最高人民法院、最高人民检察院《关于办理走私刑事案件适用法律若干问题的解释》的规定,走私伪造的货币,数额在2000元以上不满2万元,或者数量在200张(枚)以上不满2000张(枚)的,可以认定为刑法典第151第1款规定的"情节较轻"。具有下列情形之一的,依照刑法典第151条第1款的规定处7年以上有期徒刑,并处罚金或者没收财产:(1)走私数额在2万元以上不满20万元,或者数量在2000张(枚)以上不满2万张(枚)的;(2)走私数额或者数量达到第一款规定的标准,且具有走私的伪造货币流入市场等情节的。具有下列情形之一的,应当认定为刑法典第151条第1款规定的"情节特别严重":(1)走私数额在20万元以上,或者数量在2万张(枚)以上的;(2)走私数额或者数量达到第2款第1项规定的标准,且属于犯罪集团的首要分子,使用特种车辆从事走私活动,或者走私的伪造货币流入市场等情形的。

与走私伪造的货币的行为人同谋,为其提供贷款、资金、账号、发票、证明,或者为其提供运输、保管、邮寄或者其他方便的,以走私伪造的货币罪的共犯论处。武装掩护走私伪造的货币的,依刑法典第151条第1款、第4款的规定从重处罚。以暴力、威胁方法抗拒缉私的,以走私伪造的货币罪和刑法典第277条规定的阻碍国家机关工作人员依法执行职务罪,依照数罪并罚的规定处罚。单位犯走私伪造的货币的,对单位判处罚金,并对其单位直接负责的主管人员和其他直接责任人员,依照走私伪造的货币罪的规定处罚。

三、走私文物罪

走私文物罪,是指故意违反海关法规,逃避海关监管,非法运输、携带、邮寄国家禁止出口的文物出境的行为。运输,包括空运、海运及陆地运输,指用船舶、车辆、航空器或驮畜等交通工具载运文物出境;携带,指将文物带在身上或夹带于行李中出境;邮寄,指从邮电局寄递文物出境。本罪的犯罪对象是国家禁止出口的文物,禁止出口的文物是指珍贵文物以及其他国家禁止出境的文物。珍贵文物是指具有重要历史、艺术、科学价值的文物,根据国家文物鉴定委员会确认,分为一级、二级、三级;其他国家禁止出口的文物包括有损国家荣誉、有碍民族团结、易引起边界争端,在政治上有不良影响的文物等。

根据刑法典第151条的规定,犯本罪的,处5年以上10年以下有期徒刑,并处罚金;情节特别严重的,处10年以上有期徒刑或者无期徒刑,并处没收财产;情节较轻的,处5年以下有期徒刑,并处罚金。单位犯走私文物罪的,对单位判处罚金,并对其直接负责的主管人员和其他直接责任人员,依照走私文物罪的规定处罚。

四、走私贵重金属罪

走私贵重金属罪,是指故意违反海关法规,逃避海关监管,非法运输、携带、邮寄国家禁止出口的黄金、白银和其他贵重金属出境的行为。实践中,还有一类准走私贵重金属行为,即在内海、领海、界河、界湖运输、收购、贩卖国家禁止出口的贵重金属,没有合法证明的行为。本罪的犯罪对象是贵重金属,即具有高价值性和稀有性的金属。贵重金属是指黄金、白银以及与黄金、白银同等重要的铂、铱、锇、钯、钛等,包括贵重金属原料、制品及工艺品。

根据刑法典第151条的规定,犯本罪的,处5年以上10年以下有期徒刑,并处罚金;情节特别严重的,处10年以上有期徒刑或者无期徒刑,并处没收财产;情节较轻的,处5年以下有期徒刑,并处罚金。单位犯走私贵重金属罪的,对单位判处罚金,并对其直接负责的主管人员和其他直接责任人员,依照走私贵重金属罪的规定处罚。

五、走私珍贵动物、珍贵动物制品罪

走私珍贵动物、珍贵动物制品罪,是指故意违反海关法规,逃避海关监管,非法运输、携带、邮寄国家禁止进出口的珍贵动物及其制品进出国(边)境,侵犯国家对外贸易禁止珍贵动物、珍贵动物制品进出口的管制法益的行为。实践中,还有一类准走私珍贵动物及其制品行为,即在境内直接向走私人非法收购国家禁止进出口的珍贵动物及其制品,以及在内海、领海、界河、界湖运输、收购、贩卖国家禁止进出口的珍贵动物及其制品,没有合法证明的行为。本罪的犯罪对象是珍贵动物及其制品。珍贵动物,是指在生态、科学研究、文化艺术、经济等方面具有重要价值的野生动物,我国目前重点保护的野生动物分为一级保护野生动物和二级保护野生动物,一级保护野生动物是指中国特产或者濒于灭绝的野生动物,二级保护野生动物是指数量较少或者有濒于灭绝危险的野生动物。珍贵动物制品,是指用上述珍贵动物的毛皮、羽毛、骨、内脏、血、肉、角、卵、精液、胚胎等制成的标本、食品、药品、服装、装饰品、工艺品、纪念品以及其他物品。

根据刑法典第151条的规定,犯本罪的,处5年以上10年以下有期徒刑,并处罚金;情节特别严重的,处10年以上有期徒刑或者无期徒刑,并处没收财产;情节较轻的,处5年以下有期徒刑,并处罚金。单位犯走私珍稀动物、珍贵动物制品罪的,对单位判处罚金,并对其直接负责的主管人员和其他直接责任人员,依照走私珍稀动物、珍贵动物制品罪的规定处罚。

六、走私国家禁止进出口的货物、物品罪

走私国家禁止进出口的货物、物品罪,是指故意违反海关法规,逃避海关监管,非法运输、携带、邮寄国家禁止进出口的货物、物品进出国(边)境的行为。

根据刑法典第151条、第157条的规定,犯本罪的,处5年以下有期徒刑或者拘役,并处或者单处罚金;情节严重的,处5年以上有期徒刑,并处罚金。武装掩护走私的,依刑法典第151条第1款、第4款的规定从重处罚。以暴力、威胁方法抗拒缉私的,以走私国家禁止进出口的货物、物品罪和妨害公务罪,依照数罪并罚的规定处罚。

七、走私废物罪

走私废物罪,是指故意违反海关法规和国家有关规定,逃避海关监管,非法将境外废物运输进境,侵犯国家对外贸易禁止进口废物管制法益的行为。行为人虽然违反海关法规和国家有关规定,非法将境外废物运输进境,但如果其没有逃避海关监管的,不能构成本罪。反之,行为人虽然逃避了海关监管,但如果并未违反海关法规和国家有关规定的,也不能以本罪论处。走私废物罪的对象是境外废物,即在生产建设、日常生活和其他活动中产生的污染环境的固体废物、液态废物和气态废物,可分为工业固体废物、城市生活垃圾和危险废物三种。

根据刑法典第152条的规定,犯本罪的,处5年以下有期徒刑,并处或者单处罚金;情节特别严重的,处5年以上有期徒刑,并处罚金。单位犯本罪的,对单位判处罚金,并对其直接负责的主管人员和其他直接责任人员,依照前款的规定处罚。

八、其他规定

此外,刑法典第154条、第155条、第156条和第157条对于走私罪的处罚规定了以下条文,需要我们引起注意。

刑法典第154条(特殊形式的走私普通货物、物品罪)规定下列走私行为,根据本节规定成立犯罪的,依照刑法典第153条的规定定罪处罚:(1)未经海关许可并且未补缴应缴税额,擅自将批准进口的来料加工、来件装配、补偿贸易的原材料、零件、制成品、设备等保税货物,在境内销售牟利的;(2)未经海关许可并且未补缴应缴税额,擅自将特定减税、免税进口的货物、物品,在境内销售牟利的。

刑法典第155条(间接走私行为以相应走私犯罪论处的规定)规定下列行为,以走私罪论处,依照本节的有关规定处罚:(1)直接向走私人非法收购国家禁止进口物品的,或者直接向走私人非法收购走私进口的其他货物、物品,数额较大的;(2)在内海、领海、界河、界湖运输、收购、贩卖国家禁止进出口物品的,或者运输、收购、贩卖国家限制进出口货物、物品,数额较大,没有合法证明的。

刑法典第156条(走私共犯)规定与走私罪行为人通谋,为其提供贷款、资金、账号、发

票、证明,或者为其提供运输、保管、邮寄或者其他方便的,以走私罪的共犯论处。

刑法典第157条(武装掩护走私、抗拒缉私的处罚规定)规定武装掩护走私的,依照刑法典第151条第1款的规定从重处罚。

以暴力、威胁方法抗拒缉私的,以走私罪和刑法典第277条规定的阻碍国家机关工作人员依法执行职务罪,依照数罪并罚的规定处罚。

第五节 罪之比较与适用

由于强调侵害法益的相似性,刑法将走私武器、弹药罪,走私淫秽物品罪,走私普通货物、物品罪,走私核材料罪,走私假币罪,走私文物罪,走私贵重金属罪,走私珍贵动物、珍贵动物制品罪,走私国家禁止进出口的货物、物品罪,走私废物罪,归于走私罪之列;由于强调相异性,刑法则将走私毒品罪归于毒品罪之列。不论是在法理上,还是在实践中,这些犯罪具有一定的相似性,需要辨别清楚。

一、本章罪之比较

本章走私罪中,各具体犯罪的区别主要集中体现在犯罪侵害的法益上和犯罪对象上。

走私普通货物、物品罪与走私淫秽物品罪的相同之处在于两罪均属于经济犯罪中的走私罪,两罪的区别主要表现为:(1)概念不同。走私普通货物、物品罪,是指故意违反海关法规,逃避海关监管,非法运输、携带、邮寄国家禁止进出口的武器、弹药、核材料、假币、珍贵动物及其制品、珍稀植物及其制品、淫秽物品、毒品、国家禁止进出口的文物、金银和其他贵重金属、境外固体废物以外的货物、物品进出国(边)境,侵害国家对外贸易管制法益,偷逃应缴税额数额较大的行为;走私淫秽物品罪,是指故意违反海关法规,逃避海关监管,以牟利或者传播为目的,非法运输、携带、邮寄淫秽的影片、录像带、录音带、图片、书刊或者其他淫秽物品进出国(边)境,侵害国家对外贸易淫秽物品管制法益的行为。(2)侵害的法益不同。走私普通货物、物品罪侵害的是国家对外贸易管制法益,犯罪对象国家禁止进出口的武器、弹药、核材料、假币、珍贵动物及其制品、珍稀植物及其制品、淫秽物品、毒品、国家禁止进出口的文物、金银和其他贵重金属、境外固体废物以外的货物、物品;走私淫秽物品罪侵害的是国家对外贸易禁止淫秽物品进出境的管制法益,犯罪对象是淫秽物品,属于违禁品,对社会治安的稳定危害极大,我国历来禁止进出境。(3)客观方面不同。走私普通货物、物品罪,表现为违反海关法规,逃避海关监管,走私普通货物、物品,偷逃应缴税额数额较大的行为;走私淫秽物品罪,表现为违反海关法规,逃避海关监管,非法运输、携带、邮寄淫秽的影片、录像带、录音带、图片、书刊或者其他淫秽物品进出国(边)境的行为。(4)主观方面不同。走私普通货物、物品罪属于直接故意,即行为人明知自己的行为违反了海关法规,逃避了海关监管,仍然实施走私普通货物、物品进出国(边)境的行为,并具有偷逃关税的目的;走私淫秽物品罪为直接故意,且具有牟利或者传播的目的。

二、与其他章节罪之比较

走私毒品罪与走私罪的相同点是，都侵犯了国家的对外贸易管制法益，都具有逃避海关监管，非法运输、携带、邮寄物品进出口的行为，均要求为年满16周岁具有辨认控制能力的自然人，行为人主观上都具有故意，而且通常具有营利的目的。两罪的区别主要表现为：(1) 罪名层次不同。走私毒品罪属于具体罪名；走私罪则属于类罪名或称节罪名。学理上，走私罪包含走私毒品罪。(2) 侵犯的法益数目不同。走私毒品罪侵犯的法益是复杂法益，既侵犯国家对毒品的管制法益，又侵犯国家的对外贸易管制法益；走私罪则只侵犯国家的对外贸易管制法益。(3) 犯罪对象不同。走私毒品罪的对象只限于毒品；走私罪的对象范围比较广泛，是除毒品之外的其他物品。

三、案例适用

【案例1】

被告人刘某，男，40岁，2003年11月涉嫌走私被捕。被告人陈某，男，35岁，2003年11月涉嫌走私被捕。从2002年10月起，被告人刘某和陈某多次密谋，图谋从越南购入冲锋枪10支，由刘某潜入越南境内购得冲锋枪10支后，陈某负责在境内销售。陈某在销售第7支枪支时，人赃俱获。检察院以刘某、陈某犯有走私武器罪起诉到法院。

讨论问题：刘某、陈某构成何罪？

【案例2】

被告人丁某，32岁，女，文盲。2001年，丁某去国外探亲，在境外用自作的一些工艺品与他人换取了20盒录像带，对方告诉她这些录像带均是故事片。她准备将这些录像带带回国供家人观看，结果在入境时被海关查出携带的录像带中15盒有淫秽内容属淫秽物品。

讨论问题：丁某成立犯罪吗？

【案例3】

被告人王某，男，24岁，香港人，系运输公司经理。1998年2月被告人王某受香港某工艺社委托，为后者装运一批塑胶玩具到东莞某玩具厂。后被告人王某派出的车队从文锦渡口岸入境时，海关人员发现车内装运的塑胶玩具配件中藏匿有照相机800架，摄影机300架，手表2000块。经查，这些物品都是王某派人夹藏在玩具配件中的，其总计应纳税额55万元。①

讨论问题：被告人王某构成何罪？

---

① 赵秉志：《中国刑法案例与学理研究（分则篇二）——破坏社会主义市场经济秩序罪》（上册），法律出版社2001年版，第111—117页。

【案例 4】

被告人赵某,男,35岁,广西南宁人,1998年10月7日涉嫌购买、出售假币罪、走私假币罪被捕。1998年9月,赵某从他人那里购得10万元伪造的人民币,然后又转手卖了5万元给他人,从中牟利5000元。赵某准备将剩下的5万元携带至香港,在经过深圳海关时,被人赃俱获。检察院以购买、出售假币罪、走私假币罪起诉到法院。①

讨论问题:应如何处罚赵某的犯罪行为?

---

① 赵秉志:《中国刑法案例与学理研究(分则篇二)——破坏社会主义市场经济秩序罪》(上册),法律出版社2001年版,第71—80页。

第二十二章

危害税收征管罪

　　危害税收征管罪,是指违反国家税收法规,侵害国家税收管理制度,妨害国家税收管理活动,情节严重,应受刑罚处罚的一系列犯罪行为的统称。

　　危害税收征管罪侵犯的法益是国家的财政税收权益。国家为了保证税收的征管与交纳,通过税收法律法规予以规定并以国家强制力保证其执行的制度,包括诸如税务登记、纳税申报、账簿凭证管理、税款征收、税务检查等内容。我国财政收入的90%来自于税收,危害税收征管行为减少了国家财政收入,它造成国库税金的减少,导致经济秩序的紊乱。当然,其中各个具体罪名侵犯的法益又有一定程度的差异。

　　危害税收征管罪的行为方式表现为违反国家税收法规,妨害国家税收征管活动的行为。目前,我国的税法是由税收法律、法规和规章等组成,主要包括:全国人民代表大会及其常委会制定的税收法律;全国人大及其常委会授权立法;国务院制定的税收行政法规,如国务院发布的税收征收管理法实施细则等;地方人民代表大会及其常委会制定的税收地方性法规;国务院税务主管部门制定的税收部门规章;地方政府制定的税收规章。

　　危害税收征管罪的犯罪对象因具体犯罪的差异也不完全相同。大致可分为三类:一是逃税罪、逃避追缴欠税罪、骗取出口退税罪,这类犯罪的犯罪对象主要是税款。二是抗税罪的犯罪对象,除税款外,还有税务人员。三是有关税务发票方面的犯罪,这类犯罪的犯罪对象则是增值税专用发票、可以用于骗取出口退税、抵扣税款的发票和其他发票。

　　危害税收征管罪多数犯罪都是数额犯,不管犯罪对象是税款还是发票,其目的都是非法牟取暴利,因此我国刑法都规定了相应的数额标准。

　　危害税收征管罪的主体绝大多数是一般主体,也有的是特殊主体。如逃税罪的主体是纳税人或者扣缴义务人;逃避追缴欠税罪的主体是纳税人。我国《税收征管法》第4条规定,法律、法规规定负有纳税义务的单位和个人为纳税人;法律、行政法规规定负有代扣代缴、代收代缴义务的单位和个人为扣缴义务人。徇私舞弊、发售发票、抵扣税款、出口退税舞弊等犯罪的主体也是特殊主体,只有税务人员方可构成此种犯罪。除了抗税罪只能由自然人构成外,其余危害税收征管的犯罪既可以由自然人构成,也可以由单位构成。

　　危害税收征管罪的主观方面是直接故意。间接故意和过失不能构成危害税收征管罪。但是,各种具体犯罪的故意内容又不尽一致。如逃税罪行为人主观方面表现为明知自己应当纳税,而有意逃避应缴纳的税款;虚开增值税专用发票罪行为人主观方面表现为明知法律禁止虚开专用发票,而故意虚开专用发票;非法出售增值税专用发票罪行为人主观方面表现为明知法律禁止出售增值税专用发票,而故意非法出售。

犯罪动机和目的不是危害税收征管罪主观方面的必备要件。但是,危害税收征管犯罪与其他犯罪一样,行为人在主观方面都具有一定的动机和目的。在一般情况下,危害税收征管罪行为人在主观上都具有逃避应缴税款、非法骗取国家税款或者获取非法利益的目的。

危害税收征管罪的刑事责任在判处相应的主刑的同时,都并处一定的罚金。对单位犯罪都实行双罚原则。

第一节　逃　税　罪

一、定义

逃税罪是指纳税人、扣缴义务人故意违反税收法规,采取欺骗、隐瞒手段进行虚假纳税申报或者不申报,逃避缴纳税款或者不缴或者少缴已扣、已收税款,数额较大,以及缴纳税款后,以假报出口或者其他欺骗手段,骗取所缴纳的税款的行为。逃税罪侵犯的法益是国家的财政税收权益。

二、犯罪客观要件

逃税行为可以分为两种:(1)纳税人采取欺骗、隐瞒手段进行虚假纳税申报。《刑法修正案(七)》虽然对逃税的手段作了概括式规定,但是,其具体的逃税手段与原来刑法典规定的逃税罪的具体手段并无非常大的区别,常见的情形如设立虚假的账簿、记账凭证;对账簿、记账凭证进行涂改等;未经税务主管机关批准而擅自将正在使用中或尚未过期的账簿、记账凭证销毁处理等;在账簿上多列支出或者不列、少列收入等。(2)不申报。这是指不向税务机关进行纳税申报的行为。这也是纳税人逃避纳税义务的一种常用手法,情况要比前一类复杂一些。主要表现为已经领取工商营业执照的法人实体不到税务机关办理纳税登记,或者已经办理纳税登记的法人实体有经营活动,却不向税务机关申报或者经税务机关通知申报而拒不申报的行为等。

此外,根据刑法典第 204 条第 2 款的规定,纳税人缴纳税款后,采取假报出口或者其他欺骗手段,骗取所缴纳的税款的,构成逃税罪。

三、犯罪主观要件

本罪主体是特殊主体,即纳税人和扣缴义务人。纳税人是指法律、行政法规规定的负有纳税义务的单位和个人。扣缴义务人是指法律、行政法规规定的负有代扣代缴、代收代缴税款义务的单位和个人。本罪主观方面是故意,即行为人明知具有纳税的义务或者扣缴的义务,故意不缴或者少缴税额。

四、犯罪量度要件

构成本罪需要满足量度要件。根据2010年最高人民检察院、公安部《关于公安机关管辖的刑事案件立案追诉标准的规定(二)》的规定,逃避缴纳税款,涉嫌下列情形之一的,应予立案追诉:(1)纳税人采取欺骗、隐瞒手段进行虚假纳税申报或者不申报,逃避缴纳税款,数额在5万元以上并且占各税种应纳税总额10%以上,经税务机关依法下达追缴通知后,不补缴应纳税款、不缴纳滞纳金或者不接受行政处罚的;(2)纳税人5年内因逃避缴纳税款受过刑事处罚或者被税务机关给予2次以上行政处罚,又逃避缴纳税款,数额在5万元以上并且占各税种应纳税总额10%以上的;(3)扣缴义务人采取欺骗、隐瞒手段,不缴或者少缴已扣、已收税款,数额在5万元以上的。纳税人在公安机关立案后再补缴应纳税款、缴纳滞纳金或者接受行政处罚的,不影响刑事责任的追究。

五、本罪的刑事责任

根据刑法典第201条的规定,犯本罪的,处3年以下有期徒刑或者拘役,并处罚金;数额巨大并且占应纳税额30%以上的,处3年以上7年以下有期徒刑,并处罚金。扣缴义务人犯本罪,不缴或者少缴已扣、已收税款,数额较大的,依前述规定处罚。对多次实施前两款行为,未经处理的,按照累计数额计算。"未经处理",是指纳税人或者扣缴义务人在5年内多次实施逃税行为,但每次逃税数额均未达到刑法典第201条规定的成立犯罪的数额标准,且未受行政处罚的情形。

《刑法修正案(七)》第3条第4款规定:"有第1款行为,经税务机关依法下达追缴通知后,补缴应纳税款,缴纳滞纳金,已受行政处罚的,不予追究刑事责任;但是,5年内因逃避缴纳税款受过刑事处罚或者被税务机关给予2次以上行政处罚的除外。"相对于原来刑法典规定的逃税罪,该款规定增设了逃税罪初犯的免责事由,体现了宽严相济的刑事政策。理解该款规定,要注意以下几点:(1)免责事由只适用于第1款规定的纳税人,不适用于第2款规定的扣缴义务人。如果扣缴义务人有逃税行为,即使经税务机关下达追缴通知后,补缴应纳税款,缴纳滞纳金,已受行政处罚,仍需要追究刑事责任。"已受行政处罚的",不应仅指逃税人已经收到了税务机关的行政处罚决定书,更要看其是否已积极缴纳了罚款,这是判断逃税人有无悔改之意的重要判断标准,也是决定是否对其免予追究刑事责任的重要依据。(2)纳税人只要符合《刑法修正案(七)》第3条第4款的规定,就不应再追究其刑事责任。(3)免责事由中有例外情况,即如果纳税人在5年以内因逃避缴纳税款受过刑事处罚或者被税务机关给予2次以上行政处罚的,即使其行为符合第3条第4款前段规定,仍应被追究刑事责任。

第二节 抗 税 罪

一、定义

抗税罪,是指纳税人、扣缴义务人以暴力、威胁方法拒不缴纳税款的行为。抗税罪侵犯的法益是国家的财政税收权益和税务人员的人身权益。抗税行为不仅会损害国家的财政税收,而且对税务人员的人身权益也会造成损害。

二、犯罪客观要件

本罪在客观要件上表现为行为人具有以暴力、威胁方法,拒不缴纳税款的行为。具体而言:(1)行为人使用了暴力、威胁方法。所谓"暴力",是指对正在进行征税工作的税务人员的人身进行捆绑、殴打、禁闭,危及其人身安全,从而阻止其履行征税职责,或者围攻、打砸税务机关。所谓"威胁",是指以将要对税务人员或其亲属的人身或其财产进行杀害、伤害、毁坏等为内容,对税务人员进行精神强制,使其不敢或放弃征收税工作。(2)拒不缴纳税款,即行为人拒绝履行缴纳税款的义务,不向税务机关缴纳税款。构成本罪要求暴力、威胁行为与拒不缴纳税款行为同时具备。

三、犯罪主观要件

本罪的主体是特殊主体,即负有纳税义务的纳税人和负有代扣代缴、代收代缴义务的扣缴义务人。由于刑法典没有规定单位可以犯本罪,故单位不能成为抗税罪的主体。[①]本罪的主观方面为直接故意,并且具有拒不缴纳税款的目的。

四、犯罪量度要件

构成本罪需要满足量度要件。根据2010年最高人民检察院、公安部《关于公安机关管辖的刑事案件立案追诉标准的规定(二)》的规定,以暴力、威胁方法拒不缴纳税款,涉嫌下列情形之一的,应予立案追诉:(1)造成税务工作人员轻微伤以上的;(2)以给税务工作人员及其亲友的生命、健康、财产等造成损害为威胁,抗拒缴纳税款的;(3)聚众抗拒缴纳税款的;(4)以其他暴力、威胁方法拒不缴纳税款的。

五、本罪的刑事责任

根据刑法典第202条的规定,犯本罪的,处3年以下有期徒刑或者拘役,并处拒缴税款1倍以上5倍以下的罚金;情节严重的,处3年以上7年以下有期徒刑,并处拒缴税款1

[①] 理论上很多学者认为单位以暴力、威胁方法拒不缴纳税款的,单位可以构成抗税罪;或者有学者认为应当确立单位抗税罪的主体。参见陈兴良主编:《刑法新罪评析全书》,中国民主法制出版社1995年版,第266页。

倍以上 5 倍以下罚金。所谓"情节严重",包括以下情形:聚众抗税的首要分子;抗税数额在 10 万元以上的;多次抗税的;故意伤害致人轻伤的;具有其他严重情节。①

实施抗税行为致人重伤、死亡,构成故意伤害罪、故意杀人罪的,分别依照刑法典第 234 条第 2 款、第 232 条的规定定罪处罚。②

第三节 骗取出口退税罪

一、定义

骗取出口退税罪是指以假报出口或者其他欺骗手段,骗取国家出口退税款,数额较大的行为。本罪侵犯的法益是国家的税款。国家依照税收法规依法征税,同时为了鼓励出口而实行出口退税。如果行为人没有出口产品为国家创收外汇,却骗取国家退税,其实质与诈骗无异。因此侵犯的法益是国家的财政税收权益。

二、犯罪客观要件

本罪在客观要件上表现为行为人对产品以假报出口或者其他欺骗手段,骗取国家出口退税款的行为。"假报出口",是指以虚构已税货物出口事实为目的,具有下列情形之一的行为:(1)伪造或者签订虚假的买卖合同;(2)以伪造、变造或者其他非法手段取得出口货物报关单、出口收汇核销单、出口货物专用缴款书等有关出口退税单据、凭证;(3)虚开、伪造、非法购买增值税专用发票或者其他可以用于出口退税的发票;(4)其他虚构已税货物出口事实的行为。"其他欺骗手段"主要是指以下行为:(1)骗取出口货物退税资格的;(2)将未纳税或者免税货物作为已税货物出口的;(3)虽有货物出口,但虚构该出口货物的品名、数量、单价等要素,骗取未实际纳税部分出口退税款的;(4)以其他手段骗取出口退税款的。③

【例题】 关于骗取出口退税罪和虚开增值税发票罪的说法,下列哪些选项是正确的?(2008 年国家司法考试真题)

A. 甲公司具有进出口经营权,明知他人意欲骗取国家出口退税款,仍违反国家规定允许他人自带客户、自带货源、自带汇票并自行报关,骗取国家出口退税款。对甲公司应以骗取出口退税罪论处。

B. 乙公司虚开用于骗取出口退税的发票,并利用该虚开的发票骗取数额巨大的出口退税,其行为构成虚开用于骗取出口退税发票罪与骗取出口退税罪,实行数罪并罚。

C. 丙公司缴纳 200 万元税款后,以假报出口的手段,一次性骗取国家出口退税款 400

---

① 2002 年最高人民法院《关于审理偷税抗税刑事案件具体应用法律若干问题的解释》第 5 条。
② 2002 年最高人民法院《关于审理偷税抗税刑事案件具体应用法律若干问题的解释》第 6 条。
③ 2002 年最高人民法院《关于审理骗取出口退税刑事案件具体应用法律若干问题的解释》第 1 条。

万元,丙公司的行为分别构成偷税罪与骗取出口退税罪,实行数罪并罚。

D. 丁公司虚开增值税专用发票并骗取国家税款,数额特别巨大,情节特别严重,给国家利益造成特别重大损失。对丁公司应当以虚开增值税专用发票罪论处。

答案:ACD

三、犯罪主观要件

本罪的主体是一般主体,包括自然人和单位。本罪的主观方面是故意,并且以骗取国家税款为目的。

四、犯罪量度要件

构成本罪必须满足量度要件,根据 2010 年最高人民检察院、公安部《关于公安机关管辖的刑事案件立案追诉标准的规定(二)》的规定,以假报出口或者其他欺骗手段,骗取国家出口退税款,数额在 5 万元以上的,应予以立案追诉。

根据 2002 年最高人民法院《关于审理骗取出口退税刑事案件具体应用法律若干问题的解释》的规定,骗取国家出口退税款 5 万元以上的,即为本条规定的"数额较大";骗取国家退税款 50 万元以上的,即为本条规定的"数额巨大";骗取国家出口退税款 250 万元以上的,即为本条规定的"数额特别巨大"。"其他严重情节",是指具有下列情形:(1)造成国家税款损失 30 万元以上并且在第一审判决宣告前无法追回的;(2)因骗取国家出口退税行为受过行政处罚,2 年内又骗取国家出口退税款数额在 30 万元以上的;(3)情节严重的其他情形。"其他特别严重情节"主要是指具有下列情形:(1)造成国家税款损失 150 万元以上并且在第一审判决宣告前无法追回的;(2)因骗取国家出口退税行为受过行政处罚,两年内又骗取国家出口退税款数额在 150 万元以上的;(3)情节特别严重的其他情形。

五、本罪的认定

只要行为人以假报出口或者其他欺骗手段,骗取国家出口退税款,数额较大的,即构成本罪的既遂。如果行为人以骗取数额较大的出口退税款为目的,已经着手骗取国家出口退税款,但由于意志以外的原因而未得逞的,为本罪的未遂。实施骗取国家出口退税行为,没有实际取得出口退税款的,可以比照既遂犯从轻或者减轻处罚。

六、本罪的刑事责任

根据刑法典第 204 条的规定,犯本罪的,处 5 年以下有期徒刑或者拘役,并处骗取税款 1 倍以上 5 倍以下罚金;数额巨大或者有其他严重情节的,处 5 年以上 10 年以下有期徒刑,并处骗取税款 1 倍以上 5 倍以下罚金;数额特别巨大或者有其他特别严重情节的,处 10 年以上有期徒刑或者无期徒刑,并处骗取税款 1 倍以上 5 倍以下罚金或者没收财产。

有进出口经营权的公司、企业,明知他人意欲骗取国家出口退税款,仍违反国家有关进出口经营的规定,允许他人自带客户、自带货源、自带汇票并自行报关,骗取国家出口退税款的,依照刑法典第 204 条第 1 款、第 211 条的规定定罪处罚。国家工作人员参与实施骗取出口退税犯罪活动的,依照刑法典第 204 条第 1 款的规定从重处罚。实施骗取出口退税犯罪,同时构成虚开增值税专用发票罪等其他犯罪的,依照刑法处罚较重的规定定罪处罚。①

根据刑法典第 204 条第 2 款的规定,纳税人交纳税款后,采用第 1 款规定的手段,骗取所交纳的税款的,以逃税罪论处。

第四节 虚开增值税专用发票、用于骗取出口退税、抵扣税款发票罪

一、定义

虚开增值税专用发票、用于骗取出口退税、抵扣税款发票罪,是指为他人虚开、为自己虚开、让他人为自己虚开、介绍他人虚开增值税专用发票或者用于骗取出口退税、抵扣税款的其他发票的行为。本罪侵犯的法益是国家的税收管理制度。

二、犯罪客观要件

本罪在客观要件上表现为行为人具有虚开增值税专用发票或者虚开用于骗取出口退税、抵扣税款的其他发票的行为。所谓"虚开",根据刑法典第 205 条第 4 款的规定,是指有为他人虚开、为自己虚开、让他人为自己虚开、介绍他人虚开增值税专用发票或者用于骗取出口退税、抵扣税款的其他发票的行为之一的。根据 1996 年最高人民法院《关于适用〈全国人民代表大会常务委员会关于惩治虚开、伪造和非法出售增值税专用发票犯罪的决定〉的若干问题的解释》的规定,具有下列情形之一的,属于虚开专用发票:(1)没有货物购销或者没有提供或接受应税劳务而为他人、为自己、让他人为自己、介绍他人开具专用发票;(2)有货物购销或者提供或接受了应税劳务但为他人、为自己、让他人为自己、介绍他人开具数量或者金额不实的专用发票;(3)进行了实际经营活动,但让他人为自己代开专用发票。

三、犯罪主观要件

本罪的主体是一般主体,包括自然人和单位。本罪的主观方面只能是故意。

---

① 2002 年最高人民法院《关于审理骗取出口退税刑事案件具体应用法律若干问题的解释》。

四、犯罪量度要件

构成本罪必须满足量度要件。根据 2010 年最高人民检察院、公安部《关于公安机关管辖的刑事案件立案追诉标准的规定(二)》的规定,虚开税款数额 1 万元以上的或者虚开专用发票致使国家税款被骗 5000 元以上的,应当依法追究刑事责任。

五、本罪的认定

本罪为行为犯,只要行为人为他人虚开、为自己虚开、让他人为自己虚开、介绍他人虚开增值税专用发票或者用于骗取出口退税、抵扣税款的其他发票的行为之一的,即构成本罪的既遂。如果是正在实施过程中被抓获,则为本罪未遂。

六、本罪的刑事责任

根据刑法典第 205 条的规定,犯本罪的,处 3 年以下有期徒刑或者拘役,并处 2 万元以上 20 万元以下罚金;虚开的税款数额较大或者有其他严重情节的,处 3 年以上 10 年以下有期徒刑,并处 5 万元以上 50 万元以下罚金;虚开的税款数额巨大或者有其他特别严重情节的,处 10 年以上有期徒刑或者无期徒刑,并处 5 万元以上 50 万元以下罚金或者没收财产;虚开的税款数额巨大或者有其他特别严重情节的,处 10 年以上有期徒刑或者无期徒刑,并处 5 万元以上 50 万元以下罚金或者没收财产。单位犯本罪的,对单位判处罚金,并对其直接负责的主管人员和其他直接责任人员,处 3 年以下有期徒刑或者拘役;虚开的税款数额较大或者有其他严重情节的,处 3 年以上 10 年以下有期徒刑;虚开的税款数额巨大或者有其他特别严重情节的,处 10 年以上有期徒刑或者无期徒刑。

根据刑法典第 212 条的规定,因犯本罪而被判处罚金、没收财产的,在执行前,应当先由税务机关追缴税款和所骗取的出口退税。

第五节 非法制造、出售非法制造的用于骗取出口退税、抵扣税款发票罪

一、定义

非法制造、出售非法制造的用于骗取出口退税、抵扣税款发票罪是指违反国家发票管理规定,伪造、擅自制造或者出售伪造、擅自制造的可以用于骗取出口退税、抵扣税款的发票的行为。本罪侵犯的法益是国家的税收管理制度。

二、犯罪客观要件

本罪的客观要件表现为行为人具有违反国家发票管理法规,伪造、擅自制造或者出售

伪造、擅自制造的可以用于骗取出口退税、抵扣税款的其他发票的行为。"可以用于骗取出口退税、抵扣税款的其他发票",是指国家税务总局在一定时期内根据国家税收和经济发展的需要,在增值税专用发票以外规定的可以直接抵扣税款或者办理出口退税的其他发票。目前我国除增值税专用发票外,可以抵扣税款和办理出口退税的发票有农副产品收购发票、废旧物资回收发票、运输发票等。

三、犯罪主观要件

本罪的主体是一般主体。绝大多数犯罪都是以单位的名义实施的。本罪的主观方面是故意。

四、犯罪量度要件

根据2010年最高人民检察院、公安部《关于公安机关管辖的刑事案件立案追诉标准的规定(二)》的规定,伪造、擅自制造或者出售伪造、擅自制造的可以用于骗取出口退税、抵扣税款的非增值税专用发票50份以上或者票面额累计在20万元以上的,应予立案追诉。

五、本罪的刑事责任

根据刑法典第209条第1款的规定,犯本罪的,处3年以下有期徒刑、拘役或者管制,并处2万元以上20万元以下罚金;数量巨大的,处3年以上7年以下有期徒刑,并处5万元以上50万元以下罚金;数量特别巨大的,处7年以上有期徒刑,并处5万元以上50万元以下罚金或者没收财产。单位犯本罪的,对单位判处罚金,并对其直接负责的主管人员和其他直接责任人员,依照上述规定处罚。

第六节　非法出售发票罪

一、定义

非法出售发票罪,是指违反发票管理法律法规,非法出售增值税专用发票、可以用于骗取出口退税、抵扣税款的其他发票以外的其他发票的行为。本罪侵犯的法益是国家的税收管理制度。

二、犯罪客观要件

本罪的客观要件表现为行为人具有违反发票管理法律法规,非法出售增值税专用发票、可以用于骗取出口退税、抵扣税款的其他发票以外的其他发票的行为。本罪中的发票必须是真实发票,而不是伪造、擅自制造的发票。如果行为人出售的是伪造、擅自制造的其他发票的,则构成出售非法制造的发票罪。根据1998年最高人民法院、最高人民检察院、公安部、国家工商行政管理局《关于依法查处盗窃、抢劫机动车案件的规定》第6条的规定,非法出售机动车有关发票的,或者伪造、擅自制造或者出售伪造、擅自制造的机动车有关发票的,依据刑法典第209条的规定处罚。

三、犯罪主观要件

本罪的主体是一般主体。单位和自然人均可构成。本罪的主观方面是故意,一般以营利为目的。

四、犯罪量度要件

构成本罪需要满足量度要件。根据2010年最高人民检察院、公安部《关于公安机关管辖的刑事案件立案追诉标准的规定(二)》的规定,非法出售100份以上或者票面额累计在40万元以上的,应予立案追诉。

六、本罪的刑事责任

根据刑法典第209条第4款的规定,犯本罪的,处2年以下有期徒刑、拘役或者管制,并处或单处1万元以上5万元以下罚金;情节严重的,处2年以上7年以下有期徒刑,并处5万元以上50万元以下罚金。

第七节 其他危害税收征管罪

其他危害税收征管罪犯罪包括:逃避追缴欠税罪;虚开发票罪;伪造、出售伪造的增值税专用发票罪;非法出售增值税专用发票罪;非法购买增值税专用发票、购买伪造的增值税专用发票罪;非法制造、出售非法制造的发票罪;非法出售用于骗取出口退税、抵扣税款发票罪;持有伪造的发票罪。实践中,要么这些犯罪比较容易认定,要么这些犯罪比较少发,故予以简要介绍。

一、逃避追缴欠税罪

逃避追缴欠税罪,是指纳税人欠缴应纳税款,采取转移或者隐匿财产的手段,致使税务机关无法追缴欠缴的税款,数额较大的行为。"欠缴应纳税款",是指纳税人超过税务机关核定的纳税期限,未按时缴纳或者缴足应纳税款。这是构成本罪的前提。"转移财产",是指把属于本人或者奉单位的财物置于他处或者他人名下。"隐匿财产",是指隐藏、藏匿属于本人或者本单位的财产,不使税务机关发现。构成本罪要求"致使税务机关无法追缴欠缴的税款",因此可以认为本罪是结果犯。只要纳税人欠缴应纳税款,采取转移或者隐匿财产的手段,致使税务机关无法追缴欠缴的税款,数额较大的行为,即构成本罪既遂。

根据刑法典第 203 条的规定,犯本罪的,数额在 1 万元以上不满 10 万元的,处 3 年以下有期徒刑或者拘役,并处或者单处欠缴税款 1 倍以上 5 倍以下的罚金;数额在 10 万元以上的,处 3 年以上 7 年以下有期徒刑,并处欠缴税款 1 倍以上 5 倍以下罚金。

二、虚开发票罪

虚开发票罪,是指虚开刑法典第 205 条规定以外的其他发票,情节严重的行为。但需要注意的是,"刑法典第 205 条规定以外"属于界限要素,而不是真正的构成要件要素。例如,行为人以为是普通发票而虚开,但客观上虚开的是增值税专用发票,也应认定为本罪。[1] 本罪为《刑法修正案(八)》所增设,根据 2011 年最高人民检察院、公安部《关于公安机关管辖的刑事案件立案追诉标准的规定(二)的补充规定》的规定,虚开刑法典第 205 条规定以外的其他发票,涉嫌下列情形之一的,应予立案追诉:(1) 虚开发票 100 份以上或者虚开金额累计在 40 万元以上的;(2) 虽未达到上述数额标准,但 5 年内因虚开发票行为受过行政处罚 2 次以上,又虚开发票的;(3) 其他情节严重的情形。

根据刑法典第 205 条之一的规定,犯本罪的,处 2 年以下有期徒刑、拘役或者管制,并处罚金;情节特别严重的,处 2 年以上 7 年以下有期徒刑,并处罚金。单位犯前款罪的,对单位判处罚金,并对其直接负责的主管人员和其他直接责任人员,依照前款规定处罚。

三、伪造、出售伪造的增值税专用发票罪

伪造、出售伪造的增值税专用发票罪,是指行为人仿照增值税专用发票的形状、样式、色彩、图案等,使用印刷、描绘、复印等方法制造假增值税专用发票或者非法出售上述伪造的增值税专用发票的行为。"伪造",是指仿照增值税专用发票的形态、样式、色彩、图案等,使用印刷、描绘、复印等方法制造假增值税专用发票的行为,"出售",包括行为人伪造后予以出售和将他人伪造的增值税专用发票予以出售。根据 2010 年最高人民检察院、公安部《关于公安机关管辖的刑事案件立案追诉标准的规定(二)》的规定,伪造、出售伪造的增值税专用发票 25 份以上或者票面额累计在 10 万元以上的,应予立案追诉。

根据刑法典第 206 条的规定,犯本罪的,处 3 年以下有期徒刑、拘役或者管制,并处 2 万元以上 20 万元以下罚金;数量较大或者有其他严重情节的,处 3 年以上 10 年以下有期徒刑,并处 5 万元以上 50 万元以下罚金;数量巨大或者有其他特别严重情节的,处 10 年以上有期徒刑或者无期徒刑,并处 5 万元以上 50 万元以下罚金或者没收财产。单位犯罪的,对单位判处罚金,并对其直接负责的主管人员和其他直接责任人员,处 3 年以下有期徒刑、拘役或者管制;数量较大或者有其他严重情节的,处 3 年以上 10 年以下有期徒刑;数量巨大或者有其他特别严重情节的,处 10 年以上有期徒刑或者无期徒刑。

---

[1] 张明楷:《刑法学》(第 4 版),法律出版社 2011 年版,第 726 页。

四、非法出售增值税专用发票罪

非法出售增值税专用发票罪,是指违反国家发票管理规定,未经国家税务机关批准,非法出售增值税专用发票的行为。

根据刑法典第 207 条的规定,犯本罪的,处 3 年以下有期徒刑、拘役或者管制,并处 2 万元以上 20 万元以下罚金;数量较大的,处 3 年以上 10 年以下有期徒刑,并处 5 万元以上 50 万元以下罚金;数量巨大的,处 10 年以上有期徒刑或者无期徒刑,并处 5 万元以上 50 万元以下罚金或者没收财产。

五、非法购买增值税专用发票、购买伪造的增值税专用发票罪

非法购买增值税专用发票、购买伪造的增值税专用发票罪,是指违反国家发票管理法规,非法买进增值税专用发票或者明知是伪造的增值税专用发票而非法买进的行为。"非法购买",是指不按国家税收法律规定,在指定的税务机关购买增值税专用发票,而是向指定的税务机关以外的其他机关或者个人购买增值税专用发票。

根据刑法典第 208 条第 1 款的规定,犯本罪的,处 5 年以下有期徒刑或者拘役,并处或者单处 2 万元以上 20 万元以下罚金。

刑法典第 208 条第 2 款是关于非法购买增值税专用发票。购买伪造的增值税专用发票又虚开或者出售的,应以虚开增值税专用发票罪,出售伪造的增值税专用发票罪和非法出售增值税专用发票罪论处的规定定罪。第 2 款的规定,在刑法理论是属于牵连犯,即以实施某一犯罪为目的,其犯罪的方法行为或者结果行为又触犯其他罪名的犯罪形态。牵连犯在处理上一般是择一重罪,从重处罚,不实行数罪并罚。在我国刑法典中,对牵连犯也有实行数罪并罚的处罚情况。

六、非法制造、出售非法制造的发票罪

非法制造、出售非法制造的发票罪,是指违反国家发票管理规定,伪造、擅自制造或者出售伪造、擅自制造的可以用于骗取出口退税、抵扣税款以外的其他发票的行为。所谓"前款规定以外的其他发票",是指除具有可以用于骗取出口退税、抵扣税款功能以外的普通发票。

根据刑法典第 209 条第 2 款的规定,犯本罪的,处 2 年以下有期徒刑、拘役或者管制,并处或者单处 1 万元以上 5 万元以下罚金;情节严重的,处 2 年以上 7 年以下有期徒刑,并处 5 万元以上 50 万元以下罚金。

七、非法出售用于骗取出口退税、抵扣税款发票罪

非法出售用于骗取出口退税、抵扣税款发票罪,是指违反国家发票管理规定,非法出售可以用于骗取出口退税、抵扣税款以外的其他发票的行为。行为人非法出售的是真发

票,而非假发票,其违法性在于出售发票的无权性。

根据刑典法第209条第3款的规定,犯本罪的,处3年以下有期徒刑、拘役或者管制,并处2万元以上20万元以下罚金;数量巨大的,处3年以上7年以下有期徒刑,并处5万元以上50万元以下罚金;数量特别巨大的,处7年以上有期徒刑,并处5万元以上50万元以下罚金或者没收财产。

八、持有伪造的发票罪

持有伪造的发票罪,是指明知是伪造的发票而持有,数额较大的行为。这里的"伪造的发票",包括本章前述各种类型的发票。但是,伪造发票后而持有的,不再认定为本罪,而应认定为相应的伪造发票的犯罪。根据2011年最高人民检察院、公安部《关于公安机关管辖的刑事案件立案追诉标准的规定(二)的补充规定》的规定,明知是伪造的发票而持有,具有下列情形之一的,应予立案追诉:(1)持有伪造的增值税专用发票50份以上或者票面额累计在20万元以上的,应予立案追诉;(2)持有伪造的可以用于骗取出口退税、抵扣税款的其他发票100份以上或者票面额累计在40万元以上的,应予立案追诉;(3)持有伪造的第(1)项、第(2)项规定以外的其他发票200份以上或者票面额累计在80万元以上的,应予立案追诉。

根据刑法典第210条之一的规定,犯本罪的,处2年以下有期徒刑、拘役或者管制,并处罚金;数量巨大的,处2年以上7年以下有期徒刑,并处罚金。单位犯前款罪的,对单位判处罚金,并对直接负责的主管人员和其他直接责任人员,依照前款规定处罚。

第八节 罪之比较与适用

本章罪规定在我国刑法分则第三章破坏社会主义市场经济秩序罪的第六节。本章犯罪不但互相之间存在着一些混淆之处,而且与其他章节规定的犯罪也有相似之处。

一、本章罪之比较

(一)逃税罪罪与非罪的界限

逃税罪罪与非罪的界限主要表现为:(1)逃税的数额。纳税人逃避缴纳税款数额较大并且占应纳税额10%以上的,扣缴义务人不缴或者少缴已扣、已收税款,数额较大的,成立犯罪。针对前述数额较大的具体认定标准,《刑法修正案(七)》没有作明文规定,需要有关司法解释进行明确。(2)区分逃税与漏税、欠税等违法行为。1981年财政部曾发布《关于印发"什么叫逃税、抗税、漏税和欠税"问题解答的通知》,漏税是指纳税单位或个人出于无意识而发生的漏缴或少缴税款的行为;欠税是指在法定的纳税期限内纳税人无力缴纳而拖欠税款的行为。还有避税问题,避税是指利用税法的漏洞或模糊处,通过对经营活动和财务活动的安排,以达到免税或少缴税款目的的行为。上述漏税、欠税、避税的行为,由于其并不符合逃税罪的构成要件,故不能认定是犯罪。(3)区分单位逃税罪口的直接人员与非直接人员。直接责任人员是指对单位逃税罪负有直接责任的主管人员和其他直接责任人员,具体包括决策者、组织者、积极参与者、直接实施者。其他一般参加者,特别是曾对逃税决定进行过抵制,但被主管人员强行命令实施者,一般不宜作为直接责任人员追究刑事责任。

(二)逃税罪与逃避追缴欠税罪的区别

"欠税"一词是税法中的概念,是指在法定的纳税期限内纳税人无力缴纳而拖欠税款的行为。即纳税人超过税务机关核定的纳税期限,没有按时缴纳,拖欠税款。逃避追缴欠税罪,是指纳税人超过税务机关核定的纳税期限,没有按时缴纳税款,并在税务机关追缴税款期间,采取转移或者隐匿财产的手段,致使税务机关无法追缴欠缴的税款,数额达到法定标准的行为。

逃税罪与逃避追缴欠税罪的区别主要表现为:(1)犯罪行为的表现形式不同。逃避追缴欠税罪采取的是转移、隐匿财产的手段,在此之前一般没有使用逃税的手段;逃税罪往往采取欺骗、隐瞒手段进行虚假纳税申报或者不申报。需要注意的是,有些逃税犯罪分子在税务、司法机关查处前或者查处后,为了逃避纳税义务和法律制裁,也往往千方百计地转移、隐匿其财产,致使税务、司法机关无法追缴其偷逃的税款。有一种意见认为,这种情况应对行为人按逃税罪和逃避追缴欠税罪实行数罪并罚。笔者认为,在这种情况下犯罪分子实施转移、隐匿财产的行为,实质上是其逃税犯罪的继续,应当按其主行为即逃税罪处理,其次行为可以视其后果在量刑时予以考虑。(2)犯罪故意产生的阶段和内容不同。逃税罪的主观犯意通常是纳税人在一项应税经济行为发生之后和税务机关确定其纳税义务之前产生,其犯罪故意的内容往往是为了躲避税务机关的检查监督;逃避追缴欠税罪的主观犯意通常是纳税人在税务机关已经确定其应税数额和缴税期限之后产生,其犯罪故意的内容是为了阻碍税务机关对欠税款的追缴。(3)犯罪数额的确定性不同。逃避追缴欠税罪的犯罪数额通常在纳税人实施犯罪行为时或在此之前,已由税务机关确定下来;逃税罪的犯罪数额在纳税人实施犯罪行为时并不是确定的,并且犯罪数额的大小是由逃税人本身的行为决定的,税务、司法机关只是对逃税数额进行查证核实。

(三)逃税罪与骗取出口退税罪的区别

骗取出口退税罪是指以假报出口或者其他欺骗手段,骗取国家出口退税款,数额较大的行为。

逃税罪与骗取出口退税罪虽同属危害税收征管犯罪,但两罪的区别主要表现为:(1)客观表现不同。逃税罪通常是纳税人在商品的国内生产、销售环节,采取欺骗、隐瞒手段进行虚假纳税申报或者不申报,逃避应缴纳的税收;骗取出口退税罪则是在商品的出口环节,采取假报商品出口或者其他欺骗手段,骗取国家的出口退税款。对有些纳税人虽有商品出口而采取在数量上以少报多,在价格上以低报高等欺骗手段骗取退税款的,应当按照刑法典第204条第2款规定分别进行定罪处罚,即对纳税人骗取税款未超过其所缴纳的税款的,应以逃税罪定罪处罚;对纳税人骗取税款超过其所缴纳的税款部分,应以骗取出口退税定罪处罚。(2)犯罪主体不同。逃税罪的主体包括负有纳税义务和扣缴税款义务的自然人和法人;骗取出口退税罪的主体通常不是其所骗退税款的纳税义务人。(3)主观方面不同。逃税罪的目的,是在有纳税义务情况下,不缴或少缴税款,逃避纳税义务;骗取出口退税罪的目的,则是在未实际履行纳税义务的情况下,从国家出口退税款中获取非法利益。

（四）逃税罪与虚开增值税专用发票、用于骗取出口退税、抵扣税款发票罪的区别

虚开增值税专用发票、用于骗取出口退税、抵扣税款发票罪是指单位或个人违反税收的规定和发票管理制度,为他人虚开、为自己虚开、让他人为自己虚开或介绍他人虚开增值税专用发票的行为。虚开增值税专用发票本身是独立的犯罪行为,但同时又常被一些企业和个人用作逃税的手段。

在行为人同时出于两种犯罪目的实施虚开增值税专用发票行为的情况下,往往会在定性问题上发生混淆,两罪的区别主要表现为:(1)行为人在为他人虚开或者自己虚开增值税专用发票的同时,又使用非法取得的进项抵扣凭证抵扣税款,如何定罪的问题。在司法实践中,有的按逃税罪定性,有的则按逃税罪和虚开增值税专用发票罪数罪并罚。笔者认为,对此类案件不应以逃税罪定罪,应当按虚开增值税专用发票罪定罪。因为此类案件行为人所开出的销项发票和用以抵扣税款的进项发票,均不存在实际的商品交易,即不是税法意义上的应税经济行为,因此对这种虚假经济行为征税是缺乏根据的。而且,针对这种虚假经济行为征税,无异于认可和放纵其虚开增值税专用发票和使用非法进项扣税凭证骗取抵扣税款等违法行为的客观存在,造成对开票环节犯罪分子打击不力。虚开增值税专用发票的目的在于抵扣税款,其与逃税罪中的不缴、少缴税款两者行为的性质还是有一定的区别。法律明文规定将虚开增值税专用发票行为规定为虚开增值税专用发票、用于骗取出口退税、抵扣税款发票罪,依此规定处理当属合理。(2)行为人非法使用虚开的增值税专用发票用作进项抵扣凭证偷逃应纳增值税款,如何定罪的问题。笔者认为,对此类案件应区别情况定罪处罚。因为对直接让发票领购人为自己虚开增值税专用发票,用作进项抵扣凭证偷逃应纳增值税款的,应按虚开增值税专用发票、用于骗取出口退税、抵扣税款发票罪定罪。而对从第三者手中非法购买虚开的增值税专用发票,用作进项抵扣凭证偷逃应纳增值税款的,应当以非法购买增值税专用发票、购买伪造的增值税专用发票罪定罪。

（五）骗取出口退税罪与虚开增值税专用发票、用于骗取出口退税、抵扣税款发票罪的区别

虚开增值税专用发票、用于骗取出口退税、抵扣税款发票罪是指单位或个人违反国家税收征管和发票管理程度,为他人虚开、为自己虚开,让他人为自己虚开、介绍他人虚开增值税专用发票的行为。骗取出口退税罪是指以假报出口或者其他欺骗手段,骗取国家出口退税款,数额较大的行为。两罪的区别主要在于客观表现方面,即犯罪手段不同。虚开

增值税专用发票、用于骗取出口退税、抵扣税款发票罪的客观方面,表现为行为人在商品的国内生产、销售环节实施为他人虚开、为自己虚开、让他人为自己虚开、介绍他人虚开增值税专用发票的行为;骗取出口退税罪的客观方面则表现为行为人在商品的出口环节实施假报出口或者其他骗取出口退税款的行为。

二、与其他章节罪之比较

(一) 骗取出口退税罪与诈骗罪的区别

诈骗罪是指以非法占有为目的,用虚构事实或者隐瞒真相的方法,骗取数额较大的公私财物的行为,欺骗性是诈骗罪的本质特征。骗取出口退税罪是指单位或个人以骗取国家出口退税款为目的,采用虚开增值税专用发票、搞假货物报关出口骗取货物出口报关单、内外勾结提供出口收汇单证等欺骗手段,非法组织虚假的出口退税凭证,在根本未交纳税款的情况下,从税务机关或出口企业骗取出口退税款的行为。因此,骗取出口退税行为实质上是一种诈骗的行为。近些年来,诈骗犯罪的手段越来越多,诈骗的对象也越来越广,如信用证诈骗、金融票据诈骗、保险诈骗、合同诈骗、骗取出口退税等,为了有效地惩治这些犯罪行为,我国修订后的刑法分别单独规定了罪名和法定刑。按照特别规定优于普通规定的原则,凡符合骗取出口退税犯罪构成要件的,直接以骗取出口退税定罪处罚,不再以一般诈骗罪定罪处罚。

(二) 骗取出口退税定罪与伪造国家机关印章罪的区别

两罪的区别主要在犯罪对象方面:前罪侵犯的对象是国家税务总局规定了式样的发票监制章,它并不是国家机关的印章,而是税务机关管理发票的一种法定标志,有特定的形状、规格、内容和印色;后罪侵犯的对象是国家机关的印章,它是指刻有国家机关组织名称的公章或者某种特殊用途的专用章,如刻有"国家税务总局"字样的公章等。

三、适用案例

1998年6月18日,被告人黄某向工商局注册登记成立了浪登集团有限公司,任法定代表人,到税务局办理了税务登记手续,取得增值税一般纳税人资格,同时购领了增值税专用发票。1998年6月26日,被告人与某服装公司签订协议,约定该服装公司销售服装后,由浪登集团有限公司虚开增值税专用发票给购买服装的某百货大厦等13家公司、商场,被告人黄某按票面金额2‰至2.5‰的比例收取开票费。此后,从1999年1月至2000年7月,被告人以浪登集团有限公司的名义,虚开增值税专用发票给新大新公司等13家公司、商场虚开增值税专用发票共302套,金额21596856.49元,税额3671465.48元,其中已被抵扣税款2856800元,侦查终结前仍无法追回。被告人为了骗取抵扣税款及掩盖其虚开增值税专用发票的犯罪事实,向他人购买已填写的假增值税专用发票,或购买空白的假增值税专用发票指使其公司会计填写,作为浪登集团有限公司的进项发票到税务部门办理抵扣税款。从1999年12月至2000年7月,被告人以虚假的销货单位的名义为自己的集团有限公司虚开假增值税专用发票 88 套,税额 2118775.69 元,已被抵扣税款 2002024.16 元。从 1999 年 6 月至 12 月,被告人以其操纵的上述九家虚假企业的名义,为某进出口有限公司虚开增值税专用发票共 181 套,税额 19709633.66 元,其中 179 套发票已被某公司向国家税务局进出口税收管理分局骗取出口退税款,骗取税款合计人民币 19640982.5 元,至侦查终结前仍无法追回。法院判决被告人黄某犯虚开增值税专用发票罪,判处死刑,剥夺政治权利终身,并处没收其个人全部财产。

讨论问题:(1)虚开增值税专用发票罪侵犯的法益和构成?(2)本案是否构成单位犯罪?(3)本案的危害结果如何计算?(4)本案法院的判决是否准确?为什么?

第二十三章

妨害司法罪

妨害司法罪,是指各种妨害司法机关的正常活动,破坏国家司法权行使的行为。本章罪侵犯的法益是司法机关正常的司法活动。这里的司法机关作广义理解,既包括审判机关、检察机关,也包括行使侦查、监管职能的公安机关、刑罚执行机关等。司法机关依法享有法律赋予的司法权,承担着履行国家司法职能,维护社会公正、保障公民合法权益的重要职责。

本章罪在客观要件上表现为违反法律、法规的有关规定,妨害司法机关正常司法活动的行为。犯罪行为的表现形式多数是作为,少数犯罪既可由作为成立也可由不作为成立,如打击报复证人罪。还有少数犯罪属纯正的不作为犯,如拒绝提供间谍、恐怖主义、极端主义犯罪证据罪。本章罪的主体只能是自然人,单位不能成为妨害司法罪的主体。多数犯罪的主体是一般主体,也有少数犯罪只能由特殊主体成立,如伪证罪,辩护人、诉讼代理人毁灭证据、伪造证据、妨害作证罪,拒不执行判决、裁定罪等。本章罪在主观方面只能是故意,过失不成立本章犯罪。妨害司法罪是对司法机关正常司法活动的严重破坏,我国刑法设专节规制,实属必要。根据我国刑法规定及有关司法解释,本章罪从刑法第305条至第317条,共计15个条文,20个罪名。

第一节 伪 证 罪

一、定义

伪证罪,是指在刑事诉讼中,证人、鉴定人、记录人、翻译人对与案件有重要关系的情节,故意作虚假证明、鉴定、记录、翻译,意图陷害他人或者隐匿罪证的行为。本罪侵犯的法益是司法机关正常的刑事诉讼活动。

二、犯罪客观要件

本罪在客观要件上表现为行为人在刑事诉讼中,对与案件有重要关系的情节,故意作虚假证明、鉴定、记录、翻译。

(1) 行为方式包括虚假证明、鉴定、记录、翻译。对于如何认定"虚假",大陆法系国家刑法理论中存在主观说和客观说的对立。主观说认为,虚假是指所陈述的事实内容违反了证人的主观记忆,或者证人所陈述的事实内容与其记忆中的事实不相符合。因此,只要违反了证人的记忆,即使碰巧与客观事实相符合,也成立伪证罪。客观说认为,虚假是指所陈述的事实内容违反了客观的真实性。① 我们赞成客观说,理由主要有两点:第一,本罪保护的法益是司法机关正常的刑事诉讼活动。行为人所作的陈述如果仅仅与其主观记忆不符,而与客观事实相同,不可能侵犯本罪所保护的法益。只有当其所作陈述与客观事实不符时才可能侵犯司法机关正常的刑事诉讼活动。第二,行为人的记忆是主观的,难以查证。以是否符合行为人的主观记忆作为认定"虚假"的标准,会给司法实践带来极大障碍。

一般而言,虚假的证明、鉴定、记录、翻译主要包括三种情况:第一,无中生有,即捏造根本不存在的事实。如甲明明没有杀人,乙却说亲眼看见甲杀了人。第二,隐瞒客观存在的事实。如记录人甲故意略去犯罪嫌疑人乙的有关供述。第三,歪曲事实。如翻译人甲违背乙讲话的原意做歪曲翻译。

(2) 行为的对象是与案件情况有重要关系的情节。这一般是指对于案件是否成立犯罪、犯罪的性质或罪行的轻重有重大影响的情节。

(3) 行为发生的场合只能是在刑事诉讼中。如果行为人在民事、行政诉讼过程中,或者刑事诉讼开始之前或结束后实施伪证行为,不能成立本罪。

三、犯罪主观要件

本罪的主体是特殊主体,只能是刑事诉讼中的证人、鉴定人、记录人、翻译人。证人是指向司法机关陈述自己所知道的案件情况的人。对于如何理解本罪中的证人,有两个问题值得研究:(1) 能否将本罪中的证人扩张解释为包括被害人?我们持否定观点。在我国刑事诉讼法理论中,证人证言和被害人陈述虽然存在一些相似之处,但毋庸置疑的是,证人和被害人在法律地位、与诉讼结果的利害关系、参与诉讼的目的等方面均存在明显差异,是两种完全不同的诉讼角色。刑法作为我国法律体系中重要的部门法,尤其作为其他部门法的保障法,对犯罪的设定应当充分与其他部门法相互协调和衔接,对一些跨部门法的重要概念理应保持一致。并应避免一个概念或术语在这个部门法中作这种理解,而到了其他部门法中却作出大相径庭的解释。这不利于法制的统一,不利于司法操作,也不利于不同部门法之间建立共同的交流平台,以减少彼此间的不协调乃至冲突。证人本是诉讼法中的概念,刑法设置伪证罪的罪状时采用了这一概念,就应与诉讼法中对证人的理解

---

① 张明楷:《外国刑法纲要》,清华大学出版社 1999 年版,第 768 页;〔日〕大塚仁:《刑法概说》(各论),冯军译,中国人民大学出版社 2003 年版,第 572—573 页;〔日〕大谷实:《刑法各论》,黎宏译,法律出版社 2003 年版,第 437—438 页。

保持一致。因此,本罪中的证人不能包括被害人。(2)不知道案件情况的人在刑事诉讼中"作伪证"的,是否成立本罪?基于前述理由,这类人同样不能认定为本罪中的证人,不能成立本罪。如果其向司法机关作虚假证明,意图包庇犯罪人或陷害他人的,可能成立包庇罪或诬告陷害罪。鉴定人是指受司法机关指派或聘请,运用自己的专门知识或技能,对案件中的专门性问题进行分析判断并提出科学意见的人。记录人是指在刑事诉讼中为调查、搜查、询问证人、被害人,或审讯被告人担任文字记录的人。翻译人是指受司法机关指派或聘请,为参与刑事诉讼活动的外国人、少数民族人员、聋哑人等提供语言、文字或手势翻译的人员。

本罪在主观方面只能是直接故意,且有陷害他人或者隐匿罪证的目的。需强调的是,如果行为人不是有意作伪证,而是因为记忆不清或技术不高或粗心大意或水平较低等原因作了与事实不符的证明、鉴定、记录、翻译的,不能成立本罪。如果证人故意提供假证言包庇罪犯的,应当按照关于包庇罪的规定定罪处罚。

四、犯罪量度要件

行为人实施伪证行为,如果情节显著轻微、危害不大的,不认为是犯罪。

五、本罪的认定

根据刑法典第305条的规定,本罪既遂应以行为人完成虚假的证明、鉴定、记录、翻译作为标准。至于是否实现了陷害他人或隐匿罪证的目的,不影响本罪既遂的认定。如果行为人已经着手实施了虚假证明、鉴定、记录、翻译的行为,但因意志以外的原因未能将前述行为完成,成立本罪的未遂。

六、本罪的刑事责任

根据刑法典第305条的规定,犯本罪的,处3年以下有期徒刑或者拘役;情节严重的,处3年以上7年以下有期徒刑。

第二节 辩护人、诉讼代理人毁灭证据、伪造证据、妨害作证罪

一、定义

辩护人、诉讼代理人毁灭证据、伪造证据、妨害作证罪,是指在刑事诉讼中,辩护人、诉讼代理人毁灭、伪造证据,帮助当事人毁灭、伪造证据,威胁、引诱证人违背事实改变证言或者作伪证的行为。本罪侵犯的法益是司法机关正常的刑事诉讼活动。

二、犯罪客观要件

本罪在客观要件上表现为在刑事诉讼中,辩护人、诉讼代理人毁灭、伪造证据,帮助当事人毁灭、伪造证据,威胁、引诱证人违背事实改变证言或者作伪证。

(1) 行为对象是证据或者证人。本罪的罪名是一个选择性罪名,可以分解为:辩护人、诉讼代理人毁灭证据罪;辩护人、诉讼代理人伪造证据罪;辩护人、诉讼代理人妨害作证罪等三个主要罪名。在辩护人、诉讼代理人毁灭证据、伪造证据罪中,行为的对象是证据。根据《刑事诉讼法》的相关规定,所谓证据,包括物证,书证,证人证言,被害人陈述,犯罪嫌疑人、被告人供述和辩解,鉴定意见,勘验、检查、辨认、侦查实验等笔录,视听资料、电子数据等。在辩护人、诉讼代理人妨害作证罪中,行为的对象是证人。所谓证人,是指知道案件情况而向司法机关作证的人。

(2) 行为具体表现为三种情况:第一,毁灭、伪造证据。毁灭证据既指从物质形态上使证据完全消灭,也指证据虽然仍然存在,但已使证据丧失证明作用。如烧毁物证、书证;将磁带消磁,使其无法输出信息等。值得研究的问题是:杀害证人是否属于毁灭证据?我们认为,从可能文义的角度看,杀害证人就是使证人证言这类证据归于消灭,应当属于毁灭证据。但是,本罪的法定刑显然不能容纳杀人行为,因此,应直接以故意杀人罪定罪处罚。当然,条件成熟的话也可在立法上设立"杀人灭口罪"等交叉罪名,以示和故意杀人罪的区别。伪造证据是指制作不真实的证据。变造证据不成立本罪。第二,帮助当事人毁灭、伪造证据。这是指行为人自己不直接实施毁灭、伪造证据的行为,而是为当事人自己毁灭、伪造证据提供各种便利条件。第三,威胁、引诱证人违背事实改变证言或者作伪证。威胁是指以杀害、伤害、揭发隐私等相要挟,使证人产生心理上的恐惧,对其进行精神强制。引诱是指以金钱、物质或者其他利益诱导证人。违背事实改变证言是指证人违背事实将自己已经作出的证言予以改变。辩护人、诉讼代理人要求证人改变以前的违背事实的证言的,不成立本罪;作伪证是指证人违背事实作虚假证明。

(3) 行为时间是在刑事诉讼中。在民事诉讼或行政诉讼中实施了毁灭、伪造证据或妨害作证的行为,虽不能成立本罪,但可能成立刑法典第307条第2款的帮助毁灭、伪造证据,或者以伪造的证据进行虚假诉讼的则成立刑法典第307条之一的虚假诉讼罪。另外,需要研究的问题是:诉讼代理人在刑事附带民事诉讼中毁灭、伪造证据或者妨害作证的,能否成立本罪?我们认为,这应视其对本罪保护的法益是否产生侵害而定。如果诉讼代理人在附带民事诉讼中毁灭、伪造证据或者妨害作证的行为侵犯了司法机关刑事诉讼活动的正常进行,应该成立本罪。如诉讼代理人为使当事人获得更多的民事赔偿,伪造书证、物证等,夸大被告人给当事人带来的损害。这有可能影响到刑事诉讼中对被告人的定罪量刑,成立本罪;反之,如果诉讼代理人在附带民事诉讼中毁灭、伪造证据或者妨害作证的行为并没有侵犯刑事诉讼活动的正常进行,就不能认定为本罪。

三、犯罪主观要件

本罪的主体是特殊主体，只能是辩护人和刑事诉讼中的诉讼代理人。辩护人是指接受犯罪嫌疑人、被告人及其法定代理人或者近亲属的委托，或者受人民法院指定，帮助犯罪嫌疑人、被告人行使辩护权，以维护其合法权益的人。根据我国《刑事诉讼法》的相关规定，辩护人既可以是律师，也可以是人民团体或者犯罪嫌疑人、被告人所在单位推荐的人，还可以是犯罪嫌疑人、被告人的监护人、亲友。从司法实践中来看，担任辩护人的主要是律师。值得研究的问题是：在侦查阶段为犯罪嫌疑人提供法律咨询、代理申诉、控告的律师是否可以被认定为本罪中的辩护人？我国《刑事诉讼法》第 96 条只规定了在侦查阶段，犯罪嫌疑人聘请的律师可以为其提供法律咨询、代理申诉、控告，并未明确律师在侦查阶段的诉讼地位。一般认为，现代刑事诉讼的格局是由控、辩、审三种基本权能共存的状况决定的。任何一类诉讼参与人只要参加到刑事诉讼中来，就必然担当起一定的角色，享有法律规定的权利并履行义务。律师只要接受犯罪嫌疑人的委托介入刑事诉讼，无论在什么阶段介入，从本质上来说都是辩护人，在诉讼过程中，他只可能属于"辩护人"这一类诉讼参与人。但是，作为定罪的对象应当慎之又慎，辩护人的范围不能扩展至刑事诉讼之外。因此，在侦查阶段为犯罪嫌疑人提供法律咨询、代理申诉、控告的律师不应当认定为本罪中的辩护人。尤其在我国刑法典第 306、307 条并未将司法工作人员列入其犯罪主体的情况下，无限制地扩大本罪的范围将使公权力与私权利失去平衡，更有可能将法定代理人或者近亲属等群体的提供法律咨询、代理申诉、控告的也都纳入"辩护人"作为本罪的犯罪主体，这时岌岌可危和可怕的。刑事诉讼中的诉讼代理人是指公诉案件中的被害人及其法定代理人或者近亲属、附带民事诉讼的当事人及其法定代理人、自诉案件的自诉人及其法定代理人、附带民事诉讼的当事人及其法定代理人依法委托的、代理其参加诉讼的人。根据《刑事诉讼法》的相关规定，律师、当事人的近亲属、亲友、有关的社会团体或者所在单位推荐的人，都可以被委托为诉讼代理人。

本罪在主观方面表现为故意，过失不成立本罪。

四、本罪的认定

根据刑法典第 306 条的规定，成立本罪既遂应以行为人完成毁灭证据、伪造证据、妨害作证的行为作为认定的标准。如果行为人已着手实施毁灭证据、伪造证据、妨害作证的行为，但因意志以外的原因未能达到完成的状态，应成立本罪的未遂。

辩护人、诉讼代理人提供、出示、引用的证人证言或者其他证据失实，不是有意伪造的，不属于伪造证据。

五、本罪的刑事责任

根据刑法典第 306 条的规定，犯本罪的，处 3 年以下有期徒刑或者拘役；情节严重的，处 3 年以上 7 年以下有期徒刑。

第三节　帮助毁灭、伪造证据罪

一、定义

帮助毁灭、伪造证据罪,是指帮助当事人毁灭、伪造证据,情节严重的行为。本罪侵犯的法益是司法机关正常的诉讼活动。

二、犯罪客观要件

本罪在客观要件上表现为行为人实施帮助当事人毁灭、伪造证据的行为。所谓证据,是指法律规定的能够证明案件真实情况的一切事实。毁灭证据既指从物质形态上使证据完全消灭,也指证据虽然仍然存在,但已使证据丧失证明作用。伪造证据是指制作不真实的证据。变造证据不成立本罪。当事人是指参与到诉讼中来,并与案件结果有利害关系的诉讼参与人。需要强调的是,这里的当事人不仅包括刑事诉讼中的当事人,也包括民事诉讼和行政诉讼中的当事人。所谓帮助,从可能文义的角度来说,可以有两种理解:(1)为当事人毁灭、伪造证据提供各种便利条件,也包括伙同当事人共同实施毁灭、伪造证据的行为。这和共同犯罪中帮助犯的含义是基本吻合的。(2)代替当事人毁灭、伪造证据或者说为当事人毁灭、伪造证据。当事人自己不亲自实施毁灭、伪造证据的实行行为,而由"他人"一手负责"操办"。笔者认为,第(2)种理解似乎更符合立法者的原意。但是,这两种解释应该说都在刑法条文的可能文义之内,排除其中的任何一种而只采取另一种恐怕都是不妥当的。因此,本罪中"帮助"的含义包含了上述两种理解。本罪的行为阶段或范围既可以是在刑事诉讼中,也可以是在民事诉讼、行政诉讼中。

三、犯罪主观要件

本罪的主体为一般主体。主观方面只能是故意,过失不成立本罪。

四、犯罪量度要件

成立本罪要求情节严重。对情节严重的认定要考虑证据的重要程度、案件的性质、行为次数、侵害后果等。

【例题】　甲的下列哪些行为成立帮助毁灭证据罪(不考虑情节)?(2014年国家司法考试真题)

A. 甲、乙共同盗窃了丙的财物。为防止公安人员提取指纹,甲在丙报案前擦掉了两人留在现场的指纹。

B. 甲、乙是好友。乙的重大贪污罪行被丙发现。甲是丙的上司,为防止丙作证,将丙派往境外工作。

C. 甲得知乙放火致人死亡后未清理现场痕迹,便劝说乙回到现场毁灭证据。
D. 甲经过犯罪嫌疑人乙的同意,毁灭了对乙有利的无罪证据。

答案:CD

五、本罪的刑事责任

根据刑法典第307条的规定,犯本罪的,处3年以下有期徒刑或者拘役。司法工作人员犯本罪的,从重处罚。根据刑法典第94条的规定,司法工作人员是指有侦查、检察、审判、监管职责的工作人员。

第四节 泄露不应公开的案件信息罪

一、定义

泄露不应公开的案件信息罪,是指司法工作人员、辩护人、诉讼代理人或者其他诉讼参与人,泄露依法不公开审理的案件中不应当公开的信息,造成信息公开传播或者其他严重后果的行为。我国《刑事诉讼法》第183条和第274条、《民事诉讼法》第134条、《行政诉讼法》第54条均在明确规定公开审判原则的同时,作出了一些例外规定。另外,《未成年人保护法》第58条、《律师法》第38条和第48条以及2013年最高人民法院、最高人民检察院、公安部、司法部《关于依法惩治性侵害未成年人犯罪的意见》第5条均有相关规定。

二、犯罪客观要件

本罪在客观要件上表现为司法工作人员、辩护人、诉讼代理人或者其他诉讼参与人,泄露依法不公开审理的案件中不应当公开的信息。所谓"依法不公开审理的案件",是指依照《刑事诉讼法》《民事诉讼法》《行政诉讼法》《未成年人保护法》等法律规定,应当不公开审理或者经当事人提出申请,人民法院决定不公开审理的案件。所谓"不应当公开的信息",是指公开以后可能对国家安全和利益、当事人受法律保护的隐私权、商业秘密造成损害,以及对涉案未成年人的身心健康造成不利影响的信息。[①]

三、犯罪主观要件

本罪的主体为特殊主体,即参与不公开审理的案件诉讼活动的司法工作人员、辩护人、诉讼代理人或者其他诉讼参与人。"其他诉讼参与人"是指除司法工作人员、辩护人、诉讼代理人以外其他参加诉讼的人员,包括证人、鉴定人员、翻译人员、记录人员以及出庭

---

① 全国人大常委会法制工作委员会刑法室编著:《中华人民共和国刑法解读》,中国法制出版社2015年版,第749页。

的有专门知识的人等等。

本罪在主观方面表现为故意或过失,故意泄露或过失泄露不应公开的案件信息均可成立本罪。

四、犯罪量度要件

成立本罪要求造成信息公开传播或者其他严重后果。所谓"信息公开传播",是指不应公开的案件信息在一定数量的社会公众之中广泛传播。所谓"其他严重后果",是指信息公开传播之外的其他严重危害后果,如国家秘密被他人获悉而可能造成危害国家安全等严重后果,被害人的个人隐私被他人知悉而导致其自杀、商业秘密被他人知悉而导致商业秘密所有者严重经济损失、造成审判活动被干扰而导致无法顺利进行等。

五、本罪的认定

有泄露不应公开的案件信息行为,泄露国家秘密的,根据刑法典第308条之一的规定,依照刑法典第398条故意泄露国家秘密罪或过失泄露国家秘密罪的规定定罪处罚。

六、本罪的刑事责任

根据刑法典第308条之一的规定,犯本罪的,处3年以下有期徒刑、拘役或者管制,并处或者单处罚金。

第五节　披露、报道不应公开的案件信息罪

一、定义

披露、报道不应公开的案件信息罪,是指公开披露、报道依法不公开审理的案件中不应当公开的信息,情节严重的行为。我国《刑事诉讼法》第183条和第274条、《民事诉讼法》第134条、《行政诉讼法》第54条均在明确规定公开审判原则的同时,有一些例外之规定。另外,《未成年人保护法》第58条、《律师法》第38条和第48条、2000年最高人民法院《关于审理未成年人刑事案件的若干规定》第13条以及2013年最高人民法院、最高人民检察院、公安部、司法部《关于依法惩治性侵害未成年人犯罪的意见》第5条均有相关规定。

二、犯罪客观要件

本罪在客观要件上表现为行为人公开披露、报道依法不公开审理的案件中不应当公开的信息。所谓"公开披露",是指行为人通过各种途径向公众或他人发布有关案件信息。所谓"报道",主要是指网站、电视、广播、报纸、杂志等媒体向公众发布有关案件信息。

三、犯罪主观要件

本罪的主体为一般主体,包括自然人与单位。当然,本罪的主体既包括了解案情的司法工作人员及所有诉讼参与人,也包括知道这些案件信息的自然人或媒体,并不专门针对某个特定群体。

本罪在主观方面表现为故意。本条的规定是为了保障人民法院依法独立公正行使审判权,保护当事人的合法权益。同时,法律对于不公开审理的案件范围规定是明确的,新闻媒体对于涉及这类案件的新闻线索,应当谨慎处理,避免触及法律红线。新闻媒体对案件的正常报道和舆论监督活动,也不会因为本条规定受到负面影响。[①]

四、犯罪量度要件

成立本罪要求情节严重,如国家秘密被他人获悉而可能造成危害国家安全等严重后果、被害人的个人隐私被他人知悉而导致其自杀、商业秘密被他人知悉而导致商业秘密所有者严重经济损失、造成审判活动被干扰而导致无法顺利进行等。

五、本罪的刑事责任

根据刑法典第 308 条之一的规定,犯本罪的,处 3 年以下有期徒刑、拘役或者管制,并处或者单处罚金。单位犯本罪的,对单位判处罚金,并对其直接负责的主管人员和其他直接责任人员,依照前述规定处罚。

第六节　窝藏、包庇罪

一、定义

窝藏、包庇罪是一个选择性罪名,可分解为窝藏罪和包庇罪。窝藏罪,是指明知是犯罪的人而为其提供隐藏处所、财物,帮助其逃匿的行为。包庇罪,是指明知是犯罪的人而作假证明包庇的行为。本罪侵犯的法益是司法机关正常的刑事追诉和刑罚执行活动。但如果行为人实施了刑法典第 362 条规定的犯罪行为时,还侵犯了公安机关正常的行政执法活动。

二、犯罪客观要件

本罪在客观要件上表现为窝藏和包庇行为。窝藏包括三种情形:(1)为犯罪的人提供隐藏处所,如将犯罪人藏匿在自己家中;(2)为犯罪的人提供金钱、衣物、食品或其他物

[①] 全国人大常委会法制工作委员会刑法室编著:《中华人民共和国刑法解读》,中国法制出版社 2015 年版,第 751 页。

品,使其能够继续隐藏;(3)以为犯罪分子提供交通工具、化妆物品、通行证明等方式,帮助其逃匿。包庇则是指通过毁灭、伪造、变造或者藏匿证据等方式向司法机关作假证明,以使犯罪分子逃避刑事制裁。如:伪造犯罪现场;毁灭、藏匿物证、书证;制造虚假的证人证言等。窝藏、包庇的对象是犯罪的人,包括实施犯罪后负案潜逃的人、被司法机关依法关押之后至人民法院作出具有法律效力的有罪判决之前脱逃的犯罪人以及被判决有罪后在押期间脱逃的人。值得研究的问题是,如果行为人窝藏、包庇的对象确实没有犯罪,但却被司法机关依照《刑事诉讼法》的相关规定予以关押甚至被判处刑罚的,应该如何处理?我们认为,该情形中的行为人虽然在客观上对司法机关正常的刑事追诉和刑罚执行活动有所妨害,但其主观上并没有明显的犯罪故意,且被窝藏、包庇的对象确实没有犯罪,不宜以犯罪论处。

本罪的行为对象是"犯罪的人",即指"已经实施犯罪行为的人,包括刑事诉讼程序中的犯罪嫌疑人和被告人,以及服刑期间脱逃的已决犯。"① 本罪的行为阶段,既可以是在刑事诉讼进行的过程之中,也可以是在刑事诉讼之前或之后。

窝藏、包庇一般违法人员的,原则上不应成立本罪。但根据刑法典第362条的规定,包庇卖淫、嫖娼违法犯罪分子的,可以认定为本罪,但须具备"在公安机关查处卖淫、嫖娼活动时"的时间条件和"情节严重的"程度条件。

三、犯罪主观要件

本罪的主体是一般主体。但是,根据刑法典第362条的规定,包庇卖淫、嫖娼违法犯罪分子成立本罪的,其主体必须是旅馆业、饮食服务业、文化娱乐业、出租汽车业等单位的人员。

本罪在主观方面只能是故意。需强调的是,行为人主观上必须明知自己窝藏或包庇的是犯罪的人,如果确实不知,仅在客观上为其提供了隐藏处所、财物等,不应成立本罪。当然,明知包括了明知其必定是犯罪的人,也包括明知其可能是犯罪的人。在包庇卖淫、嫖娼人员的犯罪中,则要求行为人明知包庇的是卖淫、嫖娼的违法犯罪分子。

四、本罪的认定

根据刑法典第310条的规定,行为人完成了窝藏、包庇行为的,应认定为本罪的既遂;若行为人已着手实施窝藏、包庇行为,但因意志以外的原因未能完成,成立本罪的未遂。

【例题】 甲路过偏僻路段,看到其友乙强奸丙的犯罪事实。甲的下列哪一行为成立包庇罪?(2012年国家司法考试真题)

A. 用手机向乙通报公安机关抓捕乙的消息。
B. 对侦查人员的询问沉默不语。

---

① 赵秉志主编:《当代刑法学》,中国政法大学出版社2009年版,第659页。

C. 对侦查人员声称乙、丙系恋人,因乙另有新欢遭丙报案诬陷。

D. 经法院通知,无正当理由,拒绝出庭作证。

答案:C

五、本罪的刑事责任

根据刑法典第 310 条的规定,犯本罪的,处 3 年以下有期徒刑、拘役或者管制;情节严重的,处 3 年以上 10 年以下有期徒刑。

第七节 掩饰、隐瞒犯罪所得、犯罪所得收益罪

一、定义

掩饰、隐瞒犯罪所得、犯罪所得收益罪,是指明知是犯罪所得及其产生的收益而予以窝藏、转移、收购、代为销售或者以其他方法掩饰、隐瞒的行为。本罪侵犯的法益是司法机关追索赃物的正常活动。通过犯罪直接得到的赃款、赃物,应当认定为本条规定的"犯罪所得";上游犯罪的行为人对犯罪所得进行处理后得到的孳息、租金等,应当认定为本条规定的"犯罪所得产生的收益"。① "上游犯罪",是指产生刑法典第 191 条(洗钱罪)、第 312 条(掩饰、隐瞒犯罪所得、犯罪所得收益罪)、第 349 条(包庇毒品犯罪分子罪,窝藏、转移、隐瞒毒品、毒赃罪)规定的犯罪所得及其收益的各种犯罪行为。②

二、犯罪客观要件

本罪在客观要件上表现为行为人以窝藏、转移、收购、代为销售或者以其他方法掩饰、隐瞒犯罪所得、犯罪所得收益的行为。本罪的行为对象既包括犯罪所得,也包括犯罪所得产生的收益。"窝藏",是指提供藏匿犯罪所得及其收益的场所。"转移",是指将犯罪所得及收益由一个地方转到另一个地方。"收购",是指为自己或者他人使用而大量予以收买,不包括偶尔购买,数额较小的情形。"代为销售",是指为罪犯销售犯罪所得及收益或者低价买进高价卖出。"其他方法",是指明知是犯罪所得及其产生的收益而采取窝藏、转移、收购、代为销售以外的方法,如居间介绍买卖,收受,持有,使用,加工,提供资金账户,协助将财物转换为现金、金融票据、有价证券,协助将资金转移、汇往境外等。③

三、犯罪主观要件

本罪的主体为一般主体,包括自然人与单位。

---

① 2015 年最高人民法院《关于审理掩饰、隐瞒犯罪所得、犯罪所得收益刑事案件适用法律若干问题的解释》。
② 2009 年最高人民法院《关于审理洗钱等刑事案件具体应用法律若干问题的解释》。
③ 2015 年最高人民法院《关于审理掩饰、隐瞒犯罪所得、犯罪所得收益刑事案件适用法律若干问题的解释》。

本罪在主观方面表现为故意,行为人必须明知是犯罪所得及其收益而予以掩饰、隐瞒的,才符合本罪主观方面的要求。所谓"明知",应当结合被告人的认知能力,接触他人犯罪所得及其收益的情况,犯罪所得及其收益的种类、数额,犯罪所得及其收益的转换、转移方式以及被告人的供述等主、客观因素进行认定。具有下列情形之一的,可以认定被告人明知系犯罪所得及其收益,但有证据证明确实不知道的除外:(1) 知道他人从事犯罪活动,协助转换或者转移财物的;(2) 没有正当理由,通过非法途径协助转换或者转移财物的;(3) 没有正当理由,以明显低于市场的价格收购财物的;(4) 没有正当理由,协助转换或者转移财物,收取明显高于市场的"手续费"的;(5) 没有正当理由,协助他人将巨额现金散存于多个银行账户或者在不同银行账户之间频繁划转的;(6) 协助近亲属或者其他关系密切的人转换或者转移与其职业或者财产状况明显不符的财物的;(7) 其他可以认定行为人明知的情形。①

另外,根据 2007 年最高人民法院、最高人民检察院《关于办理与盗窃、抢劫、诈骗、抢夺机动车相关刑事案件具体应用法律若干问题的解释》的规定,行为人实施本解释第 1 条、第 3 条第 3 款规定的行为,涉及的机动车有下列情形之一的,应当认定行为人主观上属于上述条款所称"明知":(1) 没有合法有效的来历凭证;(2) 发动机号、车辆识别代号有明显更改痕迹,没有合法证明的。

四、犯罪量度要件

对于情节显著轻微、危害不大的掩饰、隐瞒犯罪所得、犯罪所得收益的行为,不认为是犯罪。

根据 2015 年最高人民法院《关于审理掩饰、隐瞒犯罪所得、犯罪所得收益刑事案件适用法律若干问题的解释》的规定,掩饰、隐瞒犯罪所得及其产生的收益行为成立本罪,但认罪、悔罪并退赃、退赔,且具有下列情形之一的,可以认定为犯罪情节轻微,免予刑事处罚:(1) 具有法定从宽处罚情节的;(2) 为近亲属掩饰、隐瞒犯罪所得及其产生的收益,且系初犯、偶犯的;(3) 有其他情节轻微情形的。行为人为自用而掩饰、隐瞒犯罪所得,财物价值刚达到本解释第 1 条第 1 款第 1 项规定的标准,认罪、悔罪并退赃、退赔的,一般可不认为是犯罪;依法追究刑事责任的,应当酌情从宽。掩饰、隐瞒犯罪所得及其产生的收益,具有下列情形之一的,应当认定为刑法典第 312 条第 1 款规定的"情节严重":(1) 掩饰、隐瞒犯罪所得及其产生的收益价值总额达到 10 万元以上的;(2) 掩饰、隐瞒犯罪所得及其产生的收益 10 次以上,或者 3 次以上且价值总额达到 5 万元以上的;(3) 掩饰、隐瞒的犯罪所得系电力设备、交通设施、广播电视设施、公用电信设施、军事设施或者救灾、抢险、防汛、优抚、扶贫、移民、救济款物,价值总额达到 5 万元以上的;(4) 掩饰、隐瞒行为致使上游犯罪无法及时查处,并造成公私财物重大损失无法挽回或其他严重后果的;(5) 实施其

---

① 2009 年最高人民法院《关于审理洗钱等刑事案件具体应用法律若干问题的解释》。

他掩饰、隐瞒犯罪所得及其产生的收益行为,严重妨害司法机关对上游犯罪予以追究的。司法解释对掩饰、隐瞒涉及机动车、计算机信息系统数据、计算机信息系统控制权的犯罪所得及其产生的收益行为认定"情节严重"已有规定的,审理此类案件依照该规定。①

2007年最高人民法院、最高人民检察院《关于办理与盗窃、抢劫、诈骗、抢夺机动车相关刑事案件具体应用法律若干问题的解释》第1条第2款规定,实施第1款规定的行为涉及盗窃、抢劫、诈骗、抢夺的机动车5辆以上或者价值总额达到50万元以上的,属于刑法第312条规定的"情节严重"。2011年最高人民法院、最高人民检察院《关于办理危害计算机信息系统安全刑事案件应用法律若干问题的解释》第7条第2款规定,实施前款规定行为,违法所得5万元以上的,应当认定为刑法典第312条规定的"情节严重"。

五、本罪的认定

根据2015年最高人民法院《关于审理掩饰、隐瞒犯罪所得、犯罪所得收益刑事案件适用法律若干问题的解释》的规定,明知是犯罪所得及其产生的收益而予以窝藏、转移、收购、代为销售或者以其他方法掩饰、隐瞒,具有下列情形之一的,以掩饰、隐瞒犯罪所得、犯罪所得收益罪定罪处罚:(1)掩饰、隐瞒犯罪所得及其产生的收益价值3000元至1万元以上的;(2)一年内曾因掩饰、隐瞒犯罪所得及其产生的收益行为受过行政处罚,又实施掩饰、隐瞒犯罪所得及其产生的收益行为的;(3)掩饰、隐瞒的犯罪所得系电力设备、交通设施、广播电视设施、公用电信设施、军事设施或者救灾、抢险、防汛、优抚、扶贫、移民、救济款物的;(4)掩饰、隐瞒行为致使上游犯罪无法及时查处,并造成公私财物损失无法挽回的;(5)实施其他掩饰、隐瞒犯罪所得及其产生的收益行为,妨害司法机关对上游犯罪进行追究的。司法解释对掩饰、隐瞒涉及计算机信息系统数据、计算机信息系统控制权的犯罪所得及其产生的收益行为成立犯罪已有规定的,审理此类案件依照该规定。依照全国人民代表大会常务委员会《关于〈中华人民共和国刑法〉第341条、第312的解释》,明知是非法狩猎的野生动物而收购,数量达到50只以上的,以掩饰、隐瞒犯罪所得罪定罪处罚。

根据2007年最高人民法院、最高人民检察院《关于办理与盗窃、抢劫、诈骗、抢夺机动车相关刑事案件具体应用法律若干问题的解释》的规定,明知是盗窃、抢劫、诈骗、抢夺的机动车,实施下列行为之一的,以掩饰、隐瞒犯罪所得、犯罪所得收益罪定罪处罚:(1)买卖、介绍买卖、典当、拍卖、抵押或者用其抵债的;(2)拆解、拼装或者组装的;(3)修改发动机号、车辆识别代号的;(4)更改车身颜色或者车辆外形的;(5)提供或者出售机动车来历凭证、整车合格证、号牌以及有关机动车的其他证明和凭证的;(6)提供或者出售伪造、变造的机动车来历凭证、整车合格证、号牌以及有关机动车的其他证明和凭证的。

根据2011年最高人民法院、最高人民检察院《关于办理危害计算机信息系统安全刑

---

① 2015年最高人民法院《关于审理掩饰、隐瞒犯罪所得、犯罪所得收益刑事案件适用法律若干问题的解释》。

事案件应用法律若干问题的解释》的规定,明知是非法获取计算机信息系统数据犯罪所获取的数据、非法控制计算机信息系统犯罪所获取的计算机信息系统控制权,而予以转移、收购、代为销售或者以其他方法掩饰、隐瞒,违法所得5000元以上的,以掩饰、隐瞒犯罪所得罪定罪处罚。

事前与盗窃、抢劫、诈骗、抢夺等犯罪分子通谋,掩饰、隐瞒犯罪所得及其产生的收益的,以盗窃、抢劫、诈骗、抢夺等犯罪的共犯论处。对犯罪所得及其产生的收益实施盗窃、抢劫、诈骗、抢夺等行为,成立犯罪的,分别以盗窃罪、抢劫罪、诈骗罪、抢夺罪等定罪处罚。明知是犯罪所得及其产生的收益而予以掩饰、隐瞒,成立刑法典第312条规定的犯罪,同时成立其他犯罪的,依照处罚较重的规定定罪处罚。认定掩饰、隐瞒犯罪所得、犯罪所得收益罪,以上游犯罪事实成立为前提;上游犯罪尚未依法裁判,但查证属实的,不影响掩饰、隐瞒犯罪所得、犯罪所得收益罪的认定;上游犯罪事实经查证属实,但因行为人未达到刑事责任年龄等原因依法不予追究刑事责任的,不影响掩饰、隐瞒犯罪所得、犯罪所得收益罪的认定。①

【例题】 下列哪一选项的行为应以掩饰、隐瞒犯罪所得罪论处?(2011年国家司法考试真题)

A. 甲用受贿所得1000万元购买了一处别墅。
B. 乙明知是他人用于抢劫的汽车而更改车身颜色。
C. 丙与抢劫犯事前通谋后代为销售抢劫财物。
D. 丁明知是他人盗窃的汽车而为其提供伪造的机动车来历凭证。

答案:D

六、本罪的刑事责任

根据刑法典第312条的规定,犯本罪的,处3年以下有期徒刑、拘役或者管制,并处或者单处罚金;情节严重的,处3年以上7年以下有期徒刑,并处罚金。单位犯本罪的,对单位判处罚金,并对其直接负责的主管人员和其他直接责任人员,处3年以下有期徒刑、拘役或者管制,并处或者单处罚金;情节严重的,处3年以上7年以下有期徒刑,并处罚金。

第八节 拒不执行判决、裁定罪

一、定义

拒不执行判决、裁定罪,是指对人民法院的判决、裁定有能力执行而拒不执行,情节严重的行为。本罪侵犯的法益是人民法院判决、裁定的正常执行活动。

---

① 2015年最高人民法院《关于审理掩饰、隐瞒犯罪所得、犯罪所得收益刑事案件适用法律若干问题的解释》。

二、犯罪客观要件

本罪在客观要件上表现为行为人对人民法院的判决、裁定有能力执行而拒不执行的行为。

（1）行为对象是人民法院的判决、裁定。根据相关立法解释的规定[①]，人民法院的判决、裁定，是指人民法院依法作出的具有执行内容并已发生法律效力的判决、裁定。人民法院为依法执行支付令、生效的调解书、仲裁裁决、公证债权文书等所作的裁定属于该条规定的裁定。

（2）行为方式表现为对人民法院的判决、裁定负有执行的义务，且有能力执行却不执行。所谓"有能力执行"，是指根据人民法院查实的证据证明，负有执行人民法院判决、裁定义务的人有可供执行的财产或者具有履行特定行为义务的能力。

三、犯罪主观要件

本罪的主体属特殊主体，包括负有执行人民法院判决、裁定义务的自然人或单位。本罪在主观方面表现为故意。

四、犯罪量度要件

成立本罪要求情节严重。根据相关立法解释的规定，下列情形属于刑法典第313条规定的"有能力执行而拒不执行，情节严重"的情形：（1）被执行人隐藏、转移、故意毁损财产或者无偿转让财产，以明显不合理的低价转让财产，致使判决、裁定无法执行的；（2）担保人或者被执行人隐藏、转移、故意毁损或者转让已向人民法院提供担保的财产，致使判决、裁定无法执行的；（3）协助执行义务人接到人民法院协助执行通知书后，拒不协助执行，致使判决、裁定无法执行的；（4）被执行人、担保人、协助执行义务人与国家机关工作人员通谋，利用国家机关工作人员的职权妨害执行，致使判决、裁定无法执行的；（5）其他有能力执行而拒不执行，情节严重的情形。[②]

根据我国相关司法解释的规定，负有执行义务的人有能力执行而实施下列行为之一的，应当认定为上述立法解释中规定的"其他有能力执行而拒不执行，情节严重的情形"：（1）具有拒绝报告或者虚假报告财产情况、违反人民法院限制高消费及有关消费令等拒不执行行为，经采取罚款或者拘留等强制措施后仍拒不执行的；（2）伪造、毁灭有关被执行人履行能力的重要证据，以暴力、威胁、贿买方法阻止他人作证或者指使、贿买、胁迫他人作伪证，妨碍人民法院查明被执行人财产情况，致使判决、裁定无法执行的；（3）拒不交付法律文书指定交付的财物、票证或者拒不迁出房屋、退出土地，致使判决、裁定无法执行

---

① 2002年全国人大常委会《关于〈刑法〉第三百一十三条的解释》。
② 同上。

的;(4)与他人串通,通过虚假诉讼、虚假仲裁、虚假和解等方式妨害执行,致使判决、裁定无法执行的;(5)以暴力、威胁方法阻碍执行人员进入执行现场或者聚众哄闹、冲击执行现场,致使执行工作无法进行的;(6)对执行人员进行侮辱、围攻、扣押、殴打,致使执行工作无法进行的;(7)毁损、抢夺执行案件材料、执行公务车辆和其他执行器械、执行人员服装以及执行公务证件,致使执行工作无法进行的;(8)拒不执行法院判决、裁定,致使债权人遭受重大损失的。[1]

五、本罪的认定

根据相关立法解释的规定,国家机关工作人员有利用职权妨害执行,致使判决、裁定无法执行的,以拒不执行判决、裁定罪的共犯追究刑事责任。国家机关工作人员收受贿赂或者滥用职权,有上述行为的,同时又成立刑法典第385条、第397条规定的受贿罪、滥用职权罪的,依照处罚较重的规定定罪处罚。[2]

六、本罪的刑事责任

根据刑法典第313条的规定,犯本罪的,处3年以下有期徒刑、拘役或者罚金;情节特别严重的,处3年以上7年以下有期徒刑,并处罚金。单位犯前款罪的,对单位判处罚金,并对其直接负责的主管人员和其他直接责任人员,依照前款的规定处罚。

第九节 组织越狱罪

一、定义

组织越狱罪,是指依法被关押的罪犯、犯罪嫌疑人、被告人有组织地集体脱逃的行为。本罪侵犯的法益是国家监管机关正常的监管秩序。

二、犯罪客观要件

本罪在客观要件上表现为有组织地集体脱逃的行为。组织越狱就是指在首要分子的策划、指挥下,3人以上谋议摆脱司法机关羁押、监管的计划,进行人员分工,并将计划付诸实施。这是组织越狱罪不同于脱逃罪的关键所在。如果只是单个人实施的脱离监管的行为,不能成立组织越狱罪,只能成立脱逃罪。至于越狱的手段,既可以是暴力的,也可以是非暴力的。如打伤、杀害监管人员和警卫,破坏监管设施,抢夺枪支弹药,捣毁监门、围墙,挖通监房的墙壁或地道,集体秘密逃跑等。

---

[1] 2015年最高人民法院《关于审理拒不执行判决、裁定刑事案件适用法律若干问题的解释》。
[2] 2002年全国人大常委会《关于〈刑法〉第三百一十三条的解释》。

三、犯罪主观要件

本罪的主体是特殊主体,必须是在押人员。存在争议的问题是:这里的在押人员是仅限于被依法关押的已决犯,还是也包括被依法羁押的被告人、犯罪嫌疑人?学界对此存在着对立的两种主张。[①] 肯定说认为,本罪的主体是被依法关押的罪犯、被告人、犯罪嫌疑人,其范围同脱逃罪大体相同;否定说认为,组织越狱的人员和参加越狱的人员只能是已决犯。我们赞同肯定说的观点,这既符合立法原意,也有助于同这类犯罪行为作斗争。

本罪在主观方面表现为故意,且是直接故意。

四、本罪的认定

根据刑法典第317条的规定,本罪既遂应以行为人完成组织越狱的行为作为认定标准。具体来说,如果行为人已着手实施组织越狱的行为,并达到脱离监管的程度,应认定为本罪的既遂;但如果因意志以外的原因未能完成越狱行为,则成立未遂。

五、本罪的刑事责任

根据刑法典第317条第1款的规定,犯本罪的,对首要分子和积极参加的,处5年以上有期徒刑;其他参加的,处5年以下有期徒刑或者拘役。所谓首要分子,是指组织、策划、指挥他人越狱的犯罪分子。首要分子可以是一个,也可以是多个;其他积极参加者,是指虽然没有参与组织、策划、指挥的活动,但是在越狱活动中表现积极,按照首要分子的安排、布置为越狱行动起了重要作用的人;其他参加者,是指受首要分子的组织、策划、指挥进行越狱,但在越狱活动中没有起主要作用,只是起次要作用或辅助作用的人。

第十节 其他妨害司法罪

本章介绍了妨害司法罪的一些重点罪名,还有其他的一些罪名由于认定较为简单,实践中适用较少,故予以简要介绍。

一、妨害作证罪

妨害作证罪,是指以暴力、威胁、贿买等方法阻止证人作证或者指使他人作伪证的行为。本罪行为具体表现为两种情况:(1)阻止证人作证。它是指以暴力、威胁、贿买等方法使证人不能作证、不敢作证或者不愿作证。(2)指使他人作伪证。指采用暴力等方法使证人、鉴定人、记录人、翻译人及其他所有知道案件情况或不知道案件情况的人向司法

[①] 赵秉志主编:《新刑法教程》,中国人民大学出版社1997年版,第734页;高铭暄主编:《新编中国刑法学》(下册),中国人民大学出版社1998年版,第870页。

机关作虚假的证明、鉴定、记录、翻译或提供其他虚假证据材料。本罪发生的场合既可以是在刑事诉讼中,也可以是民事诉讼、行政诉讼中;既可以发生在诉讼活动进行的过程中,也可以发生在诉讼活动发起之前。

根据刑法典第307条第1款和第3款的规定,犯本罪的,处3年以下有期徒刑或者拘役;情节严重的,处3年以上7年以下有期徒刑。司法工作人员犯本罪的,从重处罚。

二、虚假诉讼罪

虚假诉讼罪,是指以捏造的事实提起民事诉讼,妨害司法秩序或者严重侵害他人合法权益的行为。本罪认定时,需要注意成立本罪需要具备两个条件:(1)以捏造的事实提起民事诉讼。(2)妨害司法秩序或者严重侵害他人合法权益。"妨害司法秩序",是指对国家司法机关进行审判活动、履行法定职责的正常秩序造成妨害,包括导致司法机关作出错误判决造成司法权威和司法公信力的损害,也包括提起虚假诉讼占用了司法资源,影响了司法机关的正常司法活动等。"严重侵害他人合法权益",是指虚假诉讼活动给被害人的财产权等合法权益造成严重损害。[1]

根据刑法典第307条之一的规定,犯本罪的,处3年以下有期徒刑、拘役或者管制,并处或者单处罚金;情节严重的,处3年以上7年以下有期徒刑,并处罚金。单位犯本罪的,对单位判处罚金,并对其直接负责的主管人员和其他直接责任人员,依照前款的规定处罚。有第1款行为,非法占有他人财产或者逃避合法债务,又成立其他犯罪的,依照处罚较重的规定定罪从重处罚。司法工作人员利用职权,与他人共同实施前三款行为的,从重处罚;同时成立其他犯罪的,依照处罚较重的规定定罪从重处罚。

根据2015年最高人民法院《关于〈中华人民共和国刑法修正案(九)〉时间效力问题的解释》第7条的规定,对于2015年10月31日以前以捏造的事实提起民事诉讼,妨害司法秩序或者严重侵害他人合法权益,根据修正前刑法典应当以伪造公司、企业、事业单位、人民团体印章罪或者妨害作证罪等追究刑事责任的,适用修正前刑法典的有关规定。但是,根据修正后刑法典第307条之一的规定处刑较轻的,适用修正后刑法典的有关规定。实施第1款行为,非法占有他人财产或者逃避合法债务,根据修正前刑法典应当以诈骗罪、职务侵占罪或者贪污罪等追究刑事责任的,适用修正前刑法典的有关规定。[2]

三、打击报复证人罪

打击报复证人罪,是指对证人进行打击报复的行为。本罪客观方面表现为对证人进行打击报复,如对证人进行人身侵害、精神威胁、人格侮辱,对证人的亲属等进行报复,利

---

[1] 全国人大常委会法制工作委员会刑法室编著:《中华人民共和国刑法解读》,中国法制出版社2015年版,第744—745页。

[2] 最高人民法院首次认定的虚假诉讼案,可以参见安克明:《最高人民法院首次认定虚假诉讼案两当事人各被罚款50万元》,载《人民法院报》2015年11月16日。

用职权迫害证人等。如果为报复证人,对证人使用暴力,并造成其重伤、死亡的,不应以本罪论处,而应直接以故意伤害罪或者故意杀人罪定罪处罚。本罪发生的时间通常是在证人依法作证之后。

根据刑法典第 308 条的规定,犯本罪的,处 3 年以下有期徒刑或者拘役;情节严重的,处 3 年以上 7 年以下有期徒刑。

四、扰乱法庭秩序罪

扰乱法庭秩序罪,是指聚众哄闹、冲击法庭,殴打司法工作人员或者诉讼参与人,侮辱、诽谤、威胁司法工作人员或者诉讼参与人,不听法庭制止,严重扰乱法庭秩序,或者毁坏法庭设施,抢夺、损毁诉讼文书、证据等扰乱法庭秩序,情节严重的行为。所谓"聚众哄闹法庭",是指纠集 3 人以上在法庭上或者法庭附近肆意喧哗、吵闹或施放噪音而不听制止。所谓"聚众冲击法庭",是指纠集 3 人以上强行闯入法庭,抢占庭审席位,损毁法庭设备或从事其他干扰法庭功能的活动。所谓"殴打司法工作人员或者诉讼参与人",是指殴打正在法庭上或者即将进入法庭履行公务的审判人员、检察人员等司法工作人员或者当事人(被害人、自诉人、犯罪嫌疑人、被告人、原告、被告、共同诉讼人、第三人)、法定代理人、诉讼代理人、委托代理人、辩护人、证人、鉴定人、勘验人员、翻译人员等诉讼参与人。从程度上来说,殴打对司法工作人员或者诉讼参与人造成的伤害只能限于轻伤,如果造成重伤、死亡的,应直接以故意伤害罪或故意杀人罪定罪处罚。当然,正常的法庭辩护,即便是有些激烈或者针锋相对,也不能认定为侮辱、诽谤、威胁司法工作人员或者诉讼参与人。尤其是在法庭不能充分保障诉讼参与人辩护权利,以及法庭不能正确执行《刑事诉讼法》的程序性规定时,即便是诉讼参与人向法庭明确提出了不同意见或交涉性观点,也不得认定为不听法庭制止。因此,这就要求法庭也要严格自律,认真执行法律,而不是违背法定程序随意办案。对于诉讼文书、证据的传递与交换也应进行规范,不能剥夺诉讼参与人查验证据的权利。

对于本罪的追诉程序,应根据《刑事诉讼法》关于案件管辖等规定,由公安机关负责侦查,由检察机关向人民法院提起公诉。

根据刑法典第 309 条的规定,犯本罪的,处 3 年以下有期徒刑、拘役、管制或者罚金。

五、拒绝提供间谍、恐怖主义、极端主义犯罪证据罪

根据 2015 年最高人民法院、最高人民检察院《关于执行〈中华人民共和国刑法〉确定罪名的补充规定(六)》的规定,将刑法典第 311 条的罪名确定为拒绝提供间谍、恐怖主义、极端主义犯罪证据罪,取消拒绝提供间谍犯罪证据罪罪名。

拒绝提供间谍、恐怖主义、极端主义犯罪证据罪,是指明知他人有间谍犯罪或者恐怖主义、极端主义犯罪行为,在司法机关向其调查有关情况、收集有关证据时,拒绝提供,情节严重的行为。本罪在主观方面只能是故意,行为人必须明知他人有间谍犯罪或者恐怖主义、极端主义犯罪行为,但在司法机关向其调查有关情况、收集有关证据时,故意拒绝提供。如果行为人因为确实不知道他人有关间谍犯罪或者恐怖主义、极端主义犯罪的事实及证据,而"拒绝"接受司法机关调查的,不能成立本罪。

根据刑法典第 311 条的规定,犯本罪的,处 3 年以下有期徒刑、拘役或者管制。

六、非法处置查封、扣押、冻结的财产罪

非法处置查封、扣押、冻结的财产罪,是指隐藏、转移、变卖、故意毁损已被司法机关查封、扣押、冻结的财产,情节严重的行为。本罪客观方面表现为隐藏、转移、变卖、故意毁损已被司法机关查封、扣押、冻结的财产。所谓查封,是指司法机关对财产进行清点后,加贴封条,就地或异地封存。所谓扣押,是指司法机关对有关财产就地或异地扣留。所谓冻结,是指司法机关通知当事人开户的银行或信用社禁止该户头上的款项被提取。

根据刑法典第 314 条的规定,犯本罪的,处 3 年以下有期徒刑、拘役或者罚金。

七、破坏监管秩序罪

破坏监管秩序罪,是指依法被关押的罪犯破坏监管秩序,情节严重的行为。本罪在客观方面表现为四种破坏监管秩序的行为,这些行为只能发生在行为人被关押期间。至于行为实施的地点,则既可以是监管场所,也可以罪犯进行劳动作业的其他场所,还可以是在押解途中。本罪的主体是特殊主体,只能是被人民法院生效判决确定有罪并处于关押状态的罪犯。判决生效以前被羁押的犯罪嫌疑人、被告人以及被行政拘留、司法拘留或劳动教养的人均不能成为本罪的主体。

根据刑法典第 315 条的规定,犯本罪的,处 3 年以下有期徒刑。

八、脱逃罪

脱逃罪,是指依法被关押的罪犯、被告人、犯罪嫌疑人脱逃的行为。脱逃是指逃离监管场所,或者非法摆脱司法机关依法对其人身自由所施加的强制。具体而言,脱逃行为包括两种情形:一种是从各类监管场所(如监狱、劳改农场、少年犯管教所、看守所等)逃跑;另一种是在押解途中逃跑。至于脱逃的方式,刑法典未作明文规定。在司法实践中,既可以表现为对监管人员使用暴力、威胁或砸破门窗等手段脱逃,也可以表现为乘监管人员不备或利用外出劳动之机脱逃。本罪的主体是特殊主体,只能是依法被关押的罪犯、被告人、犯罪嫌疑人。而且,这些人只有在被依法关押即正在监狱等刑罚执行场所服刑或者被依法逮捕、拘留的情况下才能成为本罪的主体。存在争议的问题是,对于事实上并没有实施犯罪,但却因种种原因而被错误地依法关押的"罪犯"、被告人、犯罪嫌疑人,如果在被关押期间脱逃的,是否成立本罪?对此问题,学界存在两种对立的观点。肯定说认为,只要是被司法机关依法关押的罪犯、被告人或犯罪嫌疑人,即使实际上无罪,也能成为本罪的主体。否定说认为,脱逃主体只能由被强制监押的犯罪分子构成。如果脱逃人是由于错

捕错判而失去人身自由,则只能从执法失误中去寻找问题的症结。在此情况下,即使行为人从监押场所实施了脱逃,也不能以脱逃罪论处。否则,不仅与刑法规定相互冲突,而且也明显的不合情理。我们赞同否定说的观点。从本质上说,两种观点的对立实际上体现了刑法价值取向的冲突,即刑法是应侧重保护个人利益还是侧重保护国家利益。若取前者,则应赞同否定说;若取后者,则肯定说较为妥当。我们认为,在现阶段我国国情之下,刑法应偏重对个人利益的保护,故否定说较为适宜。

根据刑法典第 316 条第 1 款的规定,犯本罪的,处 5 年以下有期徒刑或者拘役。

九、劫夺被押解人员罪

劫夺被押解人员罪,是指劫夺押解途中的罪犯、被告人、犯罪嫌疑人的行为。劫夺,是指从司法工作人员的控制中强行将被押解人员夺走。劫夺采取的手段可以是一定程度的暴力,也可以是威胁或者其他使押解人员不能反抗或不知反抗的手段。如拦截押解车辆,袭击押解人员,胁迫押解人员交出被押解对象,麻醉押解人员等。需要强调的是,如果行为人使用暴力手段劫夺被押解对象,造成押解人员重伤、死亡的,成立想象竞合犯,应以故意杀人罪或故意伤害罪等重罪定罪处罚。本罪发生的场合必须是在押解途中。

根据刑法典第 316 条第 2 款的规定,犯本罪的,处 3 年以上 7 年以下有期徒刑;情节严重的,处 7 年以上有期徒刑。

十、暴动越狱罪

暴动越狱罪,是指依法被关押的罪犯、犯罪嫌疑人、被告人在首要分子的组织、策划、指挥下,使用暴力手段集体脱逃的行为。本罪在其他方面与组织越狱罪相同,区别仅在于本罪是采用集体性暴力的手段进行的。如果仅是个别越狱者在越狱的过程中使用了暴力,应成立组织越狱罪,而不是暴动越狱罪。

根据刑法典第 317 条第 2 款的规定,犯本罪的,对首要分子和积极参加的,处 10 年以上有期徒刑或者无期徒刑;情节特别严重的,处死刑;其他参加的,处 3 年以上 10 年以下有期徒刑。

十一、聚众持械劫狱罪

聚众持械劫狱罪,是指狱外人员在首要分子的组织、策划、指挥下,聚众携带、使用器械,劫夺被依法关押的罪犯、犯罪嫌疑人、被告人的行为。聚众持械劫狱是指在首要分子的组织、策划、指挥下,纠集三人以上,有计划地携带、使用刀枪、棍棒等器械,劫夺被依法关押在监狱等监管场所或在押解途中的罪犯、犯罪嫌疑人、被告人的行为。

根据刑法典第 317 条第 2 款的规定,犯本罪的,对首要分子和积极参加的,处 10 年以上有期徒刑或者无期徒刑;情节特别严重的,处死刑;其他参加的,处 3 年以上 10 年以下有期徒刑。

第十一节　罪之比较与适用

本章犯罪不但互相之间存在着一些混淆之处,而且与其他章节规定的犯罪也有相似之处。

一、本章罪之比较

（一）伪证罪与包庇罪的区别

伪证罪与包庇罪的区别主要表现为:(1) 行为内容不同。从掩盖的角度讲,前罪只能是与案件情况有重要关系的情节;后罪所掩盖的则既可以是与案件情况有重要关系的情节,也可以是犯罪人的全部犯罪事实。(2) 犯罪发生的场合不同。前罪只能发生在刑事诉讼中;后罪既可以发生在刑事诉讼过程中,也可以发生在刑事诉讼之前或之后。(3) 犯罪主体不同。前罪的主体是特殊主体,只能是刑事诉讼中的证人、鉴定人、记录人、翻译人;后罪的主体则是一般主体。(4) 犯罪意图不同。前罪的犯罪意图既可以是隐匿罪证,也可以是陷害他人;后罪的犯罪意图是使犯罪的人逃避刑事制裁。

（二）伪证罪与妨害作证罪的区别

伪证罪与妨害作证罪的区别主要表现为:(1) 客观表现不同。前罪表现为对与案件有重要关系的情节,故意作虚假证明、鉴定、记录、翻译,意图陷害他人或者隐匿罪证的行为;后罪表现为采用暴力、威胁、贿买等方法阻止证人作证或指使他人作伪证的行为。此点区别中特别要强调的是,伪证罪必须对与案件情况有重要关系的情节作伪证,而妨害作证罪中指使他人作伪证的行为则无此限制。(2) 犯罪行为发生的场合不同。前罪只能发生在刑事诉讼进行的过程之中;后罪则既可以发生在刑事诉讼中,也可以发生在民事、行政诉讼中,既可以发生在诉讼活动进行的过程中,也可以发生在诉讼活动发起之前。(3) 犯罪主体不同。前罪的主体是特殊主体,只能是刑事诉讼中的证人、鉴定人、记录人、翻译人四类人;后罪的主体则是一般主体。

虽然两罪存在上述主要区别,但是在以下这种情况中,如何区分两罪还需要进一步研究。行为人在刑事诉讼中采用暴力、威胁、贿买等方法指使证人、鉴定人、记录人、翻译人对与案件情况有重要关系的情节作虚假证明、鉴定、记录、翻译的,应该如何处理?我们认为,在这种情况下,行为人既成立妨害作证罪,又成立伪证罪共犯,但因行为人只实施了一个行为,且妨害作证罪与伪证罪存在法条竞合关系,对行为人应以妨害作证罪一罪定罪处罚。此外,妨害作证罪中的指使他人作伪证可以近似地理解为教唆他人作伪证。在被教唆人成立伪证罪的情况下,教唆人显然成立伪证罪的共犯。本来,对教唆人完全可以根据刑法总则中关于共同犯罪的规定对之以教唆犯确定刑事责任,但刑法在此将指使他人作伪证的行为独立成罪,从这一点上来说,对指使他人作伪证成立共同犯罪的也应以妨害作证罪一罪定罪处罚。

(三)辩护人、诉讼代理人妨害作证罪与妨害作证罪的区别

我们认为,辩护人、诉讼代理人妨害作证罪与妨害作证罪存在法条竞合关系。妨害作证罪是普通法条,辩护人、诉讼代理人妨害作证罪是特别法条。如果辩护人、诉讼代理人在刑事诉讼中实施了妨害作证的行为,应根据特别法条优于普通法条的原则,以辩护人、诉讼代理人妨害作证罪定罪处罚。

(四)窝藏、包庇罪与掩饰、隐瞒犯罪所得、犯罪所得收益罪的区别

两罪的区别主要表现为:(1)犯罪对象不同。前罪的犯罪对象是犯罪的人;后罪的犯罪对象是犯罪所得及其收益。(2)行为内容不同。前罪的内容是为帮助犯罪的人逃避刑事制裁;后罪则是对犯罪所得及收益进行窝藏、转移、收购、代为销售或以其他方法掩饰、隐瞒。

二、与其他章节罪之比较

(一)伪证罪与诬告陷害罪的区别

两罪的区别主要表现为:(1)行为内容不同。前罪表现为对与案件有重要关系的情节作虚假的证明、鉴定、记录、翻译;后罪表现为捏造事实诬告陷害他人。(2)犯罪发生的场合不同。前罪只能发生在刑事诉讼中;后罪通常发生在司法机关立案侦查之前,并且是引起立案侦查的原因。(3)主体不同。前罪的主体是特殊主体;后罪的主体则是一般主体。(4)犯罪意图不同。前罪的犯罪意图既可以是隐匿罪证,也可以是陷害他人;后罪的犯罪意图则是使他人受到刑事追究。

(二)包庇罪与徇私枉法罪的区别

两罪的区别主要表现为:(1)犯罪性质不同。前罪属妨害司法犯罪;后罪则属国家机关工作人员的渎职类犯罪。(2)犯罪对象不同。前罪的犯罪对象是犯罪的人;后罪的犯罪对象则既可以是犯罪的人,也可以是无罪的人。(3)客观表现不同。前罪表现为作假证明包庇犯罪的人;后罪表现为徇私枉法、徇情枉法,对明知是无罪的人而使他受追诉、对明知是有罪的人而故意包庇不使他受追诉,或者在刑事审判活动中故意违背事实和法律作枉法裁判的行为。两者在这一点的区别的关键在于:是否利用行为人职务上的便利。前罪仅仅是对犯罪的人进行包庇;后罪则要求徇私枉法、徇情枉法。(4)犯罪发生的场合不同。前罪既可以发生在刑事诉讼的过程中,也可以发生在刑事诉讼之前或之后;后罪只能发生在判决最终确定之前。(5)犯罪主体不同。前罪的犯罪主体是一般主体;后罪是特殊主体,只能是司法工作人员。(6)犯罪意图不尽相同。前罪是为使犯罪人逃脱法律制裁;后罪则是出入人罪,既可以是为放纵犯罪分子,也可以是为使他人错误地受到刑事追究。

(三)拒不执行判决、裁定罪与妨害公务罪的区别

我们认为,拒不执行判决、裁定罪与妨害公务罪存在法条竞合的关系。妨害公务罪是一般法条,拒不执行判决、裁定罪是特别法条。行为人若实施了拒不执行判决、裁定的行

为,则既成立拒不执行判决、裁定罪,又成立妨害公务罪,但因行为人只实施了一个行为,且两罪存在法条竞合的关系,应根据特别法条优于普通法条的原则,以拒不执行判决、裁定罪定罪处罚。

三、案例适用

【案例1】

被告人许某,男,35岁,某厂工人。2000年5月31日,某区农垦局局长陈某得知有关部门在调查自己在发包该局下属的酒家旅馆部中,收受承包人贿赂款1万元情况后,因担心罪行败露,于当日中午从其在信用社的存款账户上取出现金1万元归还了行贿人。陈某为隐瞒所取1万元现金的真实去向,于当日下午打电话叫其表弟许某到其家中,陈对许某讲有人要整他,并说:"我取了1万元钱,如果有人找你调查,你就说我向你借了1万元钱,我取的1万元钱就是拿来还给你的。万把块钱的事没多大,你照我给你讲的向来调查的人说。"许某当即答应。同年6月7日,某区检察院以涉嫌受贿罪对陈某立案侦查,陈某再三抵赖,当侦查人员问其为何取款1万元以及钱的去向时,陈某说是取来还了向许某借的1万元。2000年6月9日和同年6月12日,当检察机关侦查人员两次依法询问许某1万元的事情时,许某均作了陈某向其借过1万钱,并于2000年5月31日归还的假证词。2000年6月27日,当许某被以涉嫌伪证罪刑拘时,才如实供述了与陈某共谋作虚假证明的情节。

讨论问题:许某构成伪证罪还是包庇罪?为什么?

【案例2】

被告人刘某,男,29岁,原系某市某律师事务所律师。某县水利局A公司职工田某为了调动和提拔,两次各赠送5000元给其上级领导李某。后李某因受贿案发,聘请刘某为其辩护律师。1998年7月6日晚,被告人刘某在李某妻弟顾某的陪同下找田某调查。田某把事先写好的如实反映其送1万元给李某,以谋求调动和职位变动的材料给刘某看。刘某说:"你好好想一想,你和李某家有没有经济往来?"田某说:"没有。"刘某又说:"你再想一想,你家小孩过生日什么的,难道你就说不出一二条来吗?"田某说:"我家小孩也不过生日,的确和他家没有经济往来。"刘某再三要田某想,田某只好说:"要说就是女儿去年过20岁生日。"刘某说:"这不是蛮好吗?过生日你就说李某出礼的。"因当时碍于情面,又有李某的两个亲戚坐在旁边,田某便说:"那你就写吧,就说我家小孩过生日,李某出了500元。"刘某说:"就说出1000元吧。"此后,刘某如法炮制,共5次找6名证人调查时,引诱证人提供虚假证言,并将其收集的证据材料在某县人民法院开庭审理李某受贿案时当庭出示。而李某在侦查起诉阶段认罪态度一直较好。但在刘某介入此案后,李某态度突然发生变化,在庭审期间,李某全面翻供,拒不承认自己的犯罪事实。

讨论问题:刘某是否成立犯罪?如果成立犯罪,成立何罪?为什么?

第二十四章

妨害国(边)境管理罪

妨害国(边)境管理罪,是指违反国(边)境管理法规,非法出入国(边)境,或者从事与非法出入国(边)境直接相关的破坏国(边)境正常管理秩序,情节严重,依照法律规定应受刑罚处罚的行为。本章犯罪所侵害的法益是国(边)境的正常管理秩序。这里的国(边)境,从刑法意义上讲,包括两重含义:一是指地理上的实际国(边)境,即国家之间疆域的实际交界线、中国内地与港澳台地区各行政管理区域之间的实际交界线以及国(边)界附近一定范围内的边境地区;二是指法律上的虚拟国(边)境,主要通过国家在对外开放口岸和指定口岸对出入境人员设置的边防检查来体现。所谓国(边)境的正常管理秩序,是指国家为了规范进出境行为而制定的一系列法律法规、国(边)境管理制度以及据此进行的日常管理活动。本章犯罪的主体为一般主体,其中,既包括中国公民,也包括外国公民,还包括无国籍人;既可以是一人,也可以是多人,甚至是犯罪集团。有的犯罪既可以由自然人实施,也可以由单位实施,如骗取出境证件罪。在主观方面,本章犯罪只能由故意构成,且均为直接故意,即行为人明知自己的行为违反了国家对国(边)境管理的有关法律、法规的规定,会给国(边)境的正常管理秩序造成破坏,却仍然希望这一危害结果的发生。至于行为人实施此类犯罪的目的、动机,对犯罪成立不产生影响。妨害国(边)境管理罪包括刑法典第318条组织他人偷越国(边)境罪至第323条破坏界碑、界桩罪和破坏永久性测量标志罪共6个条文8个罪名。

第一节 偷越国(边)境罪

一、定义

偷越国(边)境罪,是指违反国(边)境管理法规,偷越国(边)境,情节严重的行为。所谓"偷越国(边)境",是指具有下列情形之一的:(1)没有出入境证件出入国(边)境或者逃避接受边防检查的;(2)使用伪造、变造、无效的出入境证件出入国(边)境的;(3)使用他人出入境证件出入国(边)境的;(4)使用以虚假的出入境事由、隐瞒真实身份、冒用他人身份证件等方式骗取的出入境证件出入国(边)境的;(5)采用其他方式非法出入国(边)境的。① 由于世界各国的法律文化传统不同,对于偷越国(边)境行为的称谓与表述也是形形色色:有的称之为"偷渡"、"偷私渡",有的称之为"人口走私",但大多数国家在正式的法律文本中都用"偷渡"和"非法移民"这两个概念。在司法实践中,我国常常使用"偷渡"一词。作为法律术语,"偷越国(边)境"一词始见于我国 1979 年刑法典的"组织运送他人偷越国(边)境罪,此后一直沿用下来,1997 年修订的刑法典继承了这一称谓。

本罪侵害的法益是国(边)境管理制度。主要包括两个方面内容:一是出入境许可制度,二是指定口岸通行制度和边防检查制度。

二、犯罪客观要件

本罪在客观要件上表现为行为人违反国(边)境管理法规而偷越国(边)境。所谓"偷越国(边)境",是指违反国(边)境管理法规,非法出入国(边)境的行为。该类行为的表现形式可以分为四种:未经出境许可、未经入境许可、不从指定口岸通行、不经过边防检查。符合其中任何一个或多个表现的出入境行为,都可认定为偷越国(边)境。至于偷越国(边)境的手段和方法可以是多种多样的,一般表现为在不准通过的地点秘密出入国(边)境;有的虽然是在指定的地点通过,但伪造、涂改、冒用出入境证件或用其他蒙骗手段蒙混过关,如有人藏在进出国(边)境的飞机、船只、汽车里,也有的藏在出入境装货的集装箱或行李箱中。无论采用什么方法,只要是实施了非法出入境的行为,都是偷越国(边)境行为。

三、犯罪主观要件

本罪的主体为一般主体,即只要达到刑事责任年龄,具备刑事责任能力并实施了偷越国(边)境行为的自然人,都可以成为本罪主体,其中包括中国人、外国人、还包括无国籍人。

本罪在主观方面表现为直接故意。即行为人明知偷越国(边)境行为违反了我国国(边)境管理的有关法律法规,将严重破坏我国对国(边)境的正常管理秩序,但仍决意实施这种行为,并积极追求上述危害结果的发生。② 至于行为人的目的和动机,不影响本罪的成立,只可作为量刑时的情节予以考虑。

四、犯罪量度要件

成立本罪要求情节严重。依据相关司法解释的规定,具有下列情形之一的,应当认定为刑法典第 322 条规定的"情节严重":(1)在境外实施损害国家利益行为的;(2)偷越国

---

① 2012 年最高人民法院、最高人民检察院《关于办理妨害国(边)境管理刑事案件应用法律若干问题的解释》。
② 田宏杰:《最新刑法典分则实用丛书——妨害国(边)境管理罪》,中国人民公安大学出版社 2003 年版,第 305 页。

(边)境3次以上或者3人以上结伙偷越国(边)境的;(3)拉拢、引诱他人一起偷越国(边)境的;(4)勾结境外组织、人员偷越国(边)境的;(5)因偷越国(边)境被行政处罚后1年内又偷越国(边)境的;(6)其他情节严重的情形。① 如果偷越国(边)境情节不严重,不按照犯罪处理的,应当依照我国《出入境管理法》》及其他相关法律、法规给予相应处罚。

五、本罪的认定

（一）既遂与未遂

行为人偷越国(边)境的行为成功与否是区别本罪既遂与未遂的唯一标准。只有偷越国(边)境成功,才能认定为既遂;如果行为人已经着手实施偷越国(边)境的行为,但最终未能成功,只能以偷越国(边)境罪的未遂论处。

（二）罪数形态的认定

在偷越国(边)境的犯罪中,其犯罪的方法行为或结果行为又可能触犯其他罪名,甚至本罪的犯罪预备行为也可能触犯其他罪名。如行为人为偷越国(边)境而事先伪造护照、签证等出入境证件,同时触犯了伪造国家机关证件罪;又如,行为人为实施走私、贩运毒品等犯罪,往往需要偷越国(边)境,因而同时又触犯了走私罪、贩运毒品罪等其他罪名。对这些情况应按牵连犯的处理原则,择一重罪处断。

另外,行为人只是涂改、伪造了出入境证件,还没有进一步实施偷越国(边)境行为的,就不能成立本罪,而可能触犯其他罪名,如伪造公文、证件、印章罪。对外国人入境在我国境内非法居留、停留的,或者到不对外国人开放地区旅行的,都不能视为偷越国(边)境的行为,不能以本罪论处。②

六、本罪的刑事责任

根据刑法典第322条的规定,犯本罪的,处1年以下有期徒刑、拘役或者管制,并处罚金;为参加恐怖活动组织、接受恐怖活动培训或者实施恐怖活动,偷越国(边)境的,处1年以上3年以下有期徒刑,并处罚金。

第二节 其他妨害国(边)境管理罪

本章除偷越国(边)境罪外,还包括组织他人偷越国(边)境罪,骗取出境证件罪,提供伪造、变造的出入境证件罪,出售出入境证件罪,运送他人偷越国(边)境罪,破坏界碑、界桩罪和破坏永久性测量标志罪等7个罪名,故予以简要介绍。

---

① 2012年最高人民法院、最高人民检察院《关于办理妨害国(边)境管理刑事案件应用法律若干问题的解释》。
② 苏惠渔主编:《刑法学》,中国政法大学出版社1999年版,第746页。

一、组织他人偷越国(边)境罪

组织他人偷越国(边)境罪,是指违反国(边)境管理法规,组织他人偷越国(边)境的行为。所谓"偷越国(边)境",是指具有下列情形之一的:(1)没有出入境证件出入国(边)境或者逃避接受边防检查的;(2)使用伪造、变造、无效的出入境证件出入国(边)境的;(3)使用他人出入境证件出入国(边)境的;(4)使用以虚假的出入境事由、隐瞒真实身份、冒用他人身份证件等方式骗取的出入境证件出入国(边)境的;(5)采用其他方式非法出入国(边)境的。① 所谓"组织他人偷越国(边)境",是指未经办理有关出入国(边)境证件和手续,领导、策划、指挥他人偷越国(边)境或者在首要分子指挥下,实施拉拢、引诱、介绍他人偷越国(边)境等行为。②

根据我国相关司法解释的规定,组织他人偷越国(边)境人数在10人以上的,应当认定为刑法典第318条第1款第(2)项规定的"人数众多";违法所得数额在20万元以上的,应当认定为刑法第318条第1款第(6)项规定的"违法所得数额巨大"。以组织他人偷越国(边)境为目的,招募、拉拢、引诱、介绍、培训偷越国(边)境人员,策划、安排偷越国(边)境行为,在他人偷越国(边)境之前或者偷越国(边)境过程中被查获的,应当以组织他人偷越国(边)境罪(未遂)论处;具有刑法典第318条第1款规定的情形之一的,应当在相应的法定刑幅度基础上,结合未遂犯的处罚原则量刑。以单位名义或者单位形式组织他人偷越国(边)境,应当依照刑法典第318条的规定追究直接负责的主管人员和其他直接责任人员的刑事责任。实施组织他人偷越国(边)境犯罪,同时成立骗取出境证件罪、提供伪造、变造的出入境证件罪、出售出入境证件罪、运送他人偷越国(边)境罪的,依照处罚较重的规定定罪处罚。③ 另外,要注意本罪一罪与数罪的问题。首先,在犯本罪的过程中,造成被组织人员重伤、死亡的,不以数罪论处,而是本罪的结果加重犯,对行为人仍应定本罪,适用刑法典第318条第1款关于加重处罚的规定。其次,在犯本罪的过程中,对被组织人有杀害、伤害、强奸、拐卖等犯罪行为,或者对检查人员有杀害、伤害等犯罪行为的,应依刑法典第318条第2款的规定,以数罪并罚论处。

根据刑法典第318条的规定,犯本罪的,处2年以上7年以下有期徒刑,并处罚金;有下列情形之一的,处七年以上有期徒刑或者无期徒刑,并处罚金或者没收财产:(1)组织他人偷越国(边)境集团的首要分子;(2)多次组织他人偷越国(边)境或者组织他人偷越国(边)境人数众多的;(3)造成被组织人重伤、死亡的;(4)剥夺或者限制被组织人人身自由的;(5)以暴力、威胁方法抗拒检查的;(6)违法所得数额巨大的;(7)有其他特别严重情节的。根据本条第2款之规定,犯本罪,对被组织人有杀害、伤害、强奸、拐卖等犯罪行

---

① 2012年最高人民法院、最高人民检察院《关于办理妨害国(边)境管理刑事案件应用法律若干问题的解释》。
② 全国人大常委会法制工作委员会刑法室编著:《中华人民共和国刑法解读》,中国法制出版社2015年版,第772页。
③ 2012年最高人民法院、最高人民检察院《关于办理妨害国(边)境管理刑事案件应用法律若干问题的解释》。

为,或者对检查人员有杀害、伤害等犯罪行为的,依照数罪并罚的规定处罚。

二、骗取出境证件罪

骗取出境证件罪是指弄虚作假,骗取护照、签证等出境证件,为组织他人偷越国(边)境使用的行为。本罪在客观上表现为行为人实施了骗取出境证件的行为。其具体表现为:(1)假借劳务输出、经贸往来或者其他名义,弄虚作假;(2)骗取护照、签证等出境证件,为组织他人偷越国(边)境使用。根据我国相关司法解释,为组织他人偷越国(边)境,编造出境事由、身份信息或者相关的境外关系证明的,应当认定为刑法典第 319 条第 1 款规定的"弄虚作假"。刑法典第 319 条第 1 款规定的"出境证件",包括护照或者代替护照使用的国际旅行证件,中华人民共和国海员证,中华人民共和国出入境通行证,中华人民共和国旅行证,中国公民往来香港、澳门、台湾地区证件,边境地区出入境通行证,签证、签注,出国(境)证明、名单,以及其他出境时需要查验的资料。具有下列情形之一的,应当认定为刑法典第 319 条第 1 款规定的"情节严重":(1)骗取出境证件 5 份以上的;(2)非法收取费用 30 万元以上的;(3)明知是国家规定的不准出境的人员而为其骗取出境证件的;(4)其他情节严重的情形。实施组织他人偷越国(边)境犯罪,同时成立骗取出境证件罪的,依照处罚较重的规定定罪处罚。①

根据刑法典第 319 条的规定,犯本罪的,处 3 年以下有期徒刑并处罚金;情节严重的,处 3 年以上 10 年以下有期徒刑并处罚金。单位犯本罪的,对单位判处罚金并对其直接负责的主管人员和其他直接责任人员依照个人犯本罪的规定处罚。

三、提供伪造、变造的出入境证件罪

提供伪造、变造的出入境证件罪,是指为他人提供伪造、变造的护照、签证等出入境证件的行为。刑法典第 320 条规定的"出境证件",包括护照或者代替护照使用的国际旅行证件,中华人民共和国海员证,中华人民共和国出入境通行证,中华人民共和国旅行证,中国公民往来香港、澳门、台湾地区证件,边境地区出入境通行证,签证、签注,出国(境)证明、名单,以及其他出入境时需要查验的资料。

具有下列情形之一的,应当认定为刑法典第 320 条规定的"情节严重":(1)为他人提供伪造、变造的出入境证件 5 份以上的;(2)非法收取费用 30 万元以上的;(3)明知是国家规定的不准出入境的人员而为其提供伪造、变造的出入境证件的;(4)其他情节严重的情形。实施组织他人偷越国(边)境犯罪,同时成立提供伪造、变造的出入境证件罪的,依照处罚较重的规定定罪处罚。以单位名义或者单位形式为他人提供伪造、变造的出入境证件的,应当依照刑法第 320 条的规定追究直接负责的主管人员和其他直接责任人员的

---

① 2012 年最高人民法院、最高人民检察院《关于办理妨害国(边)境管理刑事案件应用法律若干问题的解释》。

刑事责任。①

根据刑法典第 320 条的规定，犯本罪的，处 5 年以下有期徒刑，并处罚金；情节严重的，处 5 年以上有期徒刑，并处罚金。

四、出售出入境证件罪

出售出入境证件罪，是指向他人出售护照、签证等出入境证件的行为。"出售"，既可以是出售本人出入境的护照、签证等，也可以是倒卖他人出入境的护照、签证等。对于出售伪造、变造的出入境证件的行为则应以提供伪造、变造的出入境证件罪论处。刑法典第 320 条规定的"出境证件"，包括护照或者代替护照使用的国际旅行证件，中华人民共和国海员证，中华人民共和国出入境通行证，中华人民共和国旅行证，中国公民往来香港、澳门、台湾地区证件，边境地区出入境通行证，签证、签注，出国（境）证明、名单，以及其他出入境时需要查验的资料。具有下列情形之一的，应当认定为刑法典第 320 条规定的"情节严重"：(1) 出售出入境证件 5 份以上的；(2) 非法收取费用 30 万元以上的；(3) 明知是国家规定的不准出入境的人员而向其出售出入境证件的；(4) 其他情节严重的情形。实施组织他人偷越国（边）境犯罪，同时成立出售出入境证件罪的，依照处罚较重的规定定罪处罚。②

根据刑法典第 320 条的规定，犯本罪的，处 5 年以下有期徒刑，并处罚金；情节严重的处 5 年以上有期徒刑并处罚金。

五、运送他人偷越国（边）境罪

运送他人偷越国（边）境罪，是指违反国家国（边）境管理法规，运送他人偷越国（边）境的行为。

根据我国相关司法解释的规定，运送他人偷越国（边）境人数在 10 人以上的，应当认定为刑法典第 321 条第 1 款第 1 项规定的"人数众多"；违法所得数额在 20 万元以上的，应当认定为刑法第 321 条第 1 款第 3 项规定的"违法所得数额巨大"。以单位名义或者单位形式运送他人偷越国（边）境的，应当依照刑法典第 321 条的规定，追究直接负责的主管人员和其他直接责任人员的刑事责任。实施组织他人偷越国（边）境犯罪，同时成立运送他人偷越国（边）境罪的，依照处罚较重的规定定罪处罚。③

根据刑法典第 321 条的规定，犯本罪的，处 5 年以下有期徒刑、拘役或者管制，并处罚金；有下列情形之一的，处 5 年以上 10 年以下有期徒刑，并处罚金：(1) 多次实施运送行为或者运送人数众多的；(2) 所使用的船只、车辆等交通工具不具备必要的安全条件，足以造成严重后果的；(3) 违法所得数额巨大的；(4) 有其他特别严重的情节的。在运送他

---

① 2012 年最高人民法院、最高人民检察院《关于办理妨害国（边）境管理刑事案件应用法律若干问题的解释》。
② 同上。
③ 同上。

人偷越国(边)境中造成被运送人重伤、死亡,或者以暴力、威胁方法抗拒检查的,处7年以上有期徒刑,并处罚金。犯本罪而对被运送人有杀害、伤害、强奸、拐卖等犯罪行为,或者对检查人员有杀害、伤害等犯罪行为的,依照数罪并罚的规定处罚。

六、破坏界碑、界桩罪

破坏界碑、界桩罪,是指明知是国(边)境界碑、界桩而故意进行破坏的行为。根据2000年公安部《关于妨害国(边)境管理犯罪案件立案标准及有关问题的通知》的规定,采取盗取、毁坏、拆除、掩埋、移动等手段破坏国家边境的界碑、界桩的,应当立案侦查;破坏3个以上界碑、界桩的,或者造成严重后果的,应当立为重大案件。

根据刑法典第323条的规定,犯本罪的,处3年以下有期徒刑或者拘役。

七、破坏永久性测量标志罪

破坏永久性测量标志罪,是指明知是永久性测量标志而故意进行破坏的行为。本罪的犯罪对象是永久性测量标志,如果破坏的是临时性测量标志或非测量标志,则不能成立本罪。根据2000年公安部《关于妨害国(边)境管理犯罪案件立案标准及有关问题的通知》的规定,采取盗取、拆毁、损坏、改变、移动、掩埋等手段破坏永久性测量标志,使其失去原有作用的,应当立案侦查;破坏3个以上永久性测量标志的,或者造成永久性测量标志严重损毁等严重后果的,应当立为重大案件。

根据刑法典第323条的规定,犯本罪的,处3年以下有期徒刑或者拘役。

第三节 罪之比较与适用

为了更加深刻地认识妨害国(边)境管理罪的本质,弄清该类犯罪与其他类型犯罪之间及该类犯罪中各具体罪名之间的区别,本书将对有关罪名进行研究。

一、本章罪之比较

(一)偷越国(边)境罪与组织他人偷越国(边)境罪的区别

偷越国(边)境罪与组织他人偷越国(边)境罪在犯罪主观方面、侵害的法益等方面极其相似,在1994年全国人大常委会《关于严惩组织、运送他人偷越国(边)境犯罪的补充规定》颁布实施以前,对于不以营利为目的的组织他人偷越国(边)境的犯罪行为,都认为应以偷越国(边)境罪的共同犯罪论处。在该《补充规定》施行之后,因以营利为目的不再是组织他人偷越国(边)境罪的法定必备要件,上述行为才以组织他人偷越国(边)境罪处罚。

偷越国(边)境罪与组织他人偷越国(边)境罪的区别主要表现为:(1)犯罪主体不同。组织他人偷越国(边)境罪的主体虽然是一般主体,但实际上只有偷越国(边)境犯罪活动的组织者才能成为组织他人偷越国(边)境罪的主体;偷越国(边)境罪的主体在立法上无任何特殊要求,只要是达到刑事责任年龄、具备刑事责任能力,实施了偷越国(边)境行为的自然人,就可成为本罪的主体。(2) 客观要件不同。偷越国(边)境罪在客观方面表现为违反国(边)境管理法规,偷越国(边)境的行为;组织他人偷越国(边)境罪在客观方面则表现为,违反国(边)境管理法规,以拉拢、串联、引诱、煽动等方式有计划地策划、指挥、安排他人偷越国(边)境的行为。如果自身偷越国(边)境行为与组织他人偷越国(边)境行为交织在一起,则应按照高度行为吸收低度行为的原则,以高度行为所犯罪名即组织他人偷越国(边)境罪定罪量刑。①

(二) 组织他人偷越国(边)境罪与运送他人偷越国(边)境罪的区别

在1979年刑法典中,两罪作为一个选择性罪名"组织、运送他人偷越国(边)境罪",被规定在第177条中。1994年全国人大常委会《关于严惩组织、运送他人偷越国(边)境犯罪的补充规定》把组织他人偷越国(边)境、运送他人偷越国(边)境两种形式的行为分开,规定为两种独立的犯罪,并分别设置了相应的法定刑。现行刑法典保留了《补充规定》将组织他人偷越国(边)境与运送他人偷越国(边)境分开定罪的形式。由此不难看出两种犯罪行为之间的密切渊源。

两罪的区别主要表现为:(1) 主观方面不同。前罪是行为人明知自己有计划地策划、指挥、安排他人偷越国(边)境的行为,会发生致使他人偷越国(边)境的后果,行为人不仅不采取措施加以制止,反而积极地希望这一结果的发生;后罪是行为人明知自己运送他人偷越国(边)境的行为会导致将他人偷运出国(边)境,从而破坏国家对国(边)境正常管理秩序的结果,却仍然希望这一结果的发生。(2) 客观方面不同。前罪表现为通过拉拢、串联、引诱、煽动等方式,有计划地策划、指挥、安排他人偷越国(边)境的行为;后罪则表现为通过步行或车辆、船舶、航空器等交通工具陪伴或者运送偷渡者进出国(边)境的行为。实践中,要特别注意以下两种情形的定性:(1) 对于行为人组织了一批人偷越国(边)境后,又运送另一批人偷越国(边)境的,由于其行为分别符合两罪的成立特征,应以组织他人偷越国(边)境罪和运送他人偷越国(边)境罪两罪并实行并罚。(2) 对于行为人既组织、又运送同一批人偷越国(边)境的,由于两行为属于刑法理论上的"吸收犯",按"高度行为吸收低度行为"的处理原则,最终应以组织他人偷越国(边)境罪论处。

二、与其他章节罪之比较

(一) 偷越国(边)境罪与叛逃罪的区别

两罪的区别主要表现为:(1) 犯罪主体不同。偷越国(边)境罪的主体是一般主体;叛逃罪的主体是特殊主体,即国家机关工作人员,不仅包括在国家机关中从事公务的人员还包括掌握国家秘密的工作人员。(2) 主观方面不同。前罪在主观方面表现为行为人明知偷越国(边)境的行为会给国(边)境的正常管理秩序带来破坏,而仍然希望这一结果发生;

---

① 龚培华、肖中华:《刑法疑难争议问题与司法对策》,中国检察出版社2002年版,第554页。

后罪在主观方面则表现为明知自己是国家机关工作人员或者掌握国家秘密的国家工作人员,不应叛逃而仍然故意为之。(3)客观表现不同。前罪表现为违反国(边)境管理法规偷越国(边)境的行为;后罪表现为国家机关工作人员及掌握国家秘密的国家工作人员在履行公务期间,擅离岗位,叛逃境外,或者在境外叛逃,危害中华人民共和国国家安全的行为。值得注意的是,行为人实施叛逃行为时,必然同时触犯偷越国(边)境罪与叛逃罪两个罪名,这属于刑法理论上的法条竞合。其中,偷越国(边)境罪是普通法条,叛逃罪是特别法条,按照特别法优于普通法的原则,应以叛逃罪定罪量刑。

(二)偷越国(边)境罪与投敌叛变罪的区别

两罪的区别主要表现为:(1)犯罪主体不同。前罪的主体是一般主体,既可以是中国公民,也可以是外国公民,还可以是无国籍人;后罪的主体则只能是中国公民,外国人不能单独成立本罪。(2)主观方面不同。前罪在主观方面表现为行为人明知偷越国(边)境的行为会给国家出入国(边)境的正常管理秩序带来破坏,而仍然希望这一结果发生;后罪表现为行为人明知自己投敌叛变的行为会发生危害国家安全的结果却希望这一结果发生。(3)客观表现不同。前罪表现为违反国(边)境管理法规偷越国(边)境的行为;后罪表现为背叛国家,投奔敌人营垒进行危害国家安全的活动或者在被捕后投降敌人进行危害国家安全活动的行为。

(三)偷越国(边)境罪与走私罪的区别

两罪的区别主要表现为:(1)犯罪主体的范围不同。前罪的主体只能是自然人;走私罪的主体则既可以是自然人,也可以是单位。(2)客观方面不同。前罪在客观方面表现为违反国(边)境管理法规,偷越国(边)境的行为;后罪则表现为违反海关法规,非法运输、携带、邮寄货物、物品、金银或者其他物品进出国(边)境,逃避海关监管,情节严重的行为。在实践中,应该注意:如果行为人以偷越国(边)境的方法进行走私,应如何定性处理? 我们认为,这两种行为构成一种牵连关系,即走私犯罪的方法行为牵连触犯了偷越国(边)境罪,应按择一重处断的原则,选择法定刑最重的一个罪名来定罪量刑,而不实行数罪并罚。

三、案例适用

【案例1】

胡某,男,34岁,无业。张某,男,35岁,远洋船员。胡某无正当职业,以倒卖外汇和进口大件额度为生,导致欠债数万元而无力偿还,遂于1997年12月间萌生偷越国(边)境外逃之念,此后,即经常向其认识的上海海运局远洋船舶的船员打听远洋船舶的航期、动向等方面的情况,并向张某(另案处理)提出要求,请张某以远洋船员的身份携其搭船偷渡前往美国。为促成张某带其偷渡的决心,胡某请其债权人、朋友徐某假冒从美国回来的徐老板与张某会面,表示他可以在美国收留胡某。徐某因胡某欠其巨款无力偿还,考虑到只有胡某偷渡出国挣了钱后才有偿还能力,便答应了胡某的要求。遂在胡某的导演下,徐某以所谓徐老板的身份向张某表示,只要能把胡某偷运至美国,他可以收留。张某在胡某的一再要求和徐某的"许愿"后,便应允携带胡某偷渡出境。而后,张某的表兄李某和邻居施某(均另案处理)得知张某欲带胡某偷越出境后亦要求张某携带其一并偷越出境,张某亦应允。1998年3月23日中午,张某雇佣出租车将胡某、李某、施某三人运到上海电场码头,趁"华强"轮船员尚未全部登轮之机,躲过船上值班人员,将胡某等三人携带上船,先后藏匿于自己的仓室及其主管的食品仓库内。在"华强"轮驶往美国旧金山途中到达日本东侧海域时被其他船员发现并被告发,"华强"轮奉命返航,于4月10日回上海。胡某、张某、李某、施某被公安机关羁押。由于该轮被迫返航,造成经济损失达人民币241440元。当地检察机关以胡某犯有偷越国(边)境罪向人民法院提起公诉。

讨论问题:胡某的行为是否成立偷越国(边)境罪,为什么?

【案例2】

被告人董某伙同他人虚构事实,伪造有关单位的外事、商务考察派遣书、法人证书、营业执照及国外一些公司、团体的邀请函、行程表、担保书等虚假材料,先后为几十人骗取出国签证,并具体实施了组织偷渡客偷越国境的行为。为了提高偷渡的成功率,董某还对偷渡人员进行了一系列的培训。董某的行为使部分偷渡客成功偷渡。

讨论问题:董某的行为应定一罪还是数罪?如定一罪,应以何罪定罪处罚?

第二十五章

危害国防利益罪

关于危害国防利益罪的概念,目前刑法理论界观点纷呈[1],我们认为,危害国防利益罪,是指违反国防法律、法规,危害国防利益的行为。本章罪侵犯的法益是国防利益。所谓国防利益是指为满足国防需要的保障条件与利益,包括国防物质基础、作战和军事行动、国防自身安全、武装力量建设、国防管理方面的秩序等。[2] 客观上表现为违反国防法律、法规,危害国防利益的行为。这些法律法规主要包括:国防法、兵役法、军事设施保护法、预备役军官法、人民防空法、征兵工作条例、应征公民体格条例、民兵工作条例、军工产品质量管理条例等。具体行为以破坏武器装备与军事设施、阻碍军人执行职务、妨害部队管理、扰乱军事区秩序、逃避军事义务为内容。从行为表现方式上看,有的犯罪只能是作为,如聚众冲击军事禁区罪、冒充军人招摇撞骗罪;有的犯罪则只能是不作为,如战时拒绝、逃避征召、军事训练罪;有的犯罪既可以是作为也可以是不作为。从犯罪时间上看,有的行为只有在战时实施才成立犯罪,有的行为不管是战时实施还是平时实施都能成立犯罪。我国刑法典第451条关于"战时"的规定虽然是就刑法分则第十章的军人违反职责罪而言,但从刑法精神来看,对本章条文规定的"战时",也应与军人违反职责罪的"战时"做相同的理解,即战时是指国家宣布进入战争状态、部队受领作战任务或者遭敌人突然袭击时;部队执行戒严任务或者处置突发性暴力事件时,以战时论。本罪主体为一般主体,即已满16周岁具有辨认控制能力的自然人和单位。但少数犯罪军人也可构成,如一般部门的军人冒充要害部门的军人,就可能成为冒充军人招摇撞骗罪的主体。[3] 本罪主观方面除了过失提供不合格武器装备、军事设施以外,其他犯罪只能由故意构成。当然,本类罪的故意并不要求有特定的目的。危害国防利益罪包括刑法典第368条至第381条,共14个条文23个罪名。

---

[1] 黄林异主编:《危害国防利益罪》,中国人民公安大学出版社1999年版,第7页;李晓明主编:《刑法学》,法律出版社2001年版,第754—755页;宣炳昭主编:《刑法各罪的法理与实用》,中国政法大学出版社2002年版,第374页。
[2] 张明楷:《刑法学》(第2版),法律出版社2003年版,第896页。
[3] 周光权:《刑法各论讲义》,清华大学出版社2003年版,第607页。

第一节　阻碍军人执行职务罪

一、定义

阻碍军人执行职务罪,是指以暴力、威胁方法阻碍军人依法执行职务的行为。刑法规定本罪是为了保护军人依法执行职务的活动。

二、犯罪客观要件

本罪在客观要件上表现为行为人使用暴力、威胁方法阻碍军人依法执行职务。首先,行为人必须使用了暴力、威胁方法。暴力方法,是指对依法执行职务的军人不法行使有形力的一切行为,通常表现为攻击、殴打、捆绑等。但从法定刑来看,暴力行为致军人重伤或者死亡的,超出了本罪成立要件所预定的范围,应当以故意伤害罪或者故意杀人罪论处。威胁方法,是指以恶害相通告,使他人产生恐惧心理进而实现行为人要求的行为,常见的有以杀害、毁坏财产、毁损名誉、揭露隐私等。[①] 其次,必须是针对军人实施暴力、威胁行为。根据刑法典第450条的规定,军人是指中国人民解放军的现役军官、文职干部、士兵及具有军籍的学员和中国人民警察部队的现役警官、文职干部、士兵及具有武警学籍的学员。执行军事任务的预备役人员和其他人员,以军人论。最后,必须阻碍军人依法执行职务,即导致军人不能或者难以依法执行职务。如果行为人实施的暴力、威胁行为与军人执行职务没有关系,则不可能成立本罪。阻碍军人的非法行为的,不能以本罪论处。对军人职务行为的合法性判断应当以行为时的具体状况为基础,由法院通过对法律、法规进行解释,做出客观的判断。[②]

走私人员以暴力、威胁方法阻碍边防军人依法缉私的,由于军人执行的职务与国防利益无关,行为侵害的法益是职务行为的有效性,所以不成立本罪,而应对其按走私罪和妨害公务罪并罚。[③]

三、犯罪主观要件

关于本罪的主体,有人认为是一般主体,即包括军人在内。[④] 有人认为只能是已满16

[①] 赵秉志主编:《新刑法教程》,中国人民大学出版社1997年版,第667页。
[②] 关于职务行为合法性的判断主体标准,刑法理论上存在着客观说、主观说和折中说等观点;关于判断时间标准,有行为时基准说和裁判时基准说。参见张明楷:《刑法学》(第2版),法律出版社2003年版,第796页;〔日〕木村龟二主编:《刑法学词典》,顾肖荣等译,上海翻译出版公司1991年版,第492—494页。
[③] 周光权:《刑法各论讲义》,清华大学出版社2003年版,第617页。
[④] 何秉松主编:《刑法教科书》(下),中国法制出版社2000年版,第1107页;高铭暄、马克昌主编:《刑法学》,北京大学出版社、高等教育出版社2000年版,第611页。

周岁且具有辨认控制能力的除军人以外的自然人。① 本书同意后一种观点。

本罪在主观方面表现为故意,即明知军人正在依法执行职务,而故意以暴力、威胁方法予以阻碍。过失不成立本罪;不明知是军人执行职务而阻碍的,不成立本罪;误以为军人实施非法行为而阻碍的,不成立本罪。

四、本罪的认定

刑法理论一般认为,本罪属于抽象的危险犯,只要实施了一定的侵害行为,即存在一般的危险,即可成立犯罪。② 也就是说,本罪不存在犯罪既遂、未遂的问题,只存在成不成立犯罪的问题。只要行为人已经对军人实施了暴力、威胁行为的,即已成立阻碍军人执行职务罪。在具体适用时,如果本罪与其他犯罪存在法条竞合、想象竞合、牵连、数罪并罚等情形,应该分别依照刑法的规定和刑法相关原理处理。

五、本罪的刑事责任

根据刑法典第368条第1款的规定,犯本罪的,处3年以下有期徒刑、拘役、管制或者罚金。

第二节 阻碍军事行动罪

一、定义

阻碍军事行动罪,是指故意阻碍武装部队的军事行动,造成严重后果的行为。刑法规定本罪是为了保护武装部队的军事行动的正常进行。

二、犯罪客观要件

本罪在客观要件上表现为阻碍武装部队军事行动。方法上包括暴力、胁迫手段,但不限于暴力、胁迫手段;采取其他任何手段阻碍军事行为的,也属于本罪行为,如堵塞通道使从事军事行动的武装部队无法通过,在军事行动区静坐以阻碍军事行动等。本罪的行为对象是武装部队,根据我国《兵役法》第4条的规定,武装部队包括中国人民解放军的各种部队、中国人民武装警察部队和预备役部队。"军事行动",是指为军队实施的作战、作战保障、演习、训练等使用武装力量的集体行动。

---

① 陈明华主编:《刑法学》,中国政法大学出版社1999年版,第738页。
② 黄林昇主编:《危害国防利益罪》,中国人民公安大学出版社1999年版,第61页;李晓明主编:《刑法学》,法律出版社2001年版,第761页。刑法理论中也有人认为本罪是行为犯。参见高铭暄、马克昌主编:《刑法学》,中国法制出版社1999年版,第1091页。

三、犯罪主观要件

对于军人能否成为阻碍军事行动罪的犯罪主体,刑法学界有两种不同的意见。一种意见认为,阻碍军事行动罪的犯罪主体既可以是军人,也可以是非军人。[①] 另一种意见认为,本罪的犯罪主体是军人以外的自然人。[②] 我们倾向于第一种意见。因为,实践中可能发生军人故意阻碍武装部队军事行动的情况,而刑法典又并未在军人违反职责罪中对此加以规定。如果认为军人不能成为阻碍军事行动罪的犯罪主体,则对军人故意阻碍武装部队军事行动并造成严重后果的行为无法予以刑事制裁。因此,我们认为,阻碍军事行动罪的犯罪主体是一般主体,应当包括军人在内。

本罪在主观方面表现为故意,即明知武装部队正在或者将要实施军事行动,而故意予以阻碍。过失不成立本罪。

四、犯罪量度要件

阻碍武装部队军事行动造成严重后果的才成立犯罪。所谓严重后果,是指由于阻碍行为而导致战役、战斗失利、人员伤亡、武器装备严重毁损或者造成严重经济损失等。在处理本罪时除了注意本罪的严重后果外,还应当注意本罪的其他量刑情节。

五、本罪的认定

本罪属于结果犯,其犯罪行为是既遂还是未遂,应以是否完成了法律所规定的的行为并出现法定的严重后果为标准。如果行为人已经完成了阻碍军事行动的行为,并出现了法定的严重后果,就是犯罪既遂。有观点认为"只要行为人的行为明确表达了阻碍军事行动的意思,就是完成了阻碍军事行动的行为。"[③]我们认为这种观点值得商榷,因为只有行为人的阻碍行为造成了严重的后果,才成立犯罪,而行为人的行为只是明确表达了阻碍军事行动的意思,未必就会造成严重后果。也就不一定会成立本罪。

六、本罪的刑事责任

根据刑法典第 368 条第 2 款的规定,犯本罪的,处 5 年以下有期徒刑或者拘役。

[①] 周振想主编:《中国新刑法释论与罪案》,中国方正出版社 1998 年版,第 1522 页;高西江主编:《中华人民共和国刑法的修订与适用》,中国方正出版社 1997 年版,第 787 页;陈立、黄永盛主编:《刑法分论》,厦门大学出版社 2000 年版,第 550 页。

[②] 叶峰主编:《刑法新罪名通论》,中国法制出版社 1997 年版,第 312 页;苏惠渔主编:《刑法学》,中国政法大学出版社 1998 年版,第 865 页。

[③] 黄林异主编:《危害国防利益罪》,中国人民公安大学出版社 1999 年版,第 68 页。

第三节　破坏武器装备、军事设施、军事通信罪①

一、定义

破坏武器装备、军事设施、军事通信罪，是指故意破坏武器装备、军事设施、军事通信，危害国防利益的行为。刑法规定本罪是为了保护国防建设秩序、武器装备、军事设施的使用效能和军事通信保障秩序。

二、犯罪客观要件

本罪在客观要件上表现为破坏武器装备、军事设施、军事通信②。破坏其中一种对象即可成立犯罪，同时破坏多种对象的，也仅成立一罪。破坏的对象限于武器装备、军事设施、军事通信。武器装备，是指武器及其配套的弹药、仪器、器材、备附件的统称；武器，则是指直接用于杀伤敌人有生力量和破坏敌人作战设施的器械；军事设施，是指直接用于军事目的的建筑、场地与设备③；军事通信，是指军队为实施指挥与武器控制等而进行信息传递的各种通信手段。破坏，包括使武器装备、军事设施和通信设施的效用丧失或者减少的一切行为，并不限于物理上的毁损。

三、犯罪主观要件

本罪的主体为一般主体。在主观方面表现为故意，即行为人明知自己的行为会发生破坏武器装备、军事设施或者军事通信的危害后果，并且希望或者放任这种结果的发生。

四、本罪的认定

本罪属于行为犯，其犯罪行为是既遂还是未遂，应以是否完成了法律所规定的破坏行为为标准。也就是说，只要行为人实施了破坏武器装备、军事设施、军事通信的行为，不论是否发生了犯罪结果，其行为本身就成立犯罪既遂。如果行为人虽已着手实施但尚未完成破坏行为，其破坏行为即停止，则要根据行为人是自动放弃犯罪还是意志以外的原因而未得逞，确定是属于犯罪中止还是犯罪未遂。

实施破坏军事通信行为，根据 2007 年最高人民法院《关于审理危害军事通信刑事案件具体应用法律若干问题的解释》的规定，具有下列情形之一的，属于刑法典第 369 条第

---

① 由于 2005 年 2 月 28 日第十届全国人民代表大会常务委员会第十四次会议通过的《刑法修正案（五）》对本条进行了修订，增加了过失犯罪。故我们认为，本罪的罪名理论上应当规定为故意破坏武器装备、军事设施、军事通信罪。当然，这里只是本书的一种理论表述，尚需国家最高司法机关以司法解释形式予以规定。

② 1981 年《惩治军人违反职责暂行条例》第 12 条规定了破坏武器装备罪、军事设施罪，在 1997 年修订刑法典时，考虑到军人以外的其他人实施这种行为也具有可罚性，所以，扩大了犯罪主体，并增加了行为对象，即军事通信。

③ 参见《军事设施保护法》第 2 条。

1款规定的"情节特别严重":(1)造成重要军事通信中断或者严重障碍,严重影响部队完成作战任务或者致使部队在作战中遭受损失的;(2)造成部队执行抢险救灾、军事演习或者处置突发性事件等任务的通信中断或者严重障碍,并因此贻误部队行动,致使死亡3人以上、重伤10人以上或者财产损失100万元以上的;(3)破坏重要军事通信3次以上的;(4)其他情节特别严重的情形。建设、施工单位直接负责的主管人员、施工管理人员,明知是军事通信线路、设备而指使、强令、纵容他人予以损毁的,或者不听管护人员劝阻,指使、强令、纵容他人违章作业,造成军事通信线路、设备损毁的,以破坏军事通信罪定罪处罚。破坏军事通信,并造成公用电信设施损毁,危害公共安全,同时成立刑法典第124条第1款和第369条第1款规定的犯罪的,依照处罚较重的规定定罪处罚。盗窃军事通信线路、设备,不成立盗窃罪,但破坏军事通信的,依照刑法典第369条第1款的规定定罪处罚;同时成立刑法典第124条、第264条和第369条第1款规定的犯罪的,依照处罚较重的规定定罪处罚。违反国家规定,侵入国防建设、尖端科学技术领域的军事通信计算机信息系统,尚未对军事通信造成破坏的,依照刑法典第285条的规定定罪处罚;对军事通信造成破坏,同时成立刑法典第285条、第286条、第369条第1款规定的犯罪的,依照处罚较重的规定定罪处罚。违反国家规定,擅自设置、使用无线电台、站,或者擅自占用频率,经责令停止使用后拒不停止使用,干扰无线电通讯正常进行,成立犯罪的,依照刑法典第288条的规定定罪处罚;造成军事通信中断或者严重障碍,同时成立刑法典第288条、第369条第1款规定的犯罪的,依照处罚较重的规定定罪处罚。①

五、本罪的刑事责任

根据刑法典第369条的规定,破坏武器装备、军事设施、军事通信的,处3年以下有期徒刑、拘役或者管制;破坏重要武器装备、军事设施、军事通信的,处3年以上10年以下有期徒刑;情节特别严重的,处10年以上有期徒刑、无期徒刑或者死刑。战时从重处罚。

第四节 故意提供不合格武器装备、军事设施罪

一、定义

故意提供不合格武器装备、军事设施罪,是指明知是不合格的武器装备、军事设施而提供给武装部队的行为。刑法规定本罪是为了保护武器装备、军事设施的质量管理秩序。

二、犯罪客观要件

本罪在客观要件上表现为行为人将不合格的武器装备、军事设施提供给武装部队。

---

① 2007年最高人民法院《关于审理危害军事通信刑事案件具体应用法律若干问题的解释》。

向武装部队提供了其中一种对象的即可成立本罪,同时提供多种对象的,也仅成立一罪。至于是有偿提供还是无偿提供,均不影响本罪的成立。所谓"不合格",是指不符合规定的质量标准,如用于制作、建造武器装备、军事设施的原材料不合格,产品性能不符合要求,或者所建造的设施的外型、内部结构、坚固程度未达到规定的设计要求等。

三、犯罪主观要件

本罪的犯罪主体既可以是自然人,也可以是单位,单位的性质没有限定。本罪的主观方面只能是故意,即明知是不合格武器装备、军事设施而仍将其提供给武装部队。

四、本罪的认定

根据刑法理论,本罪属于危险犯,即以造成某种犯罪结果发生的危险状态作为既遂的标准。也就是说,只要行为人实施了明知是不合格的武器装备、军事设施而提供给武装部队,并且这种行为具有造成发生严重后果的危险状态即为既遂,而不要求严重结果的实际发生。

明知是不合格的武器装备、军事设施而提供给武装部队,涉嫌下列情形之一的,应予立案追诉:(1)造成人员轻伤以上的;(2)造成直接经济损失10万元以上的;(3)提供不合格的枪支3支以上、子弹100发以上、雷管500枚以上、炸药5000克以上或者其他重要武器装备、军事设施的;(4)影响作战、演习、抢险救灾等重大任务完成的;(5)发生在战时的;(6)其他故意提供不合格武器装备、军事设施应予追究刑事责任的情形。[①]

五、本罪的刑事责任

根据刑法典第370条的规定,犯本罪的,处5年以下有期徒刑或者拘役;情节严重的,处5年以上10年有期徒刑;情节特别严重的,处10年以上有期徒刑、无期徒刑或者死刑。单位犯本罪的,对单位判处罚金,并对直接负责的主管人员和其他直接责任人员,依照第1款的规定处罚。

第五节　冒充军人招摇撞骗罪

一、定义

冒充军人招摇撞骗罪,是指假冒军人身份进行招摇撞骗的行为。刑法规定本罪是为了保护军队的声誉及其正常活动。

[①] 2008年最高人民检察院、公安部《关于公安机关管辖的刑事案件立案追诉标准的规定(一)》。

二、犯罪客观要件

本罪的客观要件表现为行为人冒充军人进行招摇撞骗的行为。假冒军人身份主要包括三种情况：一是非军人冒充军人；二是级别较低的军人冒充级别较高的军人；三是一般部门的军人冒充要害部门的军人。招摇撞骗是指假借军人身份进行炫耀、蒙骗，但原则上不包括骗取数额巨大的财物的行为；对冒充军人骗取数额巨大财物的，应定为诈骗罪。

三、犯罪主观要件

本罪的主体为一般主体。本罪的主观方面是故意，即行为人明知自己冒充军人招摇撞骗的行为会危害军队的声誉和利益，但为了为自己非法谋取利益，却希望或放任这种结果的发生。冒充军人招摇撞骗罪中行为人的犯罪目的是为了谋取非法利益。如果行为人不具有谋取非法利益的目的，例如，冒充军人只是出于虚荣心，单纯为了达到与他人结婚的目的而冒充军人的，为了顺利住宿或者购买车船票而冒充军人身份的，均不成立冒充军人招摇撞骗罪。[①]

四、本罪的认定

本罪是行为犯，犯罪人的行为是否完成是判断既遂与否的标准。根据2011年最高人民法院、最高人民检察院《关于办理妨害武装部队制式服装、车辆号牌管理秩序等刑事案件具体应用法律若干问题的解释》之规定，实施刑法典第375条规定的犯罪行为，同时又成立逃税、诈骗、冒充军人招摇撞骗等犯罪的，依照处罚较重的规定定罪处罚。

刑法典第372条的规定的"情节严重"，根据司法实践的经验，一般是指屡教不改、手段恶劣；战时冒充军人招摇撞骗；造成恶劣社会影响、损害军队声誉；造成其他严重后果等。

五、本罪的刑事责任

根据刑法典第372条的规定，犯本罪的，处3年以下有期徒刑、拘役、管制或者剥夺政治权利；情节严重的，处3年以上10年以下有期徒刑。

第六节 接送不合格兵员罪

一、定义

接送不合格兵员罪，是指在征兵工作中徇私舞弊，接送不合格兵员，情节严重的行为。

---

① 马克昌等主编：《刑法学全书》，上海科学技术文献出版社1993年版，第376页。

刑法规定本罪是为了保护部队兵员质量管理秩序。

二、犯罪客观要件

本罪在客观要件表现为行为人在征兵工作中徇私舞弊,接送不合格兵员。"征兵工作",是指征集公民到军队服兵役的工作,包括应征公民登记、身体检查、政治条件审查、接收兵员等等。"徇私舞弊",是指因徇私情、谋私利,而弄虚作假,隐瞒真相。"不合格兵员",是指不符合征兵条件的兵员,包括身体条件、政治条件、年龄条件、文化程度等不合格。"接送不合格兵员",包括地方人员向部队输送不合格兵员和部队人员接收不合格兵员两种情况。

三、犯罪主观要件

本罪的犯罪主体是特殊主体,即负责或者参与征兵工作的有关人员,如各级人武部的工作人员、负责兵员政审、体检工作人员、部队派出的接收兵员的人员等。本罪的主观方面只能出于故意,既明知是不合格的兵员,而故意予以接受或者输送,接受方与输送方具有共同故意的,成立共同犯罪。因过失导致接送不合格兵员的,不成立本罪。

四、犯罪量度要件

成立本罪要求"情节严重",是指接送多名不合格兵员,接送不合格兵员造成了严重后果,接送违法犯罪人、脱逃犯为兵员,接送不合格兵员使用的手段恶劣等。另外,根据2008年最高人民检察院、公安部《关于公安机关管辖的刑事案件立案追诉标准的规定(一)》的规定,具有情形之一的即"情节严重":(1)接送不合格特种条件兵员1名以上或者普通兵员3名以上的;(2)发生在战时的;(3)造成严重后果的;(4)其他情节严重的情形。"造成特别严重后果",是指因违法接送造成大量不合格兵员进入部队的;接送的不合格兵员在部队违法犯罪或酿成重大恶性案件或政治事故的;接送的不合格兵员严重影响部队建设或作战、训练等重大任务完成的等。

五、本罪的刑事责任

根据刑法典第374条的规定,犯本罪的,处3年以下有期徒刑或者拘役;造成特别严重后果的,处3年以上7年以下有期徒刑。

第七节 伪造、变造、买卖武装部队公文、证件、印章罪

一、定义

伪造、变造、买卖武装部队公文、证件、印章罪,是指伪造、变造、买卖武装部队的公文、

证件、印章的行为。刑法规定本罪是为了保护武装部队的公文、证件、印章的公共信用。

二、犯罪客观要件

本罪的客观要件表现为行为人实施伪造、变造、买卖武装部队公文、证件、印章的行为。首先,行为人伪造、变造、买卖的必须是武装部队的公文、证件、印章。公文,是指以武装部队的名义制作的处理公务的文书即公文书;文书,是指使用文字或代替文字的符号制作的,具有某种程度的持续性存在状态,表达意识或者观念的文件(广义的文件)。[①] 证件,一般是指有权制作的机关颁发的,用以证实身份、权利义务关系或者其他事项的凭证。印章,包括印行与印影。印行是指固定了武装部队名称等内容并可以通过一定方式表示在其他物体上的图章;印影是指印行加盖在纸张等物体上所呈现的形象。其次,行为人实施了伪造、变造、买卖武装部队的公文、证件、印章的行为。伪造公文、证件,是指伪造应当由武装部队制作的公文、证件,即没有制作权限的人,冒用武装部队的名义制作公文、证件或者擅自以武装部队的名义制作与事实不相符合的公文、证件。伪造印章,是指没有权限而制造武装部队的印章的印行,或者在纸张等物体上表示出足以使一般人误认为是真实印章的印影。变造,是指对真实的武装部队公文、证件、印章进行加工,改变其非本质内容的行为。如果改变了公文、证件、印章的本质部分,则应当认定为伪造。买卖,是指购买或出售武装部队制作或应当由武装部队制作的公文、证件、印章的行为。实施上述行为之一的,即可成立本罪;同时实施上述行为的,也只认定为一罪,不实行数罪并罚。

三、犯罪主观要件

本罪的主体为一般主体。本罪在主观方面是故意,即行为人明知是武装部队制作或者应当由武装部队制作的公文、证件、印章而故意伪造、买卖,或者明知是武装部队制作的真实公文、证件、印章而故意予以变造。

四、犯罪量度要件

根据相关司法解释的规定,伪造、变造、买卖武装部队公文、证件、印章,具有下列情形之一的,应当依照刑法典第375条第1款的规定,以伪造、变造、买卖武装部队公文、证件、印章罪定罪处罚:(1)伪造、变造、买卖武装部队公文1件以上的;(2)伪造、变造、买卖武装部队军官证、士兵证、车辆行驶证、车辆驾驶证或者其他证件2本以上的;(3)伪造、变造、买卖武装部队机关印章、车辆牌证印章或者其他印章1枚以上的。实施前款规定的行为,数量达到第(1)至(3)项规定标准5倍以上或者造成严重后果的,应当认定为刑法典第375条第1款规定的"情节严重"。买卖伪造、变造的武装部队公文、证件、印章的,应当追究刑事责任,定罪量刑标准适用《关于办理妨害武装部队制式服装、车辆号牌管理秩序等

---

① 张明楷:《刑法学》(第2版),法律出版社2003年版,第801页。

刑事案件具体应用法律若干问题的解释》第 1 条的规定;明知他人实施本罪行为,而为其生产、提供专用材料或者提供资金、账号、技术、生产经营场所等帮助的,以共犯论处;实施本罪行为,同时又成立逃税、诈骗、冒充军人招摇撞骗等犯罪的,依照处罚较重的规定定罪处罚。①

五、本罪的刑事责任

根据刑法典第 375 条第 1 款的规定,犯本罪的,处 3 年以下有期徒刑、拘役、管制或者剥夺政治权利;情节严重的,处 3 年以上 10 年以下有期徒刑。

第八节　其他危害国防利益罪

本章介绍了危害国防利益罪的一些重点罪名,还有其他的一些罪名由于认定较为简单,实践中适用比较少,故予以简要介绍。

一、过失破坏武器装备、军事设施、军事通信罪②

过失破坏武器装备、军事设施、军事通信罪,是指由于疏忽大意或者过于自信破坏武器装备、军事设施、军事通信,危害国防利益的行为。本罪是结果犯,只有行为造成严重后果的,才成立本罪。根据相关司法解释,过失损坏军事通信,造成重要军事通信中断或者严重障碍的,属于刑法典第 369 条第 2 款规定的"造成严重后果"。"重要军事通信",是指军事首脑机关及重要指挥中心的通信,部队作战中的通信,等级战备通信,飞行航行训练、抢险救灾、军事演习或者处置突发性事件中的通信,以及执行试飞试航、武器装备科研试验或者远洋航行等重要军事任务中的通信。过失损坏军事通信,具有下列情形之一的,属于刑法典第 369 条第 2 款规定的"造成特别严重后果":(1) 造成重要军事通信中断或者严重障碍,严重影响部队完成作战任务或者致使部队在作战中遭受损失的;(2) 造成部队执行抢险救灾、军事演习或者处置突发性事件等任务的通信中断或者严重障碍,并因此贻误部队行动,致使死亡 3 人以上、重伤 10 人以上或者财产损失 100 万元以上的;(3) 其他后果特别严重的情形。建设、施工单位直接负责的主管人员、施工管理人员,忽视军事通信线路、设备保护标志,指使、纵容他人违章作业,致使军事通信线路、设备损毁,成立犯罪的,以过失损坏军事通信罪定罪处罚。过失损坏军事通信,并造成公用电信设施损毁,危害公共安全,同时成立刑法典第 124 条第 2 款和第 369 条第 2 款规定的犯罪的,依照处罚

---

① 2011 年最高人民法院、最高人民检察院《关于办理妨害武装部队制式服装、车辆号牌管理秩序等刑事案件具体应用法律若干问题的解释》。

② 由于 2005 年 2 月 28 日第十届全国人民代表大会常务委员会第十四次会议通过了《刑法修正案(五)》,增加了该行为的过失犯罪。故我们认为,本罪的罪名理论上应当规定为过失破坏武器装备、军事设施、军事通信罪。当然,这里只是本书的一种理论表述,尚需国家最高司法机关以司法解释形式予以规定。

较重的规定定罪处罚。①

根据刑法典第369条第2款的规定,过失犯本罪的,处3年以下有期徒刑或者拘役;造成特别严重后果的,处3年以上7年以下有期徒刑。

二、过失提供不合格武器装备、军事设施罪

过失提供不合格武器装备、军事设施罪,是指由于疏忽大意或者过于自信提供不合格的武器装备、军事设施给武装部队,造成严重后果的行为。刑法规定本罪是为了保护武器装备、军事设施的质量管理秩序。本罪是结果犯,只有行为造成严重后果的,才成立本罪。虽然过失提供了不合格武器装备、军事设施给武装部队,但尚未造成严重后果的,不成立本罪。根据相关司法解释的规定,过失提供不合格武器装备、军事设施给武装部队,具有下列情形之一的,即为本罪中的"造成严重后果":(1)造成死亡1人或者重伤3人以上的;(2)造成直接经济损失30万元以上的;(3)严重影响作战、演习、抢险救灾等重大任务完成的;(4)其他造成严重后果的情形。②

根据刑法典第370条第2款的规定,犯本罪的,处3年以下有期徒刑或者拘役;造成特别严重后果的,处3年以上7年以下有期徒刑。

三、聚众冲击军事禁区罪

聚众冲击军事禁区罪,是指聚众冲击军事禁区,严重扰乱军事禁区秩序的行为。根据相关司法解释的规定,组织、策划、指挥聚众冲击军事禁区或者积极参加聚众冲击军事禁区,严重扰乱军事禁区秩序,涉嫌下列情形之一的,应予立案追诉:(1)冲击3次以上或者1次冲击持续时间较长的;(2)持械或者采取暴力手段冲击的;(3)冲击重要军事禁区的;(4)发生在战时的;(5)其他严重扰乱军事禁区秩序应予追究刑事责任的情形。③

根据刑法典第371条第1款的规定,犯本罪的,对首要分子,处5年以上10年以下有期徒刑;对其他积极参加的,处5年以下有期徒刑、拘役、管制或者剥夺政治权利。在适用这一规定时,要注意区分首要分子和其他积极参加者。

四、聚众扰乱军事管理区秩序罪

聚众扰乱军事管理区秩序罪,是指聚众扰乱军事管理区秩序,情节严重,致使军事管理区工作无法进行,造成严重损失的行为。刑法规定本罪是为了保护军事管理区秩序。成立本罪,必须同时具备情节严重、致使军事管理区工作无法进行、造成严重损失这三个条件。根据相关司法解释的规定,组织、策划、指挥聚众扰乱军事管理区秩序或者积极参加聚众扰乱军事管理区秩序,致使军事管理区工作无法进行,造成严重损失,涉嫌下列情

---

① 2007年最高人民法院《关于审理危害军事通信刑事案件具体应用法律若干问题的解释》。
② 2008年最高人民检察院、公安部《关于公安机关管辖的刑事案件立案追诉标准的规定(一)》。
③ 同上。

形之一的,应予立案追诉:(1)造成人员轻伤以上的;(2)扰乱 3 次以上或者 1 次扰乱持续时间较长的;(3)造成直接经济损失 5 万元以上的;(4)持械或者采取暴力手段的;(5)扰乱重要军事管理区秩序的;(6)发生在战时的;(7)其他聚众扰乱军事管理区秩序应予追究刑事责任的情形。①

根据刑法典第 371 条第 2 款的规定,犯本罪的,对首要分子,处 3 年以上 7 年以下有期徒刑;对其他积极参加的,处 3 年以下有期徒刑、拘役、管制或者剥夺政治权利。

五、煽动军人逃离部队罪

煽动军人逃离部队罪,是指鼓动、唆使、怂恿军人逃离部队,情节严重的行为。所谓煽动,应是以口头、书面或者其他方式鼓动、唆使、怂恿不特定军人擅自离开部队的行为。唆使特定的军人逃离部队的,应属于刑法典第 435 条规定的逃离部队罪的教唆犯。有学者认为,本罪行为实际上是逃离部队罪的教唆犯,如无本条的规定,对于这种行为完全可以作为逃离部队罪的共犯论处。② 但也有学者认为,煽动与教唆不是等同概念,其关键的区别在于对象是否特定,从整体上说,煽动是比教唆更为缓和的概念。③ 军人实际上是否逃离部队,不影响本罪的成立。成立本罪要求情节严重,情节严重,是指战时煽动军人逃离部队,煽动军队指挥人员逃离部队,导致军人已经逃离部队,多次煽动军人逃离部队等。本罪是情节犯。我国刑法理论一般都认为,情节犯不存在犯罪的未遂形态。根据相关司法解释的规定,煽动军人逃离部队,涉嫌下列情形之一的,应予立案追诉:(1)煽动 3 人以上逃离部队的;(2)煽动指挥人员、值班执勤人员或者其他负有重要职责人员逃离部队的;(3)影响重要军事任务完成的;(4)发生在战时的;(5)其他情节严重的情形。④

根据刑法典第 373 条的规定,犯本罪的,处 3 年以下有期徒刑、拘役或者管制。

六、雇用逃离部队军人罪

雇用逃离部队军人罪,是指明知是逃离部队的军人而雇用,情节严重的行为。雇用,是指出资使逃离部队的军人为自己或者单位劳动。本罪是情节犯,只有是否成立犯罪的问题,没有既遂、未遂的问题。根据相关司法解释的规定,明知是逃离部队的军人而雇用,涉嫌下列情形之一的,应予立案追诉:(1)雇用 1 人 6 个月以上的;(2)雇用 3 人以上的;(3)明知是逃离部队的指挥人员、值班执勤人员或者其他负有重要职责人员而雇用的;(4)阻碍部队将被雇用军人带回的;(5)其他情节严重的情形。⑤

根据刑法典第 373 条的规定,犯本罪的,处 3 年以下有期徒刑、拘役或者管制。

---

① 2008 年最高人民检察院、公安部《关于公安机关管辖的刑事案件立案追诉标准的规定(一)》。
② 陈兴良:《刑法疏议》,中国人民公安大学出版社 1997 年版,第 606 页。
③ 张明楷:《刑法学》(第 2 版),法律出版社 2003 年版,第 901 页;张明楷:《刑法分则的解释原理》,中国人民大学出版社 2004 年版,第 51 页。
④ 2008 年最高人民检察院、公安部《关于公安机关管辖的刑事案件立案追诉标准的规定(一)》。
⑤ 同上。

七、盗窃、抢夺武装部队公文、证件、印章罪

盗窃、抢夺武装部队公文、证件、印章罪,是指盗窃、抢夺武装部队公文、证件、印章的行为。我国刑法只规定了盗窃、抢夺方式,如果行为人抢劫武装部队公文、证件印章的,应当认为成立本罪,并且为了使罪刑相适应,可从重处罚。本罪是结果犯,以发生特定的犯罪结果作为既遂的标准,行为人实施的盗窃、抢夺行为使公文、证件、印章处于行为人的控制下或者持有者的控制范围以外,就成立本罪的既遂。根据我国相关司法解释的规定,盗窃、抢夺武装部队公文、证件、印章,具有下列情形之一的,应当依照刑法典第375条第1款的规定,以盗窃、抢夺武装部队公文、证件、印章罪定罪处罚:(1)盗窃、抢夺武装部队公文1件以上的;(2)盗窃、抢夺武装部队军官证、士兵证、车辆行驶证、车辆驾驶证或者其他证件2本以上的;(3)盗窃、抢夺武装部队机关印章、车辆牌证印章或者其他印章1枚以上的。实施前述行为,数量达到第(1)至(3)项规定标准5倍以上或者造成严重后果的,应当认定为刑法典第375条第1款规定的"情节严重"。盗窃、抢夺伪造、变造的武装部队公文、证件、印章的,应当追究刑事责任。明知他人实施本罪行为,而为其生产、提供专用材料或者提供资金、账号、技术、生产经营场所等帮助的,以共犯论处。实施本罪行为,同时又成立逃税、诈骗、冒充军人招摇撞骗等犯罪的,依照处罚较重的规定定罪处罚。[①]

根据刑法典第375条第1款的规定,犯本罪的,处3年以下有期徒刑、拘役、管制或者剥夺政治权利;情节严重的,处3年以上10年以下有期徒刑。

八、非法生产、买卖武装部队制式服装罪

非法生产、买卖武装部队制式服装罪,是指非法生产、买卖武装部队制式服装,情节严重的行为。非法生产、买卖主要包括两种情况:一是没有经过合法批准擅自生产、买卖武装部队制式服装;二是具有生产、买卖资格的单位和个人,超过规定数量生产、买卖武装部队制式服装。本罪的主体既可以是没有生产、买卖武装部队制式服装资格的自然人与单位,也可以是具有上述资格的自然人与单位。成立本罪要求情节严重,这需要从非法生产、买卖的武装部队制式服装的数量、次数、危害结果、社会影响等方面全面考察。根据我国相关司法解释的规定,非法生产、买卖武装部队现行装备的制式服装,具有下列情形之一的,应当认定为刑法典第375条第2款规定的"情节严重",以非法生产、买卖武装部队制式服装罪定罪处罚:(1)非法生产、买卖成套制式服装30套以上,或者非成套制式服装100件以上的;(2)非法生产、买卖帽徽、领花、臂章等标志服饰合计100件(副)以上的;(3)非法经营数额2万元以上的;(4)违法所得数额5000元以上的;(5)具有其他严重情节的。买卖仿制的现行装备的武装部队制式服装情节严重的,应当追究刑事责任。明知

[①] 2011年最高人民法院、最高人民检察院《关于办理妨害武装部队制式服装、车辆号牌管理秩序等刑事案件具体应用法律若干问题的解释》。

他人实施本罪行为,而为其生产、提供专用材料或者提供资金、账号、技术、生产经营场所等帮助的,以共犯论处。实施本罪行为,同时又成立逃税、诈骗、冒充军人招摇撞骗等犯罪的,依照处罚较重的规定定罪处罚。①

根据刑法典第 375 条第 2 款、第 4 款的规定,犯本罪的,处 3 年以下有期徒刑、拘役或者管制,并处或者单处罚金。单位犯本罪的,对单位判处罚金,并对其直接负责的主管人员和其他直接责任人员,依照第 2 款的规定处罚。

九、伪造、盗窃、买卖、非法提供、非法使用武装部队专用标志罪

伪造、盗窃、买卖、非法提供、非法使用武装部队专用标志罪,是指伪造、盗窃、买卖或者非法提供、使用武装部队车辆号牌等专用标志,情节严重的行为。武装部队专用标志除了车辆号牌外,还包括其他显示部队性质与军人身份,并且只能由部队与军人使用的标记物品,如军旗、军徽等。成立本罪必须情节严重,根据我国相关司法解释的规定,伪造、盗窃、买卖或者非法提供、使用武装部队车辆号牌等专用标志,具有下列情形之一的,应当认定为刑法典第 375 条第 3 款规定的"情节严重":(1)伪造、盗窃、买卖或者非法提供、使用武装部队军以上领导机关车辆号牌 1 副以上或者其他车辆号牌 3 副以上的;(2)非法提供、使用军以上领导机关车辆号牌之外的其他车辆号牌累计 6 个月以上的;(3)伪造、盗窃、买卖或者非法提供、使用军徽、军旗、军种符号或者其他军用标志合计 100 件(副)以上的;(4)造成严重后果或者恶劣影响的。实施上述规定的行为,具有下列情形之一的,应当认定为刑法典第 375 条第 3 款规定的"情节特别严重":(1)数量达到上述第(1)项和第(3)项规定标准 5 倍以上的;(2)非法提供、使用军以上领导机关车辆号牌累计 6 个月以上或者其他车辆号牌累计 1 年以上的;(3)造成特别严重后果或者特别恶劣影响的。盗窃、买卖、提供、使用伪造、变造的武装部队车辆号牌等专用标志情节严重的,应当追究刑事责任。明知他人实施本罪行为,而为其生产、提供专用材料或者提供资金、账号、技术、生产经营场所等帮助的,以共犯论处。实施本罪行为,同时又成立逃税、诈骗、冒充军人招摇撞骗等犯罪的,依照处罚较重的规定定罪处罚。②

根据刑法典第 375 条第 3 款、第 4 款的规定,犯本罪的,处 3 年以下有期徒刑、拘役或者管制,并处或者单处罚金;情节特别严重的,处 3 年以上 7 年以下有期徒刑,并处罚金。单位犯本罪的,对单位判处罚金,并对其直接负责的主管人员和其他直接责任人员,依照第 3 款的规定处罚。

十、战时拒绝、逃避征召、军事训练罪

战时拒绝、逃避征召、军事训练罪,是指预备役人员在战时拒绝、逃避征召或者军事训

---

① 2011 年最高人民法院、最高人民检察院《关于办理妨害武装部队制式服装、车辆号牌管理秩序等刑事案件具体应用法律若干问题的解释》。

② 同上。

练,情节严重的行为。战时",依据刑法典第 451 条的规定确定。"征召",是指兵役机关依法向预备役人员发出通知,要求其按照规定时间、地点报到,准备转服现役。"军事训练",是指军事理论教育与作战技能训练的活动。"拒绝征召、军事训练",是指拒不接受征召、拒不参加军事训练。逃避征召、军事训练,是指采取各种手段避免接受征召和参加军事训练。拒绝和逃避没有本质区别,都表现为不接受征召和不参加军事训练。本罪的主体是特殊主体,即必须是预备役人员。根据我国《兵役法》的规定,预备役人员,是指编入民兵组织或者经过登记服预备役的人员。成立本罪要求情节严重,根据我国相关司法解释,预备役人员战时拒绝、逃避征召或者军事训练,涉嫌下列情形之一的,应予立案追诉:(1) 无正当理由经教育仍拒绝、逃避征召或者军事训练的;(2) 以暴力、威胁、欺骗等手段,或者采取自伤、自残等方式拒绝、逃避征召或者军事训练的;(3) 联络、煽动他人共同拒绝、逃避征召或者军事训练的;(4) 其他情节严重的情形。①

根据刑法典第 376 条第 1 款的规定,犯本罪的,处 3 年以下有期徒刑或者拘役。

十一、战时拒绝、逃避服役罪

战时拒绝、逃避服役罪,是指公民战时拒绝、逃避服兵役,情节严重的行为。本罪是情节犯,成立本罪还要求情节严重。根据我国相关司法解释的规定,公民战时拒绝、逃避服役,涉嫌下列情形之一的,应予立案追诉:(1) 无正当理由经教育仍拒绝、逃避服役的;(2) 以暴力、威胁、欺骗等手段,或者采取自伤、自残等方式拒绝、逃避服役的;(3) 联络、煽动他人共同拒绝、逃避服役的;(4) 其他情节严重的情形。②

根据刑法典第 376 条第 2 款的规定,犯本罪的,处 2 年以下有期徒刑或者拘役。

十二、战时故意提供虚假敌情罪

战时故意提供虚假敌情罪,是指战时故意向武装部队提供虚假敌情,造成严重后果的行为。虚假敌情,是指不符合客观事实的有关敌方军事、政治、经济、科学、地理等情报。行为人主观上以为是虚假的情报,而客观上向武装部队提供了真实情报的,不可能造成严重后果,不属于"虚假"敌情。因此,是否"虚假"不是以行为人的认识为标准,而是以客观事实为标准。最后,行为必须造成了严重后果,否则不成立本罪。本罪主观方面只能是故意,即明知是虚假的敌情而向武装部队提供。行为人以为是真实敌情而提供,但事实上属于虚假敌情的,即使有过失,也不成立本罪。本罪属于结果犯。

根据刑法典第 377 条的规定,犯本罪的,处 3 年以上 10 年以下有期徒刑;造成特别严重后果的,处 10 年以上有期徒刑或者无期徒刑。

---

① 2008 年最高人民检察院、公安部《关于公安机关管辖的刑事案件立案追诉标准的规定(一)》。
② 同上。

十三、战时造谣扰乱军心罪

战时造谣扰乱军心罪,是指战时造谣惑众,扰乱军心的行为。造谣惑众的行为必须导致扰乱军心的结果,或者具有扰乱军心的危险性;如果造谣惑众的内容与军事无关,因而不可能扰乱军心,则不成立本罪。造谣惑众行为不以针对不特定军人实施为必要,虽然是向个别军人传谣,但只要足以使不特定人得知造谣内容,进而扰乱军心的,也应认为是造谣惑众。[①] 本罪属于刑法理论中的危险犯,行为人实施的行为只要造成具有扰乱军心的危险状态,就成立本罪的既遂。

根据刑法典第378条的规定,犯本罪的,处3年以下有期徒刑、拘役或者管制;情节严重的,处3年以上10年以下有期徒刑。

十四、战时窝藏逃离部队军人罪

战时窝藏逃离部队军人罪,是指战时明知是逃离部队的军人而为其提供隐蔽处所、财物,情节严重的行为。成立本罪还要求情节严重,属于刑法理论中的情节犯,不存在犯罪未遂的问题。根据我国相关司法解释,战时明知是逃离部队的军人而为其提供隐蔽处所、财物,涉嫌下列情形之一的,应予立案追诉:(1)窝藏3人次以上的;(2)明知是指挥人员、值班执勤人员或者其他负有重要职责人员而窝藏的;(3)有关部门查找时拒不交出的;(4)其他情节严重的情形。[②]

根据刑法典第379条的规定,犯本罪的,处3年以下有期徒刑或者拘役。

十五、战时拒绝、故意延误军事订货罪

战时拒绝、故意延误军事订货罪,是指有关生产、销售单位战时拒绝或者故意延误军事订货,情节严重的行为。本罪主观方面只能是故意;由于延误军事订货的行为可能出于过失,故刑法特别规定为"故意延误",因此,对由于过失造成延误军事订货的,不以本罪论处。成立本罪必须情节严重,属于刑法理论中的情节犯,因而不存在犯罪未遂的问题。根据我国相关司法解释,战时拒绝或者故意延误军事订货,涉嫌下列情形之一的,应予立案追诉:(1)拒绝或者故意延误军事订货3次以上的;(2)联络、煽动他人共同拒绝或者故意延误军事订货的;(3)拒绝或者故意延误重要军事订货,影响重要军事任务完成的;(4)其他情节严重的情形。[③]

根据刑法典第380条的规定,犯本罪的,对单位判处罚金,并对其直接负责的主管人员和其他直接责任人员,处5年以下有期徒刑或者拘役;造成严重后果的,处5年以上有期徒刑。

[①] 张明楷:《刑法学》(第2版),法律出版社2003年版,第905页。
[②] 2008年最高人民检察院、公安部《关于公安机关管辖的刑事案件立案追诉标准的规定(一)》。
[③] 同上。

十六、战时拒绝军事征收、征用罪

根据2015年最高人民法院、最高人民检察院《关于执行〈中华人民共和国刑法〉确定罪名的补充规定（六）》的规定，将刑法典第381条的罪名确定为战时拒绝军事征收、征用罪，取消战时拒绝军事征用罪罪名。

战时拒绝军事征收、征用罪，是指战时拒绝军事征收、征用，情节严重的行为。军事征收、征用，是指武装部队出于军事需要，经过一定程序，使用机关、公司、企业、事业单位、人民团体及公民个人动产与不动产的活动。拒绝军事征收、征用，是指拒不同意或拒不接受军事征收、征用的行为，行为人是否使用暴力、胁迫手段，并不影响本罪的成立。成立本罪要求情节严重，属于情节犯，没有既遂与未遂的区分。根据我国相关司法解释的规定，战时拒绝军事征用，涉嫌下列情形之一的，应予立案追诉：(1) 无正当理由拒绝军事征收、征用3次以上的；(2) 采取暴力、威胁、欺骗等手段拒绝军事征收、征用的；(3) 联络、煽动他人共同拒绝军事征收、征用的；(4) 拒绝重要军事征收、征用，影响重要军事任务完成的；(5) 其他情节严重的情形。①

根据刑法典第381条的规定，犯本罪的，处3年以下有期徒刑或者拘役。

第九节 罪之比较与适用

在本节中，对于一些易混淆的犯罪将在定罪与量刑方面加以比较，并配以适当案例，以加深对具体犯罪的理解。

一、本章罪之比较

（一）故意提供不合格武器装备、军事设施罪与过失提供不合格武器装备、军事设施罪的区别

两罪的区别主要表现为：(1) 主观要件不同。前罪为故意；后罪为过失。(2) 主体不完全相同。前罪既可以是自然人，也可以是单位；后罪只能是自然人。(3) 对后果的要求不同。前罪不要求造成严重后果；后罪要求造成严重后果。

（二）阻碍军人执行职务罪与阻碍军事行动罪的区别

两罪的区别主要表现为：(1) 行为对象不同。前罪的行为对象是正在依法执行职务的军人；后罪的行为对象是武装部队。(2) 对行为方式的要求不同。前罪以采用暴力、威胁方法作为犯罪成立要件；后罪的犯罪手段则可以多种多样，没有把特定犯罪手段作为犯罪成立的要件。(3) 对后果的要求的不同。前罪没有把行为造成严重后果作为犯罪成立要件；后罪则以造成严重后果作为犯罪成立要件。

---

① 2008年最高人民检察院、公安部《关于公安机关管辖的刑事案件立案追诉标准的规定（一）》。

（三）聚众冲击军事禁区罪与聚众扰乱军事管理区秩序罪的区别

两罪的区别主要在于成立要件不完全相同。由于军事管理区与军事禁区的重要地位有区别，故聚众冲击军事禁区，严重扰乱禁区秩序的，就成立聚众冲击军事禁区罪；聚众冲击军事管理区秩序的，只有情节严重，致使军事管理区工作无法进行，造成严重损失的，才成立聚众扰乱军事管理区秩序罪。

（四）非法生产、买卖武装部队制式服装罪与伪造、变造、买卖武装部队公文、证件、印章罪的区别

两罪的区别主要表现为：(1)行为对象不同。前罪的行为对象是武装部队制式服装、车辆号牌等专用标志；后罪的行为对象仅限于武装部队公文、证件、印章。(2)犯罪主体不同。前罪的主体包括自然人和单位；后罪只能由自然人构成。(3)犯罪形态不同。前罪属于情节犯，即成立此罪还须具备法定的情节严重要件；后罪属于行为犯，情节严重不是该罪成立的必备要件，只是法定刑的升格条件。

二、与其他章节罪之比较

（一）阻碍军人执行职务罪与妨害公务罪的区别

两罪的区别主要表现为：前罪是阻碍军人执行职务；后罪是阻碍除军人以外的国家机关工作人员等依法执行职务。也就是说，规定前罪的法条与规定后罪的法条具有法条竞合的关系，对阻碍军人执行职务的，应认定本罪，不得适用刑法典第277条的妨害公务罪。但如果行为人主观认识发生错误，将军人误认为是其他国家机关工作人员，或者误认为其他国家机关人员是军人，则根据抽象的事实认识错误的处理原则，在主客观相统一的范围内，认定犯罪性质。[①]

（二）冒充军人招摇撞骗罪与招摇撞骗罪的区别

从学理上讲，冒充军人招摇撞骗罪属于因犯罪对象的特殊性而设立的特殊法条，与招摇撞骗罪形成了普通法条和特别法条的关系。如果行为人冒充军人招摇撞骗的，应当以冒充军人招摇撞骗罪定罪处罚；如果行为人冒充国家机关工作人员招摇撞骗的，应当以招摇撞骗罪定罪处罚。另外，冒充人民警察招摇撞骗的，根据刑法典第279条的规定，以招摇撞骗罪从重处罚。

（三）刑法典第375条第1款的规定与刑法典第280条第1款规定的区别

刑法典第375条第1款规定了伪造、变造、买卖武装部队公文、证件、印章罪和盗窃、抢夺武装部队公文、证件、印章罪，刑法典第280条第1款规定了伪造、变造、买卖国家机关公文、证件、印章罪和盗窃、抢夺、毁灭国家机关公文、证件、印章罪。这两个法条是特别法条和普通法条的关系，应当按照特别法优于普通法的原则适用，即只要是伪造、变造、买卖武装部队的公文、证件、印章，或者盗窃、抢夺武装部队的公文、证件、印章的行为，就认定

---

① 张明楷：《刑法学》(第2版)，法律出版社2003年版，第234页。

为前罪,不适用刑法典第280条。但是,当立法者由于疏漏导致特别法条内容不周全时,对特别法条没有规定的行为仍应按照普通法条处理。即由于刑法典第375条没有规定毁灭行为,而毁灭武装部队公文、证件、印章的行为具有可罚性,故对毁灭武装部队公文、证件、印章的行为,应适用刑法典第280条,认定为毁灭国家机关公文、证件、印章罪。①

三、案例适用

【案例1】

被告人苗某,原系某航天机械公司工人。苗某因对本单位领导分配的工作不满,遂于1998年2月25日17时许,持划针、轴承将存放在某航天机械公司的火箭共底刺划出孔洞二处,凹坑一处,划痕一处,致使该共底报废,造成直接经济损失人民币116.3万元。据查,该共底原计划用于组建长征三号乙"Y6"三级运载火箭,火箭按照合同规定将用于为外国发射通信卫星。此共底属于火箭中第三级贮箱,以隔离其中的液氢和低温氧,如果二种气体接触便会发生爆炸,整个发射场将毁于一旦。苗某对共底的毁坏足以使箱体爆炸,若不及时发现,后果不堪设想。②

讨论问题:本案中苗某成立破坏生产经营罪,还是成立破坏武器装备罪?为什么?

【案例2】

杨某原系某公司职员,因严重违纪被开除。杨某看到解放军在社会上信誉较好,遂伪造了某部队的公文、证件和印章,并购置了军服,自称是某部中校军官,来到某市。杨某以军办企业招工为名同该市劳动局取得了联系,经劳动局批准后向全市发布公告,拟招收男工200名,并要求报名者每人交体检费和押金1000元。公告发出后一周内,有250多人踊跃报名,杨某在收到体检费后携款逃走。

讨论问题:本案中被告人杨某成立冒充军人招摇撞骗罪,伪造武装部队公文、证件、印章罪,还是成立诈骗罪?为什么?

---

① 张明楷:《刑法分则的解释原理》,中国人民大学出版社2004年版,第295—296页。
② 陈兴良主编:《刑法案例教程》,中国法制出版社2003年版,第433页。

第二十六章

贪污贿赂罪

贪污贿赂罪,是指国家工作人员利用职务之便,侵犯职务行为的廉洁性、不可收买性的行为或国有单位实施的侵犯国家廉政建设制度,以及其他人员或单位实施的行贿、介绍贿赂,情节严重的行为。根据第十七届国际刑法大会通过的《国际交往中的腐败犯罪及相关犯罪的决议》的内容,贪污贿赂这种腐败犯罪是指"滥用权力以换取利益的行为"①。

本章犯罪的法益主要是职务行为的廉洁性和不可收买性,这是本章犯罪与其他犯罪区别的关键所在。所谓职务行为的廉洁性,是指国家工作人员有为政廉洁的义务,如果国家工作人员不遵守有关为政清廉的规定,利用职务之便,攫取私利,就对职务行为的廉洁性造成了侵害。所谓职务行为的不可收买性,是指国家工作人员只应依照法律的授权为国家、社会、公众利益而行使职权,如果国家工作人员被个人或个别单位所收买,利用国家赋予的权力为某些个人或单位谋取利益,就对职务行为的不可侵害性造成了侵害。其中,贪污、挪用公款等犯罪表现为直接利用职务之便获取公共财物,就直接侵犯的法益而言,既包括职务行为的廉洁性,也包括公共财产的占有权、使用权;巨额财产来源不明罪、隐瞒境外存款罪直接侵犯的法益是国家工作人员职务行为的廉洁性,贿赂类犯罪则表现为行为人以职务换取财物或者以财物换取国家工作人员谋取私利,直接侵犯的法益是国家工作人员职务行为的不可收买性。除此之外,国有单位受贿犯罪所侵犯的法益则主要是国家的廉政建设制度。

贪污贿赂犯罪的客观方面主要表现为侵犯职务行为的廉洁性、不可收买性的行为,包括作为与不作为两种行为。其中,贪污罪、挪用公款罪、受贿罪、私分国有资产罪、巨额财产来源不明罪等通常表现为作为;隐瞒境外存款罪表现为不作为。除行贿罪与介绍贿赂罪以外,其他犯罪行为都与行为人的职务有密切关系,因而危害程度严重。根据我国相关司法解释的规定,贿赂犯罪中的"财物",包括货币、物品和财产性利益;"财产性利益"包括可以折算为货币的物质利益如房屋装修、债务免除等,以及需要支付货币的其他利益如会员服务、旅游等,后者的犯罪数额,以实际支付或者应当支付的数额计算。贪污贿赂犯罪

---

① 《第十七届国际刑法大会关于国际交往中的腐败犯罪及相关犯罪的决议》,载《法制日报》2004年9月20日。

分子违法所得的一切财物,应当依照刑法典第64条的规定予以追缴或者责令退赔,对被害人的合法财产应当及时返还;对尚未追缴到案或者尚未足额退赔的违法所得,应当继续追缴或者责令退赔。①

贪污贿赂犯罪的犯罪主体较为复杂。自然人大多数是特殊主体,即国家工作人员,如贪污罪、挪用公款罪、受贿罪等;有些犯罪的主体是一般主体,如行贿罪、介绍贿赂罪。有些犯罪只能由单位构成,如单位受贿罪、单位行贿罪;有些犯罪则既可以由单位构成,也可以由自然人构成,如对单位行贿罪。

贪污贿赂犯罪的主观方面只能由故意构成,过失不成立本章罪中的任何一种具体犯罪。我国刑法分则第八章第382条至第396条共15个条文,规定了14个罪名,这14个罪名具体分为两类:(1)贪污犯罪,包括贪污罪、挪用公款罪、私分国有资产罪、私分罚没财物罪、巨额财产来源不明罪、隐瞒境外存款罪。(2)贿赂犯罪,包括受贿罪、利用影响力受贿罪、单位受贿罪、行贿罪、对有影响力的人行贿罪、对单位行贿罪、单位行贿罪、介绍贿赂罪。

第一节 贪 污 罪

一、定义

贪污罪,是指国家工作人员和受国家机关、国有公司、企业、事业单位、人民团体委托管理、经营国有财产的人员,利用职务上的便利,侵吞、窃取、骗取或者以其他手段非法占有公共财物的行为。本罪侵犯的法益是双重法益,既侵犯了国家工作人员职务行为的廉洁性,也侵犯了公共财产。

二、犯罪客观要件

贪污罪是新中国刑事法律惩治国家工作人员犯罪最早确立的罪名,但在1979年刑法典中,该罪规定在侵犯财产罪一章中。1997年修订的刑法典将该罪列为贪污贿赂类犯罪的首要罪名。

本罪的客观要件表现为行为人利用职务上的便利,侵吞、窃取、骗取或者以其他手段非法占有公共财物的行为。在这里,利用职务上的便利和非法占有公共财物二者缺一不可。

理论上对于"利用职务上的便利"的含义有不同的理解,一般认为,利用职务上的便利,是指利用自己职务范围内主管、管理、经营、经手公共财物所形成的便利条件。这里所说主管,是指审查、批准、调拨、转移和使用等支配公共财物的职权;管理是指看管、保护、

---

① 2016年最高人民法院、最高人民检察院《关于办理贪污贿赂刑事案件适用法律若干问题的解释》。

处理以及其他职权;经手是指领取、支出等经办公共财物的职权;受委托管理、经营,是指以承包、租赁等方式管理国有财产或者运用国有资产进行营业活动的职权。这里的利用职务上的便利,首先强调的是行为人的行为对其职责的违背,即行为人是背弃职责,将国家和公众赋予的权力作为牟取私利的工具。其次,是行为人的行为与其职权的关联性,即行为人利用特定职权的范围,仅仅限于主管、管理、经手公共财物或者管理、经营国有财产的权力,而非其他职权。"利用职务上的便利"也包括利用职务上有隶属关系的其他国家工作人员的职务便利。

具体行为方式必须是侵吞、窃取、骗取或者以其他手段非法占有公共财物。所谓侵吞,是指行为人将暂由自己合法管理、经营、使用的公共财物非法占为己有;所谓窃取,是指行为人采用秘密的方法将公共财物非法占有;所谓骗取,是指行为人利用职务上的便利,采用虚构事实或者隐瞒真相的方法,非法占有公共财物。所谓其他手段,是指采取除侵吞、窃取、骗取手段以外的方式,将公共财物非法占有,如挪用公款存入银行攫取利息归己。

本罪的行为对象为公共财物,包括有体物、无体物、财产性利益,具体应参照刑法典第91条的规定。此外,根据刑法典第394条的规定,国家工作人员在国内公务活动或者对外交往中接受礼物,依照国家规定应当交公而不交公,数额较大的,以贪污罪论处。

三、犯罪主观要件

本罪主体必须是国家工作人员。根据刑法典第93条的规定,国家工作人员是指在国家机关中从事公务的人员;国有公司、企业、事业单位、人民团体中从事公务的人员和受国家机关、国有公司、企业、事业单位委派到非国有公司、企业、事业单位、社会团体从事公务的人员,以及其他依照法律从事公务的人员,以国家工作人员论。不难看出,国家工作人员主要有两个特征:(1)必须是国家机关、国有公司、企业、事业单位、人民团体中的人员或者上述机关、单位委派到其他单位的人员。(2)必须是依照法律从事公务的人员。"从事公务",是指代表国家机关、国有公司、企业、事业单位、人民团体等履行组织、领导、监督、管理等职责;公务主要表现为与职权相联系的公共事务以及监督、管理国有财产的职务活动,那些不具备职权内容的劳务活动、技术服务工作,如售货员、售票员等所从事的工作,一般不认为是公务。[①] 公务的特点是,关系到多数人或不特定人的利益,具有组织、领导、管理性质,由国家机关或其他法定的公共机构或者公共团体进行安排。关于"国家机关工作人员"范围的判断,应参照2002年全国人大常委会《关于刑法第九章渎职罪主体适用问题的解释》的规定。在乡(镇)以上中国共产党机关、人民政协机关中从事公务的人员,司法实践中也应当视为国家机关工作人员。[②] 此外,根据2000年全国人大常委会《关

---

① 2003年最高人民法院《全国法院审理经济犯罪案件工作座谈会纪要》。
② 同上。

于《中华人民共和国刑法》第九十三条第二款的解释》和2000年最高人民检察院《关于贯彻执行〈全国人民代表大会常务委员会关于《中华人民共和国刑法》第九十三条第二款的解释〉的通知》的规定,村民委员会等基层组织人员协助人民政府从事行政管理工作,利用职务上的便利,贪污公共财产的,应以贪污罪论处。

根据刑法典第382条第2款的规定,受国家机关、国有公司、企业、事业单位、人民团体委托管理、经营国有财产的人员,同样可以成为本罪的主体:(1) 被委托人原本不是管理、经营国有财产的人员;(2) 委托单位必须是国有机关、国有公司、企业、事业单位、人民团体;(3) 委托的内容是承包、租赁等方式管理、经营国有财产;(4) 委托具有合法性。

根据刑法典第93条、第383条的规定,国有保险公司的工作人员和国有保险公司委派到非国有保险公司从事公务的人员利用职务上的便利,故意编造未曾发生的保险事故进行虚假理赔,骗取保险金归自己所有,以贪污罪追究刑事责任。国有公司、企业或者其他国有单位中从事公务的人员和国有公司、企业或者其他国有单位委派到非国有公司、企业以及其他非国有单位从事公务的人员,利用职务上的便利,将本单位财物非法占为己有的,以贪污罪追究刑事责任。

一般公民与上述人员勾结,共同贪污的,以贪污罪的共犯论处。

本罪在主观方面是故意,而且具有非法占有公共财物的目的,过失不成立本犯罪。

四、犯罪量度要件

《刑法修正案(九)》修改了刑法典第383条贪污受贿犯罪的定罪量刑标准,取消了该条对贪污受贿犯罪定罪量刑的具体数额标准,采用数额加情节的标准,同时增加了罚金刑,规定了三个量刑档次。

根据2016年最高人民法院、最高人民检察院《关于办理贪污贿赂刑事案件适用法律若干问题的解释》的规定,贪污数额在3万元以上不满20万元的,应当认定为刑法典第383条第1款规定的"数额较大"。贪污数额在1万元以上不满3万元,具有下列情形之一的,应当认定为刑法典第383条第1款规定的"其他较重情节":(1) 贪污救灾、抢险、防汛、优抚、扶贫、移民、救济、防疫、社会捐助等特定款物的;(2) 曾因贪污、受贿、挪用公款受过党纪、行政处分的;(3) 曾因故意犯罪受过刑事追究的;(4) 赃款赃物用于非法活动的;(5) 拒不交待赃款赃物去向或者拒不配合追缴工作,致使无法追缴的;(6) 造成恶劣影响或者其他严重后果的。贪污数额在20万元以上不满300万元的,应当认定为刑法典第383条第1款规定的"数额巨大"。贪污数额在10万元以上不满20万元,具有本解释第1条第2款规定的情形之一的,应当认定为刑法典第383条第1款规定的"其他严重情节"。贪污数额在300万元以上的,应当认定为刑法典第383条第1款规定的"数额特别巨大"。贪污数额在150万元以上不满300万元,具有本解释第1条第2款规定的情形之一的,应当认定为刑法典第383条第1款规定的"其他特别严重情节"。

五、本罪的认定

（一）既遂与未遂

由于贪污罪所侵吞、骗取、窃取的公共财物一般情况下是行为人经管或经手的财物，因此，当行为人实施弄虚作假等行为充分暴露出对这些财物非法占有意图的同时，犯罪就已处在既遂状态。犯罪未遂的形态就贪污罪而言，只存在于行为人所侵犯的公共财物不在行为人占有之下或者不完全在行为人占有之下的场合。例如行为人利用职务之便将单位在银行的存款从单位账户上转出，但因为意志以外的原因未使款项转入个人账户，当罪行败露，由于单位对这笔存款尚未失控，行为人也未能控制这笔存款，就应认定为贪污罪未遂。

（二）国家工作人员与非国家工作人员勾结共同非法占有单位财物行为

对于国家工作人员与他人勾结，共同非法占有单位财物的行为，应当按照 2003 年最高人民法院《关于审理贪污、职务侵占案件如何认定共同犯罪几个问题的解释》的规定定罪处罚。对于在公司、企业或者其他单位中，非国家工作人员与国家工作人员勾结，分别利用各自的职务便利，共同将本单位财物非法占有的，应当尽量区分主从犯，按照主犯的犯罪性质定罪。司法实践中，如果根据案件的实际情况，各共同犯罪人在共同犯罪中的地位、作用相当，难以区分主从犯的，可以贪污罪定罪处罚。①

（三）其他规定

根据我国相关司法解释的规定，国家工作人员出于贪污的故意，非法占有公共财物、收受他人财物之后，将赃款赃物用于单位公务支出或者社会捐赠的，不影响贪污罪的认定，但量刑时可以酌情考虑。②

【例题】 关于贪污罪的认定，下列哪些选项是正确的？（2011 年国家司法考试真题）

A. 国有公司中从事公务的甲，利用职务便利将本单位收受的回扣据为己有，数额较大。甲行为成立贪污罪。

B. 土地管理部门的工作人员乙，为农民多报青苗数，使其从房地产开发商处多领取 20 万元补偿款，自己分得 10 万元。乙行为成立贪污罪。

C. 村民委员会主任丙，在协助政府管理土地征用补偿费时，利用职务便利将其中数额较大款项据为己有。丙行为成立贪污罪。

D. 国有保险公司工作人员丁，利用职务便利编造未发生的保险事故进行虚假理赔，将骗取的 5 万元保险金据为己有。丁行为成立贪污罪。

答案：ACD

---

① 2003 年最高人民法院《全国法院审理经济犯罪案件工作座谈会纪要》。
② 2016 年最高人民法院、最高人民检察院《关于办理贪污贿赂刑事案件适用法律若干问题的解释》。

六、本罪的刑事责任

根据刑法典第 383 条的规定,犯本罪的,根据情节轻重,分别依照下列规定处罚:

(1) 贪污数额较大或者有其他较重情节的,处 3 年以下有期徒刑或者拘役,并处罚金。

(2) 贪污数额巨大或者有其他严重情节的,处 3 年以上 10 年以下有期徒刑,并处罚金或者没收财产。

(3) 贪污数额特别巨大或者有其他特别严重情节的,处 10 年以上有期徒刑或者无期徒刑,并处罚金或者没收财产;数额特别巨大,并使国家和人民利益遭受特别重大损失的,处无期徒刑或者死刑,并处没收财产。

对多次贪污未经处理的,按照累计贪污数额处罚。犯本罪,在提起公诉前如实供述自己罪行、真诚悔罪、积极退赃,避免、减少损害结果的发生,有第(1)项规定情形的,可以从轻、减轻或者免除处罚;有第(2)项、第(3)项规定情形的,可以从轻处罚。犯本罪,有第(3)项规定情形被判处死刑缓期执行的,人民法院根据犯罪情节等情况可以同时决定在其死刑缓期执行 2 年期满依法减为无期徒刑后,终身监禁,不得减刑、假释。

另外,根据我国相关司法解释的规定,贪污数额特别巨大,犯罪情节特别严重、社会影响特别恶劣、给国家和人民利益造成特别重大损失的,可以判处死刑。符合前款规定的情形,但具有自首、立功,如实供述自己罪行、真诚悔罪、积极退赃,或者避免、减少损害结果的发生等情节,不是必须立即执行的,可以判处死刑缓期 2 年执行。对贪污罪判处 3 年以下有期徒刑或者拘役的,应当并处 10 万元以上 50 万元以下的罚金;判处 3 年以上 10 年以下有期徒刑的,应当并处 20 万元以上犯罪数额 2 倍以下的罚金或者没收财产;判处 10 年以上有期徒刑或者无期徒刑的,应当并处 50 万元以上犯罪数额 2 倍以下的罚金或者没收财产。[①]

根据 2015 年最高人民法院《关于〈中华人民共和国刑法修正案(九)〉时间效力问题的解释》第 8 条的规定,对于 2015 年 10 月 31 日以前实施贪污、受贿行为,罪行极其严重,根据修正前刑法典判处死刑缓期执行不能体现罪刑相适应原则,而根据修正后刑法典判处死刑缓期执行同时决定在其死刑缓期执行 2 年期满依法减为无期徒刑后,终身监禁,不得减刑、假释可以罚当其罪的,适用修正后刑法典第 383 条第 4 款的规定。根据修正前刑法典判处死刑缓期执行足以罚当其罪的,不适用修正后刑法典第 383 条第 4 款的规定。

---

① 2016 年最高人民法院、最高人民检察院《关于办理贪污贿赂刑事案件适用法律若干问题的解释》。

第二节 挪用公款罪

一、定义

挪用公款罪,是指国家工作人员利用职务上的便利,挪用公款归个人使用,进行非法活动,或者挪用公款数额较大、进行营利活动,或者挪用公款数额较大、超过3个月未还的行为。挪用公款罪在我国刑法中作为独立的罪名确立于1988年[①],在此之前挪用公款的行为均以贪污罪论处,1997年修订的刑法典则正式确立了该罪名。

二、犯罪客观要件

本罪在客观要件上表现为国家工作人员利用职务上的便利,挪用公款归个人使用,进行非法活动,或者挪用公款数额较大、进行营利活动,或者挪用公款数额较大、超过3个月未还。所谓"利用职务上的便利",是指行为人利用本人职务所形成的主管、管理、经手公款的便利条件,包括利用本人直接经手、管理公款的便利条件,也包括行为人因其职务关系而具有的调拨、支配、使用公款的便利条件。

挪用公款客观行为有三种形式:(1)挪用公款罪进行非法活动。按照1998年最高人民法院《关于审理挪用公款案件具体应用法律若干问题的解释》(以下简称《挪用公款司法解释》),"非法活动",是指进行走私、赌博等活动。(2)挪用公款进行营利活动、数额较大。"营利活动",是指国家法律所允许的经营性活动,包括开工厂、注册公司、办商店、炒股票、购买国债、用于集资或者存入银行获取利息等。营利活动本身具有合法性,这是该种类型的挪用公款罪与前一类型的根本区别。如果行为人将挪用的公款用于返还本人或他人在过去的经营活动中所欠的债务,应视为挪用公款进行营利活动,这种挪用行为成立犯罪,也不受挪用时间和是否归还的限制,但法律明确规定必须挪用数额较大。(3)挪用公款数额较大、超过3个月未还。这是指挪用公款用于自己或者他人的合法生活消费或者其他非经营性支出,如偿还债务、购置家具、修缮房屋、支付医药费等。如果挪用公款归个人使用数额较大、超过3个月未还,即成立本罪。但根据前述《挪用公款司法解释》,在案发前即被司法机关、所在单位或有关部门发现之前全部归还本金的,可以从轻或者免除处罚,给国家、集体造成利息损失的应予追缴。挪用公款数额巨大、超过3个月,案发前全部归还的,可以酌情从轻处罚。多次挪用公款不还,挪用公款数额以案发时未还的实际数额认定

根据2002年全国人大常委会《关于〈中华人民共和国刑法〉第三百八十四条第一款的解释》和前述《挪用公款司法解释》的规定,有下列情形之一的,属于挪用公款"归个人使

[①] 1988年全国人大常委会《关于惩治贪污贿赂罪的补充规定》。

用":(1)将公款供本人亲友或者其他自然人使用的;(2)以个人名义将公款供其他单位使用的;(3)个人决定以单位名义将公款供其他单位使用,谋取个人利益的。

三、犯罪主观要件

本罪的主体是特殊主体,即国家工作人员,但受国家机关、国有公司、企事业单位、人民团体委托管理、经营国有财产的人员不能成立本罪的主体。因为受国有单位委托管理、经营国有财产的人员是属于非国家工作人员,与依照法律从事公务的准国家工作人员在性质上迥然有别,而且刑法中明确规定这类人员可以成为贪污罪的主体,却没有规定可以成为挪用公款罪的主体,已经表明了立法者的态度。另外,刑法典第185条第2款的规定,国有商业银行、证券交易所、期货交易所、证券公司、期货经纪公司、保险公司或者其他国有金融机构的工作人员和国有商业银行、证券交易所、期货交易所、证券公司、期货经纪公司、保险公司或者其他国有金融机构委派到非国有商业银行、证券交易所、期货交易所、证券公司、期货经纪公司、保险公司或者其他非国有金融机构中从事公务的人员也是本罪的犯罪主体,他们利用职务上的便利,挪用本单位或者客户资金的,以挪用公款罪定罪处罚。

本罪在主观方面是故意,即明知是公款而有意侵犯公款的占有、使用、收益权,但行为人并不具有将公款据为己有的目的。

四、犯罪量度要件

对于挪用公款三种类型的定罪标准不尽相同。根据我国相关司法解释的规定,挪用公款归个人使用,进行非法活动,数额在3万元以上的,应当依照刑法典第384条的规定以挪用公款罪追究刑事责任;数额在300万元以上的,应当认定为刑法典第384条第1款规定的"数额巨大"。具有下列情形之一的,应当认定为刑法典第384条第1款规定的"情节严重":(1)挪用公款数额在100万元以上的;(2)挪用救灾、抢险、防汛、优抚、扶贫、移民、救济特定款物,数额在50万元以上不满100万元的;(3)挪用公款不退还,数额在50万元以上不满100万元的;(4)其他严重的情节。①

根据我国相关司法解释的规定,挪用公款归个人使用,进行营利活动或者超过3个月未还,数额在5万元以上的,应当认定为刑法典第384条第1款规定的"数额较大";数额在500万元以上的,应当认定为刑法典第384条第1款规定的"数额巨大"。具有下列情形之一的,应当认定为刑法典第384条第1款规定的"情节严重":(1)挪用公款数额在200万元以上的;(2)挪用救灾、抢险、防汛、优抚、扶贫、移民、救济特定款物,数额在100万元以上不满200万元的;(3)挪用公款不退还,数额在100万元以上不满200万元的;

---

① 2016年最高人民法院、最高人民检察院《关于办理贪污贿赂刑事案件适用法律若干问题的解释》。

(4)其他严重的情节。①

根据我国相关司法解释的规定,多次挪用公款不还,挪用公款数额累计计算;多次挪用公款,并以后次挪用的公款归还前次挪用的公款,挪用公款数额以案发时未还的实际数额认定。"挪用公款数额巨大不退还的",是指挪用公款数额巨大,因客观原因在一审宣判前不能退还的。②

五、本罪的认定

(一)既遂与未遂

挪用公款罪的行为人对所挪用的公款在具有绝对的控制、支配权的情况下,只要其挪用公款用于非法活动、营利活动达到了定罪的数额或者挪用公款进行非经营性活动等合法活动达到定罪数额且超过3个月未还的,即属于犯罪既遂;但如果挪用公款的行为人并不具有绝对的控制、支配权,行为人利用职务之便使公款脱离了公款单位的控制,但又未能将公款置于自己的控制之下供自己使用的时候罪行败露,且公款的数额达到了定罪标准,应按犯罪未遂论处。不过,根据挪用公款罪的三种表现形式,未遂形态只存在于挪用公款进行非法活动、营利活动两种形式之中。

(二)罪数形态

根据《挪用公款司法解释》的规定,因挪用公款索取、收受贿赂构成犯罪的,依照数罪并罚的规定处罚。挪用公款进行非法活动构成其他犯罪的,依照数罪并罚的规定处罚。

(三)共犯形态

根据《挪用公款司法解释》,挪用公款给他人使用,使用人与挪用人共谋,指使或者参与策划取得挪用款的,以挪用公款罪的共犯定罪处罚。

(四)犯罪转化

根据《挪用公款司法解释》第6条的规定,携带挪用的公款潜逃的,按照贪污罪的规定定罪处罚。此时的犯罪人主观上已转化为将公款据为己有的目的。行为上已呈现出永不归还的意图。

【例题】 根据刑法与司法解释的规定,国家工作人员挪用公款进行营利活动、数额达到1万元或者挪用公款进行非法活动、数额达到5000元的,以挪用公款罪论处。国家工作人员甲利用职务便利挪用公款1.2万元,将8000元用于购买股票,4000元用于赌博,在1个月内归还1.2万元。关于本案的分析,下列哪些选项是错误的?(2014年国家司法考试真题)

A. 对挪用公款的行为,应按用途区分行为的性质与罪数;甲实施了两个挪用行为,对两个行为不能综合评价,甲的行为不成立挪用公款罪。

---
① 2016年最高人民法院、最高人民检察院《关于办理贪污贿赂刑事案件适用法律若干问题的解释》。
② 1998年最高人民法院《关于审理挪用公款案件具体应用法律若干问题的解释》。

B. 甲虽只实施了一个挪用公款行为,但由于既未达到挪用公款进行营利活动的数额要求,也未达到挪用公款进行非法活动的数额要求,故不成立挪用公款罪。

C. 国家工作人员购买股票属于非法活动,故应认定甲属于挪用公款 1.2 万元进行非法活动,甲的行为成立挪用公款罪。

D. 可将赌博行为评价为营利活动,认定甲属于挪用公款 1.2 万元进行营利活动,故甲的行为成立挪用公款罪。

答案:ABC

六、本罪的刑事责任

根据刑法典第 384 条第 1 款的规定,犯本罪的,处 5 年以下有期徒刑或拘役;情节严重的,处 5 年以上有期徒刑。挪用公款数额巨大不退还的,处 10 年以上有期徒刑或者无期徒刑。

根据刑法典第 384 条第 2 款的规定,挪用用于救灾、抢险、防汛、优抚、扶贫、移民、救济款物归个人使用的,从重处罚。

第三节 受 贿 罪

一、定义

受贿罪,是指国家工作人员利用职务上的便利,索取他人财物,或者非法收受他人财物,为他人谋取利益的行为。受贿罪在 1979 年刑法典、1997 年修订的刑法典中都规定为独立的罪名,只不过 1979 年刑法典将该罪列在渎职罪一章中。现行刑法典将该罪放在了贪污贿赂罪一章中。

二、犯罪客观要件

本罪在客观要件上表现为行为人利用职务上的便利,索取他人财物,或者非法收受他人财物并为他人谋取利益的行为。

(1) 利用职务上的便利。根据 1999 年最高人民检察院《关于人民检察院直接受理立案侦查案件立案标准的规定(试行)》的规定,"利用职务上的便利",是指利用本人职务范围内的权力,即自己职务上管理、负责或者承办某项公共事务的职权及其所形成的便利条件。

(2) 索取、收受他人财物。所谓索取他人财物,是指行为人利用职务上的便利,主动向他人索要或勒索并收取财物。索取贿赂的基本特征是行为人索要贿赂的主动性和他人交付财物的被动性。所谓收受他人财物,是指行为人以许诺或者实际实施为他人谋取利益为条件,被动地接受对方给付自己的财物。收受贿赂的基本特征是行贿人给付财物的主动性、自愿性和受贿人接受他人财物的被动性。

（3）为他人谋取利益。所谓为他人谋取利益，是指受贿人为他人谋求取的某种特定利益。这里所说的利益，可以是合法的利益，可以是非法的利益；可以是物质性利益，也可以是非物质性利益。根据我国相关司法解释的规定，具有下列情形之一的，应当认定为"为他人谋取利益"，构成犯罪的，应当依照刑法关于受贿犯罪的规定定罪处罚：一是实际或者承诺为他人谋取利益的；二是明知他人有具体请托事项的；三是履职时未被请托，但事后基于该履职事由收受他人财物的。国家工作人员索取、收受具有上下级关系的下属或者具有行政管理关系的被管理人员的财物价值3万元以上，可能影响职权行使的，视为承诺为他人谋取利益。①

为他人谋取利益并不是任何形式的受贿罪的必备要件，前述最高人民检察院《关于人民检察院直接受理立案侦查案件立案标准的规定（试行）》规定："索取他人财物的，不论是否'为他人谋取利益'，均可成立受贿罪。非法收受他人财物的，必须同时具备'为他人谋取利益'的条件，才能成立受贿罪。"

（4）斡旋受贿。根据刑法典第388条的规定，国家工作人员利用本人职权或者地位形成的便利条件，通过其他国家工作人员职务上的行为，为请托人谋取不正当利益，索取或者收受请托人财物的，以受贿论处。这就是刑法上的斡旋受贿或间接受贿，其客观方面表现为利用本人职权或者地位形成的便利条件，通过其他国家工作人员职务上的行为，为请托人谋取不正当利益，索取或者收受请托人财物的行为。斡旋受贿与一般受贿的区别是：第一，利用本人职权或者地位形成的便利条件，也就是间接利用职务之便，而非直接利用职务之便。第二，为请托人谋取不正当利益。索取贿赂形式的受贿罪，不要求行为人为他人谋取利益；收受贿赂形式的受贿犯罪，虽要求行为人为他人谋取利益，但不问谋取的是合法利益还是非法利益，斡旋式受贿犯罪则要求必须是为请托人谋取不正当利益。如何理解不正当利益，国内理论界有不同意见。我们认为，所谓不正当利益，是指根据法律、法规和有关政策不应当得到的利益。第三，通过其他国家工作人员的职务行为，为请托人谋取不正当利益。这里的职务行为，是指其他国家工作人员实施的职权范围内的行为。通过其他国家工作人员的职务行为是以行为人利用职务之便为前提的，同时又是行为人利用本人职权或者地位形成的便利条件的一种表现。第四，索取或者收受请托人财物与一般受贿犯罪不同的是，斡旋受贿犯罪中，无论是索取贿赂的形式还是收受贿赂的形式，均以请托人谋取不正当利益为必要。

另外，根据刑法典第385条第2款的规定，国家工作人员在经济往来中，违反国家规定，收受各种名义的回扣、手续费，归个人所有的，以受贿论处。

三、犯罪主观要件

本罪的主体是特殊主体，即国家工作人员。主要是指刑法典第93条所列举的各种国

---

① 2016年最高人民法院、最高人民检察院《关于办理贪污贿赂刑事案件适用法律若干问题的解释》。

家工作人员,但村民委员会等基层组织人员从事相关立法解释所规定的公务,利用职务上的便利,索取他人财物或者非法收受他人财物,也成立受贿罪。此外,根据1998年最高人民法院、最高人民检察院、公安部、国家工商行政管理局《关于依法查处盗窃、抢劫机动车案件的规定》和2000年最高人民法院《关于国家工作人员利用职务上的便利为他人谋取利益离退休后收受财物行为如何处理问题的批复》的规定,公安、工商行政管理人员利用职务上的便利索取或者非法收受他人财物,为赃车入户、过户、验证构成犯罪的,按受贿罪论处;国家工作人员利用职务上的便利为请托人谋取利益,并与请托人事先约定,在其离退休后收受请托人财物,构成犯罪的,以受贿罪论处。

本罪在主观方面是故意,而且只能是直接故意,即行为人明知其利用职务上的便利,索取他人财物或者非法收受他人财物并为他人谋取利益的行为会损害国家工作人员职务行为的廉洁性、不可收买性,仍然决意而为。根据我国相关司法解释的规定,特定关系人索取、收受他人财物,国家工作人员知道后未退还或者上交的,应当认定国家工作人员具有受贿故意。①

四、犯罪量度要件

《刑法修正案(九)》修改了刑法典第383条贪污受贿犯罪的定罪量刑标准,取消了该条对贪污受贿犯罪定罪量刑的具体数额标准,采用数额加情节的标准,同时增加了罚金刑,规定了三个量刑档次。

根据2016年最高人民法院、最高人民检察院《关于办理贪污贿赂刑事案件适用法律若干问题的解释》的规定,受贿数额在3万元以上不满20万元的,应当认定为刑法典第383条第1款规定的"数额较大"。受贿数额在1万元以上不满3万元,具有下列情形之一的,应当认定为刑法典第383条第1款规定的"其他较重情节":(1)曾因贪污、受贿、挪用公款受过党纪、行政处分的;(2)曾因故意犯罪受过刑事追究的;(3)赃款赃物用于非法活动的;(4)拒不交待赃款赃物去向或者拒不配合追缴工作,致使无法追缴的;(5)造成恶劣影响或者其他严重后果的;(6)多次索贿的;(7)为他人谋取不正当利益,致使公共财产、国家和人民利益遭受损失的;(8)为他人谋取职务提拔、调整的。受贿数额在20万元以上不满300万元的,应当认定为刑法典第383条第1款规定的"数额巨大"。受贿数额在10万元以上不满20万元,具有本《解释》第1条第3款规定的情形之一的,应当认定为刑法典第383条第1款规定的"其他严重情节"。受贿数额在300万元以上的,应当认定为刑法典第383条第1款规定的"数额特别巨大"。受贿数额在150万元以上不满300万元,具有本《解释》第1条第3款规定的情形之一的,应当认定为刑法典第383条第1款规定的"其他特别严重情节"。

---

① 2016年最高人民法院、最高人民检察院《关于办理贪污贿赂刑事案件适用法律若干问题的解释》。

五、本罪的认定

(一) 既遂与未遂

根据本罪犯罪成立的全部要件,受贿罪的犯罪行为人在具备了本罪主体和主观要件之后,客观上获取了他人的财物,即为受贿罪的既遂;反之,则视为未遂。如某法官,利用职务之便,索要当事人财物,并约好在某饭店交接,当事人将以此情况向检察院机关举报,当该法官前去与当事人交接财物之时被擒获,该法官的受贿犯罪就应以未遂论处。

理论界对受贿罪的既遂与未遂有四种不同观点①:第一种观点认为,收受贿赂的形式,应以受贿人承诺之时为既遂,即只要受贿人作出利用职务便利为他人谋取利益而收受他人贿赂的承诺时,为受贿既遂。索取贿赂的形式,以是否完成索贿行为区分犯罪既遂与未遂的标准,完成索贿行为即为既遂。第二种观点认为,应以是否得到贿赂作为区分受贿罪既遂与未遂的标准。受贿人得到财物,应认定为既遂;未得到财物,应认定为未遂。第三种观点认为,区分受贿罪的既遂与未遂应以受贿人是否为行贿人谋取了利益为标准,因为是否为行贿人谋取了利益,表明是否实际侵害了国家机关的正常活动,而且也能不放纵先为行贿人谋利益后收受贿赂的罪犯。第四种观点认为,区分受贿罪的既遂与未遂,一般情况下应以是否收到贿赂为标准,在虽未收到贿赂,但为行贿人谋利益的行为已给国家和人民造成实际损失的,也应认为是受贿罪既遂。

(二) 共犯形态

根据 2003 年最高人民法院《全国法院审理经济犯罪案件工作座谈会纪要》的规定,非国家工作人员与国家工作人员勾结,伙同受贿的,应当以受贿罪的共犯追究刑事责任。非国家工作人员是否构成受贿罪共犯,取决于双方有无共同受贿的故意和行为。国家工作人员的近亲属向国家工作人员代为转达请托事项,收受请托人财物并告知该国家工作人员,或者国家工作人员明知其近亲属收受了他人财物,仍按照近亲属的要求利用职权为他人谋取利益的,对该国家工作人员应认定为受贿罪,其近亲属以受贿罪共犯论处。近亲属以外的其他人与国家工作人员通谋,由国家工作人员利用职务上的便利为请托人谋取利益,收受请托人财物后双方共同占有的,构成受贿罪共犯。国家工作人员利用职务上的便利为他人谋取利益,并指定他人将财物送给其他人,构成犯罪的,应以受贿罪定罪处罚。

根据 2008 年最高人民法院、最高人民检察院《关于办理商业贿赂刑事案件适用法律若干问题的意见》的规定,非国家工作人员与国家工作人员通谋,共同收受他人财物,构成共同犯罪的,根据双方利用职务便利的具体情形分别定罪追究刑事责任:(1) 利用国家工作人员的职务便利为他人谋取利益的,以受贿罪追究刑事责任。(2) 利用非国家工作人员的职务便利为他人谋取利益的,以非国家工作人员受贿罪追究刑事责任。(3) 分别利用各自的职务便利为他人谋取利益的,按照主犯的犯罪性质追究刑事责任,不能分清主从

---

① 马克昌主编:《刑法学》,高等教育出版社 2003 年版,第 680 页。

犯的,可以受贿罪追究刑事责任。

(三)以借款为名索取或者非法收受财物的行为定性

根据 2003 年最高人民法院《全国法院审理经济犯罪案件工作座谈会纪要》,国家工作人员利用职务上的便利,以借为名向他人索取财物,或者非法收受财物为他人谋取利益的,应当认定为受贿。具体认定时,不能仅仅看是否有书面借款手续,应当根据以下因素综合判定:(1)有无正当、合理的借款事由;(2)款项的去向;(3)双方平时关系如何、有无经济往来;(4)出借方是否要求国家工作人员利用职务上的便利为其谋取利益;(5)借款后是否有归还的意思表示及行为;(6)是否有归还的能力;(7)未归还的原因;等等。

(四)当前司法实践中常见的受贿新形式

2007 年最高人民法院、最高人民检察院《关于办理受贿刑事案件适用法律若干问题的意见》总结和规定了当前司法实践中常见的 10 种新形式受贿行为,亦即"变相受贿"。

1. 以交易形式受贿

国家工作人员利用职务上的便利为请托人谋取利益,以下列交易形式收受请托人财物的,以受贿论处:(1)以明显低于市场的价格向请托人购买房屋、汽车等物品的;(2)以明显高于市场的价格向请托人出售房屋、汽车等物品的;(3)以其他交易形式非法收受请托人财物的。该形式受贿的数额按照交易时当地市场价格与实际支付价格的差额计算,市场价格包括商品经营者事先设定的不针对特定人的最低优惠价格。根据商品经营者事先设定的各种优惠交易条件,以优惠价格购买商品的,不属于受贿。

2. 以收受干股形式受贿

干股是指未出资而获得的股份。国家工作人员利用职务上的便利为请托人谋取利益,收受请托人提供的干股的,以受贿论处。进行了股权转让登记,或者相关证据证明股份发生了实际转让的,受贿数额按转让行为时股份价值计算,所分红利按受贿孳息处理。股份未实际转让,以股份分红名义获取利益的,实际获利数额应当认定为受贿数额。

3. 以开办公司等合作投资名义受贿

国家工作人员利用职务上的便利为请托人谋取利益,由请托人出资,"合作"开办公司或者进行其他"合作"投资的,以受贿论处。受贿数额为请托人给国家工作人员的出资额。国家工作人员利用职务上的便利为请托人谋取利益,以合作开办公司或者其他合作投资的名义获取"利润",没有实际出资和参与管理、经营的,以受贿论处。

4. 以委托请托人投资证券、期货或者其他委托理财的名义受贿

国家工作人员利用职务上的便利为请托人谋取利益,以委托请托人投资证券、期货或者其他委托理财的名义,未实际出资而获取"收益",或者虽然实际出资,但获取"收益"明显高于出资应得收益的,以受贿论处。受贿数额,前一情形,以"收益"额计算;后一情形,以"收益"额与出资应得收益额的差额计算。

5. 以赌博形式受贿

国家工作人员利用职务上的便利为请托人谋取利益,通过赌博方式收受请托人财物

的,构成受贿。实践中应注意区分贿赂与赌博活动、娱乐活动的界限。具体认定时,主要应当结合以下因素进行判断:(1)赌博的背景、场合、时间、次数;(2)赌资来源;(3)其他赌博参与者有无事先通谋;(4)输赢钱物的具体情况和金额大小。

6. 以特定关系人"挂名"领取薪酬形式受贿

国家工作人员利用职务上的便利为请托人谋取利益,要求或者接受请托人以给特定关系人安排工作为名,使特定关系人不实际工作却获取所谓薪酬的,以受贿论处。"特定关系人",是指与国家工作人员有近亲属、情妇(夫)以及其他共同利益关系的人。

7. 由特定关系人受贿

国家工作人员利用职务上的便利为请托人谋取利益,授意请托人以本意见所列形式,将有关财物给予特定关系人的,以受贿论处。特定关系人与国家工作人员通谋,共同实施前款行为的,对特定关系人以受贿罪的共犯论处。特定关系人以外的其他人与国家工作人员通谋,由国家工作人员利用职务上的便利为请托人谋取利益,收受请托人财物后双方共同占有的,以受贿罪的共犯论处。

8. 以收受贿赂物品未办理权属变更形式受贿

国家工作人员利用职务上的便利为请托人谋取利益,收受请托人房屋、汽车等物品,未变更权属登记或者借用他人名义办理权属变更登记的,不影响受贿的认定。认定以房屋、汽车等物品为对象的受贿,应注意与借用的区分。具体认定时,除双方交代或者书面协议之外,主要应当结合以下因素进行判断:(1)有无借用的合理事由;(2)是否实际使用;(3)借用时间的长短;(4)有无归还的条件;(5)有无归还的意思表示及行为。

9. 收受财物后退还或者上交的能否认定为受贿

国家工作人员收受请托人财物后及时退还或者上交的,不是受贿。国家工作人员受贿后,因自身或者与其受贿有关联的人、事被查处,为掩饰犯罪而退还或者上交的,不影响认定受贿罪。

10. 在职时为请托人谋利,离职后收受财物之受贿

国家工作人员利用职务上的便利为请托人谋取利益之前或者之后,约定在其离职后收受请托人财物,并在离职后收受的,以受贿论处。国家工作人员利用职务上的便利为请托人谋取利益,离职前后连续收受请托人财物的,离职前后收受部分均应计入受贿数额。

(五)其他规定

根据我国相关司法解释的规定,国家工作人员出于受贿的故意,非法占有公共财物、收受他人财物之后,将赃款赃物用于单位公务支出或者社会捐赠的,不影响受贿罪的认定,但量刑时可以酌情考虑。国家工作人员利用职务上的便利为请托人谋取利益前后多次收受请托人财物,受请托之前收受的财物数额在1万元以上的,应当一并计入受贿数额。国家工作人员利用职务上的便利,收受他人财物,为他人谋取利益,同时构成受贿罪和刑法分则第三章第三节、第九章规定的渎职犯罪的,除刑法另有规定外,以受贿罪和渎

职犯罪数罪并罚。①

【例题】 下列关于受贿罪的说法哪些是不正确的？（2003年司法考试真题）

A. 甲系地税局长，1993年向王某借钱3万元。1994年王某所办企业希望免税，得到甲的批准，王某当时就对甲说："上次借给你的钱就不用还了，算我给你的感谢费"。但甲始终不置可否。2003年5月甲因其他罪被抓获时，主动交待了借钱不还的事实。甲不成立受贿罪。

B. 乙的妻子在乡村小学教书，乙试图通过关系将其妻调往县城，就请县公安局长胡某给教育局长黄某打招呼，果然事成。事后，乙给胡某2万元钱，胡将其中1万元给黄某，剩余部分自己收下。本案中，黄某成立受贿罪、胡某成立介绍贿赂罪、乙成立行贿罪。

C. 丙为贷款而给某银行行长李某5万元钱，希望在贷款审批时多多关照。李某收过钱，点了点头。但事后，在行长办公会上，由于其他领导极力反对发放此笔贷款，丙未获取分文贷款资金。李某虽然收受他人财物，但由于没有为他人谋取利益，所以不成立受贿罪。

D. 丁系工商局长，1995年在对赵某所办企业进行年检时，发现该企业并不完全符合要求，就要求其补充材料。在某些主要材料难以补齐的情况下，赵某多次找到丁，希望高抬贵手。丁见赵某开办企业也不容易，就为其办理了年检手续，但未向赵提出任何不法要求。2001年丁退休后欲自己开办公司，就向赵某提出：6年前自己帮助了赵，希望赵给2万元作为丁自己公司的启动资金，赵推脱不过，只好给钱。丁应当成立受贿罪。

答案：ABCD

六、本罪的刑事责任

根据刑法典第386条的规定，犯本罪的，根据受贿所得数额及其情节，依照刑法典第383条的规定处罚。索贿的从重处罚。本罪的具体刑事责任为：(1)受贿数额较大或者有其他较重情节的，处3年以下有期徒刑或者拘役，并处罚金。(2)受贿数额巨大或者有其他严重情节的，处3年以上10年以下有期徒刑，并处罚金或者没收财产。(3)受贿数额特别巨大或者有其他特别严重情节的，处10年以上有期徒刑或者无期徒刑，并处罚金或者没收财产；数额特别巨大，并使国家和人民利益遭受特别重大损失的，处无期徒刑或者死刑，并处没收财产。

对多次受贿未经处理的，按照累计受贿数额处罚。犯本罪，在提起公诉前如实供述自己罪行、真诚悔罪、积极退赃，避免、减少损害结果的发生，有第(1)项规定情形的，可以从轻、减轻或者免除处罚；有第(2)项、第(3)项规定情形的，可以从轻处罚。犯本罪，有第(3)项规定情形被判处死刑缓期执行的，人民法院根据犯罪情节等情况可以同时决定在其死

---

① 2016年最高人民法院、最高人民检察院《关于办理贪污贿赂刑事案件适用法律若干问题的解释》。

刑缓期执行2年期满依法减为无期徒刑后,终身监禁,不得减刑、假释。

另外,根据我国相关司法解释的规定,受贿数额特别巨大,犯罪情节特别严重、社会影响特别恶劣、给国家和人民利益造成特别重大损失的,可以判处死刑。符合前款规定的情形,但具有自首、立功、如实供述自己罪行、真诚悔罪、积极退赃,或者避免、减少损害结果的发生等情节,不是必须立即执行的,可以判处死刑缓期2年执行。对受贿罪判处3年以下有期徒刑或者拘役的,应当并处10万元以上50万元以下的罚金;判处3年以上10年以下有期徒刑的,应当并处20万元以上犯罪数额2倍以下的罚金或者没收财产;判处10年以上有期徒刑或者无期徒刑的,应当并处50万元以上犯罪数额2倍以下的罚金或者没收财产。①

第四节　利用影响力受贿罪

一、定义

利用影响力受贿罪,是指国家工作人员的近亲属或者其他与该国家工作人员有密切关系的人,通过该国家工作人员职务上的行为,或者利用该国家工作人员职权或者地位形成的便利条件,通过其他国家工作人员职务上的行为,为请托人谋取不正当利益,索取请托人财物或者收受请托人财物,数额较大或者有其他较重情节的行为。本罪侵害的法益是公职人员职务行为的正当性。国家工作人员的职权是国家依法授予的,国家工作人员只能在职权范围内依法行使才是正当的,一切基于"近亲属"、"关系密切"的人情关系而超越职权、滥用职权都是不正当的行为。因此,将利用影响力受贿罪的法益界定为是对职务行为正当性的侵犯是符合刑法理论的。

二、犯罪客观要件

本罪客观方面在法律上表现为两种情形:(1)国家工作人员的"近亲属"、"关系密切"的人为主体时表现为通过国家工作人员职务上的行为,或者利用该国家工作人员职权或地位形成的便利条件,通过其他国家工作人员职务上的行为,为请托人谋取不正当利益,而索取请托人财物或收受请托人财物。(2)离职的国家工作人员或者其"近亲属"、"关系密切"的人为主体时表现为"利用该离职的国家工作人员原职权或者地位形成的便利条件","为请托人谋取不正当利益,索取请托人财物或者收受请托人财物"的行为。

对这两种情形在适用中应当注意把握以下三点:一是本罪客观行为的本质特征是利用影响力进行权钱交易;二是本罪的交易内容或交易目的是为请托人谋取不正当利益并获取财物;三是本罪的交易对象是财物。

---

① 2016年最高人民法院、最高人民检察院《关于办理贪污贿赂刑事案件适用法律若干问题的解释》。

三、犯罪主观要件

本罪的主体为特殊主体,即包括年满16周岁,具有刑事责任能力的国家工作人员的近亲属或者其他与该国家工作人员有密切关系的人,离职的国家工作人员或者其近亲属以及其他与其有密切关系的人,本罪的犯罪主体只包括自然人,不包括单位。

1. 国家工作人员近亲属的范围

本书认为,国家工作人员近亲属的范围应严格按照我国《刑事诉讼法》第82条的规定予以界定,即近亲属是指夫、妻、父、母、子、女、同胞兄弟姐妹。

2. 其他与该国家工作人员关系密切的人

本书认为,关键是对"关系密切的人"要有一个合乎立法精神的认定和把握尺度。"关系密切"应从人与人之间联系中的主观与客观相结合的实际出发综合判断,不能用一个固定的模式去判断。主要从三个方面予以把握:

(1) 基于血缘关系的"沾亲带故"而形成"关系密切"。中国人有"竹根亲"之说,除了近亲属之外,还应包括其他直系血亲关系、三代以内的旁系血亲、近姻亲关系等。

(2) 基于地域关系的"乡土观念"而形成"关系密切"。人们由于出身或居住在同一个地域,便自然会产生同乡关系、邻里关系的地缘感情,中国人俗称的"亲帮亲""邻帮邻"就是这种"关系密切"的表现。

(3) 基于职业、工作关系的"支援协作"而形成的"密切关系"。人们在社会生活中从事各种职业和工作,都要进入一种行业,这种业务相同、工作性质相近之间形成的频繁交往,就必然会逐渐形成同事关系、上下级关系、合作关系、配合与协作关系等等。此外还有基于特定利益关系的"相互关照"而形成的"关系密切"。人际关系中除感情因素之外,往往包括特定的利益因素在内,与国家工作人员或离职国家工作人员关系中的利益因素并不一定是非法的,但它对"关系密切"起着纽带作用,容易使影响力发挥作用。

3. 离职的国家工作人员或者其近亲属以及其他与其"关系密切"的人

这些人也有可能利用原职权或者地位形成的便利条件,通过其他国家工作人员职务上的行为,为请托人谋取不正当利益,从而索取或收受请托人财物,所以修正案对于本罪将这种人也列为了犯罪主体。

利用影响力受贿罪犯罪主体的范围与2007年最高人民法院、最高人民检察院《关于办理受贿刑事案件适用法律若干问题的意见》中使用的"特定关系人"[①]相比,犯罪主体的范围要更大些,相同的是都有严格的界限,并非所有单纯利用亲情、人情关系为请托人谋取不正当利益的人都等同于本罪的犯罪主体。

本罪在主观方面是故意,犯罪行为的目的是索取或收受请托人财物。本罪的故意内

---

① 该《意见》第11条规定:本意见所称"特定关系人"是指与国家工作人员有近亲属、情妇(夫)以及其他共同利益关系的人。

容应当包括两个方面：一是故意以影响力为请托人谋取不正当利益；二是以占有请托人财物为目的。在司法实践中，该罪主观要件的认定与受贿罪相同，即只要行为人利用影响力为请托人谋取不正当利益的行为已经实施，不论是事前索取或收受请托人财物还是事中、事后获取财物，均不影响犯罪主观要件的成立。

四、犯罪量度要件

成立本罪要求数额较大或者有其他较重情节。

【例题】 乙的孙子丙因涉嫌抢劫被刑拘。乙托甲设法使丙脱罪，并承诺事成后付其10万元。甲与公安局副局长丁早年认识，但多年未见面。甲托丁对丙作无罪处理，丁不同意，甲便以揭发隐私要挟，丁被迫按甲的要求处理案件。后甲收到乙10万元现金。关于本案，下列哪一选项是错误的？（2013年国家司法考试真题）

A. 对于"关系密切"应根据利用影响力受贿罪的实质进行解释，不能仅从形式上限定为亲朋好友。

B. 根据A选项的观点，"关系密切"包括具有制约关系的情形，甲成立利用影响力受贿罪。

C. 丁成立徇私枉法罪，甲成立徇私枉法罪的教唆犯。

D. 甲的行为同时触犯利用影响力受贿罪与徇私枉法罪，应从一重罪论处。

答案：D

五、本罪的刑事责任

根据刑法典第388条之一的规定，犯本罪的，处3年以下有期徒刑或者拘役，并处罚金；数额巨大或者有其他严重情节的，处3年以上7年以下有期徒刑，并处罚金；数额特别巨大或者有其他特别严重情节的，处7年以上有期徒刑，并处罚金或者没收财产。

根据我国相关司法解释的规定，本罪的定罪量刑适用标准，参照2016年最高人民法院、最高人民检察院《关于办理贪污贿赂刑事案件适用法律若干问题的解释》关于受贿罪的规定执行。

第五节　单位受贿罪

一、定义

单位受贿罪，是指国家机关、国有公司、企业、事业单位、人民团体，索取、非法收受他人财物，为他人谋取利益，情节严重的行为。

单位受贿罪作为独立罪名确立于1988年1月12日第六届全国人大常委会第二十四次会议通过并颁布的《关于惩治贪污贿赂罪的补充规定》中，1997年修订的刑法典在第

387条中将此罪名正式规定在刑法典中。

二、犯罪客观要件

本罪在客观要件上表现为国家机关、国有公司、企业、事业单位、人民团体索取、非法收受他人财物,为他人谋取利益。如掌握行政审批权的国家机关、掌握发放贷款权的国有商业银行,利用申请单位和个人获得审批、贷款的急迫心情,向申请单位和个人索要的好处费、回扣等,或者收受申请单位和个人给予的好处费或回扣,为他人谋取利益,包括非法利益,也包括正当利益,至于是否实际为他人谋取了利益,不影响本罪的成立。此外,根据刑法典387条第2款的规定,前述所列单位,在经济来往中,在账外暗中收受各种名义的回扣、手续费的,也是单位受贿罪。根据我国相关司法解释的规定,具有下列情形之一的,应当认定为"为他人谋取利益",构成犯罪的,应当依照刑法关于受贿犯罪的规定定罪处罚:(1)实际或者承诺为他人谋取利益的;(2)明知他人有具体请托事项的;(3)履职时未被请托,但事后基于该履职事由收受他人财物的。①

三、犯罪主观要件

本罪的主体是国家机关、国有公司、企业、事业单位、人民团体。其他任何组织和单位不能成为本罪的主体。这是由上述单位在国家政治、经济体制中的地位职责所决定的,它们违背职责,利用国家权力索取、收受他人财物,为他人谋取利益,不仅损害了国家法律的尊严,也严重破坏了国家的廉政建设制度。

本罪在主观方面只能由故意构成。单位受贿罪的这种故意,是经单位决策机构的授意或同意,并由其直接负责的主管人员和其他责任人员故意收受或索取他人贿赂的行为表现出来的,是单位整体意志的体现。

四、犯罪量度要件

成立本罪要求同时具备为他人谋取利益,情节严重。"情节严重",主要是指索取、收贿造成重大损害。根据1999年最高人民检察院《关于人民检察院直接受理立案侦查案件立案标准的规定(试行)》,"情节严重"是指:"1.单位受贿数额在10万元以上的;2.单位受贿数额不满10万,但有下列情形之一的:(1)故意刁难、要挟有关单位、个人造成恶劣影响的;(2)强行索取财物的;(3)致使国家或者社会利益遭受重大损失的。"

五、本罪的认定

(一)犯罪转化

单位受贿行为,在一定的条件下可以转化为个人受贿犯罪,这通常发生在以下情况:

---

① 2016年最高人民法院、最高人民检察院《关于办理贪污贿赂刑事案件适用法律若干问题的解释》。

一是单位负责人假借单位名义个人索取或收受他人财物后中饱私囊的;二是单位直接负责的主管人员和其他直接责任人员借单位名义索取、收受他人财物后私分,并不将非法利益用于单位的。

（二）既遂与未遂

单位受贿罪与受贿罪的既遂未遂大体相同,在此不予赘述。

六、本罪的刑事责任

根据刑法典第387条第1款的规定,犯本罪的,对单位判处罚金,并对其直接负责的主管人员和其他直接责任人员,处5年以下有期徒刑或拘役。根据刑法典第387条第2款的规定,在经济往来中,在账外暗中收受各种名义的回扣、手续费,以受贿论,并依照第1款的规定处罚。

第六节　行　贿　罪

一、定义

行贿罪,是指为谋取不正当利益,给予国家工作人员以财物的行为。行贿罪是与受贿罪相对应的罪名,在1979年刑法典中就是一个独立的罪名,1997年修订的刑法典保留了这一罪名。

二、犯罪客观要件

本罪在客观要件上表现为行为人为谋取不正当利益,给予国家工作人员以财物。与受贿的形式相对应,行贿也分为两种情形:一是行为人主动给予受贿人的财物。在这种情况下,无论行贿人意图谋取的不正当利益是否实现,均不影响行贿罪的成立,即使是受贿人实际上并未实施为其谋取不正当利益的行为,也可以成立行贿罪。二是行为人被勒索被动地给予受贿人以财物。

此外,根据刑法典第389条第2款的规定,在经济往来中,违反国家规定,给予国家工作人员以各种名义的回扣、手续费的,以行贿论处。对于这种行贿,并不要求具备必须以谋取不正当利益为目的,只要具有本条款规定的行为,即成立行贿罪。根据刑法典第389条第3款的规定,因被勒索给予国家工作人员以财物,没有获得不正当利益的,不是行贿。

三、犯罪主观要件

本罪是一般主体,凡是年满16周岁、具有刑事责任能力的自然人都可以成为本罪的主体。

本罪在主观方面是直接故意,并具有谋取不正当利益的目的。根据1999年最高人民法院、最高人民检察院《关于在办理受贿犯罪大要案的同时要严肃查处严重行贿犯罪分子的通知》的规定，所谓"不正当利益"，是指违反法律、法规、国家政策和国务院各部门规章规定的利益，以及要求国家工作人员或者有关单位提供违反法律、法规、国家政策以及各部门制定的规章规定的帮助或者方便条件。

四、犯罪量度要件

根据 2016 年最高人民法院、最高人民检察院《关于办理贪污贿赂刑事案件适用法律若干问题的解释》的规定，为谋取不正当利益，向国家工作人员行贿，数额在 3 万元以上的，应当依照刑法典第 390 的规定以行贿罪追究刑事责任。行贿数额在 1 万元以上不满 3 万元，具有下列情形之一的，应当依照刑法典第 390 条的规定以行贿罪追究刑事责任：(1) 向 3 人以上行贿的；(2) 将违法所得用于行贿的；(3) 通过行贿谋取职务提拔、调整的；(4) 向负有食品、药品、安全生产、环境保护等监督管理职责的国家工作人员行贿，实施非法活动的；(5) 向司法工作人员行贿，影响司法公正的；(6) 造成经济损失数额在 50 万元以上不满 100 万元的。

犯行贿罪，具有下列情形之一的，应当认定为刑法典第 390 条第 1 款规定的"情节严重"：(1) 行贿数额在 100 万元以上不满 500 万元的；(2) 行贿数额在 50 万元以上不满 100 万元，并具有上述《解释》第 7 条第 2 款第 1 项至第 5 项规定的情形之一的；(3) 其他严重的情节。

为谋取不正当利益，向国家工作人员行贿，造成经济损失数额在 100 万元以上不满 500 万元的，应当认定为刑法典第 390 条第 1 款规定的"使国家利益遭受重大损失"。犯行贿罪，具有下列情形之一的，应当认定为刑法典第 390 条第 1 款规定的"情节特别严重"：(1) 行贿数额在 500 万元以上的；(2) 行贿数额在 250 万元以上不满 500 万元，并具有上述《解释》第 7 条第 2 款第(1)项至第(5)项规定的情形之一的；(3) 其他特别严重的情节。为谋取不正当利益，向国家工作人员行贿，造成经济损失数额在 500 万元以上的，应当认定为刑法典第 390 条第 1 款规定的"使国家利益遭受特别重大损失"。

五、本罪的认定

(一) 既遂未遂

行贿罪通常都表现出既遂形态，但在一定条件下，行贿犯罪也存在未遂形态。如行贿人为谋取不正当利益向国家工作人员兑现行贿财物，被国家司法机关事先掌握，在行贿人向受贿人在约定地点准备交接行贿财物时将其人赃俱获。这种情形就应以行贿未遂论述。

(二) 罪数形态

行贿人谋取不正当利益的行为成立犯罪的，应当与行贿犯罪实行数罪并罚。

(三) 其他规定

根据 2016 年最高人民法院、最高人民检察院《关于办理贪污贿赂刑事案件适用法律若干问题的解释》的规定,根据行贿犯罪的事实、情节,可能被判处 3 年有期徒刑以下刑罚的,可以认定为刑法典第 390 条第 2 款规定的"犯罪较轻"。根据犯罪的事实、情节,已经或者可能被判处 10 年有期徒刑以上刑罚的,或者案件在本省、自治区、直辖市或者全国范围内有较大影响的,可以认定为刑法典第 390 条第 2 款规定的"重大案件"。具有下列情形之一的,可以认定为刑法典第 390 条第 2 款规定的"对侦破重大案件起关键作用":(1) 主动交待办案机关未掌握的重大案件线索的;(2) 主动交待的犯罪线索不属于重大案件的线索,但该线索对于重大案件侦破有重要作用的;(3) 主动交待行贿事实,对于重大案件的证据收集有重要作用的;(4) 主动交待行贿事实,对于重大案件的追逃、追赃有重要作用的。

六、本罪的刑事责任

根据刑法典第 390 条的规定,犯本罪的,处 5 年以下有期徒刑或者拘役,并处罚金;因行贿谋取不正当利益,情节严重的,或者使国家利益遭受重大损失的,处 5 年以上 10 年以下有期徒刑,并处罚金;情节特别严重的,或者使国家利益遭受特别重大损失的,处 10 年以上有期徒刑或者无期徒刑,并处罚金或者没收财产。行贿人在被追诉前主动交待行贿行为的,可以从轻或者减轻处罚;其中,犯罪较轻的,对侦破重大案件起关键作用的,或者有重大立功表现的,可以减轻或者免除处罚。

实施行贿犯罪,具有下列情形之一的,一般不适用缓刑和免予刑事处罚:(1) 向 3 人以上行贿的;(2) 因行贿受过行政处罚或者刑事处罚的;(3) 为实施违法犯罪活动而行贿的;(4) 造成严重危害后果的;(5) 其他不适用缓刑和免予刑事处罚的情形。具有刑法典第 390 条第 2 款规定的情形的,不受前款规定的限制。①

第七节　介绍贿赂罪

一、定义

介绍贿赂罪,是指行为人在行贿人与国家工作人员之间进行的沟通、撮合,使行贿和受贿得以实现、情节严重的行为。介绍贿赂罪的犯罪对象就受贿的一方而言只能是国家工作人员,且只限于国家工作人员个人,如果向非国家工作人员或国有单位、非国有单位介绍贿赂,则不成立本罪。介绍贿赂罪是 1979 年刑法典中所确立的罪名,1997 年修订的刑法典予以保留。

---

① 2012 年最高人民法院、最高人民检察院《关于办理行贿刑事案件具体应用法律若干问题的解释》。

二、犯罪客观要件

本罪在客观要件上表现为向国家工作人员介绍贿赂,即在行贿人与国家工作人员之间进行引见、沟通、撮合,促使行贿与受贿得以实现。介绍贿赂通常表现为两种形式:一是受行贿人之托,为其物色行贿对象,疏通行贿渠道,引荐受贿人,转达行贿的信息,为行贿人转交贿赂物,向受贿人转达行贿人的要求等;二是按照受贿人的意图,为其物色行贿人,居间介绍。上述表现形式,都是实施向国家工作人员介绍贿赂的行为。

三、犯罪主观要件

本罪是一般主体,即年满16周岁、具备刑事责任能力的自然人,但仅限于自然人向国家工作人员介绍贿赂,不包括向国有单位介绍贿赂,也不包括单位向国家工作人员介绍贿赂。

本罪在主观方面由故意构成,即行为人主观上必须具有向国家工作人员介绍贿赂的故意。对促成以权换利的交易行为人所持的心理则既有希望、也有放任。因此,本罪的故意既包括直接故意也包括间接故意。至于行为人出于何种动机,是否因介绍贿赂从行贿方或者受贿方得到某种利益,不影响本罪的成立。

四、犯罪量度要件

成立本罪要求情节严重。涉嫌行贿,有下列情形之一的,应予立案:(1) 介绍个人向国家工作人员行贿,数额在2万元以上的,介绍单位向国家工作人员行贿,数额在20万元以上的;(2) 介绍贿赂不满上述标准,但具有下列情形之一的:为使行贿人获得非法利益而介绍贿赂的,3次以上或者为3人以上介绍贿赂的;向党政领导、司法工作人员、行政执法人员介绍贿赂的;致使国家或者社会利益遭受重大损失的。[①]

五、本罪的认定

介绍贿赂罪的既遂与未遂的判定通常是以被介绍的行贿人和受贿人建立起权钱交易的关系为标准。当介绍贿赂罪的行为人沟通、撮合使双方形成意向,并彼此建立联系,该罪既处在既遂状态。双方权钱交易是否最终实现不影响既遂,但当介绍行为遭到一方的拒绝,使撮合、沟通行为未能实现,在理论上应视为介绍贿赂未遂。

刑法典第392条第2款规定,介绍贿赂人在被追诉前主动交待介绍贿赂行为的,可以减轻或者免除处罚。此处的"被追诉前",根据2012年最高人民法院、最高人民检察院《关于办理行贿刑事案件具体应用法律若干问题的解释》的规定,是指检察机关对行贿人的行贿行为刑事立案前。

---

① 1999年最高人民检察院《关于人民检察院直接受理立案侦查案件立案标准的规定(试行)》。

六、本罪的刑事责任

根据刑法典第 392 条的规定,犯本罪的,处 3 年以下有期徒刑或者拘役,并处罚金。介绍贿赂人在被追诉前主动交待介绍贿赂行为的,可以减轻或者免除处罚。

根据 2016 年最高人民法院、最高人民检察院《关于办理贪污贿赂刑事案件适用法律若干问题的解释》的规定,对刑法规定并处罚金的除贪污罪、受贿罪的其他贪污贿赂犯罪,应当在 10 万元以上犯罪数额 2 倍以下判处罚金。

第八节 巨额财产来源不明罪

一、定义

巨额财产来源不明罪,是指国家工作人员的财产或者支出明显超过合法收入,差额巨大,经责令说明来源,本人不能说明其来源的行为。巨额财产来源不明罪是 1997 年修订的刑法典中所确立的新罪名。

二、犯罪客观要件

本罪在客观方面表现为:(1) 行为人的财产或者支出明显超过合法收入,且差额巨大。根据 1999 年最高人民检察院《关于人民检察院直接受理立案侦查案件立案标准的规定(试行)》的规定,差额巨大是指 30 万元以上的数额。也即超过合法收入的财产或支出达到 30 万元人民币以上,达不到这一差额,不能以本罪论处。(2) 行为对差额巨大的财产不能说明合法来源。这里的"不能说明",既包括拒不说明,也包括不能证明,具体包括以下情况:(1) 行为人拒不说明财产来源;(2) 行为人无法说明财产的具体来源;(3) 行为人所说的财产来源经司法机关查证并不属实;(4) 行为人所说的财产来源因线索不具体等原因,司法机关无法查实,但能排除存在来源合法的可能性和合理性。① 本罪在客观方面不仅要求财产占有和支出与合法收入有巨大差额,而且要求行为人对这一差额的来源说明不了其合法的来源。

三、犯罪主观要件

本罪的主体是特殊主体,仅限于国家工作人员,村民委员会等基层组织人员不能成为本罪的主体。

本罪在主观方面是故意,即明知自己的行为会发生侵犯国家工作人员职务行为廉洁性,并且希望或者放任这种结果的发生。

---

① 2003 年最高人民法院《全国法院审理经济犯罪案件工作座谈会纪要》。

四、犯罪量度要件

根据 1999 年最高人民检察院《关于人民检察院直接受理立案侦查案件立案标准的规定（试行）》的规定，涉嫌巨额财产来源不明，数额在 30 万元以上的，应予立案。

五、本罪的认定

（一）"非法所得"的数额计算

刑法典第 395 条规定的"非法所得"，一般是指行为人的全部财产与能够认定的所有支出的总和减去能够证实的有真实来源的所得，在具体计算时应注意以下问题：（1）应把国家工作人员个人财产和与其共同生活的家庭成员的财产、支出等一并计算，而且一并减去他们所有的合法收入以及确属与其共同生活的家庭成员个人的非法收入。（2）行为人所有的财产包括房产、家具、生活用品、学习用品及股票、债券、存款等动产和不动产；行为人的支出包括合法支出和不合法的支出，包括日常生活、工作、学习费用、罚款及向他人行贿的财物等；行为人的合法收入包括工资、奖金、稿酬、继承等法律和政策允许的各种收入。（3）为了便于计算犯罪数额，对于行为人的财产和合法收入，一般可以从行为人有比较确定的收入和财产时开始计算。[①]

（二）犯罪转化

本罪在认定过程中出现以下两种情况，罪名都应发生转化，即按行为实际触犯的罪名定罪处罚：一是行为人拒不说明差额巨大的财产或支出经查证是贪污、受贿或其他非法收入，此时，应按其行为性质认定犯罪；二是行为人说明了其非法来源，查证属实也应按其行为性质定罪。

六、本罪的刑事责任

根据刑法典第 395 条第 1 款的规定，犯本罪的，处 5 年以下有期徒刑或者拘役。差额特别巨大的，处 5 年以上 10 年以下有期徒刑。财产的差额部分以非法所得论，予以追缴。

第九节 私分罚没财物罪

一、定义

私分罚没财物罪，是指司法机关、行政执法机关违反国家规定，将应当上缴国家的罚没财物，以单位名义集体私分给个人数额较大的行为。私分罚没财物罪是 1997 年修订的刑法典中所设立的独立罪名，在此之前该罪是贪污的表现形式之一。

[①] 2003 年最高人民法院《全国法院审理经济犯罪案件工作座谈会纪要》。

二、犯罪客观要件

本罪在客观方面表现为违反国家规定，将应当上缴国家的罚没财物，以单位名义私分给个人，数额较大的行为。这里的"罚没财物"，既包括司法机关追缴、没收犯罪嫌疑人、被告人的财物，以及对犯罪人判处罚金、没收财产而收缴的财物，也包括行政执法机关在执法活动中没收或追缴的单位或个人财物。这里的"违反国家规定"，是指违反国家有关罚没财物管理的规定。

三、犯罪主观要件

本罪属于纯正的单位犯罪，即犯罪主体只能是国家司法机关和行政执法机关。

本罪在主观方面是直接故意，即明知是应当上缴的罚没财物，仍有意以单位名义进行集体私分。

四、犯罪量度要件

根据1999年最高人民检察院《关于人民检察院直接受理立案侦查案件立案标准的规定（试行）》的规定，涉嫌私分国有资产，累计数额在10万元以上的，应予立案。

五、本罪的刑事责任

根据刑法典第396条第2款的规定，犯私分罚没财物罪的，对其直接负责的主管人员和直接责任人员，处3年以下有期徒刑或者拘役，并处或者单处罚金，数额巨大的，处3年以上7年以下有期徒刑，并处罚金。

根据2016年最高人民法院、最高人民检察院《关于办理贪污贿赂刑事案件适用法律若干问题的解释》的规定，对刑法典规定并处罚金的除贪污罪、受贿罪的其他贪污贿赂犯罪，应当在10万元以上犯罪数额2倍以下判处罚金。

第十节 其他贪污贿赂罪

除前述罪名之外，我国现行刑法分则第八章还规定了对有影响力的人行贿罪、对单位行贿罪、单位行贿罪、隐瞒境外存款罪、私分国有资产罪等五个罪名。

一、对有影响力的人行贿罪

对有影响力的人行贿罪，是指个人或者单位为谋取不正当利益，向国家工作人员的近亲属或者其他与该国家工作人员关系密切的人，或者向离职的国家工作人员或者其近亲属以及其他与其关系密切的人行贿的行为。《联合国反腐败公约》第18条规定，各缔约国均应当考虑采取必要的立法和其他措施，将下列故意实施的行为规定为犯罪：直接或间接向公职人员或者其他任何人员许诺给予、提议给予或者实际给予任何不正当好处,以使其滥用本人的实际影响力或者被认为具有的影响力,为该行为的造意人或者其他任何人从缔约国的行政部门或者公共机关获得不正当好处。《刑法修正案(九)》增加了向特定关系人行贿犯罪,对于遏制贿赂行为具有重要意义。根据相关司法解释的规定,本罪的定罪量刑适用标准,参照2016年最高人民法院、最高人民检察院《关于办理贪污贿赂刑事案件适用法律若干问题的解释》关于行贿罪的规定执行;单位对有影响力的人行贿数额在20万元以上的,应当依照刑法典第390条之一的规定以对有影响力的人行贿罪追究刑事责任。

根据刑法典第390条之一的规定,犯本罪的,处3年以下有期徒刑或者拘役,并处罚金;情节严重的,或者使国家利益遭受重大损失的,处3年以上7年以下有期徒刑,并处罚金;情节特别严重的,或者使国家利益遭受特别重大损失的,处7年以上10年以下有期徒刑,并处罚金。单位犯本罪的,对单位判处罚金,并对其直接负责的主管人员和其他直接责任人员,处3年以下有期徒刑或者拘役,并处罚金。

根据2016年最高人民法院、最高人民检察院《关于办理贪污贿赂刑事案件适用法律若干问题的解释》的规定,对刑法典规定并处罚金的除贪污罪、受贿罪的其他贪污贿赂犯罪,应当在10万元以上犯罪数额2倍以下判处罚金。

二、对单位行贿罪

对单位行贿罪,是指为谋取不正当利益,给予国家机关、国有公司、企业、事业单位、人民团体以财物,或者在经济往来中,违反国家规定,给予各种名义的回扣、手续费的行为。根据2000年最高人民检察院《关于行贿罪立案标准的规定》,对单位行贿,涉嫌下列情形之一的,应予立案:(1)个人行贿数额在10万元以上、单位行贿数额在20万元以上的;(2)个人行贿数额不满10万元、单位行贿数额在10万元以上不满20万元,但具有下列情形之一的:为谋取非法利益而行贿的;向3个以上单位行贿的;向党政机关、司法机关、行政执法机关行贿的;致使国家或者社会利益遭受重大损失的。被认定为单位犯罪的,必须是为单位谋取不正当利益,因行贿取得的利益必须归单位所有;如果为了个人利益而以单位名义行贿,或者因行贿取得的利益归个人所有,则应认定为自然人犯罪。本罪与行贿罪有两个区别:(1)本罪主体既可以是自然人,也可以是单位,而行贿罪的主体只能是自然人。(2)本罪是给予国家机关、国有公司、企业、事业单位、人民团体以财物、回扣、手续费,而行贿罪是给予国家工作人员以财物、回扣、手续费。

根据刑法典第391条的规定,犯本罪的,处3年以下有期徒刑或者拘役,并处罚金;单位犯本罪的,对单位判处罚金,并对其直接负责的主管人员和其他直接责任人员,处3年以下有期徒刑或者拘役。

根据2016年最高人民法院、最高人民检察院《关于办理贪污贿赂刑事案件适用法律若干问题的解释》的规定,对刑法典规定并处罚金的除贪污罪、受贿罪的其他贪污贿赂犯罪,应当在10万元以上犯罪数额2倍以下判处罚金。

三、单位行贿罪

单位行贿罪,是指单位为谋取不正当利益而行贿,或者违反国家规定,给予国家工作人员以回扣、手续费,情节严重的行为。根据2000年最高人民检察院《关于行贿罪立案标准的规定》,单位行贿,涉嫌下列情形之一的,应予立案:(1)单位行贿数额在20万元以上的;(2)单位为谋取不正当利益而行贿,数额在10万元以上不满20万元,但具有下列情形之一的:为谋取非法利益而行贿的;向3人以上行贿的;向党政领导、司法工作人员、行政执法人员行贿的;致使国家或者社会利益遭受重大损失的。因行贿取得的违法所得归个人所有的,依照关于个人行贿的规定立案,追究其刑事责任。本罪与行贿罪的区别在于:本罪主体是单位,而行贿罪的主体是自然人;成立本罪要求情节严重,而成立行贿罪不要求情节严重。

根据刑法典第393条的规定,犯本罪的,对单位判处罚金,并对其直接负责的主管人员和其他直接责任人员,处5年以下有期徒刑或者拘役,并处罚金。如果因行贿取得的违法所得归个人所有,则以行贿罪论处,而不认定为单位行贿罪。

根据2016年最高人民法院、最高人民检察院《关于办理贪污贿赂刑事案件适用法律若干问题的解释》的规定,对刑法典规定并处罚金的除贪污罪、受贿罪的其他贪污贿赂犯罪,应当在10万元以上犯罪数额2倍以下判处罚金。

四、隐瞒境外存款罪

隐瞒境外存款罪,是指国家工作人员对于个人的境外的存款,依照国家规定应当申报而隐瞒不报,数额较大的行为。本罪客观方面包括三个方面的内容:(1)行为人负有依照国家规定申报其境外存款的义务。这里所说的境外存款是指行为人在国(边)境外的金融机构中的存款。所存之款包括外币、有价证券、股票等。(2)行为人隐瞒不报其境外存款,即不履行其申报业务。(3)隐瞒境外存款的数额较大。"数额较大"的标准,有待最高司法机关作出相关的司法解释。根据1999年最高人民检察院《关于人民检察院直接受理立案侦查案件立案标准的规定(试行)》的规定,涉嫌隐瞒境外存款,折合人民币数额在30万元以上的,应予立案。

根据刑法典第395条第2款的规定,犯本罪的,处2年以下有期徒刑或者拘役。情节较轻的,由其所在单位或者上级主管机关酌情给予行政处分。

五、私分国有资产罪

私分国有资产罪是指国家机关、国有公司、企业、事业单位、人民团体、司法机关、行政执法机关,违反国家规定,以单位名义将国有资产私分给个人,数额较大的行为。根据1999年最高人民检察院《关于人民检察院直接受理立案侦查案件立案标准的规定(试行)》,涉嫌私分国有资产,累计数额在10万元以上的,应予立案。

根据刑法典第396条第1款的规定,犯本罪的,对单位直接负责的主管人员和直接责任人员处3年以下有期徒刑或者拘役,并处或者单处罚金;数额巨大的,处3年以上7年以下有期徒刑,并处罚金。

根据2016年最高人民法院、最高人民检察院《关于办理贪污贿赂刑事案件适用法律若干问题的解释》的规定,对刑法典规定并处罚金的除贪污罪、受贿罪的其他贪污贿赂犯罪,应当在10万元以上犯罪数额2倍以下判处罚金。

第十一节　罪之比较与适用

贪污贿赂罪作为我国刑法分则中的一种犯罪类型,在本章罪与罪之间既有相同,又有差异,又由于本章犯罪与其他各章犯罪在所侵害法益或犯罪客观方面也有一定的联系。因此,本章犯罪所涉及的罪名与其他各章犯罪相关罪名也存在相同和差异之处。

一、本章罪之比较

（一）挪用公款罪与贪污罪的区别

挪用公款罪与贪污罪的区别主要表现为:(1)犯罪对象不完全相同。前罪原则上只限于公款,例外地包括特定公物;后罪既包括公款,也包括其他公共财物。(2)犯罪行为不同。前罪只是挪用公款,即暂时占有、使用公款;后罪是以侵吞、窃取、骗取或者其他手段非法将公共财物占为己有或者使第三者所有。(3)犯罪故意内容不同。前罪以暂时占有、使用公款为目的,具有归还的意图;后罪以永久不法所有为目的,不具有归还的意图。

（二）贪污罪与受贿罪的区别

贪污罪与受贿罪的区别主要表现为:(1)客观行为表现不同。前罪表现为行为人利用职务上的便利,采取侵吞、窃取、骗取或者其他方法非法占有公共财物;后罪表现为行为人利用职务上的便利索取他人财物或者非法收受他人财物并为他人谋取利益。(2)犯罪对象不完全相同。前罪针对的是公共财物;后罪针对的不仅有公共财物,还有私人财物。(3)非法获取财物的状态不同。前罪行为人的非法获取的财物是自己合法主管、经营的公共财物;后罪所非法获取的他人财物并不受行为人控制。

（三）受贿罪与单位受贿罪的区别

受贿罪与单位受贿罪的区别主要表现为:(1)犯罪主体不同。受贿罪的主体是国家工作人员;单位受贿罪的主体是国家机关、国有公司、企业、事业单位、人民团体。(2)构成犯罪的数额不同。受贿罪构成犯罪的数额一般是3万元以上人民币;单位受贿罪构成犯罪的数额一般是10万元以上人民币。

（四）行贿罪与对单位行贿罪的区别

行贿罪与对单位行贿罪的区别主要表现为:(1)行贿对象不同。前罪是国家工作人员;后罪是国家机关、国有公司、企业、事业单位、人民团体。(2)成立犯罪的情节数额要求不同。前罪成立不要求情节严重且数额一般只要求1万元人民币;后罪成立要求情节严重且数额一般要求20万元以上人民币。

(五)单位行贿罪与对单位行贿罪的区别

单位行贿罪与对单位行贿罪的区别主要表现为:(1)主体不同。前罪的主体只能是单位;后罪的主体可以是自然人,也可以是单位。(2)行贿对象不同。前罪是国家工作人员;后罪是国家机关、国有公司、企业、事业单位、人民团体。(3)成立犯罪的情节要求不同。前罪要求情节严重;后罪不要求情节严重。

二、与其他章节罪之比较

(一)贪污罪与盗窃罪、诈骗罪、侵占罪的区别

贪污罪与盗窃罪、诈骗罪、侵占罪的区别主要表现为:(1)侵害对象不同。前罪的对象仅限于公共财物;后罪的对象既可以是公共财物,也可以是公民私人所有的财物。(2)客观行为不同。前罪的行为包括利用职务之便的侵吞、窃取、骗取及其他手段;后罪的行为分别是特定的窃取、骗取与侵占行为,不存在利用职务之便的问题。(3)犯罪主体不同。前罪的主体是特殊主体;后罪的主体为一般主体。

(二)贪污罪与职务侵占罪的区别

贪污罪与职务侵占罪的区别主要表现为:(1)侵害的法益不同。前罪主要侵犯的是职务行为的廉洁性;后罪侵犯的法益是单位财物的所有权。(2)犯罪主体不同。前罪的主体必须是国家工作人员以及受国家机关、国有公司、企业、事业单位、人民团体委托管理、经营国有财物的人员;后罪是除上述人员以外的公司、企业及其他单位的人员;(3)犯罪对象不同。前罪的对象只能是公共财物,其中主要是国有财物;后罪的对象虽然可以是公共财物(如集体所有的财物),但还包括私营公司、企业的财物。

(三)挪用公款罪与挪用资金罪的区别

挪用公款罪与挪用资金罪的区别主要表现为:(1)犯罪对象不完全相同。前罪的对象是公款与特定款物,其中主要是国有财物;后罪的对象虽然包括公共财物,但也包括私营公司、企业的资金。(2)犯罪主体要求不同。前罪的主体只限于国家工作人员;后罪的主体是除国家工作人员以外的公司、企业及其他单位的人员。

(四)受贿罪与敲诈勒索罪的区别

受贿罪与敲诈勒索罪的区别主要表现为:(1)犯罪主体不同。受贿罪的主体是国家工作人员;敲诈勒索罪不要求行为人具有国家工作人员的特殊身份。(2)客观方面不同。受贿罪的成立要求行为人利用职务之便;敲诈勒索罪的行为人通常没有利用职务上的便利。

(五)受贿罪与公司企业人员受贿罪的区别

受贿罪与公司企业人员受贿罪的区别主要表现为:(1)犯罪主体不同。前罪的主体必须是国家工作人员;后罪的主体是国家工作人员以外的公司、企业的工作人员。(2)客

观方面不完全相同。前罪没有明文规定必须数额较大，且索取行为不要求为他人谋取利益；后罪明文规定必须数额较大，且索取行为也必须为他人谋取利益。

三、案例适用

【案例1】

被告人辛业江，男，63岁，湖南省临澧县人，原系海南省第一届人民代表大会常务委员会副主任。1993年5月，海药公司委托其下属的房地产开发公司经营部经理林丹杨为该公司股票上市打通关系。林丹杨即通过海南出版社符××认识了当时担任省证券委副主任的辛业江。林向辛汇报了海药公司申请股票上市的情况，希望辛业江予以支持。辛表示可以帮忙。随后，海药公司领导根据林丹杨的申请，决定拿出6万内部职工股用于拉关系，但要求林尽可能收回股金。林丹杨便将其弟林丹青的1万元海药公司股金收据在黑市炒卖得款人民币6万元，于同年7月21日将此款交给海药公司后领出6万元的内部职工股股金收据，将其中1万元股金收据交还其弟，将另5万元以李五成名字登记的海药公司内部职工股股金收据，连同李五成的身份证于同年7月下旬的一天晚上送到辛业江家中。辛当即收下，未付股金款。此后，辛业江于同年9月27日在海南省证券委《关于同意海南海药实业股份有限公司申请材料报送国家证监会复审的报告》上签署了同意的意见。1994年4月，辛业江将所收受的股金收据交给其次子辛一林办理托管手续。同年6月，辛一林办好托管手续后，委托海南辉宏企业有限公司职员肖强在海南富南证券经营部（现改为海南发展银行证券部）陆续卖出，得款人民币193193.04元，尚有73股留在账户上。海口市中级人民法院于1998年5月26日判决：(1)被告人辛业江犯受贿罪，判处有期徒刑5年。(2)追缴被告人辛业江受贿违法所得的193192.04元及海药公司股票73股，上缴国库。辛业江辩称：我原作收受海药公司5万内部职工股的坦白是违心的，实际我付了股金款；我没有讲过要为海药公司股票上市帮忙的话，在省证券委开会推举上市公司时，也没有投海药公司的赞成票；在上报文件上签"同意"二字，是我的正常工作范围。我没有为海药公司谋过利益，不成立受贿罪。①

讨论问题：被告人是否成立受贿罪？如何适用修正前后的刑法？

【案例2】

被告人周宏，男，1966年8月10日出生，汉族，海南省文昌市人，中专文化，原系海口市司法局公证处公证员兼英语翻译，住海口市大同一横路9号司法局宿舍109室。被告人周宏1988年调到海口市司法局公证处工作，1993年5月10日与司法局办理了为期2年的停薪留职手续。1994年5月7日上午，公证处主任陈嘉茂交代公证处人员王纹彤、符国英、陈世优等人将存在中国银行椰树门办事处的公证费13.5万元港币取出，将款带到南洋商业银行海口分行（以下简称南洋银行），尔后陈嘉茂又打电话交待符国英等人在

---

① 参见刘家琛主编：《最高人民法院判例解释·刑事卷》，中国物价出版社2003年版，第48页。

南洋银行等周宏办理存款手续。不久周宏赶到银行,由周办理了存入13.5万元港币的手续,户名为周宏,存折由周宏保管。同年5月11日,陈嘉茂交4.5万元港币给公证处内勤何伟,交代何伟将款和周宏一起拿去南洋银行,由周宏办理存款手续。后被告人周宏与何伟将4.5万元港币存入原存入13.5万元港币的存折内。不久,陈嘉茂交代周宏将存折交由何伟保管。1994年10月6日,被告人周宏向南洋银行申请存折挂失补办了另一本存折。周于同年10月6日、10月7日、10月13日、10月22日、11月7日及1995年11月22日分6次将18万元港币取出。1997年3月,南洋银行停止代办私人港币存款业务,该行将周宏账户上的1479.8元港币转存入中国银行海南省分行。1999年1月27日,被告人周宏将余款全部取出,据为已有。检察院以贪污罪起诉,一审以盗窃罪判处周宏有期徒刑11年,剥夺政治权利3年,并处罚金人民币2000元。检察院以定罪错误提起抗诉,二审以贪污罪判处周宏有期徒刑11年,并处没收财产。①

讨论问题:被告人成立贪污罪还是盗窃罪?为什么?

---

① 参见刘家琛主编:《最高人民法院判例解释·刑事卷》,中国物价出版社2003年版,第362页。

第二十七章

渎 职 罪

　　渎职罪,是指国家机关工作人员玩忽职守、滥用职权或者徇私舞弊,致使公共财产、国家和人民利益遭受重大损失的行为。渎职罪侵害的法益是国家机关活动的正当性。国家机关对公共事务进行管理的职权来源于全体公民权利的让渡,故而国家机关也有公正、妥当地履行职权的义务。在具体工作中,这一义务必然是由国家机关工作人员所承负。如果国家机关工作人员玩忽职守、滥用职权或徇私舞弊,不当地行使职权,就会使国家、社会及个人利益受到侵害,也就破坏了国家机关职务活动的正当性。

　　犯罪主体的特殊性是渎职罪区别于其他各类犯罪的重要标志。这其中有以下重要问题:

　　(1) 国家机关工作人员的界定问题。国家机关工作人员是指在国家机关中从事公务的人员。国家机关包括国家各级立法机关、行政机关、司法机关、军事机关,也包括中国共产党、中国人民政治协商会议的各级机关。从事公务的人员是指在各类国家机关中享有一定职权、履行一定职责的人。在国家机关中仅仅从事劳务性工作或者服务性工作的人员,不属于国家机关工作人员。

　　(2) 本类罪的犯罪主体中一般主体与特殊主体的区别问题。即有一些犯罪的主体是所有国家机关工作人员,而有一些犯罪的主体只能是特定的国家机关工作人员。前者是刑法典第397条规定的滥用职权罪、玩忽职守罪,后者是除这两种罪之外的本章其他犯罪。这也使刑法典第397条与本章其他条文形成了法条的竞合。如果某一具体犯罪被刑法典第398条至第419条明文规定,那么就应该根据特别法条定罪处罚,如没有特别法条的规定,而又同时符合刑法典第397条规定的,就依照第397条规定,以滥用职权罪或玩忽职守罪定罪处罚。需要特别指出的是,本章个别罪名(如刑法典第398条规定的故意泄露国家秘密罪)的犯罪主体也包括非国家机关工作人员。

　　(3) 司法实践中对本类罪犯罪主体的辨别和认定问题。在我国的实践中,对一些特殊主体的性质往往不易确定。这些特殊主体包括:在一些隶属于国家机关、拥有一定行政管理权的事业单位中从事公务的人员,在一些法律授权的在某些特殊领域内行使行政管理、监督职权的的部门(如证监会、保监会等)中从事公务的人员以及一些国家机关根据工作需要聘用的国家机关工作人员以外的从事公务的人员等。对于这些实践中司法认定的问题,已经有相关的司法解释进行了具体规定[①]。在此基础上,全国人大常委会对渎职罪主体认定也做出了立法解释。该立法解释明确规定,在依照法律、法规规定行使国家行政管理职权的组织中从事公务的人员,或者在受国家机关委托代表国家机关行使职权的组织中从事公务的人员,或者虽未列入国家机关人员编制,但在国家机关中从事公务的人员,在代表国家机关行使职权时,有渎职行为,成立犯罪的,依照刑法有关渎职罪的规定追究刑事责任[②]。虽然立法解释、司法解释都对渎职罪的主体适用问题作了规定,但这些仅仅是列举性、补充性的规定。面对多元化的主体,我们只有坚持以行为人的职责(即犯罪行为实施时,行为人是否在履行国家机关的相关职能)为标准,才能准确地体现立法原意,认定犯罪主体。

渎职罪包括刑法典第397条至刑法典第419条失职造成珍贵文物损毁、流失罪,共计37个罪名。

另外,2006年最高人民检察院《关于渎职侵权犯罪案件立案标准的规定》中"三、附则"所涉及的"渎职罪"和"国家机关工作人员利用职权实施的侵犯公民人身权利、民主权利犯罪案件"(见本书第四章部分罪名)的共性问题,规定如下:

(1) 本规定中每个罪案名称后所注明的法律条款系《中华人民共和国刑法》的有关条款。

(2) 本规定所称"以上"包括本数;有关犯罪数额"不满",是指已达到该数额80%以上的。

(3) "国家机关工作人员",是指在国家机关中从事公务的人员,包括在各级国家权力机关、行政机关、司法机关和军事机关中从事公务的人员。在依照法律、法规规定行使国家行政管理职权的组织中从事公务的人员,或者在受国家机关委托代表国家行使职权的组织中从事公务的人员,或者虽未列入国家机关人员编制但在国家机关中从事公务的人员,在代表国家机关行使职权时,视为国家机关工作人员。在乡(镇)以上中国共产党机关、人民政协机关中从事公务的人员,视为国家机关工作人员。

(4) "直接经济损失",是指与行为有直接因果关系而造成的财产损毁、减少的实际价值;"间接经济损失",是指由直接经济损失引起和牵连的其他损失,包括失去的在正常情

---

① 例如:2000年最高人民检察院《关于镇财政所所长是否适用国家机关工作人员的批复》规定:财政所等行政执法事业单位中按国家机关在编干部管理的工作人员,在履行政府公务活动中,滥用职权、玩忽职守构成犯罪的,应以国家机关工作人员论。2000年最高人民检察院《关于合同制民警能否成为玩忽职守罪主体问题的批复》规定:合同制民警在依法执行公务期间,应以国家机关工作人员论。2000年最高人民检察院《对〈关于中国证监会主体认定的请示〉的答复》、2000年最高人民检察院《对〈关于中国保险监督管理委员会主体认定的请示〉的答复》规定:中国证监会、保监会等国务院直属的、具有一定监管职能的部门中的干部应视同为国家机关工作人员。2002年最高人民检察院《关于企业事业单位的公安机构在机构改革过程中其工作人员能否构成渎职侵权犯罪主体问题的批复》规定:企业、事业单位的公安机构在机构改革中虽尚未列入公安机关建制,但其工作人员在行使侦查职责时,实施渎职侵权行为的,可以作为渎职侵权罪的主体。

② 2002年全国人大常委会《关于刑法第九章渎职罪主体适用问题的解释》。

况下可以获得的利益和为恢复正常的管理活动或者挽回所造成的损失所支付的各种开支、费用等。有下列情形之一的,虽然有债权存在,但已无法实现债权的,可以认定为已经造成了经济损失:债务人已经法定程序被宣告破产,且无法清偿债务;债务人潜逃,去向不明;因行为人责任,致使超过诉讼时效;有证据证明债权无法实现的其他情况。直接经济损失和间接经济损失,是指立案时确已造成的经济损失。移送审查起诉前,犯罪嫌疑人及其亲友自行挽回的经济损失,以及由司法机关或者犯罪嫌疑人所在单位及其上级主管部门挽回的经济损失,不予扣减,但可作为对犯罪嫌疑人从轻处理的情节考虑。

(5)"徇私舞弊",是指国家机关工作人员为徇私情、私利,故意违背事实和法律,伪造材料,隐瞒情况,弄虚作假的行为。

(6)本规定自公布之日起施行。本规定发布前有关人民检察院直接受理立案侦查的国家机关工作人员渎职和利用职权实施的侵犯公民人身权利、民主权利犯罪案件的立案标准,与本规定有重复或者不一致的,适用本规定。

对于本规定施行前发生的国家机关工作人员渎职和利用职权实施的侵犯公民人身权利、民主权利犯罪案件,按照最高人民法院、最高人民检察院《关于适用刑事司法解释时间效力问题的规定》办理。

第一节 滥用职权罪

一、定义

滥用职权罪,是指国家机关工作人员超越职权,违法决定、处理其无权决定、处理的事项,或者违反规定处理公务,致使公共财产、国家和人民利益遭受重大损失的行为。[①] 本罪侵害的主要法益是国家机关工作人员职务行为的正当性和社会对国家机关权力行使公正性的信赖感;侵害的次要法益是滥用职权行为所针对的公共财产、国家和人民利益。

二、犯罪客观要件

本罪在客观要件上表现为国家机关工作人员超越职权,违法决定、处理其无权决定、处理的事项,或者违反规定处理公务。行为人有滥用职权的行为,滥用职权行为主要可以分为作为和不作为。作为方式主要有三种表现:(1)超越职权,擅自决定或处理无权决定或处理的事项;(2)违反规定,玩弄职权,随心所欲地决定、处理公务事项;(3)以权谋私、假公济私,不正确地履行职责。不作为方式表现为拥有特定职责的国家机关工作人员出于徇私目的或非法目的或极端不负责任,不履行职责或者放弃职责的行为。如果仅是出于对工作的严重不负责任而不履行职责或放弃职责则应属于玩忽职守行为。

---

① 2006年最高人民检察院《关于渎职侵权犯罪案件立案标准的规定》。

三、犯罪主观要件

本罪的主体是一般主体,即国家机关工作人员。根据 2002 年全国人大常委会《关于〈中华人民共和国刑法〉第九章渎职罪主体适用问题的解释》的规定,下列人员在代表国家机关行使职权时,有渎职行为,成立犯罪的,依照刑法关于渎职罪的规定追究刑事责任:(1) 在依照法律、法规规定行使国家行政管理职权的组织中从事公务的人员;(2) 在受国家机关委托代表国家机关行使职权的组织中从事公务的人员;(3) 虽未列入国家机关人员编制但在国家机关中从事公务的人员。在实践中,认定行为人国家机关工作人员的身份往往非常困难。因此,有一些立法解释和司法解释做出了具体的规定,如属工人编制的乡(镇)工商所所长[①],海事局及其分支机构工作人员[②],海关、外汇管理部门的工作人员[③],在预防、控制突发传染病疫情等灾害的工作中从事相关工作的国家机关工作人员[④]等都在一定条件下可以成为滥用职权罪或玩忽职守罪的主体。

目前,我国刑法理论界和司法实践部门对于滥用职权罪主观方面的构成存在较大争议。首先,对于滥用职权罪是否具有过失的罪过形式存在争议;其次,对于滥用职权罪故意、过失的具体罪过形式存在争议,有学者认为只表现为间接故意和过失,有学者认为既包括间接故意、直接故意,也包括过于自信的过失和疏忽大意的过失。我们认为本罪的主观方面既可以由故意构成,也可以由过失构成,但一般不包括疏忽大意的过失。因为对于行为人疏忽大意,应预见而未预见可能造成的损害后果,错误地行使职权的行为,可以以玩忽职守罪进行制裁。

四、犯罪量度要件

成立本罪要求"致使公共财产、国家和人民利益遭受重大损失"。

根据 2006 年最高人民检察院《关于渎职侵权犯罪案件立案标准的规定》的规定,国家机关工作人员滥用职权,涉嫌下列情形之一的,应予立案:(1) 造成死亡 1 人以上,或者重伤 2 人以上,或者重伤 1 人、轻伤 3 人以上,或者轻伤 5 人以上的;(2) 导致 10 人以上严重中毒的;(3) 造成个人财产直接经济损失 10 万元以上,或者直接经济损失不满 10 万元,但间接经济损失 50 万元以上的;(4) 造成公共财产或者法人、其他组织财产直接经济损失 20 万元以上,或者直接经济损失不满 20 万元,但间接经济损失 100 万元以上的;(5) 虽未达到第(3)项和第(4)项数额标准,但第(3)项和第(4)项两项合计直接经济损失 20 万元以上,或者合计直接经济损失不满 20 万元,但合计间接经济损失 100 万元以上的;(6) 造

[①] 2000 年最高人民检察院《关于属工人编制的乡(镇)工商所所长能否依照刑法第 397 条的规定追究刑事责任问题的批复》。
[②] 2003 年最高人民检察院法律政策研究室《关于对海事局工作人员如何使用法律问题的答复》。
[③] 1998 年全国人大常委会《关于惩治骗购外汇、逃汇和非法买卖外汇犯罪的决定》。
[④] 2003 年最高人民法院、最高人民检察院《关于办理妨害预防、控制突发传染病疫情等灾害的刑事案件具体应用法律若干问题的解释》。

成公司、企业等单位停业、停产6个月以上,或者破产的;(7)弄虚作假,不报、缓报、谎报或者授意、指使、强令他人不报、缓报、谎报情况,导致重特大事故危害结果继续、扩大,或者致使抢救、调查、处理工作延误的;(8)严重损害国家声誉,或者造成恶劣社会影响的;(9)其他致使公共财产、国家和人民利益遭受重大损失的情形。国家机关工作人员滥用职权,符合刑法典第九章所规定的特殊渎职罪成立要件的,按照该特殊规定追究刑事责任;主体不符合刑法典第九章所规定的特殊渎职罪的主体要件,但滥用职权涉嫌前款第(1)项至第(9)项规定情形之一的,按照刑法典第397条的规定以滥用职权罪追究刑事责任。

根据2012年最高人民法院、最高人民检察院《关于办理渎职刑事案件适用法律若干问题的解释(一)》(以下简称《渎职刑事案件解释(一)》)的规定,国家机关工作人员滥用职权,具有下列情形之一的,应当认定为刑法典第397条规定的"致使公共财产、国家和人民利益遭受重大损失":(1)造成死亡1人以上,或者重伤3人以上,或者轻伤9人以上,或者重伤2人、轻伤3人以上,或者重伤1人、轻伤6人以上的;(2)造成经济损失30万元以上的;(3)造成恶劣社会影响的;(4)其他致使公共财产、国家和人民利益遭受重大损失的情形。

特别要注意的是,《渎职刑事案件解释(一)》对"致使公共财产、国家和人民利益遭受重大损失"的部分规定,如果与以前发布的司法解释不一致的,则以本解释为准。

根据2007年最高人民法院、最高人民检察院《关于办理与盗窃、抢劫、诈骗、抢夺机动车相关刑事案件具体应用法律若干问题的解释》的规定,国家机关工作人员实施本解释规定的滥用职权行为,致使盗窃、抢劫、诈骗、抢夺的机动车被办理登记手续,分别达到规定的数量、数额标准5倍以上的,或者明知是盗窃、抢劫、诈骗、抢夺的机动车而办理登记手续的,属于刑法典第397条第1款规定的"情节特别严重"。

五、本罪的认定

根据2007年最高人民法院、最高人民检察院《关于办理与盗窃、抢劫、诈骗、抢夺机动车相关刑事案件具体应用法律若干问题的解释》的规定,国家机关工作人员滥用职权,有下列情形之一,致使盗窃、抢劫、诈骗、抢夺的机动车被办理登记手续,数量达到3辆以上或者价值总额达到30万元以上的,依照刑法典第397条第1款的规定,以滥用职权罪定罪:(1)明知是登记手续不全或者不符合规定的机动车而办理登记手续的;(2)指使他人为明知是登记手续不全或者不符合规定的机动车办理登记手续的;(3)违规或者指使他人违规更改、调换车辆档案的;(4)其他滥用职权的行为。国家机关工作人员徇私舞弊,实施上述行为,成立犯罪的,依照刑法典第397条第2款的规定定罪处罚。

根据2002年最高人民检察院《关于买卖尚未加盖印章的空白〈边境证〉行为如何适用法律问题的答复》的规定,对买卖尚未加盖发证机关的行政印章或者通行专用章印鉴的空白《中华人民共和国边境管理区通行证》的行为,不宜以买卖国家机关证件罪追究刑事责任。国家机关工作人员实施上述行为,构成犯罪的,可以按滥用职权罪等相关犯罪依法追究刑事责任。

六、本罪的刑事责任

根据刑法典第 397 条第 1 款的规定,犯本罪的,处 3 年以下有期徒刑或者拘役;情节特别严重的,处 3 年以上 7 年以下有期徒刑。本法另有规定的,依照规定。

根据刑法典第 397 条第 2 款的规定,国家机关工作人员徇私舞弊犯本罪的,处 5 年以下有期徒刑或者拘役;情节特别严重的,处 5 年以上 10 年以下有期徒刑。本法另有规定的,依照规定。所谓"徇私",是指徇私情、徇私利的行为;所谓"舞弊",是指违背事实和法律,弄虚作假,该为而不为,不该为而为。

第二节　玩忽职守罪

一、定义

玩忽职守罪,是指国家机关工作人员严重不负责任,不履行或者不认真履行职责,致使公共财产、国家和人民利益遭受重大损失的行为。[①] 本罪侵害的主要法益是国家机关工作人员职务行为的正当性和社会对国家机关权力行使公正性的信赖感;侵害的次要法益是玩忽职守行为所针对的公共财产、国家和人民利益。

二、犯罪客观要件

本罪在客观要件上表现为国家机关工作人员严重不负责任,不履行或者不认真履行职责。行为人有玩忽职守的行为,具体表现为行为人对工作严重不负责任,不履行应当履行的职责,该做而不做,该管而不管,放弃职守,擅离职守;或者虽然履行了职责,但对工作马马虎虎,草率从事,粗心大意,敷衍搪塞,对工作极其不负责任。

三、犯罪主观要件

本罪的主体是一般主体,即国家机关工作人员。根据 2002 年全国人大常委会《关于〈中华人民共和国刑法〉第九章渎职罪主体适用问题的解释》的规定,下列人员在代表国家机关行使职权时,有渎职行为,成立犯罪的,依照刑法关于渎职罪的规定追究刑事责任:(1) 在依照法律、法规规定行使国家行政管理职权的组织中从事公务的人员;(2) 在受国家机关委托代表国家机关行使职权的组织中从事公务的人员;(3) 虽未列入国家机关人员编制但在国家机关中从事公务的人员。与滥用职权罪一样,应注意一些特殊人员犯罪

[①] 2006 年最高人民检察院《关于渎职侵权犯罪案件立案标准的规定》。

主体资格的认定(详见第一节有关内容),如合同制民警也可能构成本罪的主体。①

本罪在主观方面表现为过失,包括疏忽大意的过失和过于自信的过失。但也有学者认为本罪的主观方面既包括过失,也包括间接故意。我们认为,如果行为人对工作极端不负责任,故意不履行职责,对于可能出现的危害后果持放任的态度,那么其行为已经成立滥用职权罪。

四、犯罪量度要件

成立本罪要求"致使公共财产、国家和人民利益遭受重大损失"。

根据2006年最高人民检察院《关于渎职侵权犯罪案件立案标准的规定》的规定,国家机关工作人员玩忽职守,涉嫌下列情形之一的,应予立案:(1)造成死亡1人以上,或者重伤2人以上,或者重伤1人、轻伤3人以上,或者轻伤5人以上的;(2)导致10人以上严重中毒的;(3)造成个人财产直接经济损失10万元以上,或者直接经济损失不满10万元,但间接经济损失50万元以上的;(4)造成公共财产或者法人、其他组织财产直接经济损失20万元以上,或者直接经济损失不满20万元,但间接经济损失100万元以上的;(5)虽未达到第(3)项和第(4)项数额标准,但第(3)项和第(4)项两项合计直接经济损失20万元以上,或者合计直接经济损失不满20万元,但合计间接经济损失100万元以上的;(6)造成公司、企业等单位停业、停产6个月以上,或者破产的;(7)弄虚作假,不报、缓报、谎报或者授意、指使、强令他人不报、缓报、谎报情况,导致重特大事故危害结果继续、扩大,或者致使抢救、调查、处理工作延误的;(8)严重损害国家声誉,或者造成恶劣社会影响的;(9)其他致使公共财产、国家和人民利益遭受重大损失的情形。国家机关工作人员滥用职权,符合刑法典第九章所规定的特殊渎职罪成立要件的,按照该特殊规定追究刑事责任;主体不符合刑法第九章所规定的特殊渎职罪的主体要件,但滥用职权涉嫌前款第(1)项至第(9)项规定情形之一的,按照刑法典第397条的规定以滥用职权罪追究刑事责任。

根据2012年最高人民法院、最高人民检察院《关于办理渎职刑事案件适用法律若干问题的解释(一)》(以下简称《渎职刑事案件解释(一)》)的规定,国家机关工作人员玩忽职守,具有下列情形之一的,应当认定为刑法典第397条规定的"致使公共财产、国家和人民利益遭受重大损失":(1)造成死亡1人以上,或者重伤3人以上,或者轻伤9人以上,或者重伤2人、轻伤3人以上,或者重伤1人、轻伤6人以上的;(2)造成经济损失30万元以上的;(3)造成恶劣社会影响的;(4)其他致使公共财产、国家和人民利益遭受重大损失的情形。

特别要注意的是,《渎职刑事案件解释(一)》对"致使公共财产、国家和人民利益遭受重大损失"的部分规定,如果与以前发布的司法解释不一致的,则以本解释为准。

根据2007年最高人民法院、最高人民检察院《关于办理与盗窃、抢劫、诈骗、抢夺机动

---

① 2000年最高人民检察院《关于合同制民警能否成为玩忽职守罪主体问题的批复》。

车相关刑事案件具体应用法律若干问题的解释》的规定,国家机关工作人员实施本解释规定的玩忽职守行为,致使盗窃、抢劫、诈骗、抢夺的机动车被办理登记手续,分别达到规定的数量、数额标准5倍以上的,或者明知是盗窃、抢劫、诈骗、抢夺的机动车而办理登记手续的,属于刑法典第397条第1款规定的"情节特别严重"。

五、本罪的认定

根据2007年最高人民法院、最高人民检察院《关于办理与盗窃、抢劫、诈骗、抢夺机动车相关刑事案件具体应用法律若干问题的解释》的规定,国家机关工作人员疏于审查或者审查不严,致使盗窃、抢劫、诈骗、抢夺的机动车被办理登记手续,数量达到5辆以上或者价值总额达到50万元以上的,依照刑法典第397条第1款的规定,以玩忽职守罪定罪处罚。国家机关工作人员徇私舞弊,实施上述行为,成立犯罪的,依照刑法典第397条第2款的规定定罪处罚。

对于玩忽职守罪中直接经济损失、间接经济损失的计算以及责任人的认定,曾有司法解释具体加以规定①,但在理论界和实践部门仍然存在很大的分歧。

【例题】 下列哪一行为应以玩忽职守罪论处?(2012年国家司法考试真题)

A. 法官执行判决时严重不负责任,因未履行法定执行职责,致当事人利益遭受重大损失。

B. 检察官讯问犯罪嫌疑人甲,甲要求上厕所,因检察官违规打开械具后未跟随,致甲在厕所翻窗逃跑。

C. 值班警察与女友电话聊天时接到杀人报警,又闲聊10分钟后才赶往现场,因延迟出警,致被害人被杀、歹徒逃走。

D. 市政府基建负责人因听信朋友介绍,未经审查便与对方签订建楼合同,致被骗300万元。

答案:C

六、本罪的刑事责任

根据刑法典第397条第1款的规定,犯本罪的,处3年以下有期徒刑或者拘役;情节特别严重的,处3年以上7年以下有期徒刑。本法另有规定的,依照规定。

根据刑法典第397条第2款的规定,国家机关工作人员徇私舞弊犯本罪的,处5年以下有期徒刑或者拘役;情节特别严重的,处5年以上10年以下有期徒刑。本法另有规定的,依照规定。所谓"徇私",是指徇私情、徇私利的行为;所谓"舞弊",是指违背事实和法律,弄虚作假,该为而不为,不该为而为。

---

① 1987年最高人民检察院《关于正确认定和处理玩忽职守罪的若干意见(试行)》。

第三节　故意泄露国家秘密罪

一、定义

故意泄露国家秘密罪，是指国家机关工作人员违反保守国家秘密法的规定，故意泄露国家秘密，情节严重的行为。本罪侵害的主要法益是国家机关工作人员职务行为的正当性和社会对国家机关权力行使公正性的信赖感；侵害的次要法益是故意泄露国家秘密行为所针对的国家秘密的安全性。

二、犯罪客观要件

本罪在客观要件上表现为国家机关工作人员违反保守国家秘密法的规定，故意泄露国家秘密的行为。首先，行为人有违反国家保密法规的行为。这主要是指违反我国国家秘密法和保守国家秘密法实施办法的规定。其次，行为人实施了泄露国家秘密的行为。国家秘密是指法律所规定的、关系国家安全和利益，在一定时间内限于一定范围人员知悉的事项。国家秘密的密级分为三级，即绝密、机密和秘密。绝密，是指最重要的国家秘密，泄露会使国家的安全和利益遭受特别严重的损害；机密，是指重要的国家秘密，泄露会使国家的安全和利益遭受严重的损害；秘密，是指一般的国家秘密，泄露会使国家的安全和利益遭受损害。

三、犯罪主观要件

本罪的主体是国家机关工作人员。但值得注意的是，根据刑法典第398条第2款的规定，非国家机关工作人员实施泄露国家秘密行为，情节严重的，也按照本罪处罚。

本罪在主观方面表现为故意，即行为人明知是国家秘密而故意加以泄露。至于行为人出于何种目的和动机泄露国家秘密，都不影响本罪的成立。但如果行为人是出于危害国家安全的目的而故意泄露国家秘密给境外的机构、组织或人员的，应该按照刑法典第111条规定，以"为境外窃取、刺探、收买、非法提供国家秘密、情报罪"论处。

四、犯罪量度要件

成立本罪要求情节严重。根据2006年最高人民检察院《关于渎职侵权犯罪案件立案标准的规定》，故意泄露国家秘密，涉嫌下列情形之一的，应予立案：(1)泄露绝密级国家秘密1项(件)以上的；(2)泄露机密级国家秘密2项(件)以上的；(3)泄露秘密级国家秘密3项(件)以上的；(4)向非境外机构、组织、人员泄露国家秘密，造成或者可能造成危害社会稳定、经济发展、国防安全或者其他严重危害后果的；(5)通过口头、书面或者网络等方式向公众散布、传播国家秘密的；(6)利用职权指使或者强迫他人违反国家保守秘密法的规定泄露国家秘密的;(7)以牟取私利为目的泄露国家秘密的;(8)其他情节严重的情形。

刑法典第398条规定的"情节严重",一般可以从泄露国家秘密的密级、数量、造成得后果、泄密的手段等方面综合加以分析和考虑。"情节特别严重",一般是指造成特别严重后果的,泄露了较高密级的国家秘密,多次泄露国家秘密或者数量大的。

五、本罪的认定

根据2001年最高人民法院《关于审理为境外窃取、刺探、收买、非法提供国家秘密、情报案件具体应用法律若干问题的解释的规定》,故意将国家秘密通过互联网予以发布,情节严重的,依照刑法典第398条故意泄露国家秘密罪的规定定罪处罚。

六、本罪的刑事责任

根据刑法典第398条第1款的规定,犯本罪的,处3年以下有期徒刑或者拘役;情节特别严重的,处3年以上7年以下有期徒刑。第2款规定,非国家机关工作人员犯前款罪的,依照前款的规定酌情处理。

第四节　徇私枉法罪

一、定义

徇私枉法罪,是指司法工作人员徇私枉法、徇情枉法,对明知是无罪的人而使他受追诉、对明知是有罪的人而故意包庇不使他受追诉,或者在刑事审判活动中故意违背事实和法律作枉法裁判的行为。本罪侵害的主要法益是国家司法人员职务行为的正当性和社会对司法权运作公正性的信赖感;侵害的次要法益是刑事诉讼的正常活动秩序和具体案件中被枉法追诉、裁判的受害者的合法权益。

二、犯罪客观要件

本罪在客观方面表现为徇私枉法的行为,主要表现为三种具体方式:(1)故意追诉无罪的人。无罪的人,是指完全没有实施犯罪行为的人或者只有违法行为尚不成立犯罪的人。追诉,是指以追究刑事责任为目的,对无罪的人进行立案侦查,采取刑事强制措施,提起公诉,进行审判等。(2)故意包庇有罪的人不使他受追诉。有罪的人,是指有确凿事实证明其有犯罪行为的人。不受追诉,是指对有罪的人故意不立案侦查、不采取强制措施、不提起公诉、不进行审判。这里包庇的,可以是犯罪人的全部犯罪事实,也可以是部分犯罪事实。(3)在刑事审判活动中故意违背事实和法律作枉法裁判。表现为故意不依据已查清的客观事实、不按照法律法规的规定进行裁判,或故意歪曲事实和法律进行裁判。枉法裁判的结果可以表现为使有罪判无罪,使无罪判有罪,轻罪重判或者重罪轻判。

三、犯罪主观要件

本罪的主体是特殊主体,即司法工作人员。根据刑法典第94条规定,本法所称司法工作人员,是指有侦查、检察、审判、监管职责的工作人员。

刑法典第399条的规定,强调了行为人"徇私"的目的和"明知""故意"的心理状态,所以,本罪的主观方面只能由直接故意构成。

四、本罪的认定

对本罪而言,只要司法工作人员对明知无罪的人实施了足以使其受到追诉的行为,或对明知是有罪的人实施了足以使其不受追诉的行为,无论上述行为是否达到目的,都成立本罪既遂。如果行为人由于意志以外的原因如被他人检举,或犯罪嫌疑人、被告人自首,或行为人工作变动而未完成法定行为,其已经实施的行为又不足以达到徇私枉法、徇情枉法的目的,为本罪未遂。

根据2006年最高人民检察院《关于渎职侵权犯罪案件立案标准的规定》的规定,司法工作人员徇私枉法,涉嫌下列情形之一的,应予立案:(1)对明知是没有犯罪事实或者其他依法不应当追究刑事责任的人,采取伪造、隐匿、毁灭证据或者其他隐瞒事实、违反法律的手段,以追究刑事责任为目的立案、侦查、起诉、审判的;(2)对明知是有犯罪事实需要追究刑事责任的人,采取伪造、隐匿、毁灭证据或者其他隐瞒事实、违反法律的手段,故意包庇使其不受立案、侦查、起诉、审判的;(3)采取伪造、隐匿、毁灭证据或者其他隐瞒事实、违反法律的手段,故意使罪重的人受较轻的追诉,或者使罪轻的人受较重的追诉的;(4)在立案后,采取伪造、隐匿、毁灭证据或者其他隐瞒事实、违反法律的手段,应当采取强制措施而不采取强制措施,或者虽然采取强制措施,但中断侦查或者超过法定期限不采取任何措施,实际放任不管,以及违法撤销、变更强制措施,致使犯罪嫌疑人、被告人实际脱离司法机关侦控的;(5)在刑事审判活动中故意违背事实和法律,作出枉法判决、裁定,即有罪判无罪、无罪判有罪,或者重罪轻判、轻罪重判的;(6)其他徇私枉法应予追究刑事责任的情形。

本罪的加重情节有"情节严重"和"情节特别严重"两种情况。它们的标准并无法律明文规定,我们认为可以从放纵、包庇的犯罪分子的数量、罪行,造成的冤假错案的数量以及带来的社会影响等方面综合考量。

根据刑法典第399条第4款的规定,司法工作人员收受贿赂,有徇私枉法行为的,同时又成立刑法典第385条规定的受贿罪的,依照处罚较重的规定定罪处罚。本款规定的是司法工作人员既受贿又徇私枉法的行为,这其实构成牵连犯,应从受贿罪和徇私枉法罪之一重处。非司法工作人员与司法工作人员勾结,共同实施徇私枉法行为,成立犯罪的,应当以徇私枉法罪的共犯追究刑事责任①。

如果行为人不是故意徇私而是因为对工作极端不服责任,草率从事而过失地进行了错误的裁判,导致冤枉无辜、放纵犯罪的,不能成立本罪,可以成立玩忽职守罪。另外,虽然本罪并没有明确规定行为人必须利用职务之便,但本罪既然属于渎职犯罪,那么利用职务之便就理应是成立本罪客观方面的必然要求。如果司法工作人员没有利用职务之便,而又诬陷他人、包庇罪犯的,可能成立包庇罪、伪证罪、诬告陷害罪等。

【例题】 丙实施抢劫犯罪后,分管公安工作的副县长甲滥用职权,让侦办此案的警察乙想办法使丙无罪。乙明知丙有罪,但为徇私情,采取毁灭证据的手段使丙未受追诉。关于本案的分析,下列哪些选项是正确的?(2014年国家司法考试真题)

A. 因甲是国家机关工作人员,故甲是滥用职权罪的实行犯。
B. 因甲居于领导地位,故甲是徇私枉法罪的间接正犯。
C. 因甲实施了两个实行行为,故应实行数罪并罚。
D. 乙的行为同时触犯徇私枉法罪与帮助毁灭证据罪、滥用职权罪,但因只有一个行为,应以徇私枉法罪论处。

答案:AD

五、本罪的刑事责任

根据刑法典第399条第1款的规定,犯本罪的,处5年以下有期徒刑或者拘役;情节严重的,处5年以上10年以下有期徒刑;情节特别严重的,处10年以上有期徒刑。

第五节 民事、行政枉法裁判罪

一、定义

民事、行政枉法裁判罪,是指司法工作人员在民事、行政审判活动中故意违背事实和法律作枉法裁判,情节严重的行为。本罪侵害的主要法益是国家司法人员职务行为的正当性和社会对司法权运作公正性的信赖感;侵害的次要法益是民事、行政诉讼的正常活动秩序和具体案件中被枉法裁判的受害者的合法权益。

二、犯罪客观要件

本罪的客观要件表现为司法工作人员在民事、行政审判活动中故意违背事实和法律作枉法裁判的行为。

(1) 行为具有徇私情、谋私利的情节。在本罪中,徇私情、谋私利既是客观方面的法

---

① 2003年最高人民检察院《关于非司法工作人员是否可以构成徇私枉法罪共犯问题的答复》。

定情节,又是主观方面的犯罪动机。这一点应结合刑法典第399条第1款的规定加以理解。

（2）行为人的行为发生在民事、行政审判活动中。这也是本罪与徇私枉法罪的一个主要区别。

（3）行为人实施了违背事实和法律,进行枉法裁判的行为。所谓枉法裁判,是指违背案件客观事实,故意歪曲法律、法规和司法解释,颠倒黑白,混淆是非,作出错误的裁判。枉法裁判行为的最终后果是作出了枉法裁判,即该胜诉的判败诉,该败诉的判胜诉,或者该全部胜诉的只判部分胜诉,该全部败诉的判部分败诉等。

三、犯罪主观要件

本罪的主体是特殊主体,是审判机关的审判人员。包括各级人民法院的院长、副院长、审判委员会成员,各审判庭庭长、副庭长、审判员和助理审判员。对于法庭书记员,我们认为一般不能成立本罪。对于实践中发生的书记员在案件审判中,实施枉法裁判,造成严重后果的,可以滥用职权罪论处。但是,书记员参与审判人员的枉法裁判行为,情节严重的,可以本罪的共犯论处。

本罪的主观方面只能由直接故意构成,而且要求具有徇私情、徇私利的动机。过失及间接故意均不能成立本罪。

四、犯罪量度要件

成立本罪要求情节严重。根据2006年最高人民检察院《关于渎职侵权犯罪案件立案标准的规定》,司法工作人员在民事、行政审判活动中枉法裁判,涉嫌下列情形之一的,应予立案：(1)枉法裁判,致使当事人或者其近亲属自杀、自残造成重伤、死亡,或者精神失常的;(2)枉法裁判,造成个人财产直接经济损失10万元以上,或者直接经济损失不满10万元,但间接经济损失50万元以上的;(3)枉法裁判,造成法人或者其他组织财产直接经济损失20万元以上,或者直接经济损失不满20万元,但间接经济损失100万元以上的;(4)伪造、变造有关材料、证据,制造假案枉法裁判的;(5)串通当事人制造伪证,毁灭证据或者篡改庭审笔录而枉法裁判的;(6)徇私情、私利,明知是伪造、变造的证据予以采信,或者故意对应当采信的证据不予采信,或者故意违反法定程序,或者故意错误适用法律而枉法裁判的;(7)其他情节严重的情形。

本罪也存在"情节特别严重"的加重情节。这里的"情节特别严重"的标准并无法律明文规定,我们认为可以从枉法裁判的对国家、社会、公民利益造成的损害后果和社会影响等方面综合考量。

五、本罪的认定

根据刑法典第399条第4款的规定,司法工作人员收受贿赂,有民事、行政枉法裁判行为的,同时又成立刑法典第 385 条规定的受贿罪的,依照处罚较重的规定定罪处罚。本款规定的是司法工作人员既受贿又枉法裁判的行为,这其实构成牵连犯,应从受贿罪和徇私枉法罪之一重处。

六、本罪的刑事责任

根据刑法典第 399 条第 2 款的规定,犯本罪的,处 5 年以下有期徒刑或者拘役;情节特别严重的,处 5 年以上 10 年以下有期徒刑。

第六节 徇私舞弊不移交刑事案件罪

一、定义

徇私舞弊不移交刑事案件罪,是指行政执法人员徇私舞弊,对依法应当移交司法机关追究刑事责任的不移交,情节严重的行为。本罪侵害的主要法益是国家司法人员职务行为的正当性和社会对行政权、司法权运作公正性的信赖感;侵害的次要法益是具体的行政行为的妥当性和司法作用的正常发挥。

二、犯罪客观要件

本罪的客观要件表现为行政执法人员徇私舞弊,对依法应当移交司法机关追究刑事责任的不移交的行为。

(1) 具有徇私情、谋私利的情节。在本罪中,徇私情、谋私利既是客观方面的法定情节,又是主观方面的犯罪动机。

(2) 采取舞弊手段。具体的舞弊手段包括隐瞒情况、伪造材料、弄虚作假等,其目的都是为了掩盖事实,使其不构成刑事案件而不移交。

(3) 行为人实施了案件的不移交行为。不移交刑事案件,包括行政执法人员积极隐瞒、变通处理可能成立犯罪的案件,使其不成立犯罪而不移交;也包括在上级机关或司法机关明确告知案件性质,要求其移交后仍然消极对抗,不移交案件等情形。

三、犯罪主观要件

本罪的主体是行政执法人员,即依法具有行政执法权的行政机关中从事公务的人员,包括公安机关的治安执法人员,以及工商行政管理机关、海关、卫生行政执法机关、税务机关、环保管理部门、质量技术监督机关的执法人员。受法律、法规授权或者行政机关委托具有行政执法权的组织的工作人员,也可以成为本罪的主体。

本罪的主观方面只能是直接故意,而且要求具有徇私情、徇私利的动机。本罪的故意只要求行为人认识到相对人的行为可能成立犯罪,不要求其按照刑法规定准确地认定相对人行为的性质。

四、犯罪量度要件

成立本罪要求情节严重。根据2006年最高人民检察院《关于渎职侵权犯罪案件立案标准的规定》的规定，行政执法人员徇私舞弊不移交刑事案件，涉嫌下列情形之一的，应予立案：(1)对依法可能判处3年以上有期徒刑、无期徒刑、死刑的犯罪案件不移交的；(2)不移交刑事案件涉及3人次以上的；(3)司法机关提出意见后，无正当理由仍然不予移交的；(4)以罚代刑，放纵犯罪嫌疑人，致使犯罪嫌疑人继续进行违法犯罪活动的；(5)行政执法部门主管领导阻止移交的；(6)隐瞒、毁灭证据，伪造材料，改变刑事案件性质的；(7)直接负责的主管人员和其他直接责任人员为牟取本单位私利而不移交刑事案件，情节严重的；(8)其他情节严重的情形。

五、本罪的刑事责任

根据刑法典第402条的规定，犯本罪的，处3年以下有期徒刑或者拘役；造成严重后果的，处3年以上7年以下有期徒刑。

第七节 徇私舞弊不征、少征税款罪

一、定义

徇私舞弊不征、少征税款罪，是指税务机关的工作人员徇私舞弊，不征、少征应征税款，致使国家税收遭受重大损失的行为。本罪侵害的主要法益是国家税务机关工作人员职务行为的廉洁性和社会对税务工作的信赖感；侵害的次要法益是具体的国家税收征收管理制度。

二、犯罪客观要件

本罪的客观要件表现为徇私舞弊，违反我国税收征收管理法等税收法律、法规，不征、少征应征税款的行为。

(1)具有徇私舞弊的情节。在本罪中，徇私既是客观方面法定情节，又是主观方面的犯罪动机。徇私表现为徇私情、徇私利以及谋取其他不正当利益。舞弊是徇私的手段，具体有隐瞒情况、掩盖事实、弄虚作假等。

(2)行为人实施了不征或者少征应征税款的行为。所谓"不征"，是指税务机关工作人员不履行向纳税人征收税款的职责，明知纳税人应当缴纳税款，但是不向其征收，或者违反法律、法规的规定，擅自决定免征、停征纳税人应纳税款的行为。所谓"少征"，是指税务机关工作人员向纳税人实际征收的税款少于应征的税款，或者明知不具备法律、法规规定的减税条件,弄虚作假,违反法律、法规的规定,擅自决定减征应纳税款的行为。所谓"应纳税款",是指税务机关根据法律、行政法规规定的税种、税率应当向纳税人征收的税款。税收的开征、停征、减税、免税、退税都必须依照法律进行,任何单位和个人都不得违反法律、法规的规定,擅自作出停征、减税、免税、退税的决定。

三、犯罪主观要件

本罪的主体是税务机关工作人员。所谓税务机关工作人员,就是指在各级税务局、税务分局和税务所中依法从事税收征收工作的人员。

本罪在主观方面是故意,即行为人明知纳税人应缴纳税款,但故意违反税收管理规定,不征、少征税款,给国家税收造成重大损失。本罪要求具有徇私情、徇私利的动机。

四、犯罪量度要件

成立本罪要求"致使国家税收遭受重大损失"。根据2006年最高人民检察院《关于渎职侵权犯罪案件立案标准的规定》的规定,税务机关工作人员徇私舞弊,不征、少征应征税款,涉嫌下列情形之一的,应予立案:(1)徇私舞弊不征、少征应征税款,致使国家税收损失累计达10万元以上的;(2)上级主管部门工作人员指使税务机关工作人员徇私舞弊不征、少征应征税款,致使国家税收损失累计达10万元以上的;(3)徇私舞弊不征、少征应征税款不满10万元,但具有索取或者收受贿赂或者其他恶劣情节的;(4)其他致使国家税收遭受重大损失的情形。

五、本罪的刑事责任

根据刑法典第404条的规定,犯本罪的,处5年以下有期徒刑或者拘役;造成特别重大损失的,处5年以上有期徒刑。

第八节 国家机关工作人员签订、履行合同失职被骗罪

一、定义

国家机关工作人员签订、履行合同失职被骗罪,是指国家机关工作人员在签订、履行合同过程中,因严重不负责任被诈骗,致使国家利益遭受重大损失的行为。本罪侵害的主要法益是国家机关工作人员职务行为的勤政性和社会对国家机关的信赖感;侵害的次要法益是签订、履行合同失职行为所指向的具体的国家利益。

二、犯罪客观要件

本罪表现为国家机关工作人员在签订、履行合同过程中,因严重不负责任被诈骗,

（1）行为发生在签订、履行合同过程中。这里的"合同"，在内容上包括民事合同、行政合同、劳动合同、国家合同，在形式上包括书面合同和口头合同。

（2）行为人严重不负责任被诈骗。所谓严重不负责任，是指在签订、履行合同过程中，不按法律或有关规定履行自己的职责。这主要表现为在工作中盲目轻信、粗枝大叶、工作马虎，不认真审查对方合同主体资格、资信情况，贪图私利、假公济私、无视规章、越权处理等。这里的"诈骗"，是特指刑法中的诈骗行为，即主观上行为人具有非法占有的目的，客观上虚构事实或隐瞒真相。

三、犯罪主观要件

本罪的主体为国家机关工作人员。本罪的主观方面只能是过失，包括疏忽大意的过失和过于自信的过失。如果在犯罪过程中，行为人的主观心态由过失向间接故意转化，即放任危害结果的发生，那么其行为也可能向滥用职权转化。

四、犯罪量度要件

成立本罪要求"致使国家利益遭受重大损失"。根据2006年最高人民检察院《关于渎职侵权犯罪案件立案标准的规定》的规定，国家机关工作人员签订、履行合同失职被骗，涉嫌下列情形之一的，应予立案：（1）造成直接经济损失30万元以上，或者直接经济损失不满30万元，但间接经济损失150万元以上的；（2）其他致使国家利益遭受重大损失的情形。

刑法典第406条规定的"重大损失"，包括物质性的损失和非物质性的损失。物质性损失一般是指重大的经济损失，非物质性损失一般是指给国家机关的正常工作和信誉造成严重损害或者造成其他恶劣的政治、社会影响等。"特别重大损失"，一般是指造成的直接经济损失数额巨大，或者造成特别恶劣的社会、政治影响等。

五、本罪的刑事责任

根据刑法典第406条的规定，犯本罪的，处3年以下有期徒刑或者拘役；致使国家利益遭受特别重大损失的，处3年以上7年以下有期徒刑。

第九节 非法批准征收、征用、占用土地罪

一、定义

非法批准征收、征用、占用土地罪，是指国家机关工作人员徇私舞弊，违反土地管理法规，滥用职权，非法批准征收、征用、占用土地，或者非法低价出让国有土地使用权，情节严重的行为。本罪侵害的主要法益是国家机关工作人员职务行为的正当性和社会对国家机

关的信赖感;侵害的次要法益是国家正常的土地管理秩序。

二、犯罪客观要件

本罪的客观要件表现为国家机关工作人员徇私舞弊,违反土地管理法规,滥用职权,非法批准征收、征用、占用土地,或者非法低价出让国有土地使用权的行为。

(1) 行为人具有徇私舞弊情节。徇私舞弊是指为徇私利、徇私情而弄虚作假、掩盖真相等。

(2) 行为人违反了国家关于土地管理方面的法律、法规。国家关于土地管理方面的法律、法规,是指违反《土地管理法》《草原法》《森林法》等法律以及有关行政法规中关于土地管理的规定。

(3) 行为人实施了滥用职权,非法批准征收、征用、占用土地,或者非法低价出让国有土地使用权的行为。"滥用职权"表现为没有职权而超越职权或者有职权却滥用职权,非法批准征用、占用土地。"征收、征用土地"是指国家为进行经济、文化、国防建设以及兴办社会公共事业的需要,而征收集体所有的土地。① "占有土地"是指一般的土地使用。"非法批准"不仅指批准程序上的越权违规行为,而且指在批准征用、占用土地的实体内容上的不符合条件的违法批准。"非法批准征收、征用、占用土地",是指非法批准征收、征用、占用耕地、林地等农用地以及其他土地②,如山地、草原、荒地等。

三、犯罪主观要件

本罪在主观方面是故意,对批准征收、征用、占用土地的行为违反国家土地管理法规有认识,对行为可能会给国家利益造成损失持希望或放任的态度。

四、犯罪量度要件

成立本罪要求情节严重。根据 2000 年最高人民法院《关于审理破坏土地资源刑事案件具体应用法律若干问题的解释》的规定,具有下列情形之一的,属于非法批准征收、征用、占用土地,"情节严重":(1) 非法批准征用、占用基本农田 10 亩以上的;(2) 非法批准征用、占用基本农田以外的耕地 30 亩以上的;(3) 非法批准征用、占用其他土地 50 亩以上的;(4) 虽未达到上述数量标准,但非法批准征用、占用土地造成直接经济损失 30 万元以上;造成耕地大量毁坏等恶劣情节的。具有下列情形之一的,属于非法批准征收、征用、占用土地,"致使国家或者集体利益遭受特别重大损失":(1) 非法批准征用、占用基本农田 20 亩以上的;(2) 非法批准征用、占用基本农田以外的耕地 60 亩以上的;(3) 非法批准

---

① 全国人大常委会法制工作委员会刑法室编著:《中华人民共和国刑法解读》,中国法制出版社 2015 年版,第 969 页。

② 2001 年全国人大常委会《关于〈中华人民共和国刑法〉第二百二十八条、第三百四十二条、第四百一十条的解释》。

征用、占用其他土地100亩以上的;(4)非法批准征用、占用土地,造成基本农田5亩以上,其他耕地10亩以上严重毁坏的;(5)非法批准征用、占用土地造成直接经济损失50万元以上等恶劣情节的。

根据2005年最高人民法院《关于审理破坏林地资源刑事案件具体应用法律若干问题的解释》,具有下列情形之一的,属于非法批准征收、征用、占用土地,"情节严重":(1)非法批准征用、占用防护林地、特种用途林地数量分别或者合计达到10亩以上;(2)非法批准征用、占用其他林地数量达到20亩以上;(3)非法批准征用、占用林地造成直接经济损失数额达到30万元以上,或者造成第(1)项规定的林地数量分别或者合计达到5亩以上或者第(2)项规定的林地数量达到10亩以上毁坏。具有下列情形之一的,属于非法批准征收、征用、占用土地,"致使国家或者集体利益遭受特别重大损失":(1)非法批准征用、占用防护林地、特种用途林地数量分别或者合计达到20亩以上;(2)非法批准征用、占用其他林地数量达到40亩以上;(3)非法批准征用、占用林地造成直接经济损失数额达到60万元以上,或者造成第(1)项规定的林地数量分别或者合计达到10亩以上或者第(2)项规定的林地数量达到20亩以上毁坏。

根据2012年最高人民法院《关于审理破坏草原资源刑事案件应用法律若干问题的解释》的规定,具有下列情形之一的,应当认定为非法批准征收、征用、占用土地,"情节严重":(1)非法批准征收、征用、占用草原40亩以上的;(2)非法批准征收、征用、占用草原,造成20亩以上草原被毁坏的;(3)非法批准征收、征用、占用草原,造成直接经济损失30万元以上,或者具有其他恶劣情节的。具有下列情形之一,应当认定为非法批准征收、征用、占用土地,"致使国家或者集体利益遭受特别重大损失":(1)非法批准征收、征用、占用草原80亩以上的;(2)非法批准征收、征用、占用草原,造成40亩以上草原被毁坏的;(3)非法批准征收、征用、占用草原,造成直接经济损失60万元以上,或者具有其他特别恶劣情节的。

根据2006年最高人民检察院《关于渎职侵权犯罪案件立案标准的规定》的规定,国家机关工作人员徇私舞弊非法批准征用、占用土地,涉嫌下列情形之一的,应予立案:(1)非法批准征用、占用基本农田10亩以上的;(2)非法批准征用、占用基本农田以外的耕地30亩以上的;(3)非法批准征用、占用其他土地50亩以上的;(4)虽未达到上述数量标准,但造成有关单位、个人直接经济损失30万元以上,或者造成耕地大量毁坏或者植被遭到严重破坏的;(5)非法批准征用、占用土地,影响群众生产、生活,引起纠纷,造成恶劣影响或者其他严重后果的;(6)非法批准征用、占用防护林地、特种用途林地分别或者合计10亩以上的;(7)非法批准征用、占用其他林地20亩以上的;(8)非法批准征用、占用林地造成直接经济损失30万元以上,或者造成防护林地、特种用途林地分别或者合计5亩以上或者其他林地10亩以上毁坏的;(9)其他情节严重的情形。

五、本罪的刑事责任

根据刑法典第410条的规定,犯本罪的,处3年以下有期徒刑或者拘役;致使国家或者集体利益遭受特别重大损失的,处 3 年以上 7 年以下有期徒刑。

第十节　放纵走私罪

一、定义

放纵走私罪,是指海关工作人员徇私舞弊,放纵走私,情节严重的行为。本罪侵害的主要法益是国家海关工作人员职务行为的正当性和社会对国家机关的信赖感;侵害的次要法益是国家海关监督管理制度。

二、犯罪客观要件

本罪的客观要件表现为海关工作人员徇私舞弊,放纵走私的行为。首先,行为人具有徇私舞弊情节。徇私舞弊是指为徇私利、徇私情而弄虚作假、掩盖真相等。其次,行为人实施放纵走私的行为。放纵走私,是指利用职务上的便利,对走私行为放任不管,包括在走私物品通关时放弃职责,不予检查;在检查中发现走私货物时,故意隐瞒不报,使走私人得以过关;对应当征收关税和其他税费的普通货物不征收税款;对应当扣押、收缴的走私货物不予收缴;不履行日常的巡逻和打击走私犯罪的任务等。由此可见,被放任的可以是已经成立走私罪的行为,也可以是尚未成立犯罪的走私行为。

三、犯罪主观要件

本罪的主体是特殊主体,即海关工作人员。海关是国家进出境监督管理机关。在海关机构中从事公务的人员即为"海关工作人员"。"海关机构",主要是指国务院设立的海关总署以及在对外开放的口岸和海关监管业务集中的地点设立的海关机构。

本罪在主观方面是故意,即明知是违反海关监管法规的走私行为而故意放纵。行为人的犯罪动机并不影响本罪的成立,只作为量刑情节加以考虑。

四、犯罪量度要件

成立本罪要求情节严重。根据 2006 年最高人民检察院《关于渎职侵权犯罪案件立案标准的规定》的规定,放纵走私,涉嫌下列情形之一的,应予立案:(1) 放纵走私犯罪的;(2) 因放纵走私致使国家应收税额损失累计达 10 万元以上的;(3) 放纵走私行为 3 起(次)以上的;(4) 放纵走私行为,具有索取或者收受贿赂情节的;(5) 其他情节严重的情形。

五、本罪的认定

负有特定监管义务的海关工作人员徇私舞弊,利用职权,放任、纵容走私犯罪行为,情节严重的,成立放纵走私罪。放纵走私行为,一般是消极的不作为。如果海关工作人员与走私分子通谋,在放纵走私过程中以积极的行为配合走私分子逃避海关监管或者在放纵走私之后分得赃款的,应以共同走私犯罪追究刑事责任。海关工作人员收受贿赂又放纵走私的,应以受贿罪和放纵走私罪数罪并罚。①

六、本罪的刑事责任

根据刑法典第411条的规定,犯本罪的,处5年以下有期徒刑或者拘役;情节特别严重的,处5年以上有期徒刑。另外,根据刑法典第64条的规定,犯罪分子违法所得的一切财物,应当予以追缴。

第十一节　商检失职罪

一、定义

商检失职罪,是指商检部门、商检机构工作人员严重不负责任,对应当检验的物品不检验,或者延误检验出证、错误出证,致使国家利益遭受重大损失的行为。本罪侵害的主要法益是国家商检工作人员职务行为的正当性和社会对商检机关的信赖感;侵害的次要法益是国家商检机关的管理制度和具体指向的国家利益。

二、犯罪客观要件

本罪表现为行为人严重不负责任,对应当检验的物品不检验,或者延误检验出证、错误出证。行为人具有严重不负责任即玩忽职守行为。所谓严重不负责任,是指商检工作人员在商检工作中不履行或者不正确履行职责,对应当检验的物品不检验或者延误检验出证、错误出证等。

三、犯罪主观要件

本罪的主体是特殊主体,即只能由国家商检部门、商检机构的工作人员构成。具体而言,我国现在负责商品检验工作的机构主要是国家出入境检验检疫部门。所以,国家商检部门、商检机构的工作人员就主要指的是海关、国家出入境检验检疫部门中负责商品检验工作的人员。

本罪在主观方面是过失。行为人对工作严重不负责任的行为是出于故意,但对于致使国家利益遭受重大损失的后果则是过失的态度。对危害结果的心理态度才是行为人的主观方面的表现。

---

① 2002年最高人民法院、最高人民检察院、海关总署《关于办理走私刑事案件适用法律若干问题的意见》。

四、犯罪量度要件

成立本罪要求"致使国家利益遭受重大损失"。根据 2006 年最高人民检察院《关于渎职侵权犯罪案件立案标准的规定》的规定,商检失职,涉嫌下列情形之一的,应予立案:(1) 致使不合格的食品、药品、医疗器械等商品出入境,严重危害生命健康的;(2) 造成个人财产直接经济损失 15 万元以上,或者直接经济损失不满 15 万元,但间接经济损失 75 万元以上的;(3) 造成公共财产、法人或者其他组织财产直接经济损失 30 万元以上,或者直接经济损失不满 30 万元,但间接经济损失 150 万元以上的;(4) 未经检验,出具合格检验结果,致使国家禁止进口的固体废物、液态废物和气态废物等进入境内的;(5) 不检验或者延误检验出证、错误出证,引起国际经济贸易纠纷,严重影响国家对外经贸关系,或者严重损害国家声誉的;(6) 其他致使国家利益遭受重大损失的情形。

五、本罪的刑事责任

根据刑法典第 412 条第 2 款的规定,犯本罪的,处 3 年以下有期徒刑或者拘役。

第十二节 放纵制售伪劣商品犯罪行为罪

一、定义

放纵制售伪劣商品犯罪行为罪,是指对生产、销售伪劣商品犯罪行为负有追究责任的国家机关工作人员,徇私舞弊,不履行法律规定的追究职责,情节严重的行为。本罪侵害的主要法益是对生产、销售伪劣商品犯罪行为负有追究责任的国家机关工作人员职务行为的正当性和社会对这些机关的信赖感;侵害的次要法益是对生产、销售伪劣商品犯罪行为负有追究责任的国家机关的正常活动秩序。

二、犯罪客观要件

本罪的客观要件表现为行为人徇私舞弊,对生产、销售伪劣商品的犯罪分子不履行法律规定的追究职责的行为。

(1) 行为人放纵的是生产、销售伪劣商品的行为。具体而言,这是指我国刑法分则第三章破坏社会主义经济秩序罪中第一节所规定的所有犯罪。

(2) 行为人实施了徇私舞弊行为。徇私舞弊是成立本罪客观方面的法定情节。

(3) 行为人对生产、销售伪劣商品犯罪行为不履行法律规定的追究职责。所谓"不履行法律规定的追究职责"是指对法律赋予的应当对作出生产、销售伪劣商品犯罪行为的公司、企业、事业单位或者个人进行追究和处罚的职责不予履行。从犯罪行为的类型上说,属于不作为。

三、犯罪主观要件

本罪的主体是特殊主体，所谓对生产、销售伪劣商品犯罪行为负有追究责任的国家机关工作人员，主要是指国家工商行政管理、质量技术监督等机关的工作人员，以及公、检、法机关和各级党委、政府中主管查禁生产、销售伪劣商品的人员等。

本罪在主观方面是故意，即对放纵的是制售伪劣商品的犯罪行为有认识，对自己有追究制售伪劣商品犯罪的职责有认识。

四、犯罪量度要件

成立本罪要求情节严重。根据2001年最高人民法院、最高人民检察院《关于办理生产、销售伪劣商品刑事案件具体应用法律若干问题的解释》，具有下列情形之一的，属于刑法典第414条规定的放纵制售伪劣商品犯罪行为"情节严重"：(1)放纵生产、销售假药或者有毒、有害食品犯罪行为的；(2)放纵依法可能判处2年有期徒刑以上刑罚的生产、销售、伪劣商品犯罪行为的；(3)对3个以上有生产、销售伪劣商品犯罪行为的单位或者个人不履行追究职责的；(4)致使国家和人民利益遭受重大损失或者造成恶劣影响的。

根据2006年最高人民检察院《关于渎职侵权犯罪案件立案标准的规定》的规定，放纵制售伪劣商品犯罪行为，涉嫌下列情形之一的，应予立案：(1)放纵生产、销售假药或者有毒、有害食品犯罪行为的；(2)放纵生产、销售伪劣农药、兽药、化肥、种子犯罪行为的；(3)放纵依法可能判处3年有期徒刑以上刑罚的生产、销售伪劣商品犯罪行为的；(4)对生产、销售伪劣商品犯罪行为不履行追究职责，致使生产、销售伪劣商品犯罪行为得以继续的；(5)3次以上不履行追究职责，或者对3个以上有生产、销售伪劣商品犯罪行为的单位或者个人不履行追究职责的；(6)其他情节严重的情形。

五、本罪的刑事责任

根据刑法典第414条的规定，犯本罪的，处5年以下有期徒刑或者拘役。

第十三节 其他渎职罪

本章介绍了渎职罪的一些重点罪名，还有其他的一些罪名由于认定较为简单，实践中适用比较少，故予以简要介绍。

一、过失泄露国家秘密罪

过失泄露国家秘密罪，是指国家机关工作人员或者非国家机关工作人员违反保守国家秘密法，过失泄露国家秘密，情节严重的行为。本罪的主体是国家机关工作人员，但根据刑法典第398条第2款的规定，非国家机关工作人员实施泄露国家秘密的行为，情节严重的,也按照本罪处罚。根据 2006 年最高人民检察院《关于渎职侵权犯罪案件立案标准的规定》的规定,过失泄露国家秘密,涉嫌下列情形之一的,应予立案:(1) 泄露绝密级国家秘密 1 项(件)以上的;(2) 泄露机密级国家秘密 3 项(件)以上的;(3) 泄露秘密级国家秘密 4 项(件)以上的;(4) 违反保密规定,将涉及国家秘密的计算机或者计算机信息系统与互联网相连接,泄露国家秘密的;(5) 泄露国家秘密或者遗失国家秘密载体,隐瞒不报、不如实提供有关情况或者不采取补救措施的;(6) 其他情节严重的情形。

根据 2001 年最高人民法院《关于审理为境外窃取、刺探、收买、非法提供国家秘密、情报案件具体应用法律若干问题的解释》,过失将国家秘密通过互联网予以发布,情节严重的,依照刑法典第 398 条过失泄露国家秘密罪的规定定罪处罚。

根据刑法典第 398 条的规定,犯本罪的,处 3 年以下有期徒刑或者拘役;情节特别严重的,处 3 年以上 7 年以下有期徒刑。非国家机关工作人员犯本罪的,依照本罪的规定酌情处罚。

二、执行判决、裁定失职罪

执行判决、裁定失职罪,是指司法工作人员在执行判决、裁定活动中,严重不负责任,不依法采取诉讼保全措施、不履行法定执行职责,或者违法采取诉讼保全措施、强制执行措施,致使当事人或者其他人的利益遭受重大损失的行为。本罪的主体是特殊主体,仅限于负责执行判决、裁定工作的主管人员和参与执行的执行人员。本罪属于结果犯,即只有执行判决、裁定失职行为致使当事人或者其他人的利益遭受重大损失,才成立本罪。根据 2006 年最高人民检察院《关于渎职侵权犯罪案件立案标准的规定》的规定,执行判决、裁定失职,涉嫌下列情形之一的,应予立案:(1) 致使当事人或者其近亲属自杀、自残造成重伤、死亡,或者精神失常的;(2) 造成个人财产直接经济损失 15 万元以上,或者直接经济损失不满 15 万元,但间接经济损失 75 万元以上的;(3) 造成法人或者其他组织财产直接经济损失 30 万元以上,或者直接经济损失不满 30 万元,但间接经济损失 150 万元以上的;(4) 造成公司、企业等单位停业、停产 1 年以上,或者破产的;(5) 其他致使当事人或者其他人的利益遭受重大损失的情形。根据刑法典第 399 条第 4 款的规定,司法工作人员收受贿赂,有执行判决、裁定失职行为的,同时又成立本法第 385 条规定的受贿罪的,依照处罚较重的规定定罪处罚。

根据刑法典第 399 条第 3 款的规定,犯本罪的,处 5 年以下有期徒刑或者拘役;致使当事人或者其他人的利益遭受特别重大损失的,处 5 年以上 10 年以下有期徒刑。

三、执行判决、裁定滥用职权罪

执行判决、裁定滥用职权罪,是指司法工作人员在执行判决、裁定活动中,滥用职权,不依法采取诉讼保全措施、不履行法定执行职责,或者违法采取诉讼保全措施、强制执行措施,致使当事人或者其他人的利益遭受重大损失的行为。本罪的主体是特殊主体,仅限于负责执行判决、裁定工作的主管人员和参与执行的执行人员。本罪是结果犯,即行为人在执行判决、裁定中滥用职权的行为必须致使当事人或者其他人的利益遭受重大损失的,才成立本罪。根据2006年最高人民检察院《关于渎职侵权犯罪案件立案标准的规定》的规定,执行判决、裁定滥用职权,涉嫌下列情形之一的,应予立案:(1)致使当事人或者其近亲属自杀、自残造成重伤、死亡,或者精神失常的;(2)造成个人财产直接经济损失10万元以上,或者直接经济损失不满10万元,但间接经济损失50万元以上的;(3)造成法人或者其他组织财产直接经济损失20万元以上,或者直接经济损失不满20万元,但间接经济损失100万元以上的;(4)造成公司、企业等单位停业、停产6个月以上,或者破产的;(5)其他致使当事人或者其他人的利益遭受重大损失的情形。

根据刑法典第399条第3款的规定,犯本罪的,处5年以下有期徒刑或者拘役;致使当事人或者其他人的利益遭受特别重大损失的,处5年以上10年以下有期徒刑。

四、枉法仲裁罪

枉法仲裁罪是指依法承担仲裁职责的人员,在仲裁活动中故意违背事实和法律作枉法裁决,情节严重的行为。本罪的主体为特殊主体,即"依法承担仲裁职责的人员"。成立本罪要求情节严重,包括收受贿赂枉法裁决,给当事人造成重大财产损失,或者造成其他严重后果等情形。情节严重的认定标准,有待最高司法机关作出相应的司法解释。

根据刑法典第399条之一的规定,犯本罪的,处3年以下有期徒刑或者拘役;情节特别严重的,处3年以上7年以下有期徒刑。

五、私放在押人员罪

私放在押人员罪,是指司法工作人员私放在押的犯罪嫌疑人、被告人或者罪犯的行为。私放行为可以是作为,如打开监门、戒具,伪造、涂改法律文书,非法制作释放证明等;也可以是不作为方式,如在监管、押解过程中对在押人员脱逃行为故意视而不见、不予制止、不予追赶。

本罪的主体是负有监管、看守职责的司法工作人员。但是,受监管机关正式聘用或委托实际履行监管职务的人员私放罪犯的,也应以本罪追究刑事责任[①]。而工人等非监管机关在编监管人员在被监管机关聘用受委托履行监管职责的过程中私放在押人员的,以私放在押人员罪追究刑事责任。[②]

本罪属于行为犯,只要实施了私放行为,就成立本罪既遂,被私放者逃脱与否都不影响本罪的既遂。

---

① 1994年最高人民检察院《关于受监管机关正式聘用或委托履行监管职务的人员能否成为体罚虐待人犯罪和私放罪犯罪主体的批复》。

② 2001年最高人民检察院《关于工人等非监管机关在编监管人员私放在押人员行为和失职致使在押人员脱逃行为适用法律问题的解释》。

根据 2006 年最高人民检察院《关于渎职侵权犯罪案件立案标准的规定》的规定,私放在押人员,涉嫌下列情形之一的,应予立案:(1) 私自将在押的犯罪嫌疑人、被告人、罪犯放走,或者授意、指使、强迫他人将在押的犯罪嫌疑人、被告人、罪犯放走的;(2) 伪造、变造有关法律文书、证明材料,以使在押的犯罪嫌疑人、被告人、罪犯逃跑或者被释放的;(3) 为私放在押的犯罪嫌疑人、被告人、罪犯,故意向其通风报信、提供条件,致使该在押的犯罪嫌疑人、被告人、罪犯脱逃的;(4) 其他私放在押的犯罪嫌疑人、被告人、罪犯应予追究刑事责任的情形。

根据刑法典第 400 条第 1 款的规定,犯本罪的,处 5 年以下有期徒刑或者拘役;情节严重的,处 5 年以上 10 年以下有期徒刑;情节特别严重的,处 10 年以上有期徒刑。

六、失职致使在押人员脱逃罪

失职致使在押人员脱逃罪,是指司法工作人员由于严重不负责任,致使在押的犯罪嫌疑人、被告人或者罪犯脱逃,造成严重后果的行为。"严重不负责任",是指不履行或不正确履行其职责。失职的后果是导致在押的嫌疑人、被告人、罪犯逃出,摆脱司法机关及其工作人员的实际控制范围。

本罪的主体是负有监管、看守职责的司法工作人员;对于未被公安机关正式录用,受委托履行监管职责的人员和受委派承担了监管职责的狱医,由于严重不负责任,致使在押人员脱逃,造成严重后果的,也应以本罪定罪处罚①。工人等非监管机关在编监管人员在被监管机关聘用受委托履行监管职责的过程中由于严重不负责任,致使在押人员脱逃,造成严重后果的,也应以本罪追究刑事责任②。

成立本罪要求造成严重后果。根据 2006 年最高人民检察院《关于渎职侵权犯罪案件立案标准的规定》的规定,失职致使在押人员脱逃,涉嫌下列情形之一的,应予立案:(1) 致使依法可能判处或者已经判处 10 年以上有期徒刑、无期徒刑、死刑的犯罪嫌疑人、被告人、罪犯脱逃的;(2) 致使犯罪嫌疑人、被告人、罪犯脱逃 3 人次以上的;(3) 犯罪嫌疑人、被告人、罪犯脱逃以后,打击报复报案人、控告人、举报人、被害人、证人和司法工作人员等,或者继续犯罪的;(4) 其他致使在押的犯罪嫌疑人、被告人、罪犯脱逃,造成严重后果的情形。

根据刑法典第 400 条第 2 款的规定,犯本罪的,处 3 年以下有期徒刑或者拘役;造成特别严重后果的,处 3 年以上 10 年以下有期徒刑。

七、徇私舞弊减刑、假释、暂予监外执行罪

徇私舞弊减刑、假释、暂予监外执行罪,是指司法工作人员徇私舞弊,对不符合减刑、

---

① 2000 年最高人民法院《关于未被公安机关正式录用的人员狱医能否构成失职致使在押人员脱逃罪主体问题的批复》。

② 2001 年最高人民检察院《关于工人等非监管机关在编监管人员私放在押人员行为和失职致使在押人员脱逃行为适用法律问题的解释》。

假释、暂予监外执行条件的罪犯,予以减刑、假释或者暂予监外执行的行为。

根据2006年最高人民检察院《关于渎职侵权犯罪案件立案标准的规定》的规定,徇私舞弊减刑、假释、暂予监外执行,涉嫌下列情形之一的,应予立案:(1)刑罚执行机关的工作人员对不符合减刑、假释、暂予监外执行条件的罪犯,捏造事实,伪造材料,违法报请减刑、假释、暂予监外执行的;(2)审判人员对不符合减刑、假释、暂予监外执行条件的罪犯,徇私舞弊,违法裁定减刑、假释或者违法决定暂予监外执行的;(3)监狱管理机关、公安机关的工作人员对不符合暂予监外执行条件的罪犯,徇私舞弊,违法批准暂予监外执行的;(4)不具有报请、裁定、决定或者批准减刑、假释、暂予监外执行权的司法工作人员利用职务上的便利,伪造有关材料,导致不符合减刑、假释、暂予监外执行条件的罪犯被减刑、假释、暂予监外执行的;(5)其他徇私舞弊减刑、假释、暂予监外执行应予追究刑事责任的情形。

根据刑法典第401条的规定,犯本罪的,处3年以下有期徒刑或者拘役;情节严重的,处3年以上7年以下有期徒刑。

八、滥用管理公司、证券职权罪

滥用管理公司、证券职权罪,是指国家有关主管部门的国家机关工作人员,徇私舞弊,滥用职权,对不符合法律规定条件的公司设立、登记申请或者股票、债券发行、上市申请,予以批准或者登记,致使公共财产、国家和人民利益遭受重大损失的行为,以及上级部门强令登记机关及其工作人员实施上述行为的行为。

本罪发生于特定时间,即公司设立、登记申请或者股票、债券发行、上市申请过程中。本罪的主体为国家有关主管部门的国家机关工作人员,"国家有关主管部门"是指根据公司法和有关法规规定对公司设立、申请或者股票、公司债券、上市申请的条件是否符合法律规定的条件予以审核、批准或者登记的国家机关。[①] 成立本罪要求"致使公共财产、国家和人民利益遭受重大损失"。

根据2006年最高人民检察院《关于渎职侵权犯罪案件立案标准的规定》的规定,滥用管理公司、证券职权,涉嫌下列情形之一的,应予立案:(1)造成直接经济损失50万元以上的;(2)工商行政管理部门的工作人员对不符合法律规定条件的公司设立、登记申请,违法予以批准、登记,严重扰乱市场秩序的;(3)金融证券管理机构工作人员对不符合法律规定条件的股票、债券发行、上市申请,违法予以批准,严重损害公众利益,或者严重扰乱金融秩序的;(4)工商行政管理部门、金融证券管理机构的工作人员对不符合法律规定条件的公司设立、登记申请或者股票、债券发行、上市申请违法予以批准或者登记,致使犯罪行为得逞的;(5)上级部门、当地政府直接负责的主管人员强令登记机关及其工作人

[①] 全国人大常委会法制工作委员会刑法室编著:《中华人民共和国刑法解读》,中国法制出版社2015年版,第955—956页。

员,对不符合法律规定条件的公司设立、登记申请或者股票、债券发行、上市申请予以批准或者登记,致使公共财产、国家或者人民利益遭受重大损失的;(6)其他致使公共财产、国家和人民利益遭受重大损失的情形。

根据刑法典第403条第1款的规定,犯本罪的,处5年以下有期徒刑或者拘役。根据刑法典第403条第2款的规定,上级部门强令登记机关及其工作人员实施前款行为的,对其直接负责的主管人员,依照前款的规定处罚。

九、徇私舞弊发售发票、抵扣税款、出口退税罪

徇私舞弊发售发票、抵扣税款、出口退税罪,是指税务机关的工作人员违反法律、行政法规的规定,在办理发售发票、抵扣税款、出口退税工作中,徇私舞弊,致使国家利益遭受重大损失的行为。"违反法律,行政法规的规定",是指违反国家有关发售发票、抵扣税款、出口退税方面的法律、行政法规的规定。"徇私舞弊",具体包括:为了私情、私利,向不符合领受发票的主体发售发票,或不按照规定发售发票;对不应该抵扣税款的抵扣了税款,或多抵扣税款等。

成立本罪要求"致使国家利益遭受重大损失"。根据2006年最高人民检察院《关于渎职侵权犯罪案件立案标准的规定》的规定,徇私舞弊发售发票、抵扣税款、出口退税,涉嫌下列情形之一的,应予立案:(1)徇私舞弊,致使国家税收损失累计达10万元以上的;(2)徇私舞弊,致使国家税收损失累计不满10万元,但发售增值税专用发票25份以上或者其他发票50份以上或者增值税专用发票与其他发票合计50份以上,或者具有索取、收受贿赂或者其他恶劣情节的;(3)其他致使国家利益遭受重大损失的情形。

根据刑法典第405条第1款的规定,犯本罪的,处5年以下有期徒刑或者拘役;致使国家利益遭受特别重大损失的,处5年以上有期徒刑。

十、违法提供出口退税凭证罪

违法提供出口退税凭证罪,是指税务机关以外的其他国家机关工作人员违反国家规定,在提供出口货物报关单、出口收汇核销单等出口退税凭证的工作中,徇私舞弊,致使国家利益遭受重大损失的行为。"违反国家规定",是指违反国家有关开具货物报关单、出口收汇核销单等出口退税凭证方面的规定。在提供出口退税凭证过程中徇私舞弊,是指为了徇私利、私情而弄虚作假,为没有出口货物者提供报关单,为没有出口收汇者提供出口收汇凭证,或者多填出口货物数量或者出口收汇数量等。

本罪的主体为税务机关以外的其他国家机关工作人员,是指除税务机关机关工作人员以外,负有对进出口货物检验、出具进出口货物证明的其他国家机关工作人员,如海关

工作人员、银行工作人员。①

成立本罪要求"致使国家利益遭受重大损失"。根据2006年最高人民检察院《关于渎职侵权犯罪案件立案标准的规定》的规定,违法提供出口退税凭证,涉嫌下列情形之一的,应予立案:(1)徇私舞弊,致使国家税收损失累计达10万元以上的;(2)徇私舞弊,致使国家税收损失累计不满10万元,但具有索取、收受贿赂或者其他恶劣情节的;(3)其他致使国家利益遭受重大损失的情形。

根据刑法典第405条第2款的规定,犯本罪的,处5年以下有期徒刑或者拘役;致使国家利益遭受特别重大损失的,处5年以上有期徒刑。

十一、违法发放林木采伐许可证罪

违法发放林木采伐许可证罪,是指林业主管部门的工作人员违反森林法的规定,超过批准的年采伐限额发放林木采伐许可证或者违反规定滥发林木采伐许可证,情节严重,致使森林遭受严重破坏的行为。成立本罪要求"情节严重,致使森林遭受严重破坏"。

根据2000年最高人民法院《关于审理破坏森林资源刑事案件具体应用法律若干问题的解释》的规定,具有下列情形之一的,属于刑法典第407条规定的"情节严重,致使森林遭受严重破坏":(1)发放林木采伐许可证允许采伐数量累计超过批准的年采伐限额,导致林木被采伐数量在10立方米以上的;(2)滥发林木采伐许可证,导致林木被滥伐20立方米以上的;(3)滥发林木采伐许可证,导致珍贵树木被滥伐的;(4)批准采伐国家禁止采伐的林木,情节恶劣的;(5)其他情节严重的情形。

根据2006年最高人民检察院《关于渎职侵权犯罪案件立案标准的规定》的规定,违法发放林木采伐许可证,涉嫌下列情形之一的,应予立案:(1)发放林木采伐许可证允许采伐数量累计超过批准的年采伐限额,导致林木被超限额采伐10立方米以上的;(2)滥发林木采伐许可证,导致林木被滥伐20立方米以上,或者导致幼树被滥伐1000株以上的;(3)滥发林木采伐许可证,导致防护林、特种用途林被滥伐5立方米以上,或者幼树被滥伐200株以上的;(4)滥发林木采伐许可证,导致珍贵树木或者国家重点保护的其他树木被滥伐的;(5)滥发林木采伐许可证,导致国家禁止采伐的林木被采伐的;(6)其他情节严重,致使森林遭受严重破坏的情形。

林业主管部门工作人员之外的国家机关工作人员,违反《森林法》的规定,滥用职权或者玩忽职守,致使林木被滥伐40立方米以上或者幼树被滥伐2000株以上,或者致使防护林、特种用途林被滥伐10立方米以上或者幼树被滥伐400株以上,或者致使珍贵树木被采伐、毁坏4立方米或者4株以上,或者致使国家重点保护的其他植物被采伐、毁坏后果严重的,或者致使国家严禁采伐的林木被采伐、毁坏情节恶劣的,按照刑法典第397条的

---

① 全国人大常委会法制工作委员会刑法室编著:《中华人民共和国刑法解读》,中国法制出版社2015年版,第960页。

规定以滥用职权罪或者玩忽职守罪追究刑事责任。

根据 2007 年最高人民检察院《关于对林业主管部门工作人员在发放林木采伐许可证之外滥用职权、玩忽职守致使森林遭受严重破坏的行为适用法律问题的批复》,林业主管部门工作人员以违法发放林木采伐许可证以外的其他方式滥用职权或者玩忽职守,致使森林遭受严重破坏的,依照刑法典第 397 条的规定,以滥用职权罪或者玩忽职守罪追究刑事责任。

根据刑法典第 407 条的规定,犯本罪的,处 3 年以下有期徒刑或者拘役。

十二、环境监管失职罪

环境监管失职罪,是指负有环境保护监督管理职责的国家机关工作人员严重不负责任,导致发生重大环境污染事故,致使公私财产遭受重大损失或者造成人身伤亡的严重后果的行为。"严重不负责任",是指不履行或者不正确履行职责,对工作极其马虎、草率从事、敷衍塞责。本罪的主体为对环境保护负有监督管理职责的国家机关工作人员,主要包括在国务院环境保护行政主管部门、县级以上地方人民政府环境保护行政主管部门从事环境保护监督管理工作的人员,也包括在国家海洋行政主管部门、港务监督、渔政渔港监督、军队环境保护部门和各级公安、交通、铁道、民航管理部门中,依照有关法律的规定对环境污染防治实施监督管理的人员,以及在县级以上人民政府的土地、矿产、林业、农业、水利行政主管部门中,依照有关法律的规定对资源的保护实施监督管理的人员。①

成立本罪要求"致使公私财产遭受重大损失或者造成人身伤亡的严重后果"。根据 2013 年最高人民法院、最高人民检察院《关于办理环境污染刑事案件适用法律若干问题的解释》的规定,环境监管失职,具有下列情形之一的,应当认定为"致使公私财产遭受重大损失或者造成人身伤亡的严重后果":(1) 致使乡镇以上集中式饮用水水源取水中断 12 小时以上的;(2) 致使基本农田、防护林地、特种用途林地 5 亩以上,其他农用地 1 亩以上,其他土地 20 亩以上基本功能丧失或者遭受永久性破坏的;(3) 致使森林或者其他林木死亡 20 立方米以上,或者幼树死亡 2500 株以上的;(4) 致使公私财产损失 30 万元以上的;(5) 致使疏散、转移群众 5000 人以上的;(6) 致使 30 人以上中毒的;(7) 致使 3 人以上轻伤、轻度残疾或者器官组织损伤导致一般功能障碍的;(8) 致使 1 人以上重伤、中度残疾或者器官组织损伤导致严重功能障碍的。

根据刑法典第 408 条的规定,犯本罪的,处 3 年以下有期徒刑或者拘役。

十三、食品监管渎职罪

食品监管渎职罪,是指负有食品安全监督管理职责的国家机关工作人员,滥用职权或

---

① 全国人大常委会法制工作委员会刑法室编著:《中华人民共和国刑法解读》,中国法制出版社 2015 年版,第 964 页。

者玩忽职守,导致发生重大食品安全事故或者造成其他严重后果的行为。

成立本罪要求"导致发生重大食品安全事故或者造成其他严重后果"。根据我国《食品安全法》的规定,食品安全事故,是指食源性疾病、食品污染等源于食品,对人体健康有危害或者可能有危害的事故。根据2013年最高人民法院、最高人民检察院《关于办理危害食品安全刑事案件适用法律若干问题的解释》的规定,负有食品安全监督管理职责的国家机关工作人员,滥用职权或者玩忽职守,导致发生重大食品安全事故或者造成其他严重后果,同时成立食品监管渎职罪和徇私舞弊不移交刑事案件罪、商检徇私舞弊罪、动植物检疫徇私舞弊罪、放纵制售伪劣商品犯罪行为罪等其他渎职犯罪的,依照处罚较重的规定定罪处罚。负有食品安全监督管理职责的国家机关工作人员滥用职权或者玩忽职守,不成立食品监管渎职罪,但成立前款规定的其他渎职犯罪的,依照该其他犯罪定罪处罚。负有食品安全监督管理职责的国家机关工作人员与他人共谋,利用其职务行为帮助他人实施危害食品安全犯罪行为,同时成立渎职犯罪和危害食品安全犯罪共犯的,依照处罚较重的规定定罪处罚。

根据刑法典第408条之一的规定,犯本罪的,处5年以下有期徒刑或者拘役;造成特别严重后果的,处5年以上10年以下有期徒刑。徇私舞弊犯前款罪的,从重处罚。

十四、传染病防治失职罪

传染病防治失职罪,是指从事传染病防治的政府卫生行政部门的工作人员严重不负责任,导致传染病传播或者流行,情节严重的行为。本罪的主体是从事传染病防治的政府卫生行政部门的工作人员,但在预防、控制突发传染病疫情等灾害期间,在受政府卫生行政部门委托代表政府卫生行政部门行使职权的组织中从事公务的人员,或者虽未列入政府卫生行政部门人员编制但在政府卫生行政部门从事公务的人员,在代表政府卫生行政部门行使职权时,严重不负责任,导致传染病传播或者流行,情节严重的,也以传染病防治失职罪定罪处罚[①]。

成立本罪要求情节严重。根据2003年最高人民法院、最高人民检察院《关于办理妨害预防、控制突发传染病疫情等灾害的刑事案件具体应用法律若干问题的解释》的规定,在国家对突发传染病疫情等灾害采取预防、控制措施后,具有下列情形之一的,属于刑法典第409条规定的"情节严重":(1)对发生突发传染病疫情等灾害的地区或者突发传染病病人、病原携带者、疑似突发传染病病人,未按照预防、控制突发传染病疫情等灾害工作规范的要求做好防疫、检疫、隔离、防护、救治等工作,或者采取的预防、控制措施不当,造成传染范围扩大或者疫情、灾情加重的;(2)隐瞒、缓报、谎报或者授意、指使、强令他人隐瞒、缓报、谎报疫情、灾情,造成传染范围扩大或者疫情、灾情加重的;(3)拒不执行突发传

[①] 2003年最高人民法院、最高人民检察院《关于办理妨害预防、控制突发传染病疫情等灾害的刑事案件具体应用法律若干问题的解释》。

染病疫情等灾害应急处理指挥机构的决定、命令,造成传染范围扩大或者疫情、灾情加重的;(4)具有其他严重情节的。

根据2006年最高人民检察院《关于渎职侵权犯罪案件立案标准的规定》,传染病防治失职,涉嫌下列情形之一的,应予立案:(1)导致甲类传染病传播的;(2)导致乙类、丙类传染病流行的;(3)因传染病传播或者流行,造成人员重伤或者死亡的;(4)因传染病传播或者流行,严重影响正常的生产、生活秩序的;(5)在国家对突发传染病疫情等灾害采取预防、控制措施后,对发生突发传染病疫情等灾害的地区或者突发传染病病人、病原携带者、疑似突发传染病病人,未按照预防、控制突发传染病疫情等灾害工作规范的要求做好防疫、检疫、隔离、防护、救治等工作,或者采取的预防、控制措施不当,造成传染范围扩大或者疫情、灾情加重的;(6)在国家对突发传染病疫情等灾害采取预防、控制措施后,隐瞒、缓报、谎报或者授意、指使、强令他人隐瞒、缓报、谎报疫情、灾情,造成传染范围扩大或者疫情、灾情加重的;(7)在国家对突发传染病疫情等灾害采取预防、控制措施后,拒不执行突发传染病疫情等灾害应急处理指挥机构的决定、命令,造成传染范围扩大或者疫情、灾情加重的;(8)其他情节严重的情形。

另外,人民法院、人民检察院办理有关妨害预防、控制突发传染病疫情等灾害的刑事案件时,对于有自首、立功等悔罪表现的,可以依法从轻、减轻、免除处罚或者依法作出不起诉决定。

根据刑法典第409条的规定,犯本罪的,处3年以下有期徒刑或者拘役。

十五、非法低价出让国有土地使用权罪

非法低价出让国有土地使用权罪,是指国家机关工作人员徇私舞弊,违反土地管理法规,滥用职权,非法低价出让国有土地使用权,情节严重的行为。"违反土地管理法规",是指违反《土地管理法》《草原法》《森林法》等法律以及有关行政法规中关于土地管理的规定。本罪的主体为国家机关工作人员。

成立本罪要求情节严重。根据2000年最高人民法院《关于审理破坏土地资源刑事案件具体应用法律若干问题的解释》,具有下列情形之一的,属于非法低价出让国有土地使用权,"情节严重":(1)出让国有土地使用权面积在30亩以上,并且出让价额低于国家规定的最低价额标准的60%的;(2)造成国有土地资产流失价额在30万元以上的。具有下列情形之一的,属于非法低价出让国有土地使用权,"致使国家和集体利益遭受特别重大损失":(1)非法低价出让国有土地使用权面积在60亩以上,并且出让价额低于国家规定的最低价额标准的40%的;(2)造成国有土地资产流失价额在50万元以上的。根据2005年最高人民法院《关于审理破坏林地资源刑事案件具体应用法律若干问题的解释》,具有下列情形之一的,属于非法低价出让国有林地使用权,"情节严重":(1)林地数量合计达到30亩以上,并且出让价额低于国家规定的最低价额标准的60%;(2)造成国有资产流失价额达到30万元以上。实施本解释第4条规定的行为,造成国有资产流失价额达到60

万元以上的,属于非法低价出让国有土地使用权,"致使国家和集体利益遭受特别重大损失"。

根据 2006 年最高人民检察院《关于渎职侵权犯罪案件立案标准的规定》的规定,非法低价出让国有土地使用权,涉嫌下列情形之一的,应予立案:(1)非法低价出让国有土地 30 亩以上,并且出让价额低于国家规定的最低价额标准的 60%的;(2)造成国有土地资产流失价额 30 万元以上的;(3)非法低价出让国有土地使用权,影响群众生产、生活,引起纠纷,造成恶劣影响或者其他严重后果的;(4)非法低价出让林地合计 30 亩以上,并且出让价额低于国家规定的最低价额标准的 60%的;(5)造成国有资产流失 30 万元以上的;(6)其他情节严重的情形。

根据刑法典第 410 条的规定,犯本罪的,处 3 年以下有期徒刑或者拘役;致使国家或者集体利益遭受特别重大损失的,处 3 年以上 7 年以下有期徒刑。

十六、商检徇私舞弊罪

商检徇私舞弊罪,是指国家商检部门、商检机构的工作人员徇私舞弊,伪造检验结果的行为。根据 2006 年最高人民检察院《关于渎职侵权犯罪案件立案标准的规定》的规定,商检徇私舞弊,涉嫌下列情形之一的,应予立案:(1)采取伪造、变造的手段对报检的商品的单证、印章、标志、封识、质量认证标志等作虚假的证明或者出具不真实的证明结论的;(2)将送检的合格商品检验为不合格,或者将不合格商品检验为合格的;(3)对明知是不合格的商品,不检验而出具合格检验结果的;(4)其他伪造检验结果应予追究刑事责任的情形。

根据刑法典第 412 条第 1 款的规定,犯本罪的,处 5 年以下有期徒刑或者拘役;造成严重后果的,处 5 年以上 10 年以下有期徒刑。

十七、动植物检疫徇私舞弊罪

动植物检疫徇私舞弊罪,是指动植物检疫机关的检疫人员徇私舞弊,伪造检疫结果的行为。

根据 2006 年最高人民检察院《关于渎职侵权犯罪案件立案标准的规定》的规定,动植物检疫徇私舞弊,涉嫌下列情形之一的,应予立案:(1)采取伪造、变造的手段对检疫的单证、印章、标志、封识等作虚假的证明或者出具不真实的结论的;(2)将送检的合格动植物检疫为不合格,或者将不合格动植物检疫为合格的;(3)对明知是不合格的动植物,不检疫而出具合格检疫结果的;(4)其他伪造检疫结果应予追究刑事责任的情形。

根据刑法典第 413 条第 1 款的规定,犯本罪的,处 5 年以下有期徒刑或者拘役;造成严重后果的,处 5 年以上 10 年以下有期徒刑。

十八、动植物检疫失职罪

动植物检疫失职罪,是指动植物检疫机关的检疫人员严重不负责任,对应当检疫的检疫物不检疫,或者延误检疫出证、错误出证,致使国家利益遭受重大损失的行为。"延误出证",是指没有按照规定的时限进行检疫并出具单证。"错误出证",是指出具了与被检疫物的真实情况不相符合的检疫单证。本罪的主体为动植物检疫机关的检疫人员。

成立本罪要求"致使国家利益遭受重大损失"。根据 2006 年最高人民检察院《关于渎职侵权犯罪案件立案标准的规定》的规定,动植物检疫失职,涉嫌下列情形之一的,应予立案:(1) 导致疫情发生,造成人员重伤或者死亡的;(2) 导致重大疫情发生、传播或者流行的;(3) 造成个人财产直接经济损失 15 万元以上,或者直接经济损失不满 15 万元,但间接经济损失 75 万元以上的;(4) 造成公共财产或者法人、其他组织财产直接经济损失 30 万元以上,或者直接经济损失不满 30 万元,但间接经济损失 150 万元以上的;(5) 不检疫或者延误检疫出证、错误出证,引起国际经济贸易纠纷,严重影响国家对外经贸关系,或者严重损害国家声誉的;(6) 其他致使国家利益遭受重大损失的情形。

根据刑法典第 413 条第 2 款的规定,犯本罪的,处 3 年以下有期徒刑或者拘役。

十九、办理偷越国(边)境人员出入境证件罪

办理偷越国(边)境人员出入境证件罪,是指负责办理护照、签证以及其他出入境证件的国家机关工作人员,对明知是企图偷越国(边)境的人员,予以办理出入境证件的行为。

根据 2006 年最高人民检察院《关于渎职侵权犯罪案件立案标准的规定》的规定,负责办理护照、签证以及其他出入境证件的国家机关工作人员涉嫌在办理护照、签证以及其他出入境证件的过程中,对明知是企图偷越国(边)境的人员而予以办理出入境证件的,应予立案。

根据刑法典第 415 条的规定,犯本罪的,处 3 年以下有期徒刑或者拘役;情节严重的,处 3 年以上 7 年以下有期徒刑。

二十、放行偷越国(边)境人员罪

放行偷越国(边)境人员罪,是指边防、海关等国家机关工作人员,对明知是偷越国(边)境的人员,予以放行的行为。"放行",是指边防、海关等国家机关工作人员在根据出入境管理和边防检查法律、法规的规定,对出入境人员进行检查时,不正当行使审验护照、签证或者其他出入境证件的职责,对明知偷越国(边)境的人员,应当阻止其出境或者入境而私自准许其出入国(边)境的行为。

根据 2006 年最高人民检察院《关于渎职侵权犯罪案件立案标准的规定》的规定,边防、海关等国家机关工作人员涉嫌在履行职务过程中,对明知是偷越国(边)境的人员而予以放行的,应予立案。

根据刑法典第 415 条的规定,犯本罪的,处 3 年以下有期徒刑或者拘役;情节严重的,处 3 年以上 7 年以下有期徒刑。

二十一、不解救被拐卖、绑架妇女、儿童罪

不解救被拐卖、绑架妇女、儿童罪，是指对被拐卖、绑架的妇女、儿童负有解救职责的国家机关工作人员，接到被拐卖、绑架的妇女、儿童及其家属的解救要求或者接到其他人的举报，而对被拐卖、绑架的妇女、儿童不进行解救，造成严重后果的行为。

对"解救要求和举报"，应作扩大解释，即不论通过何种途径、以何种形式提出请求或举报，只要使负有解救职责的国家机关知晓，就应符合要求。"不进行解救"，是指不实施为使妇女、儿童脱离被拐卖、绑架的困境而应依法采取的各种措施或进行的活动。本罪是典型的不作为犯。

成立本罪要求"造成严重后果"。"严重后果"是指负有解救职责的国家机关工作人员对被拐卖、绑架的妇女、儿童不进行解救，因而造成被害人及其家属重伤、死亡或者引起其他恶性案件发生的情形。① 根据2006年最高人民检察院《关于渎职侵权犯罪案件立案标准的规定》的规定，不解救被拐卖、绑架妇女、儿童，涉嫌下列情形之一的，应予立案：(1) 导致被拐卖、绑架的妇女、儿童或者其家属重伤、死亡或者精神失常的；(2) 导致被拐卖、绑架的妇女、儿童被转移、隐匿、转卖，不能及时进行解救的；(3) 对被拐卖、绑架的妇女、儿童不进行解救3人次以上的；(4) 对被拐卖、绑架的妇女、儿童不进行解救，造成恶劣社会影响的；(5) 其他造成严重后果的情形。

根据刑法典第416条第1款的规定，犯本罪的，处5年以下有期徒刑或者拘役。

二十二、阻碍解救被拐卖、绑架妇女、儿童罪

阻碍解救被拐卖、绑架妇女、儿童罪，是指负有解救职责的国家机关工作人员利用职务阻碍解救被拐卖、绑架的妇女、儿童的行为。"利用职务"，是指利用本人主管、协助解救被拐卖、绑架的妇女、儿童的职务上的便利。"阻碍解救"，是指设置各种障碍干扰、阻止、破坏解救工作的正常开展。

根据2006年最高人民检察院《关于渎职侵权犯罪案件立案标准的规定》，阻碍解救被拐卖、绑架妇女、儿童，涉嫌下列情形之一的，应予立案：(1) 利用职权，禁止、阻止或者妨碍有关部门、人员解救被拐卖、绑架的妇女、儿童的；(2) 利用职务上的便利，向拐卖、绑架者或者收买者通风报信，妨碍解救工作正常进行的；(3) 其他利用职务阻碍解救被拐卖、绑架的妇女、儿童应予追究刑事责任的情形。

根据刑法典第416条第2款的规定，犯本罪的，处2年以上7年以下有期徒刑；情节较轻的，处2年以下有期徒刑或者拘役。

---

① 全国人大常委会法制工作委员会刑法室编著：《中华人民共和国刑法解读》，中国法制出版社2015年版，第979页。

二十三、帮助犯罪分子逃避处罚罪

帮助犯罪分子逃避处罚罪,是指有查禁犯罪活动职责的国家机关工作人员,向犯罪分子通风报信、提供便利,帮助犯罪分子逃避处罚的行为。"通风报信",是指向犯罪分子本人或其亲友泄漏、告知、通报、提供有关机关查处犯罪活动的信息(如部署、计划、措施等)。"提供便利",是指为犯罪分子提供钱物、交通工具、通讯设备等便利条件。而通风报信、提供便利的目的都是为了帮助犯罪分子逃避处罚。根据2006年最高人民检察院《关于渎职侵权犯罪案件立案标准的规定》,帮助犯罪分子逃避处罚,涉嫌下列情形之一的,应予立案:(1)向犯罪分子泄漏有关部门查禁犯罪活动的部署、人员、措施、时间、地点等情况的;(2)向犯罪分子提供钱物、交通工具、通讯设备、隐藏处所等便利条件的;(3)向犯罪分子泄露案情的;(4)帮助、示意犯罪分子隐匿、毁灭、伪造证据,或者串供、翻供的;(5)其他帮助犯罪分子逃避处罚应予追究刑事责任的情形。

根据1998年最高人民法院、最高人民检察院、公安部、国家工商行政管理局《关于依法查处盗窃、抢劫机动车案件的规定》的规定,公安人员对盗窃、抢劫的机动车辆,非法提供机动车牌证或者为其取得机动车牌证提供便利,帮助犯罪分子逃避处罚的,依照刑法典第417条帮助犯罪分子逃避处罚罪规定处罚。

根据刑法典第417条的规定,犯本罪的,处3年以下有期徒刑或者拘役;情节严重的,处3年以上10年以下有期徒刑。

二十四、招收公务员、学生徇私舞弊罪

招收公务员、学生徇私舞弊罪,是指国家机关工作人员在招收公务员、学生工作中徇私舞弊,情节严重的行为。"招收学生",是指"省级以上教育行政部门组织招收的学生"。[①]"徇私舞弊",是指出于私情、私利,在招收公务员、学生工作中违背法律、法规规定,弄虚作假,对明知不符合条件的人员予以录取、招收或者对明知是符合条件的人而不予录用的行为。

成立本罪要求情节严重。根据2006年最高人民检察院《关于渎职侵权犯罪案件立案标准的规定》,招收公务员、学生徇私舞弊,涉嫌下列情形之一的,应予立案:(1)徇私舞弊,利用职务便利,伪造、变造人事、户口档案、考试成绩或者其他影响招收工作的有关资料,或者明知是伪造、变造的上述材料而予以认可的;(2)徇私舞弊,利用职务便利,帮助5名以上考生作弊的;(3)徇私舞弊招收不合格的公务员、学生3人次以上的;(4)因徇私舞弊招收不合格的公务员、学生,导致被排挤的合格人员或其近亲属自杀、自残造成重伤、死亡,或者精神失常的;(5)因徇私舞弊招收公务员、学生,导致该项招收工作重新进行的;(6)其他情节严重的情形。

---

① 2006年最高人民检察院《关于渎职侵权犯罪案件立案标准的规定》。

根据刑法典第418条的规定,犯本罪的,处3年以下有期徒刑或者拘役。

二十五、失职造成珍贵文物损毁流失罪

失职造成珍贵文物损毁流失罪,是指国家机关工作人员严重不负责任,造成珍贵文物损毁或者流失,后果严重的行为。"严重不负责任",是指不履行或不正确履行有关珍贵文物保护、管理方面的工作职责,如对可能发生的盗窃、破坏珍贵文物的行为不问不管,不采取措施加以保护。"毁损",是指使珍贵文物损害、毁灭,如使文物的原有形态、结构遭到破坏,或整体性的灭失。"流失",是指珍贵文物脱离了法定的有关单位的控制、支配而流落、散失。根据2005年全国人大常委会《关于〈中华人民共和国刑法〉有关文物的规定适用于具有科学价值的古脊椎动物化石、古人类化石的解释》的规定,刑法有关文物的规定,适用于具有科学价值的古脊椎动物化石、古人类化石。

成立本罪要求后果严重。根据2013年最高人民法院、最高人民检察院《关于办理妨害文物管理等刑事案件适用法律若干问题的解释》的规定,国家机关工作人员严重不负责任,造成珍贵文物损毁或者流失,具有下列情形之一的,应当认定为刑法典第419条规定的"后果严重":(1) 导致二级以上文物或者5件以上三级文物损毁或者流失的;(2) 导致全国重点文物保护单位、省级文物保护单位的本体严重损毁或者灭失的;(3) 其他后果严重的情形。

根据刑法典第419条的规定,犯本罪的,处3年以下有期徒刑或者拘役。

第十四节 罪之比较与适用

此罪与彼罪的区分是实践中的一个难题。在本节中,对于一些易混淆的犯罪将在定罪与量刑方面加以比较,并配以适当案例,以加深对具体犯罪的理解。

一、本章罪之比较

(一) 滥用职权罪与玩忽职守罪的区别

两罪的区别主要表现为:(1) 行为方式不同。滥用职权行为一般表现为作为形式;玩忽职守行为一般表现为不作为方式。(2) 客观表现不同。滥用职权罪主要是过度地或任意地超出合法限度行使职权的犯罪行为;玩忽职守罪则主要是不履行或不正当履行职责的行为。(3) 主观要件不同。滥用职权罪只能是故意犯罪;玩忽职守罪却是过失犯罪。

(二) 徇私枉法罪与徇私舞弊不移交刑事案件罪的区别

徇私枉法罪与徇私舞弊不移交刑事案件罪都是故意犯罪,两罪的区别主要表现为:(1) 犯罪主体不同。徇私枉法罪的主体是司法工作人员;徇私舞弊不移交刑事案件罪的主体是行政执法人员。(2) 客观表现不同。徇私枉法罪既表现为徇私枉法,对明知是有罪的人故意包庇使其不受追诉,还表现为对明知是无罪的人而使其受追诉;徇私舞弊不移交刑事案件罪仅表现为徇私舞弊，对应当移交的刑事案件不移交。（3）成立犯罪的条件不同。徇私舞弊不移交刑事案件罪是结果犯，以情节严重作为成立犯罪的条件；而徇私枉法罪无此条件。

（三）私放在押人员罪与失职致使在押人员逃脱罪的区别

私放在押人员罪与失职致使在押人员逃脱罪的犯罪主体都是负有监管看守职责的司法工作人员，两罪的客观结果都是使在押人员非法脱离羁押。两罪的区别主要表现为：(1) 主观罪过不同。失职致使在押人员逃脱罪在主观上表现为过失，主要是行为人严重不负责任、丧失警惕、看管不严；私放在押人员罪在主观上则是故意，即利用职务之便，私自放走在押人员或为其提供逃脱的便利。(2) 主观恶性不同。在一般情形下，两罪的主观恶性容易区分。但在以不作为方式致使在押人员逃脱的情况下，两罪的界限就难以界定。这时应当注重考察行为人主观方面的特征，确定其对危害后果的产生的态度，再认定是故意还是过失。

二、与其他章节罪之比较

（一）徇私枉法罪与包庇罪、诬告陷害罪、伪证罪的区别

徇私枉法罪中对明知是有罪的人而故意包庇使其不受追诉的行为实际上也是包庇行为。而故意使明知是无罪的人受追诉的行为又与诬告陷害罪相似。在故意使无罪的人受追诉时也可能采取作伪证的方法。

但是，徇私枉法罪与包庇罪、诬告陷害罪、伪证罪的的区别主要表现为：(1) 主体的范围不同。徇私枉法罪的主体只能是司法工作人员；包庇罪、诬告陷害罪的主体是一般主体，伪证罪的主体包括证人、鉴定人、记录人、翻译人。(2) 行为方式不同。徇私枉法罪是利用职务之便，包庇犯罪分子，使其不受追诉或者直接对无罪的人进行刑事追诉；包庇罪是通过向司法机关作假证明来包庇犯罪人，诬告陷害罪是捏造犯罪事实向有关机关告发，企图利用司法机关来追诉他人，而伪证罪则表现为对与案件有重要关系的情节作虚假的证明、鉴定、记录、翻译。

（二）阻碍解救被拐卖、绑架妇女、儿童罪与妨害公务罪的区别

阻碍解救被拐卖、绑架妇女、儿童罪也是一种妨害公务的行为，但由于其危害巨大，立法将其单列出来，这样阻碍解救被拐卖、绑架妇女、儿童罪就与妨害公务罪形成了法条竞合关系，适用特别法优于普通法原则及重法优于轻法原则。

两罪的区别主要表现为：(1) 客观方面不同。妨害公务罪表现为暴力、威胁方法；阻碍解救被拐卖、绑架妇女、儿童罪表现为利用职务阻碍解救，不限于暴力、威胁的方法。(2) 主体不同。妨害公务罪的主体是一般主体；阻碍解救被拐卖、绑架妇女、儿童罪的主体是特殊主体，即负有解救职责的国家机关工作人员。

（三）失职造成珍贵文物损毁、流失罪与过失损毁文物罪的区别

过失损毁文物罪是指过失损毁国家保护的珍贵文物或者被确定为全国重点文物保护

单位、省级文物保护单位的文物,造成严重后果的行为。两罪的区别主要表现为:(1) 客观表现不同。失职造成珍贵文物损毁、流失罪是由于行为人严重不负责任而造成的珍贵文物的损毁或流失,珍贵文物的损毁不是由行为人的行为直接造成的;过失损毁文物罪则是由行为人的过失行为直接致使文物损毁。(2) 主体不同。失职造成珍贵文物损毁、流失罪的犯罪主体是特殊主体,即国家机关工作人员;过失损毁文物罪则是一般主体。

三、案例适用

【案例1】

被告人赵某,某县烟草局专卖科科长。1998年7月,被告人赵某将该局查获的假冒"春蕾"牌香烟130余件,存放在该局卷烟仓库。同年9月,赵某擅自将其中30件假"春蕾"牌香烟拉到张某家中存放。后赵某又将该烟销售给秦某,秦某又予销售。11月20日,赵某又擅自将该局准备拉到假烟焚烧现场焚烧的假"春蕾"牌香烟私自留下44件。后赵某将这批假冒"春蕾"牌香烟再次销售给秦某。两次售烟款7万余元划入该科小金库使用。

讨论问题:检察机关以滥用职权罪对赵某提起公诉,正确吗?为什么?

【案例2】

被告人吴某,某市公安局巡警大队民警。1997年10月,在被告人吴某暂时处理诈骗犯徐某的过程中,徐某交待了自己在本市诈骗他人货款6万元和私自典当胡某出租车的情况。吴某对此作了笔录。10月31日,徐某的哥哥许乙得知弟弟被抓,托人找到吴某提出愿意花钱赎人,吴某一口答应。之后,吴某提出赞助1万可以放人,经讨价还价,减至6000元,为将徐某放出,吴某重新制作了一份只有典当胡某出租车内容的询问笔录。11月2日,在收到6000元赞助后,吴某擅自将徐某放走。事后,该款交与巡警大队,但吴某没有将所掌握的徐某的诈骗犯罪事实如实向领导汇报,也未移交县公安局处理。

讨论问题:吴某的行为成立徇私舞弊不移交刑事案件罪还是徇私枉法罪?为什么?

【案例3】

被告人谭某,某市海关驻机场办事处办事员。1996年1月,谭某介绍港商李某与该市亨得利钟表眼镜公司副总经理仇某认识,双方达成合作进口手表协议。5月,李某携带为亨得利公司购买的"梅花""欧米茄"手表共530只,乘坐飞机来到该市。在市海关机场办事处主任高某(另案处理)的安排下,谭某与仇某到机场旅检大厅,利用其职权,未经任何报关手续,就将李某所携手表带出,偷逃应缴税额59.6万元。同年6月,在高某安排下,谭某与仇某又前往海关监管仓库,在未办理任何手续的情况下,将李某空运来的45只手表提出,偷逃应缴税额16.6万元。

讨论问题:谭某的行为应如何定性?为什么?

第二十八章

军人违反职责罪

军人违反职责罪,是军人这一特殊主体所实施的特定犯罪,原来是以单行条例的形式规定的,修订刑法时将其纳入了刑法典。故我国刑法分则第十章实质上是特别刑法。因此,如果军人的同一行为既触犯了刑法分则第十章的条文,又触犯了刑法分则其他章节的条文,按照特别法优于普通法的法律适用原则,应优先适用第十章的规定。

刑法典第420条概括规定了军人违反职责罪的危害性质与基本特征。军人违反职责的行为,必然造成危害国家军事利益的后果。因此,军人违反职责罪侵犯的法益是国家的军事利益。国家军事利益,是指与军事活动直接有关的国家利益,主要包括国家在国防建设、作战行动、战备值勤、演习训练、军队物资保障、军事机密、军事科学研究等方面的利益。

根据侵犯国家军事利益的对象和范围不同,危害国家军事利益可分为危害作战利益、危害军事机密、侵犯军队战斗力的物质保障利益、妨害军队勤务的正常活动、违反军队的内务行政管理制度、违反国家兵役制度、妨害国(边)境的管理活动以及侵犯国家的对外军事关系。是否危害国家军事利益,是军人违反职责罪区别于刑法分则其他犯罪的最本质的特征,也是划分军人违反职责罪罪与非罪、罪重与罪轻的标准。

军人违反职责罪主要表现为军职人员违反职责,实施了应当受到刑罚处罚的行为。军事职责,是指军事法律、法规和规章所规定的军职人员的一般职责和特定职责。军职人员的一般职责,是指每一个军职人员都具有的职责。《中国人民解放军内务条令》第三章"军人职责"和《中国人民解放军纪律条令》关于纪律的基本要求,对军人的一般职责都作了明确的规定。军职人员的特定职责,是指军职人员中条件不同的人员在执行各种不同任务中的职责。

军人违反职责罪的行为形式多数表现为作为,如逃离部队罪、阻碍执行军事职务罪、军人叛逃罪等;也有少数犯罪表现为不作为,如遗弃伤病军人罪等;还有少数犯罪,既包括作为形式,也包括不作为形式,如战时违抗命令罪等。在军人违反职责罪中,时间、地点、手段和后果等对于军人违反职责罪的成立和量刑有时具有重要作用。对于有些犯罪,如战时自伤罪、战时违抗作战命令罪等就是以"战时"为成立要件;对于某些犯罪,如擅离、玩忽军事职守罪，是以"战时"为从重处罚的情节。如果情节显著轻微、危害不大的，不认为是成立军人违反职责罪，按军纪处理。

军人违反职责罪的主体是特殊主体，仅限于军职人员。根据刑法典第450条的规定，军职人员包括中国人民解放军的现役军官、文职干部、士兵及具有军籍的学员和中国人民武装警察部队的现役警官、文职干部、士兵及具有警籍的学员以及执行军事任务的预备役人员和其他人员。根据《中国人民解放军军官服役条例》的规定，现役军官和警官是指被任命为排级以上职务或者初级以上专业技术职务，并被授予军衔、警衔的现役人员。根据《中国人民解放军文职干部暂行条例》的规定，文职干部是指在军队和武警部队编制定额内不授予军衔或警衔的干部。文职干部主要有两大类：一类为专业技术干部，另一类为行政事务干部。根据《中国人民解放军现役士兵服役条例》的规定，现役士兵是依照法律规定，经兵役机关批准服现役，并依照本条例规定被授予相应军衔的义务兵和士官。根据我国《兵役法》的规定，预备役人员是指被编入民兵组织或者经过登记服预备役的地方人员。预备役人员包括预备役士兵和预备役军官两大类。其他人员是指在部队编制序列内服务于军事勤务没有军籍的职员、工人，临时征用或者受委托执行军事任务的地方人员等。预备役人员和其他人员不具有现役军人身份，但在执行军事任务时，则可成为军人违反职责罪的主体。

所谓执行军事任务，是指担任与军事活动有直接关系的具体工作，如参战、参训、随同部队执行任务、保障部队正常工作等。

军人违反职责罪的主观方面既可以由故意构成，也可以由过失构成。军人违反职责罪的多数犯罪由故意构成；少数犯罪，如武器装备肇事罪，过失泄露军事秘密罪，擅离、玩忽军事职守罪等由过失构成。军人违反职责罪共有条文32条，其中28个条文规定了31个具体的军人违反职责罪罪名。

第一节　战时违抗命令罪

一、定义

战时违抗命令罪，是指部属人员战时故意违抗上级命令，对作战造成危害的行为。

二、犯罪客观要件

本罪的客观要件表现为行为人战时违抗作战命令，对作战造成危害的行为。

(1) 违抗命令的行为必须发生在"战时"。"战时"，是指国家宣布进入战争状态、部队受领作战任务或者遭敌人突然袭击之时；部队执行戒严任务或者处置突发性暴力事件时，以战时论。

(2) 必须实施了"违抗作战命令"的行为。"违抗命令"是指行为人对上级的命令、指示故意违抗、拒不执行。实践中,不作为的违抗命令行为比较常见,如拒不执行作战命令,不服从调遣,拒不接受上级部署的任务,该发起进攻而不发起进攻,该撤出阵地而拒不撤出等;擅自改变行军路线和推进速度,擅自改变攻击目标等则是作为的违抗作战命令行为。

(3) 必须有"对作战造成危害"的结果发生。行为人违抗作战命令,扰乱了作战部署,贻误了战机,影响了作战任务的完成,或者给敌人以可乘之机,使部队遭受了不应有的人员伤亡或物质损失等。"致使战斗、战役遭受重大损失",一般是指由于行为人违抗作战命令,造成我军人员重大伤亡,武器装备、军用物资和军事设施严重损失,直至战斗、战役失利等。如果只是未执行上级的作战命令,尚未对作战造成危害的,则不成立本罪。

三、犯罪主观要件

战时违抗命令罪的主体为军职人员,实践中主要是参加战斗的现役官兵、文职干部、执行军事任务的预备役人员和其他人员,并且这些人员处于部属地位。

本罪在主观方面是故意。行为人出于过失,对上级的命令产生了错误的认识,从而采取了错误的行动,给作战造成了危害,或者由于无法抗拒或不能预见的原因而未能使命令得以实施,给作战造成危害的,不成立本罪。

四、犯罪量度要件

战时违抗作战命令,对作战造成危害才能成立本罪。根据 2013 年最高人民检察院、解放军总政治部《军人违反职责罪案件立案标准的规定》的规定,战时违抗命令,涉嫌下列情形之一的,应予立案:(1) 扰乱作战部署或者贻误战机的;(2) 造成作战任务不能完成或者迟缓完成的;(3) 造成我方人员死亡 1 人以上,或者重伤 2 人以上,或者轻伤 3 人以上的;(4) 造成武器装备、军事设施、军用物资损毁,直接影响作战任务完成的;(5) 对作战造成其他危害的。

五、本罪的刑事责任

根据刑法典第 421 条的规定,犯本罪的,处 3 年以上 10 年以下有期徒刑;致使战斗、战役遭受重大损失的,处 10 年以上有期徒刑、无期徒刑或者死刑。

第二节 隐瞒、谎报军情罪

一、定义

隐瞒、谎报军情罪,是指故意隐瞒、谎报军情,对作战造成危害的行为。

二、犯罪客观要件

本罪的客观要件表现为行为人隐瞒军情,或者报告捏造的、虚构的或其他不真实的军情,对作战造成危害的行为。在战时,准确而及时地掌握军情对我军的各级领导机关和首长全面了解敌我双方情况,制定作战计划,指挥作战行动具有重要作用。

我军的条令、条例规定了严格的情况汇报制度。下级和部属向上级和首长汇报情况是法定义务和军人的职责。隐瞒、谎报军情的行为,违反了军情报告制度,使得上级机关和首长无法了解真实情况导致决策失误,指挥不当,将给作战造成严重的危害。"军情",是指与军事特别是与作战有关的情况,如敌军的兵力、装备、部署等情况,我军的兵力、装备、部署等情况,战区的自然地理情况等;"隐瞒军情",是指负有军情报告职责的军职人员把应当报告的军情掩盖起来不报告的行为;"谎报军情",是指负有军情报告职责的军职人员将虚假军情向上级报告,欺骗上级的行为;"作战造成危害",是指由于行为人隐瞒、谎报军情,使得军队的领导机关和首长作出错误的决策,贻误了战机,或者是给敌人以可乘之机,使部队遭受了不应有的伤亡和损失等。只要行为人实施了隐瞒军情、谎报军情一种行为,并对作战造成了危害,即可成立本罪,不要求同时具备两种行为。本罪在行为方式上,既可是作为,也可是不作为;其中,"隐瞒军情"是不作为,"谎报军情"则是作为。

三、犯罪主观要件

本罪的主体是负有报告军情职责的军职人员。在实践中,主要是参战部队的各级指挥人员、侦察员、通讯员、机要员等情报工作人员。

本罪在主观方面为故意。隐瞒、谎报军情的动机是多种多样的,行为人动机如何,不影响本罪的成立。

四、犯罪量度要件

故意隐瞒、谎报军情,对作战造成危害才能成立本罪。根据2013年最高人民检察院、解放军总政治部《军人违反职责罪案件立案标准的规定》的规定,隐瞒、谎报军情,涉嫌下列情形之一的,应予立案:(1)造成首长、上级决策失误的;(2)造成作战任务不能完成或者迟缓完成的;(3)造成我方人员死亡1人以上,或者重伤2人以上,或者轻伤3人以上的;(4)造成武器装备、军事设施、军用物资损毁,直接影响作战任务完成的;(5)对作战造成其他危害的。

五、本罪的刑事责任

根据刑法典第422条的规定,犯本罪的,处3年以上10年以下有期徒刑;致使战斗、战役遭受重大损失的,处10年以上有期徒刑、无期徒刑或者死刑。

第三节 投 降 罪

一、定义

投降罪,是指在战场上贪生怕死,自动放下武器投降敌人的行为。

二、犯罪客观要件

本罪的客观要件表现为行为人在战场上贪生怕死,自动放下武器投降敌人。中国人民解放军是在中国共产党领导下的人民武装力量,其宗旨是保卫我国人民民主专政的政权、保卫国家和人民利益的安全、保障社会主义现代化建设事业的顺利进行。作为军职人员必须忠于祖国,履行职责,英勇战斗,不怕牺牲,捍卫祖国的安全、荣誉和利益,在任何情况下,都不能背叛祖国、背叛军队。

投降罪只能发生在战场上。所谓"战场",是指敌我双方作战的区域,包括陆地、海区及其上空。根据刑法典第451条的规定,部队执行戒严任务或者处置突发性事件的场所,也应理解为"战场"。"在战场上"与"战时"是不同的,前者强调的是敌我双方直接交锋,彼此互有具体的作战行动,而后者仅说明是在战争时期,敌我双方并不一定发生了直接的作战行动。"自动放下武器投降敌人",是本罪在客观方面的主要行为特征。所谓"自动放下武器投降敌人",是指在当时的客观条件下,行为人完全能够继续同敌人作战,却主动地放下武器,向敌人降服。如果行为人是在迫不得已、无法抵抗的情况下,放下武器而被俘的,则不能成立本罪。"投降后为敌人效劳",是指主动向敌人提供我军重要军事秘密的,积极为敌人出谋划策的,煽动、勾引我军被俘人员投敌叛变的,接受敌人派遣任务的以及主动要求参加与我军作战的等情况。

三、犯罪主观要件

本罪的主体是所有参战的军职人员,即刑法典第450条所规定的人员。

本罪在主观方面是故意。投降敌人的动机是贪生怕死,在实践中,有些犯罪分子提出投降敌人不是出于贪生怕死,而是为了保存实力,这实质上是一种推脱罪责的表现。因为在能够抵抗的情况以放下武器的方式来保存实力,归根结底还是害怕因继续作战被敌人杀死,其本质上仍属贪生怕死。

四、本罪的认定

投降罪属于行为犯,其犯罪行为是既遂还是未遂,应以是否完成了法律所规定的投降行为为标准。如果行为人已经完成了投降行为,即属于犯罪既遂。判断投降行为是否完成,应以行为人是否向敌人明确表达投降意思,自动放下武器为标准。如果行为人已明确地向敌人表达了投降意思,并放下了武器,不论敌人是否受降,都是犯罪既遂。

刑法典第 423 条规定的"情节严重",是指率部投降的、指挥人员和其他负有重要职责的人员在紧要关头或者危急时刻投降的、胁迫他人投降的、策动多人或者策动指挥人员和其他负有重要职责的人员投降的等。根据 2013 年最高人民检察院、解放军总政治部《军人违反职责罪案件立案标准的规定》的规定,凡涉嫌投降敌人的,应予立案。

五、本罪的刑事责任

根据刑法典第 423 条的规定,犯本罪的,处 3 年以上 10 年以下有期徒刑;情节严重的,处 10 年以上有期徒刑或者无期徒刑。投降后为敌人效劳的,处 10 年以上有期徒刑、无期徒刑或者死刑。

第四节 擅离、玩忽军事职守罪

一、定义

擅离、玩忽军事职守罪,是指指挥人员和值班、值勤人员擅自离开指挥或者值班、值勤岗位,或者在履行职责时玩忽职守,造成严重后果的行为。

二、犯罪客观要件

本罪的客观要件表现为指挥人员和值班、值勤人员擅离职守或者玩忽职守。军队中的指挥和值班、值勤制度对军队建设具有重要意义。它是保持军队指挥不间断,保证军队战备常备不懈,维持军队内务秩序和保障军队自身安全,以实现军队职能作用的重要组织措施。因此,军队各级都建有值班勤务制度。按照值班勤务制度的规定,一切指挥、值班、值勤人员,都必须坚守岗位,认真履行职责。指挥和值班值勤人员擅离、玩忽职守,将直接破坏指挥和值班、值勤制度,以致出现政令、军令不通,制度难以落实,管理松松垮垮,事故、案件不断的严重局面,对国防和军队建设造成严重的危害。"擅离职守",是指指挥和值班、值勤人员,违背指挥和值班、值勤规章制度,擅自离开正在履行职责的岗位;"玩忽职守",是指指挥和值班值勤人员在履行职责的岗位上,严重不负责任,不履行或者不正确履行职责。

三、犯罪主观要件

本罪的主体是军队中的指挥人员和值班、值勤人员。"指挥人员",是指军队中对作战、训练、施工、抢险救灾以及日常生活等实施组织和领导的人员;"值班人员",是指军队中在规定的时间内轮流担任某项工作的人员,如作战、通信、机要、医疗救护等部门的值班员;"值勤人员",是指正在执行轮流担任某项特定军事勤务的人员,如正在担任警戒、守卫、巡逻、观察、押运等勤务的人员。

本罪在主观方面是过失。擅离、玩忽职守罪的过失,是指行为人对造成严重后果的心态,而不是对其擅离职守或玩忽职守这一危害行为本身的心态,事实上行为人对擅离职守或玩忽职守本身可能是出于故意。

四、犯罪量度要件

成立本罪要求造成严重后果。刑法典第425条规定的"造成严重后果",一般是指贻误战机,影响部队完成重要任务,造成武器装备毁损或者人员伤亡,给国家财产造成较大损失,发生其他严重责任事故等;"造成特别严重后果的",是指由于指挥和值班、值勤人员擅离、玩忽职守致使战斗、战役遭受重大损失的,造成主要武器装备毁损或者人员重大伤亡的,致使国家财产遭受重大损失的以及发生重大责任事故的等情况。

根据2013年最高人民检察院、解放军总政治部《军人违反职责罪案件立案标准的规定》的规定,擅离、玩忽军事职守,涉嫌下列情形之一的,应予立案:(1)造成重大任务不能完成或者迟缓完成的;(2)造成死亡1人以上,或者重伤3人以上,或者重伤2人、轻伤4人以上,或者重伤1人、轻伤7人以上,或者轻伤10人以上的;(3)造成枪支、手榴弹、爆炸装置或者子弹10发、雷管30枚、导火索或者导爆索30米、炸药1000克以上丢失、被盗,或者不满规定数量,但后果严重的,或者造成其他重要武器装备、器材丢失、被盗的;(4)造成武器装备、军事设施、军用物资或者其他财产损毁,直接经济损失30万元以上,或者直接经济损失、间接经济损失合计150万元以上的;(5)造成其他严重后果的。

五、本罪的刑事责任

根据刑法典第425条的规定,犯本罪的,处3年以下有期徒刑或者拘役;造成特别严重后果的,处3年以上7年以下有期徒刑。战时犯此罪的,处5年以上有期徒刑。

第五节 阻碍执行军事职务罪

一、定义

阻碍执行军事职务罪,是指以暴力、威胁方法,阻碍指挥人员或者值班、值勤人员执行职务的行为。

二、犯罪客观要件

本罪的客观要件表现为行为人以暴力、威胁方法,阻碍指挥人员或者值班、值勤人员执行职务。军队各级都建有值班勤务制度,指挥人员和值班、值勤人员在执行职务时,担负着特殊职责,责任重大,对指挥和值班、值勤人员履行职责的活动必须给予特殊的法律保护。本罪侵害的对象是正在执行职务的指挥人员或者值班、值勤人员。"阻碍指挥人员或者值班、值勤人员执行职务",是指阻止、妨碍指挥人员或者值班、值勤人员依照其职责进行的各项活动。例如,通过暴力或胁迫方法强迫指挥人员或者值班、值勤人员停止或者放弃执行职务,变更执行职务的内容,降低执行职务的效率等。

本罪属行为犯,只要行为人实施了以暴力、胁迫方法,阻碍指挥人员或者值班、值勤人员执行职务的行为,即成立犯罪。

三、犯罪主观要件

本罪的主体为军人。本罪的主观方面是故意,即行为人明知对方是指挥人员或者值班、值勤人员正在执行职务,而对其施以暴力或者胁迫,企图阻止、妨碍其履行职责,或者对可能导致对方正在履行职务的行为受到阻碍的危害结果放任不管。行为人的犯罪动机如何,对成立本罪没有影响。

四、本罪的认定

阻碍执行军事职务罪属于行为犯,其犯罪行为是既遂还是未遂,应以是否完成了法律所规定的阻碍执行军事职务的行为为标准。行为人完成了阻碍执行军事职务的行为,就是犯罪既遂。如何判断阻碍执行军事任务行为是否完成？笔者认为,应以行为人的行为是否明确表达了阻碍执行军事职务的意思为标准,不论行为人是否达到了阻碍指挥人员或者值班、值勤人员执行职务的目的。

刑法典第 426 条规定的"情节严重",是指使用武器阻碍指挥人员或者值班、值勤人员执行职务的,纠集多人阻碍执行职务的,以及阻碍执行职务的行为给军事利益造成重大损失的等情况;"情节特别严重",是指阻碍执行职务造成军事利益重大损失的,聚众使用武器暴力阻碍执行职务的等情况。[①] 根据 2013 年最高人民检察院、解放军总政治部《军人违反职责罪案件立案标准的规定》的规定,凡涉嫌阻碍执行军事职务的,应予立案。

五、本罪的刑事责任

根据刑法典第 426 条的规定,犯本罪的,处 5 年以下有期徒刑或者拘役;情节严重的,处 5 年以上 10 年以下有期徒刑;情节特别严重的,处 10 年以上有期徒刑或者无期徒刑。战时从重处罚。

---

① 全国人大常委会法制工作委员会刑法室编著:《中华人民共和国刑法解读》,中国法制出版社 2015 年版,第 994 页。

第六节　拒不救援友邻部队罪

一、定义

拒不救援友邻部队罪，是指指挥人员在战场上明知友邻部队处境危急请求救援，能救援而不救援，致使友邻部队遭受重大损失的行为。

二、犯罪客观要件

本罪的客观要件表现为在战场上明知友邻部队处境危急请求救援，能救援而不救援。"战场"，是指敌我双方作战的区域，包括陆地、海区及其上空。根据刑法典第451条的规定，部队执行戒严任务或者处置突发事件的场所，也应理解为"战场"。"友邻部队"，是指由于驻地、配置地或者执行任务而相邻的没有隶属关系的部队；"处境危急"，是指被敌人包围、追击或者阵地将被攻陷等紧急情况；"请求救援"，是指处境危急部队为寻求外界援助而发出的求救信息，这种信息既可以是发给特定对象的，也可以是发给不定对象的，行为人接到了求援信息，如果能够救援的，就产生了救援义务；"能救援而不救援"，是指根据所处环境、作战能力和担负的作战任务等情况，有条件进行救援，却没有组织救援。

本罪是典型的不作为犯罪。第一，在战场上，相邻部队在收到友邻部队处境危急请求救援的信息时，部队指挥人员便肩负了率部救援的义务。第二，根据当时部队所处的主客观条件必须具有救援友邻部队的可能性。第三，能够救援而没有救援，致使友邻部队遭受重大损失。具备上述三个条件，是成立犯罪的前提。

三、犯罪主观要件

本罪的主体是作战部队的指挥人员。实践中，在战场上拒不救援友邻部队的主要是各级军官，但也有士兵。如部队中的班长虽然也是士兵，但他有指挥本班其他士兵的职权，所以也能成为本罪的主体。

本罪在主观方面是故意。犯罪动机的不同，对本罪成立没有影响。

四、犯罪量度要件

成立本罪要求"致使友邻部队遭受重大损失"。"致使友邻部队遭受重大损失"，是指造成友邻部队人员伤亡、装备毁损、阵地失守，甚至作战失利等。根据2013年最高人民检察院、解放军总政治部《军人违反职责罪案件立案标准的规定》的规定，拒不救援友邻部队，涉嫌下列情形之一的，应予立案：(1)造成战斗失利的；(2)造成阵地失陷的；(3)造成突围严重受挫的；(4)造成我方人员死亡3人以上，或者重伤10人以上，或者轻伤15人以上的；(5)造成武器装备、军事设施、军用物资损毁，直接经济损失100万元以上的；(6)造成其他重大损失的。

五、本罪的刑事责任

根据刑法典第 429 条的规定,犯本罪的,对指挥人员,处 5 年以下有期徒刑。

第七节 军人叛逃罪

一、定义

军人叛逃罪,是指军职人员在履行公务期间,擅离岗位,叛逃境外或者在境外叛逃,危害国家军事利益的行为。

二、犯罪客观要件

本罪的客观要件表现为行为人在履行公务期间,擅离岗位,叛逃境外或者在境外叛逃。叛逃是指背叛国家逃亡境外。叛逃有两种基本形式:一是叛逃境外,即行为人从境内逃往境外,包括通过合法手续出境,也包括采取偷渡等非法手段出境,叛逃至外国驻我国使、领馆的,以叛逃境外论;二是在境外叛逃,是指行为人因履行公务出境后,擅自离队或者与派出单位或有关部门脱离关系,并滞留境外不归。行为人叛逃境外或者在境外叛逃必须发生在履行公务期间,如果行为人不是在履行公务期间,如行为人在家休假或因私出境时实施叛逃行为,则不成立本罪。

三、犯罪主观要件

本罪的主体是军职人员。本罪的主观方面是故意。军人叛逃罪主观上必须具有背叛国家的目的。一般认为具有下列情节的,可以认为具有背叛祖国的目的:凡属思想反动、政治变节而出逃的;因触犯我国法律,为逃避制裁而出逃的;出逃后发表反动言论的;投靠境外反动的组织、机构的;参与危害国家安全活动的;申请政治避难的等。

四、本罪的认定

军人叛逃罪属于行为犯,其犯罪行为是既遂还是未遂,应以是否完成了法律所规定的叛逃行为为标准。行为人完成了叛逃行为,即属于犯罪既遂。叛逃行为是否完成,应以行为人是否以达到逃亡境外的目的为标准。如果行为人从境内叛逃,已经出境,或者在境外叛逃已经离队的,就应认为是犯罪既遂。如果行为人虽已着手实施但尚未完成叛逃行为,由于其意志以外的原因被迫停止的,属于犯罪未遂。

成立本罪要求军人叛逃行为危害国家军事利益。刑法典第 430 条规定的"情节严重",是指指挥人员或者其他担负重要职责的人员叛逃的,策动他人叛逃的,携带军事秘密叛逃的,战时叛逃的等;"其他特别严重情节",是指胁迫他人叛逃的,策动多人或策动指挥人员和其他负有重要职责的人员叛逃的,携带重要或者大量军事秘密叛逃的,叛逃后进行严重危害国防安全活动的等。

根据2013年最高人民检察院、解放军总政治部《军人违反职责罪案件立案标准的规定》的规定,军人叛逃,涉嫌下列情形之一的,应予立案:(1)因反对国家政权和社会主义制度而出逃的;(2)掌握、携带军事秘密出境后滞留不归的;(3)申请政治避难的;(4)公开发表叛国言论的;(5)投靠境外反动机构或者组织的;(6)出逃至交战对方区域的;(7)进行其他危害国家军事利益活动的。

五、本罪的刑事责任

根据刑法典第430条的规定,犯本罪的,处5年以下有期徒刑或者拘役;情节严重的,处5年以上有期徒刑。驾驶航空器、舰船叛逃的,或者有其他特别严重情节的,处10年以上有期徒刑、无期徒刑或者死刑。

第八节 逃离部队罪

一、定义

逃离部队罪,是指违反兵役法规,逃离部队,情节严重的行为。

二、犯罪客观要件

本罪在客观方面表现为违反兵役法规,逃离部队。①

(1) 行为人必须是违反了兵役法规。所谓"违反兵役法规",是指行为人违反了《宪法》《兵役法》《国防法》以及其他军事法规要求现役军人切实履行兵役义务的规定。为了确保国家安全,我国《宪法》《兵役法》《国防法》以及其他军事法规对兵役问题都予以了规定,这些规定是国家兵役制度的基本要求。如我国《宪法》第55条、《国防法》第6条和《兵役法》第3条都规定了保卫祖国、抵抗侵略是中华人民共和国每一个公民的神圣职责,依照法律服兵役和参加民兵组织是中华人民共和国公民的光荣义务等内容。《国防法》第56条、第57条以及《兵役法》第7条进一步要求现役军人要忠于祖国,遵守宪法和法律,遵守军事法规,履行职责,捍卫祖国的安全、荣誉和利益。成立逃离部队罪,以现役军人违反上述兵役法规规定的兵役义务为前提。

(2) 行为人实施了逃离部队的行为。"逃离部队",是指行为人为了逃避服兵役而离开部队,既包括未经批准就擅自离开部队,也包括乘外出执行任务、住院治疗等机会离开

---

① 2000年最高人民法院、最高人民检察院《关于对军人非战时逃离部队的行为能否定罪处罚问题的批复》指出,军人违反兵役法规,在非战时逃离部队,情节严重的,应当依照刑法典第435条第1款的规定定罪处罚。

部队,还包括请假离队后逾期不归,工作调动或者学员分配离开原单位后拒不到新单位报到等。

三、犯罪主观要件

本罪的主体是现役军人,包括具有军籍的学员、士兵、军官和文职干部。逃离部队罪是以违反兵役法规为前提。部队的正式职工以及其他临时征用或者受委托执行军事任务的地方人员不是履行兵役义务,因此不能成为本罪的主体。预备役人员虽然也属于正在履行兵役义务,但刑法典第376条专门规定了预备役人员战时拒绝、逃避征召或者军事训练时犯罪,不能按本罪处理。因此,预备役人员不能成为本罪的主体。

本罪在主观方面是故意。行为人在主观上具有逃避服兵役的目的,这是成立逃离部队罪主观方面的必备要件。

四、犯罪量度要件

成立本罪要求情节严重。所谓"情节严重",是指指挥人员或者担负重要职责的人员逃离部队的,策动多人或者胁迫他人逃离部队的,逃离部队持续时间较长经教育后拒不归队的,在部队执行重要任务期间逃离部队的,因逃离部队受过纪律处分仍不悔改又逃离部队的,逃离部队后在社会上进行违法活动的,逃离部队后私自出境的等。

根据2013年最高人民检察院、解放军总政治部《军人违反职责罪案件立案标准的规定》的规定,逃离部队,涉嫌下列情形之一的,应予立案:(1)逃离部队持续时间达3个月以上或者3次以上或者累计时间达6个月以上的;(2)担负重要职责的人员逃离部队的;(3)策动3人以上或者胁迫他人逃离部队的;(4)在执行重大任务期间逃离部队的;(5)携带武器装备逃离部队的;(6)有其他情节严重行为的。

五、本罪的刑事责任

根据刑法典第435条的规定,犯本罪的,处3年以下有期徒刑或者拘役。战时犯此罪的,处3年以上7年以下有期徒刑。

第九节 虐待部属罪

一、定义

虐待部属罪,是指处于领导岗位的军职人员滥用职权,虐待部属,情节恶劣,致人重伤或者造成其他严重后果的行为。

二、犯罪客观要件

本罪的客观表现为滥用职权,虐待部属。"滥用职权",是指超越我军条例、条令所规定的职责范围和权限,不正当地运用职务上的权力。"虐待部属",是指采取殴打、体罚、冻饿或者其他有损身心健康的手段,折磨、摧残部属的行为。[①]

三、犯罪主观要件

本罪的主体是处于领导地位的军职人员,是特殊主体,即行为人是被害人的领导。隶属关系的建立是以《中国人民解放军现役军官服役条例》所规定的任免权限为准。隶属关系必须是同一编制序列中的领导与被领导关系。行为人与被害人之间是否构成隶属关系,是本罪成立与否的决定条件。职务上不构成隶属关系,不以虐待部属罪论处。

虐待部属罪主观上只能由故意构成,即有意识地使被害人在相当长的时间内遭受肉体上或精神上的痛苦。

四、犯罪量度要件

成立本罪要求"情节恶劣,致人重伤或者造成其他严重后果"。根据2013年最高人民检察院、解放军总政治部《军人违反职责罪案件立案标准的规定》的规定,"情节恶劣",是指虐待手段残酷的;虐待3人以上的;虐待部属3次以上的;虐待伤病残部属的;等等。"其他严重后果",是指部属不堪忍受虐待而自杀、自残造成重伤或者精神失常的;诱发其他案件、事故的;导致部属1人逃离部队3次以上,或者2人以上逃离部队的;造成恶劣影响的;等等。凡涉嫌虐待部属,情节恶劣,致人重伤、死亡或者造成其他严重后果的,立予立案。

一般的辱骂斥责及教育管理方法生硬,没有致部属重伤或者造成其他严重后果的,不成立本罪。即使个别部属心胸狭窄,因而自杀或自伤身体、逃离部队等也不应追究刑事责任。

行为人虐待部属的时间较长、方法多样,不成立数罪,不适用数罪并罚,作为犯罪情节在量刑上予以适当考虑。

五、本罪的刑事责任

根据刑法典第443条的规定,犯本罪的,处5年以下有期徒刑或者拘役;致人死亡的,处5年以上有期徒刑。

第十节 其他军人违反职责罪

本章介绍了军人违反职责罪的一些重点罪名,还有其他的一些罪名由于认定较为简单,实践中适用比较少,故予以简要介绍。

[①] 2013年最高人民检察院、解放军总政治部《军人违反职责罪案件立案标准的规定》。

一、拒传、假传军令罪

拒传、假传军令罪,是指战时拒绝传递或者故意传达、发布伪造的或者篡改的军事命令,对作战造成危害的行为。"军令",是军队领导机关或上级指挥人员发布的与部队军事行动有关的命令。"拒传军令",是指行为人明知是作战命令而拒绝传递的行为。"假传军令",是指故意将编造的或者虚假的军令进行传递的行为。

本罪在行为方式上,既可是作为,也可是不作为,其中"拒传军令",是不作为,"假传军令",则是作为。拒传、假传军令是一种职务犯罪。行为人出于过失而误传军令的,或者因为客观条件限制无法及时传递军令的,不成立犯罪。拒传、假传军令,对作战造成危害才能成立本罪。"对作战造成危害",是指由于行为人拒传、假传军令,使得部队贻误了战机、错误地采取了作战行动,给敌人以可乘之机,使部队遭受了不应有的伤亡和损失等。只要行为人实施了拒传、假传军令一种行为,并对作战造成了危害,即可成立本罪,不要求同时具备两种行为。

根据2013年最高人民检察院、解放军总政治部《军人违反职责罪案件立案标准的规定》的规定,拒传、假传军令,涉嫌下列情形之一的,应予立案:(1)造成首长、上级决策失误的;(2)造成作战任务不能完成或者迟缓完成的;(3)造成我方人员死亡1人以上,或者重伤2人以上,或者轻伤3人以上的;(4)造成武器装备、军事设施、军用物资损毁,直接影响作战任务完成的;(5)对作战造成其他危害的。

根据刑法典第422条的规定,犯本罪的,处3年以上10年以下有期徒刑;致使战斗、战役遭受重大损失,处10年以上有期徒刑、无期徒刑或者死刑。

二、战时临阵脱逃罪

战时临阵脱逃罪,是指参战军职人员战时面临战斗而脱离岗位,逃避参加战斗的行为。刑法典第424条规定的"情节严重",是指率部临阵脱逃的;指挥人员和其他负有重要职责的人员在紧要关头或者危急时刻临阵脱逃的、胁迫他人临阵脱逃的、策动多人或者策动指挥人员和其他负有重要职责的人员临阵脱逃的等;"致使战斗、战役遭受重大损失",是指造成我军人员重大伤亡、物质损失严重、甚至战斗战役失利等。根据2013年最高人民检察院、解放军总政治部《军人违反职责罪案件立案标准的规定》的规定,凡战时涉嫌临阵脱逃的,应予立案。

根据刑法典第424条的规定,犯本罪的,处3年以上有期徒刑;情节严重的,处3年以上10年以下有期徒刑;致使战斗、战役遭受重大损失的,处10年以上有期徒刑、无期徒刑或者死刑。

三、指使部属违反职责罪

指使部属违反职责罪,是指滥用职权,指使部属进行违反职责的活动,造成严重后果的行为。我军的军事法律、法规和规章对军队中首长、指挥人员与部属之间的关系作了明确的规定。首长有权对部属下达命令,部属必须服从首长。部属必须坚决执行命令,并将执行情况及时报告首长。但是,首长和指挥人员不能滥用职权,指使部属违反职责。"滥用职权",是指行为人超越职责范围,不正当地行使自己的职权;"指使部属进行违反职责的活动",是指指使部属从事违反军人的共同职责、一般职责和专业职责的行为。

本罪的主体是处于领导地位的军职人员,即部队中的各级首长和有指挥权的其他人员。行为人与部属之间存在着指挥与被指挥的隶属关系。这种隶属关系不仅限于军官与士兵之间,还包括士兵与士兵之间,如班长与其他士兵之间。

成立本罪要求造成严重后果。刑法典第 427 条规定的"造成严重后果",是指指使部属进行违法活动的,造成恶劣影响或者其他严重后果的等;"情节特别严重的",是指调动建制部队违反职责的,影响部队完成重要任务的,引发严重事端或者其他特别严重后果的等。

根据 2013 年最高人民检察院、解放军总政治部《军人违反职责罪案件立案标准的规定》的规定,指使部属违反职责,涉嫌下列情形之一的,应予立案:(1) 造成重大任务不能完成或者迟缓完成的;(2) 造成死亡 1 人以上,或者重伤 2 人以上,或者重伤 1 人、轻伤 3 人以上,或者轻伤 5 人以上的;(3) 造成武器装备、军事设施、军用物资或者其他财产损毁,直接经济损失 20 万元以上,或者直接经济损失、间接经济损失合计 100 万元以上的;(4) 造成其他严重后果的。

根据刑法典第 427 条的规定,犯本罪的,处 5 年以下有期徒刑或者拘役;情节特别严重的,处 5 年以上 10 年以下有期徒刑。

四、违令作战消极罪

违令作战消极罪,是指指挥人员违抗命令,临阵畏缩,作战消极,造成严重后果的行为。"违抗命令",是指故意违背并拒不执行上级的命令;"临阵畏缩""作战消极",是指行为人在作战中不尽全力,不求进取,畏难怕险,畏缩怠战。

成立本罪要求"造成严重后果"。所谓"造成严重的后果",是指由于作战消极,没有按上级指示完成作战任务,妨害了协同作战,贻误了战机等。违令作战消极罪是结果犯。部队指挥人员违抗作战命令,临阵畏缩,作战消极的,必须造成了严重后果才成立犯罪;否则,不能成立犯罪。

根据 2013 年最高人民检察院、解放军总政治部《军人违反职责罪案件立案标准的规定》的规定,违令作战消极,涉嫌下列情形之一的,应予立案:(1) 扰乱作战部署或者贻误战机的;(2) 造成作战任务不能完成或者迟缓完成的;(3) 造成我方人员死亡 1 人以上,或者重伤 2 人以上,或者轻伤 3 人以上的;(4) 造成武器装备、军事设施、军用物资或者其他财产损毁,直接经济损失 20 万元以上,或者直接经济损失、间接经济损失合计 100 万元以上的;(5) 造成其他严重后果的。

根据刑法典第428条的规定，犯本罪的，处5年以下有期徒刑；致使战斗、战役遭受重大损失或者有其他特别严重情节的，处5年以上有期徒刑。

五、非法获取军事秘密罪

非法获取军事秘密罪，是指以窃取、刺探、收买方法，非法获取军事秘密的行为。"窃取"，是指秘密获取；"刺探"，是指四处打听、观察、探知等；"收买"，是指以财物交换。"非法获取"，是上述三种手段的共同特征，即行为人没有知悉军事秘密的正当理由和合法依据，而通过不正当手段获取军事秘密。

本罪的犯罪对象是军事秘密。所谓"军事秘密"，是指在一定时间内，只限一定范围人员知悉的关系国防和军队安全利益的事项，其具体内容由保密条例加以规定。军事秘密是国家秘密的重要组成部分，按其重要程度分为绝密、机密和秘密三级。刑法典第431条规定的"情节严重的"，是指利用职权非法获取军事秘密的，从作战、机要、保密等部门非法获取军事秘密的，非法获取大量军事秘密的，非法获取军事秘密的手段特别恶劣的，战时非法获取军事秘密的以及非法获取军事秘密造成严重后果的等情况。

根据2013年最高人民检察院、解放军总政治部《军人违反职责罪案件立案标准的规定》的规定，"军事秘密"是关系国防安全和军事利益，依照规定的权限和程序确定，在一定时间内只限一定范围的人员知悉的事项，内容包括：（1）国防和武装力量建设规划及其实施情况；（2）军事部署，作战、训练以及处置突发事件等军事行动中需要控制知悉范围的事项；（3）军事情报及其来源，军事通信、信息对抗以及其他特种业务的手段、能力、密码以及有关资料；（4）武装力量的组织编制，部队的任务、实力、状态等情况中需要控制知悉范围的事项，特殊单位以及师级以下部队的番号；（5）国防动员计划及其实施情况；（6）武器装备的研制、生产、配备情况和补充、维修能力，特种军事装备的战术技术性能；（7）军事学术和国防科学技术研究的重要项目、成果及其应用情况中需要控制知悉范围的事项；（8）军队政治工作中不宜公开的事项；（9）国防费分配和使用的具体事项，军事物资的筹措、生产、供应和储备等情况中需要控制知悉范围的事项；（10）军事设施及其保护情况中不宜公开的事项；（11）对外军事交流与合作中不宜公开的事项；（12）其他需要保密的事项。凡涉嫌非法获取军事秘密的，应予立案。

根据刑法典第431条的规定，犯本罪的，处5年以下有期徒刑；情节严重的，处5年以上10年以下有期徒刑；情节特别严重的，处10年以上有期徒刑。

六、为境外窃取、刺探、收买、非法提供军事秘密罪

为境外窃取、刺探、收买、非法提供军事秘密罪，是指为境外的机构、组织、人员窃取、刺探、收买、非法提供军事秘密的行为。根据2013年最高人民检察院、解放军总政治部《军人违反职责罪案件立案标准的规定》的规定，凡涉嫌为境外窃取、刺探、收买、非法提供军事秘密的，应予立案。

根据刑法典第431条第2款的规定,犯本罪的,处10年以上有期徒刑、无期徒刑或者死刑。

七、故意泄露军事秘密罪

故意泄露军事秘密罪,是指违反保守国家秘密法规,故意泄露军事秘密,情节严重的行为。

成立本罪要求情节严重。所谓"情节严重",一般是指机要、保密人员或者其他负有特殊保密义务的人员泄露军事秘密的,出于恶劣的个人动机或为了达到非法目的泄露军事秘密的,出卖军事秘密的,执行重要任务时泄露军事秘密的,泄露重要或者大量军事秘密的,泄露军事秘密造成严重后果的等。根据2013年最高人民检察院、解放军总政治部《军人违反职责罪案件立案标准的规定》的规定,故意泄露军事秘密,涉嫌下列情形之一的,应予立案:(1)泄露绝密级或者机密级军事秘密1项(件)以上的;(2)泄露秘密级军事秘密3项(件)以上的;(3)向公众散布、传播军事秘密的;(4)泄露军事秘密造成严重危害后果的;(5)利用职权指使或者强迫他人泄露军事秘密的;(6)负有特殊保密义务的人员泄密的;(7)以牟取私利为目的泄露军事秘密的;(8)执行重大任务时泄密的;(9)有其他情节严重行为的。

根据刑法典第432条的规定,犯本罪的,处5年以上有期徒刑或者拘役;情节特别严重的,处5年以上10年以下有期徒刑。战时犯此罪的,处5年以上10年以下有期徒刑;情节特别严重的,处10年以上有期徒刑或者无期徒刑。

八、过失泄露军事秘密罪

过失泄露军事秘密罪,是指违反国家保守秘密法规,过失泄露军事秘密,情节严重的行为。

成立本罪要求情节严重。根据2013年最高人民检察院、解放军总政治部《军人违反职责罪案件立案标准的规定》的规定,过失泄露军事秘密涉嫌下列情形之一的,应予立案:(1)泄露绝密级军事秘密1项(件)以上的;(2)泄露机密级军事秘密3项(件)以上的;(3)泄露秘密级军事秘密4项(件)以上的;(4)负有特殊保密义务的人员泄密的;(5)泄露军事秘密或者遗失军事秘密载体,不按照规定报告,或者不如实提供有关情况,或者未及时采取补救措施的;(6)有其他情节严重行为的。

根据刑法典第432条的规定,犯本罪的,处5年以上有期徒刑或者拘役;情节特别严重的,处5年以上10年以下有期徒刑。战时犯此罪的,处5年以上10年以下有期徒刑;情节特别严重的,处10年以上有期徒刑或者无期徒刑。

九、战时造谣惑众罪

战时造谣惑众罪,是指战时故意制造、散布谣言,营造迷惑、恐怖情绪,动摇军心的行为。成立本罪在客观方面必须具备三个基本要件：(1) 行为人的行为必须发生在战时。(2) 行为人实施了造谣惑众的行为。所谓"造谣惑众"，是指行为人编造一些与作战直接有关的虚假情况，在部队中散布，煽动怯战、厌战或者恐怖情绪，蛊惑官兵。(3) 造成了动摇军心的严重后果。所谓"动摇军心"，是指使参战人员心理机制发生了变化，产生情绪恐慌，士气不振，军心涣散，大多表现为引起军人逃跑、自伤、溃散、阵地失守、作战失利、人员伤亡等。

刑法典第433条规定的"情节严重"，是指指挥人员造谣惑众的，谎言内容煽动性大的，在紧要关头或者危急时刻造谣惑众引起部队混乱、指挥失控、人员逃亡等严重后果的等；"情节特别严重的"，是指勾结敌人造谣惑众，引起部队混乱、指挥失控、人员逃亡，以致阵地丢失、战斗失利等严重后果的情形。根据2013年最高人民检察院、解放军总政治部《军人违反职责罪案件立案标准的规定》的规定，凡涉嫌战时造谣惑众的，应予立案。

根据刑法典第433条的规定，犯本罪的，处3年以下有期徒刑；情节严重的，处3年以上10年以下有期徒刑；情节特别严重的，处10年以上有期徒刑或者无期徒刑。

十、战时自伤罪

战时自伤罪，是指战时自伤身体，逃避军事任务的行为。构成本罪在客观方面必须具备以下要件：(1) 行为人的行为必须发生在战时。(2) 行为人实施了自伤身体的行为。所谓"自伤身体"，是指行为人故意伤害自己身体的行为。构成战时自伤罪的自伤行为，以自伤的程度达到行为人不能履行军事义务为限。(3) 行为人自伤身体必须有逃避军事义务的目的。战时自伤罪是结果犯，犯罪既遂还是未遂，应以行为人是否已给自己造成了法律所规定的伤害结果为标准。

刑法典第434条规定的"情节严重的"，是指指挥人员或者其他负有重要职责的人员自伤的，紧要关头或者危急时刻自伤的，煽动他人共同自伤的，影响部队完成重要任务的等情况。根据2013年最高人民检察院、解放军总政治部《军人违反职责罪案件立案标准的规定》的规定，凡涉嫌战时自伤的，应予立案。

根据刑法典第434条的规定，犯本罪的，处3年以下有期徒刑；情节严重的，处3年以上7年以下有期徒刑。

十一、武器装备肇事罪

武器装备肇事罪，是指违反武器装备使用规定，情节严重，因而发生责任事故，致人重伤、死亡或者造成其他严重后果的行为。成立本罪在客观方面应具备以下两个要件：(1) 行为人违反武器装备的使用规定，情节严重。(2) 发生责任事故，致人重伤、死亡或者造成其他严重后果。武器装备肇事罪多发生在武器装备的日常养护和操作使用过程中，主体是武器装备的操作使用人员。

成立本罪要求"情节严重，因而发生责任事故，致人重伤、死亡或者造成其他严重后果"。根据2013年最高人民检察院、解放军总政治部《军人违反职责罪案件立案标准的规定》的规定,"情节严重",是指故意违反武器装备使用规定,或者在使用过程中严重不负责任。武器装备肇事,涉嫌下列情形之一的,应予立案:(1)影响重大任务完成的;(2)造成死亡1人以上,或者重伤2人以上,或者轻伤3人以上的;(3)造成武器装备、军事设施、军用物资或者其他财产损毁,直接经济损失30万元以上,或者直接经济损失、间接经济损失合计150万元以上的;(4)严重损害国家和军队声誉,造成恶劣影响的;(5)造成其他严重后果的。

根据刑法典第436条的规定,犯本罪的,处3年以下有期徒刑或者拘役;后果特别严重的,处3年以上7年以下有期徒刑。

十二、擅自改变武器装备编配用途罪

擅自改变武器装备编配用途罪,是指违反武器装备的使用规定,擅自改变武器装备的编配用途,造成严重后果的行为。"擅自改变武器装备的编配用途",是指未经上级批准而自行将用于某一用途的武器装备改作其他用途,如将火炮牵引车改为一般运输车辆,将武器装备出租、出借等。行为人既可能是打算永久改变武器装备性能,也可能是暂时改变其用途,事后再作恢复。

成立本罪要求造成严重后果。所谓"严重后果",是指造成重要武器装备严重毁损的,造成人员重伤、死亡及其他严重事故的,影响部队完成重要任务的等情况。根据2013年最高人民检察院、解放军总政治部《军人违反职责罪案件立案标准的规定》的规定,擅自改变武器装备编配用途,涉嫌下列情形之一的,应予立案:(1)造成重大任务不能完成或者迟缓完成的;(2)造成死亡1人以上,或者重伤3人以上,或者重伤2人、轻伤4人以上,或者重伤1人、轻伤7人以上,或者轻伤10人以上的;(3)造成武器装备、军事设施、军用物资或者其他财产损毁,直接经济损失30万元以上,或者直接经济损失、间接经济损失合计150万元以上的;(4)造成其他严重后果的。

根据刑法典第437条的规定,犯本罪的,处3年以下有期徒刑或者拘役;造成特别严重后果的,处3年以上7年以下有期徒刑。

十三、盗窃、抢夺武器装备、军用物资罪

盗窃、抢夺武器装备、军用物资罪,是指行为人采取秘密窃取或者公然夺取的方法,非法占有武器装备或者军用物资的行为。

根据2013年最高人民检察院、解放军总政治部《军人违反职责罪案件立案标准的规定》的规定,凡涉嫌盗窃、抢夺武器装备的,应予立案;凡涉嫌盗窃、抢夺军用物资价值2000元以上,或者不满规定数额,但后果严重的,应予立案。

根据刑法典第438条第1款的规定,犯本罪的,处5年以下有期徒刑或者拘役;情节严重的,处5年以上有期徒刑;情节特别严重的,处10年以上有期徒刑、无期徒刑或者死

刑。军人盗窃、抢夺部队的枪支、弹药、爆炸物的,依照刑法典第127条的法定刑处罚。

十四、非法出卖、转让武器装备罪

非法出卖、转让武器装备罪,是指违反军队武器装备管理规定,非法出卖、转让军队武器装备的行为。"非法出卖",是指未经有权机关的批准而擅自将武器装备卖给他人的行为,即有偿转让武器装备的所有权。所谓"非法转让",是指未经有权机关的批准而擅自将武器装备赠送、出租、出借他人或者以武器装备换取其他财物的行为。如果行为人是将武器装备暂时出借、出租给他人,并没有改变其所有权,不能认为是转让武器装备;造成了严重后果的,可以按擅自改变武器装备编配用途罪论处。本罪侵害的对象是军队的武器装备。

根据2013年最高人民检察院、解放军总政治部《军人违反职责罪案件立案标准的规定》的规定,非法出卖、转让武器装备,涉嫌下列情形之一的,应予立案:(1)非法出卖、转让枪支、手榴弹、爆炸装置的;(2)非法出卖、转让子弹10发、雷管30枚、导火索或者导爆索30米、炸药1000克以上,或者不满规定数量,但后果严重的;(3)非法出卖、转让武器装备零部件或者维修器材、设备,致使武器装备报废或者直接经济损失30万元以上的;(4)非法出卖、转让其他重要武器装备的。

根据刑法典第439条的规定,犯本罪的,处3年以上10年以下有期徒刑;出卖、转让大量武器装备的,或者有其他特别严重情节的,处10年以上有期徒刑、无期徒刑或者死刑。

十五、遗弃武器装备罪

遗弃武器装备罪,是指违抗命令,遗弃武器装备的行为。遗弃行为既可以采取作为的方式,也可以采取不作为的方式。对于遗弃的时间和地点,我国刑法典没有作出明文规定。遗弃的时间既可以在战时,也可以在平时;遗弃的地点包括战场、军事行动地区和野外训练场以及其他足以使武器装备失控的地点。遗弃的对象是行为人依法持有或有权管理的武器装备,包括暂时损坏但能够修复的武器装备。

根据2013年最高人民检察院、解放军总政治部《军人违反职责罪案件立案标准的规定》的规定,遗弃武器装备,涉嫌下列情形之一的,应予立案:(1)遗弃枪支、手榴弹、爆炸装置的;(2)遗弃子弹10发、雷管30枚、导火索或者导爆索30米、炸药1000克以上,或者不满规定数量,但后果严重的;(3)遗弃武器装备零部件或者维修器材、设备,致使武器装备报废或者直接经济损失30万元以上的;(4)遗弃其他重要武器装备的。

根据刑法典第440条的规定,犯本罪的,处5年以下有期徒刑或者拘役;遗弃重要或者大量武器装备的,或者有其他严重情节的,处5年以上有期徒刑。

十六、遗失武器装备罪

遗失武器装备罪,是指遗失武器装备,不及时报告或者有其他严重情节的行为。不及时报告仅限于遗失人没有及时向主管领导报告,即"遗失武器装备"与"不及时报告"是同一个行为人所实施的。如果一个单位发生了遗失武器装备的事件,主管领导没有及时向上级报告,则不应以遗失武器装备罪追究主管领导的刑事责任。

根据 2013 年最高人民检察院、解放军总政治部《军人违反职责罪案件立案标准的规定》的规定,刑法典第 421 条规定的"其他严重情节"包括:遗失武器装备严重影响重大任务完成的;给人民群众生命财产安全造成严重危害的;遗失的武器装备被敌人或者境外的机构、组织和人员或者国内恐怖组织和人员利用,造成严重后果或者恶劣影响的;遗失的武器装备数量多、价值高的;战时遗失的等。凡涉嫌遗失武器装备不及时报告或者有其他严重情节的,应予立案。

根据刑法典第 421 条的规定,犯本罪的,处 3 年以下有期徒刑或者拘役。

十七、擅自出卖、转让军队房地产罪

擅自出卖、转让军队房地产罪,是指违反规定,擅自出卖、转让军队房地产,情节严重的行为。"军队房地产",是指由军队管理、使用的房屋及其附属设施、设备和土地、林木等。"擅自出卖、转让军队房地产",是指行为人未经有权机关的批准,违反军队房地产管理规定,自行将军队所有的或者军队管理、使用的土地、房屋及其附属物(林木等)等出卖、转让的行为。"违反规定",是指违反内务条令、《中国人民解放军房地产管理条例》及其他有关军队房地产管理、使用的规定。"出卖",是指有偿地将军队房地产让与他人。"转让",是指无偿地将军队房地产让与他人。不论是出卖还是转让,都是相对于地方管理而言;未经批准,将本单位的房地产出卖或者转让给军队其他单位,因房地产权关系仍在军队内部,所以也不属于出卖或者转让军队房地产。

成立本罪要求情节严重。刑法典第 442 条规定的"情节严重"包括:擅自出卖、转让军队房地产数量大的;出卖、转让军事禁区房地产的;严重影响部队正常训练、工作和生活的;将非法所得供个人挥霍的等。"情节特别严重",主要包括:擅自出卖、转让军队房地产数量巨大的;出卖、转让重要房地产的;出卖、转让给境外的结构、组织、人员、造成不可挽回的严重损失的;严重影响部队的正常训练、工作和生活的等。根据 2013 年最高人民检察院、解放军总政治部《军人违反职责罪案件立案标准的规定》的规定,擅自出卖、转让军队房地产,涉嫌下列情形之一的,应予立案:(1) 擅自出卖、转让军队房地产价值 30 万元以上的;(2) 擅自出卖、转让军队房地产给境外的机构、组织、人员的;(3) 擅自出卖、转让军队房地产严重影响部队正常战备、训练、工作、生活和完成军事任务的;(4) 擅自出卖、转让军队房地产给军事设施安全造成严重危害的;(5) 有其他情节严重行为的。

根据刑法典第 442 条的规定,犯本罪的,对直接责任人员,处 3 年以下有期徒刑或者拘役;情节特别严重的,处 3 年以上 10 年以下有期徒刑。

十八、遗弃伤病军人罪

遗弃伤病军人罪,是指在战场上故意遗弃伤病军人,情节恶劣的行为。"遗弃",是指对有条件抢救的伤病军人弃置不顾不予抢救,一般表现为不作为的形式,遗弃行为必须发生在战场上,遗弃的对象必须是我方的伤病军人。在紧急情况下,对确实无条件把战场上的伤病军人抢救下来的,或者已经抢救下来但由于客观条件的限制未予及时救治的,不应视为遗弃。由于指挥人员和救护人员负有抢救伤病军人的特定义务,遗弃伤病军人的行为则一般表现为不作为的形式。实践中,其他参战人员在能够救护伤病军人却不予救护,而故意遗弃的,也成立遗弃伤病军人罪。

根据 2013 年最高人民检察院、解放军总政治部《军人违反职责罪案件立案标准的规定》的规定,遗弃伤病军人涉嫌下列情形之一的,应予立案:(1)为挟嫌报复而遗弃伤病军人的;(2)遗弃伤病军人 3 人以上的;(3)导致伤病军人死亡、失踪、被俘的;(4)有其他恶劣情节的。

根据刑法典第 444 条的规定,犯本罪的,对直接责任人员,处 5 年以下有期徒刑。

十九、战时拒不救治伤病军人罪

战时拒不救治伤病军人罪,是指战时在救护治疗岗位上,有条件救治而拒不救治危重伤病军人的行为。刑法典第 445 条规定的"其他严重情节"包括:挟私报复拒不救治的;拒不救治重要伤病军人的;煽动其他医务人员共同拒不救治的;造成伤病军人重残、死亡的;引起官兵强烈义愤造成严重事件的等。根据 2013 年最高人民检察院、解放军总政治部《军人违反职责罪案件立案标准的规定》的规定,凡战时涉嫌拒不救治伤病军人的,应予立案。

根据刑法典第 445 条的规定,犯本罪的,处 5 年以下有期徒刑或者拘役;造成伤病军人重残、死亡或者有其他严重情节的,处 5 年以上 10 年以下有期徒刑。

二十、战时残害居民、掠夺居民财物罪

战时残害居民、掠夺居民财物罪,是指战时在军事行动地区,残害无辜居民或者掠夺无辜居民财物的行为。战时在军事行动地区,残害无辜居民或者掠夺无辜居民财物的行为是一种不人道的行为,违反了关于战时保护平民的《日内瓦公约》的规定,不仅侵犯了军事行动地区无辜居民的人身权利和财产权利,还会严重破坏我军的声誉即威望,影响我军的作战利益。所谓"军事行动地区",即战区,是指进行战争或采取特殊军事措施的区域。既包括我国武装力量在国内作战地区,也包括在国外作战的地区。所谓"残害",是指实施烧杀、伤害、绑架、非法拘禁、酷刑、侮辱、奸淫等暴行。掠夺财物是指抢劫、抢夺、敲诈勒索、强拿无辜居民财物等。本罪的犯罪对象是无辜居民及其财产。所谓"无辜居民",是指在战区居住的,对我方武装力量无敌对行动的国内或国外居民。

刑法典第 446 条规定的"情节严重"主要包括:残害、掠夺无辜居民多人的;掠夺无辜居民财物数额巨大的;结伙实施残害、掠夺行为的;干部带头实施的;影响我军军事行动的;犯罪手段恶劣的等。"情节特别严重",一般包括:残害大批无辜居民的;掠夺无辜居民

财物数额特别巨大的;手段特别残忍的;严重影响我军军事行动的;影响特别恶劣的等。如果对无辜居民实施了残害行为,但不在军事行动地区的;或虽在军事行动地区实施残害行为,但被害对象不是无辜居民,而是军事行动地区的敌方人员的,不成立本罪。战时残害居民、掠夺居民财物罪是一个选择性罪名,其中战时残害居民的犯罪是行为犯,掠夺居民财物的犯罪是结果犯。

根据 2013 年最高人民检察院、解放军总政治部《军人违反职责罪案件立案标准的规定》的规定,战时残害居民,涉嫌下列情形之一的,应予立案:(1) 故意造成无辜居民死亡、重伤或者轻伤 3 人以上的;(2) 强奸无辜居民的;(3) 故意损毁无辜居民财物价值 5000 元以上,或者不满规定数额,但手段恶劣、后果严重的。战时掠夺居民财物涉嫌下列情形之一的,应予立案:(1) 抢劫无辜居民财物的;(2) 抢夺无辜居民财物价值 2000 元以上,或者不满规定数额,但手段恶劣、后果严重的。

根据刑法典第 446 条的规定,犯本罪的,处 5 年以下有期徒刑;情节严重的,处 5 年以上 10 年以下有期徒刑;情节特别严重的,处 10 年以上有期徒刑、无期徒刑或者死刑。

二十一、私放俘虏罪

私放俘虏罪,是指违反战场纪律,未经批准擅自将俘虏放走的行为。私放俘虏罪的犯罪对象是俘虏。所谓"俘虏",是指在作战中被我方俘获的敌方武装人员以及其他为武装部队服务的人员。在战争中,俘虏起着十分重要的作用,通过俘虏可以了解敌情、获取军事情报,说服俘虏中的中、高级将领向我军投降,可以大大加强我军的政治攻势。战后,俘虏还可以用来交换我军被俘人员。基于俘虏的上述作用,我军十分重视俘虏的管理工作,严禁私放俘虏。俘虏必须经过一定的程序批准后方可释放。"私放俘虏",是指未经批准,擅自将俘虏放走的行为。行为人只要实施了私放俘虏的行为即可成立私放俘虏罪。

私放俘虏罪属于结果犯,其犯罪行为是既遂还是未遂,应以行为人是否达到法律所规定的将俘虏放走的结果为标准。若行为人已经将俘虏放走,即属于犯罪既遂;若行为人虽已着手实施私放俘虏的行为,但由于意志以外的原因而未得逞的,则属于犯罪未遂。根据 2013 年最高人民检察院、解放军总政治部《军人违反职责罪案件立案标准的规定》的规定,凡涉嫌私放俘虏的,应予立案。

根据刑法典第 447 条的规定,犯本罪的,处 5 年以下有期徒刑;私放重要俘虏、私放俘虏多人或者有其他严重情节的,处 5 年以上有期徒刑。

二十二、虐待俘虏罪

虐待俘虏罪,是指虐待俘虏,情节恶劣的行为。虐待俘虏罪的对象必须是俘虏。虐待行为一般表现为侮辱人格,不人道的生活待遇,打骂、体罚、折磨及施以其他酷刑,强迫从事危险性和屈辱性的工作,摧残其身体等。虐待俘虏的行为既可以发生在战时,也可以发生在战后。

成立本罪要求情节恶劣。虐待俘虏罪只惩处情节恶劣的虐待俘虏行为，如一贯虐待俘虏屡教不改的，虐待俘虏的手段特别残酷的，因虐待等行为导致俘虏自杀、凶杀、逃跑、闹事等严重后果或造成恶劣政治影响的，因虐待导致俘虏伤残和死亡的等。根据2013年最高人民检察院、解放军总政治部《军人违反职责罪案件立案标准的规定》的规定，虐待俘虏，涉嫌下列情形之一的，应予立案：(1) 指挥人员虐待俘虏的；(2) 虐待俘虏3人以上，或者虐待俘虏3次以上的；(3) 虐待俘虏手段特别残忍的；(4) 虐待伤病俘虏的；(5) 导致俘虏自杀、逃跑等严重后果的；(6) 造成恶劣影响的；(7) 有其他恶劣情节的。

根据刑法典第448条的规定，犯本罪的，处3年以下有期徒刑。

第十一节　罪之比较与适用

本章犯罪不但互相之间存在着一些混淆之处，而且与其他章节规定的犯罪也有相似之处。

一、本章罪之比较

(一) 战时违抗命令罪与违令作战消极罪的区别

战时违抗命令罪与违令作战消极罪的区别主要表现为：(1) 犯罪主体不同。战时违抗命令罪的主体包括所有参战的军职人员；违令作战消极罪的主体是指挥人员。(2) 犯罪客观方面不同。战时违抗命令罪客观方面表现为行为人对上级的命令、指示故意违抗、拒不执行，是对上级命令的绝对、积极地违抗；违令作战消极罪客观方面表现为指挥人员不执行上级的命令、指示，在作战中不尽全力，不积极、主动地运用技术、战术去消灭敌人，临阵畏缩，作战消极，是相对、消极地违抗作战命令。

(二) 战时违抗命令罪与拒传军令罪的区别

战时违抗命令罪与拒传军令罪的区别主要表现为：(1) 客观方面不同。拒传军令罪表现为拒绝传递上级命令的行为；战时违抗命令罪表现为拒绝执行上级命令的行为。战时违抗命令罪必须发生在战时；拒传军令罪则无此要求。(2) 犯罪主体不同。拒传军令罪的主体是军令的传递者；战时违抗命令罪的主体是命令的执行者。

(三) 隐瞒、谎报军情罪与拒传、假传军令罪的区别

隐瞒、谎报军情罪与拒传、假传军令罪的区别主要表现为：(1) 侵害的法益不同。隐瞒、谎报军情罪侵犯军情报告制度；拒传、假传军令罪侵害军令的传递秩序。(2) 犯罪客观方面不同。隐瞒、谎报军情罪表现为下级向上级隐瞒真实情况或者报告捏造的、篡改的情况，所针对的是下级应当向上级报告的情况；拒传、假传军令罪表现为拒绝传达上级对下级的命令或者传达虚假的命令，所针对的是上级下达的命令。(3) 犯罪主体不同。隐瞒、谎报军情罪的主体是负有军情报告职责的各级指挥人员和侦察、情报人员；拒传、假传军令罪的主体是各级指挥人员和负有军令传达责任的机要、通讯人员。

（四）谎报军情罪与战时造谣惑众罪的区别

谎报军情罪与战时造谣惑众罪的区别主要表现为：(1) 发生时间不同。战时造谣惑众罪必须发生在战时；隐瞒军情罪对时间没有要求。(2) 犯罪客观方面不同。谎报军情罪是以正常履行职责的方式将捏造或篡改的情况向上级报告；战时造谣惑众罪是将编造的情况（谣言）在部队中散布，散布的对象是不特定的，既可包括上级，也可包括下级和同级，并且是以不履行职责的方式进行的。(3) 犯罪主体不同。谎报军情罪是负有军情报告职责的军职人员；战时造谣惑众罪的主体是所有军职人员。

（五）假传军令罪与战时造谣惑众罪的区别

假传军令罪与战时造谣惑众罪的区别主要表现为：(1) 发生时间不同。战时造谣惑众罪必须发生在战时；假传军令罪对时间没有要求，平时故意谎报军情，对将来的作战造成危害的，也可以成立犯罪。(2) 犯罪客观方面不同。假传军令罪是以正常履行职责的方式将捏造或篡改的情况传达给执行命令的人；战时造谣惑众罪是将编造的情况（谣言）在部队中散布，散布的对象是不特定的，并且是以不履行职责的方式进行的。(3) 犯罪主体不同。谎报军情罪是负有军情报告职责的军职人员；战时造谣惑众罪的主体是所有军职人员。

（六）战时临阵脱逃罪与逃离部队罪的区别

战时临阵脱逃罪与逃离部队罪的区别主要表现为：(1) 客观方面不同。战时临阵脱逃罪表现为战时临阵脱逃的行为，但行为人一般不脱离部队；逃离部队罪表现为逃离部队情节严重的行为，战时、平时都能发生。(2) 犯罪主体不同。战时临阵脱逃罪是所有军职人员；逃离部队罪的主体只限于现役军人。(3) 犯罪目的不同。战时临阵脱逃罪的目的是为了逃避战斗；逃离部队罪的目的是为了逃避服兵役。

（七）战时临阵脱逃罪与擅离军事职守罪的区别

战时临阵脱逃罪与擅离军事职守罪的区别主要表现为：(1) 客观方面不同。战时临阵脱逃罪是战时成立的犯罪，行为人实施临阵脱逃的行为，并不要求造成实际的危害结果；擅离军事职守罪是战时和平时都能成立的犯罪，行为人擅离职守，必须造成严重的危害结果。(2) 犯罪主体不同。战时临阵脱逃罪的主体是所有军职人员；擅离军事职守罪的主体是部队中的指挥和值班、值勤人员。(3) 主观方面不同。战时临阵脱逃罪的主观方面是故意；擅离军事职守罪的主观方面是过失。

（八）擅离军事职守罪与逃离部队罪的区别

擅离军事职守罪与逃离部队罪的区别主要表现为：(1) 客观方面不同。擅离军事职守罪只能发生在指挥和值班、值勤过程中，行为人擅自离岗，但并不一定离开部队；逃离部队罪是指行为人任何时候在没有命令的情况下离开了部队。(2) 犯罪主体不同。擅离军事职守罪的主体是军队中的指挥和值班、值勤人员；逃离部队罪的主体是现役军人。(3) 主观方面不同。擅离军事职守罪的主观方面是过失；逃离部队罪的主观方面是故意。

(九) 违令作战消极罪与玩忽军事职守罪的区别

违令作战消极罪与玩忽军事职守罪的区别主要表现为：(1) 客观方面不同。违令作战消极罪侧重于行为人在指挥作战时，临阵畏缩，消极作战，造成严重后果，行为人对此承担领导责任；玩忽军事职守罪侧重于行为人在指挥或者值班、值勤岗位上严重不负责任，不履行或者不正确履行职责，造成严重后果，行为人对此承担直接责任。(2) 犯罪主体不同。违令作战消极罪的主体只限于指挥人员；玩忽军事职守罪的主体是指挥人员或者值班、值勤人员。(3) 主观方面不同。违令作战消极罪的主观方面为故意；玩忽军事职守罪的主观方面则表现为过失。

(十) 拒不救援友邻部队罪与玩忽军事职守罪的区别

拒不救援友邻部队罪与玩忽军事职守罪的区别主要表现为：(1) 客观方面不同。拒不救援友邻部队罪表现为战场上明知友邻部队处境危急请求救援，能救援而不救援，致使友邻部队遭受重大损失的行为，其未尽的是"能救援应积极组织救援"的职责；玩忽军事职守罪表现为行为人在指挥或者值班、值勤岗位上严重不负责任，不履行或者不正确履行职责，造成严重后果的行为，行为人不履行的是"勤务上应尽的"职责。(2) 主体不同。拒不救援友邻部队的主体只限于指挥人员；玩忽军事职守罪的主体是指挥人员或者值班、值勤人员。(3) 主观方面不同。拒不救援友邻部队罪的主观方面为故意；玩忽军事职守罪的主观方面则表现为过失。

(十一) 军人叛逃罪与逃离部队罪的区别

军人叛逃罪与逃离部队罪的区别主要表现为：(1) 客观方面不同。军人叛逃罪必须是在履行公务期间，擅离岗位，叛逃境外或者在境外叛逃的；逃离部队罪则不要求在履行公务期间，也不要求逃到境外，只要行为人逃离部队即可。(2) 主观方面不同。军人叛逃罪在主观上行为人必须有背叛祖国的目的；逃离部队罪行为人主观上仅有逃避服兵役的目的。

(十二) 战时自伤罪与军人违反职责罪中其他犯罪的竞合问题

在司法实践中，行为人在实施投降敌人、战时违抗作战命令、战时临阵脱逃、违令作战消极等犯罪时，可能会采取自伤身体的办法来达到犯罪目的，如行为人在被敌人包围的情况下自伤身体，以此来放弃抵抗，向敌人投降，或者行为人在接到进攻命令后自伤身体，以逃避随部队进攻敌人等。在这种情况下，行为人的自伤行为与其欲实行的其他犯罪行为发生竞合。对此应按照想象竞合犯的处理原则，从一重罪处罚。

二、与其他章节罪之比较

(一) 投降罪与投敌叛变罪的区别

投降罪与投敌叛变罪的区别主要表现为：(1) 客观方面不同。投降罪表现为在战时贪生怕死，自动放下武器投降敌人的行为；投敌叛变罪既可以发生在战时，也可以发生在平时。(2) 犯罪主体不同。投降罪的主体是参战的军职人员；投敌叛变罪的主体是所有公民。(3) 主观方面不同。投降罪是出于贪生怕死而投降敌人的；投敌叛变罪则是出于信仰动摇、政治变节而投靠敌人。

(二) 擅离、玩忽军事职守罪与玩忽职守罪的区别

擅离、玩忽军事职守罪与玩忽职守罪的区别主要在于犯罪主体不同：擅离、玩忽军事职守罪的主体是军队的指挥人员和值班、值勤人员；玩忽职守罪的主体是国家机关工作人员。

值得注意的是，擅离、玩忽军事职守罪是军队中特定军人的玩忽职守罪，它与国家工作人员玩忽职守罪存在一种法条竞合关系。对这种法条竞合问题的处理，应按照特别法优于普通法的原则，当军队中的指挥人员和值班、值勤人员擅离、玩忽职守的行为造成严重后果时，应以擅离、玩忽军事职守罪论处。

(三) 军人叛逃罪与投敌叛变罪的区别

军人叛逃罪与投敌叛变罪的区别主要表现为：(1) 主体不同。军人叛逃罪的主体是军职人员；投敌叛变罪的主体是一般主体。(2) 客观方面不同。军人叛逃罪表现为出逃境外，叛逃后并不一定投靠具体的机构、组织；投敌叛变罪则不一定逃到境外，但必须有具体的投靠对象，这些投靠对象必须是与我国敌对的国家、机构或者组织等。

(四) 武器装备肇事罪与过失重伤罪、过失致人死亡罪的区别

武器装备肇事罪与过失重伤罪、过失致人死亡罪的区别主要表现为：(1) 犯罪工具是否为武器装备，是武器装备肇事罪与过失重伤罪、过失致人死亡罪相区别的重要标志。(2) 行为人违反武器装备的使用规定肇事是否发生在履行职责过程中。武器装备肇事罪的前提条件，是军职人员在履行职责过程中违反武器装备的使用规定而肇事。如果军职人员不是在履行职责中违反武器装备使用规定，而是在休假或旅行中私带武器过失致人重伤或死亡的，由于此时军职人员没有使用武器装备的合理前提条件，应以过失重伤罪或过失致人死亡罪论处。

(五) 武器装备肇事罪与交通肇事罪的区别

军用车辆肇事致人重伤、死亡或者造成其他严重后果的情况下，武器装备肇事罪与交通肇事罪易发生混淆。目前，军用车辆按其性能和用途大致可分为两类：一是隶属于武器装备，如当军用车辆被用于火炮等重武器牵引车时，因其直接与武装武器装备相结合，成为武器装备的不可缺少的组成部分，所以属于武器装备。二是属于一般交通工具，包括武器装备以外的一切军用车辆，如生活保障车、运输车等。肇事的车辆是否属于武器装备，是区分武器装备肇事罪与交通肇事罪的重要标准之一，即肇事车辆属武器装备的，应定武器装备肇事罪；否则，应定交通肇事罪。此外，还要考察行为人是否违反了武器装备的使用规定。如果行为人驾驶军用车辆，违反武器装备使用规定和操作规定，因而发生责任事故，致人重伤、死亡或者造成其他严重后果，即使同时违反了交通运输法规，也应按武器装备肇事罪论处。

(六) 擅自改变武器装备编配用途罪与非法出租、出借枪支罪的区别

擅自改变武器装备编配用途罪在行为方式上也可以表现为行为人出租、出借枪支,这与非法出租、出借枪支罪的行为方式很相似。擅自改变武器装备编配用途罪与非法出租、出借枪支罪的区别主要表现为:(1)客观方面不同。擅自改变武器装备编配用途罪的行为范围比较广泛,出租、出借枪支只是其行为方式之一,并且要求必须造成了严重后果,属于结果犯;非法出租、出借枪支罪的行为仅限于出租、出借枪支,不要求已造成严重后果,属于行为犯。(2)主观方面不同。擅自改变武器装备编配用途罪属于过失犯罪;非法出租、出借枪支罪属于故意犯罪。(3)主体不同。擅自改变武器装备编配用途罪的主体是军职人员;非法出租、出借枪支的主体为一般主体。擅自改变武器装备和非法出租、出借枪支罪可能出现犯罪竞合现象,如军人违反武器装备的管理规定出租、出借枪支的,应以擅自改变武器装备编配用途罪论处。

(七) 虐待部属罪与故意伤害罪的区别

虐待部属罪与故意伤害罪的区别主要表现为:(1)犯罪主体和犯罪对象不同。虐待部属罪的主体是特殊主体,即必须是与被害人构成隶属关系的首长,犯罪对象则仅限于与行为人构成隶属关系的部属;故意伤害罪的犯罪主体为一般主体,军职人员和一般公民均可构成,不要求行为人与被害人之间有特定关系。(2)客观方面不同。虐待部属罪一般表现为对被害人进行肉体或者精神上的摧残、折磨,其结果不仅可能引起伤害,还可能引起其他严重后果;故意伤害罪一般表现为以暴力或其他手段直接伤害他人的身体,其结果是造成被害人身体的组织完整性或者各种器官的正常功能遭到破坏。

(八) 虐待部属罪与非法拘禁罪的区别

非法拘禁罪是指以拘留、禁闭或其他强制方法,非法剥夺他人自由的行为,属于侵犯人身权利罪。军职人员虐待自己的部属,手段多种多样,禁闭是其中的手段之一。因此,在虐待部属过程中,若有非法拘禁行为的,仍以虐待部属罪论处。但是,如果不是出于虐待部属的目的,也没有经常虐待部属的事实,而是由于其他原因或个人目的非法拘禁自己的部属成立犯罪的,应以非法拘禁罪论处。

三、案例适用

【案例1】

某部飞行大队大队长刘某某接受了作战命令,率领6架战斗机,起飞迎击侵犯我领空的敌机,到达作战区域后,刘某某以与地面指挥所联系不上、无法准确接受地面指挥所作战指示和命令为由,故意违抗作战命令,私自率领6架战斗机返回机场,贻误了战机,扰乱了作战部署。

讨论问题:刘某某是否成立战时违抗命令罪?为什么?

【案例2】

某部新兵训练基地班长凌某某,当兵前在家就喜欢舞枪弄棒,好胜争强。1997年底,

凌某某被抽调训练新兵,一向信奉巴顿将军"慈不掌兵"的他,心想这下可有施展才华的好机会。凌某某对刚入伍的战友的训练特别严格并层层加码,新战士稍有差错,就遭到责骂,甚至拳脚相加。连排干部对此虽时有耳闻,但却都以其"动机是好的"而未予追究。两个多月后的一天,训练基地举行5公里武装越野赛,凌某某大喜过望,自认为夺冠露脸的机会到了。然而,凌某某所带班的战士小刘由于心情紧张,加之连日来劳累,没跑多远就掉了队,影响了全班的成绩,凌某某的希望成了泡影。凌某某对小刘平时训练的表现就极为不满,这次凌某某更是十分生气。比赛一结束,凌某某便不容分说,把小刘拉到操场上去就是三拳两脚一顿暴打,小刘还没反应过来,就应声倒下了。后经医院检查,小刘脾脏破裂,属重伤。

讨论问题:凌某某是否成立虐待部属罪?为什么?

后　　记

本书是我承担的"十二五"江苏省高等学校重点教材的一个项目,自从干上教书匠这个活儿,我参编、主编的书也不算少。目前主编过的刑法教材主要包括:《刑法学》(上下册)(法律出版社2001年版),《中国刑法基本原理》和《中国刑法罪刑适用》(法律出版社2005—2013年版),《中国刑法总论》和《中国刑法分论》(清华大学出版社2013年版);还有供研究生使用的教材《经济刑法学》(群众出版社2000年版)和大专自考教材《刑法学》(群众出版社2002年版)。平心而论,真正令自己满意的教材尚未出现。因此,我一直希望能够真正独自完成一部令自己满意的刑法学教材。

《刑法学分论》这本书使我进一步认识到,构建具有中国特色的刑法学体系是一项艰苦卓绝的理论创建过程,也是一项宏大的学科完善甚至是再造工程。我国虽然在大量吸收、借鉴国内外刑法学研究成果的基础上,已经对刑法学科体系进行了大刀阔斧的研究与构建,但刑法学理论体系的完善仍是一个需要长期努力的过程。为此,希望本书能够成为一块改革我国传统刑法学理论体系的"引玉之砖",更期盼我国刑法学体系,尤其是现代刑法理论能有长足的进步与发展,日臻完善。

在本书的撰写与出版过程中,自始至终得到了学界同仁、同事和朋友们的大力支持与帮助,尤其是作为同事的彭文华教授、钱叶六教授、王昭武教授、李洪欣副教授、陈姗姗副教授、吴江副教授以及杨俊和朱嘉珺博士后等,更是在茶余饭后和工作期间与我一起讨论学术问题,本书也就自然汲取诸位同仁的理论观点与学术建议。在此对同事们的学术和工作支持表示由衷的感谢! 另外,还要感谢在读的博士和硕士研究生如尹文平、张鑫、陈小伟、江金满、汪鸿哲、沈仕芃、黄静、倪文琪、赵晓彤、章彭、刘昊等同学为本书撰写所做出的贡献! 当然,在本书即将出版之际,还要感谢江苏省教育厅重点教材工作组的领导和同志们,以及为本书出版给予工作支持的苏州大学教务部和苏州大学法学院的领导和同志们,他们是卢玮老师、黄学贤教授、方新军教授、郭凤云老师等,还要感谢北京大学出版社蒋浩副社长的鼎力支持和毕苗苗编辑的无私帮助!

本书在撰写过程中参考了国内外大量的学术著作、教材和论文,我们尽可能地将作者及书名予以注释,但由于文字工作量较大,加之编排和校对过程的复杂性,如有疏漏还请学界同仁多多见谅,并在此表示深深的谢意。在把本书献诸我国刑法学界的同时,我殷切期待能够得到高校广大师生、刑法学理论研究者、司法实务工作者及其他读者朋友们的批评与指正,以待日后对本书做出修改与完善。

李晓明

2017年1月1日

于苏州大学相门寓所